THÉORIE ET PRATIQUE

ɛt

L'EXPROPRIATION

POUR CAUSE D'UTILITÉ PUBLIQUE

CHAUMONT. — IMPRIMERIE CAVANIOL.

THÉORIE ET PRATIQUE

DE

L'EXPROPRIATION

POUR CAUSE D'UTILITÉ PUBLIQUE

LES LOIS
EXPLIQUÉES PAR LA JURISPRUDENCE

PAR

M. DAFFRY DE LA MONNOYE

ANCIEN GREFFIER DE LA CHAMBRE CIVILE DE LA COUR DE CASSATION,
JUGE DE PAIX DU QUATRIÈME ARRONDISSEMENT DE PARIS

~~~~~~~~

TOME SECOND

~~~~~~~~

DEUXIÈME ÉDITION

PARIS

A. DURAND ET PEDONE-LAURIEL, ÉDITEURS
LIBRAIRES DE LA COUR D'APPEL ET DE L'ORDRE DES AVOCATS
G. PEDONE-LAURIEL, Successeur
13, RUE SOUFFLOT, 13

—

1879

LES LOIS

DE

L'EXPROPRIATION

POUR CAUSE

D'UTILITÉ PUBLIQUE

EXPLIQUÉES PAR LA JURISPRUDENCE.

Loi du 3 mai 1841.

TITRE IV. — *Du règlement des indemnités.*

CHAPITRE II. — Du jury spécial chargé de régler les indemnités
(*suite*).

(Ce chapitre contient les articles 29 à 47 de la loi)

ARTICLE 38.

La clôture de l'instruction est prononcée par le magistrat directeur du jury.

Les jurés se retirent immédiatement dans leur chambre pour délibérer, sans désemparer, sous la présidence de l'un d'eux, qu'ils désignent à l'instant même.

La décision du jury fixe le montant de l'indemnité ; elle est prise à la majorité des voix.

En cas de partage, la voix du président du jury est prépondérante.

24. Continuation ou renvoi de la délibération au lendemain. Interruptions nécessaires pour les repas et le sommeil des jurés.
25. Renvoi des jurés dans leur chambre pour rectifier leur décision.
26. Réunion des jurés, après chaque séance de l'affaire, pourrecueillir leurs souvenirs et préparer les éléments de la délibération.
27. Sortie des jurés, ou de l'un d'eux, de la salle des délibérations, alors que la décision était prise, mais non encore prononcée.
28. La constatation au procès-verbal que les jurés ont délibéré en secret et sans désemparer ne peut être combattue ni par la preuve testimoniale, ni par les déclarations des jurés, mais seulement par la voie de l'inscription de faux.
29. Allégation par une des parties d'un fait constituant la violation de la règle qu'il doit être délibéré sans désemparer. Obligation, pour le magistrat directeur, de vérifier l'exactitude du fait allégué.

§ 3.

30. D'après quelles bases l'indemnité doit être fixée.
31. Valeur *actuelle* de la propriété ; influence des améliorations et destinations futures, arrêtées en principe pour le quartier où se trouve la propriété.
32. L'indemnité doit être fixée d'après la valeur au moment du règlement effectué par le jury, non au moment de l'occupation de fait qui aurait précédé l'expropriation et le règlement.
33. Détermination de l'indemnité dans les expropriations partielles.
34. Le jury doit comprendre dans l'indemnité qu'il alloue la réparation de tout dommage qui résulte directement et immédiatement de l'expropriation.
35. Fruits et récoltes ; dépenses.
36. Dans l'appréciation du préjudice, le jury est présumé n'avoir compris que ce qui est direct et immédiat.
37. Le mode d'usage de la chose expropriée doit être pris en considération. Source acquise par un industriel peu avant l'expropriation.
38. Maison atteinte, à la fois, par l'expropriation et par l'alignement.
39. Le jury peut réduire l'indemnité autant qu'il le juge convenable, mais il y a toujours pour lui nécessité d'en allouer une;
40. ..... même quand les conclusions des parties sont purement verbales.
41. L'indemnité doit comprendre l'intégralité de la dépossession prononcée au jugement d'expropriation, à moins que les parties n'aient consenti, l'une et l'autre, à une réduction.
42. L'indemnité ne saurait non plus, à moins d'un consentement formel des parties, comprendre une étendue de terrain supérieure à celle exprimée au jugement.
43. Elle est d'ailleurs présumée, jusqu'à preuve contraire, ne pas s'étendre au-delà des prescriptions du jugement.

44. Ce n'est qu'en vertu d'un mandat spécial qu'un mandataire peut consentir à l'extension d'acquisition.
45. Mandat considéré comme suffisant à l'effet de consentir une restriction de l'expropriation.
46. Extension d'expropriation consentie par un seul copropriétaire indivis;
47. ..... par une commune non autorisée à cet effet.
48. Lorsque l'indemnité a été fixée en bloc pour des terrains compris au jugement d'expropriation et pour des terrains irrégulièrement ajoutés à l'expropriation, c'est une cassation intégrale qui doit être prononcée.
49. L'abandon, par l'expropriant, des terrains abusivement ajoutés à l'expropriation, ne peut, s'il n'a été accepté par l'exproprié, couvrir l'irrégularité de la décision.
50. Le jugement d'expropriation doit être le régulateur unique des évaluations du jury, qui, à moins d'un consentement exprès ou tacite des parties, ne peut déterminer l'indemnité qu'autant que l'ensemble des travaux prévus par ce jugement a été maintenu.
51. L'indemnité peut, sans extension de l'expropriation, comprendre les objets qui ne sont que la dépendance essentielle de l'objet principal. Pâtis; barrage.
52. Différence purement apparente entre l'objet du jugement et celui du règlement de l'indemnité.
53. Immeubles par destination. Art. 522 à 525 du Code civil.
54. Dans l'expropriation, la superficie et le tréfonds peuvent-ils être séparés? L'expropriation prononcée d'une couche horizontale de la propriété emporte-t-elle, pour le propriétaire, le droit à indemnité pour la totalité du dessus et du dessous? Autorités compétentes pour résoudre ces questions.
55. Mine en exploitation. L'art. 44 de la loi du 21 avril 1810 ne s'applique pas au règlement de l'indemnité.
56. Concessionnaire ou exploitant d'une mine ou d'une carrière.
57. Carrières ou mines non exploitées ni concédées.
58. Caves sous la voie publique.
59. Dommage éventuel. Interdiction probable d'exploiter une mine.
60. Dépréciation possible d'un établissement industriel. Chemin de fer privé.
61. Si le dommage vient à se réaliser, celui qui en souffre en obtient réparation d'après les règles du droit commun.
62. Décision contenant réserve des cas éventuels.
63. Décisions de l'ensemble desquelles il résulte que les cas éventuels n'ont pas été touchés par le jury.
64. Par quelle juridiction est réglé le dommage éventuel lorsqu'il se réalise.
65. Travaux exécutés d'une façon autre et plus dommageable que celle qu'indiquaient les plans sur lesquels l'expropriation a été poursuivie.
66. Le dommage, même certain, n'est, devant le jury, une cause d'indemnité, qu'autant qu'il est la conséquence directe de l'expropriation.

92. Peut-on se plaindre, au contraire, de ce que ce mode d'évaluation n'a pas été suivi?

93. Les parties ne peuvent jamais se plaindre des conséquences du contrat judiciaire qu'elles ont accepté. Fixation de l'époque de la prise de possession. Allocation à plusieurs indemnitaires d'une indemnité unique. Création d'une servitude.

94. Les conventions des parties ne sont cependant pas une loi pour le jury. Accord des parties pour reconnaître au terrain exproprié une contenance supérieure à celle indiquée au tableau des offres.

95. C'est à l'autorité judiciaire qu'il appartient de connaître des difficultés relatives à la confection des travaux ordonnés par la décision du jury, et généralement de l'exécution et de l'interprétation des décisions du jury.

96. La décision du jury doit porter sur tous les chefs de demande; elle ne peut être restreinte à un ou à quelques-uns de ces chefs.

97. Et la cassation de la décision ainsi restreinte doit être prononcée, encore bien que la restriction aurait été commandée par une ordonnance du magistrat directeur.

98. La restriction du débat à quelques-uns des chefs d'abord présentés peut s'opérer par l'accord mutuel des parties.

99. Est-il nécessaire que le jury statue sur des propositions faites au cours des débats, mais non expressément acceptées?

99 bis. Indemnité réclamée et débattue à titre seulement de locataire, par une personne que le jugement d'expropriation et la matrice des rôles indiquaient comme propriétaire d'une construction.

100 Le jury peut comprendre tous les chefs de demande dans une allocation unique.

101. Allocation unique pour tant d'ares de terrain, sans indication expresse du bâtiment qui couvre une partie de ce terrain.

102. Confusion par suite de laquelle des objets étrangers à l'expropriation seraient entrés dans l'évaluation de l'indemnité.

103. Le jury n'est pas tenu de faire connaître les bases de son évaluation, ni de donner des motifs à l'appui de sa décison.

104. Le jury n'a pas compétence pour fixer l'époque à partir de laquelle courront les intérêts de l'indemnité qu'il alloue.

105. Désignation, dans la décision, de l'exproprié sous un autre nom que le sien.

106. Changements survenus dans la personnalité des expropriés.

107. Défaut de désignation nominative de l'un des copropriétaires.

108 Attribution à une personne de l'indemnité réglée pour une autre.

109. Comment doivent être rendues les décisions en cas de jonction ou de réunion en catégories. Renvoi.

110. Constatation de ce fait que la décision a été prise à la majorité

111. Les certificats des jurés ne peuvent prévaloir contre la constatation contenue dans la décision.

112. Décision rendue à l'unanimité.

§ 4.

(Ne donne lieu à aucune observation).

§ 1er.

1. Il n'est pas indispensable que le procès-verbal fasse mention d'une déclaration expresse de clôture de l'instruction. La clôture résulte suffisamment de la mention au procès-verbal qu'après que les parties, interpellées, ont répondu n'avoir aucune observation à

présenter, le jury est entré dans la salle de ses délibérations [1], ou que le jury, se trouvant en état de statuer
sur les affaires à lui soumises, s'est retiré en la chambre du Conseil [2]. Jugé même qu'il suffit, pour constater la clôture de l'instruction, de la simple énonciation
au procès-verbal de l'invitation que le magistrat directeur a adressée au jury de se retirer dans une salle
voisine pour y délibérer [3].

2. L'instruction close peut être rouverte si le jury
le juge utile pour éclairer sa religion. Cela a été expliqué plus haut au sujet du transport sur les lieux, article 37, n. 59.

3. Le magistrat directeur peut-il, au moment où il
prononce la clôture des débats, poser au jury les questions à résoudre, et appeler son attention sur les faits
résultant des débats ? La loi ne lui impose à cet égard
aucune obligation (voir art. 42, n. 7), mais elle ne lui
interdit pas non plus de le faire. La position de questions faite par le magistrat directeur et les observations
et explications adressées par lui au jury ne constituent
de sa part ni un excès de pouvoir, ni une atteinte à la
liberté de décision du jury [4]. Spécialement, le magistrat
directeur peut, par un exposé succinct, appeler l'attention des jurés sur le point en litige, afin d'éviter toute

[1] 18 nov. 1846, rej. : De Montalembert c. Préfet de la Charente ;
M. Renouard D. 1847, 1, 77, P. 1816, 2, 647.

[2] 11 août 1857, rej. : Préfet du Finistère c. Veuve Durand et autres ;
M. Renouard. D. 329, S. 861, P. 1858, 765.

[3] 27 nov. 1855, rej. : Préfet de la Gironde c. Veuve Kuff; M. Renouard. D. 1855, 1, 456, S. 1856, 1, 830, P. 1856, 1, 44.

[4] 1er mars 1843, rej. : Labbé c. Préfet de la Seine ; M. Renouard
D. 161, S. 315, P. 1, 510. — 21 août 1843, rej. : Préfet du Pas-de-
Calais c. Boucher ; M. Fabvier. D. 450, S. 880, P. 2, 658. — 24 nov.
1846, rej. : Girard c. Préfet de l'Indre ; M. Hello. D. 1847, 4, 248,
S. 1847, 1, 219, P. 1847, 1, 469.

confusion entre plusieurs affaires différentes soumises
au même jury [1]. Le jury reste libre d'avoir, aux observations du magistrat directeur, tel égard que de
raison [2].

4. L'ordonnance par laquelle le magistrat directeur
a refusé de poser au jury une question relative à un
certain chef de demande n'enchaîne pas la décision du
jury, qui demeure le maître de faire droit à la demande,
s'il la trouve fondée et bien justifiée [3]. Ainsi jugé toutefois dans une espèce dans laquelle le magistrat directeur avait à bon droit refusé de poser une question
relative à l'appréciation d'un dommage éventuel, de la
suppression possible d'un moulin à proximité duquel
le génie militaire a élevé des ouvrages de défense.
L'ordonnance ou l'avis du magistrat directeur pourraient
au contraire vicier la décision, si, par la confiance et
l'autorité qui leur appartenaient, ils avaient été de nature à empêcher le jury de prononcer en un sens
favorable à des conclusions ayant un objet régulier et
légal. (Voy. art. 37, n. 59 *in fine*.)

5. Il importe d'ailleurs que le magistrat directeur
soit très-sobre en ses observations et exposé (*supra*,
n. 3). Il ne faudrait pas, en cette matière, introduire,
comme aux assises, un résumé des débats.

Un arrêt du **25** mars 1873 [4] a prononcé la cassation
dans une affaire dans laquelle le magistrat directeur,

[1] 22 mai 1865, rej. : Guérin-Marais c. Ville de Chollet ; M. Quénault.

[2] Arrêt du 1er mars 1843.

[3] 7 avr. 1845, rej. : Rieder-Monborne c. l'Etat ; M. Renouard.
D. 207, S. 532, P. 1, 589.

[4] 25 mars 1873, Cass. : Préfet de l'Aveyron c. Galtayries et autres ;
M. Aucher. D. 180, S. 177, P. 407.

après avoir prononcé la clôture des débats, avait adressé
aux jurés, au moment où ils allaient se retirer en la
chambre de leurs délibérations, une allocution contenant le passage suivant : « Il leur a fait observer que,
dans la fixation de l'indemnité, ils devaient tenir compte
de..., en un mot, de to ut c qui peut être pour le propriétaire une cause de préjudice. » En traçant ainsi la
règle à suivre, le magistrat directeur avait omis une
distinction essentielle entre les dommages directs ou
indirects, certains ou éventuels (Voy. *infra*, n. 34, n. 59
et suivants), et la manifestation de son opinion personnelle, non conforme aux vrais principes de la matière,
avait pu influer sur la décision des jurés. La Cour suprème a donc vu là un excès de pouvoir, et une violation de l'article 38. (Voy. art. 37, n. 43.)

§ 2.

6. A quel moment, en quel lieu et de quelle manière
doit se faire la désignation du président du jury ? Est-ce
en audience publique et dans l'intervalle entre la clôture des débats et l'entrée du jury dans la salle des délibérations ? N'est-ce pas, au contraire, après que le
jury s'est retiré dans cette salle ? Du texte du paragraphe 2 de l'article 38 il semble qu'on doive induire
qu'aussitôt que la clôture de l'instruction a été prononcée par le magistrat directeur, les jurés se retirent immédiatement dans la chambre de leurs délibérations,
et que c'est, en conséquence, dans cette chambre qu'ils
procéderont à la désignation de leur président. Toutefois, les mots *à l'instant même*, qui terminent la disposition, appartenant à toute la phrase qui précède, se prêtent également à l'interprétation que les jurés peuvent
désigner leur président à l'instant même où ils se reti-

rent dans la chambre de leurs délibérations, c'est-à-dire
lorsqu'ils sont encore dans la salle d'audience. La
désignation du président sera donc bien faite, soit qu'il
y ait été procédé avant de quitter l'audience publique [1],
soit qu'elle ait eu lieu après la retraite du jury et dans
la chambre même de ses délibérations [2].

7. La loi n'a d'ailleurs prescrit, pour la désignation
du président, aucune forme spéciale ; il suffit que cette
désignation soit constante, et elle est en général suffisamment attestée par la simple mention qui en est faite dans
la décision même du jury, revêtue des signatures indi-
viduelles de tous ses membres [3]. A supposer que, dans
la pensée du législateur, ce fût dans la salle des délibérations que dût se faire la désignation, la désignation
faite à l'audience devrait être, au besoin, considérée
comme confirmée et réitérée, en la salle des délibérations, par l'apposition que chaque juré y a faite
individuellement de sa signature sur la décision [4].

8. La loi ne défend même pas de nommer le président du jury avant la clôture des débats [5]. Cette désignation se fait souvent lorsque, au cours des débats, il

---

[1] 22 juill. 1839, rej. : Préfet du Pas-de-Calais c. Allart ; M. Quéquet. D. 280, S. 801, P. 1846, 2, 640. — 24 mars 1841, rej. : Préfet
des Bouches-du-Rhône c. Comte de Grignan ; M. Renouard. D. 193,
S. 344, P. 1847, 1, 216. — 11 juin 1856, rej. : Chemin de fer de Strasbourg c. Forest et autres ; M. Renouard. D. 196, S. 826, P. 2, 414.

[2] 25 juill. 1855, rej. : Préfet des Basses-Alpes c. Frison et autres ;
M. Renouard. D. 374, S. 841, P. 2, 236.

[3] Arrêts des 22 juill. 1839, 24 mars 1841 et 11 juin 1856. — 4 août
1863, rej. : Préfet des Landes c. de Borda et Bonnet ; M. Glandaz.
— 4 août 1863, rej. : Préfet des Landes c. Decoup et autres ; M.
Sevin. — 16 janv. 1877, rej. : Quesnel et liquidateur Duez et Cⁱᵉ c.
Chemin de fer du Nord ; M. Goujet. D. 471.

[4] Arrêts des 22 juill. 1839, 24 mars 1841 et 11 juin 1856.

[5] 4 janv. 1860, rej. : Lecointre c. Ville de Poitiers ; M. Sevin.
D. 40, S. 480, P. 1861, 600.

s'agit de délibérer sur un acte d'instruction. Nous
avons déjà vu plus haut (art. 37, n. 52) que, pour la
délibération relative au point de savoir si l'on ordonnera ou non un transport sur les lieux, la désignation
d'un président est facultative. Au cas où un président
a été ainsi désigné pour un acte d'instruction, les jurés
ont pu se dispenser, après la clôture des débats, de
procéder à une nouvelle désignation, s'il résulte du
procès-verbal qu'ils ont procédé à leur délibération définitive sous la présidence du même membre qu'ils
avaient désigné, en qui ils ont de nouveau reconnu,
quoique tacitement, la qualité de président[1].

9. Le paragraphe 2 de l'article 38 porte que les jurés *se retirent dans leur chambre* pour délibérer ; la loi
n'a pas voulu, en cette matière, qu'il pût jamais être
délibéré, même à voix basse et sans immixtion de personnes étrangères, dans la salle d'audience et en présence des parties et du public. Les expressions *se retirent* n'ont cependant rien de sacramentel : nul doute
que la délibération ne puisse avoir lieu régulièrement
dans la salle même d'audience, pourvu que, dans ce
cas, la salle d'audience soit évacuée et fermée, et que
le magistrat directeur et le greffier eux-mêmes se retirent, pour ne rentrer qu'après que le jury les a avertis
que sa délibération est terminée[2]. V. *infra*, n. 17.

[1] 19 janv. 1835, rej. : Commune de Charny c. Guillemineau ;
M. Faure. D. 113, S. 172, P. à sa date, p. 1278.— 5 mars 1845, rej. :
Maire de Clermont-Ferrand c. Bujadoux et autres ; M. Renouard.
D. 171, S. 430, P. 1, 385. — 4 août 1862, rej. : Sieys de Reyens
c. Préfet de la Drôme ; M. Lavielle. D. 383, S. 1063, P. 1863, 159. —
3 juillet 1865, rej. : Bourqueney c. Ville de Vesoul ; M. Mercier.
D. 1865, 5, 179.
[2] 25 févr. 1840, rej.: Valogne c. Préfet de Seine-et-Oise ; M. Quéquet. D. 145, S. 212, P. 1, 233. — 7 mai 1867, rej. : Boymond c. Ville
de Lyon ; M. Renouard. — 10 févr. 1874, rej. : David c. Préfet de
l'Orne ; M. Merville.

10. Il n'est pas nécessaire, d'ailleurs, que le procès-verbal déclare expressément que le jury s'est retiré dans la chambre de ses délibérations, il suffit que cela s'induise de ses constatations. Jugé qu'il résulte preuve suffisante que les jurés ont, conformément à l'article 38, délibéré dans la chambre qui leur était destinée, des termes d'un procès-verbal qui constate que, la séance ayant été suspendue pendant une demi-heure, les jurés ont délibéré sans désemparer sous la présidence de l'un d'eux qu'ils ont désigné pour président, et, *étant rentrés en audience publique*, ont remis leur décision au directeur du jury [1]. S'ils sont *rentrés* en audience publique, c'est qu'ils en étaient sortis pour délibérer.

11. La délibération du jury doit être secrète et se poursuivre sans désemparer. A cet égard encore une déclaration expresse du procès-verbal n'est pas absolument nécessaire; il suffit que l'accomplissement de ces prescriptions résulte de l'ensemble des énonciations; que le procès-verbal porte, notamment, que le magistrat directeur a invité les jurés à se retirer pour délibérer, et qu'en effet les jurés sont entrés dans la salle de leurs délibérations [2]. Ces énonciations reproduisent les termes mêmes dans lesquels l'article 38 a prescrit l'obligation du secret.

Les énonciations ont encore été considérées comme suffisantes dans une espèce où le procès-verbal mentionne que les jurés sont entrés à 2 heures 55 minutes dans la salle de leurs délibérations, qu'ils en sont sor-

---

[1] 28 août 1848, rej.: Préfet du Morbihan c. Bouier et autres; M. Gaultier. D. 1848, 5, 187.

[2] 7 mai 1878, rej.: Jeunet c. Ville de Paris; M. Sallé.

tis à 7 heures 30, et que l'audience publique a été reprise[1]. Notons que, dans cette espèce, le lieu de la délibération n'avait pas été indiqué. (Voy. *infra*, n. 12.)

Mais il y a nullité de la décision du jury si le procès-verbal ne fait aucune mention de la manière dont il a été procédé à la délibération, si l'on n'y trouve ni l'indication du moment, ni l'indication du lieu où le jury s'est retiré pour délibérer[2].

Une constatation *expresse* que les jurés se sont conformés, quant au mode et au secret de leur délibération, aux dispositions de la loi, ne saurait être exigée du procès-verbal. Comment le magistrat directeur pourrait-il constater des opérations auxquelles il n'assiste pas ?

Se montrera-t-on plus exigeant au cas d'expropriation en matière de chemins vicinaux, où le magistrat directeur a lui-même assisté à la délibération et l'a présidée avec voix délibérative en cas de partage ? Même en ce cas, la jurisprudence n'a pas imposé au juge une constatation expresse au procès-verbal[3]. Le procès-verbal n'est pas l'œuvre du magistrat seul, mais aussi celle du greffier, qui, pas plus pour les expropriations vicinales que pour les autres, n'assiste à la délibération.

12. Est-il indispensable que le procès-verbal indique

---

[1] 28 août 1876, rej. : Ch. de fer d'Orléans c. Crédit agricole ; M. Merville. D. 1877, 1. 23, S. 1877, 1, 224, P. 1877, 549.

[2] 29 juin 1869, Cass. : Vivien Labretonnière et Desvaux c. Commune de Lizores ; M. Henriot. D. 344, S. 386, P. 948.

[3] 26 août 1873, rej. : Fabre c. Commune d'Egat ; M. Aubry. S. 475, P. 1192.

en quel lieu le jury a délibéré ? C'est un point que le magistrat directeur doit nécessairement connaître, et qu'il serait à même de constater. On pourrait, au premier coup d'œil, apercevoir une contradiction dans deux arrêts (des 29 juin 1869 et 28 août 1876) dont il a été parlé au nombre précédent. Cette contradiction n'est qu'apparente. La jurisprudence n'exige pas absolument l'indication du lieu où le jury a délibéré ; ce défaut d'indication est indifférent par lui-même, et s'il apparaît d'ailleurs, au procès-verbal, de circonstances desquelles résulte suffisamment l'observation des prescriptions légales ; mais, si le procès-verbal est au contraire dépourvu d'autres énonciations propres à indiquer que la délibération a été régulière, le silence gardé sur le lieu où elle s'est acccomplie ajoute un doute nouveau à ceux qui naissent de l'ensemble du procès-verbal, et peut contribuer pour sa part à l'annulation de la décision.

13. L'introduction du magistrat directeur dans la salle des délibérations est-elle une cause de nullité ? Il a été jugé que l'entrée du magistrat directeur dans la salle, provoquée par le jury lui-même, dans la vue de s'éclairer sur la forme de la décision à rendre, non-seulement n'est prohibée par aucune disposition de la loi, mais rentre, au contraire, parfaitement dans son esprit ; la dénomination même, attribuée par le législateur au magistrat chargé de régulariser la délibération des jurés, indique toute seule l'intention qu'il les dirige vers la fin régulière de la décision qu'ils sont appelés à rendre, et à laquelle il suffit qu'il demeure étranger[1].

---

[1] 2 janv. 1837, rej.: Préfet de l'Hérault c. Glaise et Sagnier ; M. Quéquet. D. 1837, 1, 178, S. 1838, 1, 23, P. 1837, 1, 150. — 4 août 1863, rej.: Préfet des Landes c. Decoup et autres ; M. Sevin. — 23

Même décision si le jury ayant, avant de se retirer en
la chambre de ses délibérations, manifesté l'intention
de voir les lieux, le magistrat directeur a accompagné
le jury dans cette chambre pour fixer les jour et heure
du transport [1] ; ou si le magistrat directeur n'est entré
dans la chambre des délibérations qu'après que les jurés l'avaient fait avertir que leur décision était rendue,
et s'est borné, sur la présentation qui lui a été faite de
ladite décision, à donner lecture au jury de l'article 41,
en l'avertissant que sa décision devait, conformément à
cet article, être signée non-seulement du président,
mais de tous les membres qui y avaient concouru [2].

14. L'introduction du magistrat directeur constituerait, au contraire, une infraction aux articles 37 et 38, et
emporterait nullité, si elle avait pour effet de continuer
l'instruction dans la chambre des délibérations sans publicité ni discussion contradictoire. Tel est le caractère
qu'un arrêt de cassation, du 1er juin 1869 [3], a reconnu à
l'introduction, dans une espèce en laquelle le procès-
verbal contenait la mention suivante, émanée du magistrat directeur : « Les débats étaient clos lorsque, vers les
deux heures, nous avons été prié, par un billet signé du
président du jury, de nous rendre dans la chambre des
délibérations. Là, nous avons été invité à demander aux
représentants de la compagnie une explication relative à
une confusion de personnes ou de parcelles sur les bulle-

---

décembre 1863, rej. : Ch. de fer d'Orléans c. Monclar et autres;
M. Renouard. D. 1864, 5, 149.
    [1] 7 avr. 1845, rej. : L'État c. Féron ; M. Renouard. D. 207, S. 529,
P. 1, 585.
    [2] 15 avr. 1840, rej. : Maury et autres c. Préfet de la Haute-Vienne;
M. Quéquet. D. 185, S. 706, P. 2, 167.
    [3] 1er juin 1869, Cass. : Blondeau et Lanck c. Ch. de fer d'Orléans ;
M. Eugène Lamy. D. 344, S. 475, P. 1226.

tins d'inscription d'indemnité. Notre premier soin a été
de nous rendre à ce désir. Des explications complètes
nous ayant été fournies, nous les avons apportées nous-
même à Messieurs les jurés, et, après les avoir déposées dans leurs mains, nous nous sommes retiré, les
laissant seuls vaquer à leurs fonctions. » Il n'appert pas
de cette déclaration que les expropriés eussent été in-
formés de la réclamation du jury ni des demarches du
magistrat directeur : des documents supplémentaires,
explicatifs ou rectificatifs de pièces déjà déposées, ont
ainsi été remis par les agents de l'expropriant au magistrat directeur, et par le magistrat directeur au jury,
sans que les parties adverses eussent été mises à même
de les vérifier ou discuter. L'arrêt décide que le moyen
pris de cette irrégularité peut être invoqué même par
l'exproprié qui n'avait fait consigner en son nom aucune
protestation au procès-verbal.

15. Il y a violation de l'article 37, paragraphe 2,
lorsque l'instruction, déclarée close, s'est continuée sans
publicité, et sans redevenir contradictoire, dans la salle
des délibérations du jury, spécialement lorsque le jury
a appelé dans la salle de ses délibérations, à l'effet
d'obtenir des renseignements nouveaux, une ou plusieurs personnes étrangères, entendues ou non au cours
des débats (article 37, paragraphe 3) [1], ou encore lorsque le jury a appelé l'une des parties (un ingénieur ou
agent-voyer chargé de représenter l'expropriant), pour

---

[1] 18 mars 1844, Cass. : Duc d'Aremberg c. Préfet du Nord :
M. Hello. D. 186, S. 378, P. 1, 673. — 16 décembre 1862, Cass. :
Carrion de Nizas c. Ch. de fer du Midi et du Canal latéral à la
Garonne ; M. Delapalme. D. 544. — 30 août 1865, Cass.: Veuve
Tymbeau c. Commune de Salles ; M. Eugène Lamy. D. 1865, 5, 180.
— 29 mai 1877, Cass. : Dubosq c. Ville de Rennes ; M. Gastambide.
D. 1877, 5, 228.

avoir d'elle quelques renseignements, sans y appeler
également l'autre partie [1].

Ajoutons qu'il y aurait nullité au cas même où les
deux parties auraient été appelées et entendues à nouveau en la chambre du conseil, en l'absence du magistrat directeur et à huis clos. Leur comparution simulta-
née ne saurait couvrir la nullité résultant à la fois de
ce que, d'une part, la discussion a repris sans publicité,
de ce que, d'autre part, le jury n'a pas délibéré en secret et sans désemparer [2].

Ce qui vient d'être dit s'applique non-seulement
quand le jury délibère après la clôture des débats, mais
aussi lors de tous les incidents qui peuvent s'élever
dans le cours de la procédure, après que le jury a été
constitué [3].

Il est évident, d'ailleurs, qu'une pareille irrégularité
n'affecte que l'affaire ou la catégorie d'affaires dans
laquelle elle s'est produite, et ne saurait vicier la décision rendue par le jury dans une catégorie d'affaires
distincte de celle-là [4].

Lorsque, après la clôture prononcée, de nouveaux
renseignements sont nécessaires, il faut rouvrir les débats publiquement et contradictoirement. (Voy. art. 37,
n. 59 ; et art. 38, n. 2, 16 et 21.)

[1] 9 déc. 1856, Cass. : Veuve et mineur Valz c. Préfet de l'Hérault ;
M. Glandaz. D. 1856, 1, 437, S. 1857, 1, 512, P. 1857, 121. — 30 juill.
1860, Cass. : Weter et Jacquemont c. Commune de Fontaine-sur-
Saône ; M. Quénault. D. 407, S. 1009, P. 1861, 101. — 13 avril 1863,
Cass. : Duchesse de Fitz-James, Petit, Barberot d'Autet, comte de
Vaulchier c. Ch. de fer de l'Est ; M. Renouard. D. 256. — 2 avril
1873, Cass. : Granal c. Préfet de l'Hérault ; M. Henriot. D. 188, S.
475, P. 1192.
[2] 6 janv. 1874, Cass. : Commune de Calvisson c. Sully-Chapel ;
M. Pont. D. 215, S. 83, P. 171.
[3] Arrêt du 13 avril 1863.
[4] 11 mai 1858, rej. : Allard c. Ch. de fer de l'Isère ; M. Alcock.

16. L'introduction en la salle des délibérations du magistrat directeur, du greffier et de l'avocat de l'exproprié n'a pas été, dans l'espèce qui va être expliquée, considérée comme une violation du secret de la délibération du jury. Le procès-verbal constatait que ces trois personnes ne s'étaient introduites dans la salle des délibérations des jurés que sur l'appel et la provocation de ceux-ci, qu'au moment où ils y avaient pénétré la décision était définitivement arrêtée, mais qu'on ne la leur avait pas fait connaître, et qu'après une explication qui avait eu uniquement pour objet la forme au moyen de laquelle cette décision devait être constatée, et qui avait été donnée par le magistrat directeur, les jurés étaient restés absolument seuls [1]. Ce qui différencie cette espèce de celles jugées par les arrêts cités sous l'article 37, n. 74, c'est la circonstance qu'il est expressément constaté ici qu'en fait le débat n'a pas été rouvert en Chambre du Conseil. Il est d'ailleurs à remarquer que la cassation était demandée par la partie même dont l'avocat avait été appelé dans la chambre des délibérations.

17. Le secret des délibérations n'est pas violé par l'entrée d'un greffier ou d'un huissier dans la chambre des délibérations, s'ils n'ont fait qu'y paraître pour remettre aux jurés un document réclamé par eux [2], pour leur faire connaître qu'une pièce, réclamée par eux, n'a pu être trouvée [3], ou pour leur transmettre

---

[1] 27 mars 1843, rej. : Thinières c. Préfet du Lot ; M. Bryon. D. 189, S. 439, P. 1, 635.

[2] 3 mai 1843, rej. : Baronne de Taintegnies c. Préfet du Pas-de-Calais ; M. Renouard. D. 336, S. 504, P. 1, 661.

[3] 27 févr. 1837, rej.: Urbain c. Piard ; M. Quéquet. D. 262, S. 126, P. 1, 334.

un renseignement qu'ils l'avaient eux-mêmes chargé de demander au magistrat directeur sur le point de savoir s'ils pouvaient ou non provoquer à nouveau, en Chambre du Conseil, les explications des parties ou de leurs avocats [1].

Il a même été jugé, par arrêt du 31 décembre 1850 [2], que l'allégation de la présence du greffier dans la salle des délibérations du jury, contrairement aux énonciations du procès-verbal portant que le jury n'a communiqué avec personne, ne suffisait pas pour permettre l'inscription de faux, alors qu'il n'était pas articulé d'une manière précise et positive que le greffier eût pris part à la délibération : d'après cet arrêt, la seule présence du greffier dans la salle n'entacherait pas de nullité la délibération du jury, si le greffier était demeuré complétement étranger à cette délibération.

18. La nullité devrait évidemment être prononcée si une personne étrangère au jury avait non-seulement assisté, mais encore pris part à la délibération. Voir *infrà*, n. 114.

19. Il y a violation du secret de la délibération si le procès-verbal constate qu'avant que le jury eût annoncé que sa délibération était terminée, le public s'était introduit et avait circulé librement dans la salle où le jury était réuni pour délibérer ; que les portes, fermées à clé par le magistrat directeur, avaient été ouvertes, en son absence et sans sa participation, à un moment qu'il n'a pas été possible de préciser [3].

---

[1] 13 août 1866, rej. : Ville de Pau c. Dufau et veuve de Ségure ; M. Le Roux de Bretagne. D. 1866, 5, 199, S. 1867, 1, 85, P. 1867, 173.

[2] Héritiers Donzelot c. Préfet de Seine-et-Oise ; M. Gillon. D. 1851, 1, 286, S. 1851, 1, 364, P. 1851, 2, 475.

[3] 22 août 1864, Cass. : Hardouin c. Administration du Rhône ; M. Renouard. D. 1864, 5, 158.

20. Les communications des jurés avec l'extérieur ne sont pas moins contraires aux prescriptions de la loi que l'introduction d'étrangers dans la salle des délibérations ; elles constituent de même une violation de la règle qui veut que le jury délibère sans désemparer, et ne reçoive plus, après l'instruction close, aucune communication susceptible de modifier ou de confirmer les impressions de l'instruction.

Un arrêt du 20 août 1845 [1] décide que l'indue communication d'un des jurés avec des personnes du dehors, pendant le temps qui devait être exclusivement consacré à la délibération secrète a essentiellement vicié la décision du jury. Dans l'espèce jugée par cet arrêt, il était constaté par le procès-verbal qu'après que le jury s'était retiré dans la chambre de ses délibérations, et avant que sa décision fût rendue, un des jurés avait voulu sortir du palais de justice et pénétrer dans la rue ; que le magistrat directeur lui avait fait observer qu'il devait immédiatement rentrer dans la salle des délibérations, où se trouvaient les autres jurés ; mais que le juré n'avait tenu aucun compte de cette injonction, avait quitté le palais, était allé dans la rue et s'était dirigé vers des personnes étrangères au jury.

21. Jugé également, par arrêt du 1er décembre 1857 [2], qu'il avait été désemparé à la délibération dans une espèce où, après l'instruction close, et en présence du chef du jury seulement, il avait été créé à l'audience, pendant que les autres jurés siégeaient en leur chambre des dé-

[1] 20 août 1845, Cass.: Préfet des Pyrénées-Orientales c. Pujade ; M. Renouard. D. 360, S. 766, P. 1846, 1, 112.

[2] Cass.: Chemin de fer d'Orléans c. Bourgerel ; M. Renouard. D. 1858, 1, 82. S. 1858, 1, 830, P. 1859, 80.

libérations, un document nouveau, consistant dans le
tracé fait, sur un plan produit, de lignes indicatives de
catégories diverses de terrain. Cet arrêt décide que la
partie même avec le consentement et le concours de
laquelle a eu lieu la création du nouveau document est
recevable à invoquer cette cause de nullité. C'était le
cas, dans cette espèce, et pour la création de ce nouveau document, de rouvrir les débats en présence du
jury. Voir *suprà*, n. 2, et art. 37, n. 74.

Le président du jury ne saurait non plus rentrer seul
dans la salle d'audience pour se mettre en communication avec les agents de l'expropriant et leur demander
des renseignements, en l'absence des autres jurés, des
parties et du magistrat directeur [1]. Le vice résultant de
cette manière de procéder peut être invoqué par tous
les expropriés quoiqu'il n'ait été constaté que sur la demande d'un seul [2].

22. L'irrégularité consistant en ce que l'un des jurés,
quittant ses collègues alors qu'ils se rendaient dans la
chambre du Conseil pour délibérer, aurait pénétré
dans la salle d'audience, et aurait adressé à une des
personnes qui s'y trouvaient quelques mots que celle-
ci n'a pas entendus, ne serait pas de nature à emporter
nullité, parce que, d'une part, il n'y avait pas eu entre
le juré et la personne étrangère échange de paroles
susceptibles de modifier en quoi que ce soit les impressions de l'instruction ; parce que, d'autre part, il s'a-
gissait d'un fait qui, bien que postérieur à la clôture des
débats, s'était passé avant tout commencement de déli-

---

[1] 29 juill. 1862, Cass. : Gigard et Michaz c. Ch. de fer Paris-Lyon-
Méditerranée ; M. Sevin. D. 378, S. 1064, P. 1863, 378. — 24 nov.
1862, Cass. : Ch. de fer Paris-Lyon-Méditerranée c. Rivolle ; M. Delapalme. D. 1863, 1, 252.

[2] Arrêt du 29 juillet 1862.

bération, et sans que, par conséquent, il eût pu y être désemparé [1].

23. La violation de la règle que le jury doit délibérer *sans désemparer* ne résulte pas non plus de cette circonstance qu'après la retraite de tous les jurés dans la chambre des délibérations, l'un d'eux est venu jusqu'au seuil de la porte de communication de cette chambre avec l'auditoire, et a demandé à haute voix la remise d'un titre de propriété [2], ou est sorti un instant de la chambre des délibérations pour demander du sable nécessaire aux jurés [3].

24. L'obligation pour les jurés de délibérer sans désemparer ne va pas non plus jusqu'à les priver de toute espèce de repos tant que leur délibération n'est pas terminée. Aucune nullité ne résulte de ce qu'ils ont interrompu leur délibération, soit pour prendre un repas [4], soit pour se livrer au sommeil [5]. Il en est du moins ainsi, lorsqu'il n'est pas allégué que, pendant l'intervalle de la suspension, une communication quelconque ait eu lieu entre un ou plusieurs des jurés et les parties ou leurs conseils [6], lorsque surtout il est formellement constaté par le procès-verbal qu'il n'y a eu alors, de la part du jury, aucune communication avec les parties intéressées ou leurs conseils [7]. V. art. 44, n. 4.

---

[1] 7 déc. 1857, rej. : Chemin de fer de l'Ouest c. De Robillard ; M. Renouard. D. 1858, 1, 81, P. 1859, 636.

[2] 27 févr. 1837, rej. : Urbain c. Piard ; M. Quéquet. D. 262, S. 126, P. 1, 334.

[3] 5 mars 1856, rej. : Compagnie du chemin de fer de Bessége à Alais c. Chastanier de Boisset; M. Delapalme. D. 119, S. 832, P.1, 497.

[4] 7 janv. 1845, rej. : De Clermont-Mont-Saint-Jean c. l'Etat ; M. Renouard. D. 84, S. 15, P. 1, 82.

[5] 18 avr. 1851, rej. : Jacquemet c. Préfet du Cher ; M. Renouard. D. 161, S. 485, P. 2, 527.

[6] Arrêt du 18 avril 1854.

[7] Arrêt du 7 janvier 1845.

Si la clôture des débats est prononcée à une heure avancée, le magistrat directeur peut renvoyer au lendemain matin l'ouverture de la délibération, sans qu'il y ait pour cela violation de la disposition de l'article 38 qui exige qu'après la clôture des débats les jurés se retirent *immédiatement* dans leur chambre pour délibérer[1].

25. La circonstance que les jurés ayant, à leur sortie de la chambre des délibérations, présenté au magistrat directeur une décision qui portait à tort sur des points étrangers à leur mission, les jurés, sur l'invitation du magistrat directeur, sont rentrés dans leur chambre pour faire à leur décision les rectifications et retranchements nécessaires, et en sont sortis bientôt après avec une décision nouvelle, rectifiée dans le sens des observations du magistrat directeur, n'empêche pas que la délibération n'ait eu lieu sans désemparer[2]. (Voir *infra*, n. 118 et suivants.)

Même décision lorsque le renvoi des jurés dans la salle des délibérations a eu pour objet la réparation d'un oubli[3], ou la rectification d'une méprise résultant évidemment de l'erreur matérielle qui s'était glissée en l'une des questions posées par écrit[4] (Voy. *supra*, n. 2), ou même la rectification du chiffre de l'indemnité, qui avait été inexactement écrit[5] (Voy. *infra*, n. 119).

---

[1] Arrêt du 7 janvier 1845.

[2] 31 août 1847, rej. : Préfet du Pas-de-Calais c. De Couronnel ; M. Delapalme.

[3] 20 août 1860, rej. : Ville d'Aix c. Dame Long ; M. Aylies. D. 1860, 1, 415, P. 1861, 502.

[4] 23 déc. 1863, rej. : Ch. de fer d'Orléans c. Monclar et autres ; M. Renouard. D. 1864, 5, 149.

[5] 27 janv. 1869, rej. : Dame Jaume c. Ch. de fer Paris-Lyon-Méditerranée ; M. Pont. D. 244, S. 385, P. 946.

26. Jugé qu'il n'avait pas été désemparé à la délibération dans une affaire où les jurés avaient été autorisés, suivant le désir qu'ils en avaient exprimé, à se réunir après chaque séance pour recueillir leurs souvenirs et les notes prises par eux dans le cours des débats. Ces réunions n'étaient pas une délibération anticipée, mais un moyen légitime non moins qu'utile de préparer et de coordonner les éléments de la délibération qui devait suivre immédiatement la clôture de l'instruction : on ne saurait voir une violation de la loi dans une mesure qui témoigne, au contraire, de l'attention des jurés, et qui était une garantie de l'exactitude de leurs appréciations [1].

27. Nous avons vu plus haut (n. 22) que les communications d'un juré avec une personne étrangère avaient pu ne pas entraîner nullité lorsqu'elles avaient précédé l'entrée du jury en délibération. De même il a été jugé que la sortie des jurés de la salle de leurs délibérations, si irrégulière qu'elle ait pu être, ne saurait néanmoins constituer *ipso facto*, d'une façon nécessaire et absolue, une infraction aux dispositions de l'article 38, s'il est constaté par le procès-verbal, et non contredit par les parties, qu'au moment de la sortie des jurés de leur salle, la délibération était complétement terminée et la décision rédigée et signée ; que ladite décision n'a pas cessé, depuis ce moment, d'être entre les mains du président du jury, et a été par lui remise au magistrat directeur sans qu'aucune délibération nouvelle ait eu lieu dans l'intervalle

[1] 20 mars 1855, rej. : Montrochet c. Ville de Lyon ; M. Laborie. D. 61, S. 451, P. 1856, 1, 556. — 19 juin 1861, rej. : Bompied c. Ch. de fer d'Orléans ; M. Delapalme. D. 1861, 1, 286, S. 1862, 1, 894, P. 1862, 715.

de temps écoulé entre la sortie des jurés de la salle des
délibérations et leur rentrée après une demi-heure
d'absence. Dans l'espèce, le magistrat directeur avait,
en renvoyant les jurés dans la chambre de leurs délibérations, approximativement annoncé l'heure à laquelle l'audience publique pourrait être reprise pour
le prononcé de la décision ; les jurés, ayant terminé
leur délibération avant l'heure indiquée pour la reprise de l'audience, avaient eu le tort d'aller attendre
cette heure dans un café voisin [1].

Même décision en une autre affaire, dans laquelle il
était constant qu'un des jurés était rentré avant ses
collègues dans la salle d'audience et y avait parlé à
plusieurs personnes, mais en laquelle il était également établi que cette irrégularité n'avait été commise
qu'après la délibération terminée et la décision prise
en l'état où elle a été rendue [2].

28. La foi due au procès-verbal s'oppose à ce que,
lorsqu'il y est constaté que les jurés ont délibéré *en secret et sans désemparer*, les parties soient admises à
prouver par témoins [3], ou par des lettres ou des déclarations extrajudiciaires émanées des jurés eux-
mêmes [4], que des personnes étrangères au jury se sont
introduites dans la salle des délibérations et y ont sé-
journé, ou qu'il y a eu interruption dans la délibéra-

---

[1] 16 juin 1858, rej. : Michalet et époux Buisson c Ville de Paris ;
M. Aylies. D. 1858, 1, 325, P. 1859, 98.

[2] 7 janv. 1862, rej. : Roche et consorts c. Ch. de fer d'Orléans ;
M. Renouard. D. 377, S. 1064, P. 1863, 378.

[3] 19 janv. 1835, rej. : Commune de Charny c. Guillemineau ; M.
Faure. D. 113, S. 172, P. à sa date, p. 1278.

[4] 23 juin 1840, rej. : Mareau c. Préfet de l'Orne ; M. Thil. D. 254,
S. 714, P. 2, 480. — 12 avr. 1847, rej. : De Guingand et Haag c. Préfet de la Seine ; M. Lavielle.

tion. On ne peut être admis à prouver un fait contraire
aux énonciations du procès-verbal, ou même un fait
sur lequel le procès-verbal garde le silence, qu'en
employant la voie de l'inscription de faux.

Voir encore, sur ce point, ce qui a été dit plus haut,
art. 34, n. 10.

29. Si le procès-verbal laisse du doute sur le point
de savoir s'il a ou non été désemparé à la délibération,
la décision du jury doit être annulée. Il est du devoir
du magistrat directeur, dès que se produit de la part de
l'une des parties l'allégation d'un fait de nature à vicier
les opérations du jury, de procéder immédiatement à
la vérification du fait allégué et à la constatation de son
caractère et de ses circonstances. La nullité de la décision du jury a été prononcée dans une espèce où, l'une
des parties ayant allégué, après lecture de la décision,
que, pendant la délibération, un juré était venu confé-
rer avec l'autre partie dans la salle d'audience, le magistrat directeur, s'abstenant de toute information,
s'était borné à répondre qu'absent de la salle d'audience au moment où le fait se serait passé, il ne pouvait ni en affirmer ni en nier l'exactitude [1]. Toutes les
fois que l'allégation d'un fait irrégulier et propre à entraîner nullité est proposée, il appartient au magistrat
directeur de se livrer à une espèce d'enquête sommaire,
dont les éléments et le résultat doivent être rapportés
au procès-verbal.

§ 3.

30. « La décision du jury, porte le paragraphe 3 de
l'article 38, fixe le montant de l'indemnité. »

---

[1] 19 févr. 1855, Cass. : Raton c. Chemin de fer de Dôle à Salins :
M. Renouard. D. 132, S. 456, P. 1856, 1, 160.

D'après quelles bases doit être fixée l'indemnité? Elle doit l'être en considération tant de la valeur de l'immeuble que du préjudice de toute nature qu'éprouve l'exproprié [1]. Aux termes de l'article 29, le jury spécial est appelé, le cas échéant, *à régler les indemnités dues par suite d'expropriation pour cause d'utilité publique.* Ces mots : *indemnités dues par suite d'expropriation,* comprennent dans leur latitude le pouvoir d'apprécier, non-seulement la valeur intrinsèque des terrains expropriés, mais encore celle des avantages qui étaient attachés à leur possession et dont la privation sera la suite de l'expropriation [2]. Il est même équitable, dans certaines limites, d'admettre le propriétaire dépossédé à faire entrer dans sa demande d'indemnité un prix de convenance ou d'affection [3].

31. Il est incontestable, en droit, que l'exproprié ne peut prétendre, à titre d'indemnité, qu'à la valeur *actuelle* de la propriété qui lui est enlevée, et qu'il n'y a aucun compte à tenir, pour la fixation de cette indemnité, de l'augmentation de valeur que l'on peut supposer devoir résulter, dans un avenir plus ou moins rapproché, de l'exécution des travaux annoncés. Mais il n'est pas moins certain qu'il suffit que des travaux de cette nature soient arrêtés en principe, pour que l'influence s'en fasse immédiatement sentir pour les propriétés appelées par leur situation à en profiter, et se traduise à l'instant pour elles en une plus-value dont il

[1] 19 déc. 1838, Cass. : Préfet de Seine-et-Oise, représentant l'Etat, c. Chemin de fer de Versailles, rive gauche; M. Quéquet. D. 1839, 1, 30, S. 1839, 1, 255.
[2] 11 janv. 1836, rej. : Préfet de la Côte-d'Or c. Commune de Chazilly ; M. Quéquet. D. 51, S. 12, P. à sa date, p. 912.
[3] 28 août 1839 : Hannaire c. Ville de Paris ; M. Quéquet. D. 357, S. 794.

est juste de faire état à l'exproprié. Ainsi se trouvent formulés ces principes dans un arrêt rendu par la chambre des requêtes, le 22 août 1864, au rapport de M. le conseiller d'Ubexi [1]. Cela est incontestable lorsqu'il s'agit d'un quartier auquel un brillant avenir est promis depuis un certain temps, et dont ces promesses d'avenir ont déjà modifié et augmenté la valeur au point de vue des transactions privées.

La chambre civile l'avait jugé de même en 1856 : il n'est pas interdit au jury, pour fixer une *juste indemnité*, de prendre en considération la situation de l'immeuble exproprié et sa destination future ; c'est là un élément d'appréciation de la valeur actuelle. Ainsi, le jury appelé à fixer l'indemnité due pour expropriation d'un immeuble situé le long d'un terrain destiné à être converti en rue lors de la réalisation d'un plan municipal, a pu à bon droit prendre en considération la destination future de l'immeuble, et élever, en conséquence, le chiffre de l'indemnité. La question de savoir si la destination future doit être prise en considération appartient au jury, et n'est pas de nature à être réservée aux tribunaux, conformément à l'article 39, paragraphe 4 [2].

32. C'est sous l'empire des mêmes idées qu'un autre arrêt de la chambre civile, du 7 février 1876 [3], décide que, encore bien qu'en fait des travaux publics auraient été commencés avant expropriation prononcée et règlement

---

[1] 22 août 1864, Req. rej. : Ch. de fer de Paris-Lyon-Méditerranée c. Veuve Pouyer ; M. d'Ubexi. *Gaz. des Trib.* du 28 sept. 1865.

[2] 9 juill. 1856, rej. : Chemin de fer de Saint-Rambert à Grenoble c. d'Avancourt ; M. Lavielle. D. 293, P. 2, 378.

[3] 7 févr. 1876, rej. : Cély c. Préfet d'Oran ; M. Gastambide. D. 273, P. 613.

de l'indemnité, le règlement qu'un jury fera ultérieurement de cette indemnité devra avoir lieu d'après la valeur
de l'immeuble, non au moment où les travaux ont commencé et où la propriété a été occupée, mais au moment
même du règlement de l'indemnité.

33. Dans les expropriations partielles, l'importance
de l'indemnité doit être déterminée en raison composée de la valeur des objets expropriés et du préjudice
que le propriétaire dépossédé peut éprouver, soit par la
dépréciation de la portion de propriété qui reste dans
ses mains, soit par la dépense qu'il sera obligé de faire
pour coordonner cette propriété à la disposition ultérieure des lieux[1].

La dépréciation de la portion que n'atteint pas l'expropriation doit être prise en considération, dans l'indemnité du propriétaire, encore bien que le propriétaire ne posséderait plus cette portion au moment du
règlement de l'indemnité, s'il est constant qu'il s'en est
dessaisi par une vente, dont l'expropriation avait eu
pour effet de diminuer le prix[2] : resté ou non propriétaire, l'exproprié a également senti l'effet de la dépréciation. Quant à la prise en considération de l'augmentation de valeur de la portion restante, voir l'article 51
de la loi; et *infra*, n. 39.

34. Le jury doit comprendre dans l'indemnité qu'il
alloue la réparation de tout dommage qui résulte, d'une
manière directe, actuelle, immédiate et nécessaire, de

---

[1] 31 déc. 1838, Cass. : Charrin c. Ville de la Croix-Rousse et Préfet du Rhône; M. Quéquet. D. 1839, 1, 53, S. 1839, 1, 19, P. 1839, 1, 5.
— 18 févr. 1857, Cass. : Préfet de l'Ain c. D'Ailly; M. Delapalme.
D. 71, S. 863, P. 1858, 471. — 3 janv. 1859, rej. : Préfet de l'Eure
c. Monsavoir ; M. Glandaz.

[2] 30 janv. 1865, rej. : Ville de Châlon-sur-Saône c. Veuve Muiron;
M. Renouard.

l'expropriation et des travaux en vue desquels elle s'o-
père[1]. Ainsi, ce serait à tort que le jury se déclarerait sans pouvoir à l'effet de fixer l'indemnité réclamée
par l'exproprié pour une portion de propriété qu'il
conserve, mais qui se trouve enclavée par suite de l'expropriation[2]. Ainsi encore, le propriétaire qui subit,
pour l'établissement d'un chemin de fer, une expropriation qui lui enlève une partie de sa propriété, a
droit à indemnité pour la dépréciation que causera au
terrain qui lui reste la diminution des facilités d'accès,
un ancien chemin ayant été remplacé par un passage à
niveau. Le même droit appartient au propriétaire d'un
moulin lorsque les travaux en vue desquels se poursuit
l'expropriation vont diminuer le volume d'eau qui lui
servait de moteur et le priver d'un déversoir naturel.
Le jury pourra donc allouer de ce chef au propriétaire
une indemnité, soit actuelle si la dépréciation est dès à
présent certaine[3], soit éventuelle s'il n'est pas encore
certain que les travaux doivent être opérés de manière
à l'effectuer[4].

Il y a préjudice imminent et certain, et non dommage éventuel et problématique, lorsque l'expropriation va laisser à l'état de stagnation les eaux de la

[1] 23 juin 1863, rej. : Syndicat de la Mare c. Veuve Wangel-
Poret ; M. Le Roux de Bretagne. D. 1866, 5, 195, S. 1863, 1, 549.
P. 1864, 402. — 1er juin 1864, rej. : Edet-Bertrand c. Ch. de fer de
l'Ouest ; M. de Vaulx.

[2] 31 juill. 1876, Cass. : Fontaneau c. Préfet de la Haute-Vienne
et Commune de Saint-Denis-des-Murs ; M. Guérin. D. 468, S. 431,
P. 1088.

[3] 22 déc. 1857, rej. : Chemin de fer Grand-Central c. Solinhac ;
M. Renouard. — 8 juill. 1862, rej. : Ville de Bordeaux c. Tenet ;
M. Cordoen. D. 381, S. 1069, P. 1863, 285.

[4] 22 déc. 1857, rej. : Chemin de fer Grand-Central c. Campergue ;
M. Renouard.

partie supérieure d'un pré, dont la partie inférieure seule est expropriée : l'expropriant avait d'abord promis des travaux pour l'écoulement des eaux, il a ensuite retiré cette promesse ; dès lors, l'exproprié a été fondé à soutenir que la stagnation du pré supérieur était la suite directe de l'expropriation, et à réclamer et obtenir indemnité de ce chef[1].

D'accord avec la jurisprudence de la Cour de cassation, le Conseil d'Etat reconnaît que la compétence du jury s'étend à l'appréciation de tous dommages directs et immédiats. Spécialement, un arrêt du 4 septembre 1841[2] décide que, lorsqu'une maison est démolie en partie pour l'élargissement d'une route, l'autorité judiciaire est compétente pour fixer, non-seulement l'indemnité due pour la partie de maison démolie, mais encore celle due pour la dépréciation de la partie de maison conservée. Un arrêt du 26 août 1858[3] reconnaît que, lorsqu'un chemin, dont le sol appartient à un particulier, a été coupé par une voie de fer, ce particulier ne peut porter devant les tribunaux administratifs une demande en indemnité pour les dommages accessoires résultant du changement de direction du chemin, de l'allongement de parcours, des difficultés de circulation résultant de ce qu'on a fait passer le chemin sur la voie ferrée, construite à cet endroit en remblais ; l'autorité judiciaire a seule, en ce cas, compétence pour régler l'indemnité due pour ces dommages accessoires, aussi bien que celle due pour le sol même du chemin exproprié. Un arrêt du 20

---

[1] 21 juillet 1875, rej. : Ch. de fer de Clermont à Tulle c. Prat et autres ; M. Merville. D. 416, S. 428, P. 1067.

[2] Cons. d'Etat : Lehmann ; M. Macarel. L. 496.

[3] Cons. d'Etat : Crispon ; M. Lemarié. L. 615, D. 1859, 3, 36.

mars 1874 [1] décide qu'après l'expropriation, le conseil
de préfecture est incompétent pour allouer une indemnité à raison du préjudice naissant de ce qu'une conduite
d'eau a été interceptée, alors qu'en fait la suppression
de cette conduite était la conséquence prévue et nécessaire de l'expropriation : c'était un élément d'indemnité
à faire valoir devant le jury; si l'exproprié a omis de le
proposer, il ne saurait plus être admis à le faire renaître plus tard par une instance administrative.

De même, le jury fera entrer dans son appréciation
les dégâts matériels accomplis au moment où se règle
l'indemnité, et qui sont la conséquence des travaux
entrepris, tels que bris de clôture, dommage à la propriété, etc. [2] Voy. encore *infra*, n. 59, et n. 66 et suivants.

35. Il faut aussi comprendre dans l'indemnité les travaux ou dépenses faits en vue de produits ou récoltes
dont l'expropriation fait disparaître l'espérance ou le bénéfice ; la valeur, par exemple, de la récolte des arbres
à fruits et à fleurs existant sur le terrain [3]. On y comprendra également toutes les dépenses qui seraient la
conséquence de l'expropriation, les travaux nécessaires
pour remettre en état la portion restante d'un immeuble
partiellement exproprié ; le coût du remploi, s'il s'agit
d'un immeuble dotal.

36. Lorsque le jury alloue une indemnité : pour le

---

[1] Cons. d'Etat : Ch. de fer Paris-Lyon-Méditerranée *c.* d'Autun ;
M. Gomel. L. 1875, 277, D. 1875, 3, 23.

[2] 8 mai 1869, Cons. d'Etat : Riehl; M. Barry. L. 431, D. 1870, 3
90, S. 1870, 2, 198, P. 439.

[3] 27 janv. 1869, rej. : Ferrand, Barbe et Andrac *c.* Ch. de fer
Paris-Lyon-Méditerranée ; M. Pont. D. 244, S. 385, P. 946. — 2 fév.
1869, rej. : Hugues *c.* Ch. de fer Paris-Lyon-Méditerranée ; M. Pont.
D. 246, S. 385, P. 946.

prix du terrain et *pour les préjudices résultant de l'ex-propriation*, il y a présomption que, par ces derniers mots, le jury a eu en vue le préjudice certain, direct et immédiat [1]. Il a, à cet égard, une grande latitude d'appréciation ; et la nullité ne pourrait être prononcée qu'autant qu'il apparaîtrait clairement, par les conclusions et les débats, que la réparation de ce qui n'est qu'incertain et purement éventuel est entrée dans les appréciations. Il n'est par permis de décomposer les divers éléments de la décision du jury pour y rechercher des bases d'évaluation qui seraient de nature à vicier cette décision, qui tendraient, par exemple, à établir que, dans la fixation de l'indemnité, le jury a tenu compte de la valeur éventuelle qu'acquerraient les terrains expropriés dans l'éventualité de la démolition de fortifications qui en sont voisines [2]. Nul doute qu'il ne faille apprécier la valeur des terrains au moment de l'expropriation, et non d'après l'augmentation de valeur qu'ils auraient acquise peu de temps après ; mais on ne peut, pour arriver à trouver le jury en faute, s'arroger le droit de scruter la pensée intime de sa décision.

37. L'objet exproprié doit être apprécié d'après l'usage qu'en faisait son propriétaire. Ainsi, la source qui sortait du fonds exproprié donnera lieu à plus forte indemnité si elle fait mouvoir une usine que si elle ne sert qu'à des usages moins importants. Jugé que la valeur industrielle de l'eau d'une source doit être prise en considération pour la fixation de l'indemnité ; et cela, encore bien que l'acquisition n'en aurait été faite que

---

[1] 12 mai 1874, rej. : Ville de Dax c. Lanquet ; M. Aubry.

[2] 10 juillet 1876, rej. : Ardoin (Ch. de fer de Bayonne à Biarritz) c. Alexandre et Camille Molinié ; M. Guérin.

peu avant l'expropriation décrétée [1]. Il faut ajouter que, dans cette espèce, l'acquisition avait eu lieu, non pour créer un état de choses apparent propre à grossir le chiffre d'une indemnité prévue, mais pour maintenir contre toute éventualité un état de choses établi, existant depuis plus d'un siècle. L'usinier jouissait de l'eau sans en être propriétaire; il avait jugé prudent, en vue de s'assurer la réparation du dommage dont le menaçait l'expropriation prochaine, de consacrer sa jouissance par un titre.

38. Une maison est située à l'angle de deux rues ; elle est atteinte en l'une de ses faces par une expropriation ; des travaux en seront la conséquence sur l'autre face, et entraîneront une demande d'alignement, l'obligation de reculer, la perte d'une partie du bâtiment. L'expropriation et l'alignement sont deux actes distincts ; le débiteur de l'indemnité d'expropriation et celui de l'indemnité pour le terrain enlevé par l'alignement seront peut-être deux personnes morales différentes. Le jury chargé de régler l'indemnité d'expropriation n'aura donc pas, à moins de convention contraire des parties, qualité pour régler l'indemnité d'alignement. Mais nous estimons que ce jury pourra et devra, dans la fixation de l'indemnité d'expropriation, tenir compte de l'atteinte que l'alignement a portée ou va porter au bâtiment. L'alignement n'est en effet nécessaire que parce que l'expropriation a eu lieu. Sans cela, le bâtiment pouvait, pendant un certain temps encore, n'avoir pas besoin de travaux confortatifs, rester debout et productif de revenus. Pour la fixation de cet élément de l'indemnité, on

[1] 27 mai 1868, Req. rej.: Ville de Nevers c. Masson et autres ; M. Calmètes. D. 1869, 1, 226, S. 1868, 1, 366, P. 1868, 940.

aura égard à l'état du bâtiment : l'indemnité sera faible
si ce bâtiment n'avait plus de solidité, et s'il est à présumer que la nécessité de reconstruire se serait fait pro-
chainement sentir ; elle sera plus élevée, elle pourra
même se rapprocher beaucoup de la valeur intégrale
des constructions et de celle des nouvelles dépenses
de reconstruction s'il s'agit d'un bâtiment neuf, et en
parfaites conditions de solidité.

39. Dès qu'il y a eu expropriation d'une partie quelconque de propriété, quelque minime qu'elle soit, et
quelque atténuation de préjudice ou plus-value qui
puisse résulter, pour le reste de la propriété, de l'exécution des travaux, il y a toujours nécessité d'allouer
une indemnité, sauf au jury à réduire cette indemnité
selon les appréciations de sa conscience, mais sans que
cette réduction puisse aller jamais jusqu'au refus de
toute indemnité [1]. Voir art. 39, n. 85, et art. 51, n. 3.

40. Le jury méconnaîtrait le devoir que lui impose
l'art. 38, paragraphe 3, s'il s'abstenait de prononcer
aucune indemnité sous le prétexte que les parties
n'auraient pas pris de conclusions devant lui, alors
d'ailleurs qu'il est constant qu'il y a eu du moins des
conclusions verbales [2]. Voir sur les offres et demandes
purement verbales, l'art. 37, n. 27, et l'art. 39, n. 59
à 61.

41. L'indemnité doit, à peine de nullité, comprendre
l'intégralité de la dépossession prononcée par le jugement d'expropriation, sans en rien excepter, et sans

---

[1] 15 nov. 1858, Cass. : David c. Chemin de fer de l'Ouest ; M. Alcock.
D. 1859, 1, 25, P. 1860, 412.

[2] 29 juin 1869, Cass. : Desvaux et Vivien-Labretonnière c. Commune de Lizores ; M. Henriot. D. 344, S. 386, P. 948.

aucune modification[1]. Le jury ne peut borner son évaluation à la portion de terrain employée par l'administration, portion qui se trouve, en fait, inférieure à celle expropriée[2]. Le jury n'a pas non plus à distinguer entre les diverses parties de l'immeuble suivant la destination qui leur sera donnée plus tard ; ce serait en vain, notamment, que la commune expropriante demanderait, en ce qui concerne un immeuble compris tout entier dans le jugement, que l'indemnité ne fût fixée par le jury que pour la partie qui doit servir à l'agrandissement d'une place publique en vue duquel se poursuit l'expropriation, que le jury s'abstînt d'évaluer la partie de ce même immeuble qui serait destinée à la rectification d'un chemin[3].

L'indemnité ne sera valablement fixée pour une contenance inférieure à celle indiquée au jugement, que si les parties y ont consenti, soit expressément, soit tacitement. Ainsi, bien que le jugement d'expropriation indique une expropriation intégrale, l'indemnité a pu, du consentement mutuel des parties, être réglée en vue d'une expropriation partielle, d'une importance spécialement déterminée[4]. Même décision dans une espèce où, le jugement d'expropriation s'appliquant à une contenance d'un hectare vingt-neuf ares cinquante-sept centiares, l'expropriant, dans l'acte même d'assignation à

---

[1] 14 juill. 1863, Cass. : Porte c. Préfet de l'Isère ; M. Delapalme. D. 1866, 5, 199. — 22 févr. 1865, Cass.: Meinadier c. Ch. de fer de Lyon ; M. Aylies.

[2] 28 mai 1845, Cass. : Barberon c. Préfet de l'Indre ; M. Renouard. D. 302, S. 414, P. 1, 732.

[3] 27 juill. 1870, rej. : Commune d'Objat c. Veuve Blanc ; M. Rieff. D. 1870, 5, 181.

[4] 28 janv. 1808, rej. : De Nicolay, marquis de Bercy, c. Petit et Cⁱᵉ; M. Laborie. D. 123.

l'exproprié, avait déclaré que la contenance exacte des
terrains à exproprier n'était que d'un hectare neuf ares
sept centiares ; l'exproprié n'ayant, nonobstant cette déclaration, fait aucune observation ni élevé aucune difficulté sur la rectification de contenance, la réduction a
dû être considérée comme bien entendue et acceptée,
et le jury a régulièrement procédé en n'allouant d'indemnité que pour la contenance réduite[1].

De même, dans une espèce dans laquelle le jugement
prononçait l'expropriation de quatre parcelles appartenant à des héritiers, un seul de ces héritiers a régulièrement répondu aux offres, et ce par rapport à une
seule des quatre parcelles, pour laquelle il a demandé
indemnité ; l'expropriant et cet héritier se sont seuls
présentés devant le jury, et n'ont conclu qu'au sujet
de la parcelle susdésignée ; les trois autres parcelles
n'ont même pas été comprises au tableau des offres et
demandes placé sous les yeux du jury ; dans cet état
des faits, en accordant à l'héritier comparant indemnité
afférente à la parcelle objet de la demande, sans s'occuper d'aucune autre, le jury a satisfait à sa mission[2]. Rien
n'est fait pour les autres parcelles, mais les parties ont
seules à s'imputer cette omission : la décision du jury
est à l'abri de tout reproche.

Les déclarations faites par l'expropriant seul seraient
sans effet si l'acceptation de l'exproprié faisait défaut.
Ainsi, lorsqu'un puits se trouvait compris dans l'expropriation, c'est en vain que l'expropriant a offert devant

---

[1] 12 août 1857, rej. : Manufacture de glaces de Montluçon c. Chemin de fer Grand-Central ; M. Delapalme. D. 1857, 1, 330, P. 1859,
584.

[2] 21 juill. 1875, rej. : Ch. de fer de Clermont à Tulle c. Prat et
autres ; M. Merville. D. 416, S. 428, P. 1067.

le jury de respecter ce puits, si l'exproprié a déclaré formellement que, le puits étant compris dans la limite du terrain exproprié, il n'y avait pas lieu de s'arrêter à la déclaration faite à l'audience par l'expropriant. C'est à tort que, malgré cette opposition, le jury a fixé à une certaine somme l'indemnité à accorder à l'exproprié, sans avoir égard, ajoute-t-il, à la valeur du puits que l'expropriant a déclaré vouloir respecter [1]. De même, si l'expropriant a demandé acte de certaines modifications par lui consenties, sans que l'exproprié y ait aucunement adhéré, le jury ne saurait fixer une indemnité alternative, plus ou moins élevée suivant que les modifications recevront ou ne recevront pas leur exécution [2]. Ce qu'il devait régler, c'était une indemnité fixe, conformément aux dispositions du jugement.

42. Si le jury ne peut restreindre l'expropriation, il ne saurait non plus l'étendre au delà des limites tracées par le jugement, et fixer l'indemnité pour des terrains non compris dans l'expropriation [3], à moins que les parties n'y aient consenti [4]. En l'absence de ce consentement, le magistrat directeur peut à bon droit refuser de soumettre au jury la question proposée par l'exproprié, et tendant à fixer la somme qui serait due pour un terrain non contenu au jugement d'expropriation [5].

---

[1] 23 déc. 1861, Cass.: Ricard c. Préfet du Gard ; M. Lavielle. D. 1862, 1, 304, S. 1862, 1, 891, P. 1863, 420.

[2] Arrêt du 14 juillet 1863.

[3] 29 juin 1858, Cass. : Marjoribanks c. Chemin de fer du Nord ; M. Gaultier. D. 1858, 1, 326, P. 1859, 841.—9 févr. 1874, Cass. : Delagarde c. Ch. de fer de Poitiers à Saumur ; M. Aucher. D. 206, S. 222, P. 546.

[4] 18 mars 1874, rej.: Fizot-Lavergne c. Ch. de fer des Charentes ; M. Rieff. D. 212. — 25 août 1875, rej.: Séguin c. Ch. de fer de Lyon ; M. Casenave. D. 1876, 1, 56, S. 1876, 1, 430, P. 1876, 1087.

[5] 4 mai 1869, rej. : Veuve Péan c. Commune de Sambin; M. Pont. D. 342.

Les parties ne sont irrecevables à se plaindre de l'extension qu'autant qu'elles y ont donné un consentement exprès, une adhésion libre et formelle [1] ; le simple silence du propriétaire ou de ceux qui le représentent ne suffirait pas pour autoriser contre lui la dépossession d'un terrain non compris dans le jugement d'expropriation [2].

43. La présomption est, d'ailleurs, que le jury est resté dans les limites du jugement. Un léger défaut de rédaction dans la décision, l'indication d'un immeuble partiellement exproprié sous une dénomination qui pourrait au premier coup d'œil paraître trop large, seraient vainement invoqués si la décision, soigneusement examinée, n'est pas susceptible d'une sérieuse équivoque et ne présente pas d'obscurité [3].

Spécialement, quelque générales que soient les expressions de la décision du jury, en ce qu'elles fixent l'indemnité due pour *tout le terrain occupé* par les travaux en vue desquels se poursuit l'expropriation, ces expressions se réfèrent nécessairement et uniquement au terrain déterminé par le jugement d'expropriation [4]. Il en est ainsi du moins lorsque les parties n'ont soulevé aucune difficulté s'appliquant à des terrains autres que

---

[1] 12 août 1857, rej. : Rambourg c. Chemin de fer Grand-Central ; M. Delapalme. D. 329, S. 864, P. 2, 766. — 17 mars 1869, rej. : Morin et de Montrond c. Ch. de fer de Lyon ; M. Aylies. D. 272, S. 386, P. 947.

[2] 25 janv. 1848, Cass. : Reiner c. Préfet du Bas-Rhin ; M. Renouard. D. 1848, 5, 185, S. 1848, 1, 207, P. 1848, 1, 320.

[3] 5 juin 1861, rej. : Marion-Vallée c. Ville de Rouen ; M. Renouard. D. 288, S. 994, P. 1862, 325. — 26 janv. 1863, rej. : Préfet des Bouches-du-Rhône c. Mouren et Cassely ; M. Sevin. — 8 avr. 1863, rej. : Préfet du Morbihan c. Bucan et autres ; M. Renouard.

[4] 13 août 1855, rej. : Badoulier de Saint-Seine c. Ch. de fer de Dôle à Salins ; M. Delapalme. S. 1856, 1, 829, P. 1857, 419.

ceux expressément indiqués au jugement, et lorsque, surtout, les expressions de la décision se limitent par les termes de l'ordonnance ultérieure du magistrat directeur, qui envoie la Compagnie en possession seulement des terrains *expropriés* [1].

44. Le consentement donné par un mandataire à l'extension d'acquisition au delà des limites du jugement ne vaudra pas, si ce mandataire, chargé seulement de débattre le réglement de l'indemnité, n'avait pas pouvoir spécial pour consentir à l'extension : le mandat doit être exprès lorsqu'il s'agit d'aliéner (art. 1988 du Code civil). A moins d'une ratification expresse ou tacite (art. 1998 du Code civil), le mandant n'est pas obligé par ce que son mandataire a fait au delà des limites du mandat ; l'article 38 de la loi de 1841, en disant que la décision du jury fixe le montant de l'indemnité, n'a conféré mission au jury que pour fixer l'indemnité du règlement de laquelle il est régulièrement saisi [2]. La ratification résulterait d'ailleurs suffisamment de la présence du mandant devant le jury au moment où l'extension est consentie. (V. art. 37, n. 40.)

45. La procuration qui donne au mandataire pouvoir de faire *tout ce qu'il jugera être dans les intérêts de son mandant*, a été considérée comme suffisante pour habiliter ce mandataire à consentir un accord qui met en

---

[1] Arrêts des 13 août 1855 et 5 juin 1861.

[2] 3 janv. 1848, Cass. : Cortyl c. Chemin de fer du Nord ; M. Renouard. D. 153, S. 671, P. 1, 31. — 15 janv. 1849, Cass. : Morcel c. Chemin de fer du Nord ; M. Hello. D. 83, S. 217, P. 1, 303. — 19 nov. 1856, Cass. : De Hauregard c. Chemin de fer de l'Est ; M. Renouard. D. 396, P. 2, 563. — 29 juin 1858, Cass. : Marjoribanks c. Chemin de fer du Nord ; M. Gaultier. D. 326, P. 1859, 841. — 13 févr. 1861, Cass. : Epoux Bonjonnier c. Ch. de fer du Nord ; M. Alcock. D. 180, S. 999, P. 902.

dehors de l'expropriation, et par conséquent de l'indemnité, le linge d'un établissement de bains, les sources
d'eau et le mobilier[1].

46. Lorsqu'un seul copropriétaire indivis se présente
devant le jury, et, sans mandat exprès de son copropriétaire, consent à l'extension de l'expropriation de
l'immeuble indivis, la décision qui fixe une indemnité
unique tant pour la partie comprise au jugement d'expropriation que pour celle qui y a été ajoutée, est
nulle[2]. V. *infrà*, n. 48.

47. Une commune atteinte par une expropriation ne
peut, sans les autorisations administratives exigées pour
les aliénations de biens communaux, consentir devant
le jury une cession amiable, par suite de laquelle le règlement de l'indemnité porterait sur une parcelle de
terrain non comprise dans l'expropriation : la commune
est admise à attaquer la décision, encore que l'extension
aurait été consentie en son nom par l'avocat qui la re-
présentait[3].

48. Lorsqu'une indemnité unique a été fixée en bloc,
tant pour des terrains régulièrement expropriés que
pour des terrains non compris dans le jugement d'expropriation, et ajoutés, sans consentement régulier, à
l'expropriation, il y a lieu de casser intégralement, et non
partiellement, la décision du jury[4]. De même, lorsque
de deux copropriétaires indivis un seul s'est présenté,

[1] 26 août 1861, rej.: Veuve Chauvet c. Préfet de la Savoie ; M. Renouard. D. 400.

[2] 19 nov. 1856, Cass. : De Hauregard c. Ch. de fer de l'Est ; M. Renouard. D. 396, P. 2, 563. — Et arrêt du 13 févr. 1861.

[3] 12 avr. 1870, Cass. : Ville de Milhau c. Ch. de fer du Midi ;
M. Gastambide. D. 1870, 1, 388, S. 1871, 1, 82, P. 1871, 214.

[4] Arrêt du 29 juin 1858.

tant en son nom qu'au nom de son copropriétaire, et a,
sans mandat spécial, consenti à l'extension de l'expropriation de l'immeuble indivis, la décision qui fixe une
indemnité unique, tant pour le terrain compris au jugement que pour celui qui a été ajouté, doit être cassée
pour le tout, même à l'égard de celui des expropriés
qui a, pour sa part, valablement consenti à l'extension :
la teneur de la décision ne permet, en effet, de discerner ni l'étendue de chacune des parts indivises, ni
la portion d'indemnité qui s'y réfère[1]. Voy. *supra*,
n. 46.

49. Après extension abusive de l'expropriation, l'expropriant a, postérieurement à la décision du jury,
consenti à l'abandon de tous droits sur les terrains
extensivement compris dans la décision sans consentement régulier, l'indemnité ne subissant d'ailleurs aucun
retranchement et demeurant telle que le jury l'a fixée : cet
abandon ne peut, s'il n'a été accepté par l'exproprié,
être pris en considération par la Cour de cassation, ni
couvrir l'irrégularité des opérations du jury[2].

50. Non-seulement la décision du jury doit, en ce qui
concerne personnellement tel ou tel exproprié, s'appliquer exactement aux parcelles à lui appartenant
comprises au jugement d'expropriation, sans les dépasser ni les restreindre, mais encore le jury n'a pu
rendre une décision valable qu'autant que l'ensemble
des expropriations dont fait partie celle dont il s'agit de
régler l'indemnité à été maintenu tel que l'avait prévu
le jugement d'expropriation. Le jugement d'expropria-

---

[1] Arrêts des 19 nov. 1856 et 13 févr. 1861.

[2] 29 juin 1858, Cass.: Marjoribanks c. Chemin de fer du Nord;
M. Gaultier. D. 326, P. 1859, 841.

tion doit être le régulateur unique des évaluations du jury.

Si, au cours des opérations du jury, l'expropriant a déclaré qu'il entendait, quant à l'étendue et à la destination des terrains à exproprier, s'écarter des dispositions du jugement d'expropriation, n'occuper qu'une partie des terrains dont le jugement lui permettait de s'emparer, et affecter ceux qu'il emploierait à un usage autre que celui que le jugement avait prévu, ces restrictions et modifications altèrent les bases d'indemnité déterminées par le jugement ; et, à moins qu'elles n'aient été acceptées par l'exproprié, il est dans le droit du magistrat directeur, il est même de son devoir, d'ordonner qu'il soit sursis à statuer jusqu'à ce que les bases de l'expropriation aient été de nouveau fixées d'une manière invariable par l'autorité compétente. Cela a été jugé par arrêt du 9 janvier 1839 [1]. Il s'agissait, dans cette espèce, de modifications qui n'allaient à rien moins qu'à changer l'emplacement de la gare des voyageurs du chemin de fer de Saint-Germain, et à la transporter hors Paris ; ainsi cessait, par le fait même de la Compagnie expropriante, la possibilité de l'exécution complète du jugement d'expropriation. La Cour de cassation considère « que cette difficulté, qui, au milieu des opérations du jury, est née du fait même de la Compagnie, n'a pas dû être considérée comme étrangère à la fixation du montant de l'indemnité, ni, par conséquent, comme une de celles que prévoit l'article 39, paragraphe 4, et indépendamment desquelles cet article ordonne que le jury passe outre à ses opérations ;

---

[1] 9 janv. 1839, Cass. : Riant, Mignon et autres c. Chemin de fer de Saint-Germain ; M. Quéquet. D. 68, S. 129, P. 1846, 2, 657.

—Qu'en effet, la nature du litige devait nécessairement, dans l'espèce, influer sur la fixation du montant de l'indemnité, puisque ce litige s'élevait tant sur l'étendue et la valeur relative des terrains expropriés que sur l'étendue et la valeur relative des terrains que l'expropriation devait laisser dans le domaine des propriétaires, terrains qui ont, réciproquement, sur leur évaluation respective, une action et une réaction nécessaires, et dont la contenance est encore incertaine; — Qu'il suit de là : 1° que la mission donnée au jury par le jugement d'expropriation est devenue, par le fait de la Compagnie, impossible à remplir dans les termes de ce jugement; 2° que les offres et demandes, ainsi que les plans parcellaires qui, suivant l'article 37, ont pu seuls, dans l'espèce, être mis par le magistrat directeur sous les yeux du jury comme éléments indispensables de ses évaluations, sont aussi devenus sans application possible, par le fait de la Compagnie ; 3° en dernière analyse, que la décision du jury intervenue dans ces circonstances, et l'ordonnance du magistrat directeur, qui, sans même renvoyer les parties à se pourvoir devant qui de droit, a purement et simplement envoyé la Compagnie en possession des propriétés et portions de propriétés désignées dans le jugement d'expropriation, au bénéfice duquel il avait été, au moins en partie, renoncé d'une manière expresse, ont faussement appliqué l'article 39 et violé les articles 37 et 38. »

51. Il n'y a pas extension, mais application pure et simple de l'expropriation prononcée par le jugement, lorsque, chargé de fixer l'indemnité pour un objet principal, le jury la fixe en même temps pour une dépendance essentielle de cet objet, spécialement pour un pâtis reconnu dépendance d'une mai-

son [1]; pour un barrage créant la force motrice d'un moulin exproprié, et portant au plan cadastral le même numéro que ce moulin [2].

Il en est surtout ainsi lorsque, pour la première fois devant la Cour de cassation, l'exproprié se plaint de la prétendue extension d'acquisition, après que les offres et les conclusions de l'expropriant ont constamment énoncé la dépendance dont s'agit, après que l'exproprié lui-même avait, devant le jury, accepté le débat dans ces termes, et demandé une indemnité afférente aux objets spécifiés dans les conclusions de l'expropriant [3].

52. On a reproché à la décision rendue par un jury de n'avoir pas statué sur toutes les choses prévues au jugement d'expropriation, de n'avoir réglé d'indemnité que pour une seule cave au lieu de trois portées au jugement. Ce reproche a été écarté par le motif que, si le mot *caves* était écrit au pluriel dans le jugement, il n'en résultait aucun désaccord entre ce jugement et la décision du jury, qu'il n'existait qu'une seule cave divisée en trois compartiments, que dès lors on avait pu, entendant toujours indiquer le même objet, parler indifféremment d'une ou de plusieurs caves, suivant que l'on envisageait l'unité de l'ensemble ou la pluralité des divisions [4].

53. Les immeubles par destination, dont parle l'article 524 du Code civil, sont-ils nécessairement, comme accessoires, compris dans l'expropriation du fonds au-

---

[1] 29 déc. 1847, rej.: Préfet du Gers c. Boucher et Rouède; M. Miller.

[2] 30 mai 1865, rej.: Demoiselle Salvan c. Ville de Béziers; M. Sevin. D. 1865, 5, 187.

[3] Même arrêt.

[4] 10 avril 1866, rej.: Fontaine c. Préfet de la Haute-Savoie; M. Fauconneau-Dufresne. D. 1866, 5, 205

quel ils sont attachés? Le jugement d'expropriation a-t-il pour conséquence de placer immédiatement les objets sous le coup de l'expropriation, de telle sorte que l'expropriant puisse s'opposer désormais à ce qu'ils échappent à son droit, que l'exproprié puisse exiger qu'ils soient intégralement pris et payés ? L'affirmative résulte d'une ordonnance du Conseil d'Etat, rendue, le 9 juin 1830 [1], sous l'empire de la loi du 8 mars 1810 : les immeubles par destination, et spécialement les ustensiles servant à l'exploitation d'un moulin, sont un accessoire nécessaire d'un établissement de cette nature, et leur valeur est l'un des éléments du capital de cette indemnité. On ne saurait se contenter de dire à l'exproprié : emportez-les.

Une distinction a cependant été faite par les auteurs. On admet sans difficulté l'effet immédiat et entier du jugement d'expropriation pour les objets mobiliers attachés au fonds à perpétuelle demeure ; ces objets font corps avec l'immeuble, ils en sont devenus, par la manière dont ils y ont été joints, et par la place qui leur y a été ménagée, une partie intégrante, et non un simple accessoire. Mais plusieurs auteurs estiment qu'à l'égard des objets qui ne sont immeubles par destination que parce qu'ils ont été placés par le propriétaire pour le service et l'exploitation du fonds, il n'y a pas même raison de les considérer comme atteints par l'expropriation de l'immeuble, que leur immobilisation n'est que fictive, et tient à la destination que le propriétaire leur a donnée, que la destination devant changer par suite de l'expropriation, ces objets reprennent leur na-

[1] Chambaut c. Ville de Paris; M. Brière. L. 1830, 303 ; Dalloz, v° *Expropriation*, n. 24, 1° ; S. 1828-1830, 2, 451 ; P. 1830, 67.

ture mobilière, que l'exproprié en conserve donc la propriété, sauf à réclamer une indemnité pour le dommage
qu'il peut éprouver par suite de leur changement de destination. (Herson, n. 5; Dalloz, v° *Expropriation*, n. 36).

Cette distinction peut séduire au premier abord, et
la pratique ordinaire des choses paraît la justifier. Il
arrivera souvent que les immeubles par destination de
la nature de ceux dont il s'agit disparaîtront comme
d'eux-mêmes et par un accord tacite des parties, et cela
par le motif que l'expropriant et l'exproprié y trouveront leur compte ; que l'exproprié emmènera son bétail du lieu où était située son exploitation au lieu où il
se transporte ; que l'expropriant préférera l'enlèvement
pur et simple de ce bétail, fût-il accompagné d'une indemnité de déplacement, à l'embarras d'entretenir et
de vendre des animaux dont il n'a que faire. En droit
cependant, le jugement d'expropriation peut-il, en sa
portée et ses effets, être interprété autrement que par les
termes et les dispositions de la loi commune ? Sa force
et ses conséquences seront-elles, pour la détermination
de ce qui constitue l'immeuble, autres qu'elles ne le
seraient s'il s'agissait d'une vente ou d'une saisie? L'exproprié peut avoir intérêt à demander que l'indemnité
comprenne cet élément aussi bien que celui qui représente la valeur de l'immeuble matériel ; si l'expropriation le détermine à cesser la profession agricole ou industrielle qu'il avait exercée dans l'immeuble atteint
par l'expropriation, mieux vaut pour lui une indemnité
intégrale que les chances et l'embarras de la vente des
objets qu'il avait attachés à l'immeuble qu'il cesse d'a-
voir. L'expropriant lui-même peut se trouver intéressé
à prendre en main, avec tous ses accessoires naturels,
l'immeuble dont il a poursuivi l'expropriation. Cela

arrivera notamment au cas où un établissement industriel, atteint seulement en une partie de ses bâtiments, aura dû être, sur la réquisition du propriétaire, l'objet d'une expropriation totale. Conservant les machines qui y sont incorporées, l'établissement pourra, nonobstant l'enlèvement de quelques uns de ses bâtiments, continuer d'être affecté à la même destination ; l'expropriant s'en défera aisément, et retrouvera ainsi une partie considérable de la dépense qu'il a dû faire pour indemniser le propriétaire. Que l'exproprié, au contraire, enlève toutes ses machines, il lui sera payé sans doute une indemnité moindre, il n'aura, en ce qui concerne les machines et ustensiles, qu'une allocation pour déplacement, perte ou dommage, mais aussi l'immeuble entrera aux mains de l'expropriant dans des conditions telles qu'il ne pourra être vendu ou loué qu'à vil prix.

Nous estimons donc que le jugement d'expropriation transfère immédiatement à l'expropriant la propriété de tous les immeubles par destination, sans distinguer entre ceux de la première espèce et ceux de la seconde.

La jurisprudence de la Cour de cassation n'a jamais eu à résoudre directement cette question. Un arrêt du 3 juillet 1843[1] considère les objets adhérents à l'immeuble et définis par l'art. 525 du Code civil, comme passant de droit à l'expropriant et ne pouvant être laissés à l'exproprié sans son consentement formel. Un arrêt du 21 août de la même année[2] décide que le caractère

[1] 3 juill. 1843, Cass. : Castex c. Préfet de Tarn-et-Garonne ; M. Renouard. D. 369, S. 578, P. 2, 294.

[2] 21 août 1843, rej. : Préfet du Pas-de-Calais c. Bouchez ; M. Favier. D. 450, S. 880, P. 2, 658.

de l'indemnité n'est pas altéré par la réserve accordée
à l'exproprié, sur sa demande expresse, des glaces et
cheminées de marbre existant dans la maison dont il
est dépossédé; mais ce serait s'exagérer l'importance
de cet arrêt que de le considérer, sur le point qui nous
occupe, comme en contradiction avec le précédent.

A l'égard des objets placés uniquement pour le service et l'exploitation du fonds, il n'y a rien à induire,
contre l'opinion que nous venons d'exprimer, d'un arrêt du 4 mars 1861 [1], déclarant que, *d'après le droit
commun*, un mobilier industriel est en dehors de l'expropriation. Ce mobilier industriel appartenait à un
locataire, et ne tombait pas en conséquence sous l'application de l'art. 524. On pourrait plutôt supposer que l'arrêt, qui a pris soin de mentionner cette circonstance que
le mobilier industriel était celui d'un locataire, aurait autrement tranché la question si la mise en place avait été
l'œuvre d'un propriétaire. Un autre arrêt, du 13 juillet
1852 [2], admet que le jury a pu laisser ouverte au profit de l'exproprié la faculté d'enlever des objets d'exploitation susceptibles d'être détachés du sol, tels par
exemple que les châssis et plantes d'un pépiniériste. Des
circonstances spéciales motivaient sans doute cette décision, dont il sera parlé plus loin (*infra*, n. 82) ; qu'il
nous suffise de dire ici que l'arrêt de 1852 ne s'applique pas seulement à des immeubles par destination,
mais en même temps à d'autres objets, à des arbres et
arbustes, qui évidemment, par leur nature, faisaient

---

[1] 4 mars 1861, rej.: Ville de Paris c. Dufflé et Malliez; M. Quénault. D. 183 et 184.

[2] 13 juill. 1852, rej. : Préfet de la Seine c. Mercier; M. Renouard.
D. 202, S. 668, P. 2, 242.

partie du terrain et devaient être compris dans l'expropriation.

Nous croyons devoir maintenir la règle que nous venons d'indiquer; elle nous paraît seule juridique, et ne souffrira dans son principe aucune atteinte de l'oubli volontaire que, dans la pratique, les parties en feront souvent.

54. Dans l'expropriation, la superficie et le tréfonds peuvent-ils être séparés? Peut-on diviser la propriété dans son sens vertical, ne frapper d'expropriation qu'une couche déterminée du sol, enlever au propriétaire la superficie en lui laissant le tréfonds, ou réciproquement? Cette question présente, et en elle-même, et quant à la détermination des compétences, de sérieuses difficultés. La solution de ces difficultés touche à la fois et à l'article qui nous occupe en ce moment, et à plusieurs autres. C'est ici que nous en placerons l'examen.

Interrogeons d'abord la jurisprudence sur la solution doctrinale du fond même de la question; nous lui demanderons ensuite devant quelle juridiction cette question peut être posée et résolue.

C'est une règle incontestable qu'en principe l'expropriation de la superficie emporte celle du tréfonds. Lors donc que l'expropriation est purement et simplement prononcée, sans que ni l'arrêté de cessibilité ni le jugement d'expropriation indiquent une division quelconque, l'indemnité doit comprendre toute la valeur du sol frappé, celle du dessous comme celle du dessus. Ce principe est expressément reconnu par un arrêt de cassation, du 24 décembre 1858[1]. Il s'agissait dans

[1] Veuve Clerget de Saint-Léger et Boutry c. Ch. de fer d'Orléans; M. Delapalme. D. 1859, 1, 25, S. 1859, 1, 522, P. 1859, 140.

cette espèce de l'expropriation d'un sol sous lequel se trouvait une carrière en exploitation ; l'arrêté et le jugement ne contenaient aucune restriction ; le propriétaire du sol, et une personne qui tenait à bail le droit d'exploitation, avaient, l'un et l'autre, réclamé indemnité non pas seulement, comme on le leur offrait, pour la valeur de la superficie, mais encore pour la valeur du tréfonds ; le jury s'était déclaré incompétent. L'arrêt de cassation porte « que, la propriété du sol comportant la propriété du dessous aux termes de l'article 552 du Code Napoléon, l'indemnité doit comprendre, non-seulement la valeur de la superficie, mais encore celle des richesses minérales qu'il renferme et dont le propriétaire est dépossédé par suite de l'expropriation ; que, suivant les articles 28, 30 et suivants de la loi du 3 mai 1841, c'est au jury spécial institué par cette loi qu'il appartient de statuer sur l'indemnité due par suite de l'expropriation, et, par conséquent, d'apprécier la valeur entière du sol exproprié ; que, dans les faits de la cause, la dame de Saint-Léger et Boutry demandaient une indemnité, non pour le tort ou préjudice que l'exploitation du chemin de fer pouvait causer à une propriété contiguë ou à une exploitation voisine non comprise dans le tracé du chemin de fer, mais bien pour la valeur du sous-sol ou tréfonds se trouvant dans le parcours de ce chemin, et dont ils étaient dépossédés ; qu'il suit de là que le jury devait connaître de cette demande, et qu'en se déclarant incompétent, celui-ci a violé les actes précités. » Le jury n'avait donc qu'à régler purement et simplement l'indemnité pour l'intégralité du terrain, superficie et tréfonds, conformément à l'expropriation pure et simple, à l'expropriation intégrale, qui avait été prononcée.

Un autre arrêt de cassation, du 7 juillet 1868 [1], décide également que, lorsque l'arrêté de cessibilité et le jugement désignent et exproprient purement et simplement un terrain, sans restriction aucune, sans que le moindre doute s'élève sur le sens et la portée du jugement, l'expropriant ne peut, devant le jury, être admis à soulever, comme litige sur le fond du droit, la question de savoir s'il n'y a pas lieu de restreindre l'expropriation au sous-sol. Aucune question se référant à cette hypothèse ne doit être posée au jury, porte cet arrêt ; la mission du jury consiste uniquement à fixer l'indemnité due pour les parcelles dont la dépossession est prononcée, et c'est le devoir du magistrat directeur d'écarter immédiatement la prétention que l'expropriant élèverait ainsi dans un sens restrictif.

L'arrêt du 7 juillet 1868 décide en même temps que la décision du jury, rendue après position de la question et dans les deux hypothèses de l'expropriation générale et de l'expropriation restreinte, est indivisible, et que la nullité d'une de ses parties entraîne la nullité de la décision tout entière [1]. Voir, sur ce point, l'art. 42, n. 35.

Nul doute, d'ailleurs, que la limitation de l'expropriation à la superficie ne puisse résulter du contrat judiciaire. Un arrêt du 8 novembre 1859 [2] a jugé (et cela était sans difficulté) que l'exproprié qui a, par acte extrajudiciaire, déclaré qu'il entendait se réserver la propriété du tréfonds existant sous les terrains expropriés,

[1] 7 juill. 1868, Cass. : Commune de Montrichard et sieur Trouvé c. Ch. de fer d'Orléans ; M. Glandaz. D. 1868, 1, 328, P. 1869, 59.

[2] 8 nov. 1859, rej. : Françon et Cizeron c. Commune de Latour-en-Jarret ; M. Alcock. D. 1860, 1, 414.

et dont la déclaration à cet égard a été acceptée et consacrée par un accord formel dont le magistrat directeur
a donné acte aux parties, ne pouvait être admis à se
plaindre, devant la Cour de cassation, de ce que le jury
n'avait pas fixé d'indemnité alternative ; c'était avec
raison que le jury s'était borné à régler l'indemnité
pour la seule superficie, conformément à la demande et
à l'accord des parties.

Que décider lorsque l'arrêté de cessibilité et le jugement d'expropriation se sont eux-mêmes attribué le
droit de diviser la propriété dans son sens vertical,
lorsqu'ils ont limité l'expropriation soit à la seule superficie, soit au seul tréfonds? Ce mode de division est-il
légal et régulier? L'exproprié peut il au contraire réclamer contre son adoption, en obtenir la réformation, ou
soutenir que, par cela seul que l'expropriation lui enlève
une couche horizontale de son domaine, il est fondé à
se considérer comme exproprié de l'ensemble et de la
totalité de son droit, et à réclamer en conséquence une
indemnité totale ?

Le Conseil d'Etat a eu à résoudre cette question, dans
une espèce où, s'agissant d'un sol sous lequel étaient des
mines en exploitation, l'arrêté de cessibilité entendait
s'arrêter à la superficie et laisser intact, aux mains de
l'exproprié, le droit à la redevance. L'arrêt du Conseil
d'Etat est du 19 avril 1859 [1]. « Considérant, y lit-on, que
les art. 18 et 19 de la loi du 21 avril 1810 disposent que
la valeur du droit à la redevance établi sur le produit
des mines au profit du propriétaire de la surface demeu-

---

[1] 19 avr. 1859, Cons. d'Etat: Marsais ; M. Aubernon. L. 302,
D. 1859, 3, 83, S. 1860, 2, 107, P. 686.

rera réunie à la valeur de ladite surface, et sera affectée, avec elle, aux hypothèques des créanciers de ce propriétaire ; qu'il résulte de cette disposition que ce droit à la redevance *ne peut être séparé de la surface sans le consentement du propriétaire ;* que, dès lors, notre ministre des travaux publics a excédé ses pouvoirs en décidant que c'était avec raison que le Préfet de la Loire, en désignant la propriété du sieur Marsais comme devant être cédée pour cause d'utilité publique, avait prescrit que l'expropriation ne comprendrait que la surface du terrain et ne s'étendrait pas au droit à la redevance. »

Dans une autre affaire, l'arrêté de cessibilité avait déclaré prendre le tréfonds et laisser la superficie en dehors de l'expropriation. Cette affaire a donné lieu à un jugement du tribunal de la Seine, à un arrêt de la Cour de Paris, et à un arrêt de cassation. Il s'agissait d'une expropriation faite, à Montrouge, pour l'établissement du chemin de fer de ceinture, qui y passe souterrainement à 25 mètres au-dessous de la surface. Le tribunal et la Cour de Paris n'ont pas admis qu'une pareille division pût valablement être faite. Voici, à cet égard, les termes du jugement : « Attendu, en droit, que le Code Napoléon, reconnaissant que la propriété serait imparfaite si le propriétaire n'était pas libre de mettre à profit toutes les parties extérieures du sol qui lui appartient, déclare dans l'art. 552 que la propriété du sol emporte la propriété du dessous ; — Attendu que s'il peut être dérogé à cette règle par des conventions particulières, et si elle a été modifiée par la législation sur les mines, elle n'a été frappée d'aucune exception par la loi sur l'expropriation pour cause d'utilité publique ; — Attendu, en effet, que cette loi, pour désigner les choses auxquelles elle s'applique, emprunte ses termes

au code Napoléon, et déclare atteindre la propriété particulière, les biens, terrains et bâtiments ; — Attendu, dès
lors, que, par application de l'art. 552 précité, toute propriété expropriée doit l'être pour ce qu'elle comporte,
c'est-à-dire pour le dessous et le dessus du sol à la fois ;
— Attendu que la partie expropriante ne tient d'aucune
disposition de la loi du 3 mai 1841 le droit de prendre,
suivant le besoin de ses travaux, soit le tréfonds, soit
la superficie, soit le sol supérieur, soit le sous-sol ; —
Attendu que si cette loi autorise le morcellement des
propriétés afin que l'expropriation soit limitée aux seules
parcelles nécessaires pour les travaux d'utilité publique,
il résulte de l'ensemble de ses dipositions, et notamment des art. 4 et 50, que la division doit toujours s'o-
pérer à la surface, que c'est la contenance superficielle
qui doit être expropriée, et que cette expropriation d'une
portion du dessus emporte avec elle celle du dessous
dans les mêmes limites, mais qu'il n'est point permis
d'exproprier par fractions ou couches horizontales, de
refuser l'indemnité à la surface du sol pour n'en accorder qu'à ses profondeurs. »

L'arrêt confirmatif, du 26 juillet 1864, contient la
même doctrine : « Au fond : — Considérant que le sous-
sol n'est pas seulement l'accessoire de la propriété immobilière, comme le soutient l'appelant, qu'il en fait
partie intégrante, qu'il n'en peut être séparé arbitrairement en l'absence de toute disposition légale, et surtout
au profit d'un expropriant ; que celui-ci agit en vertu
d'une exception au droit de propriété, laquelle ne saurait être étendue. — Adoptant au surplus les motifs des
premiers juges. »

Cet arrêt a été frappé de pourvoi, et, après un long
délibéré en chambre du Conseil, la Cour suprême, à la

date du 1er août 1866, en a prononcé la cassation [1]. Son arrêt, rendu au rapport de M. le conseiller Aylies, et sur les conclusions conformes de M. l'avocat général Blanche, est ainsi conçu : « Vu 1° les art. 11 et 20 de la loi du 3 mai 1841 et l'art. 1351 du Code Napoléon ; 2° les art. 3, 4, 11, 40 et 50 de la même loi, et les art. 552 et 553 du même Code ; — Attendu que, par son jugement du 5 juin 1862, le tribunal civil de la Seine, se fondant sur les termes mêmes de l'arrêté de cessibilité, a prononcé l'expropriation pour cause d'utilité publique de deux ares neuf centiares, pris, à 25 mètres de profondeur, dans le sous-sol d'un terrain où existait une maison appartenant aux époux Delamarre, et qu'aucun pourvoi n'a été formé contre ce jugement ; — Attendu qu'en limitant ainsi l'expropriation à la partie du sous-sol nécessaire pour l'établissement, au point indiqué, du tunnel du chemin de fer de ceinture (rive gauche), il s'est conformé à la loi ; — Que si, en effet, d'après l'article 552 du Code Napoléon, la propriété du sol emporte la propriété du dessus et du dessous, cette disposition ne fait pas obstacle à ce que, suivant l'article 553 du même code, un tiers puisse acquérir, même par prescription, la propriété d'un souterrain sous le bâtiment d'autrui ; — D'où il résulte, en principe, que le dessous peut être détaché du sol par fractions, qui forment à leur tour et par elles-mêmes une chose essentiellement distincte et susceptible d'expropriation particulière ; — Attendu que, si cela est absolument vrai lorsque l'acquisition par un tiers d'une partie du sous-sol procède du consentement du propriétaire du sol, on ne saurait admettre

[1] Préfet de la Seine, représentant l'Etat, c. Delamarre. D. 1866, 1, 305, S. 1866, 1, 408, P. 1866, 1094.

qu'il en puisse être autrement lorsque cette acquisition s'effectue par la voie de l'expropriation pour cause d'utilité publique ; — Il est hors de doute, en effet, à part même toute autre considération, qu'entre l'autorité expropriante, qui tient son droit de la loi, et le tiers, qui fonde le sien sur le contrat et la prescription, l'identité de situation est tellement étroite, que, dans un cas comme dans l'autre, sans qu'aucune distinction soit possible, la prise de la possession de la chose régulièrement et légitimement acquise doit, de toute nécessité, tendre aux mêmes résultats et produire les mêmes effets vis-à-vis de l'ancien propriétaire, ce qui tranche la question ; — Que, si l'article 50 de la loi du 3 mai 1841 déroge, mais seulement pour le cas y spécifié, à cet état de choses, en conférant à l'exproprié le droit de réclamer l'extension de l'expropriation au delà des limites déterminées par le jugement qui l'ordonne, du moins y a-t-il lieu de reconnaître que cette exception, renfermée dans ses termes véritables, est, en l'état des faits, inapplicable de tout point à l'espèce actuelle ; — Attendu, enfin, que c'est à tort encore que l'on voudrait, à un autre point de vue, revendiquer pour l'exproprié le bénéfice de cette même exception, en prétendant que, à raison des circonstances particulières qui lui sont propres, l'expropriation du sous-sol, quand des bâtiments y sont superposés, entraîne virtuellement, au préjudice du propriétaire du sol, des dommages tels qu'ils ne pourraient être justement réparés que par l'expropriation consécutive et de plein droit de la superficie et des bâtiments ; — Qu'en effet, loin qu'il en soit ainsi, il est vrai de dire, au contraire, que cette réparation serait très-efficacement garantie par l'intervention du jury, puisque, dans ce cas comme toujours, il reste le maître absolu de fixer une indemnité dont l'importance soit en rapport exact avec les dommages de toutes sortes procédant directement de l'expropriation ; — Attendu qu'il suit de tout ce qui précéde que la cour impériale de Paris, saisie du litige par l'ordonnance de renvoi du magistrat directeur, en déclarant que l'expropriation de deux ares neuf centiares prononcée par le jugement du 5 juin 1862 entraînait de plein droit et par voie de conséquence légale l'expropriation de la superficie et du bâtiment corespondant, et en attribuant, par suite, aux époux Delamarre les 40,000 francs formant l'indemnité fixée hypothétiquement par le jury, a, d'une part, formellement violé l'article 20 de la loi du 3 mai 1841 et l'article 1351 du Code Napoléon, et, d'autre part, faussement appliqué et, par suite, violé les articles 532 et 553 du même code ; — Casse. »

Allant plus loin encore que cet arrêt de cassation, un arrêt de la Cour d'Agen, du 22 novembre 1861 [1], avait jugé que l'établissement d'un tunnel à une profondeur telle qu'il n'affecte ni ne modifie en rien la superficie du sol, n'implique l'acquisition ni totale ni partielle des immeubles qu'il traverse, et n'exige dès lors aucune mutation de propriété ; que, par suite, les formalités de l'expropriation ne sont pas applicables à ce cas, et l'autorité administrative est seule compétente pour statuer sur l'indemnité due aux propriétaires à raison du préjudice, temporaire ou permanent, que peuvent leur causer les travaux du tunnel en restreignant leur jouissance, en diminuant la valeur de leur fonds, ou en le dégradant. Dans ce système, on ne se contente

[1] 22 nov. 1861, C. d'Agen : Ch. de fer d'Orléans c. Bouysson et Cᵉ. D. 1862, 2, 16, S. 1862, 2, 212, P. 1863, 593.

plus d'admettre la division verticale de la propriété ;
on considère qu'à une certaine profondeur, l'occupation même du sol n'est plus une expropriation,
mais un simple dommage.

Disons de suite qu'il est évident que l'arrêt de la Cour
d'Agen est allé beaucoup trop loin, et qu'il se trouve contredit par un arrêt du Conseil d'Etat, du 18 mars 1857,
et par un jugement du Tribunal des conflits, du 13 février 1875 [1], décidant que l'autorité judiciaire est seule
compétente pour statuer sur la question de savoir si un
particulier a droit à indemnité à raison de la dépossession définitive du sous-sol de sa propriété, incorporé au
domaine public pour l'établissement d'un tunnel de chemin de fer, et que l'autorité judiciaire est également
compétente pou procéder, s'il y a lieu, au règlement
de cette indemnité, de la manière et suivant les formes
prescrites par la loi de 1841.

En résumé, sur le fond de la question, après plusieurs monuments importants dans le sens de l'indivi-
sibilité de la superficie et du tréfonds, la jurisprudence,
telle que l'a faite l'arrêt de cassation de 1866, reconnaît à
l'arrêté de cessibilité le pouvoir de séparer les deux
portions de la propriété, et d'amener l'expropriation de
l'une sans que le propriétaire puisse exiger en même
temps l'expropriation de l'autre.

Quand et devant quelle juridiction cette question
peut-elle être posée et résolue ?

Nul doute qu'on ne puisse attaquer, devant les autorités administratives, l'arrêté de cessibilité qui opère

---

[1] 18 mars 1857, Cons. d'Etat : Ch. de fer de Lyon à Genève; M. Flan-
din. L. 272, D. 1858, 3, 3, S. 1858, 2, 143, P. 289. — 13 févr. 1875,
Trib. des Conflits : Badin c. Ch. de fer Paris-Lyon-Méditerranée ;
M. Mercier. L. 152, D. 1875, 3, 112, S. 1876, 2, 311, P. 406.

la division du sol et du sous-sol. On peut déférer au ministre des travaux publics l'arrêté du préfet, et se pourvoir pour excès de pouvoir devant le Conseil d'Etat contre l'arrêté approbatif du ministre. Telle est la marche admise par l'arrêt précité du Conseil d'Etat du 19 avril 1859.

Si l'on avait négligé d'attaquer l'arrêté de cessibilité, le non exercice du recours administratif rendrait-il irrecevable à réclamer contre la division devant l'autorité judiciaire? Pourrait-on se pourvoir en cassation contre le jugement d'expropriation qui aurait consacré par son texte la division faite dans l'arrêté? Est-ce par la voie de la réquisition d'acquisition totale, et en la forme prescrite par l'article 50 de la loi de 1841, que l'exproprié doit agir pour faire étendre l'expropriation à l'intégralité de son terrain? Ou faut-il dire que la question constitue un litige sur le fond de droit auquel ni l'arrêté de cessibilité ni le jugement d'expropriation n'ont fermé l'accès, qu'il y a lieu par le jury de régler alternativement l'indemnité, et par l'autorité judiciaire ordinaire de trancher le litige?

Par deux arrêts des 22 juin 1852 [1] et 22 août 1853 [2], la Cour de cassation admet que la question qui nous occupe est un litige sur le fond du droit. L'arrêté de cessibilité restreignait l'expropriation à la superficie : en cette situation, les jugements d'expropriation avaient, dans la première espèce, prononcé l'expropriation en se référant purement et simplement à l'arrêté ; dans la seconde espèce, prononcé l'expropriation d'une manière

[1] Préfet de la Loire c. Veuve Praire et autres ; M. Gillon. D. 1852 1, 176, S. 1852, 1, 751, P. 1852, 2, 721.

[2] Préfet de la Loire c. De Rochetaillée et autres ; M. Gillon. D 1853, 1, 285, S. 1853, 1, 752, P. 1854, 2, 412.

générale et absolue, sans relever mais aussi sans exclure la distinction de l'arrêté. Dans la première espèce, le jury s'était borné à *se récuser* et le magistrat directeur à *renvoyer les parties à se pourvoir* ainsi qu'elles aviseraient ; la Cour a cassé pour violation des articles 38, paragraphe 3, et 39, paragraphe 4. Dans la seconde espèce, le jury avait réglé alternativement deux indemnités : le pourvoi a été rejeté. En cette seconde espèce, on peut admettre que la Cour suprême n'a réservé le litige à l'autorité judiciaire que parce qu'il y avait doute sur le sens, sur l'interprétation du jugement d'expropriation ; mais, dans la première, où le jugement se référait expressément à l'arrêté, l'arrêt de cassation admet et consacre nécessairement cette règle qu'il faut reconnaître le caractère de litige sur le fond du droit à la question de savoir si le jugement qui limite en ces termes l'expropriation à une tranche horizontale déterminée emporte, par une conséquence nécessaire, l'expropriation de l'intégralité du dessus et du dessous qui y correspondent. C'est dans le même sens qu'a été rendu l'arrêt du 1er août 1866, dont nous avons plus haut donné le texte. Le pourvoi tranché par cet arrêt reposait sur trois moyens, dont le premier tiré des articles 4, 14 et 20 de la loi de 1841 et 1351 du Code civil, en ce que la Cour de Paris, en étendant à la surface une expropriation restreinte au sous-sol par le jugement qui l'a prononcée, aurait modifié une décision qui, faute de recours en cassation dans le délai légal, avait déterminé irrévocablement la nature et la mesure de la chose expropriée. La cour ne s'est pas expliquée distinctement sur ce moyen qu'elle a réuni aux deux autres ; mais il résulte de la façon dont elle a statué que le défaut de recours contre le jugement d'expropriation ne rendait

pas irrecevable toute réclamation ultérieure, et que la
question de division constituait un litige sur le fond du
droit, susceptible d'être porté devant les tribunaux
en la forme ordinaire et avec la faculté d'appel.

En une autre espèce, dans laquelle l'arrêté de cessibilité, et le jugement d'expropriation après lui, dé-
claraient expressément l'un et l'autre ne s'appliquer
qu'à la surface du sol, et non aux redevances relatives à l'extraction des richesses minérales contenues
dans le tréfonds, la Cour de cassation a déclaré à l'abri
de toute attaque le jugement d'expropriation. Le tribunal, a-t-elle dit, ne doit sous aucun prétexte sortir des
limites que détermine l'arrêté de cessibilité; son droit
et son devoir se bornent à vérifier si toutes les formalités voulues ont été remplies, et, en cas d'affirmative, à prononcer l'expropriation dans les limites indiquées. Il ne peut appartenir au tribunal de modifier les
limites tracées à l'expropriation par l'autorité administrative; et, si l'exproprié croit que cet arrêté lui fait
grief, c'est devant l'autorité administrative supérieure
qu'il doit porter son recours. L'arrêt qui le juge
ainsi est du 10 mars 1857[1]. L'arrêté de cessibilité,
applicable à des terrains sous lesquels existaient des
mines, portait : « Les contenances indiquées ne comprennent que la surface du terrain, l'expropriation ne
devant en aucune manière s'étendre au tréfonds; »
et le jugement d'expropriation s'exprimait ainsi :
« L'expropriation ne comprendra que la surface du sol,
seule nécessaire pour l'établissement du chemin de
fer, c'est-à-dire qu'elle ne s'étendra pas aux droits
et redevances relatifs à l'extraction des tréfonds sous

[1] Rej. : Marsais c. Chemin de fer Grand-Central ; M. Alcock.

lesdites parcelles. » C'est dans cette espèce même, et
à la suite de cet arrêt, que le Conseil d'Etat a été saisi
et a rendu l'arrêt précité du 19 avril 1859.

Quant à l'application au cas qui nous occupe de l'article 50 de la loi de 1841, dans l'espèce sur laquelle a
été rendu l'arrêt de 1866, le juge de première instance
l'avait admise ; le juge d'appel et l'arrêt de cassation
l'ont repoussée.

Il est un cas cependant où l'article 50 deviendrait applicable. Ce serait celui où l'expropriation verticale
(qui, si on lui ouvre la voie, pourra affecter les couches supérieures et atmosphériques aussi bien que les
profondeurs du sous-sol), où l'expropriation verticale
toucherait une construction dans l'une de ses parties,
soit à la base et dans ses fondations, soit au sommet et
dans ses étages supérieurs. Ce n'est pas une gratuite
hypothèse, c'est un fait que nous rapportons. Un pont
a été établi à Brest sur la rivière de la Penfeld, pour
relier les deux parties de la ville séparées par cette
rivière. Il était nécessaire que ce pont s'entrouvrît
pour laisser passer les navires ; à cet effet furent établies deux volées métalliques, tournant sur des tours
en maçonnerie, et munies de contre-poids puissants destinés à faire équilibre à la volée lorsque s'opérerait le
mouvement de rotation. Pour le fonctionnement d'un
de ces contre-poids, on dut opérer le dérasement partiel de deux étages supérieurs d'une maison. Le Conseil
d'Etat a jugé qu'il n'y avait pas là un simple dommage
à apprécier par le conseil de préfecture, mais une véritable expropriation, avec faculté pour le propriétaire
de requérir, par application de l'article 50, l'acquisition totale de son immeuble [1].

---

[1] 27 déc. 1860, C. d'Etat : Compagnie Brestoise du pont de la Pen-

En résumé donc, quant à la détermination de la juridiction, si l'arrêté de cessibilité prétend exproprier, iso-
lément, soit de la seule superficie, soit du seul tréfonds,
on peut se pourvoir administrativement contre cet arrêté,
soit par la voie gracieuse devant le ministre, soit pour
excès de pouvoir devant le Conseil d'Etat.

Après que le jugement d'expropriation sera intervenu,
opérant la division dans les termes de l'arrêté de cessibilité, on ne pourra ni attaquer le jugement d'expropriation
par la voie du recours en cassation, ni invoquer l'article 50 de la loi de 1841 (sauf le cas où un bâtiment serait
partiellement atteint); il faudra présenter la question
sous la forme de litige sur le fond du droit, et, quant à
la solution à intervenir, on aura contre soi le grave précédent né de l'arrêt de cassation de 1866.

En ce qui concerne la juridiction compétente, nous
n'avons à présenter aucune observation personnelle;
nous nous rangeons pleinement à cette doctrine que la
question constitue un litige sur le fond du droit. Si
donc elle est soulevée devant le jury, deux indemnités
alternatives seront réglées, sans qu'on viole aucunement par là la chose jugée par le jugement d'expropriation, qui n'a touché que la superficie seulement ou
le seul tréfonds; il y aura, pour la solution de la question, les juges et les voies de recours du droit commun.

Sur le fond, nous avouons que l'arrêt de cassation de
1866 n'a pas fait entrer la conviction dans notre esprit,
et que la séparation de la superficie et du tréfonds nous
paraît repoussée, en droit, par les plus sérieux argu-
ments.

feld c. Salaun; M. Perret. L. 824, D. 1861, 3, 9, S. 1861, 2, 521,
P. 942.

De ce que le dessus et le dessous ne sont pas nécessairement inséparables, de ce que la volonté du propriétaire, la convention passée par lui peut aliéner
l'un et conserver l'autre, il ne s'ensuit nullement que
l'expropriation pour cause d'utilité publique puisse
opérer les mêmes effets. La loi spéciale n'a rien dit à
cet égard ; les principes généraux doivent seuls être
consultés. Impliquent-ils ou non le droit de diviser
dans le sens de la profondeur comme dans celui de la
surface ? Ici se place une observation essentielle : les
divers points horizontaux d'une propriété immobilière
ne sont pas joints entre eux par un lien légal mais
par un lien purement accidentel ; s'ils ne forment qu'un
seul tout, c'est parce qu'ils sont renfermés dans un
même titre, qui s'applique à toutes les parcelles horizontales ; la propriété de l'une de ces parcelles n'emporte pas par une conséquence naturelle la propriété
de l'autre ; je ne suis pas propriétaire de celle-ci par la
raison seule qu'elle est voisine de celle-là et qu'elle y
touche. Dans le sens de la profondeur, au contraire, la
propriété que j'ai d'une parcelle de la superficie emporte la propriété de toutes celles qui sont au-dessous ;
j'ai le dessous parce que j'ai le dessus, par cela seul
que j'ai le dessus ; ma propriété se prolonge spontanément, par sa force propre, sans le secours d'aucune
convention ni d'aucun titre, au-dessus du sol *usque ad
astra*, au-dessous *usque ad inferna*. Je pourrai, il est vrai,
séparer les diverses parcelles, les diverses couches qui
la composent ; mais pourquoi ? parce que je puis détruire, par ma volonté, le lien naturel qui les unit. Celui, au contraire, qui m'impose une expropriation, doit
prendre ma propriété telle que la constituent la nature
et la loi. De la différence signalée dans le fondement de

la propriété des parcelles horizontales et des parcelles verticales de mon terrain, s'induit une différence aussi quant à la faculté de morcellement : dans le sens horizontal, il sera de règle que le morcellement sera possible toutes les fois que la loi ne l'aura pas défendu, ou n'aura pas donné les moyens de réclamer contre lui ; dans le sens vertical, le morcellement ne sera pas impossible, mais ne devra s'effectuer qu'autant que la convention ou la loi auront parlé en termes formels, et auront rompu, par une manifestation expresse de la volonté des parties intéressées, le lien naturel qui unit le dessus et le dessous. Il nous suffit donc que la loi de 1841 n'ait rien dit, pour que nous refusions à l'expropriation le pouvoir de les séparer l'un de l'autre.

Nous n'ignorons pas que, si le droit du propriétaire existe pour le tréfonds comme pour la superficie, ce droit va diminuant de valeur à mesure que l'on s'enfonce dans les profondeurs de la terre, et qu'il arrive une limite à laquelle ce droit, théoriquement inviolable, devient en réalité peu important et presque inappréciable. Nous comprenons combien, en fait, pourraient paraître étranges les prétentions de propriétaires qui voudraient forcer l'expropriant à acquérir leurs propriétés parce que, sous la montagne où elles sont situées, à une profondeur immense, à quinze ou seize cents mètres, comme il est arrivé pour le tunnel du Mont-Cenis, s'effectuera un travail souterrain. Il faut regarder la question sous toutes ses faces. Si le propriétaire peut abuser de la faculté qui, suivant nous, dérive pour lui du droit commun, l'administration pourrait, elle aussi, faire un étrange abus de la faculté d'exproprier seulement le tréfonds. Au lieu d'exproprier des couches éloignées du sol, elle pourrait approcher ses travaux de la surface, ne laisser à l'exproprié qu'un terrain sans consistance et sans solidité, incapable de soutenir des constructions, incapable même de tous produits utiles.

L'arrêt de 1866 fait, il est vrai, remarquer que les intérêts de celui que frappe l'expropriation souterraine ne sont pas sacrifiés, qu'il reste fondé à réclamer du jury indemnité non-seulement pour la couche horizontale qui lui est enlevée, mais aussi pour la dépréciation qui a pu atteindre la portion inférieure ou supérieure de propriété restée en ses mains. C'est, nous l'admettons parfaitement, une façon de procéder équitable et admissible; mais ce n'est pas, à notre sens, celle que s'accordent à prescrire les principes du droit commun et l'économie de la loi spéciale.

La jurisprudence du Conseil d'Etat fournit un puissant secours à notre opinion. Le Conseil d'Etat a, en 1859, décidé que les redevances minières ne peuvent, *sans le consentement du propriétaire, être séparées de la surface.* Le propriétaire pourrait opérer cette séparation, l'expropriation ne pourra le faire. Pourquoi? sinon parce que la redevance est naturellement inhérente à la superficie, parce que la redevance est comme une partie constitutive, une partie intégrante du sol. Si, au lieu d'avoir à s'expliquer sur la redevance minière, il avait eu à s'occuper de la séparation du dessus et du dessous, le Conseil d'Etat aurait rendu sans doute la même décision; le tréfonds tient à la superficie par un lien identique à celui qui rattache la redevance à la surface; le lien a la même nature, et doit avoir la même force. Ne nous dissimulons pas cependant que l'autorité de l'arrêt de cassation de 1866 amènera vraisemblablement le Conseil d'Etat à déserter sa doctrine de 1859, ou à la restreindre. Quelque foi que nous puissions avoir dans l'opinion que nous avons tâché de défendre, le succès de l'opinion contraire paraît établi, et l'arrêté de cessibilité s'enhardira sans doute, dans la pratique, à fractionner l'expropriation quand il le jugera opportun.

55. Lorsqu'une mine en exploitation est atteinte par l'expropriation, de telle sorte qu'il y a lieu à règlement de l'indemnité par le jury, il ne faut pas dire avec M. Herson (n. 252) que le terrain sera payé au propriétaire au double de sa valeur par application de l'article 44 de la loi du 21 avril 1810, non abrogé, fait remarquer cet auteur, par la loi de 1841. L'article 44 de la loi de 1810 n'est applicable qu'au cas où le propriétaire exige du concessionnaire des mines l'acquisition des terrains occupés ou dégradés par les recherches ou les travaux des mines ; il ne saurait s'étendre au-delà, et, pour qu'il fût sans influence en matière d'expropriation pour cause d'utilité publique, la loi de 1841 n'avait besoin ni de l'abroger, ni d'y faire exception. L'indemnité sera, en ce cas comme en tous autres cas d'expropriation, laissée à la libre appréciation du jury.

56. Quant au droit de réclamer indemnité à la juridiction compétente pour la régler, que décider à l'égard de celui qui, par convention, a acquis la propriété d'une carrière sans devenir propriétaire de la superficie ? à l'égard de celui qui tient une carrière à bail ? à l'égard du concessionnaire d'une mine ?

Si la carrière ou la mine ne sont pas matériellement touchées, si l'expropriation ne s'attaque qu'à la superficie, le propriétaire, locataire ou concessionnaire de la carrière ou de la mine n'est pas à nos yeux une partie expropriée ; il subira un dommage permanent, mais la chose dont il est propriétaire ou dont il jouit ne sera

pas atteinte par l'expropriation. Ce ne sera donc pas le
cas d'appliquer la loi de 1841. A la différence de ce qui
arrive pour le propriétaire du sol, qui doit au même
principe, qui puise à la même source la propriété de
tous les points verticaux d'une même parcelle, le propriétaire ou locataire de la carrière, le concessionnaire
de la mine ne jouit que d'un droit né d'un titre, et limité
par ce titre aux couches inférieures du sol ; on ne lui
prend donc rien quand on ne s'empare que de ce qui est
au-dessus de ce que lui confère son titre. Ainsi l'a décidé
le Conseil d'Etat par arrêt du 11 mars 1861[1]. Cet arrêt
considère que l'interdiction par le ministre des travaux
publics d'exploiter une mine à une distance déterminée
d'un chemin de fer *jusqu'à ce qu'il en soit autrement
ordonné*, ne constitue pas une expropriation ; que cette
mesure ne constitue qu'un simple dommage, dont la
réparation appartient exclusivement à l'autorité administrative. L'arrêt a soin de relever cette circonstance que
l'administration déclare qu'elle n'a pas entendu prononcer l'interdiction d'une manière absolue et définitive:
mais il ne faut pas se faire illusion, la clause *jusqu'à ce
qu'il en soit autrement ordonné* est de style, elle se retrouvera dans toutes les décisions ministérielles de cette
nature. La véritable raison de décider c'est qu'on ne
touche pas matériellement à la mine, on ne fait qu'imposer au concessionnaire une servitude d'utilité publique. Que le dommage soit temporaire ou permanent,
cela est indifférent au point de vue de la compétence,
qui, dans l'un et l'autre cas, appartient à l'autorité
administrative.

---

[1] Mines des Combes c. Ch. de fer Paris-Lyon-Méditerranée
M. Boulatignier. L. 1861, 173, D. 1861, 3, 25, P. 39.

ARTICLE **38.**

Mais si l'on vient à toucher, au contraire, à la carriè
ou à la mine, la loi d'expropriation s'applique alc
sans difficulté. Pour vous emparer de la chose qui
ma propriété ou que j'exploite en vertu de mon bail
de ma concession, il faut de toute nécessité que vo
ayez préalablement obtenu une déclaration d'util
publique, et que vous ayez fait disparaître mon dr
par l'emploi des formalités légales. Propriétaire, je d
ligurer au jugement et en recevoir notification ; locata
ou concessionnaire, l'article 21 de la loi de 1841 m'
applicable. C'est ce que le Conseil d'Etat n'a pas hés
à décider dans une espèce dans laquelle il s'agiss
d'une carrière en exploitation, ayant un propriéta
distinct du propriétaire du sol. L'exploitant, se plaign
de ce que, pour l'établissement d'un chemin de fer,
faisait passer un tunnel à travers sa carrière sa
expropriation préalable, sans offre ni demande de pr
de possession d'urgence, assigna la compagnie du cl
min de fer devant le tribunal de Nantua en payement
64,354 francs pour la partie de carrière dont elle s'ét
déjà emparée, et afin de s'entendre faire défense de cc
tinuer les travaux jusqu'à règlement et payement de l'
demnité d'expropriation, que le demandeur n'estim
pas à moins de 3,133,500 francs. Un déclinatoire est p
posé. Le 31 décembre 1856, jugement par lequel le tri
nal se déclare compétent, mais seulement en ce qui c
cerne la question de propriété, et sans s'immiscer d
les chefs relatifs à la suspension des travaux et à l'inde
nité préalable. Un arrêté de conflit est pris, mais, à
date du 15 avril 1857 [1], le Conseil d'Etat en pronoi

---

[1] Ch. de fer de Lyon à Genève c. Desbordes; M. Boulatig
L. 1857, 272, D. 1858, 3, 3, S. 1858, 2, 143, P. 289.

l'annulation en ces termes : « Considérant que, par contrat du 14 septembre 1851, Desbordes a acquis le tréfonds
de parcelles en rocailles, contenant de la pierre blanche,
qu'il se proposait d'exploiter, et qu'il est stipulé dans ce
contrat que l'acquéreur entrera immédiatement en jouissance de cette parcelle, et en disposera comme il l'entendra, à la charge de ne pas toucher et de ne pas nuire
aux terrains du dessus ; que la compagnie de chemin de
fer s'est emparée d'une partie du massif de la carrière
acquise par Desbordes, et qu'elle y a construit un tunnel ; — Considérant que le tunnel est une partie du
chemin de fer ; qu'ainsi la propriété de Desbordes, qui a
servi pour l'établir, se trouve incorporée à la voie
publique, et que, de cette incorporation, il résulte une
dépossession définitive au préjudice dudit Desbordes ;
— Considérant que l'appréciation des indemnités qui
sont dues à Desbordes pour la prise de possession de
sa propriété par le chemin de fer ne peut être revendi-
quée pour l'autorité administrative, en vertu des lois du
28 pluviôse an VIII et du 16 septembre 1807, comme
s'il s'agissait de dommages ; que cette appréciation
appartient aux autorités que la loi du 3 mai 1841 a
chargées du règlement des indemnités en cas d'expropriation d'immeubles pour cause d'utilité publique ;
que, dès lors, c'est à tort que le conflit d'attributions a
été élevé. » Voy. art. 1, n. 12.

Citons dans le même sens un autre arrêt du Conseil
d'Etat, du 5 février 1875[1], un arrêt du tribunal des conflits, du 13 février 1875[2], deux arrêts de cassation,

---

[1] 5 févr. 1875, Cons. d'Etat : Ogier et Larderet c. Ch. de fer de
Paris-Lyon-Méditerranée ; M. de Baulny. L. 112, D. 1875, 3, 112,
S. 1876, 2, 309, P. 403.

[2] 13 févr. 1875, Trib. des Conflits : Badin c. Ch. de fer de Paris-

chambre civile et chambres réunies, des 18 juillet 1837
et 3 mars 1841 [1].

Un jugement récent du Tribunal des conflits, du 5 mai
1877 [2], semblerait, au premier coup d'œil, avoir admis
la compétence judiciaire au cas où l'interdiction d'exploiter constitue un simple dommage permanent. En exa-
minant de près les circonstances de la cause, soigneusement relevées dans les motifs du jugement, on reconnaît
qu'il s'agissait d'une occupation telle qu'on avait cru
devoir la considérer, en fait, comme une dépossession
définitive, comme une attribution à une compagnie du
chemin de fer, au profit de laquelle était prononcée l'interdiction d'exploiter, du tréfonds d'un terrain sur lequel
existait une gare de ce chemin de fer, provisoire dans
l'origine, puis devenue définitive.

57. Si le terrain exproprié contient des carrières ou
des mines qui ne sont ni exploitées ni concédées, la
valeur de ces carrières et mines doit-elle être prise en
considération pour la détermination de l'indemnité ?
L'indemnité doit représenter la valeur exacte de la chose;
il est donc de principe qu'on doit apprécier la chose
telle qu'elle est, non-seulement avec les avantages dont
le propriétaire se sert actuellement, mais avec ceux
qui s'y trouvent à sa disposition. De même qu'un terrain non construit donnera lieu à une indemnité plus
considérable s'il est, par sa situation et sa nature, propre

Lyon-Méditerranée ; M. Mercier. L. 152, D. 1875, 3, 112, S. 1876, 2,
311, P. 406.

[1] 18 juill. 1837, Cass : Allimand c. Ch. de fer de Saint-Etienne ;
M. Tripier. D. 441, S. 664, P. 2, 232. – 3 mars 1841, Cass., ch.
réunies : mêmes parties ; M. Isambert. Dalloz, v° Mines, n. 64.

[2] 5 mai 1877, Trib. des Conflits : Société houillère de Saint-
Etienne c. Chemin de fer de Paris à la Méditerranée ; M. Groualle.
L. 444, D. 3, 65.

à recevoir des constructions, de même un terrain qui contient des richesses souterraines promettant dans l'avenir des produits plus avantageux que ceux du présent, doit donner lieu à une indemnité plus forte que s'il ne renfermait pas dans son sein une pareille éventualité. Le jury appréciera d'ailleurs, suivant les circonstances. Nous reconnaissons aisément que des richesses souterraines enfouies, dans une ville, sous un sol couvert de constructions importantes, n'ajouteraient rien à la valeur du sol, parce que la disposition des lieux et les avantages supérieurs que donne l'usage actuellement fait de la superficie, interdisent l'exploitation du tréfonds. En résumé, nous ne disons pas que toujours les richesses minérales non exploitées devront être prises en considération, nous n'essayons pas d'indiquer dans quelle mesure elles devront influer sur l'indemnité, nous disons seulement que ces richesses ne peuvent être exclues systématiquement et par une raison de droit, sauf au jury à se déterminer d'après les circonstances. L'opinion contraire a cependant été soutenue.

A l'égard des carrières, on a dit que l'article 55 de la loi du 16 septembre 1807 s'opposait à ce que les matériaux entrassent dans la fixation de l'indemnité quand il n'y avait pas exploitation au moment de l'occupation (De Lalleau-Jousselin, 5e édit., t. 1er, n. 331). Il est bien vrai que cette disposition (dont nous donnons le texte dans la suite de cet ouvrage) est entendue en ce sens que le propriétaire du terrain d'où ont été extraits les matériaux nécessaires aux routes et aux constructions publiques n'a rien à prétendre pour la valeur de ces matériaux s'il n'y avait pas carrière ouverte au moment de l'extraction. Mais cette disposition, exorbitante du droit commun, ne saurait être étendue au-delà du cas pour lequel elle a été faite. Elle n'a pas en vue une expropriation, elle ne doit pas être appliquée quand le travail d'utilité publique s'approprie le terrain et le conserve ; ce n'est plus ni la même situation, ni la même juridiction. Bien que sévère et souvent critiqué, l'article 55 de la loi de 1807 doit continuer d'être appliqué, mais il faut se garder de le transporter à une matière pour laquelle il n'a pas été fait.

A l'égard des mines, on a remarqué qu'elles sont de leur nature propriété publique, ou tout au moins qu'elles ne peuvent faire l'objet d'un droit privé qu'après que leur existence a été constatée et qu'après qu'une concession en a été faite dans les formes spéciales tracées par la loi ; d'où l'on a conclu que, jusqu'à la concession, le propriétaire n'a aucun droit sur les richesses minérales, et ne peut réclamer à leur sujet aucune indemnité. (Jousselin, *Traité des servitudes d'utilité publique*, t. II, p. 8 ; De Lalleau-Jousselin, *ubi supra*, n. 332.) Cette argumentation nous touche peu : de ce que les mines ne peuvent s'exploiter qu'en vertu d'une concession, il ne s'ensuit pas que leur existence n'ajoute rien à la valeur du sol sur lequel elles existent. La mine constitue, tout au moins, pour le maître de la surface, une éventualité favorable ; la possibilité d'une exploitation ultérieure ajoute à la valeur de sa propriété. Ce n'est pas arbitrairement et par caprice que l'autorité supérieure accorde ou refuse une concession : elle ne fait qu'apprécier et déclarer l'état des choses, les conditions et le mérite du gisement et l'opportunité de son exploitation. Sans doute, par l'effet de la concession, la propriété de la mine pourra échapper au propriétaire du sol (loi du 21 mai 1810, art. 5, 6, 7); mais, si le propriétaire du sol doit voir, par l'effet de la concession, la propriété de la mine lui échapper, il ne perdra pas pour cela les avantages naissant de l'existence et de l'exploitation de cette mine : une redevance lui sera allouée (*ibidem*). Il ne serait pas juste, dans la fixation de l'indemnité, de refuser de lui tenir compte de l'éventualité favorable, très-probable en certains cas, que l'expropriation lui enlève, alors que cette éventualité a pour cause principale, non une circonstance fortuite ou l'acte arbitraire d'une tierce personne, mais la nature même de la propriété.

Il est bien vrai que, comme le font observer MM. de Peyronny et Delamarre (*Expr. publ.*, n. 503), pour évaluer le dommage résultant de la destruction de la mine non exploitée, il faudrait des travaux préliminaires propres à faire connaître l'étendue et la richesse du gisement. Cette objection pratique est sérieuse : il s'agit d'un ordre de choses dont les jurés ne parviendront pas facilement à se rendre compte par eux-mêmes ; il conviendrait, pour se renseigner avec quelque certitude, qu'il fût fait d'abord des travaux considérables, demandant un fort long espace de temps, inconciliables avec la rapidité qu'exigent les opérations de l'expropriation pour cause d'utilité publique. Nous croyons cependant ne rencontrer là que des difficultés d'appréciation qui ne sauraient aboutir à la négation du droit. Le jury ne pourra pas avoir la prétention de déterminer avec exactitude la valeur d'une mine non exploitée ; il ne pourra prescrire des recherches qui demanderaient de grands travaux et un long temps, il ne pourra pas même s'y prêter ; mais si le propriétaire, ne se bornant pas à une allégation vague, donne les preuves de la richesse souterraine de son sol, met le jury en situation de voir et de contrôler les recherches qu'il a faites lui-même, et

de se rendre compte de l'augmentation de valeur que
donnent à la propriété les richesses probables que les
indices et travaux existants constatent, le jury pourra et
devra en tenir compte, non pas à coup sûr comme s'il
s'agissait d'une mine dont la richesse apparaît aux yeux
et peut se mesurer d'une manière presque exacte, mais
dans la mesure de ce qu'autorisent et prescrivent la vraisemblance et l'équité. Si le jury a besoin du concours
d'hommes spéciaux, il ne lui sera pas interdit d'y recourir, à la condition qu'il procèdera comme le prescrit le
paragraphe 3 de l'article 37 (*supra*, n. 30 et suivants).
A l'appui de l'opinion que nous venons d'émettre, citons
M. Herson, n. 252; MM. Dalloz, *Répert. alphab.*, v° *Expr.*
publ., n. 583, et *Recueil périodique*, sous l'arrêt du 21
décembre 1858, 1859. 1. 25; M. Dufour, *Droit adm.*,
t. v, p. 461, n. 459.

58. Aux termes d'anciens édit, arrêt et ordonnance,
il appartient à l'administration d'ordonner, dans un intérêt de police, la suppression des caves existant sous
les voies publiques dans l'étendue de la généralité de
Paris. (Edit de décembre 1607, arrêt du conseil du 3
juillet 1685, ordonnance du bureau des finances du 4
septembre 1778.) La loi de 1841 n'a pas dérogé à ces
dispositions; il n'est pas besoin, pour la suppression
de la cave, qu'une expropriation soit prononcée. Mais
c'est par le jury que doit être réglée, aujourd'hui, l'indemnité à laquelle cette suppression donne lieu [1].

59. Le jury cesse d'être compétent s'il s'agit de régler

[1] 23 janv. 1862, C. d'Etat : Legendre ; M. Perret. L. 70, D. 3, 25,
S. 2, 302, P. 158 — 22 nov. 1866, C. d'Etat : Lecourtois ; M. Perret.
L. 1070, D. 1867, 3, 21, S. 1867, 2, 27, P. 128. — 9 janv. 1869, Tr. civ.
de la Seine : Geoffroy c. Ville de Paris. *Gaz. des Trib.* du 13 févr.
1869.

l'indemnité due à raison, non plus d'un dommage
actuel et certain, mais d'un dommage éventuel et incertain. Telle serait la détérioration ou la suppression qui
menacerait une maison, un moulin, une carrière dépendant d'une propriété qu'atteint partiellement l'expropriation, par suite de la construction, à proximité, d'un
ouvrage qui soumet les propriétés riveraines à des servitudes ou à la nécessité d'autorisations administratives, si l'on veut y entretenir des établissements de
certaine nature ou s'y livrer à certains genres d'exploitation. L'exercice actif et rigoureux de la servitude, le
refus de l'autorisation administrative, entraîneraient,
sans aucun doute, un dommage réel; mais cet exercice
aura-t-il lieu, ce refus sera-t-il fait? On l'ignore. Le
dommage dépend d'un fait éventuel et incertain, qui ne
peut être connu au moment de l'expropriation ; le jury
ne saurait donc arbitrer ce dommage. C'est ainsi que
cette question, qui ne laissait pas que de présenter de
sérieuses difficultés, a été résolue par la jurisprudence
de la Cour de cassation.

Ainsi jugé dans des espèces où il s'agissait de la détérioration ou suppression qui pouvait éventuellement
menacer le propriétaire d'un moulin, devenu, par suite
d'une expropriation, riverain d'un cours d'eau navigable[1]; d'une maison, d'un moulin, à proximité desquels des ouvrages de défense ont été élevés par le génie
militaire[2]; d'un four à chaux, qui, par suite de l'éta-

<hr/>

[1] 16 juill. 1844, Cass.: Préfet du Lot c. Lacroux-Lacoste ; M. Hello.
D. 307, S. 780, P. 2, 357.

[2] 7 avr. 1845, rej.: Rieder-Monborne c. l'État ; M. Renouard.
D. 207, S. 532, P. 1, 589. — 7 avr. 1845, Cass. : L'État c. André ;
M. Renouard. D. 207, S. 532, P. 1, 588. —17 déc. 1845, Cass. : Godefroy, Piatier, Laroze et Trochery c. l'État ; M. Renouard. D. 1846,
1, 30, S. 1846, 1, 165, P. 1846, 1, 35.

blissement d'un chemin de fer, sera menacé de suppression [1] ; d'une carrière qui, également par la construction d'un chemin de fer, se trouvera dans la zone de
60 mètres dans laquelle on ne peut exploiter qu'avec
la permission de l'autorité administrative [2].

Même décision si c'est la prise d'eau d'un moulin, la
force motrice d'une usine, qui, par suite de l'expropriation, se trouve éventuellement exposée à suppression
ou modification [3] ; s'il y a discussion sur le point de savoir si les travaux en vue desquels a lieu l'expropriation ne pourraient pas dans l'avenir absorber en tout
ou en partie les eaux qui servaient jusque-là à l'irrigation des prairies conservées par une personne qui a
subi une expropriation partielle [4] ; s'il est allégué que
les travaux projetés pour l'établissement d'un chemin
de fer pourraient avoir pour résultat d'attirer les eaux
sur la portion de la propriété que l'expropriation n'a
pas atteinte, et de l'exposer à des inondations [5] ; s'il est
soutenu que l'expropriation a pour conséquence l'éventualité de l'occupation ultérieure par la ville expro-

[1] 30 janv. 1865, rej. : Ch. de fer Victor-Emmanuel c. communes de
Saint-Michel et de Saint-Martin-Laporte ; M. Mercier.

[2] 6 févr. 1854, Cass. : Préfet de la Mayenne c. Berset de Vau-
fleury ; M. Renouard. D. 1854, 1, 58, S. 1855, 1, 220, P. 1854, 1, 445.
— 29 avr. 1856, Cass. : Chemin de fer de Bessège à Alais ; M. Delapalme. D. 1856, 1, 211. — 5 mai 1873, rej. : Maillard, Tambon et
Meynaud c. Ch. de fer de Lyon ; M. Henriot. D. 244, S. 476, P. 1193.
— 16 janv. 1877, rej. : Quesnel et liquidateur Duez et Cᵉ c. Ch. de
fer du Nord ; M. Goujet. D. 471.

[3] 26 janv. 1863, rej. : Boisson c. Préfet du Jura ; M. Le Roux de
Bretagne. D. 133. — 25 mars 1863, rej. : De Rochetaillée c. Ville de
Saint-Etienne ; M. Delapalme.

[4] 4 mai 1868, rej. : Veuve de Sarrazin c. Ville d'Aurillac ; M. Aylies.
D. 304, S. 309, P. 785.

[5] 20 avr. 1863, rej. : Gontié c. Ch. de fer du Midi et Canal latéral à
la Garonne ; M. Sevin.

priante d'une chaussée à laquelle ne s'applique pas l'expropriation actuelle[1] ; s'il a été réclamé indemnité pour le préjudice qui pourrait résulter de l'établissement ultérieur d'un viaduc dans le voisinage de l'habitation dont une partie a été expropriée, et si le chiffre alloué démontre que ce chef de conclusions a été pris en considération par le jury[2] ; si le propriétaire d'un moulin, exproprié non de ce moulin mais d'une pièce de terre, a demandé et obtenu indemnité à raison de ce que l'expropriant se proposerait de supprimer une rue de servitude, conduisant du moulin à un hameau voisin, où le meunier a besoin d'aller fréquemment pour exploiter une de ses terres, ainsi que pour prendre part à la jouissance des biens communaux et du four banal[3].

Le magistrat directeur peut décider, en conséquence, que le jury n'a pas à prendre en considération ces sortes d'éventualité, en réservant aux parties tous leurs droits pour les faire valoir devant le juge compétent si l'événement redouté vient ultérieurement à se réaliser[4]. Ce n'est pas le cas d'accorder un sursis pour donner le temps de connaître les projets relatifs à l'établissement des travaux, et d'en apprécier les conséquences probables[5].

60. Une indemnité ne saurait non plus être accordée à l'exproprié pour le cas éventuel où le passage d'une

---

[1] Arrêt du 4 mai 1868.

[2] 24 nov. 1874, Cass. : Préfet de l'Aveyron c. Héritiers Triadon ; M. Réquier. D. 1875, 1, 305.

[3] 21 juill. 1875, Cass. : Ch. de fer de Clermont à Tulle c. Magne ; M. Merville. D. 415, S. 428, P. 1067.

[4] 6 janv. 1862, rej. : Bréger c. Préfet du Morbihan ; M. Lavielle. D. 304, S. 891, P. 1863, 284. — Arrêts des 5 mai 1873 et 16 janv. 1877.

[5] Arrêt du 6 janvⁱ 1862.

voie ferrée, notamment la fumée des locomotives, nui-
rait à une blanchisserie établie sur des terrains voisins
de ceux enlevés par l'expropriation[1], ou pour le cas où
l'expropriation, opérée en vue de la substitution d'un
tracé nouveau au tracé ancien d'un chemin de fer, entraînerait, pour une Compagnie industrielle propriétaire d'un embranchement privé se reliant au chemin
de fer ancien, la nécessité d'effectuer des travaux pour
le raccordement de son embranchement. Cette nature de
dommages est en dehors de l'expropriation et en dehors
de la compétence du jury[2].

La possibilité d'un dommage futur ne donne donc lieu
ni à une indemnité actuelle[3], ni à une indemnité conditionnelle, comme au cas de litige sur le fond du
droit[4].

61. Le rejet, par le jury, du chef de demande relatif
à la possibilité d'un dommage futur, ne préjuge rien sur
le sort ultérieur qu'aurait une telle demande, présentée
en temps utile et devant qui de droit[5]. Si le dommage
vient à se réaliser, l'expropriant, cause de ce dommage,
en doit, d'après les principes du droit commun, indemniser le propriétaire riverain. V. *infra*, n. 64.

62. La décision du jury sera parfaitement régulière
et inattaquable si, tout en se bornant à accorder l'indem-

[1] 3 janv. 1855, Cass. : Chemin de fer de Paris à Caen et Cherbourg
c. Leroy de Beaulieu; M. Alcock. D. 33, S. 844, P. 1856, 1, 387.

[2] 20 août 1856, Cass. : Chemin de fer de Paris à Lyon par le Bourbonnais c. Compagnie du Cluzel; M. Alcock. D. 1856, 1, 332, S.
1857, 1, 143, P. 1857, 1250.

[3] Arrêt du 6 février 1854.

[4] Arrêts des 7 avr. et 17 déc. 1845, 3 janv. 1855, 29 avr. et 20
août 1856.

[5] 7 avr. 1845, rej. : Rieder-Monborne c. l'Etat ; M. Renouard.
D. 207, S. 532, P. 1, 589.

nité pour la valeur du terrain exproprié et pour la dépréciation, le jury a ajouté à sa déclaration qu'il fait
réserve formelle des cas éventuels [1].

Le jury a encore régulièrement procédé lorsque, après
avoir fixé l'indemnité, il ajoute « qu'il ne croit pas devoir
s'occuper des dépréciations que pourra éprouver telle
maison par suite des travaux en vue desquels se poursuit l'expropriation, les inconvénients ne pouvant pas
être vus en ce moment [2]. »

63. Le jury pourrait même, sans qu'il en résultât
aucun grief contre sa décision, garder un silence complet sur les réserves dont les dommages éventuels auraient été l'objet devant lui. Il n'est pas absolument
tenu d'en donner acte ; et la déclaration qui a pu être
faite à cet égard par le magistrat directeur ou par le
jury n'est que surabondante [3]. Il suffit qu'il résulte des
termes ou de l'ensemble de la décision que le chef
d'indemnité relatif aux dommages éventuels n'a pas été
réglé par le jury. Disons cependant que si la déclaration
du magistrat directeur ou du jury est surabondante,
elle est loin d'être inutile ; car elle contribue
à éclairer sur la manière dont le jury a procédé et sur
sa véritable pensée. V. *infra*, n. 67.

L'exproprié a conclu à deux indemnités : 1° une
somme tant pour l'emprise que pour le dommage résultant de l'expropriation ; 2° une autre somme pour le pré-

---

[1] 2 déc. 1846, rej. : Chauvin c. Préfet de la Charente ; M. Renouard. D. 1847, 4, 247, S. 1847, 1, 219, P. 1847, 1, 469. — 20 avr.
1863, rej. : Gontié c. Ch. de fer du Midi et du Canal latéral à la
Garonne ; M. Sevin.

[2] 26 janv. 1863, rej. : Boisson c. Préfet du Jura ; M. Le Roux de
Bretagne. D. 133.

[3] 25 nov. 1874, rej. : de Boissieu c. Cᵉ des Dombes et du Sud-Est
M. Casenave. D. 1875, 1, 306.

judice qui résulterait ultérieurement de l'établissement
et de l'exploitation du chemin de fer en vue duquel l'expropriation est prononcée ; l'expropriant a conclu à ce
que le jury se déclarât incompétent. Le jury a alloué
une somme pour l'emprise, une somme pour dommages
et dépréciation générale de la propriété, le total de ces
deux sommes se trouvant d'ailleurs inférieur au premier chiffre des conclusions de l'exproprié. Il a été
prétendu, dans ces circonstances, que le jury avait
prononcé sur le préjudice incertain qui avait fait l'objet
du second chef de conclusions. Ce moyen de cassation
a été repoussé, par le motif qu'en fait on devait considérer que le jury n'avait entendu statuer que sur le premier chef seulement, appliquer exclusivement le second
de ses chiffres au dommage certain et actuel qui résulte
directement de l'expropriation, et s'était abstenu ainsi
de statuer sur le chef de demande relatif au dommage
incertain et éventuel [1]. Le jury avait donc en réalité, et
par son silence même, admis sur cette seconde nature
de dommage l'exception d'incompétence proposée par
l'expropriant. V. *supra*, n. 62.

64. Le dommage, éventuel au moment de l'expropriation, sera réglé, lorsqu'il se réalisera, par la juridiction
administrative [2]. Nous avons vu ailleurs (art. 1er, n. 4
et 5) que la jurisprudence ne distingue plus aujour-
d'hui, quant à la compétence, entre le dommage permanent et le dommage temporaire.

Si, toutefois, l'indemnité était réclamée par les rede-

[1] 25 nov. 1873, rej. : Ch. de fer des Charentes c. Lambert et Bris-
saut ; M. Casenave. D. 1874, 1, 85.

[2] 9 juin 1876, C. d'Etat : Ch. de fer du Midi c. Bergonnier ; M. De
Saint-Laumer. L. 551, D. 3, 94.

vanciers d'une mine de la Compagnie de chemin de fer
dans l'intérêt de laquelle interdiction d'exploiter la mine
a été prononcée, ce serait, aux termes et d'après les
principes de la loi du 21 avril 1810, une contestation
purement civile, de la compétence des tribunaux ordinaires [1].

Quant à l'interprétation des conventions intervenues
entre les parties, voy. *infra*, n. 84 *in fine*.

65. C'est à l'autorité administrative qu'appartient
également l'appréciation du dommage résultant de ce
que le travail n'a pas été exécuté de la manière et
au niveau qu'annonçaient les plans sur lesquels l'expropriation a été poursuivie, mais a été fait d'une façon
plus dommageable pour la propriété [2]. Il s'agit alors
d'un dommage permanent qui n'était pas prévu à l'époque du règlement de l'indemnité.

66. Le dommage, même certain, n'est devant le jury
une cause d'indemnité qu'autant qu'il est la conséquence directe de l'expropriation.

Spécialement, lorsque le propriétaire d'une usine a
été exproprié d'une parcelle de terrain pour l'établissement d'un chemin vicinal dont la déviation a été néces-
sitée par la construction d'un chemin de fer, on ne doit
pas considérer comme une suite de l'expropriation, et
comme justifiant l'allocation d'une indemnité par le
jury, le dommage que le parcours plus long du chemin
vicinal fait subir à ce propriétaire pour l'approvisionnement de son usine. Dans ces circonstances, le grief allé-

---

[1] 3 janv. 1853, rej. : Ch. de fer de Saint-Etienne à Lyon c. Fleur-
delix ; M. Delapalme. D. 133, S. 347.

[2] 16 janv. 1866, Req. rej. : Haguenot c. Ch. de fer du Midi ; M. de
Carnières.

gué prend son fondement dans le fait seul du changement de direction de la route, et nullement dans
l'expropriation subie, et, alors même que les parcelles,
objet de l'expropriation, auraient appartenu à un autre
propriétaire, l'usinier n'aurait pas moins souffert du tort
qui, suivant lui, résulterait, pour son usine, de la déviation du chemin vicinal. L'indemnité, s'il en est dû
de ce chef, ne peut être accordée que par le Conseil de
préfecture, pour *dommages causés par l'exécution de
travaux publics* [1].

De même, le jury ne peut comprendre dans le règlement de l'indemnité la réparation du dommage qui
résultera de l'agrandissement d'un cours d'eau, de l'ag-
gravation de servitude qui sera, pour les propriétés
riveraines, la conséquence de l'élargissement du lit et du
plus grand volume des eaux ; ce préjudice n'est pas une
conséquence directe de l'expropriation elle-même, ce
n'en est que la suite indirecte, ou plutôt c'est le résultat
de travaux prescrits par l'autorité administrative dans
un intérêt public [2].

De même encore, le jury n'a pas à s'occuper d'une
manière générale du dommage que les travaux entrepris par la Compagnie qui poursuit l'expropriation
pourraient causer à une autre Compagnie, spécialement du dommage qu'une Compagnie exploitant un
canal pourra éprouver, dans toute l'étendue et l'ensemble de ce canal, par suite de l'établissement d'un
chemin de fer et de la concurrence que lui fera

[1] 20 janv. 1858, Cass. : Chemin de fer de l'Est c. Viry ; M. Pascalis. — 11 avr. 1870, rej. : Lamblin et Berthier c. Ch. de fer des
Charentes ; M. Rieff. D. 427, S. 318, P. 800.

[2] 19 juill. 1870, Cass. : Syndicat des cours d'eau de la Leue et de
la Reverotte c. Bassand et autres ; M. Rieff. D. 428, S. 349, P. 883.

cette nouvelle voie de communication. Le jury devra
se borner, si une portion du terrain dépendant du
canal est enlevée par l'expropriation, à régler l'indemnité en raison de la valeur de cette portion de terrain
et de la privation ou du préjudice que la Compagnie
du canal éprouvera par suite de l'expropriation qu'elle
en subit. Aller au-delà, ce serait attribuer à tort à l'expropriation elle-même un dommage qui ne provient que
de la nature des travaux en vue desquels elle a eu lieu[1]

Les mêmes observations sont applicables s'il s'agi
du propriétaire d'une scierie, dans les circonstances suivantes : la scierie n'est pas atteinte par l'expropiation
mais celui auquel elle appartient est exproprié de deu
parcelles de bois, et demande réparation du dommag
que l'expropiation des bois pourra causer à son usine,
l'alimentation de laquelle contribuaient les parcelle
expropriées[2]. Là encore, la demande de l'expropri
tendrait à faire considérer l'expropriation non pas en tan
qu'elle touche et altère la propriété, mais dans les conséquences qu'elle peut indirectement avoir par le change
ment des conditions physiques et économiques du pays
la diminution des produits forestiers et la difficulté plu
grande des voies de communication. Voyez *infra*, n. 70

67. Pour vicier la décision du jury, il ne suffirait pa
qu'au cours des débats, l'exproprié eût fait entrer dan
sa discussion des circonstances qui ne sont pas la con
séquence directe de l'expropriation, qu'il eût relevé pa
exemple, en discutant les éléments de l'indemnité, la
concurrence commerciale que pourraient faire plus lar

---

[1] 18 janv. 1854, rej. : Canal de Pierre-Latte c. Chemin de fer de
Lyon à la Méditerranée ; M. Delapalme. D. 315, S. 735, P. 1855
1, 47.

[2] 8 avr. 1863, rej. : Neyron c. Ville de Saint-Etienne ; M. Aylies.

gement à l'avenir les usines de l'expropriant à celle de l'exproprié[1]. Si ce grief n'a pas été relevé dans des conclusions spéciales, et si rien n'indique que le jury ait fait autre chose qu'allouer une indemnité pour les dommages procédant directement de l'expropriation, la décision est à l'abri de tout reproche, nonobstant ce que la plaidoirie a pu comprendre d'inexact ou de douteux.

68. Remarquons d'ailleurs que, dans tous les cas, la partie qui a demandé ou discuté devant le jury une indemnité non-seulement pour le sol enlevé, mais pour le dommage occasionné par le changement apporté au régime des eaux, ne sera jamais admise à se faire ultérieurement un moyen de cassation de ce que le changement des eaux ne serait pas la conséquence directe de l'expropriation, et aurait à tort été compris dans le réglement fait par le jury. Les parties ont, d'un commun accord, soumis cet élément d'indemnité à l'appréciation du jury, et l'ont compris dans la demande principale comme un accessoire de l'expropriation elle-même[2]; elles ne peuvent protester plus tard contre ce contrat judiciaire et en repousser les conséquences.

69. Le jury n'est compétent que pour régler les conditions de l'expropriation. L'occupation temporaire, les fouilles, le chômage qui ont précédé le réglement de l'indemnité ne rentrent pas, par leur nature, dans les éléments de l'indemnité, alors que cette occupation ou ce chômage n'ont pas atteint le terrain de l'usine frappée d'expropriation, mais le terrain ou l'établissement attenant à ce qui a été exproprié. Il y a là un rapport

---

[1] 19 nov. 1866, rej. : Granier de Cassagnac c. Rosapelly; M. Aylies.

[2] 8 juillet 1867, rej. : Vieillard c. Ch. de fer du Médoc ; M. Mercier. D. 280.

de fait, tenant au voisinage des objets qu'a frappés l'expropriation et de ceux que le trouble a atteints, provenant aussi de ce que les deux effets sont produits par l'exécution des mêmes travaux ; mais les deux choses restent cependant distinctes, et ne sauraient être arbitrairement confondues ; le dédommagement de l'occupation ou du chômage de la portion non expropriée de l'immeuble, reste donc, par sa nature, en dehors des évaluations du jury, et doit appartenir au conseil de préfecture (voir art. 1er, n. 4). Ainsi jugé par arrêts de la Chambre civile, des 23 juin 1862, 8 novembre 1865, 11 avril 1870[1]. Le second de ces arrêts dit qu'il entre dans la mission du magistrat directeur d'écarter, comme étant hors de la compétence du jury, les demandes d'indemnité pour chômage d'usine et occupation temporaire de terrain : ce sont des discussions étrangères au réglement de l'indemnité.

On ne doit pas, d'ailleurs, aisément supposer que le jury soit sorti des limites de ses attributions. Ainsi lorsque, bien que l'exproprié parût, en même temps qu'il subissait l'expropriation, avoir eu aussi à souffrir une occupation temporaire, on ne doit pas supposer que l'indemnité qui lui est allouée *pour toutes choses* comprenne le dommage résultant de l'occupation temporaire du terrain non exproprié, alors qu'aucune demande n'avait été, de ce chef, proposée devant le jury, et que l'expression employée par le jury s'explique par cette circonstance, que les offres de l'admi-

[1] 23 juin 1862, Cass. : Préfet de la Corse c. Peraldi ; M. Delapalme. D. 380, S. 1069, P. 1863, 285. — 8 nov. 1865 : Lemoine c. Préfet du Calvados ; M. Quénault. D. 1865, 5, 181, S. 1866, 1, 221, P. 1866, 557. — 11 avr. 1870, rej. : Lamblin et Berthier c. Ch. de fer des Charentes ; M. Rieff. D. 427, S. 318, P. 800.

nistration étaient motivées sur trois causes distinctes [1].

La jurisprudence du Conseil d'Etat s'accorde-t-elle, sur le point relatif aux occupations, fouilles ou chômages, avec celle de la Cour suprème? Après attentif examen, aucune opposition ne nous paraît résulter des arrêts rendus par le Conseil d'Etat les 29 juillet 1858, 7 décembre 1870, 9 juin et 4 août 1876 [2]. Si, dans ces espèces, le Conseil d'Etat a considéré comme « nécessairement compris dans l'indemnité allouée par le jury » le dommage causé par une occupation temporaire, une démolition, un chômage, c'est que les actes dont il s'agit étaient antérieurs au réglement par le jury, et s'appliquaient aux objets mème, terrains ou usines, que l'expropriation avait frappés. On peut dire, en ce cas, que, bien que les actes dommageables aient précédé non-seulement le réglement de l'indemnité, mais peut-être mème la déclaration d'expropriation, ils constituent les éléments de perte constants et appréciables au moment où le jury statue, ils entrent dans le dommage certain et direct qui touche la portion mème de l'immeuble qu'enlève l'expropriation.

Mais l'opposition avec la jurisprudence de la Cour de cassation se rencontre dans un arrèt du Conseil d'Etat, du 12 mai 1853 [3], qui porte que le propriétaire ne

---

[1] 22 août 1853, rej.: Préfet de la Somme c. Dupuis; M. Gillon. D. 1853, 1, 284, S. 1854, 1, 64, P. 1854, 2, 347.

[2] 29 juill. 1858 : Palous; M. Pascalis. L. 556, S. 1859, 2, 330, P. 561. — 7 déc. 1870 : Varnier c. Ch. de fer du Nord; M. Braun. L. 1095, D. 1872, 3, 52, S. 1871, 2, 23, P. 585. — 9 juin 1876 : Ville de Paris c. Digonnet-Thiange ; M. Mathéus. L. 542, D. 3, 92, P. 57. — 4 août 1876: Ghighini; M. Boze. L. 741, D. 3, 97. — 1er août 1877, Cons. de préfecture de la Seine: Auvry c. Ch. de fer du Nord. Gaz. des Trib. du 7 oct. 1877.

[3] De Niort ; M. Daverne. L. 1853, 521.

peut, après la décision du jury et l'exécution des travaux, s'adresser à l'autorité administrative pour réclamer d'elle une indemnité à raison du dommage temporaire et des dégradations causées par les travaux exécutés à la portion de son terrain dont il n'a pas été
exproprié. On doit supposer, dit le Conseil d'État, que
le jury a compris ce préjudice dans l'indemnité qu'il a
allouée. Nous pensons, au contraire, que le jury ne
devait régler l'indemnité qu'eu égard à la valeur du
terrain pris et à la dépréciation certaine et permanente
de la portion restante de la propriété, mais qu'il ne pouvait prendre en considération les dommages causés par
une occupation temporaire à la portion non expropriée.
L'erreur du Conseil d'État, dans cette affaire, nous paraît d'autant plus grande qu'au moment où le jury
avait statué, le dommage et la dégradation n'étaient
pas encore effectués, mais pouvaient seulement être
prévus.

Notre opinion personnelle serait donc qu'en matière
d'occupation ou dommage temporaire, le jury n'a à
l'apprécier et n'est présumé l'avoir apprécié qu'autant
que ce dommage s'applique à la portion même que
l'expropriation enlève, et est complétement réalisé au
moment du réglement. En toute autre circonstance,
nous n'hésitons pas à penser que les conseils de préfecture ne doivent pas se refuser à régler, pour ces
dommages distincts de l'expropriation, une indemnité
différente de celle que le jury a fixée. Nous comprenons,
d'ailleurs, qu'en fait, on trouve souvent avantage à faire
régler par le jury même le dommage temporaire pour
lequel il n'avait pas légalement compétence ; mais il
faut que ce soit en vertu d'une convention intervenue.
Nous ne saurions, sur ces divers points, trop engager

les parties à se mettre, par des conclusions précises, à
l'abri des confusions et des équivoques.

70. Les observations que nous venons de proposer
ne s'appliquent qu'au cas où une simple occupation
temporaire est adjointe à l'expropriation. Si, au lieu
d'une simple occu ation temporaire de terrains non
compris dans l'expropriation, il y avait à apprécier des
dommages permanents causés à la portion non expropriée de la parcelle que touche l'expropriation, la compétence du jury ne serait pas douteuse, alors du moins
que les dommages étaient ou prévus ou même réalisés
déjà au moment où le jury a réglé l'indemnité. Il s'agit,
en ce cas, de la diminution de valeur de la portion restante de l'immeuble, et l'on doit, jusqu'à preuve contraire, supposer que le jury l'a prise en considération.
Le Conseil d'Etat a jugé, par arrêt du 7 mai 1857 [1] (et sa
décision sur ce point nous paraît à l'abri de toute critique), que, lorsqu'à l'époque où le jury a statué, les travaux à raison desquels l'expropriation avait été prononcée étaient déjà terminés, il y a présomption que le jury,
dans la fixation qu'il a faite de l'indemnité, a pris en considération toutes les causes de dépréciation résultant de
l'exécution de ces travaux (notamment la déperdition
des eaux d'un canal privé qui met des moulins en jeu,
et les dégradations permanentes occasionnées à des
prairies par les infiltrations des eaux de ce canal); on
ne peut, en conséquence, après la décision du jury, et
sans justifier qu'on ait éprouvé un préjudice nouveau,
réclamer une indemnité nouvelle.

71. La fixation de l'indemnité par le jury doit, à peine
de nullité, être claire, précise, définitive, et ne donner

[1] 7 mai 1857, Cons. d'Etat : Valette; M. Pascalis. L. 358, P. 315.

lieu à aucune contestation ultérieure ; le grief tiré du peu de clarté de la décision tombe sous l'application de la Cour suprême, qui casse si l'obscurité lui apparaît [1], qui rejette si elle trouve dans la décision un sens suffisant et non équivoque [2].

L'indemnité est suffisamment précisée lorsque, conformément aux conclusions de l'exproprié, elle consiste en : 1° tant par mètre carré ; 2° une somme fixe pour dépréciation de la portion de terrain non expropriée, valeur de constructions supprimées ou détériorées, et reconstruction de clôture ; 3° 12 pour 100 du total des deux indemnités précédentes. Vainement prétendrait-on que, dans une pareille décision, la dernière allocation n'est pas déterminée d'une manière précise, qu'il n'y a pas lieu d'ajouter 12 pour 100 à la portion de l'indemnité représentant les constructions, et que, cette portion n'étant pas spécialement fixée par la décision, il devient nécessaire de procéder à une ventilation, ce qui est contraire à la loi. Dans la généralité d'expression de la décision ont été compris, pour recevoir l'adjonction des 12 pour 100, tous les éléments de dépréciation, sans en excepter les constructions supprimées ou détériorées [3].

72. Les indemnités, quoique s'appliquant à des terrains appartenant au même propriétaire, doivent être distinctes, si cela est nécessaire pour rendre la décision

---

[1] 16 févr. 1846, Cass. : Préfet des Bouches-du-Rhône c. Gros ; M. Renouard. D. 64, S. 236, P. 1, 502. — 16 août 1848, Cass. : Préfet de Tarn-et-Garonne c. Commune de la Magistère ; M. Miller.

[2] 15 mars 1869, rej. : Ardoin Cᵉ c. Docks de Saint-Ouen ; M. Renouard. D. 272.

[3] 1ᵉʳ mai 1877, rej. : Commune de Fresnes c. Dahiez Moché : M. Goujet. S. 277, P. 686.

intelligible et complète. Ainsi, lorsque le propriétaire
de terrains expropriés a consenti à l'occupation immédiate de certaines parcelles, à la condition que, pour
ces parcelles, l'intérêt à cinq pour cent du chiffre
d'indemnité ultérieurement fixé lui serait dû à partir du
jour de l'occupation, le jury doit, à peine de nullité,
et pour éviter toute ambiguïté, fixer deux indemnités
distinctes, l'une pour les parcelles occupées d'urgence,
l'autre pour le surplus du terrain exproprié[1]. Voy. article 39, n. 3.

73. L'indemnité doit, sous la même peine de nullité,
consister exclusivement en une somme d'argent mise
à la disposition immédiate de l'exproprié, à moins qu'il
n'apparaisse du consentement exprès des parties à ce
que l'indemnité soit, pour le tout ou pour partie, fixée
en autres valeurs ou d'une autre manière[2] : la fixation
de l'indemnité en argent est le moyen le plus sûr d'éga-
ler l'indemnité au juste taux de l'immeuble, et la voie
unique de terminer tout différend entre les parties ; si
l'indemnité était fixée d'une autre manière, il serait à

---

[1] 2 janv. 1877, Cass. : Veuve Barthez c. Commune de Castres ;
M. Hély d'Oissel. S. 276, P. 684.

[2] 31 déc. 1838, Cass. : Charrin c. Ville de la Croix-Rousse et Préfet du Rhône ; M. Quéquet. D. 1839, 1, 53, S. 1839, 1, 19, P. 1839, 1,
5. — 3 juill. 1843, Cass. : Castex c. Préfet de Tarn-et-Garonne ;
M. Renouard. D. 369, S. 578, P. 2, 294. — 19 juill. 1843, Cass. : Préfet du Nord c. Hospices de Roubaix ; M. Gillon. D. 1844, 1, 47, S.
1843, 1, 732, P. 1843, 2, 295. — 2 janv. 1844, Cass. : Dutertre c. l'Etat ;
M. Tarbé. D. 76, S. 318, P. 1, 356. — 16 févr. 1846, Cass. : Préfet
des Bouches-du-Rhône c. Gros ; M. Renouard. D. 64, S. 236, P. 1,
502. — 18 mai 1847, Cass. : Bejot c. Préfet de Seine-et-Marne ;
M. Renouard. — 16 août 1848, Cass. : Préfet de Tarn-et-Garonne
c. Commune de la Magistère ; M. Miller. — 24 déc. 1851, Cass. :
Duval c. Ville de Paris ; M. Renouard. — 10 mars 1852, Cass. :
Bouzin c. Préfet du Gers ; M. Laborie. D. 1852, 5, 262, S. 1852, 1,
669, P. 1852, 1, 296. — 7 avril 1858, Cass. : Sandral c. Chemin de fer
Grand-Central ; M. Aylies. D. 1858, 1, 171, S. 1859, 1, 272, S. 1859, 838.

craindre que, le plus souvent, elle ne pût être préalable[1]. La fixation en objets mobiliers ou immobiliers ferait d'ailleurs perdre à l'indemnité son caractère de fixité, et ne permettrait pas même de savoir si le jury s'est ou non tenu dans la limite légale entre l'offre et la demande[2].

74. L'indemnité ne peut donc, à moins d'un consentment exprès, consister pour partie en matériaux à provenir de la démolition de l'immeuble exproprié[3], ou en arbres et bois existant sur ledit immeuble[4], ou en objets mobiliers, immobilisés par destination, que la décision du jury autoriserait l'exproprié à détacher de l'immeu-

---

[1] 2 janv. 1844, Cass.: Maury c. Commune de Rouvière; M. Gillon. D. 72, S. 153, P. 1, 152.

[2] 3 avr. 1865, Cass.: Commune de la Ferté-Macé c. Lebreton; M. Quénault. D. 1865, 1, 175.

[3] 2 janv. 1844, Cass.: Dutertre c. l'Etat; M. Tarbé. D. 76, S. 318, P. 1, 356. — 2 juin 1845, Cass.: Commune du Mas c. Lacoste; M. Gillon. D. 295, S. 493, P. 2, 72. — 18 mai 1847, Cass: Bejot c. Préfet de Seine-et-Marne; M. Renouard. — 24 déc. 1851, Cass: Duval c. Ville de Paris; M. Renouard. S. 1852, 1, 124, P. 1852, 1, 295. — 10 mars 1852, Cass.: Bouzin c. Préfet du Gers; M. Laborie. D. 1852, 5, 262, S. 1852, 1, 669, P. 1852, 1, 296. — 6 déc. 1854, rej.: Chemin de fer de Graissessac à Béziers c. Héritiers Bonnet; M. Gillon. D. 1854, 5, 348, S. 1855, 1, 221, P. 1854, 2, 556. — 21 juill. 1862, Cass.: De Legge c. Commune du Pertre; M. Aylies. D. 380, S. 1069, P. 1863, 285. — 7 fév. 1865, Cass.: Préfet de la Haute-Marne c. Châtelain et autres; M. Delapalme. D. 1865, 5, 176.

[4] 18 mai 1847, Cass.: Bejot c. Préfet de Seine-et-Marne; M. Renouard. — 16 avr. 1862, Cass.: Veuve Saint-Geneys et Demoiselle Pellapra c. Préfet de l'Ardèche; M. Lavielle. D. 380, S. 1069, P. 1863, 285. — 29 juill 1862, Cass.: Ch. de fer Paris-Lyon-Méditerranée c. Barral; M. Sevin. D. 380, S. 1069, P. 1863, 285. — 13 août 1862, Cass.: Ch. de fer Paris-Lyon-Méditerranée c. Pavin de la Farge et Veuve Glasson; M. Le Roux de Bretagne. D. 380, S. 1069, P. 1863, 285. — 3 avril 1865, Cass.: Commune de la Ferté-Macé c. Lebreton; M. Quénault. D. 1865, 5, 175. — 18 févr. 1867, Cass.: Grand c. Préfet de la Savoie; M. Renouard. S. 261, P. 655. — 3 déc. 1873, Cass.: Chastenet-Géry c. Ch. de fer des Charentes; M. Casenave. D. 1874, 1, 64. — 19 déc. 1877, Cass.: Ferrey c. Commune de Saint-Pierre; M. Massé. D. 1878, 1, 54, S. 1878, 1, 78, P. 1878, 168.

ble avant la prise de possession de l'administration[1].
V. *infrà*, n. 82.

La loi protége également, à cet égard, l'expropriant et
l'exproprié: l'exproprié a droit à de l'argent, l'expropriant ne saurait être obligé de se dessaisir d'objets
matériels compris dans l'expropriation prononcée à son
profit[2]. La partie qui n'a pas demandé ce mode de fixation ou qui n'y a pas consenti, sera toujours admise à
réclamer contre les conséquences de son adoption.

75. La proposition faite par l'expropriant de laisser
à l'exproprié les matériaux de démolition n'enlève pas
à l'indemnité son caractère purement pécuniaire, si
cette proposition a été faite *en dehors des offres d'indemnité*. Ainsi l'administration, après avoir offert à l'exproprié une somme d'argent déterminée, a ajouté, ou dans
une note marginale des offres, ou en une déclaration
faite avant l'appel de l'affaire, ou en des conclusions
prises au cours du débat, que « tous les matériaux de
démolition et les arbres resteront au propriétaire, à la
charge par lui d'en faire l'enlèvement dans un délai
déterminé. » Cette proposition et la condition qui l'ac-
compagne, exprimées l'une et l'autre en dehors des
offres proprement dites, n'empêchent pas l'indemnité
des immeubles expropriés d'être offerte, demandée,
débattue et fixée exclusivement en argent[3], sauf à l'ex-

---

[1] 3 juill. 1843, Cass.: Castex *c.* Préfet de Tarn-et-Garonne; M.
Renouard. D. 369, S. 578, P. 2, 294.

[2] 7 févr. 1865, Cass.: Préfet de la Haute-Marne *c.* Châtelain et.
autres; M. Delapalme. D. 1865, 5, 176.

[3] 4 juin 1856, rej.: Bordes *c.* Préfet de la Charente-Inférieure;
M. Lavielle. D. 196, S. 825, P. 2, 514. — 26 déc. 1859, rej.: Chaudun
c. Commune d'Asnières; M. Aylies. D. 1859, 1, 496, P. 1860, 200. —
26 août 1861, rej.: Veuve Chauvet *c.* Préfet de la Savoie; M. Renouard. D. 400. — 31 mai 1865, rej.: Langlois et consorts *c.* Berlen-

proprié à user ou à ne pas user, suivant qu'il le jugera convenable, de la faculté que lui laisse l'administration.

76. Il est arrivé que, devant le jury et au cours d'une visite, l'expropriant a déclaré abandonner à l'exproprié une portion du terrain d'un ancien chemin, portion s'élevant à plus de quatre ares. Acte en a été donné par le magistrat directeur. Néanmoins, les offres et les demandes ont été maintenues et discutées telles qu'elles avaient été faites avant cet abandon. En cet état, l'incident relatif à l'abandon ne regardait pas le jury, et celui-ci, en fixant l'indemnité à une somme placée entre les limites de l'offre et de la demande, sans y rien ajouter pour la valeur des quatre ares, a rendu une décision claire, précise et complète [1].

77. Lorsque l'expropriant lui-même n'a fait d'offres que pour le sol et la *démolition* des constructions qui y sont édifiées, les matériaux à provenir de la démolition restant à l'exproprié, on ne peut pas dire que les matériaux aient été compris dans l'indemnité; ils ont seulement été laissés au propriétaire, comme étant en dehors de l'expropriation. Si ce mode de procéder est irrégulier, ce n'est qu'en ce qu'il laisse en dehors de l'expropriation un objet que l'exproprié aurait pu exiger qu'on y comprît (voyez *suprà*, n. 41 et 53), et non en ce qu'il ôterait à l'indemnité son caractère purement pécuniaire. Dans tous les cas, ce ne serait pas à l'administration, qui a elle-même provoqué ce mode de fixation, qu'il

court et Ce ; M. Le Roux de Bretagne. — 13 janv. 1869, rej. : Commune d'Yerville c. Vincent ; M. Eugène Lamy. D. 158, S. 228, P. 541.

[1] 5 mars 1872, rej.: Commune de Vauxrenard c. Consorts Burgaud ; M. Merville. D. 1873, 1, 63, S. 1873, 1, 176, P. 1873, 406.

appartiendrait de se plaindre de son emploi[1]. Voir *infra*, n. 82.

78. Un arrêt du 30 août 1858[2] a, dans les circonstances suivantes, considéré comme en dehors de l'indemnité la valeur des constructions élevées sur le sol
exproprié. Des constructions existaient sur le sol ; elles
y avaient été édifiées par le locataire, à ce autorisé par
son bail, avec faculté de les enlever à la fin dudit bail,
sauf le droit que s'était réservé le bailleur de reprendre
et garder alors les constructions, en en payant la valeur
à dire d'expert. Devant le jury, le locataire comprend
la valeur des constructions dans les éléments de l'indemnité par lui réclamée ; en réponse, l'expropriant
déclare consentir à ce que le locataire enlève dès à présent toutes les constructions qu'il avait le droit d'enlever
à la fin du bail ; acte de ce consentement de l'expropriant est donné par le magistrat directeur au locataire,
qui garde le silence. En ces circonstances, et les constructions ne cessant pas d'appartenir en nature au locataire, leur valeur a été à bon droit placée en dehors de
l'indemnité. Il est bien vrai que, devant le jury, le locataire aurait pu, s'il s'y croyait fondé, soutenir que la
reprise des constructions en en payant la valeur, bien
que purement facultative pour son bailleur, était obligatoire pour l'expropriant ; mais, loin de prendre à cet
égard des conclusions qui auraient réservé à qui de
droit le jugement du litige qu'aurait fait naître son opposition au mode de procéder proposé, il a, au contraire, tacitement accepté ce mode de procéder. La

---

[1] 9 août 1853, rej. : Chemins de fer du Midi et du canal latéral à
la Garonne c. Dayau ; M. Glandaz, D. 1860, 1, 410, S. 1861, 1, 384.

[2] Rej. : Eon. c. Ville de Paris ; M. Renouard, D. 1858, 1, 328,
P. 1860, 190.

décision du jury est donc parfaitement bien rendue
et à l'abri de toute attaque, le locataire ne pouvant
soulever pour la première fois, devant la Cour de cassation, la question qu'il a négligé de soulever devant le
jury.

Que décider si, devant le jury, le locataire avait soutenu que l'expropriant ne pouvait se prévaloir du droit
d'exiger l'enlèvement des constructions, s'il avait en
conséquence conclu, pour la valeur des constructions
élevées par lui, à la fixation d'une indemnité ? Ce serait,
comme l'a indiqué l'arrêt du 30 août 1838, un litige sur
le fond du droit (art. 39, § 4) ; et nous estimons que la
prétention du locataire devrait être accueillie. Considérons en effet que l'option réservée dans l'intérêt du
bailleur ne pouvait être faite qu'à la fin du bail, et
que l'expropriation hâtera l'époque de l'enlèvement ;
considérons, en outre, que le preneur trouvait, dans
l'intérêt futur du bailleur, une éventualité favorable :
si le bailleur optait pour la conservation des constructions, le preneur, au lieu d'avoir à retirer des
objets dont les frais de démolition égaleraient peut-être
la valeur vénale, se verrait allouer, à dire d'experts, une
somme plus ou moins considérable. L'expropriation
fait disparaître pour lui cette éventualité ; voilà un
dommage direct et immédiat, dont il est dû réparation.

En fait, l'appréciation de ce dommage sera difficile.
On ne peut savoir, on ne saura jamais avec une entière
certitude, à quel parti se serait arrêté le bailleur à l'époque de l'expiration du bail. Le jury arbitrera l'indemnité
ex æquo et bono, d'après les chances plus ou moins
grandes que présentait l'état des choses au moment
où l'expropriation est venue le détruire. Les cir-

constances indiquaient-elles alors que le bailleur ne
conserverait pas les constructions ? L'expropriation
ne cause à cet égard qu'un faible préjudice au preneur;
l'indemnité pourra descendre beaucoup. Indiquaient-
elles au contraire que, suivant toute apparence, l'intérêt du bailleur lui prescrirait de conserver les constructions ? L'expropriation prive le preneur de la
somme que les experts auraient réglée ; l'indemnité
s'élèvera en conséquence. Etait-on, en une position
telle, à une distance si grande de la cessation du bail,
ou dans des conditions d'affaires si mal définies, qu'il
fût difficile ou impossible de se rendre compte du parti
auquel le bailleur se serait ultérieurement arrêté, le
chiffre se placera en une situation moyenne, en vertu
de cette loi des à peu près que l'incertitude des choses
humaines impose, en bien des circonstances, aux esprits
les plus désireux d'exactitude et de vérité.

79. De même que l'indemnité ne doit pas comprendre
d'objets en nature, de même on ne saurait, en l'absence
d'un consentement exprès, la faire consister en travaux
imposés à l'expropriant dans l'intérêt de l'exproprié. Si,
en fait, l'expropriation doit avoir pour conséquence de
nécessiter certains travaux pour coordonner à la disposition nouvelle des lieux la portion de propriété qui
restera à l'exproprié, c'est un motif d'allouer au propriétaire dépossédé une indemnité plus forte, en compensation des dépenses qu'il se trouvera obligé de faire,
mais sans altérer en aucune façon le caractère de l'indemnité pécuniaire dont le règlement est l'unique objet
de la mission du jury. L'obligation pour l'expropriant
de faire des travaux en nature ne serait pas un règlement définitif de l'indemnité, car elle serait propre à
laisser subsister des causes de contestations ultérieures ;

elle ne serait d'ailleurs pas, en général, susceptible
d'être acquittée préalablement à la prise de possession.
(Voir art. 53, n. 2.) La décision qui fait consister pour
partie l'indemnité en travaux à exécuter est donc nulle.
Ainsi jugé, et dans des espèces où la décision impose
purement et simplement les travaux à l'expropriant [1],
et dans d'autres où elle lui donne l'option entre l'accomplissement des travaux qu'elle détermine ou le
payement d'une somme d'argent [2]. (En ce qui concerne
cette seconde hypothèse, voir *infra*, n. 83.)

80. On ne saurait considérer l'indemnité comme consistant pour partie en travaux lorsque, la fixation en ayant
été faite à tant le mètre *pour indemnité de toute nature*,
le magistrat directeur a en outre ordonné l'annexion au
procès-verbal de l'engagement pris hypothétiquement

---

[1] 31 déc. 1838, Cass. : Charrin c. Ville de la Croix-Rousse et
Préfet du Rhône ; M. Quéquet. D. 1839, 1, 53, S. 1839, 1, 19, P. 1839,
1, 5. — 18 févr. 1857, Cass.: Préfet de l'Ain c. D'Ailly ; M. Delapalme. D. 71, S. 863, P. 1858, 471. — 7 avr. 1858, Cass : Sandral
c. Chemin de fer Grand-Central ; M. Aylies. D. 171, S.1859, 1, 272,
P. 1859, 838. — 23 juin 1862, Cass. : Préfet de la Corse c. Peraldi ;
M. Delapalme. D. 380, S. 1069, P. 1863, 285. — 31 mai 1864, Cass. :
D^lle Mausacré c. Ch. de fer du Midi et du canal latéral à la Garonne ;
M. De Vaulx. D. 1864, 5, 148. — 7 août 1867, Cass.: Préfet de
l'Hérault c. Hubertino ; M. Fauconneau-Dufresne. D. 494. — 4 mai
1869, Cass.: Ville de Lyon c. Courbis ; M. Glandaz. D. 341. — 19
déc. 1871, Cass.: Ville d'Annonay c. Frachon et autres ; M. Case-
nave. D. 1873, 1, 71, S. 1872, 1, 139, P. 1872, 311. — 19 mars 1872,
Cass.: Grange c. Ch. de fer de Lyon ; M. Casenave. D. 1873, 1, 72,
S. 1872, 1, 440, P. 1872, 1155. — 7 janv. 1874, Cass.: Commune de la
Selle c. Grillot ; M. Aucher. D. 215, S. 83, P. 171.

[2] 7 févr. 1837, Cass. : Parmentier-Carlier c. Urbain et Piard ;
M. Thil. D. 178, S. 126, P. 1, 94. — 16 févr. 1846, Cass. : Préfet des
Bouches-du-Rhône c. Gros ; M. Renouard. D. 1864, S. 236, P. 1,
502. — 16 août 1848, Cass. : Préfet de Tarn-et-Garonne c. Commune
de la Magistère ; M. Miller. — 14 août 1855, rej. : Mounier et Perrin
c. Chemin de fer de Saint-Rambert à Grenoble; M. Delapalme.
D. 1855, 1, 416, S. 1856, 1, 620, P. 1857, 420. — 7 avr. 1858, Cass. :
Sandral c. Chemin de fer Grand-Central ; M. Aylies. D. 1858, 1, 171,
S. 1859, 1, 272, P. 1859, 838.

par l'expropriant d'effectuer certains travaux destinés à
faire couler sur la portion restante de la propriété de
l'exproprié l'eau d'une source que celui-ci prétend
exister sur le terrain que l'expropriation lui enlève. Indemnité a été réglée, en effet, sans incertitude ni indétermination, sur la question qui résultait du jugement
d'expropriation : la découverte et le détournement de la
source ne constituent qu'une éventualité en vue de laquelle une convention est amiablement arrêtée entre
les parties [1].

81. Plus généralement, le jury ne saurait, sous quelque forme que ce soit, faire entrer dans l'indemnité
autre chose que de l'argent, y faire entrer, notamment,
une servitude active, en créant sur la portion de la propriété qui a été expropriée une servitude au profit de
celle qui est restée aux mains du propriétaire [2].

82. La nullité tirée de ce que l'indemnité n'est pas
purement pécuniaire peut-elle être indistinctement invoquée par l'expropriant et par l'exproprié ?

L'exproprié qui n'a pas donné son consentement à ce
que l'indemnité fût fixée autrement qu'en argent peut
toujours se prévaloir de la nullité résultant de ce que
l'indemnité n'est pas purement pécuniaire, sans distinguer si l'élément ajouté à la somme d'argent allouée
consiste en matériaux ou en travaux à exécuter ; dans
le premier cas, on ne peut l'obliger à recevoir malgré
lui, à titre d'indemnité, des objets en nature, qui peut-
être n'auraient pas pour lui les mêmes avantages qu'une
somme d'argent immédiatement mise à sa disposition ;

---

[1] 4 mai 1869, rej. : Veuve Péan c. Commune de Sambin ; M. Pont.
D. 342.

[2] 15 janv. 1877, Cass. : Commune de Muret-le-Ferron c. Raignoux :
M. Salmon. D. 1878, 1, 74.

dans le second cas, il est fondé à soutenir que la fixation de l'indemnité reste incertaine et indéterminée.

A l'égard de l'expropriant, il nous avait paru qu'une
distinction pouvait s'induire d'un arrêt du 13 juillet
1852[1]. Cet arrêt rejette le pourvoi de l'administration
expropriante contre la décision du jury qui, réglant l'indemnité due à un jardinier pépiniériste, lui avait alloué
une somme d'argent déterminée, avec faculté pour lui
d'enlever ses châssis, arbres, arbustes, plantes, ter-
reau, enfin tous les objets d'exploitation susceptibles
d'être détachés du fonds ; il n'apparaissait à cet égard
d'aucune offre ou consentement de la part de l'expropriant. D'où nous avions cru devoir conclure que l'expropriant ne sera admis à se plaindre qu'autant que le
mode de fixation suivi aura empêché l'indemnité d'être
certaine, précise et définitive; on l'écoutera, avions-nous
dit, si, sans qu'il y ait consenti, on lui a imposé, à titre
d'indemnité, des travaux qui l'engageront dans des
dépenses dont le chiffre est incertain ; il ne sera pas
admis à se faire un moyen de nullité de ce que des objets en nature, expressément déterminés, ont été compris dans l'indemnité. Nous n'hésitons pas à abandonner cette distinction ; elle exagère peut-être la portée
de l'arrêt de 1852. Il est préférable de dire, avec un
arrêt de cassation du 7 février 1865[2], que la loi protège
également, contre l'indemnité en objets matériels, l'expropriant et l'exproprié : l'exproprié a droit à de l'argent ; l'expropriant ne saurait être obligé de se dessaisir d'objets compris dans l'expropriation prononcée à

---

[1] 13 juill. 1852, rej. : Préfet de la Seine c. Mercier ; M. Renouard.
D. 202, S. 668, P. 2, 242.

[2] 7 févr. 1865, Cass. : Préfet de la Haute-Marne c. Chatelain et
autres ; M. Delapalme. D. 1865, 5, 176.

son profit. Comment savoir, avec ce mode de fixation, si les offres et demandes ont ou non été dépassées? Cet ordre d'irrégularité, qui touche au dernier paragraphe de l'article 39, peut être invoqué par l'expropriant aussi bien que par l'exproprié.

Lorsque l'indemnité a consisté en une servitude imposée à l'expropriant au profit de l'exproprié (*supra*, n. 81), le premier peut, comme le second, se prévaloir de cette irrégularité [1].

Il est d'ailleurs évident que le mode de fixation en nature ou en travaux, ou de toute autre manière, ne peut être critiqué par celui-là même qui l'a proposé ; qu'il ne peut notamment fournir un moyen de nullité à l'expropriant qui a offert des matériaux déterminés [2] (Voy. *infra*, n. 84).

83. On ne devra pas admettre l'expropriant à se plaindre quand la décision du jury lui donne l'option entre une somme d'argent à payer ou des travaux à effectuer : si, dans ce cas, l'indemnité est incertaine et indéterminée, il dépend de l'expropriant de faire cesser toute incertitude en optant pour le payement de la somme d'argent. C'est ce que l'on pouvait induire d'un arrêt du 11 janvier 1836 [3], et ce que décide formellement un arrêt du 2 février 1858 [4].

Un arrêt du 16 juillet 1866 l'a jugé de même dans une espèce dans laquelle, après avoir fixé à 21,000 francs

---

[1] Arrêt du 15 janv. 1877.

[2] 13 janv. 1869, rej.: Commune d'Yerville c. Vincent ; M. Eug. Lamy. D. 158, S. 228, P. 541. — 23 juin 1869, rej.: Commune de Quarante c. Héritiers Cassan ; M. Emile Moreau. D. 341.

[3] 11 janv. 1836, rej.: Préfet de la Côte-d'Or c. Commune de Chazilly ; M. Quéquet. D. 51, S. 12, P. à sa date, p. 912.

[4] 2 févr. 1858, rej. : Chemin de fer Grand-Central c. Rébois ; M. Pascalis. D. 83, S. 831, P. 577.

l'indemnité due par une commune pour une parcelle de terrain destinée à l'établissement d'un cimetière, le jury a ajouté la faculté pour la commune de ne payer que 6,000 francs, en abandonnant 100 mètres de terrain qui se trouvaient occupés par la sépulture de famille de l'exproprié : la commune restait libre de n'avoir aucun égard à cette faculté, et de s'en tenir à l'expropriation totale, dont les conditions étaient fixées de la façon la plus régulière[1]. (Voir art. 47 de l'ordonnance du 1er octobre 1844, relative à l'Algérie.)

L'exproprié ne pourra pas non plus se plaindre si, après fixation définitive de l'indemnité en argent, il a été dit que, dans le cas où l'expropriant établirait une porte donnant accès sur une route déterminée, il serait déduit de l'indemnité une somme de 500 francs. L'exproprié reste libre, nonobstant cette évaluation du travail, de ne pas se prêter à son exécution et de toucher intégralement l'indemnité pécuniaire. Ce n'est qu'un mode facultatif d'acquittement de portion de l'indemnité en nature que le jury prévoit et évalue, en vue seulement de l'hypothèse où il plairait aux deux parties de l'employer[2].

Deux arrêts de cassation, des 16 février 1846 et 16 août 1848[3], rendus sur le pourvoi de l'expropriant dans les affaires dans lesquelles option avait été laissée à celui-ci entre des travaux à exécuter et une somme à verser, ne sont pas en opposition avec ce que nous ve-

---

[1] 16 juill. 1866, rej. : Commune de Pérouges c. Héritiers Passerat ; M. Glandaz.

[2] 29 janv. 1866, rej. : Renault c. Ch. de fer des Deux-Charentes ; M. Renouard. D. 1866, 5, 203.

[3] 16 févr. 1846, Cass. : Préfet des Bouches-du-Rhône c. Gros ; M. Renouard. D. 64, S. 236, P. 1, 502. — 16 août 1848, Cass. : Préfet de Tarn-et-Garonne c. Commune de la Magistère ; M. Miller.

nons de dire. Les arrêts de 1846 et 1848 relèvent cette circonstance que l'indemnité alternative était fixée *en des termes pouvant donner lieu à des contestations ultérieures.*

84. Tous les arrêts précités admettent qu'avec le consentement des parties l'indemnité peut valablement comprendre des éléments autres qu'une somme d'argent [1] (*supra,* n. 82 *in fine*). Plus spécialement, le caractère de l'indemnité n'est point altéré par la réserve accordée à l'exproprié, sur sa demande expresse, des glaces et cheminées en marbre existant dans la maison dont il est dépossédé; et [2] l'indemnité est précise et définitive quand elle consiste en la construction d'un égout, dont l'expropriant avait indiqué en ses conclusions, dont l'exproprié a reproduit avec plus de détails dans les siennes les conditions d'établissement [3].

Mais le consentement à ce mode de fixation doit être formel. Il a été jugé avec raison que, si la partie expropriante a offert de substituer à l'indemnité en numéraire l'exécution de travaux pour le compte de l'exproprié, l'acceptation de celui-ci ne saurait légalement s'induire de son silence [4]; moins encore de conclusions posées en réponse, par lesquelles l'exproprié se borne à demander, pour indemnités de toute nature, une somme d'argent déterminée [5]. Il faut un consentement

[1] Voyez aussi 25 août 1875, rej.: Séguin c. Chemin de fer de Lyon; M. Casenave. D. 1876, 1, 56, S. 1876, 1, 430, P. 1876, 1087.

[2] 21 août 1843, rej.: Préfet du Pas-de-Calais c. Boucher; M. Fabvier. D. 450, S. 880, P. 2, 658.

[3] 20 août 1860, rej.: Ville d'Aix c. Dame Long; M. Aylies. D. 1860, 1, 415, P. 1861, 502.

[4] 7 avr. 1858, Cass.: Sandral c. Chemin de fer Grand-Central; M. Aylies. D. 1858, 1, 171, S. 1859, 1, 272, P. 1859, 838.

[5] 20 août 1873, Cass.: Sohet-Thibaut frères c. Ch. de fer des Charentes; M. Casenave. D. 1874, 1, 40, S. 1873, 1, 477, P. 1873, 1195.

exprimé, et qui s'applique exactement aux offres faites par l'expropriant [1]. Il ne suffirait pas non plus que l'exproprié eût formé une demande de travaux, sur laquelle l'expropriant ne s'est pas expliqué [2].

Des conclusions par lesquelles le propriétaire, frappé d'expropriation partielle, en réclamant une indemnité basée tant sur la portion de terrain expropriée que sur le préjudice à lui causé par la nécessité de démolir les constructions établies sur le surplus, avait reconnu néanmoins qu'il y avait lieu de déduire de ce second élément la valeur des matériaux et du terrain qu'il conserve, ont été considérées comme contenant simplement une indication du mode de calcul des éléments dont sera composée l'indemnité réclamée pour la dépréciation de la portion d'immeuble que l'expropriation ne retranche pas, mais non comme une demande des matériaux à provenir de la portion expropriée, ou un consentement à les recevoir en déduction de l'indemnité afférente à cette portion [3].

Si les parties sont convenues de retirer du débat un chef de dépréciation, sur lequel ils se sont réglés en travaux à exécuter par l'expropriant, l'exproprié trouve dans le procès-verbal un titre suffisant pour poursuivre l'exécution des travaux ou la réparation du préjudice qui pourrait résulter d'un retard ou d'un refus d'exécution de ces travaux [4].

---

[1] 14 août 1855, rej.: Mounier et Perrin c. Chemin de fer de Saint-Rambert à Grenoble ; M. Delapalme. D. 1855, 1, 416, S. 1856, 1, 620, P. 1857, 420.

[2] 9 févr. 1874, rej.: Boislaive c. Ch. de fer de Poitiers à Saumur ; M. Aucher. D. 304, S. 223, P. 547.

[3] 24 déc. 1851, Cass.: Duval c. Ville de Paris ; M. Renouard. S. 1852, 1, 124, P. 1852, 1, 295.

[4] 8 déc. 1863, rej.: Wolf-Gutman et Gérard c. Préfet de la Seine ; M. Eug. Lamy. D. 1864, 5, 162.

La convention des parties relativement aux travaux
constitue alors un véritable contrat judiciaire ; la connaissance des contestations auxquelles ce contrat pourrait ultérieurement donner lieu appartiendra nécessairement à l'autorité judiciaire[1]. (Voy. *supra,* n. 64, et
infra, n. 128.)

85. Si l'exproprié, dans ses conclusions, demandait
alternativement, ou que l'administration fût condamnée à construire sur le terrain même enlevé par l'expropriation un mur destiné à clore la portion restante
de l'immeuble exproprié, ou l'allocation d'une somme
d'argent, le mur de clôture devant, en ce cas, être construit par l'exproprié sur son propre terrain, la décision
du jury qui, dans la première hypothèse, met la construction du mur *à la charge de l'Etat,* ne contient aucune incertitude sur le point de savoir si, dans ladite
hypothèse, le mur sera construit sur le terrain enlevé
ou sur le terrain restant ; ces mots : *à la charge de,* indiquent assez que l'Etat devra fournir le terrain, de
même qu'il supportera toutes les autres dépenses de
l'œuvre à effectuer[2].

86. La décision du jury ne mérite pas le reproche
d'avoir contraint l'exproprié à un fait, de l'avoir obligé
à démolir et à reconstruire, lorsque, conformément
d'ailleurs à la question qui lui avait été soumise avec
l'adhésion des parties, le jury a alloué à l'exproprié une
indemnité représentant le dommage causé par la démolition partielle de sa terrasse et la dépense nécessaire

[1] 12 mai 1876, C. d'Etat ; Chemin de fer Paris-Lyon-Méditerranée
c. Assénat ; M. Levavasseur de Précourt. L. 446, D. 1877, 3, 4.
[2] 19 janv. 1852, rej.: Préfet d'Ille-et-Vilaine c. Dames Ursulines de
Vitré ; M. Pascalis. D. 31, S. 368, P. 2, 688.

pour sa reconstruction[1]. L'exproprié sera libre de faire ou de ne pas faire ce travail, de donner à l'indemnité représentative du dommage telle application que bon lui semblera.

87. L'indemnité doit consister en une somme d'argent immédiatement payée, et non en annuités nécessairement postérieures à la dépossession.

Il en est ainsi, encore bien qu'il s'agirait d'un terrain exproprié sur l'Etat par une Compagnie de chemin de fer, et que l'acte de concession du chemin de fer contiendrait cette stipulation, qu'à l'expiration de sa jouissance, la Compagnie serait tenue d'en faire remise à l'Etat : les conventions qui interviennent entre les concessionnaires de travaux publics et le gouvernement, comme administrateur, n'affectent en aucune façon les propriétés de l'Etat, qui demeurent gouvernées par les règles du droit commun ; nonobstant donc la convention de retour à l'Etat dans un temps déterminé, les indemnités dues à raison des terrains expropriés sur lui devront toujours consister dans la prestation immédiate d'une somme d'argent[2].

88. Deux arrêts des 3 février et 7 avril 1858[3] ont cependant jugé que l'indemnité due au fermier pouvait consister en une somme annuelle à prendre, pendant la durée du bail, sur l'indemnité allouée au propriétaire. Sur ce point et sur les difficultés diverses aux-

---

[1] 10 avr. 1866, rej. : Fontaine c. Préfet de la Haute-Savoie ; M. Fauconneau-Dufresne. D. 1866, 5, 205.

[2] 19 déc. 1838, Cass. : Préfet de Seine-et-Oise, représentant l'Etat, c. Ch. de fer de Versailles, rive gauche ; M. Quéquet. D. 1839, 1, 30, S. 1839, 1, 255.

[3] 3 févr. 1858, rej. : Ch. de fer Grand-Central c. Catusse et Despeyroux ; M. Renouard. D. 127, P. 570. — 7 avr. 1858, rej. : Sandral c. Chemin de fer Grand-Central ; M. Aylies. D. 171.

quelles peut donner lieu la fixation de l'indemnité due
au locataire ou au fermier, voir art. 39, n. 12 et suivants.

89. La mission du jury n'est remplie que par la détermination d'une somme certaine, dont la quotité ne
dépende d'aucun calcul, d'aucune opération ultérieure.

Ainsi jugé dans une espèce où le jury avait déclaré
fixer à une somme de .... l'indemnité due au propriétaire,
à raison d'une avance prétendue faite par lui, par sous-
cription volontaire, pour frais de percement de la rue
pour l'ouverture de laquelle l'expropriation était prononcée, sans que d'ailleurs le jury eût expliqué dans sa
décision si le montant de l'avance, en la supposant
faite, venait en déduction de son évaluation, ou devait
y être ajouté. La Cour a pensé que l'incertitude laissée
sur ce dernier point pouvait donner place à un litige
ultérieur, et elle a cassé la décision du jury [1].

90. De même l'indemnité sera considérée comme incertaine en ce qui concerne les arbres existant sur l'immeuble exproprié, et comme laissant subsister à cet
égard entre les parties des causes de discussion sur le
montant à fixer, si le prononcé du jury se réduit à ces
simples indications : « dix francs par pied d'arbre existant sur la partie du terrain qui sera prise, douze francs
par pied d'arbre se trouvant à moins de cinquante cen-
timètres du fossé qui bordera le chemin, » sans que
rien dans le procès-verbal ni dans aucun acte de la procédure fasse connaître à quel nombre les parties intéressées fixaient les arbres de chacune de ces deux
catégories [2].

[1] 9 févr. 1846, Cass. : Préfet de la Seine c. Bedeau et Luce;
M. Hello. D. 79, S. 236, P. 1, 401.
[2] 10 août 1841, Cass. : Préfet de l'Oise c. Rimbault ; M. Gillon.
D. 313, P. 2, 376.

L'évaluation à tant par pied d'arbre et à tant par mètre de clôture serait au contraire parfaitement régulière si les parties avaient accepté ce mode d'évaluation. Il importerait même peu qu'elles ne fussent pas d'accord sur le nombre des arbres ou sur le mesurage de la clôture, si elles avaient admis l'une et l'autre qu'il y aurait vérification ultérieure [1].

91. Le jury peut-il fixer *à tant par mètre* l'indemnité d'expropriation d'un terrain? L'affirmative ne fait aucun doute si la contenance du terrain exproprié est certaine, et n'est l'objet d'aucune contestation [2].

Si, au contraire, l'étendue du terrain n'est pas exactement déterminée, ce mode de fixation ne peut être admis (sauf ce qui sera dit plus bas du cas où il y a litige sur la contenance); pour que le montant de l'indemnité puisse être suffisamment exprimé au moyen d'un chiffre monétaire multiplié par une mesure de terrain, il faut que ces deux bases soient également déterminées et que la contenance du terrain soit hors de toute incertitude [3].

A plus forte raison, l'indemnité ne sera pas fixée d'une manière certaine, et la décision du jury devra être cassée si, l'expropriation n'enlevant qu'une partie d'une propriété et dépréciant seulement le reste, il est

[1] 27 févr. 1860, rej.: Bucaille c. Ville du Hâvre; M. Renouard. D. 1860, 1, 409, S. 1861, 1, 384, P. 1861, 689.

[2] 15 janv. 1844, rej.: Préfet du Var c. Verlaque; M. Hello. D. 121, S. 353, P. 1, 623. — 2 déc. 1851, rej.: Préfet des Basses-Alpes c. Jaumard et autres; M. Renouard. D. 1852, 1, 9, S. 1852, 1, 462, P. 1852, 2, 704. — 5 juill. 1864, rej.: Bothier c. Ch. de fer d'Orléans; M. Quénault. D. 1865, 5, 173. — 30 janv. 1865, rej.: Ville de Châlon-sur-Saône c. Veuve Muiron; M. Renouard. — 6 mars 1867, rej.: Ville de Toulon c. De Salasc; M. Renouard.

[3] 29 août 1843, Cass.: Préfet de l'Aisne c. François; M. Fabvier. D. 459, S. 817, P. 2, 386.

alloué tant par mètre de terrain exproprié, tant par mètre de terrain restant, sans que la contenance de l'une
et de l'autre partie dudit terrain ait été précisée, soit
dans la décision, soit dans les pièces qui ont passé sous
les yeux du jury [1]. Dans ces circonstances, en effet, le
jury ne fixe pas, à proprement parler, le montant de
l'indemnité; il se borne à en poser les bases, livrant à
des calculs ultérieurs un résultat qu'il a mission de
proclamer définitivement.

Que décidera-t-on si la contenance du terrain exproprié, non-seulement n'est pas certaine, mais fait entre
les intéressés l'objet d'une contestation? Le jury
pourra-t-il, dans ce cas, fixer l'indemnité à tant par
mètre ?

Aucune difficulté si les parties, divisées sur le point
de savoir quelle est l'étendue du terrain, sont cependant d'accord pour faire estimer ce terrain au mètre,
sauf à faire procéder plus tard à un arpentage contradictoire, et à se régler ultérieurement entre elles quant
à leurs droits respectifs dans la propriété [2]. Le contrat
judiciaire prévient ou couvre en ce cas toute objection
contre le mode de fixation de l'indemnité.

Encore bien même qu'il n'y aurait eu aucun accord
de ce genre, qu'aucun contrat judiciaire ne serait intervenu, la jurisprudence admet ce mode de fixation de

---

[1] 3 août 1840, Cass. : Kœchlin c. Kreutler ; M. Renouard. D. 288,
S. 709, P. 2, 476.

[2] 31 déc. 1850, rej. : Héritiers Donzelot c. Préfet de Seine-et-Oise;
M. Gillon. D. 1851, 1, 286, S. 1851, 1, 364, P. 1851, 2, 475. — 26 juin
1855, rej. : Époux Holker c. Préfet de la Seine ; M. Lavielle. D. 285,
S. 843, P. 1856, 2, 261. — 22 févr. 1865, rej.: Meynadier c. Ch. de
fer Paris-Lyon-Méditerranée ; M. Aylies. — 6 mars 1867, rej. :
Ville de Toulon c. de Salase et Duplessis-Ollivault ; M. Renouard.
— 17 déc. 1872, rej.: Verlaguet c. Ch. de fer Paris-Lyon-Méditerranée ; M. Casenave. D. 1872, 5, 229, P. 1872, 1156.

l'indemnité toutes les fois qu'il y a, non plus seulement
indétermination de la contenance, mais contestation à
cet égard entre les parties[1]. Dans cette situation, en
effet, le jury ne saurait, sans excès de pouvoir, ni prescrire la vérification de la contenance, ni ordonner un
sursis, ni prendre pour base définitive de l'indemnité
l'allégation de l'une ou de l'autre des parties. Il doit,
procédant conformément au paragraphe 4 de l'article 39,
régler l'indemnité indépendamment du litige, et c'est le
résultat qu'il obtient en fixant l'indemnité à tant par
mètre, sauf aux parties à se pourvoir devant qui de
droit pour faire déterminer la contenance.

On ne peut, en ce cas, reprocher au jury de subordonner sa décision à la détermination ultérieure de la
contenance; si l'indemnité n'est pas complète et définitive, cela tient au litige existant entre les parties et non
au mode adopté pour la fixation de l'indemnité. On a
fait à ce mode de fixation de l'indemnité l'objection qu'il
empêcherait de reconnaître si l'indemnité allouée est
renfermée dans les limites fixées par le dernier paragraphe de l'article 39; cette objection nous paraît sans
force. Si les parties sont divisées sur la contenance,
chacune a fait connaître sans doute l'étendue qu'elle
prétend attribuer au terrain; il sera donc facile, au

---

[1] 29 juin 1852, rej. : Préfet des Bouches-du-Rhône c. Veuve Jourdan; M. Lavielle. D. 172, S. 669, P. 2, 242. — 9 août 1858, rej. :
Chemin de fer du Midi et du canal latéral à la Garonne c. Dayau et
autres; M. Glandaz. D. 1860, 1, 410, S. 1861, 1, 384. — 19 juin 1861,
rej.: Bertrand c. Ville de Béziers; M. Renouard. D. 285, S. 996,
P. 1862, 326. — 8 avr. 1868, rej. : Dunod de Charnage c. Préfet de
la Haute-Saône ; M. Eug. Lamy. D. 297, S. 414, P. 1103. — 15 mars
1869, rej.: Ardoin et Cᵉ c. Docks de Saint-Ouen; M. Renouard.
D. 272. — 19 juill. 1870, rej.: Syndicat des cours d'eau de la Leue
et de la Reverotte c. Bassand et autres; M. Rieff. D. 428, S. 349,
P. 883.

moyen d'une simple multiplication, de vérifier si la somme allouée dépasse ce qui a été demandé ou n'atteint pas ce qui a été offert.

En résumé, la contenance est-elle certaine, ou y a-t-il, au contraire, sur cette contenance, à la fois incertitude et litige entre les parties ? L'indemnité peut être fixée à tant par mètre. La contenance est-elle incertaine, sans que cependant il y ait litige ? Ce mode de fixation de l'indemnité ne peut être admis.

Deux arrêts du 9 février 1846 [1] ont jugé que, l'exproprié contestant, comme inférieure à la contenance réelle, la contenance indiquée au jugement d'expropriation, et faisant ses réserves à l'effet de vérifier ultérieurement ladite contenance, le jury avait pu cependant fixer l'indemnité à tant par mètre pour la contenance indiquée au jugement. Si, plus tard, la vérification de la contenance justifiait la prétention de l'exproprié, cela n'empêcherait pas l'indemnité d'être définitivement fixée à l'égard de l'étendue de terrain indiquée au jugement. Il en résulterait seulement que l'expropriant n'aurait réellement acquis que la quantité de terrain exprimée au jugement, l'excédant demeurant la propriété du riverain.

Dans une autre espèce, il avait été offert et demandé une indemnité unique et collective comprenant les divers éléments de préjudice que causait l'expropriation ; il avait été entendu, en outre, entre l'exproprié et l'expropriant, que, pour le cas où la parcelle expropriée excéderait une contenance de 2,260 mètres, il serait accordé une indemnité dont le prix serait déterminé

[1] 9 févr. 1846, rej. : Préfet de la Seine c. Larbouillat et Schmidt : M. Hello. D. 79, S. 224, P. 1, 343.

par mètre de terrain. En cet état des conclusions, le jury a accordé 190,000 francs pour une emprise de 2,271 mètres, compris les constructions, le prix du mètre étant de 25 francs. Un arrêt du 2 février 1864 [1] a considéré qu'en statuant ainsi le jury avait satisfait pleinement à la demande unique et collective sur laquelle il avait à prononcer. Il indiquait assez que, dans la somme qu'il accordait, le prix du sol n'était compris que pour 25 francs par mètre, soit 56,775 francs, que tout le surplus, soit 133,225 francs, s'appliquait aux constructions et autres éléments. La décision ne laissait subsister aucun doute, et il ne restait plus, en cas d'excédant de contenance, qu'à ajouter à la somme fixée celle de 25 francs par chaque mètre en sus des 2,271. On pourrait bien se demander pourquoi la décision portait 2,271 mètres, alors que les parties avaient spécifié 2,260 ; mais cette circonstance était indifférente dans la cause : c'était par l'exproprié que le pourvoi était formé ; il n'avait pas à se plaindre si 11 mètres comptés en trop avaient augmenté de 275 francs son indemnité, laquelle dépassait d'ailleurs les offres de près de 100,000 francs.

Tout ce que nous venons de dire de la fixation à tant par mètre s'applique également à la fixation *à tant par are* [2], si la plus grande étendue du terrain exproprié comporte l'emploi de cette mesure.

92. Si l'indemnité à tant la mesure a fait l'objet de réclamations nombreuses, il est arrivé aussi que l'on a tenté de se faire un moyen de cassation de ce qu'au contraire ce mode d'évaluation n'avait pas été employé,

---

[1] 2 févr. 1864, rej. : Chevalier, dit Gavarni, c. Préfet de la Seine; M. Delapalme.

[2] Arrêt du 8 avril 1868.

et de ce que l'indemnité avait été fixée en bloc. Un aussi étrange grief ne pouvait être accueilli : du moment qu'il ne s'était élevé, ni avant ni pendant les débats, aucune contestation sur la désignation et la contenance de l'immeuble exproprié, le mode de procéder employé était celui qui se présentait le plus naturellement à l'esprit, le plus simple et le plus régulier qu'on pût adopter [1].

93. Les parties ne peuvent jamais se plaindre des conséquences du contrat judiciaire qu'elles ont elles-mêmes accepté. Ainsi, elles ne peuvent se plaindre de ce qu'indépendamment de la fixation d'une indemnité pécuniaire, la décision du jury contient stipulation d'une continuation de jouissance et indication de l'époque de la prise de possession, si ces deux points ont été réglés et établis sur les conclusions mêmes des parties et avec leur concours [2]; elles ne peuvent attaquer, pour cause d'ambiguïté, la décision qui alloue à plusieurs indemnitaires une seule indemnité sans la répartir entre eux, si c'est sur leur demande expresse que cette répartition n'a pas été faite [3] (voy. art. 39, n. 7); elles ne peuvent se faire un grief de ce que le jury a constitué, sur un chemin qu'elles prétendent être leur propriété privée, un droit de servitude au profit d'autres expropriés, si elles avaient elles-mêmes conféré au jury le pouvoir d'affecter ce chemin au service des fonds voisins auxquels, par suite de l'expropriation, il deviendrait nécessaire [4].

---

[1] 11 févr. 1863, rej. : Riegel c. Ville de Paris ; M. Laborie.

[2] 30 août 1847, rej. : Sanoner c. Ville de Lyon ; M. Delapalme.

[3] 29 août 1854, rej. : D'Auger et consorts c. Chemin de fer de Paris à Cherbourg ; M. Mérilhou. D. 320, S. 734, P. 1855, 1, 88.

[4] 11 mai 1858, rej. : Allard c. Chemin de fer de l'Isère : M. Alcock.

94. Si la convention des parties autorise le jury à se départir des règles ordinaires, cette convention n'est cependant pas une loi pour lui. Spécialement, dans une espèce où le procès-verbal portait : « Du consentement des parties, le jury fixera l'indemnité à raison de 26 ares 27 centiares ; les parties se feront compte de la différence, s'il y a lieu, » le jury a pu régulièrement, et sans qu'on fût en droit d'invoquer contre sa décision la violation du contrat judiciaire, n'allouer d'indemnité que pour 23 ares 73 centiares, contenance portée au tableau des offres [1].

95. Lorsque, du consentement des parties, des travaux à effectuer par l'expropriant au profit de l'exproprié ont été compris dans l'indemnité, c'est à l'autorité judiciaire qu'il appartient de connaître des difficultés auxquelles donnera lieu l'exécution de ces travaux, et elle peut, sans violer l'autorité de la chose jugée, ni l'article 38 de la loi de 1841, condamner l'administration, pour inexécution ou exécution mauvaise ou incomplète des travaux, à des dommages-intérêts envers le propriétaire. Spécialement, un arrêt de la Chambre civile, du 17 mai 1854 [2], porte qu'une Cour d'appel a pu juger que la décision du jury d'expropriation, qui alloue comme indemnité une somme d'argent, si mieux n'aime l'administration construire un pont pour rétablir des communications interrompues par l'exécution de travaux publics, décide implicitement que le pont doit offrir pour l'exploitation les mêmes avantages de viabi-

---

[1] 9 août 1847, rej. : Lecène c. Chemin de fer de Lyon. D. 1851, 5, 241, P. 1847, 2, 761.

[2] 17 mai 1854, rej. : Préfet de Tarn-et-Garonne c. Orliac ; M. Pascalis. D. 223, S. 639, P. 1855, 1, 66.

lité qui existaient précédemment, et allouer, en conséquence, des dommages-intérêts au propriétaire si, l'administration ayant opté pour le pont, il est jugé en fait
que le pont qu'elle a construit ne remplit pas le but que
le jury avait eu en vue. La Chambre des requêtes a
rendu arrêt dans le même sens, en des circonstances
toutes semblables[1].

Encore bien que l'expropriant serait l'Etat, et que ce
serait, en conséquence, l'Etat qui aurait effectué les
travaux, cela ne donnerait pas à ces travaux le caractère de travaux publics, et ne rendrait pas applicable la
loi du 28 pluviôse an VIII, art. 4, d'après laquelle il
n'appartient qu'aux Conseils de préfecture de prononcer
sur les questions de dommages faits aux particuliers
par l'exécution de travaux publics. Un travail n'est pas
d'utilité publique par cela seul qu'il est entrepris par
l'Etat; il faut encore qu'il soit opéré dans un but d'intérêt général[2]. (Voyez plus bas, p. 119.)

Si, l'expropriant ayant négligé d'exécuter les travaux
auxquels il s'était obligé envers l'exproprié, celui-ci a
été contraint de les faire lui-même, l'action en rem-
boursement des dépenses appartient également à l'autorité judiciaire[3].

Ces diverses solutions ne sont que l'application de
cette règle générale que l'autorité judiciaire est seule
compétente pour connaître des difficultés relatives à
l'exécution et à l'interprétation des décisions des jurys

[1] 31 mai 1859, Ch. des req. : Chemin de fer de l'Ouest; M. de
Boissieux.

[2] Même arrêt.

[3] 12 déc. 1851, Cour de Paris : Ch. de fer d'Orléans c. Commune
d'Etampes. D. 1854, 5, 342, P. 1852, 1, 241.

d'expropriation [1]. C'est la conséquence du principe écrit
en l'article 1er de la loi de 1841, qui fait de l'autorité
judiciaire la juridiction ordinaire et normale en matière
d'expropriation. C'est la conséquence aussi du caractère
éphémère de la juridiction créée par les lois de 1833 et
de 1841 : le jury a définitivement cessé d'être du moment qu'a été levée la dernière des séances dans lesquelles il a fonctionné ; il faut bien cependant que sa décision ne reste jamais une lettre morte, et qu'un pouvoir existe pour verser la lumière sur les obscurités qui
ont pu échapper au jury, et qui paralyseraient son œuvre.

Ce que nous venons d'exposer n'est nullement mis en
question par un récent arrêt d'admission [2] rendu dans
une affaire où la Cour de Pau avait alloué une indemnité supplémentaire pour procurer un passage aux
expropriés. Le pourvoi sur lequel est intervenu cet arrêt contient une question de chose jugée : le jury avait-
il compris dans sa décision l'indemnité de passage ? la
décision, au contraire, était-elle inapplicable à cet égard,
et l'enclave était-elle uniquement le résultat d'un fait
imputable à l'expropriant, et survenu postérieurement
au règlement de l'indemnité ? L'espèce soulève ces difficultés, mais laisse intacts les principes de la matière.

La règle de la compétence de l'autorité judiciaire a
été maintes fois reconnue et appliquée par le Conseil

___

[1] 18 mars 1861, req. rej.: Ville de Paris ; M. d'Ubexi. — 20 août
1861, req. rej. : Bernard c. Cᵉ de la Rue Impériale de Lyon ; M. de
Boissieux. — 24 févr. 1863, req. rej. : Novion c. Ch. de fer du Midi :
M. Nicolas. D. 1864, 1, 289, P. 1865, 301. — 22 juill. 1863, req. rej.,
Labeuthe c. Ch. de fer du Midi ; M. de Carnières. — 22 janv. 1868,
req. rej. : Ch. de fer de Lyon c. Gonsot ; M. Auspach.

[2] 29 janv. 1878, req. : Ch. de fer du Midi c. Consorts Cénac ;
M. Cantel.

d'Etat, soit en ce qui concerne l'exécution [1], soit en ce qui concerne l'interprétation [2]. Si des travaux que l'expropriant s'était engagé à faire, des voies de communication nouvelles qu'il s'était engagé à ouvrir, travaux et ouvrages en considération desquels l'indemnité avait été fixée à un chiffre moindre, n'ont pas été exécutés, l'autorité administrative n'a pas compétence pour statuer sur la demande en dommages-intérêts de l'exproprié [3].

Lorsque c'est par l'Etat que l'expropriation a été poursuivie, le pouvoir de l'autorité judiciaire se borne-t-il à accorder des dommages-intérêts à raison de l'inexécution des obligations reconnues à la charge de l'Etat, ou va-t-il jusqu'à condamner directement l'Etat à l'exécution de ces obligations? Il nous semble qu'on doit distinguer, suivant que le travail à exécuter est ou n'est pas un travail d'utilité publique. Le travail consiste-t-il dans la construction d'un bac, l'ouverture d'une voie publique, etc., les tribunaux ne peuvent qu'accorder des dommages-intérêts, sans qu'il leur soit permis d'ordonner l'exécution; mais ils pourront, au contraire, l'ordonner, s'il s'agit d'un mur à élever, d'un travail à accomplir sur le sol même restant à l'exproprié, et plus généralement d'un travail qui, bien que devant être

---

[1] 29 juin 1842 : Pruvost c. Canal de jonction de la Sambre à l'Oise; M. D'Haubersart. L. 323; D. v° *Expropr.*, n. 569, 4°, et 709, 5°; S. 1842, 2, 504; P. 358. — 9 déc. 1845 : Hoche Saint-Pierre c. l'Etat; M. Raulin. L. 530, D. 1846, 3, 34, S. 1846, 2, 153, P. 53.

[2] 16 juill. 1842 : De Fontette; M. Macarel. L. 385, D. v° *E xpropr.*, n. 569, 3°, S. 1842, 2, 504, P. 387. — 22 août 1853 : Duhoux ; M. Robert. L. 818, S. 1854, 2, 283, P. 146. — 7 févr. 1856 : Chemin de fer du Nord c. Délier; M. Lemarié. L. 121, D. 3, 70, S. 2, 729, P. 36. — 26 août 1858 : Chatagner; M. Robert. L. 613, D. 1859, 3, 45, P. 581. — 7 août 1863: Clary c. Mahieu ; M. de Belbeuf. L. 660, D. 1865, 3, 6. — 12 mai 1876 : Ch. de fer Paris-Lyon-Méditerranée c. Assénat; M. Levavasseur de Précourt. L. 446, D. 1877, 3, 4.

[3] Mêmes arrêts.

payé par l'Etat, ne sera pas fait dans un but d'utilité générale, mais à titre seulement de réparation privée. (Voy. plus haut, p. 117.)

Un arrêt de la Cour de Caen, du 6 avril 1842 [1], après avoir posé la compétence exclusive des tribunaux ordinaires pour apprécier si le jury a pris ou non pour base de son évaluation l'hypothèse où un bac projeté serait établi par l'Etat pour desservir l'exploitation de la propriété coupée par un canal en construction, ajoute que des arrêtés du préfet, qui auraient rejeté la demande du réclamant à l'effet d'obtenir la réalisation de la promesse d'établissement du bac, ne s'opposent pas à la compétence des tribunaux ordinaires, encore que ces arrêtés n'aient pas été attaqués, et que la décision qu'ils contiennent soit la cause impulsive de l'action en interprétation portée devant l'autorité judiciaire. Il s'agissait dans cette espèce, non d'ordonner la construction du bac, mais de régler des dommages-intérêts.

Telles sont les règles de compétence pour l'interprétation des décisions des jurys d'expropriation. On se rappelle, d'ailleurs, que le manque de précision et de clarté peut, si la décision du jury est déférée à la Cour de cassation, en entraîner la nullité (*suprà*, n. 71 et 72).

Quant aux conventions amiables, on a vu plus haut (art. 13, n. 5) que l'interprétation en appartient également à l'autorité judiciaire, encore bien qu'elles auraient été passées en la forme administrative.

96. Pour que la fixation de l'indemnité soit complète et définitive, il faut nécessairement que la décision du jury porte sur tous les chefs de demande; il n'est pas permis au jury de laisser à l'écart quelqu'un de ces chefs.

---

[1] De Fontette c. l'Etat. D. 1842, 2, 150.

Plusieurs arrêts ont cassé des décisions qui n'allouaient d'indemnité que pour la valeur intrinsèque du terrain, bien que les parties eussent expressément formulé d'autres chefs de demande, soit à raison de la dépréciation de la propriété restante et des dépenses nécessaires pour la clore [1], soit à raison de la suppression ou privation du puits d'exploitation d'une mine, et des prolongements de parcours, difficultés de surveillance et d'organisation que l'expropriation entraînera pour la partie restante de la mine [2].

Ces arrêts ne se sont pas bornés à une cassation partielle relative seulement aux chefs sur lesquels il n'avait point été statué, ils ont prononcé une cassation totale. Les différents chefs d'une demande, sont, en effet, unis par un lien si intime, et exercent les uns sur les autres une influence si nécessaire, qu'il n'était guère possible d'en diviser l'appréciation.

97. La cassation a également été prononcée dans une espèce où la restriction apportée par le jury à son examen avait été commandée par une ordonnance du magistrat directeur, qui avait à tort déclaré le jury incompétent pour s'occuper d'un chef de demande présenté par l'exproprié. Il s'agissait d'une demande fondée sur la suppression d'un chemin privé, appartenant à l'exproprié, en remplacement duquel l'expropriant en avait offert un autre ; l'exproprié avait accepté le nouveau chemin, mais il demandait à être indemnisé à raison

---

[1] 21 mars 1854, Cass. : Darfeuille c. Préfet de la Dordogne ; M. Renouard. D. 125, S. 640, P. 1, 473. — 10 mars 1858, Cass. ; Coste c. Commune de Caluire-et-Cuire et Préfet du Rhône ; M. Renouard. D. 128.

[2] 19 avr. 1858, Cass. : Festuguières c. Chemin de fer d'Orléans : M. Renouard. D. 1858, 1, 322, P. 1859, 55.

de l'infériorité du nouveau chemin sur l'ancien, de la plus grande difficulté ou de l'allongement du parcours, qui rendrait plus dispendieux l'approvisionnement d'un haut fourneau dont les terrains expropriés étaient une dépendance. La Cour a annulé et l'ordonnance illégale du magistrat directeur, et la décision du jury qui s'y était conformé[1].

98. Nul doute, d'ailleurs, que les parties, alors que des offres et demandes distinctes avaient été faites pour différents chefs de préjudice résultant de l'expropriation, ne puissent devant le jury, et par un accord résultant du rapprochement de leurs conclusions respectives, retirer quelques-uns de ces chefs du débat, pour le restreindre et le limiter aux autres chefs, précisés et fixés auxdites conclusions[2].

99. Lorsqu'au cours des débats ont été faites des propositions ou prises des conclusions tendant à modifier le plan primitif ou l'état originaire du débat, sans qu'il y ait eu acceptation expresse de la part de l'adversaire, le jury est-il tenu de fixer un chiffre d'indemnité en vue et dans l'hypothèse de ces propositions? Non, sans aucun doute, si le jury n'a pas été interrogé sur le mérite desdites propositions. Ainsi jugé par arrêts des 12 avril 1848 et 10 août 1852[3]. Il n'appartient pas aux jurés de

---

[1] 6 janv. 1858, Cass. : Comte Dumanoir c. Chemin de fer de l'Est ; M. Pascalis.

[2] 31 déc. 1850, rej. : Héritiers Donzelot c. Préfet de Seine-et-Oise ; M. Gillon. D. 1851, 1, 286, S. 1851, 1, 364, P. 1851, 2, 475. — 8 déc. 1863, rej. : Wolf-Gutman et Girard c. Préfet de la Seine ; M. Eug. Lamy. D. 1864, 5, 162.

[3] 12 avr. 1848, rej. : Préfet des Bouches-du-Rhône c. Hospices de Tarascon ; M. Hello. — 10 août 1852, rej. : Chemin de fer de Saint-Germain c. Commune de Montblin et autres ; M. Grandet. D. 1854, 5, 345.

modifier eux-mêmes la mission qu'ils tiennent du jugement d'expropriation.

L'affirmative avait été jugée, par arrêt du 25 février 1840 [1], dans une espèce où le magistrat directeur avait fait de la proposition, bien que non acceptée, l'objet d'une question au jury. Cet arrêt porte que « si, dans le cours de la discussion orale, il est fait *des offres de nature à influer sur le règlement de l'indemnité*, le devoir du magistrat directeur est de les signaler au jury, et le devoir du jury est d'y coordonner sa décision. » Dans cette espèce, cependant, la proposition faite n'avait été suivie d'aucune acceptation.

Il paraît difficile de subordonner le devoir du jury à la manière dont les questions ont été posées par le magistrat directeur. La position des questions aux jurés n'est pas pour le magistrat directeur un devoir rigoureux, mais une simple faculté (*suprà*, n. 3), et nous avons vu que, lorsque le magistrat directeur use de cette faculté, il vient en aide au jury et le conseille, sans le contraindre ni l'enchaîner en aucune façon (*ibidem*). Peu importe donc que le magistrat directeur ait ou n'ait pas interrogé.

Si, comme le déclare la jurisprudence, les jurés ne peuvent modifier eux-mêmes leur mission, le magistrat directeur n'a pas non plus pouvoir pour le faire. Le contrat judiciaire pourrait seul opérer cette modification, mais il n'y a pas contrat judiciaire dans notre hypothèse, puisque la proposition faite a été combattue, ou tout au moins n'a pas été suivie d'acceptation. Nous pensons donc que, de quelque manière que le magis-

---

[1] 25 févr. 1840, Cass. : Préfet de la Marne *c.* Ponsard ; M. Quéquet. D. 145, S. 274, P. 1, 245.

trat directeur ait posé les questions, le jury doit, à moins de contrat judiciaire régulièrement formé, s'abstenir de statuer sur toutes propositions, sur toutes offres qui s'écartent des termes du jugement et de l'état de choses qu'il crée.

Il nous paraît, dans tous les cas, que le défaut de décision sur une proposition non acceptée ne saurait fournir un grief qu'à l'auteur seul de la proposition. C'est ce que juge un arrêt du 14 août 1855[1]. L'arrêt du 25 février 1840 a, cependant, prononcé la cassation sur le pourvoi de l'adversaire de l'auteur de la proposition, sous prétexte qu'une des questions posées au jury étant demeurée sans réponse, la décision était incomplète, comme ne statuant pas sur tous les éléments de l'instruction. Mais peut-on considérer comme *un des éléments de l'instruction* une proposition non acceptée?

Même observation pour les déclarations et réserves : encore que les parties en auraient demandé et obtenu acte, le jury, en l'absence de conclusions à leur égard, n'a rien à statuer, soit définitivement, soit hypothétiquement[2].

A plus forte raison, le jury n'a pas à statuer sur des chefs de réclamation qui, énoncés dans un acte extra-judiciaire, n'ont pas été reproduits dans les conclusions prises devant le jury[3].

99 *bis*. Dans le même ordre d'idées, il a été jugé que celui qui, dans les diverses phases de la procédure

---

[1] Rej. : Mounier et Perrin c. Chemin de fer de Saint-Rambert à Grenoble; M. Delapalme. D. 1855, 1, 416, S. 1856, 1, 620, P. 1857, 420.

[2] 20 août 1860, rej. : Gérard c. Ch. de fer Paris-Lyon-Bourbonnais; M. Moreau (de la Meurthe). D. 1860, 1, 415, P. 1861, 765.

[3] 27 janv. 1869, rej. : Ferrand c. Ch. de fer Lyon-Méditerranée : M. Pont. D. 244, S. 385, P. 946.

d'expropriation, ne s'est présenté que comme locataire, réclamant à ce titre une indemnité d'éviction industrielle, ne peut se faire, après la décision du jury et contre elle, un moyen de cassation de ce qu'il ne lui a pas été fait d'offre, ni attribué d'indemnité comme propriétaire, encore qu'en ce qui concerne une construction, il aurait été, par le jugement d'expropriation, qualifié propriétaire inscrit à la matrice des rôles. En ne se prévalant pas devant le jury de ce prétendu droit de propriété, l'exproprié a suffisamment reconnu qu'il n'était que locataire, et restreint le débat à ce qui pouvait lui revenir en cette qualité [1].

100. Pourvu que le jury statue sur tous les chefs de demande, il n'est pas nécessaire que sa décision en contienne le détail. Encore que les parties auraient séparément indiqué les chefs divers de leur demande, le jury peut les comprendre tous dans une allocation générale, sans spécifier aucunement chacun des éléments de l'indemnité qu'il règle. Il suffit qu'il n'y ait eu, pour aucun de ces chefs, litige sur le fond du droit, et que rien ne vienne contredire cette présomption que l'indemnité unique qui a été allouée renferme dans sa généralité tous les éléments réclamés pour les causes distinctes énoncées en la demande [2]. Voir art. 39, n. 1 à 3.

[1] 7 mai 1878, rej. : Jeunet c. Ville de Paris ; M. Sallé.

[2] 26 mai 1840, rej. : Hanaire et Appay c. Ville de Paris ; M. de Broë. D. 215, S. 712, P. 1841, 2, 736. — 17 août 1840, rej. : Delessert et Lafond c. Chemin de fer d'Orléans ; M. Renouard. D. 309, S. 714, P. 2, 211. — 30 avr. 1844, rej. : Singer c. Préfet de la Seine ; M. Hello. D. 252, S. 432, P. 2, 109. — 22 août 1849, rej. : Alliot c. Préfet de la Seine-Inférieure ; M. Gillon. D. 1851, 5, 242, S. 1850, 1, 137, P. 1850, 1, 361. — 27 août 1851, rej. : Requier c. Préfet de la Manche ; M. Miller. D. 1851, 5, 243, P. 1851, 2, 477. — 21 févr. 1853, rej. :

La généralité de la décision a été contestée non-seule
ment dans des cas où elle se présumait, mais encore e
des espèces où elle était formellement exprimée; où i
était dit qu'un chiffre était alloué *pour la somme total*
ou le montant total de l'indemnité [1], *pour toutes indem*

Mazet *c.* Ville de Paris; M. Chégaray. D. 51, S. 430, P. 2, 165. –
2 mars 1853, rej.: Hainguerlot *c.* Préfet de la Seine; M. Pascalis
D. 136, P. 2, 605. — 4 juill. 1854, rej.: Hollande-Vallez *c.* Chemin
de fer du Nord; M. Renouard. D. 1854, 1, 310, S. 1855, 1, 219
P. 1855, 1, 126. — 23 août 1854, rej.: Jacomet *c.* Préfet de la Seine
M. Renouard. D. 1854, 1, 319, S. 1855, 1, 143, P. 1855, 1, 126. — 2
déc. 1854, rej.: Veuve Bachellerie et autres *c.* Chemin de fer Grand
Central; M. Delapalme. D. 1854, 5, 349, S. 1855, 1, 256, P. 1855, 1
128. — 5 mai 1856, rej.: Béguinot et autres *c.* Chemin de fer d
Strasbourg; M. Renouard. D. 302, S. 619, P. 2, 99. — 24 juin 1857, rej.
Koechlin-Boureard *c.* Chemin de fer de Dijon à Belfort; M. Lavielle
D. 292, S. 773, P. 1858, 267. — 21 juill. 1858, rej.: Antérieu et Bour
relly *c.* Lazard; M. Lavielle. D. 1858, 1, 326, P. 1859, 56. — 5 juin
1860, rej.: Nortinger *c.* Ch. de fer de l'Est; M. Lavielle. D. 1860, 1
411, S. 1861, 1, 383, P. 1861, 639. — 11 févr. 1861, rej.: Deshayes-Bon
neau *c.* Ch. de fer d'Orléans; M. Renouard. D. 1861, 1, 135, P. 1862
234. — 28 mai 1861, rej.: Anselin *c.* Ville de Paris; M. Gaultier. D
286, S. 997, P. 1862, 731. — 16 déc. 1861, rej.: Séguin *c.* Ville de Paris
M. Delapalme. D. 1862, 1, 376, S. 1862, 1, 1068, P 1863, 388. — 2
août 1862, rej.: Claverie *c.* Préfet des Hautes-Pyrénées; M. Re
nouard. D. 383. — 11 févr. 1863, rej.: Riegel *c.* Ville de Paris
M. Laborie. — 28 juin 1864, rej.: Touchard *c.* Ville de Fresnay-sur-
Sarthe; M. Fauconneau-Dufresne. — 5 juill. 1864, rej.: Bothier *c*
Ch. de fer d'Orléans; M. Quénault. D. 1865, 5, 173. — 11 janv. 1865
rej.: Menet *c.* Ch. de fer de Lyon; M. Glandaz. S. 240, P. 562. –
31 mai 1865, rej.: Veuve Chabouillé *c.* Berlencourt et Cⁱᵉ; M. Le
Roux de Bretagne. — 9 janv. 1866, rej.: Descaux *c.* Ville de Paris
M. Laborie. D. 1866, 5, 209. — 28 févr. 1866, rej.: Bernady-Berge *c.*
Préfet des Pyrénées-Orientales; M. Glandaz. – 16 juill. 1866, rej.
Delestang *c.* Ch. de fer Paris-Lyon-Méditerranée; M. de Vaulx
D. 1866, 5, 214. — 14 août 1866, rej.: Boursin et Cⁱᵉ *c.* Ville de
Paris; M. de Vaulx. D. 1866, 5, 214, S. 1867, 1, 85, P. 1867, 174. –
19 mars 1867, rej.: Nozières *c.* Ch. de fer d'Orléans; M. Le Roux de
Bretagne. — 25 mai 1868, rej.: Deschamps, Cambreling et autres *c.*
Préfet de la Seine et Commune de Boulogne; M. Laborie. D. 405
— 7 juill. 1868, rej.: Picot *c.* Ch. de fer d'Orléans; M. Glandaz.
D. 329. — 15 mars 1869, rej.: Cabannes, Diard et Cⁱᵉ *c.* Docks de
Saint-Ouen; M. Renouard. D. 273.

[1] 28 janv. 1863, rej.: Pichon *c.* Ch. de fer d'Orléans; M. Dela·

nités [1], *pour toutes choses* [2], *pour toutes dépréciations et pour toutes choses* [3], *pour tous dommages et dépréciations* [4].

Il a été jugé qu'à l'égard d'un propriétaire qui avait réclamé en bloc une indemnité pour trois parcelles, et, en outre, une somme déterminée pour ses locataires, l'allocation d'une somme unique avait pu suffire, lorsque la décision du jury contenait ces mots : *y compris toutes dépréciations et pour toutes choses*. La demande formée pour les locataires sans mandat de leur part ne pouvait avoir pour objet que de représenter l'indemnité dont l'exproprié pourrait être ultérieurement tenu vis-à-vis d'eux, comme propriétaire, pour ne les avoir pas fait connaître à l'expropriant; le jury y avait implicitement statué par la formule qui vient d'être indiquée [5].

Jugé aussi que, lorsqu'il est mentionné au procès-verbal que, pendant la visite des lieux, l'expropriant et les expropriés sont convenus, en présence des jurés délégués, que les contributions de deux années seraient comprises dans l'indemnité, le jury indique suffisamment dans sa décision qu'il a tenu compte de cette con-

palme. — 7 avr. 1869, rej.: Juloux *c.* Ville de Quimperlé ; M. Glandaz. D. 342.

[1] 3 mars 1863, rej.: Veuve Raboin *c.* Ch. de fer du Midi ; M. Sévin. D. 254, S. 319, P. 888. — 25 avr. 1866, rej. : Groult *c.* Préfet de l'Orne ; M. Delapalme.

[2] 13 févr. 1860, rej. : Moreau et Caillat *c.* Ch. de fer Paris-Lyon-Méditerranée; M. Renouard. D. 1860, 1, 408, P. 1861, 638.

[3] 17 déc. 1872, rej.: Verlaguet *c.* Ch. de fer Lyon-Méditerranée ; M. Casenave. D. 1872, 5, 229, P. 1872, 1156.

[4] 15 juill. 1861, rej.: Héritiers Rabilloud *c.* Ch. de fer du Dauphiné; M. Moreau (de la Meurthe). D. 399, S. 998, P. 1862, 732.

[5] 26 juin 1866, rej.: Long *c.* Ch. de fer Lyon-Méditerranée ; M. Eug. Lamy. D. 1866, 5, 204.

vention, alors qu'il alloue l'indemnité *pour toutes choses pouvant être réclamées* [1].

Citons encore une espèce dans laquelle, outre les parcelles pour lesquelles des offres avaient été faites, il s'en trouvait d'autres, indiquées à la matrice cadastrale sans nom de propriétaire. Devant le jury, l'exproprié avait été reconnu propriétaire de ces secondes parcelles aussi bien que de celles inscrites à son nom; il avait de plus requis l'acquisition de *hors ligne,* réquisition à laquelle l'expropriant avait acquiescé. En cet état nouveau des conclusions, les parties avaient respectivement augmenté le chiffre des offres et des demandes : l'allocation d'une indemnité *pour toutes dépréciations et pour toutes choses* a été considérée comme répondant à tous les ordres de demande [2].

Si la présomption d'après laquelle la décision du jury contient toutes les causes qui ont été exprimées par les parties a été posée et appliquée en de nombreux arrêts de rejet, elle n'est admise cependant que lorsqu'aucun indice ne la vient contredire ou mettre en suspicion. Cette présomption cesse lorsque le jury a éliminé implicitement certains chefs, ou lorsque les termes de sa décision conduisent à croire qu'il n'a pas statué sur tous les chefs d'indemnité. C'est en ce sens que la cassation a été prononcée par plusieurs arrêts [3].

---

[1] 17 août 1875, rej. : David, Bernard et autres *c.* Ch. de fer Paris-Lyon-Méditerranée; M. Hély d'Oissel. D. 1876, 1, 120, S. 1875, 1, 469, P. 1875, 1185.

[2] 25 août 1875, rej. : Séguin *c.* Ch. de fer de Lyon ; M. Casenave. D. 1876, 1, 56, S. 1876, 1, 430, P. 1876, 1087.

[3] 14 avr. 1863, Cass. : Frères Pams et veuve Colomers *c.* Préfet des Pyrénées-Orientales; M. Quénault. — 4 juill. 1864, Cass. : Lavenant *c.* Préfet de la Seine; M. Bayle-Mouillard. D. 1865, 5, 173. — 3 août 1869, Cass. : Batut-Pradines *c.* Préfet de Lot-et-Garonne; M. Henriot. D. 520.

Mais une ambiguïté, une obscurité apparente dans la décision [1], une erreur même dans la rédaction [2] ne suffirait pas pour détruire la généralité de la décision, si l'obscurité disparaissait, si l'erreur se rectifiait par le rapprochement des diverses parties de cette décision, ou par l'esprit évident qui la dirige : ce qui est recherché surtout, c'est le fond des choses, c'est la véritable pensée, bien plus que la formule imparfaite sous laquelle elle se présente.

101. Dans une espèce en laquelle il y avait à régler indemnité pour un terrain d'une contenance déterminée, sur l'une des parcelles duquel existait une maison, une indemnité unique a paru suffire, et pour le terrain et pour la maison, encore que la décision du jury n'énonçât autre chose que le terrain, avec exacte détermination de sa contenance [3]. Mais cette décision s'applique à une espèce dans laquelle, d'une part, le tableau indicatif des immeubles expropriés mentionnait soigneusement le bâtiment sis sur l'une des parcelles ; dans laquelle, d'autre part, la décision énonçait que l'indemnité était fixée à une somme déterminée, à raison de tant par are, et où il résultait d'ailleurs de la multiplication du prix de l'are par le total des ares que l'indemnité allouée dépassait la valeur du terrain, et était présumée, par suite, tenir compte aussi de la valeur du bâtiment.

102. La décision du jury, susceptible d'annulation

---

[1] 15 mars 1869, rej. : Ardoin c. Docks de Saint-Ouen ; M. Renouard. D. 272.

[2] 8 août 1860, rej. : Bacot c. Ville de Paris ; M. Moreau (de la Meurthe). D. 1861, 1, 132, P. 1861, 1191.

[3] 3 janv. 1872, rej. : Blanchy et autres c. Ch. de fer du Midi ; M. Gastambide. D. 1872, 5, 230, S. 1872, 1, 85, P. 1872, 174.

s'il n'apparaît pas qu'elle ait statué sur tout ce qui devait faire l'objet de l'indemnité, serait également nulle s'il était établi qu'elle eût compris dans une indemnité des objets qui auraient dû rester en dehors, ou si seulement la décision était assez vague et incomplète pour qu'il y eût sujet de penser que cette erreur a été commise. Dans une espèce, le propriétaire avait demandé indemnité pour son immeuble, en y comprenant le matériel qui y était établi ; le locataire avait, d'autre part, réclamé indemnité distincte, en expliquant qu'il aurait le droit de reprendre le mobilier industriel par lui apporté et dont il produisait un état détaillé Ces explications et documents n'avaient donné lieu entre les parties à aucune difficulté sur les éléments des indemnités à fixer. L'expropriant s'est pourvu contre la décision du jury, se fondant sur ce que le mobilier industriel du locataire aurait été confondu avec le matériel établi à demeure par le propriétaire, et serait entré dans l'appréciation de l'indemnité de ce propriétaire, laquelle se serait ainsi élevée à un chiffre supérieur à celui qui aurait dû être fixé. Le pourvoi a été rejeté, mais uniquement par le motif qu'en fait rien n'autorisait à penser qu'une telle confusion eût été commise [1].

103. Le jury n'est pas tenu de faire connaître les bases de son évaluation, de se prononcer séparément sur chacune des articulations de l'exproprié, sur chacune des considérations qui ont été proposées à son appréciation [2], d'indiquer, s'il alloue une indemnité pour

---

[1] 4 mars 1861, rej. : Ville de Paris c. Duffié et Charlier ; M. Quénault. D. 184.

[2] 25 mars 1863, rej. : De Rochetaillée c. Ville de Saint-Etienne ; M. Delapalme. — 28 nov. 1866, rej. : Consorts Monbrun c. Commune de Chantenay M. Delapalme.

des matériaux, le poids et la quantité de ces matériaux [1].
Le jury n'a pas à donner de motifs de la décision par
laquelle il fixe l'indemnité [2].

104. En dehors du cas prévu plus haut (n. 93), où un
contrat judiciaire est intervenu entre les parties, le jury
n'a pas compétence pour déterminer l'époque à laquelle
commenceront à courir les intérêts de l'indemnité
allouée, pour décider, par exemple, qu'ils partiront du
jour du commencement des travaux. Le jury n'a pas
d'autre mission que celle de régler l'indemnité ; la détermination de l'époque de la prise de possession des
terrains expropriés, et, par conséquent, celle de l'exigi-
bilité de l'indemnité, doit, suivant l'article 11, être
l'œuvre de l'administration seule, à laquelle ledit article
enjoint de fixer cette époque ; la loi a d'ailleurs pourvu,
par son article 55, à la défense des droits des indemnitaires, en statuant que les intérêts de l'indemnité courront de plein droit à l'expiration du délai de six mois à
partir du jugement d'expropriation [3]. V. art. 55, n. 19 et
suivants.

105. La désignation, dans la décision du jury, de
l'exproprié sous un autre nom que le sien, ne saurait
être une cause de nullité, alors du moins que l'erreur a
été corrigée dans l'ordonnance du magistrat directeur,
et qu'il n'y a de doute ni sur l'identité de la personne, ni
sur celle des terrains expropriés [4].

[1] 19 mars 1849, rej. : Leveau c. Ville de Saint-Denis ; M. Renouard. D. 1850, 5, 218, S. 1850, 1, 371, P. 1850, 2, 232.
[2] 27 avril 1859, rej. : Chibout c. Ville de Paris ; M. Alcock. D. 207.
[3] 31 déc. 1838, Cass. : Charrin c. Ville de la Croix-Rousse et Préfet du Rhône ; M. Quéquet. D. 1839, 1, 53, S. 1839, 1, 19, P. 1839, 1,
5. — 20 mai 1845, rej. : Mannoury c. Préfet de la Seine ; M. Renouard. D. 295, S. 415, P. 1, 692.
[4] 8 août 1853, rej. : Francain ; M. Lavielle. D. 233, S. 773, P.
1854, 1, 573.

106. Les déclarations faites, devant le jury, par les
représentants des expropriés, quant aux changements
survenus dans la personnalité desdits expropriés, ne
doivent être prises en considération par le jury qu'autant qu'elles ont été acceptées par l'expropriant. Dans
le cas contraire, le jury prononcera l'indemnité au profit des expropriés, tels qu'ils sont indiqués au jugement,
sauf aux ayants droit actuels à exercer sur cette indemnité les droits attribués par la décision aux personnes
que le jugement désignait[1].

107. L'un des copropriétaires du terrain cédé ne saurait non plus se faire un moyen de cassation de ce qu'il
n'est pas nominativement désigné dans la décision du
jury, s'il est constant en fait que ce n'est qu'une omission, que ce copropriétaire a reçu signification des
offres et a reçu la citation nécessaire pour être mis en
demeure de faire valoir ses droits, lorsque d'ailleurs
l'indemnité n'a été attribuée par la décision aux autres
copropriétaires qu'à la charge par eux de justifier de
leurs droits de propriété[2]. L'omission, dans ces circonstances, ne cause aucun préjudice à celui à l'égard
duquel elle s'est produite.

108. Mais il y a nullité si la somme afférente à la parcelle indiquée au jugement comme appartenant à l'un
des expropriés a été portée en la décision dans l'indemnité allouée à un autre exproprié. Il en est du moins
ainsi lorsque rien, dans le procès-verbal ni dans la décision, n'indique pourquoi il a été procédé ainsi[3].

[1] 1er févr. 1870, rej.: Société Pinaud et Meyer c. Préfet de la
Seine; M. Massé. D. 392.
[2] 2 juill. 1872, rej.: Accary et Dervillé c. Ville de Paris; M. Hély
d'Oissel. D. 1872, 5, 232.
[3] 13 avril 1869, Cass.: Ch. de fer d'Orléans c. Commune de Saint-
Bonnet-de-Rochefort; M. Renouard. D. 345.

109. Sur l'ordre et la manière suivant lesquels les décisions doivent être rendues lorsqu'il y a eu jonction de plusieurs affaires ou réunion en catégories, voir art. 34, paragraphe 3.

110. La décision du jury doit être *prise à la majorité des voix.* Il suffit d'y insérer cette mention [1], sans qu'il y ait à indiquer par quel nombre de voix s'est formée cette majorité. Il convient même de s'abstenir de cette dernière indication. V. *infrà*, n. 112.

La voix du président est prépondérante en cas de partage.

L'omission de mentionner que la décision a été prise à la majorité constituerait sans doute une négligence fâcheuse, mais n'entraînerait cependant pas nullité (*contrà*, De Lalleau-Jousselin, n. 615, et Gand, p. 337) : la preuve qu'il y a eu majorité résulte suffisamment de l'apposition de la signature de tous les jurés au bas de la décision ; on ne saurait admettre qu'ils aient constaté par leur signature l'existence d'une décision qui ne serait l'œuvre que de la minorité d'entre eux [2].

Lorsqu'une décision portant sur plusieurs chefs de contestation se termine ainsi : « Cette décision prise à la majorité des suffrages, » l'énonciation de la majorité ne s'applique pas seulement au dernier chef, mais à tous les chefs de la décision [3].

---

[1] 11 janv. 1865, rej.: Menet *c.* Ch. de fer de Lyon ; M. Glandaz. S. 240, P. 562.

[2] 19 janv. 1835, rej.: Commune de Charny *c.* Guillemineau ; M. Faure. D. 113, S. 172, P. à sa date, p. 1278. — 29 août 1854, rej. : D'Auger *c.* Chemin de fer de Strasbourg ; M. Mérilhou, D. 320, S. 734, P. 1855, 1, 88. — 23 déc. 1861, rej.: Billat *c.* Préfet de l'Isère et Ville de Grenoble ; M. Renouard. D. 1862, 1, 272, S. 1862, 1, 892, P. 1862, 1188. — 10 mai 1875, rej. : Ponsico *c.* Préfet du Gers ; M. Gastambide. D. 1877, 1, 32, S. 1875, 1, 319, P. 1875, 755.

[3] 7 févr. 1837, rej.: Parmentier-Carlier *c.* Urbain et Piard ; M. Thil. D. 178, S. 126, P. 1, 94.

111. La mention, dans la décision portant la signature des douze jurés, qu'elle a été prise à la majorité
des voix, ne peut être infirmée par des certificats des
jurés tendant à établir que moins de douze jurés ont
pris part à cette décision, et qu'elle n'a pas réuni la
majorité des voix. Les jurés d'expropriation sont tenus
de garder le secret sur ce qui se passe à la chambre du
Conseil, et les certificats, quels qu'ils soient, qu'ils
peuvent délivrer collectivement ou individuellement,
ne peuvent prévaloir contre la décision elle-même,
et doivent être réputés non avenus [1].

112. Lorsque la décision du jury est prise à l'unanimité, il convient qu'il n'en soit pas fait mention; mais
si, cependant, cette énonciation a été faite, il n'en
résulte aucune nullité [2].

113. Il n'est pas nécessaire que les votes des jurés
soient recueillis au scrutin secret; la loi ne le prescrit
en aucune façon [3].

114. Lorsque, au nombre des signataires de la décision, figure une personne dont le nom ne se trouve pas
sur le tableau de composition du jury, cette décision est
nulle; et la nullité doit être prononcée encore bien
qu'en retranchant cette signature les jurés resteraient
en nombre suffisant, encore bien, par exemple, que, la
décision étant revêtue de douze signatures, le retranchement de l'une d'elles laisserait subsister encore le

---

[1] 9 janv. 1855, rej.: Époux Valette c. Chemin de fer de Lyon à la
Méditerranée; M. Mérilhou. D. 96, S. 576, P. 1856, 1, 614.

[2] 26 avr. 1843, rej.: Mournau c. l'État; M. Barennes. D. 266,
S. 620, P. 2, 209. — 2 avr. 1855, rej.: Commune de Canet c. Sala-
vert; M. Lavielle. — 6 mars 1867, rej.: Ville de Toulon c. De Salasc
et Duplessis-Ollivault; M. Renouard.

[3] 19 août 1846, rej.: Drœslich c. Ville de Paris; M. Miller.

quorum voulu : le vice dérive, en effet, non de ce que les jurés n'auraient pas été en nombre, mais du concours à la délibération d'un individu qui n'avait pas le droit d'y participer[1]. Voir *suprà*, n. 18.

115. L'apposition de onze noms au bas d'une décision rendue par dix jurés ne sera pas une cause de nullité si cette irrégularité apparente s'explique et disparaît par cette circonstance qu'un juré, sur l'individualité duquel aucune incertitude ne s'élève, est dans l'habitude d'ajouter un nom à son nom patronymique, et a signé de ce double nom la décision du jury[2].

Jugé de même, en une affaire où le nombre des signatures était considéré comme égal à celui des jurés, qu'aucune nullité ne résultait que ce que l'un des jurés, dans sa signature, avait ajouté à son nom une particule et un nom accessoire, alors d'ailleurs qu'il n'y avait pas de doute sur l'individualité de la personne[3].

Voir, au surplus, sur l'obligation pour les jurés de signer leur décision, art. 41, n. 1.

116. La décision du jury est nulle si elle porte la signature d'un juré qui s'est trouvé subitement indisposé au moment où commençait la discussion de l'affaire. La discussion ayant continué en son absence, il ne pouvait plus prendre ultérieurement part à la délibération : sa signature démontre qu'il y a cependant concouru[4].

---

[1] 6 déc. 1837, Cass. : Bérard et consorts c. Préfet de la Sarthe ; M. Quéquet. D. 39, S. 228, P. 1838, 1, 304.

[2] 14 avr. 1858, rej. : Rondel c. Préfet de la Seine ; M. Lavielle. D. 322.

[3] 9 avr. 1861, rej. : Ch. de fer du Midi et Canal latéral à la Garonne c. Caldayron ; M. Bayle-Mouillard. D. 281, P. 398.

[4] 5 mars 1873, Cass. : Ch. de fer du Midi c. Singla et Galzin ; M. Merville. D. 191, S. 177, P. 406.

Mais aucune nullité ne résulterait de ce que l'expédition indiquerait comme ayant signé un juré dispensé, alors que cette indication n'est qu'une simple erreur matérielle, et que la décision ne contient pas la signature de ce juré [1].

117. L'erreur qui s'est glissée dans la décision du jury quant à la date du jugement d'expropriation n'entraîne aucune nullité, lorsqu'elle est le résultat d'une simple inadvertance, rectifiée tant par le préambule du procès-verbal des opérations que par l'ordonnance du magistrat directeur [2].

A plus forte raison, aucun grief ni moyen de nullité ne saurait résulter, contre la décision même du jury, de ce qu'une erreur de date se rencontre dans l'une de ses expéditions, lorsque d'ailleurs le procès-verbal des opérations fournit la rectification de cette erreur [3].

118. Nous avons vu plus haut (n. 25) que le jury peut être renvoyé dans la chambre des délibérations pour rectifier sa décision. Cela s'est produit notamment dans une espèce dans laquelle au moment où le greffier, donnant lecture de la décision qui venait d'être prise, avait énoncé le chiffre de 8,500 comme étant celui de l'indemnité allouée, tous les jurés s'étaient spontanément levés, et avaient déclaré que cette somme n'était pas celle qui avait été fixée, affirmant tous que l'indemnité était de 5,000 francs, et non de 8,500 ; le président du jury avait lui-même reconnu qu'en effet

[1] 10 mai 1875, rej. : Filipo et autres c. Ville de Turcoing ; M. Casenave. D. 1877, 1, 31, S. 1875, 1, 319, P. 1875, 756.

[2] 26 août 1873, rej. : Fabre c. Commune d'Égat ; M. Aubry. D. 488, S. 475, P. 1192.

[3] 10 mars 1858, rej. : Veuve Pitre c. Chemin de fer de Lyon ; M. Renouard.

5,000 francs seulement avaient été alloués, et que c'était par erreur que le chiffre de 8,500 avait été écrit par lui. En cette situation, le magistrat directeur avait renvoyé les jurés dans la salle de leurs délibérations, non pour discuter de nouveau le chiffre déjà arrêté, mais pour rectifier en la forme celui qui avait été exprimé par erreur. L'exproprié avait prétendu que les 8,500 francs lui étaient acquis par cela seul que la décision avait été signée, remise et lue ; il soutenait que, par la modification opérée, il y avait eu violation des règles de la loi de 1841 et des principes de la chose jugée. Son pourvoi a été rejeté [1]. En présence de la déclaration unanime des jurés, l'erreur matérielle était patente ; le magistrat directeur ne pouvait ni déclarer acquise l'indemnité de 8,500 francs, ni rectifier lui-même ce chiffre et y substituer celui de 5,000. Il avait pris le seul parti possible, approuvé par le bon sens, conforme à l'esprit de la loi, et contre lequel ne s'élevait, même en apparence, aucun texte de cette loi.

Il y a au contraire lieu à cassation si le jury, qui s'est retiré pour rectifier une erreur matérielle, est rentré avec une décision nouvelle dans laquelle il ne s'est pas borné à la rectification de cette erreur, mais a modifié le chiffre de l'indemnité d'abord fixée ; et le silence gardé par l'exproprié, qui ne s'est pas opposé à la rentrée du jury dans la salle de ses délibérations, ne saurait couvrir cette irrégularité [2].

119. Une délibération explicative prise par le jury

[1] 27 janv. 1869, rej. : Dame Jaume c. Ch. de fer Paris-Lyon-Méditerranée ; M. Pont. D. 244, S. 385, P. 946.

[2] 1er mai 1877, Cass. : Commune de Fresnes c. Veuve Mounier M. Goujet. D. 472, S. 277, P. 685.

après sa décision définitive constitue-t-elle un excès de pouvoir ? Il est permis d'en douter, alors du moins que la délibération explicative a suivi immédiatement la lecture de la décision (voir *suprà*, n. 25). Dans tous les cas, dût-on considérer la délibération explicative comme un excès de pouvoir, cet excès de pouvoir n'intéresserait pas l'ordre public, et ne saurait, par suite, être opposé comme moyen de cassation par celui-là même qui a provoqué cette délibération[1].

120. La décision qui fixe l'indemnité échappe à tout contrôle et à toute révision ; elle est, sauf le recours en cassation, définitive et irrévocable. Cette fixation ne peut être remise en question devant l'autorité judiciaire. L'exproprié ne sera pas admis, sous prétexte que l'expropriant aurait trompé le jury en dénaturant les emplacements objet de l'expropriation, à renouveler devant les tribunaux ordinaires les demandes touchant à la valeur du terrain, et à réclamer une indemnité supérieure à celle que le jury avait allouée[2]. De même, l'expropriant essayerait en vain de solliciter des tribunaux ordinaires la modification de la décision rendue. Spécialement, lorsque l'expropriation d'un immeuble a été prononcée contre un locataire qu'on supposait être propriétaire, l'expropriant ne peut, à l'occasion des difficultés survenues au payement, demander la réduction de l'indemnité de déplacement du mobilier industriel de cet immeuble, comme ayant été fixée à un chiffre plus élevé, en considération de la qualité de propriétaire

[1] 7 févr. 1837, rej.: Parmentier-Carlier c. Urbain et Piard; M. Thil. D. 178, S. 126, P. 1, 94.

[2] 6 mai 1862, Cass.: Richarme c. Ch. de fer de Lyon ; M. Delapalme. D. 207, S. 890, P. 873.

supposée à l'exproprié [1]. L'erreur sur la qualité de l'exproprié est, en tant qu'elle touche à la fixation du
quantum de l'indemnité, couverte par l'autorité de la
chose jugée. V. art. 39, n. 57.

121. Dans une espèce déférée à la Cour de cassation,
il était arrivé que l'exproprié avait pris devant le jury
l'engagement d'honneur de consentir, après et nonobstant la décision du jury, à un arbitrage tendant à modifier ultérieurement l'indemnité que le jury aurait réglée.
Le procès-verbal constatait cette circonstance. La décision du jury a été l'objet, de la part de l'expropriant, d'un
pourvoi en cassation, à l'appui duquel on alléguait la
violation des articles 37, 38 et 39, l'excès de pouvoir et
le déni de justice, en ce que cette décision, rendue sous
l'influence d'un engagement tel que celui qui vient
d'être indiqué, n'aurait pas été libre, sérieuse, certaine
et définitive. Le pourvoi a été rejeté. Il suffisait, en
effet, que la décision du jury eût définitivement réglé la
fixation judiciaire du montant de l'indemnité, sans que
« la constatation publique, par le président du jury, de
faits extérieurs à cette fixation judiciaire », pût constituer, de la part du jury, aucune des fautes que lui re-
prochait le pourvoi [2].

122. Qu'arriverait-il si le jury, allant au-delà des limites de sa mission, exprimait additionnellement, en faveur
de l'exproprié, un vœu concernant les relations à intervenir entre lui et l'expropriant au sujet de la mise à
exécution de l'expropriation ? Cette addition, étrangère
à la fixation de l'indemnité, n'en affecte pas la régula-

---

[1] 5 févr. 1845, rej. : L'Etat *c.* Boudard et Demoiselle Prestat ;
M. Miller. D. 152, S. 217, P. 1, 218.

[2] 24 août 1846, rej. : Préfet de la Gironde *c.* Chaigneau et Bichon ;
M. Renouard. S. 1847, 1, 820.

rité, et n'entraîne pas la nullité d'une décision qui a déterminé une indemnité claire, précise, et comprenant tous les objets de réclamation [1]. Il est à souhaiter d'ailleurs que le jury se renferme exclusivement dans sa mission, et n'y ajoute pas l'expression d'opinions et de vœux stériles.

123. Nous avons vu plus haut, n. 95, que la décision du jury reçoit, s'il est nécessaire, son interprétation de l'autorité judiciaire ; autrement, cette décision risquerait parfois d'être arbitrairement faussée ou de demeurer une lettre morte. Mais il n'appartient pas aux tribunaux de *rectifier* la décision du jury, encore que celle-ci paraîtrait renfermer une erreur. Si la décision est claire, si elle est devenue définitive faute d'avoir été attaquée en cassation, on doit l'appliquer, quelque défectueuse qu'elle puisse être.

124. Si, après que la décision du jury est devenue inattaquable, il était démontré qu'un fait irrégulier ou délictueux a induit le jury en erreur en lui fournissant des documents mensongers ou falsifiés, la seule voie à laquelle on pourrait recourir serait celle de l'action en dommages-intérêts contre l'auteur du fait qui a entraîné l'erreur. Ainsi, la simulation d'un bail produit devant le jury peut, lorsqu'elle est ultérieurement reconnue, soumettre à des dommages-intérêts les auteurs de la falsification et ceux qui en ont sciemment fait usage ; et cela encore bien que lesdites personnes, traduites aux assises pour ce fait sous l'inculpation de faux en écriture privée, auraient été acquittées [2].

---

[1] 31 juill. 1860, rej.: Arnaud c. Ville de Lons-le-Saulnier ; M. Renouard. D. 1860, 1, 407, P. 1861, 1189.

[2] 9 juin 1868, Tr. civ. de la Seine : Ville de Paris c. Guillou et Bisson. *Gaz. des Trib.*, du 10 juin 1868.

125. Y a-t-il lieu, en matière d'expropriation, à l'action en augmentation ou diminution du prix à raison de différence de contenance? en d'autres termes, faut-il appliquer ici les articles 1619 et 1620 du Code civil, aux termes desquels, même en cas de vente d'un corps certain, l'expression de la mesure *dans le contrat* donne lieu à supplément ou diminution du prix si la différence de la mesure réelle à la mesure exprimée est d'un vingtième en plus ou en moins?

En un jugement du 12 janvier 1865, le tribunal de la Seine repousse nettement l'application de ces articles par le motif qu'au cas d'expropriation l'aliénation est prononcée par le juge, ce qui, tant dans l'ancienne que dans la nouvelle doctrine et jurisprudence, doit exclure l'action en augmentation ou diminution [1]. Un arrêt rendu, dans une autre affaire, par la Cour de Paris, décide également qu'alors même qu'une erreur de contenance serait démontrée au préjudice de l'exproprié, il n'appartiendrait pas aux tribunaux ordinaires de la redresser [2]. Le tribunal de la Seine s'était beaucoup avancé en affirmant, comme de jurisprudence constante, l'inadmissibilité de l'action en supplément ou en diminution de prix dans les ventes judiciaires d'immeubles. Cela était vrai sous l'ancien droit; mais, depuis le Code civil, c'est dans le sens contraire que se sont prononcées les cours d'appel (Dalloz. v° *Vente publique d'immeubles*, n. 1800 à 1802).

La Cour de Paris [3], sur appel du jugement du 12 jan-

[1] 12 janv. 1865, Tr. civ. de la Seine : Malice c. Petit et Cie. *Gaz. des Trib.* du 23 févr. 1866.

[2] 17 mars 1865, C. de Paris : Mahieu c. Baron Clary. *Gaz. des Trib.* du 21 mars 1865.

[3] 13 févr. 1866, C. de Paris : Malice c. Petit et Cie. *Gaz. des Trib.* du 23 févr. 1866.

vier 1865, et la Chambre civile, par arrêt rendu dans la
même affaire [1], n'ont pas, en droit, repoussé, en matière d'expropriation, l'action en supplément ou diminution. S'ils l'ont écartée dans la cause, c'est par ce
motif qu'il faut chercher les éléments *du contrat* dans
l'arrêté de cessibilité et dans le jugement d'expropriation, et non dans la décision du jury, qui ne porte et ne
peut porter que sur l'indemnité elle-même, et ne saurait déterminer l'objet auquel cette indemnité s'applique. Or, dans l'espèce, le terrain exproprié était
indiqué, en l'arrêté et au jugement, par des lignes
claires et précises ; ce n'est que dans la décision du
jury que l'expression de contenance a été écrite, en vue
de compléter la désignation. La doctrine de l'arrêt de
rejet est donc celle-ci : les articles 1619 et 1620 sont
applicables, mais au cas seulement où l'erreur du vingtième se trouve dans le contrat, c'est-à-dire dans l'arrêté
de cessibilité et le jugement.

Un arrêt de la chambre des requêtes, du 24 février
1863 [2], admet implicitement la même doctrine en décidant que l'action en supplément doit, conformément à
l'article 1622, être formée, à peine de déchéance, dans
l'année du contrat, c'est-à-dire *du jugement d'expropriation*. Le mot que nous venons de souligner se trouve
dans l'arrêt, mais il faut ajouter une explication.
En fait, un temps fort long peut s'écouler entre le
jugement d'expropriation et la fixation de l'indemnité
par le jury. Faire courir le délai d'un an du jugement
même d'expropriation, ce serait admettre que ce délai

[1] 16 avril 1867, rej. : Malice c. Petit et C⁰ ; M. Aylies. D. 393.
[2] 24 févr. 1863, req. rej. : Novion c. Ch. de fer du Midi ; M. Nicolas. D. 1864, 1, 289, S. 1865, 1, 143.

peut commencer à courir, peut même s'écouler tout
entier, avant qu'il existe un prix. Comment demander
la réduction ou l'augmentation d'une chose qui n'existe
pas encore? Qu'il suffise d'indiquer que, dans l'arrêt de
la Chambre des requêtes, il n'y a évidemment qu'une
erreur de mot, qu'en même temps que le texte de
l'arrêt parle du jugement d'expropriation, il lui donne
une date qui n'est autre que celle de la décision du jury.
La plume seule s'est trompée, la doctrine n'est pas
douteuse. Quant à la détermination de la contenance,
c'est au jugement d'expropriation seul qu'il convient de
s'arrêter, parce que seul, à ce point de vue, il constitue
le contrat. Pour la fixation du départ de l'action, il faut
attendre la décision du jury, parce qu'elle est nécessaire
pour compléter le contrat, pour joindre à l'indication de
l'objet la détermination de son prix.

126. Les conséquences diverses que peut avoir l'expropriation, les questions qui peuvent surgir après la
décision du jury, sont innombrables, et ne rentrent pas
dans notre cadre. Nous en signalerons cependant quelques-unes.

Lorsque, par l'expropriation, l'administration est
devenue copropriétaire d'un mur mitoyen, a-t-elle, à
raison de ce mur, toutes les obligations et tous les
droits qu'entraîne la mitoyenneté?

Nul doute que le caractère et les conséquences de
la mitoyenneté ne subsistent au profit de l'expropriant
qui conserve entre le mur et la voie publique une parcelle de terrain, quelque mince qu'elle soit. Nul doute
encore que la mitoyenneté ne persiste aussi longtemps
que l'immeuble exproprié n'a pas été démoli, et qu'a-
près même la démolition, elle ne continue de persister
tant que le sol de l'immeuble exproprié, destiné à

entrer tout entier dans la formation d'une rue, n'a pas
reçu la destination à laquelle il paraissait affecté, et
n'est pas entré dans le domaine public[1].

Que décider lorsque l'immeuble exproprié a été
démoli, et que le mur mitoyen se trouve border immédiatement la voie publique nouvelle que l'expropriation
a eu pour objet d'établir? Le propriétaire peut-il alors
user du mur mitoyen comme d'un mur de façade, et
y ouvrir des jours? Le mur n'est évidemment pas devenu la propriété exclusive de ce voisin[2]; mais, si la
copropriété se maintient, le caractère de mitoyenneté a
disparu. La prohibition de l'article 675 du Code civil
d'ouvrir des jours dans un mur mitoyen constitue une
servitude au profit d'un héritage sur l'héritage voisin,
ce qui exclut l'application de cet article au cas où l'un
des héritages n'existe plus; en un tel cas, les seuls
principes qui puissent être invoqués sont ceux de la
communauté indivise, suivant lesquels tout propriétaire
peut faire usage de la chose commune, pourvu qu'il ne
porte point préjudice aux droits de son copropriétaire[3].
Tout ce que peut demander alors celui que l'expropriation a rendu copropriétaire du mur, c'est une indemnité représentant la valeur de la moitié de ce mur dont
le voisin se met ainsi en possession, ou représentant les
avantages que l'expropriant pouvait tirer du mur au
moyen, par exemple, de la location pour affiche[4]. En

[1] 21 juill. 1862, rej.: Veuve Perrot c. Ville de Paris; M. Lavielle.
D. 374, S. 796, P. 1081. — 31 janv. 1866, req. rej.: Maigne c. Ville
de Clermont-Ferrand; M. de Peyramont. D. 256, S. 96, P. 253.

[2] Arrêt du 31 janv. 1866.

[3] 31 janv. 1849, req. rej.: Claparède c. Veuve Compan; M. Sil-
vestre. D. 96, P. 2, 48. — 21 juillet 1862, rej.: Ville de Paris c.
Tétard; M. Lavielle. D. 373, S. 798, P. 1081.

[4] 8 nov. 1871, req. rej.: Drouart c. Rupp; M. Tardif. D. 305, S. 201,
S. 617.

aucun cas ne pourront être compris dans l'indemnité les avantages que procurera au propriétaire le voisinage de la voie publique, la plus-value qui en résultera pour son immeuble.

Que le mur soit resté mitoyen, ou n'ait plus qu'un simple caractère de copropriété, l'expropriant ne peut effectuer aucun travail propre à en ébranler la solidité, et, à plus forte raison, à le détruire, sans prendre les mesures et faire les travaux prescrits par les articles 655 et suivants du Code civil [1].

127. Lorsque l'expropriation a pour objet d'enclaver ce qui reste d'un terrain partiellement enlevé par l'expropriation, l'obligation de fournir passage existe pour les voisins (art. 682 du Code civil).

Le passage est dû encore bien que la partie du fonds qui accédait à la voie publique, et sur laquelle a été établi le travail d'utilité publique qui enlève l'accès à la propriété, ait été cédée amiablement par l'exproprié à l'expropriant : cette cession, dont l'objet était de prévenir une expropriation inévitable, ne peut être assimilée à une aliénation volontaire [2].

Les voisins ne sauraient se soustraire à l'obligation de fournir passage en disant que l'exproprié se trouvait dans le cas de l'article 50, qu'il aurait pu exiger l'acquisition totale de sa propriété, qu'ainsi l'enclave est le résultat d'un fait volontaire de l'exproprié. La réquisition tendant à l'acquisition totale n'est pas une obligation imposée, mais une simple faculté, dont le propriétaire

[1] 31 janv. 1876 req. rej. : Ville, de Chambéry c. Blanc et autres : M. Dumon. D. 1877, 1, 231, S. 1876, 1, 293, P. 1876, 728.

[2] 15 juin 1867, C. d'Alger : Texier c. Domerq. D. 1871, 2, 90, S. 1862, 2, 180, P. 1868, 723.

peut, à son gré, user ou ne pas user ; l'enclave dont souffre le propriétaire atteint par l'expropriation est la conséquence directe de cette expropriation, et non le fait de la volonté de ce propriétaire[1]. Il faut considérer d'ailleurs que, si le propriétaire avait requis l'acquisition totale, il y aurait probablement encore enclave, et passage à fournir: l'expropriant, devenu propriétaire de la portion de terrain non nécessaire pour les travaux, n'aurait le plus souvent lui-même aucun accès pour la portion de terrain par lui acquise comme propriété privée, et userait de l'article 682 de la même manière que son auteur.

128. L'indemnité future à laquelle donnera lieu une expropriation peut valablement faire l'objet d'une convention ou d'un partage, pourvu qu'il n'en résulte, en fait, aucune fraude aux droits des tiers. C'est ainsi qu'il a été jugé que, lorsqu'une expropriation est décidée en principe, le principal locataire de l'immeuble qu'elle doit atteindre et le sous-locataire d'une partie de cet immeuble peuvent valablement convenir, lors du sous-bail, qu'il sera fait masse des indemnités qui seront accordées à l'un et à l'autre, et que la somme allouée sera partagée entre eux dans des proportions déterminées, favorables au principal locataire : cette stipulation, qui est une clause du bail et sans laquelle il n'aurait peut-être pas eu lieu, ne saurait être considérée comme manquant de base ; elle porte sur une chose future qui peut faire l'objet d'une convention[2].

---

[1] 18 nov. 1869, C. de Paris: Comtesse de Thélusson c. Magnin. D. 1871, 2, 72, S. 1870, 2, 156, P. 1870, 695.

[2] 19 mars 1869, C. de Paris : Faillite Moreau c. Novel. *Gaz. des Trib.* du 1er avril 1869.

129. L'artiste engagé en un théâtre qui vient, par suite d'expropriation publique, à cesser d'exister avant le terme de l'engagement, est fondé à réclamer des dommages-intérêts du directeur qui, en l'engageant, ne lui avait pas fait connaître la situation, et qui, surtout, lui a laissé ignorer que le privilége était expiré, que l'exploitation ne se continuait qu'à titre de simple tolérance, et sous cette condition qu'au jour de l'expropriation aucune indemnité ne serait accordée [1].

130. La gérance d'un débit de tabac est indépendante du bail des lieux dans lesquels elle s'exploite ; et, par suite, le gérant n'est pas fondé à soutenir que son contrat a été résolu par le fait de l'expropriation. Si le déplacement pouvait produire une diminution dans les produits, ou occasionner au gérant une augmentation de loyer, ce préjudice était un des éléments de l'indemnité à laquelle il avait droit, et, en admettant qu'il ne l'eût pas compris dans ses réclamations devant le jury, le gérant n'a à imputer cette omission qu'à lui-même [2].

ARTICLE 39.

Le jury prononce des indemnités distinctes en faveur des parties qui les réclament à des titres différents, comme propriétaires, fermiers, locataires, usagers et autres intéressés dont il est parlé à l'article 21.

Dans le cas d'usufruit, une seule indemnité est fixée par le jury, eu égard à la valeur totale de l'immeuble ; le nu-propriétaire et l'usufruitier exercent leurs droits sur le montant de l'indemnité, au lieu de l'exercer sur la chose.

---

[1] 13 sept. 1862, Trib. de commerce de la Seine : Dupré et autres c. Huet. *Gaz. des Trib.* du 24 sept. 1862.

[2] 29 juill. 1868, Trib. civ. de la Seine : Comtesse de Sparre c. Dlle Pochat. *Gaz. des Trib.* du 7 août 1868.

L'usufruitier sera tenu de donner caution ; les père et mère ayant l'usufruit légal des biens de leurs enfants en seront seuls dispensés.

Lorsqu'il y a litige sur le fond du droit ou sur la qualité des réclamants, et toutes les fois qu'il s'élève des difficultés étrangères à la fixation du montant de l'indemnité, le jury règle l'indemnité indépendamment de ces litiges et difficultés, sur lesquels les parties sont renvoyées à se pourvoir devant qui de droit.

L'indemnité allouée par le jury ne peut, en aucun cas, être inférieure aux offres de l'administration, ni supérieure à la demande de la partie intéressée.

SOMMAIRE.

§ 1er.

nité due au locataire. Application de l'article 1722 du Code civil. Ce qui est de la compétence du jury, et ce qui appartient aux tribunaux ordinaires.

14. Le jugement qui donne acte, au propriétaire d'une maison atteinte partiellement par l'expropriation, de son consentement à la démolition complète, n'a pas, à l'égard des locataires, l'autorité de la chose jugée quant à la nécessité de l'éviction totale.

§§ 2 et 3.

15. De l'indemnité due en cas d'usufruit.
16. Usufruit sur une certaine partie d'immeuble.
17. Industrie exercée par l'usufruitier dans l'immeuble.
18. Indemnité de déplacement; usufruitier.
19. La fixation d'une seule indemnité est régulière, encore que le jury en aurait surabondamment distingué les éléments.
20. Ordonnance du magistrat directeur qui fixe, dans l'indemnité, la part de l'usufruitier et celle du nu-propriétaire.
21. Indemnités distinctes accordées à l'usufruitier et au nu-propriétaire conformément à leurs conclusions.
22. L'emphytéose peut-elle, quant au mode de règlement de l'indemnité, être assimilée à l'usufruit?
23. Obligation de fournir caution. Article 602 du Code civil.

§ 4.

24. Du paragraphe 4 de l'article 39 il faut rapprocher l'article 49. Indemnités alternatives ou éventuelles. Il doit y avoir, dans les deux cas, consignation de l'indemnité.
25. Objet et système du paragraphe 4 de l'article 39.
26. Prétendu litige, qui touche en réalité à la fixation même de l'indemnité.
27. Le règlement de l'indemnité alternative peut alors être refusé par ordonnance du magistrat directeur.
28. Le jury n'est tenu de régler une indemnité alternative qu'autant que les parties y ont conclu; il a toujours la faculté de le faire, même d'office, si une question litigieuse résulte des débats.
29. Le magistrat directeur peut-il écarter, par ordonnance, l'intervention ou le litige?
30. Exemples de cas dans lesquels le jury a pu se dispenser de fixer une indemnité alternative.
31. Exemples de cas dans lesquels il y a eu pour le jury obligation de régler éventuellement ou alternativement l'indemnité.
32. Indemnités identiques accordées par le jury en réponse à deux ou plusieurs questions alternatives.
33. Litige consistant à savoir si le jury est compétent.
34. Litige sur le fond du droit soumis au jury par un moyen détourné.
35. En cas de litige sur le fond du droit, il ne suffirait pas au jury

de réserver les droits de l'exproprié; il doit les régler éventuellement.

36. Espèce à laquelle le paragraphe 4 de l'article 39 nous paraît avoir
été à tort appliqué.

37. Le paragraphe 4 de l'article 39 est applicable même au cas où,
au lieu de porter sur le terrain objet de l'expropriation, la difficulté est relative à la condition future de la portion restante de
la parcelle expropriée.

38. Indemnité est-elle due à l'État pour le terrain, faisant partie de
son domaine, qui lui est enlevé pour l'établissement d'un chemin
de fer?

39. Difficulté sur le sens du jugement d'expropriation. Superficie et
tréfonds; renvoi.

40. Contestation sur le point de savoir si l'expropriation doit être
totale ou partielle.

41. Contestation sur la qualité de fermier ou de locataire, sur la
validité ou la durée du bail.

42. Contestation soulevée par le locataire sur le point de savoir s'il
y a lieu ou non à résiliation de son bail. Renvoi.

43. ... S'il y a lieu à indemnité à son profit, lorsqu'il est maintenu
en possession jusqu'à la fin du bail.

44. L'expropriant est-il tenu à indemnité envers le locataire qui ne
justifie pas d'un bail ayant date certaine avant l'expropriation?

45. Clause par laquelle le locataire s'est soumis à ne réclamer aucune
indemnité en cas d'expropriation.

46. L'existence d'un litige sur le fond du droit donne lieu à la fixation d'une indemnité alternative, alors même que ce litige existerait avec un tiers non partie à l'expropriation.

47. Mais l'expropriant ne peut, de lui-même, proposer un litige fondé
sur le prétendu droit d'un tiers qui ne se présente pas.

48. Contestation sur le point de savoir si, en cas d'emphytéose, il
doit être réglé une ou deux indemnités.

49. ... Sur le point de savoir si l'indemnité doit être seulement de la
valeur du terrain délaissé, ou s'il faut y ajouter la dépréciation
du surplus de la propriété.

50. Litige élevé et révélé avant la constitution du jury.

51. Ne doit pas retarder la réunion et les opérations du jury.

52. Litige tranché par une décision en dernier ressort frappée de
pourvoi en cassation.

53. Cas où un pourvoi en cassation contre le jugement d'expropriation est pendant au moment où le jury est appelé à régler l'indemnité.

54. Il n'est pas nécessaire que le jury prononce lui-même le renvoi
du litige.

55. Il n'est pas même nécessaire que la décision du jury déclare expressément que l'indemnité n'a qu'un caractère éventuel, si
l'éventualité de l'indemnité résulte implicitement du mode même
d'allocation. Évaluations séparées.

56. C'est devant le jury que se formulent irrévocablement les points
litigieux que peut soulever le règlement de l'indemnité. *Quid*,

quand le droit litigieux n'est établi que pour partie?

57. Réclamation postérieure au règlement de l'indemnité; décomposition, par l'autorité judiciaire, de l'indemnité unique fixée par le jury.

58. Le reproche consistant en ce que la décision du jury aurait le tort de ne pas comporter d'intermédiaire entre deux prétentions extrêmes, ne peut, dans tous les cas, être relevé que par celle des parties à laquelle ce mode de détermination est préjudiciable.

§ 5.

59. Pourquoi ce paragraphe a été ajouté à l'article 39 par la loi de 1841. Jurisprudence antérieure à cette loi.

60. Le § 5 n'est pas la simple reproduction de la règle qui défend de statuer *ultra petita*.

61. Les limites entre lesquelles doit se maintenir la décision du jury sont fixées par le dernier état des conclusions.

62. *Quid* si, pour le même immeuble, deux prétendants-droit ont formulé des demandes de chiffres différents?

63. L'indication d'un chiffre précis d'offres ou de demande cesse d'être rigoureusement exigée lorsqu'il s'agit d'un objet non compris dans l'expropriation, et qui n'y a été ajouté que par la seule volonté des parties.

64. Indemnité égale à l'offre, nonobstant l'emploi d'une expression surabondante.

65. Allocation à l'exproprié d'une indemnité inférieure aux offres.

66. ... Ou d'une indemnité égale aux offres, encore qu'elle fût appliquée à un terrain plus étendu que celui pour lequel les offres avaient été faites.

67. *Quid* s'il apparaît d'une modification des offres?

68. .. Ou d'une erreur matérielle dans les offres?

69. ... Ou d'une transposition échappée au jury dans sa décision?

70. Allocation d'une indemnité égale aux offres primitives, nonobstant l'addition, à titre d'indemnité, d'une parcelle de terrain.

71. L'indemnité a pu être égale à la somme offerte, quoique l'agent de l'administration eût reconnu que la prétention de l'exproprié à une indemnité supérieure pouvait être fondée.

72. L'exproprié seul a qualité pour se plaindre de ce que l'indemnité est inférieure aux offres.

73. Allocation d'une indemnité supérieure à la demande. Demande composée d'éléments complexes.

74. C'est à l'expropriant à prouver que l'indemnité est supérieure à la demande.

75. Il se peut que l'instruction démontre que l'indemnité ne dépasse pas la demande, encore que le chiffre précis de cette demande n'y soit pas énoncé.

76. Décision allouant à l'exproprié le montant entier de sa demande, et, en outre, des matériaux de démolition.

77. *Quid*, si l'exproprié ayant demandé une somme d'argent, plus l'abandon de matériaux ou la confection de travaux à son

profit par l'expropriant, le jury, en même temps qu'il repousse la seconde partie de la demande, alloue une somme d'argent supérieure à celle qui a été demandée ?

78. Chiffre entier de la demande alloué pour l'un seulement des ordres de réclamation contenus en cette demande.

79. *Quid* s'il y a doute sur le point de savoir si l'indemnité allouée n'est pas supérieure à la demande ?

80. Deux indemnités distinctes pour une offre ou une demande unique : il suffit que le total des deux allocations ne soit ni inférieur à l'offre unique ni supérieur à la demande unique.

81. Indemnité unique, pour des offres qui contenaient, dans le calcul de l'indemnité, une division à laquelle les parties n'avaient pas conclu et que le jury n'a pas suivie.

82. *Quid* quand c'est, au contraire, par les conclusions des parties que les offres et demandes ont été divisées en plusieurs chefs, et quand il n'a cependant été alloué, pour l'un de ces chefs, qu'un chiffre inférieur aux offres qui s'y rapportaient ?

83. A défaut de demande, l'indemnité ne peut dépasser les offres.

84. Et réciproquement, à défaut d'offres, l'indemnité ne peut être inférieure à la demande. L'expropriant qui conteste le droit à l'indemnité n'en est pas moins tenu de faire une offre éventuelle.

85. Offre d'une indemnité insignifiante; offre d'un franc.

86. Addition à cette offre de la réserve de réclamer ultérieurement de l'exproprié, en vertu de l'article 30 de la loi du 16 septembre 1807, une indemnité de plus-value.

87. L'article 30 de la loi du 16 septembre 1807 ne doit pas être appliqué concurremment avec la loi de 1841.

§ 1er.

1. Le jury n'est tenu de fixer des indemnités spéciales pour chacune des parcelles diverses d'un immeuble sur lequel une même personne a des droits, qu'autant que les indemnités sont réclamées à des titres différents, tels que ceux de propriétaire, fermier, locataire, usager ou autres. Le jury pourra se dispenser d'allouer deux indemnités distinctes à la personne qui ne se sera pas présentée devant lui en deux qualités différentes : à celui, par exemple, qui se trouve exproprié de deux parcelles, d'une contenance totale déterminée, à prendre sur la même propriété [1];

---

[1] 16 juill. 1873, rej. : Garret c: Commune de Marchenoir ; M. Rieff. D. 1874, 1, 447, S. 1873, 1, 477, P. 1873, 1195.

ou encore à celui qui, propriétaire de l'immeuble exproprié, en occupait une partie par lui-même[1].

2. Lorsque l'immeuble exproprié appartient indivisément, et dans des proportions non déterminées, à
des copropriétaires, il n'y a pas lieu de fixer des indemnités distinctes : en cette situation, une seule et même
indemnité doit être fixée, sauf aux copropriétaires indivis à se répartir cette indemnité dans la proportion de
leurs droits respectifs[2].

3. Faudrait-il des indemnités distinctes si, bien que
réclamées au même titre, les indemnités s'appliquaient
à des immeubles différents, s'il s'agissait de fixer l'indemnité due au propriétaire de plusieurs immeubles,
ou à la personne qui a loué deux emplacements dans
deux maisons appartenant à des propriétaires différents ? La règle est encore, en ce cas, que l'art. 39, paragraphe 1, n'est pas applicable, et qu'une indemnité
unique suffit. Nonobstant la pluralité des immeubles,
ce sont des indemnités diverses prétendues à un titre
unique. Il n'y aurait nécessité de procéder distinctement qu'autant qu'en demandant la division des évaluations, l'exproprié l'aurait motivée sur quelque intérêt
personnel : il peut être utile, en effet, que l'indemnité
afférente à chacun des immeubles soit distinctement
marquée, qu'un immeuble propre et un immeuble de
communauté ne soient pas simultanément compris en
un seul chiffre sans indication de l'évaluation qui s'applique à chacun. La nécessité de distinguer ne ressort

[1] 18 déc. 1861, rej. : Boude et Cayol c. Département des Bouches-
du-Rhône ; M. Sevin. D. 1862, 1, 376, S. 1862, 1, 1066, P. 1863, 415 et
416.

[2] 16 févr. 1864, rej. : Wahler et Graff c. Commune de Munster :
M. Laborie. D. 5, 149.

pas alors du texte de la loi, mais des conditions spéciales que l'exproprié a pu indiquer : il faut, pour
que le défaut de distinction devienne une cause de nullité, qu'il ait été conclu à la division, avec indication
des motifs qui la rendent utile.

Il peut arriver aussi, en certains cas, que la distinction des indemnités soit nécessaire pour la clarté même
et l'application de la décision. Voy. art. 38, n. 72.

On trouvera plus haut, sous l'art. 38, n. 100, les nombreux monuments établissant cette règle que le jury
est libre de déterminer par une somme unique les indemnités diverses prétendues à un titre unique. Cette
règle a été appliquée, au cas qui nous occupe en ce moment d'indemnités relatives à des immeubles différents,
non-seulement lorsqu'il n'y a eu qu'une seule offre et
qu'une seule demande pour la totalité des parcelles expropriées[1], mais encore lorsque, dans les offres et les
demandes, une somme spéciale a été indiquée pour chacune des parcelles, s'il n'apparaît pas d'ailleurs que les
parties eussent un intérêt à ce qu'il fût procédé à autant
d'estimations distinctes qu'il y avait de parcelles expropriées. Un arrêt de la Chambre civile, du 3 janvier
1844[2], doit surtout être consulté comme fixant nettement la règle que nous venons d'indiquer.

On peut voir aussi, au sujet du locataire de deux
emplacements contigus dans des maisons différentes,
un arrêt du 6 décembre 1859[3]; mais, dans ce dernier

[1] 12 avr. 1848, rej. : Préfet des Bouches-du-Rhône c. Hospices de
Tarascon ; M. Hello.

[2] 3 janv. 1844, rej. : Chemin de fer de Saint-Germain c. l'Etat ;
M. Gillon. D. 89, S. 154, P. 1, 152.

[3] 6 déc. 1859, rej. : Dohy c. Préfet de la Seine ; M. Lavielle. D.
1860, 1, 168, P. 1861, 36.

arrêt, des raisons d'espèce ont dispensé la Cour de se prononcer sur la question de droit.

4. Les indemnités doivent être distinctes lorsqu'elles représentent tout à la fois des biens appartenant indivisément à plusieurs propriétaires et des biens leur appartenant divisément. Ainsi, l'indemnité allouée à deux propriétaires expropriés à la fois l'un et l'autre, 1° d'une portion de terrain appartenant d'une manière distincte et exclusive à chacun d'eux ; 2° d'une parcelle indivise entre eux et à l'égard de laquelle le procès-verbal ne constate aucune détermination de parts entre les deux copropriétaires, ne peut consister en une somme unique allouée à chaque propriétaire ; il faut qu'indépendamment de la somme allouée à chacun d'eux pour la portion de terrain dont il a la propriété distincte et exclusive, une troisième somme soit fixée comme indemnité de la portion indivise, sans quoi, loin que l'indemnité fût fixée d'une manière claire, définitive et ne donnant lieu à aucun litige ultérieur, il demeurerait, au contraire, impossible de reconnaître si l'indemnité pour la parcelle indivise n'a été allouée que partiellement, ni pour quelle part elle a été allouée à chacun des ayants droit [1].

De même, il faut deux indemnités distinctes s'il existe deux demandes formées l'une par deux époux conjointement, l'autre par l'un des époux agissant seul et dans son intérêt personnel. En ne fixant qu'une seule indemnité, le jury laisserait incertaine la part afférente à chacune des demandes [2].

---

[1] 3 févr. 1858, Cass. : Chemin de fer Grand-Central c. Serres et Lunet ; M. Renouard. D. 126, S. 621, P. 570.

[2] 6 janv. 1869, Cass. : Epoux Geoffroy c. Préfet des Alpes Maritimes ; M. De Vaulx. D. 9.

Même décision lorsqu'il s'agit de réclamations relatives, d'une part à la propriété, qui appartient indivisément à plusieurs personnes, d'autre part à la jouissance locative et à l'exploitation d'une industrie par l'une seulement de ces personnes : il y a alors, en effet, des demandes applicables à des intérêts distincts et à des personnes différentes [1] ; si le jury réunit ces deux demandes en une seule fixation d'indemnité, il laisse incertaine la part de chacun des indemnitaires, et viole, par conséquent, le paragraphe 1er de l'art. 39.

5. Si les indemnités doivent être distinctes lorsqu'elles sont réclamées à des titres différents, elles doivent également l'être lorsque les biens expropriés appartiennent à divers propriétaires : la nécessité de la distinction naît alors à la fois du paragraphe 3 de l'art. 38 et du paragraphe 1er de l'art. 39. Dans une espèce, le domaine atteint par l'expropriation avait été recueilli par des enfants dans les successions de leurs père et mère, le partage en avait été opéré, chacun avait été inscrit sous son nom dans la matrice cadastrale, et, en réponse à l'offre collective que l'expropriant avait faite, le partage et l'inscription lui avaient été dénoncés ; de plus, chacun des enfants avait formé une demande distincte d'indemnité, et pour la superficie à lui appartenant, et pour la dépréciation des terrains restants. Après avoir fixé, pour les superficies, trois indemnités distinctes, le jury s'est borné à accorder une indemnité unique pour dépréciation de tout ce qui reste de la pro-

---

1 1er juillet 1862, Cass. : Epoux Jourdan c. Ville de Marseille ; M. Sévin. D. 382, S. 1069, P. 1863, 141. — 22 mai 1865, Cass. : Manivet c. Ville d'Avignon ; M. Glandaz. D. 1865, 5, 175, S. 1865. 1, 460, P. 1865, 1197. — 6 janv. 1869, rej. : Grignon-Dumoulin c. Préfet de la Loire-Inférieure ; M. Eug. Lamy. D. 144.

priété. La cassation de cette décision a été prononcée [1] : l'allocation, ainsi faite en bloc, laissait chacun des propriétaires indécis sur la portion qui lui revenait dans l'indemnité collective. En vain objectait-on que l'indemnité devait être partagée entre les héritiers selon la contenance du lot de chacun : cette base n'était pas indiquée par le jury, et pouvait d'autant moins être suppléée que la nature et la situation de chaque lot avaient, beaucoup plus que sa contenance, servi d'élément à la détermination de l'indemnité.

6. Pour le règlement d'une même indemnité, deux prétendants-droit se sont présentés. Pour le même objet, l'un demandait 3,000 francs, l'autre portait sa demande à 3,300. Y avait-il, pour le jury, nécessité de fixer deux indemnités distinctes? Oui, si le jury allouait une indemnité supérieure à 3,000 francs, car, en cette hypothèse, cette indemnité ne pourrait profiter qu'à celle des deux parties dont la demande a dépassé ce chiffre (V. *infrà*, n. 61). Non, si l'indemnité est inférieure à 3,000, car elle répond également aux deux demandes qui, identiques en leur objet, ne diffèrent que par leur chiffre [2].

7. De ce que l'art. 39 veut que le jury prononce des indemnités séparées en faveur des parties qui les réclament à des titres différents, il ne résulte pas que les parties intéressées à des titres distincts soient tenues de former des demandes séparées, ni que le jury soit tenu d'accorder des indemnités distinctes, quand bien même

[1] 5 juin 1860, Cass. : Osterrieth et consorts c. Ch. de fer de l'Est ; M. Lavielle. D. 1860, 1, 404, P. 1862, 174.

[2] 23 déc. 1861, rej. : Billat c. Préfet de l'Isère et Ville de Grenoble ; M. Renouard. S. 1862, 1, 892, P. 1862, 1188.

les parties se seraient réunies pour former une demande unique. Spécialement, l'expropriant ne peut se faire un moyen de cassation de ce qu'une indemnité unique a été accordée au propriétaire et à l'usager qui, en fait, avaient collectivement formé une demande unique. La réunion des demandes facilite les opérations du jury, sans aucun préjudice pour l'expropriant, puisque, soit que la propriété soit fractionnée par la division des droits, soit qu'elle soit recomposée par leur réunion, l'expropriant n'aura jamais à payer que la valeur de la propriété complète[1]. Voir art. 38, n. 93.

De nombreux arrêts existent en ce sens : encore qu'il s'agît de causes de demande qui étaient, en principe, de nature à nécessiter la fixation d'indemnités distinctes, le jury s'est trouvé affranchi de cette obligation par cela seul que la réclamation tendait, par sa forme, à l'allocation, en bloc et pour le tout, d'une somme unique. Les expropriés seraient mal venus à se plaindre lorsque l'indemnité a été réglée en la façon qu'ils ont eux-mêmes sollicitée.

Cela a été jugé pour les indemnités à allouer à une même personne, et lorsque les titres distincts n'ont pas été indiqués[2], et lorsqu'ils l'ont été, même divisément, dans les conclusions, mais avec indication d'un chiffre unique de demande[3].

---

[1] 15 déc. 1856, rej. : Chemin de fer de l'Ouest c. Hospices et Ville de Caen ; M. Delapalme. D. 1857, 1, 44, S. 1857, 1, 380, P. 1858, 266.

[2] 2 déc. 1863, rej. : Barre-Pin c. Ville de Paris ; M. Eug. Lamy. — 16 déc. 1863, rej. : Raflin c. Ville de Roanne ; M. Laborie. — 25 avr. 1866, rej. : Groult c. Préfet de l'Orne ; M. Delapalme.

[3] 6 déc. 1859, rej. : Dohy c. Préfet de la Seine ; M. Lavielle. D. 1860, 1, 168, P. 1861, 36. — 24 juill. 1860, rej. : Pascal et de Fontainieu c. Ville de Marseille ; M. Quénault. D. 1860, 1, 406 et 407, P. 1861, 100. — Arrêt du 6 janv. 1869.

Cela a été jugé également pour les indemnités applicables soit à un domaine appartenant divisément à des personnes distinctes, soit à des biens indivis en quelques-unes de leurs parties, et appartenant divisément en d'autres parties à des personnes déterminées. Il eût été déraisonnable d'exiger du jury la fixation d'indemnités distinctes lorsque la distinction des droits ne lui avait pas même été indiquée[1]; il n'y a non plus aucun reproche à lui adresser lorsque, bien que l'indication des droits distincts eût été faite, la demande les réunissait elle-même en un seul chiffre[2].

Il importe de remarquer d'ailleurs que les conclusions peuvent se modifier durant tout le cours des débats, de telle sorte que si, pour deux expropriés différents, l'indemnité avait d'abord été demandée en bloc, ces expropriés n'en conserveraient pas moins le droit de modifier ultérieurement leurs conclusions, de diviser leurs demandes, et que, si elles l'avaient fait en temps utile, il y aurait pour le jury obligation de fixer deux indemnités distinctes, conformément au dernier état des conclusions[3].

8. La circonstance qu'un terrain qui a été exproprié sur une seule personne, et au sujet duquel, par suite, le jury n'a fixé qu'une seule indemnité allouée à cette personne, appartenait pour une partie indivise à un autre

---

[1] 30 mars 1864, rej.: Maillard c. Ville de Troyes; M. Sévin. D. 1864, 5, 155. — 1er juin 1864, rej.: Vidal c. Ville de Montauban; M. de Vaulx. — 6 janv. 1869, rej.: Grignon-Dumoulin c. Préfet de la Loire-Inférieure; M. Eug. Lamy. D. 144.

[2] 25 juin 1867, rej.: Veuve Bourret et consorts c. Chemin de fer de Paris-Lyon-Méditerranée; M. Le Roux de Bretagne. D. 495. — Arrêt du 6 janv. 1869. — 17 mars 1869, rej.: Morin et de Montrond c. Ch. de fer d'Orléans; M. Aylies. D. 272, S. 386, P. 947.

[3] 19 janv. 1870, rej.: Luro c. Ch. de fer du Midi; M. De Vaulx. D. 263.

propriétaire, ne peut servir de fondement, contre la décision du jury, à un moyen de cassation, pris de ce que
cette décision aurait dû fixer deux indemnités[1]. Mais
cette irrégularité aurait pu fournir un moyen de cassation contre le jugement d'expropriation. Voy. article 14,
n. 4 et 5.

9. Il n'est pas nécessaire que la décision du jury qui
fixe des indemnités distinctes pour des indemnitaires
différents désigne nominativement chacun des indemnitaires. Spécialement, la décision qui, conformément
aux offres de l'administration expropriante, fait consister l'indemnité des locataires d'un immeuble exproprié
dans la jouissance gratuite des lieux occupés par eux
jusqu'à une époque qu'il détermine, est parfaitement
régulière, sans avoir besoin de faire mention et
distinction expresse de chacun des locataires indem-
nisés[2].

Une indemnité consistant en une jouissance gratuite
ne paraît pas remplir les conditions voulues par la loi
(voir art. 38, n. 71); mais si elle a été ainsi offerte par
l'expropriant, et que les parties n'aient pas réclamé, le
jury a pu régulièrement l'accorder[3].

10. A l'égard du locataire qui réclamait trois indemnités, l'une pour cessation prématurée de son bail, la
deuxième pour trouble dans la possession des lieux et dégradation de son mobilier, la troisième pour la perte de
clientèle et le dommage qu'il éprouvait dans son indus-

---

[1] 12 janv. 1842, rej. : Méritan et autres c. Ville d'Apt ; M.
Gillon. D. 145, S. 420.

[2] 11 août 1857, rej. : Préfet du Finistère c. Veuve Durand et autres ; M. Renouard. D. 329, S. 861, P. 1858, 765.

[3] 18 mars 1857, rej. : Cart c. Ch. de fer de l'Est ; M. Alcock. D.
118, S. 574, P. 1858, 49.

trie, le jury a pu réunir en une somme unique tous les dommages allégués [1].

De même encore, lorsque le locataire, privé de sa jouissance par suite d'une expropriation, a réclamé une indemnité à raison de deux établissements qu'il prétend avoir dans la maison expropriée, le jury a pu n'allouer qu'une seule indemnité, sans exprimer que cette indemnité a pour objet le double dommage, en n'exprimant même qu'une seule des qualités dans lesquelles le locataire réclamait, si d'ailleurs il résulte des circonstances, notamment des pièces respectivement produites et des débats qui ont eu lieu entre les parties, que c'est bien sur l'ensemble de la demande que le jury a entendu statuer, et que l'indemnité allouée s'applique à tout le dommage [2]. V. article 38, n. 100.

11. Si, au contraire, la décision du jury ne répondait pas à tous les chefs de demande du locataire, ou s'il n'était pas constant qu'elle y répondît, la cassation devrait être prononcée.

Dans une espèce, le locataire principal d'un immeuble partiellement exproprié, dont il occupait une partie pour son industrie personnelle et louait le reste à des sous-locataires, avait présenté plusieurs chefs d'indemnité se référant, les uns au trouble apporté à son industrie, les autres au préjudice causé par la diminution de jouissance des lieux, par la dépréciation des terrains restants et autres causes étrangères à l'industrie de l'indemnitaire. Le magistrat directeur ne posa cependant au

[1] 12 juin 1843, rej.: Benoît c. Préfet des Bouches-du-Rhône; M. Gillon. D. 314, S. 483, P. 2, 196.

[2] 27 mai 1851, rej.: Hubert c. Ville de Paris; M. Simonneau. D. 172, P. 2, 288.

jury, quant à l'indemnité réclamée par le locataire principal, qu'une question unique, limitée au trouble apporté *à l'industrie*, et les jurés, se renfermant eux-mêmes dans cette question, accordèrent une indemnité en répétant *que c'était seulement pour le trouble apporté à l'industrie*. Cette déclaration itérative laissait en dehors de l'indemnité les chefs particuliers relatifs au trouble apporté à la location, qui ne pouvaient être confondus avec ceux qui se rattachaient spécialement à l'industrie; aussi la décision du jury a-t-elle été annulée [1]. L'expropriant prétendait que, nonobstant les expressions employées, on devait, d'après des circonstances qu'il expliquait, penser que le jury avait eu l'intention de comprendre dans le chiffre par lui fixé toutes les causes diverses d'indemnité; mais il n'a pu sauver par là la décision : en supposant que telle eût été l'intention du jury, il aurait fallu qu'elle se manifestât d'une manière formelle et non équivoque.

12. Le droit du locataire à l'indemnité ne lui est pas irrévocablement acquis par cela seul qu'il a été dénoncé par le propriétaire à l'administration, conformément au paragraphe 1er de l'article 21, encore bien même qu'à la suite de cette dénonciation un congé lui aurait été signifié par l'expropriant. Il peut se faire que la dénonciation et le congé soient le résultat d'une erreur. Ainsi, notamment, le propriétaire d'un immeuble frappé d'expropriation partielle, dénonce à l'expropriant, non pas seulement ceux de ses locataires que devait atteindre l'expropriation, mais tous ses locataires, sans exception;

· 28 mars 1859, Cass, : Sellier c. Chemin de fer de l'Est; M. Lavielle. D. 163, P. 869.

l'expropriant, en conséquence, signifie des congés à tous ceux qui lui ont été dénoncés. Reconnaissant plus tard l'erreur dans laquelle le fait du propriétaire l'a induit, l'expropriant rétracte les congés. Les locataires que l'expropriation n'a pas atteints seront-ils admis, quand se réunira le jury, à intervenir et à demander une indemnité ? Non, car le jury ne peut fixer d'indemnité que pour ce qui est compris dans l'expropriation. Il se peut que l'expropriant, en signifiant aux locataires les congés qu'il a depuis rétractés, ait causé à ceux-ci un préjudice dont, sauf son recours contre le propriétaire, il leur doit réparation ; mais c'est là un fait étranger à l'expropriation, sur lequel le jury n'a pas à statuer, et dont la réparation, s'il en est dû, ne pourra être demandée que devant les tribunaux ordinaires [1]. Voy. article 55, n. 22 et suivants.

13. La fixation de l'indemnité due au locataire, en cas d'expropriation partielle, présente de sérieuses difficultés. Comment combiner, en ce cas, les dispositions de la loi spéciale, avec les dispositions de droit commun écrites en l'article 1722 du Code civil ? L'article 1722 est ainsi conçu : « Si, pendant la durée du bail, la chose louée est détruite en totalité par cas fortuit, le bail est résilié de plein droit ; si elle n'est détruite qu'en partie, le preneur peut, suivant les circonstances, demander ou une diminution du prix, ou la résiliation même du bail. Dans l'un et l'autre cas, il n'y a lieu à aucun dédommagement. » Cet article est-il, au cas d'expropriation partielle, applicable en toutes ses dispositions ? Si ses dispositions ne peuvent toutes s'appliquer, quelles

---

[1] 18 mars 1857, rej. : Cart c. Chemin de fer de l'Est ; M. Alcock D. 118, S. 574, P. 1858, 49.

sont celles qu'il faut retenir et celles qu'il faut écarter?
Suivant quelles distinctions le jury et les tribunaux
ordinaires devront-ils prononcer sur les questions
diverses que l'expropriation soulève? La jurisprudence
ne paraît pas tracer, sur tous ces points, de règles bien
certaines. Nous croyons que, pour résoudre les difficultés qui s'y rattachent, il suffit de distinguer soigneusement ce qui affecte les rapports de l'expropriant et de
l'exproprié d'une part, les rapports du propriétaire et
du locataire d'autre part. Au premier point de vue, les
règles de la loi spéciale devront être appliquées, et le
jury aura compétence; au second, les règles du droit
commun et la compétence des tribunaux ordinaires
devront être maintenues.

Cette distinction nous permettra de préciser comment
et jusqu'où l'article 1722 du Code civil s'applique au cas
d'expropriation partielle. Il s'applique en celle de ses
dispositions qui donne au locataire l'option entre la
continuation du bail, avec réduction du prix, ou la résiliation de ce bail; l'expropriation est en effet un cas
fortuit dans les rapports du propriétaire au locataire.
Mais la disposition finale de l'article qui n'admet pas le
locataire à réclamer des dommages-intérêts du propriétaire, ne saurait être invoquée par l'administration, à
l'égard de laquelle l'expropriation est, non pas un cas
fortuit, *vis divina*, mais un acte volontaire, une voie de
fait qu'autorise et légitime l'utilité publique; il est donc
dû, en cas d'expropriation partielle, une indemnité au
locataire pour le trouble que lui cause, soit la diminution des lieux loués, soit la résiliation.

Ceci posé, les règles de la compétence s'en déduisent,
il nous semble, aisément. L'indemnité est due, non en
vertu du droit commun, qui n'en accorde pas, mais en

vertu de la loi spéciale : ce sera le jury qui devra la déterminer. Quant au point de savoir si le bail doit être continué ou résilié, et, s'il est continué, dans quelles conditions il le sera, c'est aux tribunaux ordinaires qu'à notre sens il appartient de le régler.

L'article 1722 donne l'option au locataire, mais il subordonne cependant cette option aux circonstances. L'option n'appartient pas au locataire d'une manière absolue ; il ne peut opter pour la résiliation qu'autant que la portion enlevée par l'expropriation est assez considérable ou présentait au locataire des avantages tels, que la privation de cette portion le gêne sensiblement dans sa jouissance. Pour n'en citer qu'un exemple, la résiliation ne serait certainement pas permise si l'expropriation ne faisait que reculer d'une manière peu sensible le mur d'un jardin d'agrément. Que, dans ce cas, ou dans d'autres semblables, il y ait contestation sur le point de savoir s'il y a ou non cause suffisante de résiliation, les tribunaux ordinaires prononcent : c'est un litige sur le fond du droit, auquel est applicable le paragraphe 4 de l'article 39.

Si le locataire opte pour la continuation du bail, ou s'il est contraint par l'autorité judiciaire à le continuer, ce n'est encore que par cette même autorité judiciaire que peuvent être réglées les conditions de la continuation du bail, et la diminution du prix du loyer. Nous citerons plus bas (p. 169) deux arrêts qui admettent indirectement le jury à régler cette diminution ; nous croyons cependant que ce règlement est de la compétence exclusive des tribunaux ordinaires, premièrement, parce que la réduction du prix, sous quelque forme qu'elle se produise, ne peut constituer une indemnité actuelle et payable avant la prise de possession ;

secondement, et surtout, parce qu'il s'agit en cela de régler les conséquences de l'expropriation, non entre l'expropriant et le locataire exproprié, mais entre le locataire et le propriétaire, dans les rapports desquels l'expropriation n'est qu'un cas fortuit, soumis aux règles du droit commun.

Il y aura lieu, en général, à fixer, pour dédommagement du trouble causé, un chiffre d'indemnité différent, suivant que le bail sera continué ou résilié, et ce chiffre devra d'ordinaire être plus élevé dans le second cas que dans le premier. Toutes les fois donc que, devant le jury, il y aura eu contestation sur le point de savoir si le bail doit être continué ou résilié, le jury sera tenu de fixer alternativement deux indemnités, en vue de l'une et de l'autre hypothèse. Dans le cas même où la contestation ne se serait pas nettement formulée devant le jury, il suffirait qu'elle y existât en germe, faute par les parties de s'être entendues pour la résiliation ou la continuation du bail, pour qu'il appartînt, soit au magistrat directeur dans ses questions, soit au jury dans sa décision, de prévoir et de régler, même d'office, une indemnité alternative (V. *infrà*, n. 28). Si le jury, que les parties ont négligé de mettre en demeure, par leurs conclusions, de régler une indemnité alternative, n'a fixé qu'une seule indemnité, cette indemnité unique sera due, quelle que soit celle des deux hypothèses qui viendra à se réaliser : les inconvénients de ce mode de fixation, uniforme pour deux cas différents, ne peuvent être relevés par les parties, desquelles il dépendait de les prévenir.

A l'égard du propriétaire, l'indemnité pourra, la plupart du temps, être la même dans l'hypothèse de la continuation du bail à prix réduit que dans l'hypothèse d'une résiliation ; la rentrée en jouissance immédiate de la portion restante des lieux loués présentera d'ordinaire pour lui les mêmes avantages que la continuation du bail à prix réduit. Si cependant le propriétaire demandait qu'une indemnité différente lui fût accordée suivant que l'une ou l'autre des deux hypothèses se réaliserait, ou si, même en l'absence de conclusions en ce sens, le jury estimait qu'il fût juste de varier dans les mêmes prévisions le chiffre d'indemnité, il pourrait, à l'égard du propriétaire comme à l'égard du locataire, être procédé par voie alternative au règlement de l'indemnité.

On remarquera qu'en se conformant en tout à ce qui vient d'être indiqué, le règlement de l'indemnité du locataire reste toujours distinct et indépendant du règlement de l'indemnité du propriétaire.

Passons à l'examen des monuments de la jurisprudence.

Nous devons signaler d'abord, en reconnaissant que, dans les observations qui précèdent, nous nous sommes écarté de sa doctrine, un arrêt de la Chambre civile, du 31 décembre 1838 [1]. En fixant les indemnités dues à des locataires privés de la jouissance d'une partie seulement des lieux compris en leurs baux, le jury avait prononcé, par une disposition expresse, que ces indemnités n'étaient déterminées qu'à raison du trouble qu'éprouveraient les locataires, et que, pour la diminution du prix et la résiliation de leurs baux, ils s'entendraient, comme bon leur semblerait, avec les propriétaires, tous les droits respectifs demeurant réservés. Cette décision

[1] Charrin c. Ville de la Croix-Rousse et Préfet du Rhône; M. Quéquet. D. 1839, 1, 53, S. 1839, 1, 19, P. 1839, 1, 5.

a été cassée. « Décider ainsi, a dit l'arrêt du 31 décembre 1838, c'est réserver aux propriétaires et aux locataires des procès que la loi d'expropriation pour cause d'utilité publique a voulu prévenir et tarir dans leur source même. »

La Cour de Paris (4e Chambre) a jugé de même, par arrêt du 25 novembre 1854 [1], que, s'il y a eu règlement simultané et collectif de l'indemnité du propriétaire et de celle du locataire, le locataire privé de la jouissance d'une portion de la chose louée ne peut demander ultérieurement une diminution de loyer, le locataire ayant dû être indemnisé par le jury en raison combinée de l'amoindrissement de la jouissance future et de la persistance du loyer originaire.

Dans ce système, le jury procéderait de la manière suivante au règlement de l'indemnité : le bail persistant, à moins qu'une volonté contraire n'eût été formellement exprimée avant la décision du jury, et le prix de location demeurant tel qu'il est fixé au bail, le jury devrait comprendre dans l'indemnité du locataire une somme fixe et actuelle, calculée de manière à correspondre à la réduction qu'il paraît convenable de lui allouer pour le prix du bail restant à courir. Comme, d'un autre côté, le propriétaire, qui touche actuellement le prix de la partie dont il est exproprié, continuerait aussi de toucher les loyers de cette même partie, on obvierait à cette exagération en amoindrissant à son égard l'indemnité d'une somme égale ou correspondante à celle qui aurait été, d'après les bases qui viennent d'être indiquées, comprise dans l'indemnité du locataire.

---

[1] Ardoin et Cⁱᵉ c. Jacquel. *Gaz. des Trib.* du 2 déc. 1854.

L'arrêt de cassation du 31 décembre 1838 avait fait d'abord une vive impression sur notre esprit; nous avons cru cependant, après plus mûr examen, devoir l'abandonner. Il est d'ailleurs inconciliable avec un arrêt de la Chambre des requêtes, du 7 juillet 1847, dont il sera parlé plus bas (p. 172).

Deux arrêts, des 3 février et 7 avril 1858, ont jugé qu'en cas d'expropriation partielle, le jury peut donner au locataire ou fermier, à titre d'indemnité, une somme annuelle à prendre, pendant la durée du bail, sur l'indemnité accordée au propriétaire, et que la décision par laquelle le jury a ainsi procédé ne peut être attaquée ni par l'expropriant [1], ni par le propriétaire bailleur [2]. Qu'est-ce autre chose, sinon déterminer le chiffre d'une réduction de loyer? Nous avons exprimé plus haut (p. 165) l'opinion que le règlement de la réduction de loyer devait appartenir aux tribunaux ordinaires; nous avons donc encore ici la mauvaise fortune de nous écarter des décisions de la Cour suprême. Mais les décisions qui vont suivre viendront toutes, au contraire, à l'appui des règles que nous avons cru devoir poser.

Un arrêt de cassation du 19 juillet 1843 [3] a jugé qu'il y a excès de pouvoir de la part du jury qui, réglant l'indemnité due au propriétaire d'un terrain exproprié pour partie, et loué par bail emphythéotique, compose à la fois cette indemnité d'une somme d'argent et de la rentrée en jouissance du propriétaire dans la portion

---

[1] 3 févr. 1858, rej.: Ch. de fer Grand-Central c. Catusse et Despeyroux; M. Renouard. D. 127, P. 570.

[2] 7 avr. 1858, rej.: Sandral c. Chemin de fer Grand-Central; M. Aylies. D. 1858, 1, 171, S. 1859, 1, 272, P. 1859, 838.

[3] Cass.: Préfet du Nord c. Hospices de Roubaix; M. Gillon. D. 1844, 1, 47, S. 1843, 1, 732, P. 1843, 2, 295.

de terrain non expropriée : il n'appartenait pas au jury
de rompre un bail dont les parties n'avaient pas demandé la cessation.

L'obligation pour le jury, lorsqu'il y a contestation
entre les parties sur le point de savoir s'il y a lieu à
résiliation du bail ou à réduction du loyer, de régler
alternativement l'indemnité, sauf aux tribunaux ordinaires à statuer ultérieurement sur l'application de l'article 1722, a été reconnue, dans les termes les plus formels, par deux arrêts de cassation du 5 février 1840,
par un arrêt de rejet du 18 mars 1857, par un arrêt de
cassation du 15 mars 1869[1]. Les arrêts du 5 février 1840
portent que le jury commet un excès de pouvoir si, au
lieu de régler alternativement l'indemnité, il n'a fixé
qu'une indemnité unique, considérant le bail comme
résilié, ou en prononçant lui-même la résiliation, sous
prétexte qu'il aurait reconnu l'impossibilité de conserver
au locataire les lieux par lui occupés. De l'un de ces
arrêts nous extrayons ce qui suit : « Attendu que la
mesure des pouvoirs du jury, quant à l'appréciation de
l'indemnité, n'étant et ne pouvant être que la mesure
de l'expropriation elle-même, la mission du jury était,
dans l'espèce, de régler l'indemnité afférente à Charnay,
dans une double hypothèse : 1° le cas où il serait déposs-
sédé de la totalité de sa location ; 2° le cas où il serait
maintenu dans la partie des lieux par lui occupés qui n'é-
tait pas atteinte par le jugement d'expropriation ; —

---

[1] 5 févr. 1840, Cass. : Charnay c. Ville de Paris ; M. Quéquet.
D. 127, S. 162, P. 1, 307. — 5 févr. 1840, Cass. : Lachiche et Galopin
c. Grandjean et Ville de Paris ; M. Quéquet. D. 118, S. 165, P. 1,
213. — 18 mars 1857, rej. : Cart c. Ch. de fer de l'Est ; M. Alcock.
D. 118, S. 574, P. 1858, 49. — 15 mars 1869, Cass. : Bautruche c.
Ch. de fer et Docks de Saint-Ouen ; M. Renouard. D. 255

Que la détermination finale de l'une ou de l'autre de ces
éventualités ne pouvait être que l'œuvre d'un jugement
émané du tribunal compétent pour prononcer sur l'interprétation du bail de Charnay, et sur l'application
réclamée par lui de l'article 1722 du Code civil ; — D'où
résultait évidemment pour le jury le devoir strict de
fixer une indemnité alternative, à moins de s'immiscer
lui-même dans la décision d'une question de droit civil,
qui ne pouvait appartenir qu'à l'autorité judiciaire. »
Au second arrêt, on lit : « Attendu, en droit, qu'en refusant de procéder à l'évaluation alternative d'indemnité
qui était demandée par une réquisition formelle, et en
déclarant *qu'il avait reconnu* l'impossibilité de conserver
aux locataires les lieux par eux occupés, le jury a, tout
à la fois, déserté sa mission légale et statué sur le fond
du droit, par empiétement sur la juridiction des tribunaux, auxquels seuls appartenait le pouvoir d'appliquer, le cas échéant, entre le bailleur et le preneur, les
dispositions de l'article 1722. »

Le premier de ces arrêts décide encore qu'en ce cas
le jury doit, pour entrer dans l'esprit de son institution, régler, même d'office, une indemnité alternative.

Un précédent arrêt du 3 avril 1839[1] avait jugé que,
pour que l'administration pût conclure à la fixation
d'une indemnité alternative, il n'était pas nécessaire
que la question d'applicabilité de l'article 1722 eût été
expressément soulevée devant le jury par le locataire,
et qu'il suffisait que de l'élévation de la demande du
locataire il y eût lieu d'induire que celui-ci, bien qu'at-

[1] 3 avr. 1839, rej. : Royer, Saunois et Hudelot c. Ville de Paris ;
M. Quéquet. D. 161, S. 398, P. 1840, 1, 307.

teint seulement en une partie de sa jouissance par le
jugement d'expropriation, entend être indemnisé comme
subissant une dépossession totale.

Un arrêt de la Chambre des requêtes, du 7 juillet
1847[1], consacre, de la manière la plus formelle, cette
règle que l'indemnité du propriétaire et celle du locataire sont parfaitement indépendantes. Le locataire d'un
immeuble frappé d'expropriation partielle avait, après
règlement de l'indemnité par le jury, annoncé l'intention d'user du droit écrit en l'article 1722, et déclaré
opter pour la continuation du bail, demandant que les
tribunaux fixassent la réduction du prix de bail. Le
propriétaire répondait au locataire qu'ayant été indemnisé par le jury, il n'était plus recevable à élever aucune
réclamation, la décision du jury ayant dû « prévenir et
tarir dans leur source, » comme le dit l'arrêt de cassation du 31 décembre 1838, tous procès entre le propriétaire et le locataire; l'indemnité obtenue par le locataire
était, au dire du propriétaire, réputée s'appliquer à
l'éviction totale. Un jugement du tribunal de la Seine
accueillit néanmoins la demande du locataire, et fut
confirmé par arrêt de la Cour de Paris. Le pourvoi dirigé
contre cet arrêt a été rejeté par les motifs suivants :
« Considérant que, lors même que le locataire aurait
obtenu de la ville de Paris (expropriante) une indemnité
pour éviction totale, ce qui n'est nullement établi dans
la cause, il n'est pas moins certain que le règlement
d'indemnité opéré entre la ville et le locataire est pour le
propriétaire *res inter alios acta;* que, pour s'opposer à
l'option laissée au locataire par l'article 1722 du Code

---

[1] 7 juill. 1847, Ch. des req. : Frémont c. Gaubert ; M. Troplong.
D. 250, S. 835, P. 2, 314.

civil, le propriétaire n'est pas fondé à exciper de ce qui s'est fait entre le locataire et la ville; que celle-ci, en réglant ses intérêts, ne règle en aucune manière ceux du propriétaire, qu'elle n'est pas chargée de représenter; qu'ainsi, le locataire conserve toute sa liberté pour profiter des droits que lui assure son contrat de bail. » Au jury donc le soin d'indemniser du trouble; aux tribunaux ordinaires, le soin d'appliquer l'article 1722.

L'arrêt de 1847 ne se peut concilier avec l'arrêt de 1838; si le jury doit régler lui-même la réduction du loyer, ou faire quelque chose d'analogue, sa décision ne saurait être déclarée, dans les rapports ultérieurs du propriétaire et du locataire, *res inter alios acta;* il faut opter entre les deux systèmes; nous avons indiqué plus haut (p. 163, 164 et 165) les raisons qui nous ont déterminé à préférer l'arrêt de 1847.

Citons encore, dans le sens de l'arrêt de 1847, un arrêt de la Cour de Paris (4ᵉ Chambre), du 15 juin 1844 [1], jugeant que le locataire ou fermier doit, dans tous les cas et de quelque manière qu'ait été réglée son indemnité, être admis à réclamer du propriétaire une réduction de loyer ou de fermage. Le propriétaire, porte cet arrêt, ayant reçu une indemnité qui forme la valeur représentative du terrain exproprié, et percevant les intérêts de cette indemnité, ne peut équitablement continuer à recevoir l'intégralité du loyer d'un bien dont les locataires ne jouissent plus d'une manière complète.

De même, un jugement du tribunal civil de la Seine, du 16 mai 1854 [2], décide que « le trouble apporté, au cas d'expropriation, à la jouissance du locataire, peut

---

[1] Duval c. Périer. *Gaz. des Trib.* du 20 juin 1844.
[2] Jacquel c. Ardoin et Cᵉ. *Gaz. des Trib.* du 2 déc. 1854.

être la cause d'un préjudice moral et d'une dépréciation sensible, dont il est dû réparation et indemnité ; mais que l'indemnité stipulée à raison de ce trouble ne fait pas obstacle à ce que le locataire obtienne une diminution de loyer à l'occasion de la privation de jouissance d'une partie de l'objet loué. » C'est ce jugement qui a été infirmé en appel par l'arrêt précité du 25 novembre 1854 (p. 168). Voir encore dans le même sens un autre jugement du tribunal de la Seine, du 27 juin 1860, et un jugement du tribunal de Rouen [1].

En ce qui concerne l'application de l'article 1722 à notre matière, remarquons que l'arrêt précité de la Chambre des requètes du 7 juillet 1847 décide qu'en cas de destruction partielle d'une maison par suite d'expropriation pour cause d'utilité publique, le locataire a le droit de réclamer la continuation du bail dans la portion non détruite, quoique le propriétaire l'ait fait démolir, s'il l'a fait ensuite réédifier.

Ajoutons qu'un arrêt de la même Chambre et de la même année (3 août) [2] n'admet pas le locataire à demander la continuation de son bail dans la partie de l'immeuble que l'expropriation n'a pas détruite, s'il est constant en fait que cette portion de bâtiment ne pouvait, sans de graves inconvénients, être conservée dans son ancien état. La démolition entière de l'immeuble n'était pas indispensable, mais elle se justifiait par des considérations sérieuses et incontestables ; il était donc trop dur d'imposer en ce cas au propriétaire la continuation du bail, il suffisait de le soumettre à des

---

[1] *Gaz. des Trib.* des 8 août 1860 et 8-9 janv. 1866.

[2] 3 août 1847, req. rej. : Hillemand c. Veuve Augeard ; M. Troplong. D. 251, S. 838, P. 2, 316.

dommages-intérêts à raison de la part de responsabilité qui, dans cette éviction, pouvait retomber sur lui. Ainsi l'avait jugé la Cour de Paris [1] par l'arrêt contre lequel était dirigé le pourvoi que la Chambre des requêtes a rejeté

Signalons encore un arrêt de la même Cour de Paris, du 12 février 1833 [2], qui juge que, si l'article 1722 n'oblige pas le propriétaire à faire les travaux nécessaires pour que le locataire puisse continuer d'occuper la portion restante de la chose louée, il en est autrement quand il s'agit d'une destruction qui a eu pour cause une expropriation. L'analogie n'est pas complète entre la destruction partielle par un pur cas fortuit et la destruction d'une portion d'immeuble pour utilité publique ; dans le premier cas, tout est perte pour le propriétaire qu'un événement de force majeure a dépouillé ; dans le second cas, au contraire, le propriétaire a reçu une indemnité basée tout à la fois sur la valeur de la portion d'immeuble enlevée et sur les travaux à faire pour continuer la jouissance de la portion enlevée.

Indiquons enfin un autre arrêt de la Cour de Paris, du 16 avril 1855 [3], qui décide qu'en cas d'expropriation partielle, les conditions du bail subsistent pour la portion restante, et continuent d'être obligatoires, soit pour le locataire originaire, soit pour l'expropriant substitué audit locataire ; sauf aux tribunaux à tempérer, *ex æquo et bono*, ce que les prétentions du propriétaire pourraient avoir de trop rigoureux dans le nouvel état de choses, à permettre, par exemple, au locataire ou à

---

[1] 25 mai 1846, C. de Paris. Voir le texte de cet arrêt dans l'exposé de faits qui précède l'arrêt de rejet du 3 août 1847.

[2] Batton c. Ville de Paris. D. 1833, 2, 192, S. 1833, 2, 606, P. à sa date, p. 159.

[3] C. Ardoin c. Girou de Buzaringue. *Droit* du 17 avril 1855.

son ayant cause de prendre jour et issue sur la voie
publique que l'expropriation a eu pour objet d'établir,
et cela nonobstant une clause du bail qui défendrait
au locataire de changer la forme de la chose louée.

14. Le jugement qui donne acte au propriétaire d'une
maison atteinte partiellement par une expropriation
de son consentement à la démolition complète n'a
pas, à l'égard des locataires, l'autorité de la chose jugée quant à la nécessité de l'éviction totale. Le consentement donné par le propriétaire à l'extension d'acquisition n'oblige pas le locataire, s'il croit avoir intérêt à
conserver la portion des lieux qu'il tient à bail restée
en dehors de l'arrêté de cessibilité. Le jugement qui,
en donnant acte au propriétaire d'une maison de son
consentement à la démolition de sa maison, pour cause
d'alignement, renvoie au jury la fixation de l'indemnité
due aux locataires de la maison *pour éviction complète*,
n'a pas, à l'égard de ces derniers, l'autorité de la chose
jugée sur la nécessité de l'éviction totale ; les locataires
peuvent, devant le jury, conclure à la fixation de deux
indemnités alternatives, l'une pour éviction complète,
l'autre pour éviction partielle avec maintien du bail :
la décision du jury qui, en présence de telles conclusions, ne fixe l'indemnité que pour l'éviction complète,
doit être annulée pour violation du paragraphe 4 de l'article 39. C'est ce que juge expressément un arrêt du 27
février 1854 [1]. La même solution pouvait s'induire d'un
précédent arrêt du 5 février 1840 [2].

La faculté pour le locataire de conclure à l'éviction

---

[1] 27 févr. 1854, rej. : Lucet c. Ville de Paris ; M. Renouard. D.
1854, 1, 125, S. 1855, 1, 137, P. 1855, 1, 162.
[2] Charnay c. Ville de Paris ; M. Quéquet. D. 1840, 1, 127, S. 1840,
1, 162, P. 1840, 1, 307.

partielle subsisterait, bien qu'il eût formulé d'abord, en
réponse aux offres de l'administration, une demande
impliquant de sa part soumission à l'éviction totale, si
cette demande avait été retirée par lui avant d'avoir
été acceptée par l'expropriant. De la demande originairement formulée n'a pu résulter, pour le locataire, aucune impossibilité légale de modifier sa prétention première ou de prendre des conclusions subsidiaires.
Spécialement, il a pu, après avoir fait, en réponse aux
offres et dans la quinzaine, une demande de 73,466 francs
d'indemnité, conclure ultérieurement, devant le jury, à
la continuation de son bail et à son maintien dans les
lieux, sous réserve d'une indemnité de 21,622 francs
pour éviction partielle [1].

§§ 2 et 3.

15. Le paragraphe 2 de l'article 39 veut qu'en cas
d'usufruit, il ne soit fixé qu'une seule indemnité, sur le
montant de laquelle seront transportés les droits qui
s'exerçaient auparavant sur l'immeuble qu'a frappé
l'expropriation. L'indemnité unique est alors réglée eu
égard à *la valeur totale* de l'immeuble, expression par
laquelle il faut entendre les valeurs réunies de l'usufruit et de la nue-propriété [2].

16. Si une personne avait droit, non à l'usufruit de
la totalité de l'immeuble, ni à une quotité déterminée
de cet usufruit, mais à un usufruit sur une certaine
partie de cet immeuble, ce serait le cas, pour ladite

---

[1] Arrêt du 27 févr. 1854.

[2] 16 mars 1864, rej.: Tiranty c. Préfet des Alpes-Maritimes ;
M. Renouard. D. 1864, 5, 168, S. 1864, 1, 360, P. 1864, 1049.

partie d'immeuble, de fixer une indemnité distincte ;
et cela, par application du premier paragraphe de notre article, et pour éviter la confusion de l'indemnité
relative à la portion grevée d'usufruit avec l'indemnité
afférente à la portion que cet usufruit ne frappe pas.
Mais le jury n'a pas eu à faire cette distinction si la
question ne lui a pas été posée, si aucune indication
distincte et précise de la part d'usufruit prétendue, si
aucune évaluation soit de cet usufruit partiel, soit de la
proportion pour laquelle il aurait dû entrer dans l'indemnité totale, ne résultait des pièces ni des conclusions [1]. (Voyez *suprà*, n. 3.)

17. Si, en même temps que deux personnes ont l'une
la nue propriété, l'autre l'usufruit d'un immeuble, celle
qui a l'usufruit exerce une industrie dans cet immeuble, il y a lieu à fixation de deux indemnités distinctes,
l'une pour la propriété, comprenant à la fois ses deux
démembrements, nue propriété et usufruit ; l'autre
pour l'industrie. On ne peut pas dire, en effet, que
l'indemnité pour l'industrie se confond avec celle de
l'immeuble : l'immeuble est la propriété de deux personnes, l'industrie n'appartient qu'à une seule ; sur
l'indemnité afférente à l'immeuble, les droits s'exerceront de la même manière qu'ils s'exerçaient sur la chose
même ; mais l'indemnité industrielle sera tout entière
pour l'usufruitier. Il importe donc que la distinction soit
faite [2].

18. Une décision semblable a été rendue alors que

---

[1] Même arrêt.

[2] 22 mai 1865, Cass. : Manivet c. Ville d'Avignon ; M. Glandaz.
D. 1865, 5, 175, S. 1865, 1, 460, P. 1865, 1197. — 9 avr. 1870, Trib.
civ. de Lyon : Millet c. Ville de Lyon. D. 1871, 3, 24.

l'usufruitier avait conclu à une indemnité spéciale à raison du préjudice que lui cause le déplacement. L'indemnité unique ne satisfait pas alors au vœu de la loi. Le préjudice particulier de déplacement, causé personnellement à l'usufruitier, n'est pas de nature à être pris en considération dans l'évaluation totale de l'immeuble, ni à influer sur son prix, et l'usufruitier n'obtiendrait aucune réparation pour ce préjudice, si son droit se bornait à prendre sa part d'usufruitier sur le prix de l'immeuble ; si, au contraire, le dommage causé à l'usufruitier était accepté par le jury comme formant un des éléments d'évaluation totale, le capital profitant à la nue propriété se trouverait accru d'une part à prendre sur la somme allouée en réparation d'un préjudice dont cette nue propriété n'aurait point eu à souffrir [1].

19. La décision par laquelle un jury, ayant à liquider l'indemnité due pour l'expropriation d'une forêt grevée d'un droit d'usufruit, fixe d'abord une seule indemnité, eu égard à la valeur totale de l'immeuble, et distingue ensuite sur cette indemnité la part affectée à la valeur du sol et celle qui représente la valeur de la superficie, ne doit pas être réputée avoir, par cette dernière disposition, établi, contrairement à la loi, deux indemnités distinctes afférentes l'une au nu-propriétaire et l'autre à l'usufruitier. Le jury n'a fait, en s'exprimant ainsi, qu'indiquer le double élément de sa décision, qui ne cesse pas d'être une, et sur le résultat complexe de laquelle il sera loisible au nu-propriétaire et à l'usufrui-

---

[1] 16 mars 1864, Cass. : Veuve Tiranty c. Préfet des Alpes-Maritimes ; M. Renouard. D. 1864, 5, 168, S. 1864, 1, 369, P. 1864, 1049.

tier d'exercer leur droit réciproque, au lieu de l'exercer sur la chose [1].

20. L'ordonnance par laquelle le magistrat directeur, en homologuant le règlement que le jury a fait de l'indemnité, fixe la part de l'usufruitier et celle du nu-propriétaire sur ladite indemnité, ne lie pas les parties ; elle ne juge ni ne préjuge rien sur les droits respectifs du nu-propriétaire et de l'usufruitier, qui demeurent libres de les exercer ainsi qu'il appartiendra. Cela a été jugé dans une espèce où le nu-propriétaire et l'usufruitier avaient fait défaut [2]. On devrait, il nous semble, décider de même, encore qu'ils auraient comparu.

21. Aucune nullité ne résulterait de la fixation de deux indemnités distinctes, l'une pour le nu-propriétaire, l'autre pour l'usufruitier, si c'était en ce sens que les parties avaient conclu : le paragraphe 2 de l'article 39 n'est pas une règle d'ordre public, mais d'intérêt privé. Ainsi, dans une espèce où il y avait eu offre d'une somme unique « à partager « entre les hospices et l'arrentataire, » les expropriés ayant eux-mêmes, devant le jury, proposé la division de l'indemnité, et fixé respectivement la somme à laquelle chacun d'eux portait sa demande, la division a pu être faite par le jury conformément à cette mise en demeure, et les parties ont été reconnues mal fondées à se plaindre de ce qu'il avait été procédé conformément à leur désir [3].

---

[1] 4 avril 1838, rej. : Liste civile c. Comte Charpentier ; M. Quéquet. D. 173, S. 521, P. 2, 103.

[2] Même arrêt.

[3] 1er avr. 1868, rej. : Deladerière c. Ville de Roubaix ; M. Pont. P. 221, S. 300, P. 784.

22. Peut-on assimiler l'emphytéose à l'usufruit, et appliquer à l'emphytéose les paragraphes 2 et 3 de l'article 39? Nous ne le pensons pas. Ces deux paragraphes contiennent une exception à la règle qui veut qu'une indemnité distincte soit attribuée à chaque ayant droit, et l'exception ne peut être étendue par voie d'assimilation. Plusieurs auteurs professent l'opinion contraire (de Lalleau, 4ᵉ édition, n. 470; Herson, n. 273; Dalloz, *Répertoire,* vᵒ *Expropriation,* n. 618); la fixation de deux indemnités distinctes présenterait, disent-ils, des difficultés insolubles. La Cour de cassation n'a pas pensé cependant que ce mode de fixation de l'indemnité fût impossible ; un arrêt, dont nous parlerons plus bas (n. 48), prescrit au jury, en cas de contestation sur le point de savoir s'il y a lieu, en cas d'emphytéose, à une indemnité unique ou à deux indemnités distinctes, de pourvoir alternativement par sa décision à l'une et à l'autre hypothèse.

M. de Lalleau cite, comme ayant consacré la règle qu'une seule indemnité doit être fixée en cas d'emphytéose, un arrêt de la Chambre des requêtes, du 12 mars 1845 [1]. Ce n'est pas là ce que juge cet arrêt. Dans l'espèce où il est intervenu, il ne s'agissait pas de décider comment devait se régler l'indemnité, mais comment l'indemnité devait se répartir entre le bailleur et l'emphytéote alors que, par erreur, elle avait été réglée avec l'emphytéote seul et payée intégralement entre ses mains. La Chambre des requêtes a décidé, il est vrai, que les droits de l'emphytéote pouvaient, sous le rapport de l'importance de l'émolument, être assimilés

---

[1] 12 mars 1845, Ch. des req. : Laporte c. Levesque ; M. Troplong. D. 105, S. 382, P. 1, 526.

à ceux de l'usufruitier ; mais l'article 39 de la loi de
1841 et les devoirs qu'il impose au jury étaient tout à
fait en dehors de la question.

23. Tout usufruitier, autre que les père et mère ayant
usufruit légal, ne peut toucher l'indemnité qu'à la condition de donner caution. Si l'usufruitier ne parvenait
pas à présenter une caution utile, la somme provenant
de l'indemnité devrait être appliquée conformément à
l'article 602 du Code civil.

§ 4.

24. Du paragraphe 4 de l'article 39 il faut rapprocher
l'article 49, aux termes duquel, « dans le cas où l'administration contesterait au détenteur exproprié le droit
à une indemnité, le jury, sans s'arrêter à la contestation, dont il renvoie le jugement devant qui de droit,
fixe l'indemnité comme si elle était due, et le magistrat
directeur du jury en ordonne la consignation, pour
ladite indemnité rester déposée jusqu'à ce que les parties se soient entendues ou que le litige soit vidé. »
L'article 39 se rapporte plus particulièrement au cas
où l'indemnité doit être alternativement fixée ; l'art. 49
est uniquement relatif au cas où elle doit l'être éventuellement. Les dispositions de ces deux articles se
touchent de trop près pour qu'il nous ait paru possible
d'en séparer l'explication. On trouvera donc sous le
paragraphe 4 de l'article 39 beaucoup de décisions
communes à cet article et à l'article 49 ; on en trouvera même un certain nombre exclusivement relatives à ce dernier article, mais que l'ordre et l'enchaî-
nement des idées ne permettaient pas de séparer de
celles qui venaient nécessairement se ranger sous le
paragraphe 4 de l'article 39.

Quant à la manière dont, au cas d'indemnité alternative, doit s'opérer la consignation, voyez art. 53, n. 13.

25. La compétence du jury d'expropriation est limitée au droit et au devoir de fixer le montant de l'indemnité ; la loi ne détermine pas seulement cette attribution spéciale et exceptionnelle par l'indication de ce qui doit en faire l'objet, mais encore en retirant formellement au jury le pouvoir de statuer sur les contestations d'une autre nature, quand elles se présentent devant lui. Telle est la disposition de l'article 39, § 4 [1]. Ce texte, général et positif, emporte, pour le jury, le pouvoir et l'obligation de déterminer des indemnités alternatives et éventuelles, qui puissent, sans qu'il soit besoin de recourir de nouveau et ultérieurement à lui, s'appliquer à toutes les solutions à intervenir sur ces difficultés et litiges, et attribuer par avance à l'indemnitaire ce qui lui appartient d'après la valeur de la chose expropriée, eu égard à la décision qui sera portée sur ces mêmes difficultés définitivement et irrévocablement [2].

26. Il faut bien se garder d'ailleurs de considérer comme un litige sur le fond du droit ce qui ne serait qu'une contestation relative à l'appréciation des bases et de l'importance de l'indemnité ; le § 4 de l'article 39 n'a en vue que *les difficultés étrangères à la fixation de l'indemnité*. Tel ne serait pas le caractère de conclusions dans lesquelles il s'agirait de savoir si le jury devait comprendre dans la fixation de l'indemnité la

---

[1] 28 janv. 1857, Cass. : Ville de Paris c. Ourback ; M. Pascalis. D. 48, S. 300, P. 665.

[2] 22 avr. 1856, rej. : Commune de Maisons-sur-Seine c. Société des eaux et parc de Maisons ; M. Moreau (de la Meurthe). D. 158, S. 831, P. 1, 497.

moins value alléguée par l'exproprié au sujet de la parcelle restante de son immeuble, moins value qu'il ferait résulter d'une incommodité d'exploitation et d'une plus grande difficulté d'accès à un abreuvoir public. Cette cause de dommage fait partie intégrante de l'ensemble des indemnités réclamées ; il appartient au jury de l'y comprendre, ou de l'en exclure à raison de ce qu'il estimerait que le fait allégué n'est pas exact, ou ne déprécie pas la propriété[1].

27. Le règlement de la prétendue indemnité alternative peut, en ce cas, être refusé par ordonnance du magistrat directeur. Cela a été jugé dans une espèce[2] où les conclusions de l'exproprié tendaient à poser, sous forme alternative, une question à résoudre par les tribunaux au sujet de l'appréciation même des éléments de l'indemnité, appréciation qui était tout entière du domaine du jury, et qui, sous cette forme, lui aurait été abusivement enlevée.

28. Dans le cas même où il existe une difficulté étrangère à la fixation de l'indemnité, il n'y a, pour le jury, *obligation* de fixer l'indemnité d'une manière alternative qu'autant que les parties y ont conclu[3]. Il y a toujours pour lui *faculté* de régler, *même d'office*, une indemnité alternative, s'il se trouve en présence d'une question litigieuse qui résulte nettement des débats :

---

[1] 21 juill. 1875, rej. : Ch. de fer de Clermont à Tulle c. Prat et autres ; M. Merville. D. 416, S. 428, P. 1067.

[2] 10 mai 1875, rej. : Flipo et autres c. Ville de Turcoing ; M. Casenave. D. 1877, 1, 31, S. 1875, 1, 319, P. 1875, 756.

[3] 5 janv. 1847, rej. : Gaubert c. Ville de Paris ; M. Gaultier. S. 835. — 5 janv. 1847, rej. : Ville de Paris c. Larousse ; M. Gaultier. — 27 avr. 1859, rej. : Chibout c. Ville de Paris ; M. Alcock. D. 207, S. 954, P. 1012. — 27 juin 1864, rej. : Saglier c. Ch. de fer Paris-Lyon-Méditerranée ; M. Renouard. — 21 août 1865, rej. :

en procédant ainsi, le jury ne viole aucune loi, et entre, au contraire, dans l'esprit de son institution [1].

La question litigieuse peut résulter nettement des débats, encore qu'il n'ait pas été pris de conclusions formelles. L'exproprié alléguait une erreur et une insuffisance dans la désignation de la contenance; il n'avait pas demandé cependant, par conclusions formelles, la fixation d'une indemnité alternative ou d'une indemnité à tant le mètre; il s'était borné à demander acte de ses réserves à ce sujet. Il a été jugé que la prétention, bien qu'exprimée seulement sous cette forme, soulevait nécessairement un litige au fond sur l'étendue de la parcelle : ne prononcer indemnité qu'en vue de la contenance indiquée au jugement, c'était laisser éventuellement incertain le montant de l'indemnité [2].

Le jury irait au-delà de ses pouvoirs, et sa décision devrait être annulée, si, après avoir rappelé l'étendue du terrain d'après le tableau placé sous ses yeux et déterminé l'indemnité due au propriétaire à raison de la contenance, il venait, en une seconde partie de sa décision, à fixer à tant par hectare la valeur d'emprises supplémentaires, emprises sur lesquelles le jury déclarerait que des conclusions avaient été prises à la barre d'accord entre les parties. Cela a été jugé dans une espèce où le procès-verbal ne renfermait rien qui constatât ou permît de faire supposer les prétendues conclu-

---

Maire de Neuilly c. Veuve Cubertier et consorts; M. Le Roux de Bretagne. D. 1865, 5, 188. — 16 avr. 1867, rej. : Clary c. Mahieu; M. Aylies. D. 392. — 21 juillet 1875, rej.: Ch. de fer de Clermont à Tulle c. Prat et autres; M. Merville. D. 416, S. 428, P. 1067.

[1] 5 févr. 1840, Cass.: Charnay c. Ville de Paris; M. Quéquet. D. 127, S. 162, P. 1, 307.

[2] 1er août 1860, Cass. : Bertrand c. Ville de Béziers; M. Renouard. D. 1860, 1, 408, P. 1861, 1168.

sions indiquées en la décision : il n'a pu dépendre
du jury d'ajouter au procès-verbal, et d'en compléter
ou contredire les énonciations [1].

En sens inverse, on se prévaudrait en vain contre la
décision du jury de ce qu'une allocation éventuelle
n'aurait pas été fixée au sujet d'une parcelle qui n'avait
fait devant le jury l'objet d'aucune demande. Ainsi
jugé le 17 novembre 1874 [2]. Dans cette espèce, l'expro-
proprié prétendait se faire un moyen de cassation de ce
qu'aucune indemnité, actuelle ni éventuelle, n'avait été
réglée à raison d'un ravin dont il se disait propriétaire, ledit ravin mentionné au plan parcellaire comme
non imposé, et ne portant pas d'indication de propriétaire à la matrice des rôles. Ce n'était que dans le pourvoi que la prétention de l'exproprié sur le ravin s'était
produite ; devant le jury, il n'avait pas pris de conclusions à ce sujet ; aucun reproche ne pouvait donc
s'adresser à la décision du jury. De plus, l'exproprié
était à l'abri de tout péril ; il pouvait retenir la possession du ravin, pour lequel indemnité n'avait pas
été fixée.

29. En règle générale, il n'appartient pas au magistrat directeur d'écarter, par une ordonnance, l'intervention ou le litige qui se produirait sur une question relative au fond du droit ; le magistrat directeur n'est pas
juge de la valeur et de l'opportunité des contestations,
et doit faire régler l'indemnité, éventuelle ou affirmative, au cas même où il apparaîtrait clairement à ses
yeux que la prétention qui se produit n'est susceptible

---

[1] 5 mars 1873, Cass. : Ch. de fer du Midi c. Pascal et autres :
M. Merville. D. 184, S. 176, P. 405.

[2] 17 nov. 1874, rej. : Foriel et autres c. Ch. de fer de Lyon :
M. Casenave. D. 1875, 1, 62, S. 1875, 1, 39, P. 1875, 62.

d'aucun succès. « Si le magistrat, porte un arrêt de cassation du 10 mai 1864 [1], si le magistrat, en conséquence de la mission de direction qui lui était particulièrement confiée, est compétent pour écarter les interventions irrégulièrement formées et celles qui ne tendraient qu'à entraver la marche des débats par des discussions oiseuses et sans portée, étrangères à l'expropriation prononcée, il n'appartient ni à lui ni au jury de statuer sur les litiges qui engagent le fond du droit et qui lient directement à la détermination de la qualité des parties le sort de la question de savoir si elles sont ou non atteintes par l'expropriation. » Ces principes ont été posés au sujet de l'expropriation de la Société des Buttes-Saint-Chaumont. Diverses personnes demandaient à être reçues intervenantes, invoquant un marché par elles passé avec cette Société pour l'exploitation des marnes, se disant locataires ou copropriétaires des marnes, dont la livraison leur avait été promise, produisant d'ailleurs un congé que la ville de Paris expropriante leur avait signifié en leur qualité de locataires, et soutenant que cette qualité leur avait ainsi été reconnue par la ville d'une manière expresse, sans que celle-ci pût ultérieurement être admise à la leur contester. C'était un litige sur le fond du droit, que le magistrat directeur n'avait pu trancher par le rejet de la demande d'intervention. De là, cassation de l'ordonnance, et aussi de la décision du jury qui s'y était conformée.

Jugé également que le magistrat directeur ne peut décider par ordonnance qu'il sera procédé à la fixation

---

[1] 10 mai 1864, Cass. : Schacher, Letellier et Cᵉ, Rouzé, Demolombe, Belhomme c. Ville de Paris ; M. Renouard. D. 448 et 449, S. 368.

d'une indemnité unique, par application d'une convention alléguée par l'une des parties, et déniée par l'autre, ladite convention tendant à déclarer retranchable sans indemnité une certaine portion du terrain frappé par l'expropriation [1].

De même, le magistrat directeur ne saurait écarter l'intervention du locataire qui, non compris dans la déclaration du propriétaire, s'est fait connaître en temps utile. Si l'expropriant conteste le droit de ce locataire, c'est le cas de fixer éventuellement l'indemnité [2].

Y a-t-il litige sur le fond du droit lorsque se présentent devant le jury, et réclament indemnité, des locataires que le propriétaire n'a pas dénoncés, et qui ne se sont pas fait connaître eux-mêmes dans le délai prescrit, sous peine de déchéance, par l'art. 21 ? Nous n'hésiterions pas à voir là un simple incident de procédure, et à reconnaître au magistrat directeur le droit et le devoir de prononcer la déchéance s'il n'y avait aucune autre question que celle de l'appréciation du délai. Mais l'incompétence du magistrat directeur pour apprécier la recevabilité de l'intervention a été déclarée dans une espèce où, bien que non dénoncés et ne s'étant pas fait connaître dans les délais, les locataires se fondaient sur ce que, le jour même de la notification du jugement d'expropriation au propriétaire, l'expropriant avait notifié des congés aux locataires. Les congés, disaient les locataires, impliquaient nécessairement la preuve que leur qualité et les droits qui en dérivaient étaient dès lors connus de l'expropriant, ce

---

[1] 23 nov. 1870, rej. : Delamarre c. Commune de Roncherolles-en-Bray ; M. Aucher. D. 1870, 1, 392, S. 1871, 1, 82, P. 1871, 214.

[2] 26 déc. 1860, Cass. : Chéreau c. Ville de Lyon ; M. Gaultier. D. 1861, 1, 135, P. 1862, 71.

qui suffisait pour les relever de l'obligation de lui adresser à ce sujet une dénonciation quelconque. La cassation a été prononcée sur le motif qu'en déclarant souverainement, en cette situation, l'intervention des locataires non recevable, le magistrat directeur avait en réalité tranché un litige sur le fond du droit[1]. Cette décision nous paraît parfaitement fondée, mais elle ne détruit pas, elle confirmerait plutôt *a contrario* l'opinion que nous venons d'exprimer sur le droit du magistrat directeur de prononcer la déchéance quand il n'y a pour lui autre chose à faire que de calculer un délai.

Y a-t-il litige sur le fond du droit lorsqu'une réquisition d'expropriation totale a été formée après le délai de quinzaine ou d'un mois fixé par les art. 23, 27 et 50 ? N'est-ce pas le cas, au contraire, par le magistrat directeur, de rejeter cette réquisition comme tardive ? Un arrêt du 6 avril 1869[2] a vu là un litige, auquel l'article 39 est applicable. Nous ne croyons pas devoir nous ranger à cette solution. La question sera examinée sous l'article 50, n. 3.

Il est un cas (et cela résulte d'un arrêt de cassation) où le magistrat directeur peut et doit refuser de poser la question d'une indemnité hypothétique ; c'est celui où l'on voudrait sortir des termes et conditions manifestes du jugement d'expropriation. Ainsi, un jugement a prononcé purement et simplement l'expropriation d'un terrain ; la compagnie expropriante demande, devant le jury, que l'expropriation soit restreinte au sous-sol, ou, du

---

[1] 31 juill. 1867, Cass. : Franchet et consorts c. Ville de Cluny ; M. Aylies. D. 318, S. 454, P. 1199.

[2] 6 avr. 1869, rej. : Lesoufaché c. Ville de Paris et Petit ; M. Aylies. D. 343.

moins, qu'une indemnité hypothétique soit fixée en
vue de ce mode restreint d'occupation. Un prétendu
litige de cette sorte ne doit pas naître : il est la négation du jugement qui sert de base à l'expropriation ; le magistrat directeur ne saurait lui permettre de
s'introduire dans les discussions et dans la délibération du jury. Si le jury l'accueille, et statue en vue
des deux hypothèses d'expropriation entière et d'expropriation restreinte, il y a excès de pouvoir, et violation
de l'autorité du jugement d'expropriation. Ainsi jugé
par arrêt du 7 juillet 1868 [1]. Voy. *infrà*, n. 39, et
art. 38, n. 54.

Même décision lorsque, s'agissant d'une expropriation pour l'ouverture d'une rue, l'exproprié soutient
que de la contenance indiquée en l'arrêté de cessibilité,
il faut retrancher un certain nombre de mètres comme
n'étant pas nécessaires à l'ouverture de la rue décrétée, et demande, en conséquence, la fixation d'une double et alternative indemnité, l'une ferme, applicable à
ce que l'exproprié reconnaît nécessaire pour l'ouverture de la rue, l'autre éventuelle, au cas où il faudrait,
pour cette ouverture, la totalité de la contenance indiquée en l'expropriation. Là encore il s'agit d'une prétention qui se trouve en opposition manifeste avec le
jugement. Ce jugement, conforme à l'arrêté de cessibilité, ne laisse place à aucun doute sur l'étendue de la
parcelle soumise à l'expropriation ; une demande d'interprétation n'aurait pour objet que la rétractation impossible d'une sentence inattaquable. Si donc, en ces
circonstances, le magistrat directeur a déclaré qu'il ne

---

[1] 7 juillet 1868, Cass. : Commune de Montrichard et sieur Trouvé
c. Ch. de fer d'Orléans ; M. Glandaz. D. 328, P. 1869, 59.

pouvait être prononcé qu'une indemnité unique, il n'a
en aucune façon excédé ses pouvoirs, et n'a fait, au
contraire, que remplir convenablement la mission qui
lui était dévolue [1].

30. Voyons plus spécialement ce qui concerne le rôle
propre du jury.

Nous trouvons dans la jurisprudence les exemples
suivants de cas dans lesquels le jury a pu se dispenser
de fixer une indemnité alternative.

Jugé qu'il n'y avait pas eu lieu à indemnité alternative
dans une espèce où l'exproprié, après avoir d'abord
prétendu qu'une certaine portion de terrain, que l'expropriant considérait comme comprise dans le jugement d'expropriation, n'y était réellement pas comprise,
avait ensuite renoncé à cette prétention, et consenti à
ce que la portion de terrain dont s'agit fût comprise
dans l'expropriation [2].

De même, il n'y a pas eu pour le jury obligation de
fixer deux indemnités, si l'alternative n'a été posée que
par une offre de l'administration, faite pour la première
fois devant le jury, et tendant à comprendre des objets
mobiliers dans l'expropriation, offre qu'a laissée tom-
ber le silence absolu gardé par l'exproprié sur l'éventualité indiquée par l'administration. Il n'y a, en ce cas,
ni litige, ni contestation ; il n'y a qu'une offre, qui,
n'ayant pas été acceptée, doit être considérée comme
non avenue [3].

---

[1] 11 déc. 1876, rej. : Aubert et Deschamps c. Ville de Paris ;
M. Guérin. D. 1878, 1, 72.

[2] 11 mai 1858, rej. : Allard c. Chemin de fer de l'Isère ; M. Alcock.

[3] 4 mars 1844, rej. : Luys c. Préfet de la Seine ; M. Gillon. D. 185,
S. 375, P. 1, 691.

Lorsqu'une indemnité unique pour résiliation de bail a été fixée éventuellement, à raison de la dénégation de l'existence d'un bail, l'exproprié qui, devant le jury, n'a pas conclu à la fixation d'une indemnité alternative, ne peut pour la première fois, devant la Cour de cassation, soutenir que l'indemnité aurait dû être fixée alternativement parce que, son bail se composant de deux périodes, l'une constatée par bail écrit, l'autre par bail verbal, l'une de ces périodes pouvait être maintenue et l'autre repoussée [1]. Voir *infrà*, n. 41 et 56.

Encore qu'il aurait existé, au moment où le jury était appelé à régler l'indemnité, une instance dont la solution était de nature à influer sur la fixation de cette indemnité (voy. *infrà*, n. 49), la partie qui a négligé de signaler devant le jury l'existence de cette instance, et n'a pas conclu à la fixation d'une indemnité alternative, ne peut se faire un moyen d'attaque contre la décision du jury de ce que cette décision n'a fixé qu'une indemnité unique. Spécialement, s'agissant de l'expropriation d'un terrain couvert de constructions dont, au moment du règlement de l'indemnité, un arrêté du Conseil de préfecture a ordonné la démolition, comme ayant été élevées en contravention aux lois sur les servitudes militaires, le jury a pu et dû ne fixer qu'une seule indemnité, encore qu'un recours contre la décision du Conseil de préfecture (recours pouvant amener la reconnaissance de la légalité des constructions, et justifier par suite l'allocation d'une indemnité beaucoup plus élevée) fût pendant devant le Conseil d'Etat, si

---

[1] 1er mars 1843, rej. : Labbé c. Préfet de la Seine ; M. Renouard. D. 161, S. 315, P. 1, 510.

l'exproprié a négligé de se prévaloir de l'existence de ce recours pour demander la fixation d'une indemnité alternative, en vue de la double issue que pouvait avoir l'instance [1].

Lorsque la reprise, par le locataire exproprié, de son mobilier industriel, a été réclamée par lui, non d'une manière conditionnelle, mais purement et simplement, et lorsque cette réclamation n'a été, de la part de l'expropriant, l'objet d'aucun litige, c'est avec raison que le jury a fixé une indemnité unique [2]. A quoi bon poser deux questions et fixer deux indemnités, puisque la situation se trouvait nettement indiquée et acceptée ?

L'expropriant a offert, pour trois ares de pré, 157 francs; l'exproprié a demandé 1600, et, devant le jury, il a élevé ce chiffre à 3,000 pour le cas où l'expropriant ne prendrait pas l'engagement de fournir un chemin pour l'usage de la portion restante de la propriété. L'exproprié s'est refusé à fournir un chemin, par le motif que le surplus de la propriété ne jouissait pas d'une servitude de passage sur les terrains expropriés. Aucune question n'est soulevée sur l'existence d'un droit au passage. En cet état, l'indemnité était à fixer (et est réputée l'avoir été par le chiffre de 472 francs) en vue de l'appréciation du dommage entier, le restant du pré ne recevant de l'exproprié aucune faculté de passage. Ce n'était pas le cas de fixer indemnité éventuelle ou alternative, puisqu'aucun droit n'était en litige [3]. Ajou-

---

[1] 8 nov. 1843, rej.: De Salase c. Préfet du Var ; M. Renouard. D. 1844, 1, 29, S. 1844, 1, 247, P. 1844, 1, 255.

[2] 4 mars 1861, rej.: Ville de Paris c. Dufflé et Malliez : M. Quénault. D. 183.

[3] 30 mars 1863, rej. : Zeller c. Ch. de fer de l'Est ; M. Le Roux de Bretagne. D. 255.

tons qu'en l'état des conclusions et explications, aucun
doute n'était permis au jury sur le caractère et les conditions de l'évaluation qu'il avait à faire.

Même décision dans une espèce où l'exproprié avait
demandé 50 pour dépossession et dépréciation, et, en
outre, 5, au cas où un passage existant ne serait pas
maintenu ; la ville avait fait offre de 17 pour toute indemnité. En cet état, la suppression du passage était
un fait certain, que l'expropriation devait nécessairement accomplir ; il n'y avait lieu à indemnité éventuelle
ou alternative, et, en allouant purement et simplement
une indemnité de 25, le jury a répondu à tous les chefs
de demande[1].

Un sieur R. se présente devant le jury comme propriétaire de la parcelle portée au plan parcellaire sous
le nom de G. ; l'expropriant se borne à demander acte
de cette déclaration ; et le jury comprend l'évaluation
de cette parcelle dans le chiffre total de l'indemnité allouée à R. pour cette cause et pour d'autres. L'expropriant pourrait-il se faire, contre la décision, un moyen
de cassation, de ce qu'il y avait lieu, pour la parcelle
qui vient d'être indiquée, de fixer séparément une indemnité particulière ; de ce qu'en comprenant, comme
on l'avait fait, l'évaluation de cette parcelle dans l'indemnité totale, on avait rendu impossible une évaluation ultérieure, au cas où il viendrait à être reconnu
que la parcelle appartenait à G? Nous ne penserions
pas, quant à nous, qu'en aucune hypothèse, le dommage ou les difficultés que G. pourrait ultérieurement
rencontrer fussent de nature à être relevées à l'appui

---

[1] 3 juill. 1865, rej. : Bourqueney c. Ville de Vesoul ; M. Mercier.
D. 5, 179.

d'un pourvoi de l'expropriant. Mais, en fait, dans l'espèce à laquelle nous faisons allusion, tout était tranché par cette circonstance qu'un acte notarié était produit, par lequel G. déclarait avoir vendu la parcelle à R., et ne prétendre absolument aucun droit sur l'indemnité allouée à celui-ci [1].

Lorsque, conformément au désir de l'exproprié, l'expropriant s'est engagé à faire certains travaux, et à donner aux eaux du canal de fuite d'un moulin un écoulement suffisant, ces deux points ne sont plus à examiner par le jury, et ne donnent plus lieu de sa part à l'évaluation d'indemnités éventuelles [2]. Il s'est formé entre les parties un contrat judiciaire, des engagements dont le jury doit supposer que l'exécution aura ultérieurement lieu d'une façon juste et satisfaisante. S'il advient que les conventions arrêtées soient plus tard l'objet de difficultés, ces difficultés seront appréciées selon les règles ordinaires du droit ; elles ne peuvent l'être par le jury, à un moment où l'accord des parties les rend improbables, et où les éléments en sont nécessairement inconnus.

Il n'y a pas lieu à indemnité alternative si, le jugement d'expropriation ayant indiqué une contenance de 95 ares, et les offres ayant eu lieu en conséquence, les parties ont ultérieurement, devant le jury, reconnu que la contenance n'était que de 92, et fait, en conséquence de cette rectification, leurs offres et demandes définitives [3]. Aucun litige, aucun doute

---

[1] 23 déc. 1863, rej. : Ch. de fer d'Orléans c. Monclar et autres ; M. Renouard. D. 1864, 5, 149.

[2] 25 avr. 1866, rej. : Groult c. Préfet de l'Orne ; M. Delapalme.

[3] 12 juill. 1870, rej. : Veuve Grelliche c. Ch. de fer d'Orléans : M. Casenave.

n'existait en cette situation : s'il n'appartient pas au jury de modifier la contenance des parcelles indiquées par le jugement d'expropriation, les parties peuvent, d'un commun accord, rectifier les erreurs de contenance qui se seraient glissées dans ce jugement.

Il n'y a pas lieu non plus à indemnité éventuelle si le prétendu litige consiste en ce que l'exproprié demande fixation d'indemnité pour une impasse non comprise au jugement d'expropriation, où il n'est parlé que d'une surface déterminée, consistant en maison, cour, atelier et magasin. Le jury ne saurait, sans excès de pouvoir, s'expliquer sur un objet dont il n'était aucunement saisi, et il a régulièrement agi en se taisant sur les conclusions relatives à l'impasse, et les rejetant ainsi virtuellement[1]. Nous estimons même que le magistrat directeur aurait pu refuser de soumettre ces conclusions au jury, conformément à ce qui a été décidé en l'arrêt du 7 juillet 1868, cité sous le nombre précédent.

31. Lorsque, au contraire, une contestation sur le fond du droit s'est manifestée devant le jury par un débat formel ou par des conclusions expresses, l'indemnité doit, à peine de nullité, être réglée de telle sorte que, d'une part, elle ne tranche ni explicitement, ni implicitement, la question litigieuse, et que, d'autre part, elle pourvoie éventuellement aux solutions diverses que le litige pourra recevoir devant l'autorité compétente. Il existe en ce sens de nombreux arrêts, dont nous allons rapidement indiquer les espèces.

Le litige sur la qualité des parties constitue une

---

[1] 15 mars 1870, rej. Dlle Dhal c. Ville de Turcoing ; M. Merville. D. 176.

question qui doit être, devant le jury, scrupuleusement
réservée. Ainsi lorsque, sur la réclamation par le mari
d'une indemnité pour expropriation du bail des lieux
occupés par sa femme, celle-ci a, par des conclusions
spéciales, établi qu'elle était séparée de biens, et demandé que l'indemnité lui fût personnellement attribuée, le jury n'a pu, sans égard pour les conclusions
de la femme, accorder l'indemnité au mari seul[1].

Si, une personne réclamant une indemnité, l'administration expropriante lui conteste tout droit à indemnité, le jury méconnaît ses attributions et commet un
excès de pouvoir manifeste en décidant qu'il n'est dû
aucune indemnité au réclamant. La décision rendue en
ce sens et l'ordonnance d'envoi en possession qui l'a
suivie doivent être cassées[2].

Au cas où l'expropriant excipe d'une convention qui
soumettrait l'exproprié à supporter sans indemnité la
suppression d'une portion de son terrain, si l'existence
ou l'application de la convention est déniée par l'exproprié, c'est le cas de fixer alternativement indemnité
pour la totalité du terrain, indemnité moindre pour le
terrain restant après retranchement de la portion comprise en la convention prétendue. Il y a lieu de casser
la décision qui tranche la question dans ce dernier sens
en n'allouant d'indemnité qu'en vue seulement du terrain réduit[3]. Voy. *suprà*, n. 29.

[1] 10 avr. 1867, Cass. : Epoux Descamps c. Ville de Paris et consorts ; M. de Vaulx. S. 261, P. 656.

[2] 9 juill. 1839, Cass. : Zanole c. Ville d'Orléans ; M. Quéquet. D.
280, S. 801, P. 1846, 2, 654.

[3] 23 nov. 1870, Cass. : Delamarre c. Commune de Roncherolles-
en-Bray ; M. Aucher. D. 392, S. 1871, 1, 82, P. 1871, 214.

Si l'Etat, expropriant, prétend droit sur une partie de l'immeuble exproprié, le jury doit fixer d'une manière distincte, 1° l'indemnité afférente à la totalité de l'immeuble ; 2° l'indemnité qui sera due si l'Etat vient à triompher dans sa revendication. La décision sera nulle si, dans cette situation, elle ne fixe qu'une indemnité unique, sans dire pour quelle somme elle comprend la partie contestée, sans dire même si elle l'y comprend[1].

Dans une espèce, une parcelle était indiquée au cadastre comme appartenant à l'Etat, et avait déjà été l'objet d'un traité amiable entre l'Etat et la Compagnie au profit de laquelle se poursuivait l'expropriation : un particulier fait alors connaître sa prétention à la propriété. Le jury a agi régulièrement en fixant une indemnité éventuelle, unique et fixe, pour le cas où l'auteur de la réclamation serait reconnu propriétaire de la parcelle[2]. Au cas de décision contraire de l'autorité judiciaire, l'indemnité se trouvait d'avance amiablement fixée par le traité fait avec l'Etat.

Lorsqu'il y a contestation entre deux personnes sur la question de savoir à qui appartient l'immeuble exproprié, chacune se disant propriétaire et ne reconnaissant à l'autre que la qualité d'usager, la décision du jury est nulle si elle est conçue de telle sorte qu'elle attribue indemnité à l'un des prétendants droit comme propriétaire de l'une des parcelles expropriées et usager d'un autre, à l'autre prétendant droit comme usager de la première parcelle et propriétaire de la seconde ;

---

[1] 21 août 1838, Cass. : Sous-Préfet de Toulon c. Saurin ; M. Quéquet. D. 366, S. 787, P. 2, 203. — 5 mars 1841, Cass. : Bruneau c. Préfet du Rhône ; M. Hello. D. 177, S. 383, P. 1, 716.

[2] 27 janv. 1869, rej.: Tollemache-Sinclair c. Ch. de fer Lyon-Méditerranée ; M. Pont. D. 244, S. 385, P. 946.

une semblable décision tranche incompétemment une question de propriété. Ainsi jugé par arrêt du 21 août 1814 [1]. Il faut ajouter que, dans l'espèce, la décision du jury était si incomplète, et conçue en termes si vagues, qu'elle ne permettait pas de comparer l'indemnité allouée avec les offres et demandes.

Si une personne, appelée devant le jury comme ayant droit à une servitude sur l'immeuble exproprié, a soutenu être propriétaire de cet immeuble, le jury doit fixer alternativement deux indemnités, l'une pour le cas où le réclamant serait reconnu propriétaire, l'autre pour le cas où il ne lui serait reconnu qu'un droit de servitude, et renvoyer les parties à se pourvoir au fond [2]. Le jury s'immisce dans la connaissance du fond du droit s'il fixe une indemnité unique pour l'expropriation du droit de servitude [3].

Une difficulté s'étant présentée sur le point de savoir si un caveau est ou non compris dans l'immeuble exproprié, c'est avec raison que le jury a fixé deux indemnités, l'une pour l'immeuble abstraction faite du caveau, l'autre pour le caveau. En fixant ainsi deux indemnités, le jury, loin de statuer sur le point de savoir si, ou non, l'expropriation devait être partielle ou totale, a au contraire, implicitement au moins, réservé

---

[1] 21 août 1814, Cass : Préfet de la Meurthe c. Commune d'Einville ; M. Renouard. D. 1814, 1, 389, S. 1815, 1, 41, P. 1815, 1, 132.

[2] 6 déc. 1842, Cass.: Vaissier c. Ville de Besançon ; M. Miller. D. 1843, 1, 33, S. 1843, 1, 66, P. 1842, 2, 749. — 23 juin 1863, rej. : Syndicat de la Mare c. Veuve Waugel-Bret ; M. Le Roux de Bretagne. D. 1866, 5, 195, S. 1863, 1, 549, P. 1864, 402. — 5 déc. 1865, rej. : Ardoin c. De Flers ; M. Pont.

[3] Arrêt du 6 déc. 1842.

la solution de ce litige, suivant l'obligation que lui en imposait le paragraphe 4 de l'article 39 [1].

De même, deux indemnités devront être fixées si l'expropriant prétend qu'une maison est atteinte tout entière par l'expropriation, si l'exproprié soutient que l'expropriation ne touche qu'une portion de la maison, indiquée au plan parcellaire par une teinte déterminée. Le jury excéderait ses pouvoirs en tranchant lui-même cette difficulté [2].

Il y a lieu à indemnité alternative si, sur une expropriation partielle (celle d'une partie d'un chemin de fer privé), l'exproprié a requis l'acquisition de la totalité [3]. Le mérite de la réquisition sera ultérieurement apprécié par qui de droit ; mais le jury doit pourvoir au règlement en vue de l'une et l'autre hypothèse. Voy. infrà, n. 39, et art. 50, n. 2.

Un jugement porte expropriation de 11 parcelles, désignées comme étant en nature de chemin, et comme propriété d'une commune ; l'expropriant prétend qu'il n'y a lieu à indemnité au profit de la commune que pour une seule parcelle. Le jury ne peut se faire juge de la difficulté, et fixer, pour trois parcelles désignées par lui, une seule indemnité ferme. Il devait, en la situation, fixer des indemnités éventuelles, correspondant aux solutions diverses que le litige pourrait recevoir [4].

[1] 28 juin 1864, rej. : Touchard c. Ville de Fresnay-sur-Sarthe ; M. Fauconneau-Dufresne.

[2] 17 avr. 1872, Cass. : Triaire-Brun c. Ch. de fer de Lyon ; M. Rieff. D. 5, 229, S. 340, P. 879.

[3] 22 févr. 1865, Cass. : Meinadier c. Préfet du Puy-de-Dôme et Chemin de fer de Paris à Lyon ; M. Aylies.

[4] 13 avril 1869, Cass. : Ch. de fer d'Orléans c. Commune de Saint-Bonnet de Rochefort ; M. Renouard. D. 345.

Il y a lieu à fixation alternative de l'indemnité, lorsqu'est restée indécise la question de savoir si l'expropriant établira ou non un passage à niveau sur le terrain qu'il va occuper [1].

Lorsqu'il y a contestation sur la contenance du terrain exproprié, que l'expropriant prétend être inférieure à celle indiquée au jugement d'expropriation, c'est le cas de faire régler alternativement par le jury deux indemnités évaluées l'une d'après la contenance indiquée au jugement, l'autre d'après la contenance inférieure prétendue par l'expropriant [2]. Le magistrat directeur ne peut se refuser à poser cette question alternative, sous prétexte que le jury doit être interrogé dans les termes même du jugement d'expropriation [3].

S'il est prétendu que la contenance excède celle indiquée au jugement, le jury procède avec une parfaite régularité en fixant deux indemnités alternatives, en déterminant d'abord une somme d'après la contenance portée au jugement, et en ajoutant une somme en sus pour chaque mètre d'excédant, au cas où, vérification faite, la contenance serait reconnue supérieure [4]. Ce mode de procéder, à tant par mètre, sera en général, plus qu'aucun autre, propre à réserver aux parties

[1] 18 juin 1861, rej.: Ourgaud c. Ch. de fer du Midi ; M. Gaultier. D. 288, S. 887, P. 1862, 431.

[2] 16 août 1858, Cass.: Chemins de fer du Midi et du Canal latéral à la Garonne c. Deslons ; M. Alcock. D. 327, P. 1860, 53. — 13 décembre 1865, Cass.: Duplessis-Ollivault c. Ville de Toulon ; M. Renouard. D. 1866, 1, 207. — 25 avr. 1866, rej.: Groult c. Préfet de l'Orne ; M. Delapalme.

[3] Arrêt du 16 août 1858.

[4] 22 mai 1865, rej.: Guérin-Marais c. Ville de Cholet ; M. Quénault.

toutes les éventualités lorsque la contenance se trouvera
en litige, et subordonnée à un métrage ultérieur[1].
Ajoutons que si, indépendamment de l'indemnité pour
la surface, sur la contenance de laquelle il y a contestation, il en est réclamé une pour dépréciation du
terrain restant, il faut, qu'un chiffre particulier soit
fixé pour cette dépréciation, sans quoi les bases
manqueraient pour apprécier, après détermination de
la contenance par qui de droit, la véritable indemnité
qui ressort de la décision du jury[2].

L'obligation pour le jury de fixer deux indemnités
hypothétiques pour contestation sur l'étendue du terrain exproprié n'existe d'ailleurs qu'à la condition qu'il
y ait réellement deux contenances différentes indiquées
par les parties aux jurés comme base de la fixation de
l'indemnité à allouer : il ne suffirait pas, pour créer cette
obligation, que l'exproprié eût fait *de simples réserves*
pour le cas où la contenance du terrain indiqué comme
devant être occupé se trouverait dépassée. Le jury a pu,
dans ces circonstances, fixer en bloc une seule indemnité[3].

Lorsque, outre l'indemnité réclamée pour la valeur
de l'immeuble exproprié, il en est demandé une autre
pour frais de déplacement, nouvelle appropriation et
dommages accessoires, et que ce second chef de demande est contesté, il y a lieu de fixer provisoirement
une indemnité spéciale pour le second chef, et de renvoyer les parties devant qui de droit pour être statué sur
le litige. En allouant sans distinction et définitivement

---

[1] 2 janvier 1867, Cass. : Polo c. Chemin de fer d'Orléans : M.
Glandaz.
[2] Même arrêt.
[3] 27 janv. 1869, rej. : Tollemache-Sainclair c. Ch. de fer Paris-
Lyon-Méditerranée ; M. Pont. D. 245, S. 385, P. 946.

une somme unique pour toute indemnité, le jury viole
expressément les articles 39 et 49 [1].

Lorsque, au moment où le jury est appelé à régler
l'indemnité, l'exproprié demande et obtient acte de ce
qu'il s'est pourvu en cassation contre le jugement qui a,
à tort, dit-il, compris son immeuble dans l'expropriation, et déclare, au cas où son pourvoi réussirait et où,
par suite, il ne serait pas exproprié, vouloir acquérir,
conformément à l'article 2, paragraphe 3, du décret du
26 mars 1852, une parcelle de terrain voisine de son
immeuble, il y a lieu, pour le jury, de régler deux indemnités, l'une applicable à l'immeuble pour le cas où
il resterait compris dans l'expropriation, l'autre applicable à la parcelle, et que le propriétaire devrait payer
si, son immeuble étant placé en dehors de l'expropriation, cette parcelle devait lui être cédée et s'y adjoin-
dre. Le jury qui, en cet état, n'a fixé que la première
indemnité et a omis la seconde, a essentiellement violé
le paragraphe 4 de l'article 39, et sa décision doit être
cassée [2].

Quand la contestation porte, non sur le droit absolu à
une indemnité, mais sur le droit *actuel*, l'expropriant
prétendant que, nonobstant les expressions et la pensée de la loi à cet égard, il y a lieu de suspendre le règlement de l'indemnité jusqu'à l'époque de la prise de
possession, le jury n'a pas pouvoir pour statuer sur la
difficulté proposée, et pour décider s'il y a lieu ou non
de surseoir ; c'est le cas par lui d'accorder une indem-

[1] 27 juin 1854, Cass. : Ville de Pamiers c. Passeron ; M. Alcock.
D. 343, S. 398, P. 2, 12.

[2] 20 mars 1855, Cass. : Trogny c. Ville de Lyon ; M. Gillon. D. 169,
S. 538, P. 1, 391.

nité hypothétique, en vue de la solution que l'expropriant élève la prétention de demander ultérieurement
à qui de droit[1].

32. A deux ou plusieurs questions alternatives, il se
peut que le jury réponde par des indemnités identiques; cela arrivera si les hypothèses diverses présentent, à ses yeux, un préjudice égal pour l'exproprié. Le
jury peut donc statuer ainsi sans se contredire, et sans
violer aucune loi[2]. Mais la cassation sera la conséquence de l'identité des deux réponses s'il résulte du
rapprochement des diverses hypothèses l'impossibilité
d'un tel résultat et la preuve que le sens des réponses
est douteux et incertain; ainsi l'a jugé un arrêt du
17 avril 1867[3], qui a visé l'article 38, à raison du caractère équivoque de la décision, et qui aurait pu aussi,
croyons-nous, viser en même temps l'article 39.

33. Si, devant le jury, surgissait la question de savoir
si le jury est compétent, ce serait un litige sur le fond du
droit, qui ne saurait arrêter le règlement de l'indemnité. Ce règlement se ferait sous une forme éventuelle,
sauf à faire résoudre ultérieurement par qui de droit la
question soulevée. V. art. 14, n. 54.

34. Les parties essayeraient en vain, par un moyen
détourné, de soumettre au jury une question qui touche au fond du droit ou à la qualité du réclamant. Un
arrêt du 23 avril 1855[4] a prononcé la cassation dans

[1] 24 nov. 1862, rej.: Mansoz c. Ville de Paris; M. Delapalme.
D. 1863, 1, 251.
[2] 16 août 1865, rej.: Ville de Paris c. Maigre; M. Gastambide.
D. 5, 177.
[3] 17 avr. 1867, Cass.: Préfet de la Haute-Savoie c. Moget;
M. Delapalme.
[4] 23 avr. 1855: Colliau-Carment c. Ville de Paris; M. Glandaz.
D. 132, S. 601, P. 1, 437.

une espèce où l'administration avait cru pouvoir se débarrasser d'un litige sur le fond du droit en offrant et faisant allouer par le jury une indemnité de 1 franc. Il s'agissait d'une indemnité réclamée, et que l'administration refusait d'accorder, en alléguant qu'elle se trouverait comprise dans celle du cessionnaire du réclamant. La contradiction de ces deux prétentions créait un litige sur le fond du droit. Cependant l'administration, tout en contestant absolument le droit à l'indemnité, fit au réclamant l'offre de 1 franc, qui fut alloué par le jury. « Attendu, porte l'arrêt du 23 avril 1855, que le jugement de la difficulté devait être renvoyé devant les tribunaux ordinaires ; que la ville de Paris ne pouvait pas, sans se mettre en contradiction avec elle-même, et uniquement en vue de soumettre au jury, par un moyen détourné, une question qui ne lui appartenait pas, offrir à Colliau-Carment une indemnité de 1 franc; qu'en allouant cette indemnité, qui, en présence des explications de la ville de Paris, ne pouvait pas être considérée comme sérieuse, le jury n'a eu d'autre but que de s'attribuer une juridiction qui lui était refusée par la loi; d'où il suit qu'en procédant ainsi, ce jury a excédé les limites de sa compétence et violé les articles 39 et 49 de la loi du 3 mai 1841 ; Casse. »

Une autre cassation a été prononcée, dans des circonstances analogues, par arrêt du 27 janvier 1863[1]. L'indemnité de 1 franc avait été, dans cette espèce, offerte dans le but unique de faire juger par le jury la question de savoir si le bail invoqué par celui qui ré-

[1] 27 janv. 1863, Cass.: Chave, Lan et Cᵉ c. Ville de Marseille ; M. Glandaz. D. 132, S. 319, P. 886.

clamait l'indemnité était ou non entaché de dol et de fraude (*infrà*, n. 41).

Voir d'ailleurs, sur la validité d'une offre de 1 franc, *infrà*, n. 85.

35. En présence d'un litige sur le fond du droit, il ne saurait suffire au jury de réserver sur le chef litigieux les droits qui seraient ultérieurement reconnus à l'exproprié ; il doit, à peine de nullité de sa décision, déterminer dès à présent le chiffre de l'indemnité à laquelle aurait droit l'exproprié dans l'hypothèse où sa prétention viendrait à être reconnue fondée. Ce n'est qu'à cette condition que la décision du jury est, nonobstant l'existence du litige, définitive, en ce sens que le chiffre de l'indemnité est irrévocablement fixé en vue de chacune des hypothèses mises en avant par les parties, sauf solution par l'autorité compétente du litige sur le fond du droit. Ainsi jugé dans une espèce où, une indemnité étant prétendue pour suppression d'un passage sous l'aqueduc d'Arcueil, l'Etat expropriant répondait ne rien devoir de ce chef, le passage supprimé ayant été, disait-il, établi en contravention aux lois et règlements [1].

36. Dans une espèce où l'exproprié avait demandé deux indemnités, l'une pour le terrain qui lui était pris, l'autre à raison de la nécessité d'établir des rampes pour rendre possible l'accès de la portion restante de sa propriété, gisante au-dessous du niveau du chemin pour l'établissement duquel avait lieu l'expropriation, le jury a déclaré qu'il n'était dû pour ce dernier

---

[1] 17 déc. 1845, Cass.: Godefroy, Piatier-Laroze et Trochery c. l'Etat : M. Renouard, D. 1846, 1, 30, S. 1846, 1, 165, P. 1846, 1, 35.

objet aucune indemnité, « attendu que l'administration
avait déjà pris l'engagement de faire à ses frais et d'une
manière convenable les rampes nécessaires pour rétablir la communication. » Cette décision a été attaquée
et cassée pour violation de l'article 39, paragraphe 4,
en ce que le jury avait omis de fixer éventuellement
l'indemnité qui serait due si les rampes promises n'é-
taient pas construites [1]. Ce n'était pas, il nous semble,
pour violation du paragraphe 4 de l'article 39 que la
décision devait être attaquée, mais pour violation du
paragraphe 3 de l'article 38. Nous ne voyons dans cette
espèce ni litige sur le fond du droit, ni difficultés étrangères à la fixation du montant de l'indemnité. Nous y
voyons, au contraire, clairement, l'omission de statuer
sur un chef de demande (art. 38, n. 96), et la substitution d'une promesse de travaux, faite par l'expropriant et non acceptée par l'exproprié, au payement
d'une indemnité pécuniaire. (Art. 38, n. 79 et suiv.)

37. Dans les diverses espèces qui viennent d'être citées, la contestation portait sur l'étendue des droits de
l'exproprié sur le terrain même qui faisait l'objet de
l'expropriation. Le paragraphe 4 de l'article 39 serait
également applicable si, au lieu de porter sur ce terrain lui-même, la difficulté était relative à la condition
d'un terrain voisin, condition qui, suivant les circonstances, rendra plus ou moins avantageuse la situation
de la portion d'immeuble restant à l'exproprié, ou si la
difficulté touchait à la question de savoir si une servitude, établie sur un fonds voisin, cessera ou non par
l'effet de l'expropriation.

---

[1] 11 déc. 1843, Cass. : Dupontavice c. Commune du Châtellier ;
M. Fabvier. D. 1844, 1, 65, P. 1844, 1, 351.

Ainsi, y a-t-il contestation sur le point de savoir si un terrain, tenant à la portion restante d'un immeuble exproprié, est ou non une voie publique, le jury peut et doit, indépendamment de l'indemnité pure et simple allouée à l'exproprié pour le terrain dont il est dépossédé, fixer additionnellement une indemnité éventuelle pour le cas où il serait jugé que le terrain voisin n'est pas une voie publique, et qu'ainsi la portion restante de l'immeuble exproprié se trouve privée d'un accès facile et avantageux [1].

De même, lorsque, pour l'établissement d'une route, une propriété jouissant d'un droit d'irrigation s'est trouvée coupée en deux parties, le jury, prévoyant qu'il pourrait se faire que l'administration refusât de permettre le passage des eaux d'une partie de la propriété à l'autre, a pu fixer une double indemnité, l'une pour le cas où la servitude d'aqueduc serait accordée, l'autre, plus élevée et conditionnelle, pour le cas où cette servitude serait refusée [2].

De même encore, lorsque, devant le jury, l'exproprié a soutenu que l'indemnité devait être fixée uniquement à raison de la valeur de la parcelle expropriée et du préjudice résultant directement de l'expropriation de cette parcelle, et que le jury était incompétent pour statuer sur le dommage causé à la partie non expropriée de l'immeuble par le nivellement et la suppression partielle d'une rue, le jury ne peut se contenter de fixer une seule indemnité pour tout dommage quelconque.

[1] 19 juill. 1856, rej.: Ch. de fer de Saint-Rambert à Grenoble c. d'Avancourt; M. Lavielle. D. 293, P. 2, 378.

[2] 27 mars 1843, rej.: Cluze c. Préfet de Vaucluse; M. Barennes. D. 217, S. 343, P. 2, 89.

Il doit, dans sa décision, prévoir les deux éventualités, et fixer deux indemnités hypothétiques [1].

38. Il y a lieu de régler une indemnité au profit de l'Etat, si une partie de terrain sort par l'expropriation du domaine public fluvial, pour être occupée par un travail d'utilité publique attribué à une compagnie; spécialement, pour faire partie d'un chemin de fer dont une compagnie est concessionnaire [2]. V. art. 1er, n. 9. Il est bien vrai que le sol sur lequel le chemin de fer est établi est destiné à rentrer un jour aux mains de l'Etat, à l'expiration de la concession; mais ce n'est pas une raison pour que l'Etat n'en touche pas le prix, ou en voie le prix s'amoindrir dans une proportion quelconque. Aux termes de la loi de concession, tous les terrains acquis doivent, après un temps donné, faire gratuitement retour à l'Etat; en l'absence d'une exception stipulée, le terrain dont l'Etat est propriétaire doit être acquis et payé comme tout autre, et, comme tout autre aussi, rentrer gratuitement dans ses mains. La question de savoir si, dans ce cas, indemnité est due à l'Etat se rattache au droit de propriété, et constitue un litige qui rentre naturellement dans les attributions des tribunaux ordinaires [3].

39. Lorsque devant le jury s'élève, sur le sens du jugement qui a prononcé l'expropriation, un doute qui, selon qu'il sera résolu, donnera lieu à une indemnité ou plus forte ou plus faible, le jury, laissant à qui de droit l'interprétation ultérieure du jugement, doit, dans

[1] 3 août 1871, Cass.: Léger c. Ville d'Angers; M. Greffier. D. 203.
[2] 8 mai 1865, rej.: Ch. de fer Paris-Lyon-Méditerranée c. Préfet du Rhône; M. Mercier. D. 293, S. 273, P. 650.
[3] Même arrêt.

la prévoyance de l'une au l'autre solution, régler pour
chacune d'elles une indemnité spéciale. Sur la question de savoir, notamment, si l'expropriation de la superficie doit, d'une façon nécessaire, emporter celle
du tréfonds, voir art. 38, n. 54.

40. S'il y a contestation sur le point de savoir si l'expropriation doit être totale ou partielle, l'exproprié
requérant, d'après l'article 50, l'achat intégral de sa
propriété, et l'expropriant prétendant que cet article
n'est pas applicable, il n'appartient ni au magistrat directeur d'ordonner qu'il ne sera fixé qu'une seule indemnité[1], ni au jury de prendre sur lui de n'en régler
qu'une seule[2] : la fixation d'une seule indemnité im-
pliquerait solution du litige existant entre les parties.
C'est le cas pour le jury de déterminer deux indemnités alternatives, l'une pour la portion de l'immeuble portée au jugement d'expropriation, l'autre
pour l'immeuble entier[3]. Les tribunaux ordinaires décideront si la réquisition d'acquisition totale était ou
non fondée. Voir *suprà*, n. 29; voir aussi art. 50, n. 2.

Quant à la prise de possession en ce cas, voy. art. 53,
n. 13.

---

[1] 21 août 1838, Cass. : Charrière c. Préfet de la Sarthe ; M. Quéquet. D. 366, S. 878, P. 1847, 1, 215. — 25 août 1856, Cass.: Lentemann c. Ville de Grenoble ; M. Renouard. D. 1856, 1, 333, S. 1857,
1, 141, P. 1858, 950. — 1er juill. 1863, Cass. : Lecœur c. Ville de
Paris ; M. Renouard. D. 320, S. 548, P. 1864, 196. — 8 nov. 1865,
Cass. : Lemoine c. Préfet du Calvados ; M. Quénault. D. 1865, 5,
181, S. 1866, 1, 221, P. 1866, 557.

[2] 25 mars 1839, Cass. : Viel c. Chemin de fer de Versailles, rive
gauche ; M. Quéquet. D. 140, S. 323, P. 1842, 2, 748. — 22 mars
1847, Cass. : Chauseys-Laprade c. Préfet de la Haute-Vienne ;
M. Renouard. D. 1847, 4, 248, S. 1847, 1, 304, P. 1847, 1, 482. —
1er juill. 1863, Cass.: Epoux Frühensholz c. Ville de Paris ; M. Renouard.

[3] 19 mars 1849, rej. : Leveau c. Ville de Saint-Denis; M. Renouard.
D. 1850, 5, 218, S. 1849, 1, 371, P. 1849, 1, 232.

Si, une réquisition d'acquisition totale ayant été faite et non agréée, la déclaration du jury est tellement ambiguë et incertaine que l'expropriant prétend qu'elle s'applique à la totalité de l'immeuble, tandis qu'au contraire l'ordonnance d'*exequatur* ne contient l'envoi en possession que de la portion dudit immeuble indiquée au jugement d'expropriation, il y a lieu à cassation, tant à raison de la contrariété de la décision et de l'ordonnance, et de l'incertitude sur l'objet véritable de l'indemnité allouée, que parce qu'il est manifeste que le litige n'a pas été réservé comme il aurait dû l'être [1].

Mais la décision réserve tous les droits et ne fait grief à aucun intérêt, lorsque, la contestation sur l'admissibilité de la réquisition laissant incertaine l'étendue du terrain pour lequel doit être fixée l'indemnité, le jury estime le terrain à tant par mètre [2]. Voir article 38, n. 91, et *infrà*, n. 55.

Si, le propriétaire demandant ou acceptant l'acquisition totale, le locataire prétend exiger au contraire que l'indemnité ne soit que partielle et se renferme uniquement dans les limites du jugement d'expropriation, il y a lieu à indemnité alternative. V. *suprà*, n. 11.

41. Lorsque la qualité de fermier ou de locataire des lieux expropriés est niée, soit pour le tout, soit pour partie, à la personne qui réclame à ce titre une indemnité, le jury ne peut que fixer une indemnité éventuelle dans le premier cas [3], alternative dans le se-

[1] 15 mai 1843 : Corneille c. Prado marseillais ; M. Fabvier. D. 287, S. 622, P. 2, 200.

[2] 26 janv. 1857, rej. : Demoiselle de Beffroy et Dumont c. Vaillant ; M. Lavielle.

[3] 1er mars 1843, rej. : Labbé c. Préfet de la Seine ; M. Renouard. D. 161, S. 315, P. 1, 510. — 28 janv. 1857, Cass. : Ville de Paris c.

cond[1], avec renvoi devant qui de droit pour être statué
sur la qualité prétendue du réclamant. Il n'appartient pas
au jury de trancher lui-même la question : si l'article 48
dispose que « le jury est juge de la sincérité des titres et
de l'effet des actes qui seraient de nature à modifier
l'évaluation de l'indemnité, » cela doit s'entendre en con-
ciliant cette disposition avec les règles précédemment
posées par la loi spéciale, c'est-à-dire en réduisant
l'office du jury à la fixation de ce qui touche à la quotité ou au montant de l'indemnité, et en lui refusant
l'examen de la sincérité des titres, ainsi que de leur effet, lorsque cet examen nécessiterait, soit une décision
sur le droit à l'indemnité indépendamment de son chiffre, soit la négation ou la reconnaissance d'une qualité
qui est contestée aux réclamants[2].

Même décision si la contestation porte non sur la
qualité de locataire, mais sur la validité d'un bail écrit ;
le jury doit alors fixer alternativement deux indemnités, dans la double hypothèse d'une location purement
verbale ou d'une location résultant d'un bail écrit[3].

Même décision encore lorsque la contestation porte non
plus sur l'existence, mais sur la durée du bail. Il faut alors

Veuve Ourback ; M. Pascalis. D. 48, S. 300, P. 665. — 23 mars
1868, Cass. : Cothias c. Préfet de l'Yonne ; M. Rieff. D. 221, S. 227,
P. 539.

[1] 28 janv. 1857, Cass. : Ville de Paris c. Rémond ; M. Pascalis.
D. 47, S. 300, P. 665.

[2] Mêmes arrêts, et arrêt de la Cour de Paris, du 12 avril 1859 ;
Gazette des Tribunaux du 16 avril 1859.

[3] 1er mars 1843, rej. : Labbé c. Préfet de la Seine ; M. Renouard.
D. 161, S. 315, P. 1, 510. — 14 avr. 1857, Cass. : Ville de Paris c.
Benda ; M. Renouard. D. 167, S. 859, P. 1858, 487. — 14 avr. 1857,
Cass. : Ville de Paris c. Levallois, Brajon et Bourgeois ; M. Ché-
garay. D. 166, S. 859, P. 1858, 487. — 28 juin 1864, Cass. : Rangot c.
Ville de Paris ; M. Fauconneau-Dufresne. D. 1865, 5, 180.

que le jury fixe alternativement l'indemnité, dans la double hypothèse de la durée prétendue par l'exproprié et de celle admise par l'expropriant. Il ne peut prendre sur lui de trancher la question ni dans un sens ni dans l'autre[1]; à plus forte raison la décision serait-elle nulle, si la réponse du jury portait que, dans l'une et l'autre hypothèse, aucune indemnité n'était due[2].

La contestation relative à l'existence ou à la durée du bail peut se produire sous la forme d'une instance en nullité du congé signifié par l'expropriant comme étant aux droits du propriétaire exproprié. S'il y a instance sur ce point, et si l'exproprié en argumente devant le jury, il y a nécessité de fixer une indemnité alternative[3].

42. Alors que les offres et demandes ont présenté, à l'égard du locataire, deux hypothèses distinctes : celle d'une simple expropriation partielle, celle où le locataire ferait reconnaître que la suppression de partie des lieux loués rendrait impossible l'exercice de son industrie, et obtiendrait la résiliation de son bail, y a-t-il nécessité pour le jury de fixer des indemnités correspondant aux deux éventualités du litige? La question a été affirmativement résolue. Voy. *suprà*, n. 13.

13. Il y a encore lieu à indemnité alternative lorsqu'une contestation existe entre l'expropriant et un locataire sur le point de savoir si ce dernier peut exiger, conformément à l'article 55, le règlement de l'indemnité à laquelle il prétend, encore que l'expropriant au-

---

[1] 16 août 1858, Cass. : Signoret c. Ville de Marseille ; M. Lavielle. D. 327, P. 1081. — 23 mars 1868, Cass. : Cothias c. Préfet de l'Yonne ; M. Rieff. D. 221, S. 227, P. 539.

[2] Arrêt du 16 août 1858.

[3] 16 août 1852, Cass. : Poix-Vandelle c. Ville de Paris ; M. Moreau (de la Meurthe). D. 1852, 1, 295, S. 1853, 1, 16, P. 1853, 2, 380.

rait déclaré maintenir, jusqu'à l'expiration du bail, le locataire en possession des lieux [1]. V. art. 55, n. 4 et 5.

44. Un arrêt de cassation, du 2 février 1847 [2], décide que l'expropriant n'est tenu à aucune indemnité envers les locataires qui ne justifient pas d'un bail ayant date certaine avant l'expropriation. La Cour suprême avait admis, en ce cas, l'application des articles 1328 et 1750 du Code civil ; elle avait considéré l'expropriant, par rapport au locataire, comme un tiers et non comme l'ayant cause du propriétaire exproprié.

Nonobstant l'autorité de cet arrêt, disions-nous dans notre première édition, la question est encore très-controversée. La Cour de Paris, qui avait rendu, le 3 mai 1845, dans le sens de l'invocabilité du bail, l'arrêt cassé en 1847, s'est rangée, par arrêts des 16 mai 1854 et 20 juillet 1858 [3], à l'opinion de la Cour suprême. La Cour de Lyon, après avoir, par arrêt du 16 mars 1855 [4], accueilli cette opinion, l'a bientôt après combattue dans un arrêt du 7 août de la même année [5]. MM. Dalloz (1855, 2, 54) combattent également la doctrine de l'arrêt de 1847. On peut voir dans le même sens (ibidem) les conclusions prises par M. le premier avocat général de La Baume dans l'affaire jugée par l'arrêt précité du 16 mai 1854.

---

[1] 2 août 1865, rej. : Préfet de la Seine c Astorgue et Fleury et C⁰; M. Pont. D. 258 et 260, S. 458, P. 1194.

[2] 2 févr. 1847 : Préfet de la Seine c. Labbé ; M. Bryon. D. 73, S. 280, P. 1, 318.

[3] 16 mai 1854 : Pignot c. Ville de Paris. D. 1855, 2, 54, S. 1854, 2, 345, P. 1854, 2, 5. — 20 juill. 1858 : Ville de Paris c. Demoiselle Goret. S. 1858, 2, 559, P. 1859, 33. *Gazette des Tribunaux* du 21 juillet 1858.

[4] Ville de Lyon c. Extragnat. D. 1855, 2, 297, S. 1855, 2, 236, P. 1855, 2, 87.

[5] Ville de Lyon c. Valat. D. 1856, 2, 102, S. 1855, 2, 637, P. 1855, 2, 620.

Et nous ajoutions : l'application des articles 1328 et
1750 à la matière spéciale qui nous occupe paraît, en
effet, présenter de grandes difficultés. L'expropriant est
un acquéreur, mais ce n'est pas un acquéreur ordinaire ;
la loi de 1841, par ses articles 21 et 39, met l'expropriant au lieu et place du propriétaire vis-à-vis du locataire évincé. Suivant qu'il y a ou non dénonciation du
locataire, l'indemnité est à la charge ou de l'expropriant ou du propriétaire ; rien n'autorise à penser que
les bases de l'indemnité doivent différer selon que le
locataire aura l'un ou l'autre de ces débiteurs ; si donc
(et cela ne saurait être douteux) le locataire peut exciper de son bail contre le propriétaire, il pourra également en exciper contre l'expropriant. Ajoutons que dans
les cas ordinaires, si le locataire dont le bail n'a pas
date certaine est évincé par un acquéreur, il n'a pas, il
est vrai, le droit de se faire indemniser par cet acquéreur, mais il conserve son recours contre son bailleur
originaire ; la loi de 1841 fait, au contraire, disparaître ce recours ; n'en faut-il pas conclure que, dans la
matière spéciale qu'elle règle, elle entend faire peser
sur l'expropriant acquéreur l'obligation dont elle décharge l'exproprié vendeur ? Cette dernière considération avait été proposée par un jugement de Lyon, du
29 décembre 1854 (D. 1855, 2,297); l'arrêt infirmatif du
16 mars 1855, que nous avons cité plus haut, a essayé
d'y répondre, mais sans y réussir, à notre sens.

L'adoption de ce système n'empêcherait pas l'administration d'attaquer les baux, même de date antérieure
à l'expropriation, que les circonstances démontreraient
avoir été faits frauduleusement, et en vue seulement de
grossir l'indemnité.

Notre opinion a été confirmée depuis par un important arrêt, du 17 avril 1861 [1], dont nous croyons devoir reproduire intégralement le texte :

« Attendu que la loi du 3 mai 1841, en traçant les formes et conditions de l'expropriation pour cause d'utilité publique, a voulu assurer non-seulement aux propriétaires expropriés, mais encore aux autres intéressés, notamment aux locataires et fermiers, toutes les garanties d'une juste et préalable indemnité ; qu'il résulte des articles 21 et 39 de ladite loi que l'expropriant est substitué au propriétaire quant à l'indemnité due à raison de l'inexécution des baux, pourvu que la déclaration du propriétaire faisant connaître les droits des locataires et fermiers ait lieu dans les formes et délais voulus par la loi ;

« Qu'en effet l'article 21 de la loi précitée veut que le propriétaire, dans la huitaine de la notification du jugement d'expropriation, appelle et fasse connaître à l'administration ses fermiers et locataires, et qu'à défaut de le faire il reste seul chargé envers eux des indemnités auxquelles ils auraient droit ;

« Attendu qu'il résulte clairement de cette disposition que les propriétaires, en s'y soumettant, sont désormais affranchis des conséquences d'une dépossession qui ne procède pas de leur fait, et que l'expropriant est tenu, en leur lieu et place, d'indemniser, comme ils auraient été obligés de le faire eux-mêmes, lesdits fermiers ou locataires, au même titre et de la même manière, du préjudice résultant de l'expropriation ;

« Attendu que ces dispositions spéciales de la loi d'expropriation pour cause d'utilité publique dérogent en

---

[1] 17 avr. 1861, rej. : Chemins de fer du Dauphiné c. Louvat ; M. Alcock. D. 145, S. 497, P. 856.

ce point aux règles du droit commun, telles qu'elles sont formulées aux articles 1328 et 1750 du Code Napoléon ; qu'il ne suffit donc pas qu'un bail, à défaut d'enregistrement ou de l'une des circonstances déterminées par la loi, n'ait pas date certaine à l'égard des tiers, pour que l'expropriant soit dispensé de l'obligation d'indemniser le fermier ou locataire, lorsque, d'ailleurs, ce bail a été passé de bonne foi et sans fraude, ce qu'il appartient aux tribunaux d'examiner ;

« Attendu, en fait, qu'il est constaté par l'arrêt attaqué que le bail et les droits du fermier Louvat avaient été dénoncés à la compagnie expropriante dans les formes et délais prescrits par la loi ; qu'il est, de plus, déclaré par ledit arrêt que la sincérité et la preuve du bail résultaient de tous les documents et circonstances de la cause, et que, dans cet état, l'arrêt attaqué, en décidant que le bail de Louvat, quoique non enregistré, pouvait être opposé à la compagnie expropriante, n'a pas violé les articles invoqués, ni aucune autre loi ; -- Rejette. »

Remarquons que, sous l'empire même de la doctrine de l'arrêt de 1847, il aurait suffi, pour que le bail fût opposable à l'expropriant, qu'il eût acquis date certaine avant le jugement d'expropriation ; on ne pouvait exiger que la date certaine eût été acquise avant même le décret qui autorise l'expropriation. C'est le jugement seul qui transfère la propriété ; jusqu'au jugement, le propriétaire conserve la plénitude de son droit, et tous ses actes sont valables et obligatoires pour celui que l'expropriation lui substituera. Refuser force et valeur aux actes faits par le propriétaire postérieurement au décret, mais avant le jugement, serait porter une atteinte grave au principe de l'inviolabilité du droit de propriété, et frapper d'une séquestration complète et

indéfinie des immeubles situés dans la direction de travaux dont l'exécution est décrétée, mais dont la réalisation se fera peut-être encore longtemps attendre. Cela
avait été jugé par l'arrêt précité de la Cour de Lyon,
du 7 août 1855, et par plusieurs jugements du tribunal
civil de la Seine, dont un notamment à la date du 19
mai 1857 [1]; un arrêt de la Chambre des requêtes, du 15
février 1860 [2], a consacré cette doctrine que, pour que
le bail puisse être invoqué, il suffit qu'il soit antérieur
au jugement.

Si cependant, en fait, il résultait des documents du
procès que, dans l'intervalle entre le décret et le jugement, le bail a été conclu ou renouvelé, non en vue
d'une exécution ou d'une continuation que les circonstances de la cause et l'imminence des opérations rendaient peu probable ou rendaient même évidemment
impossible, mais uniquement en vue de s'assurer le
bénéfice d'une indemnité plus considérable à obtenir du
jury, le bail devrait être écarté, et aucune indemnité
ne serait due pour cette cause. Nous avons exprimé
déjà plus haut (p. 215) cette opinion, qui se trouve
dans un arrêt de la Cour de Paris du 13 juillet 1858 [3]
et qu'ont consacrée deux arrêts de la Chambre des
requêtes (l'arrêt précité du 15 février 1860 et un autre
arrêt de la même année [4]).

---

[1] Préfet de la Seine c. Loddé ; *Gazette des Tribunaux* du 14 juill.
1858.

[2] 15 févr. 1860, req. rej.: Loddé c. Ville de Paris ; M. Ferey.
D. 117, S. 817, P. 738.

[3] Préfet de la Seine c. Loddé ; *Gazette des Tribunaux* du 14
juillet 1858.

[4] 14 mars 1860, req. rej.: Rousselet c. Préfet de la Seine ; M. de
Boissieux. D. 279, S. 817, P. 1861, 714.

45. Un arrêt de la Cour de Paris du 9 avril 1842 [1], et deux jugements du tribunal civil de la Seine, des 31 juillet et 25 novembre 1858 [2], ont décidé que l'administration peut opposer au locataire d'une maison expropriée la clause du bail par laquelle il a été stipulé qu'en cas d'expropriation pour cause d'utilité publique de tout ou partie des lieux loués, le bail serait résilié de plein droit, sans que le preneur pût réclamer aucune indemnité. La clause dont s'agit s'explique, de la part du propriétaire, par cette pensée qu'en livrant à l'administration un immeuble dégrevé de tout bail, il obtiendra une indemnité plus avantageuse; quant au locataire, s'il s'est soumis à l'éventualité d'une résiliation sans indemnité, il trouvait sans doute la compensation de ce désavantage dans la modicité du prix de location.

Dans les espèces sur lesquelles sont intervenus les deux jugements de 1858, le jury avait alloué au locataire deux indemnités alternatives, l'une plus faible, pour le cas où la clause pourrait être invoquée par l'administration, et où il n'y aurait à indemniser le locataire que du dérangement qu'il éprouve, l'autre plus forte, pour le cas où la clause serait déclarée non invocable par l'administration. L'indemnité la plus faible a été seule allouée. Dans l'espèce jugée par l'arrêt de 1842, le jury n'avait réglé l'indemnité qu'hypothétiquement, et il a été décidé qu'elle n'était pas due.

La clause de résiliation sans indemnité n'est d'ailleurs invocable par l'expropriant qu'autant qu'elle est conçue

[1] Lachaux c. Préfet de la Seine. P. 1842, 1, 479.

[2] Schiélé c. Ville de Paris; *Gazette des Tribunaux* du 1er août 1858. — Velat et autres c. Ville de Paris; *Gazette des Tribunaux* des 29-30 nov. 1858.

en termes généraux et que rien n'en limite au profit du bailleur seul le sens et l'application. Une renonciation au droit d'indemnité ne se présume pas : la renonciation sera, si les termes de la clause le permettent, restreinte aux seuls rapports du propriétaire et du locataire entre eux. C'est ainsi qu'il a été jugé par arrêt de la Cour de Rouen, du 12 février 1847 [1], que la clause portant que le preneur ne pourra, en cas d'expropriation, exiger aucune indemnité du *bailleur*, ne décharge pas l'expropriant de l'obligation d'indemniser. On doit supposer que le bailleur n'a entendu par là que se soustraire personnellement à toute responsabilité, sans qu'il ait été porté aucune atteinte au droit du locataire évincé contre l'expropriant.

La question se réduira toujours à une simple question de fait, à une interprétation de convention. V. article 55, n. 7.

16. L'existence d'un litige sur le fond du droit donne lieu à la fixation d'une indemnité alternative, alors même que ce litige existerait avec un tiers non partie à l'expropriation. Ainsi, dans le cas où l'exproprié est en procès avec un tiers qui prétend avoir un droit de servitude sur le terrain frappé d'expropriation, l'exproprié peut, bien que ce tiers ne soit pas partie au jugement d'expropriation, exiger que l'indemnité soit fixée alternativement pour l'hypothèse où la servitude ne serait pas reconnue, comme pour celle où elle serait déclarée. L'existence ou la non-existence de la servitude est en effet de nature à modifier l'indemnité due à l'exproprié,

---

[1] Ogé c. Commune d'Ingouville. D. 1849, 2, 11, S 1848, 2, 591, P. 1849, 1, 37.

en plus si elle n'existe point, en moins si son existence
est définitivement reconnue [1].

47. Mais il n'y a pas litige sur le fond du droit, de nature à donner lieu à fixation d'indemnité éventuelle,
lorsque c'est l'expropriant seul qui a soulevé devant le
jury la question de savoir si les terrains expropriés
appartiennent bien à celui contre lequel a été prononcée
l'expropriation, ou si ces terrains ne sont pas la propriété d'un tiers : l'expropriant n'a ni droit ni qualité
pour revendiquer la propriété au profit d'un tiers qui
garde le silence [2].

48. Le paragraphe 4 de l'article 39 est applicable à la
contestation qui porte sur la manière même dont sera
réglée l'indemnité, si cette contestation implique la solution d'une question de droit. Ainsi, le propriétaire et
le fermier à titre d'emphytéose réclament chacun
une indemnité spéciale pour une parcelle expropriée ;
l'administration soutient qu'il y a lieu d'assimiler l'emphytéose à l'usufruit et de ne fixer, en conséquence,
pour les deux prétendants droit, qu'une seule indemnité. Que doit faire le jury ? Agir en conformité de l'article 39, § 4. Il ne peut vider la contestation, mais il
doit en laisser le jugement aux tribunaux ordinaires ;
et en vue de l'éventualité de ce jugement, il est astreint
à faire un réglement qui pourvoie aux deux hypothèses, c'est-à-dire à déterminer, d'un côté, l'indemnité
pour le cas où il serait décidé qu'il y avait lieu de
n'en accorder qu'une seule, et, d'un autre côté, à fixer
deux indemnités distinctes, pour le cas où il se-

[1] 22 avr. 1856, rej.: Commune de Maisons-sur-Seine c. Société
des eaux et parc de Maisons ; M. Moreau (de la Meurthe). D. 158,
S. 831, P. 1, 497.

[2] 19 nov. 1866, rej. : Granier de Cassagnac c. Rosapelly ; M. Aylies.

rait jugé qu'une indemnité spéciale revenait à chacun [1].

Sur le fond de la question et la manière dont elle doit être résolue, voir *suprà*, n. 22.

49. L'indemnité doit-elle, par application de l'article 50 de la loi du 16 septembre 1807 relatif aux alignements, être calculée seulement sur la valeur du terrain délaissé ? Faut-il, au contraire, avoir égard aussi en la calculant à la **dépréciation du surplus de la propriété** ? C'est encore un point qui constitue un litige sur le fond du droit. Le jury ne peut prendre sur lui de trancher la question de savoir si la situation est ou non régie par les règles de l'alignement, et la résoudre notamment par une décision qui accorde d'une manière immédiate et définitive l'indemnité de dépréciation [2].

50. De la règle tracée aux articles 39 et 49, il ne résulte pas qu'avant même toute procédure engagée devant le jury, les contestations sur le fond du droit ne puissent être utilement portées devant le tribunal civil. Si. le plus souvent, à raison de la célérité réclamée par l'exécution des travaux publics, l'expropriant fait d'abord fixer l'indemnité par le jury, sauf à débattre ultérieurement, devant la justice ordinaire, la question de savoir à qui doit appartenir cette indemnité, la marche contraire peut être également suivie : elle le sera avec avantage au cas où il viendrait à être reconnu que le prétendu exproprié n'avait aucun droit à indemnité : elle aura évité, en effet, la convocation du jury et un débat stérile devant cette juridiction [3].

---

[1] 19 juill. 1843, Cass. : Préfet du Nord c. Hospices de Roubaix, Bailleux-Bonnier et Derville; M. Gillon. D. 1844, 1, 47, S. 1843, 1, 732, P. 1843, 2, 295.

[2] 10 juill. 1877, Cass. : Préfet de la Nièvre c. Brunot ; M. Gastambide. S. 377, P. 948.

[3] 17 juin 1867, req. rej. : Oudard c. Ville de Paris ; M. Nachet.

51. Il ne faudrait pas cependant que la contestation directement engagée devant les tribunaux ordinaires, retardât la procédure et les opérations de l'expropriation. Le litige qui a pris naissance et s'est révélé avant la constitution du jury ne s'oppose pas, encore bien qu'il mettrait en question, non la quotité, mais l'existence même de l'indemnité, à ce que le jury soit constitué et fixe une indemnité éventuelle. Le magistrat directeur commettrait une violation du paragraphe 4 de l'article 39 si, en présence d'un litige pendant devant l'autorité compétente sur le point de savoir si le droit à indemnité existe ou non, il refusait de procéder à la constitution du jury, et renvoyait l'exproprié à se pourvoir comme il l'entendrait, après décision du litige par les tribunaux compétents. Ainsi jugé par arrêt du 11 novembre 1857 [1]. Dans l'espèce, en laquelle cet arrêt a été rendu, le litige n'allait à rien moins qu'à nier l'expropriation elle-même : l'expropriant déclarait renoncer au bénéfice du jugement d'expropriation, et prétendait, par suite, qu'il n'y avait pas lieu de fixer une indemnité ; l'exproprié soutenait, au contraire, avoir, par l'effet même du jugement d'expropriation, un droit irrévocablement acquis à l'indemnité. (Voir art. 14, n. 30.)

52. Le litige sur le fond du droit continue de subsister dans le sens de l'article 39, malgré la décision en dernier ressort dont il a été l'objet, si cette décision se trouve frappée d'un pourvoi en cassation : le pourvoi, bien qu'il ne s'oppose pas quant à présent à l'exécution

D. 251 (Jugement sur référé, et arrêt confirmatif du 12 août 1865 ; *Gazette des Tribunaux* du 15 août 1865).

[1] 11 nov. 1857, Cass. : Flachon *c.* Chemin de fer de Paris à Lyon par le Bourbonnais ; M. Moreau (de la Meurthe).

de la décision intervenue, peut cependant tout remettre en question [1].

53. Lorsqu'au moment où le jury est appelé à régler l'indemnité, un pourvoi contre le jugement d'expropriation se trouve pendant devant la Cour de cassation, il n'est pas nécessaire que le cas d'annulation du jugement soit prévu dans la décision du jury. Une telle prévision n'est de nature à exercer aucune influence sur le réglement de l'indemnité : la décision du jury est de droit, et sans qu'il soit besoin d'exprimer à cet égard aucune réserve, subordonnée au rejet ultérieur du pourvoi [2].

54. En cas de fixation d'une indemnité alternative ou éventuelle, le jury n'est pas tenu de prononcer lui-même le renvoi du litige ; il suffit que la décision soit rendue en vue de ce renvoi, dont le jury laisse la prononciation au magistrat directeur [3].

55. Il n'est pas même nécessaire que la décision du jury déclare expressément que l'indemnité qu'elle alloue n'a qu'un caractère éventuel ; il suffit que le caractère éventuel de l'indemnité allouée résulte implicitement du mode même d'allocation. Ainsi la décision qui, en présence de la contestation élevée par l'administration sur le droit à une indemnité pour quelques-uns des immeubles expropriés, évalue séparément chacun des immeubles compris dans l'expropriation, doit être con-

---

[1] 22 avr. 1856, rej. : Commune de Maisons-sur-Seine c. Société des eaux et parc de Maisons ; M. Moreau (de la Meurthe). D. 158, S. 831, P. 1, 497.

[2] 23 août 1854, rej. : Jacomet et Navet c. Préfet de la Seine ; M. Renouard. D. 1854, 1, 319, S. 1855, 1, 143, P. 1855, 1, 126.

[3] 25 juill. 1855, rej. : Préfet des Basses-Alpes c. Frison et autres : M. Renouard. D. 374, S. 841, P. 2, 236.

sidérée comme n'ayant accordé qu'une indemnité
éventuelle, et non une indemnité pure et simple et
définitive, à raison des immeubles qui sont l'objet de
la contestation ; elle satisfait, dès lors, aux prescriptions
de la loi [1].

Même décision lorsque, devant le jury, les parties
ont été d'accord pour reconnaître qu'il y avait lieu de
fixer deux indemnités, l'une pour le cas où l'expropriant prendrait deux parcelles, l'autre pour le cas où
il n'en prendrait qu'une seule. Il a suffi, dans cette situation, de fixer deux indemnités alternatives ; il importe peu que la décision n'ait pas expressément déclaré
que les indemnités n'avaient qu'un caractère éventuel,
puisque cette éventualité résulte du mode même d'allocation. Ainsi jugé par arrêt de rejet du 12 janvier 1870 [2].
La Cour a repoussé dans cet arrêt l'objection tirée de
ce que la décision du jury n'avait point fait la part du
préjudice plus grand que l'exproprié pourrait avoir à
subir dans le cas où la dépossession ne porterait que
sur une seule parcelle ; on doit présumer que le prix
fixé par le jury pour chaque parcelle en représente la
valeur et comprend tous les dommages qui peuvent résulter de l'expropriation, soit qu'elle porte sur les deux,
soit qu'elle soit restreinte à l'une d'elles seulement.

Dans cet ordre d'idées qu'il n'est pas besoin que
l'éventualité de l'allocation soit expressément indiquée,
ajoutons un troisième exemple. Le fossé séparatif de
deux propriétés étant compris dans l'expropriation, et

[1] 31 juill. 1854, rej.: Martin c. Ville de Limoges; M. Delapalme.
— 22 août 1855, rej.: Chemin de fer du Midi c. Commune de Moissac ; M. Renouard. D. 1855, 1, 396, S. 1856, 1, 174, P. 1856, 2, 512.

[2] 12 janv. 1870, rej.: Chesnel c. Préfet de l'Orne ; M. De Vaulx.
D. 427, S. 1871, 1, 81, P. 1871, 213.

l'un des riverains du fossé revendiquant, contrairement aux prétentions de l'autre, la propriété de la totalité de ce fossé, le jury a pu, au lieu de fixer une indemnité éventuelle pour la parcelle entière, partager la parcelle entre les deux riverains, et fixer une indemnité
éventuelle pour chacun des deux [1]. Ce n'est pas trancher la question et décider que chacun n'a que la moitié
du fossé ; c'est régler l'indemnité, et dans cette première hypothèse, et aussi en vue de l'hypothèse contraire. Si le fossé entier est à un seul propriétaire, ce
propriétaire touchera le total de l'indemnité des deux
parcelles.

Voir encore article 38, n. 91.

56. Il est important que, devant le jury, les parties
posent et expliquent nettement les points litigieux. Ce
n'est pas devant lui que ces points se décident, mais c'est
devant lui qu'ils se formulent d'une manière définitive.
Le tribunal qui sera ultérieurement appelé à statuer sur
le litige ne doit avoir qu'à appliquer purement et simplement l'une des décisions alternatives du jury ; ce tribunal n'a pas l'obligation, peut-être même n'a-t-il pas le
pouvoir, de se placer, encore bien qu'une des parties
l'en solliciterait, en dehors des hypothèses prévues,
pour adopter une hypothèse intermédiaire entre celles
dont la décision du jury contient la solution.

Eclaircissons ceci par des exemples puisés dans la
jurisprudence de la Cour de cassation. Une personne, se
disant locataire d'un immeuble exproprié, avait réclamé
une indemnité pour le temps restant à courir de son
bail, qu'elle portait à quatre ans ; l'expropriant avait con-

---

[1] 10 févr. 1869, rej. : Cayre c. Ch. de fer Paris-Lyon-Méditerranée : M. Pont.

testé, non pas la durée du bail, mais la qualité même de locataire, et avait nié, de ce chef, au réclamant toute espèce de droit à indemnité : le jury avait fixé, en conséquence, une indemnité éventuelle. Le point contesté ne consistait, d'après la déclaration du jury, qu'à savoir si le réclamant était locataire ; l'autorité judiciaire, appelée à y statuer, a reconnu que le réclamant avait la qualité de locataire, non pour quatre ans, comme il le prétendait, mais en vertu d'un ancien bail qui avait continué par tacite reconduction, et pour le temps seulement qui devait être laissé pour les congés d'après l'usage des lieux. Quoique cette situation fût différente de celle qui avait été alléguée par le réclamant devant le jury et en vue de laquelle avait été évaluée l'indemnité, le juge n'a pas pensé qu'il lui fût permis d'entrer dans l'examen des éléments de l'évaluation de l'indemnité, pour l'appréciation de laquelle le jury était souverain ; par cela seul que la qualité de locataire était reconnue, il s'est cru forcé d'allouer l'indemnité tout entière, sans se permettre de la modifier et de la réduire [1]. L'arrêt qui contient cette solution ayant été déféré à la Cour de cassation, le pourvoi a été rejeté par arrêt de la Chambre civile du 24 août 1858 [2]. La Cour suprême a pensé que la Cour d'appel n'avait violé aucune loi, et s'était au contraire conformée aux principes de la matière sur les pouvoirs respectifs du jury et des tribunaux. Nul doute, d'ailleurs, que l'expropriant n'eût pu, devant le jury, après avoir

---

[1] Arrêt de Grenoble, du 30 août 1856. D. 1858, 2, 83.

[2] 24 août 1858 : Chemin de fer de Saint-Rambert à Grenoble c. Repellin et Roget ; M. Quénault. D. 364, S. 1860, 1, 478, P. 1860, 287.

nié la qualité de locataire, poser subsidiairement
l'hypothèse d'un simple bail verbal ; le jury eût alors
alternativement réglé trois indemnités différentes, et
l'expropriant n'aurait pas été exposé à la lésion dont il
paraît avoir souffert dans l'espèce qui vient d'être
rapportée.

Une espèce analogue s'est présentée devant la Chambre des requêtes. Une indemnité de 6,000 francs avait
été réglée par le jury, et consignée par l'expropriant,
pour être payée à l'exproprié *dans le cas où il serait reconnu propriétaire de tel ruisseau*. Les tribunaux furent,
en conséquence, appelés à s'expliquer sur le sort de la
somme consignée. Le tribunal de première instance a
déclaré que l'exproprié avait droit à la moitié des eaux
du ruisseau, et a *renvoyé les parties devant le jury* pour
faire régler la part revenant à l'exproprié sur les 6,000
francs consignés. Sur l'appel, la Cour de Besançon a
jugé que, par cela seul que l'exproprié n'avait pas fait
preuve, comme la décision du jury l'y obligeait, de la
propriété du ruisseau, il n'avait aucun droit à prétendre
sur l'indemnité éventuelle ; par suite, le retrait de la
totalité de la somme consignée a été ordonné au profit
de l'expropriant. Le pourvoi dirigé contre cet arrêt a été
rejeté [1]. Les principaux motifs de ce rejet sont « que
l'arrêt attaqué, après une instruction préalable, déclare,
par les motifs énoncés audit arrêt, que le demandeur
*n'a pas fait la preuve mise à sa charge par la décision du
jury ;* que l'appréciation des Cours impériales sur la
force et l'efficacité des preuves est souveraine, et échappe
à la censure de la Cour. »

---

[1] 22 févr. 1859, req. rej.: Badoulier de Saint-Seine c. Chemin de
fer de Lyon ; M. de Boissieux.

Citons encore, dans le même sens, un arrêt de la Chambre des requêtes, du 3 juillet 1872 [1], et deux arrêts de la Cour de Paris [2].

Ces décisions semblent rigoureuses ; et cependant, si l'on s'en écarte, il faut (comme l'avait fait, dans la seconde espèce, le juge de première instance) renvoyer une seconde fois devant le jury, ce qui serait contraire à l'esprit et aux prévisions de la loi (art. 38, n. 119), ou admettre les tribunaux ordinaires à prendre une certaine part au règlement de l'indemnité.

On remarquera toutefois que la Cour n'a eu à s'expliquer que sur des cas dans lesquels l'indemnité avait été ou admise ou refusée pour le tout. Casserait-elle une décision qui, reconnaissant pour partie l'existence du droit à la preuve duquel était subordonnée l'allocation de l'indemnité, attribuerait à l'exproprié une quotité de l'indemnité en proportion avec l'étendue du droit prouvé ? Un arrêt rapporté au nombre suivant fournit, dans le sens de la négative, un argument d'analogie.

57. Il peut arriver que la réclamation par un tiers d'un droit sur l'immeuble exproprié ne se produise qu'après règlement de l'indemnité. Nous avons dit plus haut (art. 21, n. 29) que cette réclamation ne serait pas nécessairement irrecevable, et devrait au contraire être admise, pour être exercée sur l'indemnité si elle n'est pas encore payée, pour être recouvrée sur la personne qui a reçu l'indemnité si le payement en a déjà été fait. Les tribunaux pourront en ce cas, sans se mettre en

---

[1] 3 juill. 1872, req. rej. : Etat c. Verdalle ; M. Guillemard. D. 1874, 1, 431, 432.

[2] 23 août 1871 : Lucotte c. Ville de Paris. *Gazette des Tribunaux* du 10 septembre 1871. — 14 janv. 1873 : Arnold c. Petit-Berlier et Ville de Paris. D. 1873, 2, 137, P. 1873, 1054.

aucune manière en contradiction avec la décision du
jury, transporter au tiers réclamant tout ou partie de la
somme allouée par le jury. Spécialement, la chambre
civile a jugé, par arrêt de rejet du 14 mai 1867[1], que la
décision du jury qui a alloué au propriétaire une indemnité déterminée ne met pas obstacle à ce que la
ville expropriante invoque, après règlement de l'indemnité, une convention ancienne, par elle perdue de vue
lors de ce règlement, et d'après laquelle les auteurs du
propriétaire atteint par l'expropriation s'étaient soumis à
abandonner gratuitement à la ville, survenant le cas
qui a déterminé l'expropriation, *tout ou partie* du terrain auquel s'applique cette expropriation. Le même
arrêt ajoute que, pour faire l'évaluation du droit que
réclame le tiers, du droit dont, au cas particulier, l'expropriant demande à retenir ou recouvrer la valeur, il
ne peut être interdit aux tribunaux de se reporter à
l'indemnité déjà fixée par le jury, d'en apprécier les
divers éléments d'après les documents et circonstances
de la cause, et d'y prendre les bases de leur décision.
En ce cas donc l'autorité judiciaire a pu décomposer en
deux éléments distincts l'indemnité unique fixée par le
jury. V. art 38, n. 120.

58. Signalons une espèce dans laquelle l'expropriant
alléguait une contenance de 4,027 mètres, l'exproprié
une contenance de 5,030 ; le litige s'agitait ainsi entre
deux prétentions extrêmes, qui, dans leur formule, ne
comportaient pas d'intermédiaire ; le jury a fixé deux
indemnités, suivant que la contenance serait reconnue
conforme à l'allégation de l'expropriant ou à celle de l'ex-

---

[1] 14 mai 1867, rej. : Prémillieux c. Ville de Lyon ; M. Gastambide.
D. 199, S. 360, P. 971.

proprié. La décision du jury a été l'objet d'un pourvoi
de la part de l'expropriant ; ce pourvoi a été rejeté [1]. La
Cour suprême a considéré qu'à la vérité le mode de
procéder employé par le jury pouvait être préjudiciable à l'exproprié, en ce qu'il ne tenait aucun compte de
l'hypothèse d'une contenance supérieure au chiffre allégué par l'expropriant, et inférieure au chiffre allégué
par l'exproprié ; mais il ne nuisait en aucune façon à
la partie expropriante, laquelle ne saurait être reçue à
se prévaloir du grief de son adversaire.

La décision du jury était ainsi conçue : « fixe l'indemnité, — pour les 4,027 mètres de terrains expropriés, à la somme de 35,000 francs, y compris toutes
les dépréciations et pour toutes choses ; — et, pour le
cas où la contenance serait reconnue être de 5,080 mètres, à la somme de 42,000 francs. » Il suffisait, en cette
situation, que la contenance de 5,080 mètres ne fût pas
établie *dans son entier* pour que l'expropriant n'eût à
payer que 35,000 francs, et cela encore bien qu'il serait
reconnu que le terrain exproprié dépasse de quelques
centaines de mètres les 4,027 indiqués.

§ 5.

59. Ce paragraphe a été ajouté à la loi lors de la révision de 1841. De graves abus s'étaient produits ; des
jurys n'avaient pas craint d'allouer aux expropriés des
sommes bien supérieures à celles qu'ils avaient réclamées. En 1840, notamment, le jury de l'arrondissement
de Schelestadt, appelé à régler les indemnités dues à

[1] 5 déc. 1866, rej. : Ville de Nice c. Bonfils et consorts ; M. Laborie. D. 5, 202.

240 propriétaires pour prix de terrains nécessaires à l'établissement du chemin de fer de Paris à Strasbourg, avait alloué aux expropriés des sommes qui, pour quelques-uns d'entre eux, ne s'étaient pas élevées à moins du double, du triple même de la somme demandée ; le chiffre total des demandes était de 100,000 francs environ, le chiffre total des indemnités s'était élevé à 163,770 francs. Cette décision, qui avait vivement ému l'opinion publique, fut déférée à la Cour de cassation ; la cassation fut prononcée pour vice de forme, et la Cour n'eut pas alors à s'expliquer sur l'*ultra petita* (D. 1840, 1, 281).

Le jury de renvoi renchérit encore sur les exagérations du premier jury, et, sur le pourvoi dirigé contre la nouvelle décision, la Cour de cassation dut résoudre la question. Elle se crut forcée de déclarer « qu'on ne pouvait méconnaître que le texte de l'article 40, paragraphe 2, autorisât le jury à allouer une indemnité supérieure au montant de la demande [1] ». Le paragraphe 2 de l'article 40 de la loi de 1833 contenait, en effet, au sujet des dépens, cette disposition : « Si l'indemnité est égale *ou supérieure* à la demande des parties, l'administration sera condamnée aux dépens. »

Il nous semble, cependant, que le paragraphe 2 de l'article 40, même tel qu'il était rédigé dans la loi de 1833, pouvait s'expliquer autrement que par une exception à la règle de droit commun qui défend aux juges de statuer *ultra petita*. Par ces mots : *la demande*, n'était-il pas permis d'entendre la demande primitive, la demande de l'article 21 ? Ce point admis, s'il arrivait que,

---

[1] 5 mai 1841, rej.: Chemin de fer de Strasbourg c. Lorber; M. Renouard. D. 23?.

evant le jury, l'exproprié eût modifié et augmenté, par
es conclusions nouvelles, ses prétentions premières
nfrà, n. 61), l'indemnité allouée pouvait, sans que le
ry sortît des limites que les conclusions des parties
i avaient tracées, être supérieure à la demande pri-
itive.

Au surplus, deux jours avant l'arrêt que nous venons
e citer, le législateur, en ajoutant un dernier paragra-
ie à l'article 39, avait rendu pour l'avenir toute con-
overse impossible, et assuré, en matière d'expropria-
on comme en toute autre, le respect du principe de
oit commun ; il avait en même temps effacé du para-
aphe 2 de l'article 40 les mots : *ou supérieure,* qui
aient fourni le plus sérieux, disons même le seul ar-
ment dans le sens de l'omnipotence du jury.

60. La loi de 1841 a même fait plus que proclamer
principe de droit commun : elle a rendu nécessaire,
i matière d'expropriation, la détermination d'un chif-
e précis. Devant les juridictions ordinaires, on peut,
i même temps qu'on demande indemnité pour la va-
ur d'un objet ou pour un dommage, s'abstenir de pré-
ser le chiffre, s'en rapporter à cet égard à la sagesse
i tribunal. En cas d'expropriation, au contraire, le
iragraphe 5 de l'article 39 rend nécessaire l'indica-
on expresse d'une somme déterminée. On posera au
ry telles limites que l'on voudra, mais il faut qu'elles
ient nettement indiquées. Voy. *infrà,* n. 63.

61. Nous venons de dire (n. 59) que, devant le jury,
se pouvait que l'exproprié eût modifié ou augmenté
demande primitive. Tel est, en effet, son droit, ainsi
'il a été expliqué art. 24, n. 2, et art. 37, n. 14. Les
nites extrêmes dans lesquelles devra se maintenir la
cision du jury seront donc fixées, non par les offres

et demandes des articles 23 et 24, mais par le dernier
état des conclusions. Ce dernier état se détermine, non-
seulement par des conclusions écrites, mais même par
de simples conclusions orales, pourvu que leur existence et leur chiffre se trouvent expressément consta-
tés au procès-verbal. (V. art. 37, n. 32.) Il se peut
qu'il n'y ait pas eu de demande, en ce sens qu'il n'en
aurait pas été formé dans les délais des articles 24
et 27 ; cette circonstance est indifférente s'il en a été
formulé devant le jury [1].

Il est évident que, pour la détermination de la demande, on ne doit tenir aucun compte des chiffres indiqués en des pourparlers amiables qui avaient été
tentés avant appel et comparution devant le jury, mais
qui n'avaient abouti à aucun accord définitif [2].

62 Si deux prétendants droit ont, pour le même immeuble, formulé des demandes de chiffre différent, la
limite extrême est, pour chacun d'eux, fixée par ses
propres conclusions. Y a-t-il alors nécessité de fixer
deux indemnités distinctes ? Nous avons dit plus haut
(n. 6) que cette nécessité n'existe qu'autant que la
somme allouée dépasserait l'une des deux demandes.

63. La nécessité d'un chiffre précis n'est d'ailleurs
indispensable que pour les immeubles ou portions d'immeuble compris dans l'expropriation. Si les parties
ajoutent volontairement à l'expropriation quelque objet
que le jugement ne contenait pas, et dont l'exproprié n'a
pas demandé, en la forme et dans les délais légaux,

---

[1] 7 août 1866, rej. : Département de Loir-et-Cher c. Consorts Cormier ; M. Glandaz. D. 5, 202.

[2] 22 août 1876, rej.: Commune de Montcel c. Mailland et autres :
M. Hély d'Oissel.

l'adjonction à la portion d'immeuble indiquée par le jugement, on ne se trouve plus, pour l'objet ainsi ajouté, sous l'application du paragraphe 5 de l'art. 39 ; on n'est alors que sous l'empire du principe général qui ne permet pas de statuer *ultra petita :* les conclusions pourront, sans qu'aucune nullité en résulte, manquer en ce cas du caractère précis que la loi d'expropriation exige, et ne pas se formuler en un chiffre. Ainsi jugé dans une espèce où il s'agissait d'une partie de propriété non comprise au jugement, et à l'acquisition de laquelle l'exproprié avait conclu pour la première fois devant le jury[1].

À la portion d'immeuble frappée par le jugement, et pour laquelle les offres et demandes sont indispensables, lorsqu'il s'ajoute, du consentement des parties, une autre portion, il importe que la décision du jury soit rendue de telle façon qu'il soit constant que, pour la partie d'immeuble à laquelle le jugement s'applique, l'allocation satisfait aux prescriptions du paragraphe 5 de l'art. 39. Si donc à une emprise résultant du jugement d'expropriation, et pour laquelle il y a eu offres et demandes, se joignent, sur la demande de l'exproprié, des hors-ligne pour lesquels aucune offre n'a été précisée, le jury doit éviter de comprendre dans une indemnité unique ce qu'il alloue pour la partie expropriée, et ce qu'il alloue pour les hors-ligne.

64. L'allocation est égale à l'offre lorsque, l'expropriant ayant offert 15 francs par are, le jury a accordé 15 francs par are *pour le sol et la superficie*[2]. L'art. 552,

---

[1] 28 févr. 1866, rej. : Bernady-Berge c. Préfet des Pyrénées-Orientales ; M. Glandaz.
[2] 26 août 1873, rej. : Moitessier c. Commune de Bleurville ; M. Aubry. D. 454.

paragraphe 1er, du Code civil, s'applique naturellement en matière d'expropriation : l'expression surabondamment employée par la décision du jury n'empêche pas cette décision d'être en parfaite harmonie avec l'offre.

65. Plusieurs décisions ont été déférées à la Cour suprême comme ayant alloué à l'exproprié une indemnité inférieure aux offres, telles qu'elles avaient été maintenues et renouvelées devant le jury ; la cassation a été prononcée toutes les fois qu'en fait le moyen a paru justifié [1].

66. Un arrêt, du 26 novembre 1845 [2], a cassé, comme allouant une indemnité inférieure aux offres, une décision qui n'accordait à l'indemnitaire que la somme offerte pour la parcelle expropriée, encore que, sur la demande du propriétaire et avec le consentement de l'expropriant, l'acquisition eût compris en outre une autre parcelle de terrain : il n'a pu suffire d'allouer, pour la totalité du terrain acquis, une somme qui n'avait été offerte que pour une partie de ce terrain. Voir *infrà*, n. 75, *in fine*.

67. L'indemnité pourra, sans nullité, être inférieure aux offres, si des raisons spéciales ont amené, de la part de l'expropriant, le retrait, exprès ou implicite, des offres originairement faites. Ainsi jugé dans une

---

[1] *Cassation:* 15 avril 1857 : Bouriat c. Commune de Triel ; M. Delapalme. D. 1857, 1, 159, P. 1859, 51. — 9 janv. 1860 : Malès et consorts c. Préfet de la Corrèze ; M. Pascalis. D. 32, P. 1861, 1120. — 30 mars 1863 : Missland c. Ch. de fer de l'Est ; M. Le Roux de Bretagne. D. 131, S. 960. — 4 mars 1868 : Devaux c. Préfet de la Charente et Commune de la Couronne ; M. Quénault. D. 206, S. 413, P. 1102. — *Rejet* : 10 avr. 1866 : Fontaine c. Préfet de la Haute-Savoie ; M. Fauconneau-Dufresne. D. 5, 205. — 11 août 1868 : De Vilar et Soubielle c. Ch. de fer de Perpignan ; M. Gastambide.

[2] Abreuveux c. Préfet de la Haute-Marne ; M. Hello. D. 1845, 4, 261, P. 1846, 2, 437.

espèce où les offres contenaient estimation à 120 francs
de la plantation dépendant du terrain exproprié, mais
où l'expropriant avait, au cours des débats, allégué
qu'un certain nombre d'arbres avait été abattu, et réduit de ce chef les offres à 50 francs. Puis on était
tombé d'accord, postérieurement aux secondes offres,
pour régler l'indemnité à tant par pied d'arbre. Après
ce contrat judiciaire, les limites de la décision du jury
étaient fixées par le prix que chacune des parties avait
attribué au pied d'arbre, et le dernier paragraphe de
l'art. 39 était désintéressé dans l'hypothèse même où la
portion d'indemnité représentant le prix des arbres serait demeurée inférieure aux offres primitives de 120
francs, ou aux offres réduites de 50 [1].

68. Il a même été jugé que l'indemnité allouée avait
pu, sans qu'aucune nullité en résultât, être inférieure
au chiffre non expressément modifié des offres qui
avaient été signifiées d'abord; et cela dans des espèces
où les offres auraient contenu une erreur matérielle de
plume ou de calcul, erreur qui se rectifiait aisément par
l'inspection du tableau des offres, et qui, en fait, n'avait
pu échapper à l'exproprié. L'erreur de chiffre de la notification une fois rectifiée, l'offre se trouvait être, dans
ces espèces, inférieure à l'indemnité allouée [2]. Comme
toutes les règles de notre droit, le paragraphe 5 de
l'art. 39 n'est pas judaïquement interprété, mais d'a-
près son esprit et son objet.

69. La violation apparente du paragraphe 5 de l'art. 39

[1] 27 févr. 1860, rej.: Bucaille c. Ville du Hâvre; M. Renouard.
D. 409, S. 1861, 1, 384, P. 1861, 689.
[2] 16 mai 1860, rej.: Bottes c. Préfet du Puy-de-Dôme; M. Alcock.
D. 410, P. 1861, 1121. — 8 avr. 1863, rej.: Neyron c. Ville de Saint-
Étienne; M. Aylies.

peut aussi être rectifiée par l'examen de la véritable
pensée du jury. Ainsi, les offres et la demande ayant
été divisées en deux chefs, il est alloué sur le premier
une somme inférieure aux offres. Aucune nullité n'en
résultera s'il ressort évidemment de tous les éléments
de la cause qu'il y a eu transposition dans les sommes
allouées ; que le jury a inscrit sur le premier chef l'indemnité allouée pour le second, et réciproquement ; et
qu'en rétablissant ainsi l'ordre qui était dans la pensée
du jury, l'art. 39, paragraphe 5, reçoit une entière sa-
tisfaction [1].

70. Dans une espèce, après offres et demandes, une
parcelle de 4 ares 80 centiares avait été abandonnée à
l'exproprié par la commune expropriante. Le jury avait
alloué somme égale aux offres, et, en outre, les 4 ares
80. Contre cette décision, la commune expropriante
disait : le chiffre d'indemnité est indéterminé ; le jury
aurait dû estimer en argent les 4 ares 80 abandonnés.
Faute par lui de l'avoir fait, on ignore si l'indemnité
allouée satisfait au dernier paragraphe de l'art. 39. On
voit bien que l'indemnité est inférieure aux offres, mais
on ne sait pas si elle n'est pas aussi supérieure à la
demande : cela peut être, puisqu'à côté d'un élément
de calcul net et précis, le jury en met un autre, les
4 ares 80, dont il ne détermine pas la valeur. Cette argumentation n'était pas, en droit, dépourvue de valeur ;
mais elle a été repoussée dans la cause par le motif
qu'en fait, nonobstant l'abandon des 4 ares 80, les parties avaient, vis-à-vis du jury, respectivement maintenu, sans en modifier aucunement le chiffre, leurs

[1] 6 avr. 1864, rej. : Veuve Pichon c. Ch. de fer du Nord ; M.
Sévin.

offres et demandes originaires[1]. Voy. *suprà*, n. 66.

71. Le jury peut se borner à allouer une indemnité égale à la somme offerte par l'administration expropriante, nonobstant la déclaration de l'agent de l'administration « que la prétention de l'exproprié à une indemnité supérieure peut être fondée, et qu'il n'y a pas lieu de s'opposer à ce qu'elle soit accueillie par le jury. » Une semblable déclaration ne constitue ni un acquiescement formel à la demande de l'exproprié, ni un contrat judiciaire ; elle n'est, de la part de l'expropriant ou de son agent, que l'expression d'une opinion, qui n'a pas la puissance de modifier les conclusions prises, et de changer les limites dans lesquelles peut se mouvoir la volonté du jury. Cela est surtout évident si la déclaration ci-dessus a été accompagnée de cette autre déclaration « qu'il n'y a pas d'autre offre que l'offre primitive, légalement notifiée [2]. »

72. Dans aucun cas, l'administration n'a qualité pour se plaindre de la décision du jury qui alloue à l'exproprié une indemnité inférieure aux offres : cette décision ne peut être attaquée que par l'exproprié [3].

73. La décision du jury est nulle si elle alloue une indemnité supérieure à celle demandée [4]. Mais l'indemnité ne peut être réputée supérieure à la demande par cela seul qu'elle excède l'un des divers éléments de

---

[1] 5 mars 1872, rej. : Commune de Vauxrenard c. Burgaud : M. Merville. D. 1873, 1, 63, S. 1873, 1, 176, P. 1873, 406.

[2] 2 févr. 1848, rej. : Emeric Party c. Préfet des Bouches-du-Rhône ; M. Miller. D. 1848, 5, 186, S. 1848, 1, 298, P. 1848, 1, 718.

[3] 17 juin 1846, rej. : Préfet des Bouches-du-Rhône c. Brest ; M. Renouard. D. 1851, 5, 242, S. 1846, 1, 580, P. 1846, 2, 92.

[4] 21 juill. 1857, Cass. : Galtier c. Compagnie de la rue Impériale, à Lyon ; M. Alcock. D. 305. — 17 nov. 1873, Cass. : Commune d'Aiton c. Pillet, Roux et Brison ; M. Casenave. D. 1874. 1, 8.

cette demande : c'est d'après la demande prise dans son ensemble, et non d'après l'un des éléments complexes qui la constituent, que l'excès prétendu d'allocation doit être arbitré [1].

74. Lorsque l'administration expropriante attaque la décision du jury sous prétexte que l'indemnité allouée à l'exproprié est supérieure à celle demandée, c'est à elle à prouver cette allégation : si le chiffre des demandes n'est pas énoncé au procès-verbal, l'administration ne peut faire admettre son moyen qu'autant qu'elle a préalablement établi le chiffre des demandes [2].

75. Encore que le chiffre auquel s'est élevée la demande ne se trouve pas énoncé dans l'instruction, il est suffisamment établi par ladite instruction que ce chiffre a été soumis au jury, et qu'il est resté supérieur à l'indemnité réglée, si, d'une part, l'expropriant reconnaît lui-même dans son acte de pourvoi que l'exproprié a fait connaître ses prétentions après le délai fixé par l'article 24, et si, d'autre part, l'ordonnance du magistrat directeur explique, dans sa décision relative aux dépens, que l'indemnité fixée par le jury dépasse de beaucoup les offres faites par l'expropriant, et qu'elle est à peu de chose près égale à la demande de l'exproprié [3].

---

[1] 29 avr. 1844, rej. : Préfet de Seine-et-Oise c. Dumay ; M. Hello. D. 1844, 4, 186, P. 1846, 2, 436. — 26 juin 1844, rej. : Préfet des Basses-Alpes c. De Villages ; M. Renouard. D. 320, S. 508, P. 1847, 1, 210.

[2] 28 août 1848, rej. : Préfet du Morbihan c. Bouin et consorts ; M. Gaultier. D. 1848, 5, 187. — 23 déc. 1863, rej. : Ch. de fer d'Orléans c. Monclar et autres ; M. Renouard. D. 1864, 5, 149.

[3] 16 août 1854, rej. : Préfet du Jura c. Jouhard et Templardon ; M. Pascalis. D. 1854, 1, 343, S. 1855, 1, 141, P. 1855, 1, 485.

76. La décision qui alloue à l'exproprié le montant entier de sa demande, et, en outre, des matériaux provenant de démolition, est nulle, comme accordant plus qu'il n'a été demandé : l'indemnité, réglée de la sorte, dépasse en effet la demande de toute la valeur des matériaux[1].

Sur la fixation d'une indemnité consistant pour partie en matériaux, voir art. 38, n. 74 à 82.

77. Que devra-t-on décider si, l'exproprié ayant conclu à l'allocation d'une somme d'argent, et, en outre, à ce que les matériaux lui fussent laissés ou à ce que des travaux fussent exécutés par l'expropriant, le jury accorde une somme supérieure à la demande pécuniaire, mais repousse soit expressément, soit implicitement par son silence, le chef de demande relatif aux matériaux ou aux travaux ? Y aura-t-il là violation du paragraphe 5 de l'art. 39 ? Ne peut-on pas dire, au contraire, que l'excédant de la somme allouée sur cette demande doit être réputé l'équivalent des chefs repoussés par le jury ?

Il existe sur ce point deux arrêts de la Cour suprême ; la différence des espèces a amené aussi une différence dans les solutions.

Dans la première espèce, les offres signifiées au nom de l'expropriant étaient de 2,500 francs, les matériaux devant rester à l'exproprié ; la demande notifiée de celui-ci était de 4,000 francs, sous la condition de garder les matériaux, et encore avec cette restriction qu'une parcelle attenante à l'immeuble exproprié, mais située en dehors du tracé de la route pour l'ouverture

---

[1] 2 juin 1845, Cass. : Commune du Mas c. Lacoste ; M. Gillon. D. 295, S. 493, P. 2, 72.

de laquelle s'opérait l'expropriation, ne serait pas comprise dans la dépossession. Le jury cependant a alloué pour indemnité la somme de 5,500 francs, en ces termes : « Pour prix de la totalité de la maison, sol et matériaux, et y compris la parcelle qui ne sera pas occupée par la route. » La Cour, par arrêt du 4 mars 1844[1], a rejeté le pourvoi dirigé contre cette décision : « Attendu qu'en comparant les premières prétentions que les parties s'étaient réciproquement signifiées avec la décision qui fixe l'indemnité, il est manifeste que le jury n'a alloué la somme de 5,500 francs, au lieu de 4,000 francs demandés par l'exproprié, qu'à cause, 1° de l'abandon de la parcelle qui ne sera pas occupée par le tracé nouveau de la route, abandon auquel l'exproprié avait d'abord résisté ; et 2° de la prise par l'Etat des matériaux provenant de la maison démolie, que primitivement l'exproprié avait annoncé vouloir garder aussi ; que du rapprochement de plusieurs énonciations insérées au procès-verbal des opérations du jury résulte que les premières prétentions ont reçu des modifications dans les débats en présence des jurés, modifications que le magistrat directeur résume en déclarant que la somme allouée de 5,500 francs est égale à la demande de l'exproprié ; que, dans cet état des faits, tel qu'il s'est présenté à lui en dernier lieu, le jury a pu, sans violer l'article 39, paragraphe 5, de la loi du 3 mai 1841, ni aucun autre texte de loi, rendre la décision attaquée. »

Dans la seconde espèce, l'exproprié réclamait 9 francs par mètre carré, et demandait, en outre, qu'un mur de

---

[1] 4 mars 1841 : Préfet de l'Allier c. Henry ; M. Gillon. D. 185, S. 446, P. 1, 687.

clôture de deux mètres de hauteur fût construit, aux
frais de la Compagnie de chemin de fer expropriante,
entre le chemin de fer et la portion de la propriété que
n'enlevait pas l'expropriation ; la Compagnie offrait
seulement 5 francs par mètre. Le jury a alloué 13 francs
50 centimes par mètre ; sa décision a été cassée, par
arrêt du 15 juillet 1844[1], comme ayant alloué une
indemnité supérieure à la demande : « Vainement on
objecterait, porte l'arrêt de cassation, que le silence
gardé par le jury quant à la construction de la muraille
le clôture doit faire supposer que l'indemnité plus forte
allouée par chaque mètre de terrain est le dédommagement de cet ouvrage, qui n'avait pas de valeur déterminée, et dont le jury n'a pas explicitement alloué la
dépense ; en effet, à l'aide d'une pareille interprétation,
le jury s'arrogerait indirectement, et malgré la défense
de l'article 39, la faculté de porter le prix des terrains
expropriés à un taux supérieur à la demande elle-
même. »

La règle sera donc que l'excédant de l'indemnité sur
la demande pécuniaire ne pourra pas, en général, et
par simple voie d'induction, être réputé l'équivalent de
la demande indéterminée qui se joignait à la demande
pécuniaire ; mais à cette règle exception sera faite toutes les fois que du procès-verbal même et de ses constatations résultera la preuve directe et positive que,
dans le dernier état des conclusions, l'excédant a véritablement correspondu à l'allocation en nature que le
jury n'a pas admise.

Ajoutons que, dans la première des deux espèces qui

---

[1] 15 juill. 1844 : Mines de Montrambert c. Liogier ; M. Gillon.
D. 308, S. 607, P. 2, 358.

viennent d'être citées, la circonstance qu'une parcelle
nouvelle avait été ajoutée à l'expropriation originaire a
dû puissamment influer sur la décision de la Cour.
L'arrêt du 4 mars 1844 doit, à ce point de vue, être
rapproché de celui du 26 novembre 1845 (*suprà*, n. 66) ;
en cas d'extension d'acquisition, on ne peut admettre
la persistance ni de l'offre, ni de la demande originaire.

78. L'indemnité, encore qu'elle soit égale au chiffre
même de la demande, est à bon droit réputée supérieure
à cette demande, si la demande se basait sur deux ordres de réclamation, si l'expropriant soutenait qu'un
de ces ordres de réclamation était en dehors de la compétence du jury, et si la décision, en même temps qu'elle
a contenu le chiffre entier de la demande, a exprimé
que c'était pour indemnité sur l'un des chefs, avec réserve, pour l'autre chef, de l'action de l'exproprié devant toutes juridictions compétentes. C'est allouer en
effet, pour une seule cause de dommage, l'intégralité
de ce qui était demandé pour deux [1].

79. Il faut que le rapport de l'indemnité avec le
montant de la demande soit nettement établi, que le
rapprochement des conclusions et de la décision permette bien d'apprécier si l'indemnité allouée n'a pas
été supérieure à la demande. Dans une espèce, l'exproprié avait demandé qu'il lui fût alloué pour indemnité la somme à lui offerte par l'administration, plus
1 franc 50 par mètre de clôture ; le nombre de mètres
de clôture n'étant pas indiqué par l'exproprié, et aucun des documents contenus au procès-verbal ne le
faisant connaître, le doute sur ce point laissait incertain
le montant total de la demande ; cette demande restait

---

[1] 8 févr. 1865, Cass. : Ville de Paris c. Maigre ; M. Glandaz.

vague et indéterminée, et l'expropriant a pu, à l'appui du pourvoi par lui formé, alléguer, sans qu'aucune dénégation sortît des documents de la cause, que la somme allouée dépassait celle qui serait le résultat combiné des éléments de la demande. En cette situation, la cassation a dû être prononcée [1].

80. L'exproprié qui a requis, conformément à l'article 50, l'acquisition totale, n'est pas tenu de faire deux demandes distinctes, l'une pour la partie indiquée au jugement, l'autre pour le surplus de la propriété. Si le jury a fait, dans sa décision, cette distinction, que ne contenait pas la demande et qui n'était pas obligatoire pour lui, aucune nullité n'en résulte, pourvu d'ailleurs que le total des deux allocations ne dépasse pas le chiffre de la demande unique [2].

De même, l'offre originaire suffit pour fixer la limite inférieure extrême de l'allocation, encore bien que l'exproprié aurait demandé au jury de diviser sa réponse, en faisant connaître le chiffre spécialement applicable à la dépréciation industrielle, et que le jury aurait obtempéré à ce désir [3].

81. En sens inverse, une indemnité unique suffira, encore que les offres auraient été divisées d'une certaine manière, si cette division n'était qu'un mode de calcul adopté par l'expropriant, si l'exproprié n'a pas suivi l'exemple de l'expropriant et opéré lui même une division semblable. Il suffit alors que l'indemnité soit

[1] 21 mai 1860, Cass. : Commune de Marchampt c. Durand ; M. Delapalme. D. 251, S. 913, P. 1861, 837.
[2] 28 déc. 1859, rej. : Commune de Mallemort c. Boutière ; M. Alcock. D. 1860, 1, 39, S. 1860, 1, 1004, P. 1860, 1014.
[3] 15 mars 1870, rej. : D^{lle} Dhal c. Ville de Turcoing ; M. Merville. D. 176.

égale ou supérieure à la totalité des offres diverses ; et
il importe peu que le jury ait ou non adopté, dans les
éléments de son calcul, le mode que l'expropriant avait
indiqué. Ainsi, s'agissant d'un terrain couvert pour
partie d'une guérite ou construction légère, servant de
bureau de péage, l'administration a offert 700 francs
pour la portion bâtie (construction et sol), 8 pour le terrain non bâti ; le jury a alloué 300 pour l'édifice, 530
pour la totalité du sol : les 830 accordés dépassent les
708 offerts, et cela suffit, alors d'ailleurs que l'exproprié
n'avait pas pris de conclusions tendant à l'adoption
dans la décision du mode de calcul employé dans
l'offre, et n'avait pas suivi lui-même dans sa demande
ce mode de calcul et de division [1].

82. Il en serait tout autrement si c'était par les conclusions mêmes des parties que la somme offerte et
demandée avait été divisée en plusieurs chefs. En un
pareil état des conclusions, si, sur l'un de ces chefs,
l'indemnité venait à se trouver inférieure à la demande,
vainement rechercherait-on si le chiffre des indemnités allouées sur les autres chefs n'amène pas, en
définitive, un total d'indemnité égal au total des offres.
Il est manifeste ici que, dans une de ses parties, la
décision s'est trouvée contenir une violation de l'article 39, § 5, et cela suffit pour en entraîner la nullité.
Ainsi jugé par arrêt de cassation du 23 avril 1877 [2].
C'est la cassation totale qui a été prononcée : « la demande, lit-on dans l'arrêt, bien que divisée en plu-

---

[1] 28 mai 1877, rej. : Boulland c. Préfet de l'Hérault ; M. Merville.
D. 470, S. 432, P. 1122.

[2] 23 avril 1877, Cass. : Laumonier-Carriol c. l'État ; M. Greffier.
S. 320, P. 806.

sieurs chefs, n'avait qu'un seul objet, auquel se référait, par une connexité étroite, chacun de ces chefs ; le chiffre de l'indemnité totale et légitimement due ne pouvait résulter que de la réunion des indemnités accordées par chaque chef ; — d'où il suit que, la décision relative à l'un des éléments qui doit composer le chiffre total de cette indemnité étant entachée de nullité, il y a lieu de renvoyer, devant le jury qui connaîtra de nouveau de l'affaire, la demande telle qu'elle a été portée devant le premier jury. » Voy. art. 42, n. 35.

83. Nous avons vu que l'exproprié pouvait modifier sa demande jusqu'à ¡la décision du jury, qu'il pouvait même ne la formuler pour la première fois qu'après l'ouverture des débats, et en présence du jury (art. 24, n. 2 ; art. 37, n. 14) ; mais s'il n'est pas nécessaire que la demande se formule dans un délai déterminé, il importe beaucoup aux intérêts de l'exproprié de ne pas négliger d'en formuler une. A défaut de demande, l'indemnité ne peut excéder les offres. La loi de 1841 a voulu, en effet, par la disposition finale de l'article 39, déterminer un *maximum* que l'évaluation du jury ne dépasserait en aucun cas ; il ne saurait dépendre de la volonté des parties de supprimer cette garantie de la loi, et de créer, par leur silence, la faculté pour le jury d'élever indéfiniment l'évaluation [1].

Cette solution s'applique même au cas où l'exproprié

---

[1] 23 févr. 1842, Cass. : Préfet de l'Aveyron c. Albin et de Pegayrolles ; M. Renouard. D. 86, S. 263, P. 1, 308. — 2 janv. 1849, Cass. : Préfet du Cantal c. Dessieur et Greliche ; M. Renouard. D. 74, S. 216, P. 1, 392. — 2 déc. 1851, Cass. : Préfet des Basses-Alpes c. Martel ; M. Renouard. D. 1852, 1, 9, S. 1852, 1, 462, P. 1852, 2, 704. — 22 août 1853, Cass. : Chemin de fer de Paris à Lyon c. Commune

a comparu devant le jury et contesté les offres comme
insuffisantes ; ce n'est que par la demande formelle
d'une somme déterminée que le jury peut être investi
du droit d'allouer, dans les limites de cette somme, une
indemnité supérieure à l'offre [1].

Est-il besoin d'ajouter que l'indication tardive, par
l'exproprié, après que le jury avait prononcé, d'un
chiffre de demande égal ou supérieur à l'indemnité
allouée, n'a pu effacer le vice de la décision [2] ?

84. De même qu'à défaut de demande, l'indemnité
ne peut dépasser les offres, de même, à défaut d'offres,
l'indemnité ne pourra être inférieure à la demande.

Un arrêt du 1er mars 1843 [3] déclare le paragraphe 5
de l'article 39 inapplicable au cas où l'expropriant prétend ne devoir aucune indemnité ; d'après cet arrêt,
l'expropriant qui dénie au réclamant la qualité en laquelle il agit ne fait que se montrer conséquent à cette
dénégation en ne faisant aucune offre.

Un arrêt du 2 mai 1859 [4], rendu après délibération en
Chambre du Conseil, déjà cité sous l'article 37, n. 13, a,
au contraire, décidé, et avec raison, que l'expropriant,

de Sevrey ; M. Delapalme. D. 1853, 1, 284, S. 1854, 1, 48, P. 1855, 1,
33. — 31 juill. 1851, Cass. : Préfet de la Gironde c. Chaperon ;
M. Gillon. D. 1854, 1, 352, S. 1855, 1, 140, P. 1855, 1, 530. — 15 mai
1866, Cass. : Ch. de fer de Lyon c. Jullian ; M. Eug. Lamy. D. 5,
201, S. 447, P. 1204. — 7 août 1865, rej. : Département de Loir-et-
Cher c. Consorts Cormier ; M. Glandaz. D. 5, 202. — 4 févr. 1874,
Cass. : Commune de Mirabeau c. Plan ; M. Merville. D. 248, S. 222,
P. 547.

[1] Mêmes arrêts.

[2] Arrêt du 22 août 1853.

[3] 1er mars 1843, rej. : Labbé c. Préfet de la Seine ; M. Renouard.
D. 161, S. 315, P. 1, 510.

[4] Héritiers Lécuyer c. Chemin de fer de Paris à Lyon et à la
Méditerranée ; M. Renouard. D. 1859, 1, 208, P. 1859, 1013.

même quand il s'oppose absolument à la demande
d'indemnité, n'est pas dispensé de faire une offre. Cette
offre, comme l'indemnité elle-même, sera éventuelle
et subordonnée au triomphe de la prétention de l'exproprié; mais il faut qu'elle ait été faite ; le paragraphe 5 de l'article 39 est applicable à ce cas.

Par suite, si l'offre éventuelle avait été omise, le jury
ne saurait, dans l'hypothèse de la reconnaissance
ultérieure du droit ou de la qualité contestée, allouer
une indemnité inférieure au chiffre de la demande.

85. L'expropriant peut d'ailleurs abaisser ses offres
autant qu'il le juge convenable. Il peut n'offrir, et le
jury peut n'accorder, par exemple, que la somme de
1 franc. Vainement l'exproprié soutiendrait-il qu'une
pareille offre est insignifiante, et équivaut à un refus
d'indemnité ; cela peut être vrai en fait, mais c'est, en
définitive, une question d'évaluation dont le jury est
juge souverain. Si l'offre de 1 franc ne doit pas être
considérée comme une offre sérieuse (et, en réalité, il
est difficile qu'elle puisse l'être), n'en sera-t-il pas de
même de l'offre de 5 francs, de 10 francs, et, suivant les circonstances, d'offres beaucoup plus considérables ?

En niant à une offre, sous prétexte qu'elle est trop
minime, le caractère d'offre sérieuse, on s'engagerait
dans une voie dangereuse. Il suffit qu'il y ait une offre
quelconque, et qu'une indemnité soit réglée dans les
limites tracées par le paragraphe 5 de l'article 39, pour
que la décision du jury soit régulière et doive être
maintenue. L'insuffisance de l'offre n'en entraîne pas la
nullité [1]. (Voir cependant *suprà*, n. 34.)

---

[1] 23 août 1854, rej. : Jacomet c. Préfet de la Seine ; M. Renouard.

C'est au jury à faire justice des offres illusoires. Il
peut arriver, dans un cas donné, qu'à raison des circonstances et par application de la règle tracée en l'article 51 , le dommage éprouvé par l'exproprié soit
insignifiant et justifie, en conséquence, l'articulation
d'une offre également insignifiante ; mais il serait à
regretter que l'administration ou les Compagnies expro-
priantes, abusant de la latitude que leur donne le respect de la jurisprudence pour les principes, fissent, par
une pratique vicieuse, disparaître en fait l'un des éléments de l'appréciation du jury, le *minimum* que le
législateur espérait trouver dans les offres.

86. Un arrêt du 23 novembre 1853 [1] a jugé que l'offre
de la somme de 1 franc constituait véritablement une
offre dans le sens légal du mot, encore que l'expropriant y aurait ajouté la réserve de réclamer ultérieurement de l'exproprié, en vertu de l'article 30 de la loi
du 16 septembre 1807, une indemnité de plus-value.
Cette réserve n'a pas pour effet de rendre l'offre inappréciable, incertaine, non définitive ; elle n'est ni la
condition, ni même l'accessoire de l'offre signifiée.

Il importerait peu que la réserve, écrite en l'acte
d'offres, n'eût pas été reproduite au tableau desdites
offres. Le droit dont la réserve était faite était complétement étranger aux appréciations du jury ; la réserve
n'avait donc pas besoin d'être placée sous ses yeux [2].

D. 1854, 1, 319, S. 1855, 1, 143, P. 1855, 1, 126. — 12 mars 1856, rej. :
Donzeaud c. Ville de Paris ; M. Renouard. D. 109, S. 828, P. 1857,
604. — 1ʳʳ juin 1864, rej. : Lethierry c. Préfet du Nord ; M. Delapalme. D. 5, 148, S. 508, P. 1254. — 31 déc. 1867, rej. : Santy c. commune d'Enghien-les-Bains ; M. Eug. Lamy. D. 1868, 1, 15, P. 1868,
307.
[1] Rej. : Neveux c. Ville de Paris ; M. Gillon. D. 1854, 5, 347, P.
1854, 2, 275
[2] Même arrêt.

87. En même temps qu'elle consacre ces solutions, la Cour de cassation ajoute[1] : « que la décision à rendre par le jury ne peut rien préjuger sur les conséquences de l'action qui est l'objet de la réserve, non plus que sur la recevabilité de cette action, au cas où elle viendrait plus tard à être intentée. » Quel devrait donc être le sort de cette action si elle était exercée ?

L'article 30 de la loi du 16 septembre 1807 est ainsi conçu : « Lorsque, par suite des travaux déjà énoncés dans la présente loi (desséchement des marais), lorsque, par l'ouverture de nouvelles rues, par la formation de places nouvelles, par la construction de quais ou par tous autres travaux publics généraux, départementaux ou communaux, ordonnés ou approuvés par le gouvernement, des propriétés privées auront acquis une notable augmentation de valeur, ces propriétés pourront être chargées de payer une indemnité qui pourra s'élever jusqu'à la valeur de la moitié des avantages qu'elles auront acquis ; le tout sera réglé par estimation dans les formes déjà établies par la présente loi, jugé et homologué par la commission qui aura été nommée à cet effet. » Ce n'est pas ici le lieu de discuter le mérite, fréquemment contesté, de cette disposition législative. Qu'il nous suffise de dire qu'il ne nous paraît pas qu'elle puisse être appliquée, en cas d'expropriation partielle, après règlement de l'indemnité par le jury. Le jury doit, aux termes de l'article 51, prendre en considération, dans l'évaluation du montant de l'indemnité, l'augmentation de valeur immédiate et spéciale que l'exécution des travaux doit procurer au

[1] Même arrêt.

restant de la propriété. Ce que le jury a réglé par application de la loi de 1841, l'autorité administrative ne
saurait le régler encore en vertu de la loi de 1807, et
faire ainsi payer deux fois à l'exproprié l'augmentation
de valeur que l'expropriation a pu donner à la portion
de sa propriété dont il n'est pas dépossédé. Il peut
arriver, il est vrai, que l'augmentation de valeur de la
portion restante dépasse la valeur de la portion enlevée,
et qu'ainsi, nonobstant la disposition de l'article 51, le
jury, qui ne peut que constituer une créance au profit
de l'exproprié, sans avoir jamais le droit de lui imposer
une dette, n'ait pas suffisamment tenu compte de l'augmentation de valeur. Mais qui dira si, dans la pensée
du jury, la plus-value a ou non été prise en considération autant qu'elle devait l'être ? Sera-ce à l'autorité
administrative qu'on attribuera ce pouvoir, sous prétexte d'appliquer la loi de 1807 ? Il n'est pas possible
d'admettre que l'autorité administrative puisse ainsi,
par une voie indirecte, interpréter la décision du jury,
encore moins la réformer. Lors même d'ailleurs qu'il
serait certain que le jury n'a réglé une indemnité, de
1 franc par exemple, que parce que les offres mises sous
ses yeux et la loi même de son institution ne lui permettaient pas de n'en régler aucune (Voir art. 51, n. 3),
ou de la régler en sens inverse et au profit de l'expropriant, la décision du jury n'en devrait pas moins être,
pour l'exproprié, une décision définitive, irrévocable,
que rien dans l'avenir ne saurait amoindrir. Quand la
loi donne compétence au jury d'expropriation, elle
entend que ce jury dise le dernier mot sur tout ce
qui concerne le règlement de l'indemnité, et sur l'étendue du sacrifice que l'intérêt public exige de l'exproprié. L'article 30 de la loi de 1807 est une règle excep-

tionnelle, qui doit être soigneusement limitée au cas
pour lequel le législateur l'a faite, et ne peut être appliquée concurremment avec la loi de 1841.

ARTICLE 40.

Si l'indemnité réglée par le jury ne dépasse pas l'offre de
l'administration, les parties qui l'auront refusée seront con
damnées aux dépens.
Si l'indemnité est égale à la demande des parties, l'administration sera condamnée aux dépens.
Si l'indemnité est à la fois supérieure à l'offre de l'administration et inférieure à la demande des parties, les dépens seront compensés de manière à être supportés par les parties et
l'administration, dans les proportions de leur offre ou de leur
demande avec la décision du jury.
Tout indemnitaire qui ne se trouvera pas dans le cas des
articles 25 et 26 sera condamné aux dépens, quelle que soit
l'estimation ultérieure du jury, s'il a omis de se conformer aux
dispositions de l'article 24.

SOMMAIRE.

1. La loi donne au magistrat directeur, pour le règlement des dépens, un véritable pouvoir juridictionnel.
2. L'article 40 n'est que l'application du droit commun.
3. Rectification, par la loi de 1841, du texte de 1833.
4. L'omission de statuer sur les dépens emporte cassation.
5. Mais il suffit que l'ordonnance pose les bases de la répartition
des dépens, encore bien qu'elle n'en contiendrait pas la liquidation.
6. Règlement de dépens fait en vertu de l'ordonnance. Erreur.
7. Le jury n'a aucune juridiction en matière de dépens.
8. Comment sont réglés les dépens quand l'indemnité a été fixée
d'une manière alternative.
9. Indemnité éventuelle ; dépens réservés.
10. Indemnité supérieure à l'offre et inférieure à la demande.
11. Allocation d'une indemnité inférieure à la demande, motivée sur
la plus-value du terrain restant aux mains de l'exproprié. Règlement des dépens.
12. Mode de payement des dépens. L'administration autorisée à les
retenir sur l'indemnité.

13. La disposition du paragraphe 4 de l'article 40 est la sanction de celle de l'article 24.
14. *Quid* si rien n'a révélé au magistrat directeur le défaut de demande par l'exproprié dans les délais.
15. *Quid* lorsqu'au contraire l'existence de la demande a été niée, bien qu'il en existât une.
16. Le paragraphe 4 est-il applicable quand une demande, supérieure aux offres, mais dont le chiffre n'est pas nettement déterminé, a été faite, par lettres, dans le délai de l'article 24 ?
17. *Quid* lorsque l'exproprié a fait connaître, antérieurement aux offres, le chiffre de sa demande ?
18. Quand il y a eu successivement deux exploits d'offres, duquel des deux part le délai de quinzaine de l'article 24 ?
19. Application du paragraphe 4 à l'exproprié qui, bien que n'ayant à aucune époque répondu aux offres, a reçu une indemnité supérieure auxdites offres.
20. Exception contenue au paragraphe 4 en faveur des indemnitaires incapables. Dans quelles limites elle doit être renfermée.

1. Le pouvoir dont le magistrat directeur est investi pour le règlement des dépens constitue un véritable pouvoir juridictionnel, attribué à ce magistrat par une disposition tout exceptionnelle, et qui doit être rigoureusement circonscrit dans les limites que la loi lui a assignées [1]. Voir *infrà*, n. 7, et art. 41, n. 10.

2. Le règlement des dépens, tel que le fait l'article 40, n'est que l'application du principe de droit commun en vertu duquel les dépens sont à la charge de la partie qui succombe [2].

3. Il est à remarquer que la loi de 1833 avait admis, dans le premier paragraphe de l'article 40, que l'indemnité pouvait être inférieure à l'offre, dans le paragraphe 2, qu'elle pouvait être supérieure à la demande. La loi de 1841 a corrigé cette erreur de pensée ou de langage. V. art. 39, n. 59.

[1] 2 janv. 1837, Cass. : Préfet de l'Hérault *c.* Glaise et Sagnier ; M. Quéquet. D. 1837, 1, 177, S. 1838, 1, 23, P. 1837, 1, 150.
[2] 1er mars 1843, rej. : Labbé *c.* Préfet de la Seine ; M. Renouard. D. 161, S. 315, P. 1, 510.

4. L'ordonnance du magistrat directeur qui omet de statuer sur les dépens encourt la cassation en ce point [1].

5. Mais il n'est pas nécessaire que l'ordonnance contienne l'indication précise des sommes à supporter par chacune des parties, il suffit qu'elle détermine la proportion d'après laquelle les dépens seront répartis entre elles. Ainsi, l'ordonnance par laquelle le magistrat directeur, transcrivant dans sa décision le texte littéral de l'article 40, paragraphe 3, décide que les dépens seront supportés par les parties et l'administration dans les proportions de l'offre et de la demande avec la décision du jury, satisfait au vœu de la loi [2].

6. Ce serait, non contre cette ordonnance, mais contre le règlement de dépens fait en vertu de l'ordonnance, que les parties auraient intérêt à réclamer, si elles venaient à se prétendre lésées par une fausse application du juste principe exactement posé par l'ordonnance [3]; et l'erreur, de calcul ou autre, que contiendrait le règlement, réparable par les voies de droit, ne saurait constituer une ouverture à cassation [4].

7. Le jury n'a, quant à lui, aucune juridiction en matière de dépens. Ce serait une manifeste irrégularité si, d'accord même avec les parties, le jury avait été appelé à délibérer sur la condamnation aux dépens. (Voy. *suprà*, n. 1.) Il a été jugé cependant que la cassation n'était pas une conséquence nécessaire de cette

---

[1] 23 mai 1842, Cass. : Préfet de l'Isère *c.* Lebrun et C*e* ; M. Gillon. D. 266, S. 571, P. 2, 135.

[2] 13 janv. 1840, rej. : Bayard de La Vingtrie *c.* Favier ; M. Quéquet. D. 91, S. 159, P. 1, 54. — 7 avr. 1845, rej. : l'État *c.* Jansoone et André ; M. Renouard. D. 207, S. 531, 532, P. 1, 588.

[3] Arrêts du 7 avril 1845

[4] Arrêt du 13 janvier 1340.

façon de procéder, alors d'ailleurs qu'en fait, et nonobstant la délibération qui avait précédé, le magistrat directeur avait statué personnellement, apprécié lui-même les faits, recherché quelle loi était applicable, et motivé ainsi régulièrement sa décision [1].

8. Si l'indemnité a été réglée par le jury d'une manière alternative, il faut que l'ordonnance du magistrat directeur statue aussi sur les dépens en vue de l'une et de l'autre hypothèse. Il n'importe d'ailleurs que le magistrat directeur emploie une formule dans laquelle les deux hypothèses se trouvent expressément indiquées, ou qu'il se serve d'une formule générale, pourvu que cette formule se prête à deux applications diverses, suivant que l'une ou l'autre des hypothèses se réalisera. Ainsi, il a été jugé que l'ordonnance qui, en présence de deux allocations alternatives, s'est bornée à reproduire, comme il vient d'être dit, les termes du paragraphe 3 de l'article 40, ne met aucunement obstacle à ce que, dans le règlement des dépens qui sera ultérieurement fait, on ait égard à cette alternative [2]. Il suffit que l'on trouve dans l'ordonnance relative aux dépens la base de la liquidation à faire [3].

9. L'indemnité n'est-elle réglée que d'une manière éventuelle, le magistrat directeur peut, sans violer l'article 40, réserver les dépens jusqu'à ce qu'il ait été statué par qui de droit sur le point litigieux. Ainsi jugé dans une espèce où l'exproprié, relativement à la cession des parcelles de son domaine comprises dans

---

[1] 16 mars 1870, rej.: Veuve Dumas c. Préfet de la Gironde; M. Merville. D. 407.

[2] Arrêts du 7 avril 1845.

[3] 18 juin 1861, rej.: Ourgaud c. Ch. de fer du Midi; M. Gaultier. D. 288, S. 887, P. 1862, 431.

l'expropriation, avait accepté l'offre de l'expropriant, et
où il n'y avait eu contestation, et réglement éventuel de
l'indemnité, que sur une prétendue suppression de
servitude [1].

10. Le paragraphe 3 détermine comment seront réglés les dépens dans le cas où l'indemnité allouée serait
à la fois supérieure à l'offre et inférieure à la demande.
Il y a lieu à cassation de l'ordonnance qui condamne
l'expropriant en tous les dépens, alors cependant que
l'indemnité allouée est de beaucoup inférieure à la
demande de l'exproprié [2].

11. La disposition du paragraphe 3 de l'article 40 est
applicable, encore bien que le jury aurait expressément
déclaré n'allouer une somme inférieure à la demande
qu'en considération de la plus-value du terrain qui
restait aux mains de l'exproprié. Cette plus-value
aurait dû être prise en considération par l'exproprié
lorsqu'il formulait sa demande. Le magistrat directeur a donc, nonobstant la déclaration du jury, trouvé
dans le rapport des sommes offertes et demandées
avec la somme allouée une base certaine pour la détermination des dépens [3].

12. Quant au mode de payement des dépens, l'article 40 ne prescrit rien. Le magistrat directeur a pu,
sans violer ni cet article, ni aucun autre texte de loi,
en même temps qu'il condamnait aux dépens l'expro-

[1] 23 juin 1863, rej. : Syndicat de la Mare c. Veuve Wangel-Bret ;
M. Le Roux de Bretagne. D. 1866, 5, 195, S. 1863, 1, 549, P. 1864,
402.

[2] 19 nov. 1866, Cass. : Granier de Cassagnac c. Rosapelly ;
M. Aylies.

[3] 9 nov. 1857, rej. : Gérard de La Canterie c. Chemin de fer d'Orléans ; M. Delapalme. D. 1858, 1, 82, P. 1858, 596.

prié qui n'obtenait qu'une indemnité égale à l'offre de
l'expropriant, autoriser celui-ci à retenir sur l'indemnité
le montant des dépens[1].

13. La disposition de l'article 24 trouve sa sanction
dans le paragraphe 4 de l'article 40. Le propriétaire qui,
dans la quinzaine de l'offre, n'a ni déclaré accepter
cette offre, ni notifié son refus en faisant connaître le
montant de ses prétentions, n'est pas pour cela, nous
l'avons vu (art. 24, n. 2, et art. 39, n. 61), déchu du
droit de proposer plus tard le chiffre de sa demande ;
mais s'il ne l'a proposé qu'après l'expiration de la quinzaine, comme peine de son retard, il supportera nécessairement tous les dépens, encore bien que l'indemnité
allouée dépasserait l'offre de l'administration, encore
bien qu'elle atteindrait le chiffre même de la demande[2].

14. Disons toutefois qu'il a été jugé que l'allocation
des dépens aux parties dans la proportion de l'offre et de
la demande n'est pas un moyen de cassation si rien n'a
révélé au magistrat directeur le défaut de demande par
l'exproprié dans les délais. L'arrêt a été rendu dans une
espèce où le tableau des offres et des demandes avait été
soumis au jury, et où l'expropriant n'avait aucunement
excipé de ce que les prétentions de l'exproprié ne lui
avaient pas été notifiées[3]. Il a semblé qu'en un tel état
des faits, l'expropriant ne pouvait se faire un moyen
de cassation de ce que le paragraphe 3 de l'article 40

[1] 30 avr. 1844, rej. : Singer c. Préfet de la Seine ; M. Hello. D. 252,
S. 432, P. 2, 109.

[2] 20 août 1860, Cass. : Ville d'Aix c. Dame Long ; M. Aylies.
D. 415, P. 1861, 502. — 2 juill. 1872, rej. : Accary et Dervillé c. Ville
de Paris ; M. Hély d'Oissel.

[3] 5 déc. 1865, rej. : Ardoin c. de Flers ; M. Pont.

auraît à tort été appliqué : le magistrat directeur n'avait
fait que statuer d'après les conditions du débat que les
parties avaient engagé et soutenu devant lui.

15. Il y a au contraire fausse application, et, par
suite, violation de l'article 40, paragraphe 4, lorsque
l'ordonnance du magistrat directeur a condamné les
expropriés aux dépens sur le motif qu'ils n'auraient
notifié aucune demande d'indemnité en réponse aux
offres de l'administration, alors qu'en fait il y avait
eu demande, et que l'exploit de notification de cette
demande, produit devant le jury, aurait dû frapper
les yeux du magistrat directeur : le motif de l'ordonnance renferme, en ce cas, une erreur matérielle[1],
et rien dans l'attitude et les conclusions des parties
n'avait concouru à entraîner le magistrat dans cette
erreur.

16. Il a été jugé que, lorsque l'exproprié a, dans la
quinzaine de la notification des offres, écrit au préfet
qu'il refusait ces offres, et qu'il demandait une somme
de trente et quelques mille francs, l'existence de cette
lettre suffit pour que le magistrat directeur puisse com-
penser les dépens dans les proportions indiquées au
paragraphe 3, encore que l'exproprié n'aurait exactement précisé sa demande que devant le jury[2].

17. Si c'était antérieurement aux offres que l'exproprié avait fait connaître le chiffre de sa demande, le
paragraphe 4 de l'article 40 devrait s'appliquer : on ne
saurait voir dans des communications préliminaires
l'équivalent des déclarations prescrites par l'article 24

---

[1] 4 mai 1875, Cass. : Daurel *c.* Préfet de l'Hérault ; M. Merville.

[2] 21 juin 1842, rej. : Préfet d'Indre-et-Loire *c.* de Trobriand ;
M. Gillon. D. 272, S. 573, P. 2, 129.

à l'effet de répondre directement aux offres délibérées
et formulées par l'administration [1].

18. Le délai de quinzaine pour répondre aux offres a
pu, si les offres ont été deux fois de suite notifiées à
l'exproprié, sans que le second exploit rappelât aucunement le premier, être considéré comme ne courant
qu'à partir du second exploit seulement ; par suite, si la
demande a été formée plus de quinze jours après le
premier exploit, mais dans la quinzaine du second, le
magistrat directeur a pu appliquer, pour le règlement
des dépens, le paragraphe 3 et non le paragraphe 4 de
l'article 40 [2]. (Voir art. 37, n. 12 et 14.)

19. Il a été jugé, par arrêt du 12 janvier 1842,
mais dans une affaire régie par la loi de 1833, que
l'indemnitaire qui n'avait, ni dans le délai de l'article 24, ni à aucune époque après l'expiration de ce
délai, accepté l'offre de l'administration ni fait
connaître le montant de ses prétentions, devait, par
application du paragraphe 4 de l'article 40, être condamné à tous les dépens, encore bien qu'il aurait
obtenu une indemnité supérieure à l'offre [3]. Il semblait
que cette question ne pourrait plus se présenter sous
la loi de 1841. Aujourd'hui que, à défaut de demande,
l'indemnité ne peut excéder l'offre (art. 39, n. 83),
ce ne serait pas seulement l'ordonnance du magistrat
directeur, mais la décision même du jury qui devrait
encourir la cassation, si l'indemnité se trouvait supérieure à l'offre. Toutefois, une décision semblable à

---

[1] 10 mai 1875, rej. : Ponsico c. Préfet du Gers ; M. Gastambide.
D. 1877, 1, 32, S. 1875, 1, 319, P. 1875, 755.

[2] 24 mars 1841, rej. : Préfet des Bouches-du-Rhône c. Comte de
Grignan ; M. Renouard. D. 193, S. 344, P. 1847, 1, 216.

[3] 12 janv. 1842, rej. : Méritan c. Maire d'Apt ; M. Gillon. D. 145,
S. 420.

celle de l'arrêt du 12 janvier 1842 a été rendue, sous l'empire de la loi de 1841, dans une espèce où il n'y avait eu de pourvoi formé que contre l'ordonnance[1]. La cassation de la décision elle-même aurait, sans aucun doute, été prononcée, aussi bien que celle de l'ordonnance, si le pourvoi avait été dirigé contre elle.

20. Le paragraphe 4 de l'article 40 contient une exception formelle en faveur des indemnitaires qui se trouveront dans le cas des articles 25 et 26, c'est-à-dire des personnes, physiques ou morales, que représentent des tiers. En conséquence, lorsque des biens dépendant d'une succession sont expropriés, et qu'au nombre des héritiers se trouvent des mineurs, le magistrat directeur ne peut, encore qu'aucun des héritiers n'aurait fait de demande dans le délai de l'article 24, les condamner tous indistinctement aux dépens. Il doit faire une exception à l'égard des mineurs : les mineurs ne sont pas passibles des dépens par cela seul qu'on n'a pour eux répondu aux offres ni dans le délai de l'article 24, ni même dans celui de l'article 27 ; la sanction du paragraphe 4 de l'article 40 n'atteindra pas les mineurs, alors du moins qu'en définitive, et sur demande ultérieure, il leur a été alloué une somme supérieure aux offres[2]. Si, au contraire, l'indemnité accordée n'excédait pas la somme offerte, l'exproprié mineur serait, comme tout autre, passible de l'intégralité des dépens[3]. Ce n'est que pour le cas que le paragraphe 4

[1] 21 juin 1842, Cass.: Préfet de la Vendée c. Dame Poudevie ; M. Gillon. D. 271, S. 574, P. 2, 117.

[2] 16 févr. 1846, Cass.: Héritiers Pichiolini c. Préfet des Bouches-du-Rhône ; M. Renouard. D. 63, S. 237, P. 1, 501.

[3] 24 août 1846, Cass. : Préfet de la Nièvre c. Delamire ; M. Gillon. D. 329, S. 878, P. 2, 509.

a prévu que les incapables sont placés dans une position exceptionnelle et favorable; ils restent, à tous
autres égards, soumis aux règles générales établies par
les dispositions antérieures de l'article 40, qui ne font
aucune distinction de personnes.

ARTICLE 41.

La décision du jury, signée des membres qui y ont concouru, est remise par le président au magistrat directeur,
qui la déclare exécutoire, statue sur les dépens, et envoie
l'administration en possession de la propriété, à la charge
par elle de se conformer aux dispositions des articles 53, 54
et suivants.

Ce magistrat taxe les dépens, dont le tarif est déterminé
par un règlement d'administration publique.

La taxe ne comprendra que les actes faits postérieurement
à l'offre de l'administration; les frais des actes antérieurs demeurent, dans tous les cas, à la charge de l'administration.

SOMMAIRE.

1. La décision du jury est distincte du procès-verbal des opérations.
2. La décision doit être signée de tous les jurés. L'omission d'une
   signature n'est pas cependant une cause absolue de nullité.
3. Apposition, sur la décision du jury, de la signature du magistrat
   directeur.
4. Questions diverses résolues par une seule décision.
5. Surcharge dans la minute de la décision.
6. Date de la décision. Omission ou erreur.
7. La décision doit être proclamée en audience publique et en présence des jurés.
8. Il n'est pas nécessaire que l'ordonnance d'*exequatur* soit distincte du procès-verbal.
9. L'ordonnance d'envoi en possession s'éclaire au besoin par les
   termes de la décision du jury.
10. Caractère des trois attributions conférées au magistrat directeur
    par l'article 41. Limites du pouvoir juridictionnel.
11. Le magistrat directeur ne peut, sans excès de pouvoir, au lieu
    d'*envoyer* l'administration en possession, la *maintenir* dans la
    possession que l'exproprié prétend qu'elle aurait eue avant

même le règlement de l'indemnité, et la condamner aux intérêts à partir du jour assigné par l'exproprié à l'occupation des
lieux.

12. ... Ou envoyer l'administration en possession de la totalité des
lieux occupés par un locataire, alors qu'un litige s'est élevé et
que les parties ont été renvoyées devant qui de droit sur le
point de savoir si l'expropriation serait totale ou partielle.

13. L'envoi en possession est réputé, jusqu'à preuve contraire, empreint du même caractère d'éventualité conditionnelle que la
décision du jury.

14. Ordonnance qui omet de prescrire la consignation d'une indemnité éventuelle.

15. Omission dans les termes de l'envoi en possession.

16. Les insuffisances de l'ordonnance ne portent aucune atteinte à la
décision.

17. *Quid*, s'il y a contrariété entre la décision et l'ordonnance?

18. *Quid*, s'il y a contrariété entre la décision et l'ordonnance, d'une
part, et le procès-verbal, d'autre part?

19. La décision du jury, revêtue de l'ordonnance d'*exequatur*, emporte exécution parée.

20. Tarif des dépens.

21. Erreur ou omission dans la taxe; comment rectifiable.

22. Atteinte prétendue au principe de la gratuité de la justice; indemnité aux jurés pour frais de séjour.

1. La décision du jury, dressée et signée des membres de ce jury, est distincte du procès-verbal des opérations que dresse le greffier, que signent le magistrat
directeur et le greffier. Les énonciations de ces deux
documents se complètent réciproquement ; et, lorsqu'il
n'y a pas de véritable contradiction entre eux, on ne
saurait fonder une nullité sur un prétendu défaut de
concordance complète dans les termes [1].

2. La décision du jury doit être signée non-seulement
du président, mais de tous les membres qui y ont concouru ; ainsi le veut le texte même du paragraphe 1er
de l'article 41, et le magistrat directeur remplit un des

---

[1] 21 mars 1877, rej. : Viton de Jassaud *c.* Préfet du Gard ; M. Hély
d'Oissel.

devoirs de sa mission en en avertissant le jury [1]. L'absence de la signature d'un juré sur la décision du jury ne constitue cependant pas une nullité s'il est établi en fait que le juré dont la signature a été omise a concouru à la décision : l'article 41 n'est pas au nombre de ceux dont la violation peut, aux termes de l'article 42, donner ouverture à cassation. Ainsi jugé par plusieurs arrêts [2]. L'un d'eux a été rendu dans une espèce où à la constatation du concours du juré dont la signature était omise se joignait la constatation de cette circonstance que ce juré ne savait pas signer [3].

L'omission ou l'indue apposition d'une signature serait, au contraire, une cause de nullité, si elle avait pour effet de révéler une irrégularité dans la composition du jury. Voir art. 38, n. 114 et suivants.

Il n'est pas nécessaire que le procès-verbal des opérations du jury constate que la décision des jurés a été signée par eux ; il suffit qu'il soit justifié, par la production d'un extrait en forme, que la décision porte réellement leurs signatures [4].

3. Si, par inadvertance ou surabondamment, la signature du magistrat directeur figure, à la suite de celles des jurés, sur la décision même du jury, cette décision

[1] 15 avr. 1840, rej. : Maury c. Préfet de la Haute-Vienne ; M. Quéquet. D. 185, S. 706, P. 2, 167.

[2] 30 août 1847, rej. : Sanoner c. Ville de Lyon ; M. Delapalme. — 4 juin 1856, rej. : Bordes c. Préfet de la Charente-Inférieure ; M. Lavielle. D. 196, S. 825, P. 2, 514. — 24 juill. 1860, rej. : Pascal et de Fontainieu c. Ville de Marseille; M. Quénault. D. 406 et 407, S. 1009, P. 1861, 100. — 23 déc. 1863, rej. : Ch. de fer d'Orléans c. Monclar et autres ; M. Renouard. D. 1864, 5, 149. — 21 mars 1877, rej. : Viton de Jassaud c. Préfet du Gard ; M. Hély d'Oissel.

[3] Arrêt du 4 juin 1856.

[4] 8 nov. 1859, rej. : Françon et Cizeron c. Commune de Latour-en-Jarret; M. Alcock. D. 1860, 1, 414.

s'en trouve-t-elle viciée ? Non ; à moins que cette signature n'accuse participation du magistrat à la délibération ou à la décision. La simple application de la signature ne suffit pas pour impliquer par elle-même, et à titre de présomption légale, une semblable participation. Ainsi jugé dans une espèce où la Cour de cassation, en même temps qu'elle écarte en droit cette présomption, déclare qu'elle est contredite et démentie dans la cause par toutes les énonciations du procès-verbal, duquel il résulte, en effet, que le magistrat n'a apposé sa signature sur la décision qu'au moment où elle lui a été remise pour être annexée au procès-verbal [1].

4. Il a été prétendu que, lorsque plusieurs questions étaient résolues par le jury, chacune d'elles devait être séparément revêtue de la signature de tous les membres du jury. C'était pousser beaucoup trop loin les scrupules et les rigueurs de la forme : les réponses du jury aux diverses questions à lui soumises ne constituent pas autant de décisions distinctes ; elles ne sont que des chefs d'une décision unique régularisée dans toutes ses parties par la signature de ceux qui l'ont rendue [2].

5. Une décision manque-t-elle de certitude légale par cela seul qu'une surcharge existe sur la minute ? Oui, sans doute, si cette surcharge laissait incertaine la décision du jury, et ne permettait pas notamment d'en connaître le chiffre avec exactitude. Non, au contraire, si la somme indiquée en la surcharge est manifestement celle

[1] 20 juill. 1864, rej. : Préfet de la Seine c. Ridel et consorts ; M. Aylies. D. 1864, 5, 161, S. 1865, 1, 144, P. 1865, 307.
[2] 10 avr. 1866, rej. : Fontaine c. Préfet de la Haute-Savoie ; M. Fauconneau-Dufresne. D. 5, 205.

que le jury a allouée, si le mot écrit avec une surcharge dans la mention de la somme en toutes lettres se lit avec facilité, et si d'ailleurs la même somme est répétée en chiffres avec une netteté parfaite [1].

6. Il convient que les jurés prennent grand soin de dater leur décision ; la loi ne le prescrit cependant pas expressément. Une décision dépourvue de date n'en serait pas moins valable, et recevrait du procès-verbal la date qui lui manque. Il a même été jugé qu'une décision peut impunément être revêtue d'une fausse date s'il est reconnu, en fait, que cette date est le résultat d'une erreur évidente, démontrée et suffisamment rectifiée par les énonciations du procès-verbal [2]. Voir article 38, n. 117.

7. La décision du jury et l'ordonnance du magistrat directeur doivent, à peine de nullité, être portées à la connaissance des parties par proclamation en audience publique [3] ; et il n'y a publicité de l'audience, du moins en ce qui concerne la décision du jury, qu'autant que les jurés sont présents. La décision et l'ordonnance d'exécution ont été cassées dans une espèce où, la décision ayant été remise, le soir et hors l'audience, au magistrat directeur, celui-ci l'avait proclamée le lendemain, dans le prétoire et portes ouvertes, mais sans que la présence des membres du jury fût aucunement constatée [4].

[1] Arrêt précité du 23 déc. 1863.
[2] 14 avr. 1847, rej. : Chabrier c. Préfet des Bouches-du-Rhône ; M. Hello. — 4 août 1863, rej. : Préfet des Landes c. de Borda ; M. Glandaz.
[3] 29 juin 1869, Cass. : Vivier Labretonnière et Desvaux c. Commune de Lisores ; M. Henriot. D. 344, S. 386, P. 918.
[4] 11 août 1845 : Roys de Ledignan c. Commune de Villecerf ; M. Renouard. D. 360, S. 762, P. 1846, 1, 111.

Le mode de lecture de la décision n'est d'ailleurs réglé par aucune disposition de loi ; rien ne prescrit que,
comme en matière criminelle, la décision soit lue par
le président même du jury. Cette lecture peut également être donnée par le magistrat directeur [1] ou même
par le greffier, alors surtout qu'il est procédé ainsi sur
l'empêchement du président du jury et sur sa demande [2].

8. Il n'est pas nécessaire que l'ordonnance d'*exequatur* soit distincte du procès-verbal. La loi, qui ne multi-
plie jamais les actes sans nécessité, a voulu que le
procès-verbal tenu en exécution de l'article 34 contînt
tout à la fois le compte rendu de toutes les opérations
tant du jury que du magistrat directeur, c'est-à-dire le
règlement de l'indemnité par le jury, et l'ordonnance
par laquelle le magistrat directeur déclare exécutoire la décision du jury, et prononce l'envoi en possession, complément de la poursuite d'expropriation.
Ce procès verbal, destiné à faire partie des minutes du greffe du tribunal, contient, par conséquent, la
minute même de l'ordonnance d'*exequatur*, et celle
de l'ordonnance d'envoi en possession, authentiquées
par les signatures du juge et du greffier, et revêtues
ainsi de toute la solennité requise pour la complète
légalité des actes émanés de l'autorité judiciaire [3].

9. L'ordonnance d'envoi en possession est le complément de la décision du jury, et, si elle contenait quel-

---

[1] 3 juill. 1865, rej. : Bourqueney c. Ville de Vesoul ; M. Mercier.
D. 5, 179.

[2] 17 déc. 1872, rej. : Verlaguet c. Ch. de fer Paris-Lyon-Méditerranée ; M. Casenave. P. 1156.

[3] 15 avr. 1840, rej. : Maury c. Préfet de la Haute-Vienne ; M. Quéquet. D. 185, S. 706, P. 2, 167.

que insuffisance, s'éclairerait aisément par les termes
de cette décision. C'est ainsi qu'il a été jugé qu'elle
s'applique sans difficulté à tous les lieux explicitement
désignés dans la décision du jury, aux hors ligne
aussi bien qu'aux autres terrains [1]. Voyez *infrà*, n. 13
et 16.

10. Des trois attributions conférées au magistrat
directeur par l'article 41, il n'y en a qu'une seule, la mission de statuer sur les dépens, qui constitue, à proprement parler, un acte de juridiction ; une semblable mission n'appartient, en thèse générale, qu'au tribunal
entier. Quant aux deux autres, celle de déclarer la décision exécutoire et celle d'envoyer l'administration en
possession, la première ne consiste qu'à imprimer, par
le ministère du magistrat directeur (comme dans d'autres cas analogues, par le ministère du président du
tribunal), le sceau de l'autorité judiciaire, et, par
suite, la force d'exécution, à la décision du jury,
qui, sans cela, resterait l'œuvre d'hommes privés ; et la
seconde n'est, en soi, que le complément même du jugement d'expropriation : le tribunal entier a prononcé
l'expropriation ; il est représenté, quant à l'envoi ultérieur en possession, par un de ses membres, délégué
par le jugement lui-même. Ni dans l'une, ni dans l'autre de ces deux dernières missions, le magistrat directeur n'exerce donc de pouvoir juridictionnel qui lui soit
propre.

La juridiction attribuée, à l'égard seulement des dépens, au magistrat directeur, véritable exception introduite, en matière civile, par la loi tout exceptionnelle

---

[1] 2 févr. 1869, rej. : Hugues c. Ch. de fer Paris-Lyon-Méditerranée ; M. Pont. D. 246, S. 385, P. 946.

de l'expropriation, doit être rigoureusement circonscrite dans les limites que cette loi lui a assignées. En donnant au magistrat directeur pouvoir juridictionnel pour statuer sur les dépens, la loi le laisse sans pouvoir quant à tout autre litige qui pourrait s'élever accessoirement au règlement de l'indemnité, et, s'il juge ce litige, il commet un excès de pouvoir et viole la loi de son institution.

11. Ces principes, posés par un arrêt du 2 janvier 1837[1], ont été appliqués par lui à une espèce dans laquelle, l'exproprié soutenant, malgré les dénégations de l'administration, que l'occupation des lieux expropriés avait, en fait, précédé la fixation de l'indemnité, le magistrat directeur, au lieu d'*envoyer*, conformément à la loi, l'administration en possession des lieux expropriés, l'avait *maintenue* dans cette possession, et l'avait *condamnée aux intérêts,* à partir du jour assigné par l'exproprié à l'occupation des lieux. Le fait de cette occupation, en admettant qu'il donnât ouverture à une action en dehors de l'instance en règlement de l'indemnité due pour l'expropriation des terrains dont il s'agit, constituait un litige que le magistrat directeur n'avait pas le pouvoir de *juger,* et qu'il devait renvoyer devant qui de droit.

12. A plus forte raison le magistrat directeur ne pourrait-il, lorsque les parties ont été renvoyées à se pourvoir devant qui de droit sur le point de savoir si l'expropriation s'appliquerait à la totalité ou seulement à une partie des lieux occupés par un locataire, envoyer purement et simplement l'administration en possession

---

[1] Cass. : Préfet de l'Hérault c. Glaise et Sagnier ; M. Quéquet. D. 1837, 1, 177, S. 1838, 1, 23, P. 1837, 1, 150.

des lieux occupés par ce locataire, sans faire aucune
distinction, et en vidant, par le fait, le litige réservé
(art. 39, n. 14) ; par une semblable décision, le magistrat directeur méconnaîtrait sa mission et commettrait
un excès de pouvoir [1]. L'envoi en possession définitif ne
peut s'appliquer qu'à ce qui a fait l'objet d'une décision
définitive du jury.

Il importe en effet de remarquer, en ce qui concerne
les indemnités alternatives ou éventuelles, qu'il arrivera
parfois que, s'appliquant à des portions d'immeuble
qu'atteint évidemment le jugement ou dont l'expropriation est la conséquence incontestée de ce jugement,
l'envoi en possession peut être immédiat, bien que le
chiffre définitif de l'indemnité reste subordonné à une
décision judiciaire à intervenir : mais lorsqu'au contraire le litige portera sur le point de savoir si tel immeuble ou telle portion d'immeuble est touché par l'expropriation, l'envoi en possession sera de toute nécessité subordonné à la décision du litige. Voyez art. 53,
n. 13 et 14.

13. On ne présumera pas aisément un excès de pouvoir de la part du magistrat directeur. L'envoi en possession est réputé, jusqu'à preuve contraire, empreint
du même caractère d'éventualité conditionnelle que la
décision du jury ; et l'ordonnance du magistrat directeur, si ses termes autorisaient quelque incertitude, si
elle pouvait un instant laisser croire qu'elle permet
l'envoi en possession immédiat et définitif alors que le
litige sur l'expropriation n'est pas encore tranché, se
combinerait au besoin avec la décision du jury, et rece-

---

[1] 5 févr. 1840, Cass. : Charnay c. Ville de Paris ; M. Quéquet.
D. 127, S. 162, P. 1, 307.

vrait de ce rapprochement l'interprétation et la restriction nécessaires [1]. V. *suprà*, n. 9.

14. Il en serait autrement si, les termes de l'ordonnance laissant quelque doute, la décision ne la complétait pas suffisamment. C'est ainsi que la cassation est intervenue dans une espèce où l'ordonnance d'*exequatur* s'était bornée à déclarer purement et simplement exécutoire une décision allouant des indemnités éventuelles ; la décision du jury, bien que supposant le renvoi du litige, n'avait pas elle-même pris soin de prononcer explicitement ce renvoi. L'ordonnance contenait, sans autre restriction ni réserve, la mention générale et non expliquée des art. 53 et suivants et de l'art. 49 ; la Cour suprême n'a pas considéré comme suffisant cet ensemble d'énonciations. C'est d'ailleurs, en ce cas, l'ordonnance seule qui doit être cassée, et non la décision du jury [2].

Il faut ajouter que les arrêts rapportés au nombre précédent, sans être en contradiction directe avec celui que nous indiquons en ce moment, et qui leur est antérieur, paraissent cependant s'être quelque peu relâchés de la sévérité du premier.

15. Si l'ordonnance d'envoi en possession, au lieu de dire, comme le prescrit l'art. 41, que l'envoi est prononcé à la charge de se conformer aux articles 53, 54

[1] 31 juill. 1854, rej. : Martin c. Ville de Limoges ; M. Delapalme. — 5 déc. 1865, rej. : Ardoin c. de Flers ; M. Pont. — 2 févr. 1869, rej. : Hugues c. Ch. de fer Paris-Lyon-Méditerranée ; M. Pont. D. 246, S. 385, P. 946. — 15 mars 1869, rej. : Ardoin c. Ch. de fer et Docks de Saint-Ouen ; M. Renouard. D. 272. — 6 avr. 1869, rej. : Lesoufaché c. Ville de Paris et Petit ; M. Aylies. D. 343.

[2] 22 août 1855, Cass. : Chemin de fer du Midi c. Commune de Moissac ; M. Renouard. D. 1855, 1, 396, S. 1856, 1, 174, P. 1856, 2, 512.

et suivants, n'a mentionné que les art. 53 et 54, cette omission des articles suivants n'a aucunement ôté auxdits articles leur force obligatoire, et n'a causé par suite aucun préjudice aux parties[1]. C'est le cas d'ailleurs de remarquer que l'art. 41 n'a point été placé par l'art. 42 au nombre de ceux dont la violation donne ouverture à cassation.

16. On ne saurait retourner contre la décision les insuffisances ou les erreurs de langage de l'ordonnance qui l'a suivie : la décision sauverait plutôt l'ordonnance, nonobstant les insuffisances ou les imperfections de celle ci. Lors, par exemple, qu'une difficulté s'étant élevée sur le point de savoir si une certaine parcelle était ou non comprise dans le jugement d'expropriation, une indemnité distincte et éventuelle a été fixée pour cette parcelle par le jury, l'ordonnance par laquelle le magistrat directeur a déclaré purement et simplement envoyer l'expropriant en possession *des terrains expropriés*, n'efface pas, par la généralité de ses termes, la distinction que la décision avait faite ; la décision restreint, au contraire, l'applicabilité de l'ordonnance aux terrains que l'autorité compétente aura reconnu être *réellement compris dans l'expropriation*[2]. Voyez *supra*, n. 9.

17. S'il y a contrariété entre la décision et l'ordonnance, et s'il en résulte de l'incertitude sur le véritable objet de l'indemnité, la cassation des deux actes doit être prononcée. Voir art. 39, n. 40.

18. Mais aucune nullité ne résulterait de ce que, en relatant la lecture publique de la décision, le procès-

[1] 7 mai 1867, rej. : Boymond c. Ville de Lyon ; M. Renouard.
[2] 31 juill. 1854, rej. : Martin c. Ville de Limoges ; M. Delapalme.

verbal aurait indiqué un chiffre d'indemnité différent de celui que contient la décision. Il en est au moins ainsi lorsque le chiffre indiqué en l'ordonnance d'exécution est conforme à celui de la décision, et qu'ainsi tout s'accorde à démontrer qu'il n'y a autre chose qu'une simple erreur d'énonciation au procès verbal [1].

19. La décision du jury qui fixe le chiffre de l'indemnité, emporte, lorsqu'elle est revêtue de l'ordonnance d'*exequatur*, exécution parée, et peut servir de titre à une saisie-arrêt [2].

20. Le tarif des dépens en matière d'expropriation pour cause d'utilité publique a été réglé par ordonnance royale du 18 septembre 1833. Nous donnons, à sa date, le texte de cette ordonnance.

21. L'erreur [3] ou l'omission [4] commise par le magistrat directeur, dans la partie de son ordonnance relative à la taxe des dépens, ne saurait créer une ouverture à cassation ; elle ne donne lieu qu'à une opposition à la taxe.

22. Dans une espèce où, contrairement à l'article 18 de l'ordonnance de 1833, l'indemnité due aux jurés pour frais de déplacement avait, sur la proposition du magistrat directeur et du consentement commun des parties, été étendue aux frais de séjour, l'exproprié s'était fait de cette erreur un moyen de cassation, soutenant qu'il y avait là atteinte au principe de la

---

[1] 22 nov. 1864, rej. : Jongla c. Ch. de fer du Midi ; M. Fauconneau-Dufresne. D. 1866, 5, 206.

[2] 23 juill. 1841, Cour de Colmar : Kœchlin c. Veuve Cron. D. 1842, 2, 218, S. 1842, 2, 449, P. 1842, 1, 459.

[3] 30 juill. 1856, rej. : Pullès c. Ch. de fer du Midi ; M. Renouard. D. 1856, 1, 295, S. 1857, 1, 144, P. 1857, 1136.

[4] 31 mai 1865, rej. : Granger-Chotard c. Ch. de fer d'Orléans ; M. Le Roux de Bretagne. D. 5, 173.

gratuité de la justice. Le pourvoi a été rejeté, et l'erreur du juge, si regrettable qu'elle fût, a été considérée comme devant avoir pour unique effet d'invalider la taxe[1]. (Voy. art. 37, n. 69.)

ARTICLE 42.

La décision du jury et l'ordonnance du magistrat directeur ne peuvent être attaquées que par la voie du recours en cassation, et seulement pour violation du premier paragraphe de l'article 30, de l'article 31, des deuxième et quatrième paragraphes de l'article 34, et des articles 35, 36, 37, 38, 39 et 40.

Le délai sera de quinze jours pour ce recours, qui sera d'ailleurs formé, notifié et jugé comme il est dit en l'article 20; il courra à partir du jour de la décision.

SOMMAIRE.

1. Les décisions du jury et les ordonnances du magistrat directeur ne peuvent jamais être attaquées par la voie de l'opposition.
2. Jugé, même avant la loi de 1841, que l'ordonnance d'exécution pouvait faire l'objet d'un pourvoi en cassation.
3. Le pourvoi n'est pas ouvert, et n'a, en aucun cas, besoin d'être dirigé contre les ordonnances d'instruction, encore qu'on se plaigne de leurs conséquences.
4. Le pourvoi contre un jugement rendu sur opposition à la taxe n'est pas régi par l'article 42.
5. Ouvertures à cassation expressément limitées par l'article 42.
6. Cette disposition limitative ne concerne toutefois que les formalités établies par la loi de 1841; violation de la loi de 1807.
7. Des moyens tirés des dispositions du Code d'instruction criminelle ne peuvent être proposés en matière d'expropriation.
8. Moyens s'attaquant au jugement d'expropriation, proposés à l'appui du pourvoi contre la décision du jury.
9. L'expropriant ne peut se faire un moyen de l'irrégularité qu'il a lui-même commise, ni l'exproprié invoquer un moyen auquel il a, soit expressément, soit tacitement renoncé.
10. L'expropriant qui a, sous toutes réserves, et pour satisfaire aux

---

[1] 22 nov. 1864, rej. : Jongla c. Ch. de fer du Midi; M. Fauconneau-Dufresne. D. 1866, 5, 206.

conditions de sa concession, exécuté la décision du jury, ne cesse pas pour cela d'être recevable à se pourvoir contre cette décision.

Concession de travaux à l'exproprié; emporte-t-elle toujours acquiescement à la décision du jury?

Quand la cassation prononcée sur la demande de l'un de plusieurs propriétaires indivis profite à ses copropriétaires.

Décisions communes aux pourvois contre les jugements d'expropriation et aux pourvois contre les décisions du jury. Renvoi à l'article 20.

En la forme, le pourvoi contre une décision du jury est toujours recevable quand il est formé par une personne qui a comparu devant le jury, et en la qualité en laquelle elle y a comparu.

Une contestation sur la qualité de propriétaire ne peut être portée pour la première fois devant la Cour de cassation.

Une personne qui n'a pas figuré devant le jury ne peut se pourvoir contre la décision. Mari séparé de biens.

Pourvoi du mari comme administrateur des biens dotaux de sa femme.

Pourvoi du mari seul contre une décision qui intéresse les deux époux.

Une partie ne peut invoquer que les griefs qui lui sont personnels.

Le délai du recours est un délai franc.

Il court du jour même de la décision, encore que celle-ci aurait été rendue par défaut.

... Encore bien même qu'il serait allégué que la décision n'a pas été rendue publiquement.

Si cependant l'administration avait négligé de donner à l'exproprié, à l'effet de comparaître devant le jury, les avertissements requis, le délai du pourvoi ne courrait, contre l'exproprié, que du jour de la notification régulière qui lui aurait été faite de la décision ou de l'ordonnance.

Erreur matérielle commise, dans le pourvoi et dans sa dénonciation, sur la date de la décision attaquée.

Des pourvois contre des décisions distinctes peuvent valablement être déclarés en un même acte.

Amende. Renvoi.

Nécessité de consigner deux amendes.

Quand plusieurs expropriés peuvent être considérés comme ayant un intérêt commun, et ne consigner qu'une seule amende.

A qui doit être notifié le pourvoi quand les travaux ont été confiés par l'administration à un concessionnaire?

Notification faite à la personne voulue, mais contenant une erreur sur la qualité en laquelle cette personne doit être prise.

Notification de pourvoi faite à l'expropriant, non au domicile réel, mais au domicile élu ou au mandataire chargé par celui-ci aux fins seulement de la procédure d'offres.

C'est frustratoirement qu'un locataire, dénoncé, conformément à l'article 21, par son propriétaire, appelle celui-ci dans une instance en cassation de la décision du jury.

33. Mais lorsque la décision a été rendue simultanément à l'égard de diverses personnes, toutes ces personnes doivent recevoir notification du pourvoi et citation devant la Cour de cassation.

34. Le demandeur en cassation n'est pas tenu de faire précéder ou suivre son pourvoi de la signification des actes contre lesquels il est dirigé.

35. La décision du jury est indivisible, et la nullité de l'une de ses parties entraîne nullité de la décision tout entière.

36. Après cassation de la décision du jury et de l'ordonnance du magistrat directeur, l'exproprié peut se faire remettre immédiatement, et jusqu'à décision du jury de renvoi, en possession des terrains que l'expropriant avait occupés en vertu de la décision cassée.

37. Comment s'opèrent, après cassation, la désignation du nouveau magistrat directeur et la convocation nouvelle.

37 *bis*. Peut-on, si c'est par le premier magistrat désigné au jugement d'expropriation qu'a été dirigé le jury dont la décision a été cassée, donner, sans désignation nouvelle, la direction du nouveau jury, au magistrat même que le jugement d'expropriation avait indiqué pour remplacer le premier?

38. Au cas de cassation du jugement d'expropriation et de renvoi devant un autre tribunal, dans quel arrondissement doit être choisi le jury? Renvoi.

39. Pourvoi contre les arrêts et jugements relatifs à la désignation des jurés. Renvoi.

40. Le recours en cassation n'est pas suspensif. Renvoi.

1. La décision du jury et l'ordonnance du magistrat directeur sont ou contradictoires ou par défaut. Elles ne peuvent, en ce dernier cas, être attaquées par la voie de l'opposition. La loi spéciale n'admet absolument qu'un seul recours, le recours en cassation. Il ne paraît pas qu'on ait jamais tenté de recourir, contre les décisions et ordonnances, à la voie de l'opposition; et les arrêts cités plus bas sous les nombres 21 et suivants indiquent assez qu'elle n'aurait pas été accueillie. (V. art. 20, n. 4 et suiv.)

2. La loi de 1833 portait : « *La décision du jury* ne peut être attaquée, etc., » sans faire aucune mention de l'*ordonnance du magistrat directeur*. Cependant, même sous l'empire de cette loi, il avait été jugé que l'ordon-

nance pouvait, comme la décision, être l'objet d'un pourvoi ; telle avait été, évidemment, la pensée du législateur, puisqu'au nombre des articles dont la violation donne ouverture à cassation il avait rangé l'article 40, exclusivement relatif à des points que le magistrat directeur règle seul sans l'intervention du jury [1].

La locution employée par la loi de 1833 a été complétée lors de la révision de 1841, et le texte même de la loi déclare aujourd'hui que l'on peut attaquer et la décision du jury et l'ordonnance du magistrat directeur.

3. Ce n'est d'ailleurs que contre l'ordonnance d'exécution et non contre les ordonnances d'instruction qu'est ouvert le pourvoi. Encore bien que le vice reproché à la décision du jury aurait son principe dans une ordonnance rendue, au cours des débats, par le magistrat directeur, il suffit que le pourvoi soit dirigé contre la décision du jury et l'ordonnance d'*exequatur*. Cette règle est écrite dans un arrêt du 2 février 1846 [2], et ce n'est que du jour de la décision et de l'ordonnance définitives que commence à courir le délai du recours en cassation [3].

Le demandeur en cassation peut sans doute, dans un pourvoi dirigé contre la décision du jury, déclarer expressément qu'il entend attaquer une ordonnance d'instruction qui a précédé [4] ; mais cette déclaration est

---

[1] 2 janv. 1837, Cass.: Préfet de l'Hérault c. Glaise et Sagnier ; M. Quéquet. D. 1837, 1, 177, S. 1838, 1, 23, P. 1837, 1, 150.

[2] 2 févr. 1846, Cass.: Préfet des Bouches-du-Rhône c. Divers ; M. Renouard. D. 1846, 1, 115, P. 1848, 2, 691.

[3] Arrêt du 2 févr. 1846. — 7 juin 1853, Cass.: Forcheron c. Ville de Pau ; M. Gillon. D. 1853, 1, 285, S. 1854, 1, 63, P. 1854, 2, 411.

[4] 6 janv. 1858, Cass.: Comte du Manoir c. Chemin de fer de l'Est; M. Pascalis.

surabondante, et le demandeur aurait pu se dispenser
de la faire sans être pour cela privé du droit de critiquer cette ordonnance, comme aussi toutes les décisions diverses survenues en cours d'instruction : ces
décisions ne deviennent complètes, et, par suite, atta-
quables, que par la décision définitive qui les sanc-
tionne et les applique.

On peut donc se prévaloir d'un vice résultant d'une
ordonnance d'instruction, encore qu'on n'ait pas nommément attaqué cette ordonnance. Ce n'est qu'énon-
ciativement, et sans qu'on en puisse rien induire contre
la jurisprudence établie, qu'un arrêt du 26 juin 1855[1],
rejetant un pourvoi dirigé contre une décision qui se
serait, à tort suivant le demandeur, conformée à une
ordonnance d'instruction, relève la circonstance qu'aucun recours n'a été exercé contre cette ordonnance.

4. Le pourvoi qui aurait pour objet le jugement
d'un tribunal civil sur opposition à une ordonnance de taxe rendue, en matière d'expropriation pour
cause d'utilité publique, par le magistrat directeur,
ne tomberait pas sous l'application de l'article 42 ; il
devrait avoir lieu dans les formes ordinaires, et serait
irrecevable s'il avait été formé au greffe du tribunal
par lequel il a été rendu, et avec citation directe devant
la chambre civile[2].

5. L'article 42 vise limitativement les articles de la
loi spéciale dont la violation peut donner ouverture à
cassation. Nous n'entreprendrons pas d'énumérer ici

<hr/>

[1] Epoux Holker c. Préfet de la Seine; M. Lavielle. D. 1855, 1,
285, S. 1855, 1, 843, P. 1856, 2, 261.

[2] 31 mars 1869, non rec.: Coste-Foron et autres c. Ch. de fer
Paris-Lyon-Méditerranée ; M. Eug. Lamy. D. 348, S. 229, P. 542.

les cas divers dans lesquels la cassation doit être prononcée. C'est aux articles visés au paragraphe 1er de l'article 42 qu'il faut se reporter pour voir suivant quelles distinctions leur violation donne ouverture à cassation.

6. La disposition de l'article 42 de la loi de 1841 ne concerne d'ailleurs que les formalités et règles établies par cette loi. Si donc un pourvoi en cassation se fonde sur la violation d'une autre loi, de la loi du 16 septembre 1807, par exemple, on ne peut trouver dans l'article 42 une fin de non-recevoir contre le pourvoi ; la question que soulève cette fin de non-recevoir se lie indivisiblement à la question élevée sur le fond, à savoir, si la loi invoquée doit recevoir application à la cause [1].

7. On ne saurait, en matière d'expropriation, proposer des moyens qui reposeraient sur des dispositions du Code d'instruction criminelle. On ne saurait, notamment, se prévaloir, contre la décision du jury, de ce qu'il n'est pas constaté, comme le prescrivent les articles 341, 346 et 349 du Code d'instruction criminelle, que ce soit au chef ou président du jury que les pièces ont été remises (art. 37, § 1), que des questions aient été posées au jury (art. 38, n. 3), que la décision du jury ait été signée du magistrat directeur et du greffier (art. 41, n. 3).

Les formalités que prescrit le Code d'instruction criminelle ne sont pas applicables en matière d'expropriation [2].

---

[1] 21 févr. 1849, rej.: Préfet de la Seine c. Auquin et autres; M. Delapalme. D. 138, S. 279, P. 1, 146.

[2] 9 mai 1834, rej.: De Boubert c. Ministre du commerce ; M. Rupérou. D. 1834, 1, 337, S. 1835, 1, 37, P. à sa date, p. 482.

8. Est-il besoin de dire que, sous prétexte d'attaquer la décision ou l'ordonnance, on ne saurait être admis à proposer des moyens qui seraient, en effet, dirigés contre le jugement qui a prononcé l'expropriation ou contre celui qui a choisi les jurés ? Ces moyens seraient évidemment non recevables [1].

9. En aucun cas, l'administration ne peut argumenter de son propre fait pour obtenir la cassation, et se faire un grief de l'inobservation par elle-même d'une forme ou d'un délai prescrits à peine de nullité [2]. Voir aussi sur ce point art. 31, n. 7.

L'exproprié ne saurait non plus se prévaloir d'une irrégularité dont il aurait, soit expressément, soit tacitement, renoncé à se prévaloir devant le jury ; ainsi, celui qui, sans réserve aucune, a répondu aux offres de l'administration et en a discuté le chiffre devant le jury, ne serait plus recevable à se faire, contre la décision du jury, un moyen de nullité de ce que ces offres seraient irrégulières pour avoir été notifiées à un domicile autre que le domicile élu [3].

10. La renonciation au droit de se pourvoir ne se présume cependant pas aisément. Spécialement, le concessionnaire de travaux publics qui prend possession de terrains expropriés en faisant offres réelles aux indemnitaires des sommes à eux allouées par la décision du jury, ne se rend pas irrecevable, pour cause d'acquiescement, à se pourvoir en cassation contre

---

[1] 29 déc. 1858, rej. : Faugières c. Commune d'Olliergues ; M. Lavielle.

[2] 11 nov. 1844, rej. : Préfet des Bouches-du-Rhône c. Vidal-Naquet ; M. Hello.

[3] 15 mai 1855, rej. : De Bondrdi du Ménil c. Ville de Paris ; M. Gillon. D. 201, S. 537, P. 1857, 383.

cette décision, alors qu'il déclare n'agir que pour obéir à la nécessité d'exécuter la loi de concession, et qu'il fait des offres non-seulement sous les réserves les plus formelles, mais encore sous la condition que les indemnitaires fourniront caution [1].

11. L'exproprié ne peut être considéré comme ayant acquiescé à la décision du jury, et comme irrecevable par suite à se pourvoir contre elle, par le motif qu'il aurait soumissionné des travaux de maçonnerie destinés à établir un viaduc pour démasquer l'entrée de sa carrière expropriée, alors que l'engagement d'exécuter ce travail a été pris par l'exproprié avant tout débat devant le jury sur le chiffre de l'indemnité ; l'engagement de construire est, en cette situation, complètement distinct et indépendant de la décision du jury [2].

12. Quand, de plusieurs copropriétaires indivis, un seul, par un moyen qui lui est propre, obtient la cassation, ce n'est pas seulement une cassation partielle, mais une cassation totale, qui doit être prononcée, si la décision du jury est telle qu'elle ne permet de discerner ni les parts de copropriété pouvant appartenir aux différents ayants droit, ni la portion de l'indemnité afférente à chacun d'eux [3]. La nullité intégrale doit également être prononcée lorsque l'indemnité a été fixée en bloc, non-seulement pour la portion d'immeuble appartenant par indivis à celui qui a fait prononcer

---

[1] 22 juin 1840, rej. : Chemin de fer de Strasbourg c. Indemnitaires de l'arrondissement de Schélestadt ; M. Renouard. D. 281, P. 2, 468.

[2] 16 janv. 1877 : Quesnel et liquidateur Duez et Cⁱᵉ c. Ch. de fer du Nord ; M. Goujet. D. 471.

[3] 6 janv. 1857, Cass. : Duplay et Chancy c. Chemin de fer de Paris à Lyon par le Bourbonnais ; M. Alcock. D. 1857, 1, 46 et 47, S. 1857, 1, 303 et 1858, 1, 623, P. 1858, 99.

la cassation, mais encore pour une autre portion appartenant exclusivement à d'autres personnes [1].

13. Beaucoup de décisions relatives, soit à la qualité
de ceux qui forment le pourvoi, soit à la manière dont
le pourvoi doit être formé, notifié et jugé, soit au point
de savoir quand les moyens de cassation peuvent être
proposés d'office, sont communes aux pourvois dirigés
contre les jugements d'expropriation et à ceux qui
s'attaquent aux décisions du jury. On trouvera ces décisions sous l'article 20.

14. Il convient d'y ajouter ici quelques autres solutions, exclusivement applicables aux pourvois dirigés
contre les décisions des jurys ou s'y rapportant plus
naturellement.

Le pourvoi dirigé contre la décision du jury est recevable toutes les fois qu'il est formé par une personne
qui a comparu devant le jury et en la qualité en laquelle
elle y a comparu.

Ainsi, lorsque, s'agissant de travaux pour la confection desquels l'État s'était subrogé un concessionnaire,
c'est cependant le préfet qui a poursuivi le règlement
de l'indemnité, le préfet est aussi recevable à se pourvoir contre la décision du jury [2]. On doit sans doute
supposer qu'en procédant, sans protestation ni réserve,
contradictoirement avec le préfet, sur le règlement de
l'indemnité, l'exproprié a renoncé à se prévaloir de la
nullité qu'il aurait pu tirer, dans l'origine, du défaut de
qualité de ce magistrat pour faire les actes de poursuite (art. 37, n. 7) ; ce défaut de qualité, à supposer
qu'il ne fût pas couvert, vicierait, au fond, et au profit

[1] Même arrêt.
[2] 11 août 1857 : Préfet du Finistère c. Veuve Durand et autres
M. Renouard. S. 861, P. 1858, 765.

de l'exproprié, la décision du jury, mais ne rendrait pas irrecevable, en la forme, le pourvoi du préfet.

Pouvant, dans ce cas, être formé par le préfet, le pourvoi est par suite, et bien qu'au fond il intéresse le concessionnaire, recevable sans consignation d'amende [1].

De même, le pourvoi formé, dans l'intérêt commun de plusieurs cohéritiers, par l'un de ces héritiers déclarant agir tant en son nom que pour ses cohéritiers, est recevable, au moins lorsque c'était de cette manière, et par l'auteur du pourvoi en cassation, que les cohéritiers avaient figuré devant le jury [2].

15. Une contestation sur la qualité de propriétaire, en laquelle il a été procédé au règlement de l'indemnité, ne peut être portée pour la première fois devant la Cour de cassation. Il n'y a donc pas lieu de s'arrêter à la fin de non-recevoir tirée de ce que le demandeur n'aurait pas la qualité de légitime propriétaire [3].

16. Mais une personne qui n'aurait pas été appelée, ou qui n'aurait pas figuré comme intervenante devant le jury, serait sans qualité pour se pourvoir contre la décision de ce jury, à laquelle elle est tout à fait étrangère [4].

Jugé, par application de cette règle, que le mari séparé de biens d'avec sa femme n'a pas qualité pour se

---

[1] Même arrêt.

[2] 24 nov. 1846, rej. : Girard c. Préfet de l'Indre ; M. Hello. — 31 déc. 1850, rej. : Héritiers Donzelot c. Préfet de Seine-et-Oise ; M. Gillon. D. 1851, 1, 286, S. 1851, 1, 364, P. 1851, 2, 475.

[3] 24 déc. 1845 : Catherinet de Rancey c. Ville de Paris ; M. Renouard. D. 1845, 4, 257, P. 1846, 2, 437.

[4] 23 août 1847, rej. : Lebaigue c. Chemin de fer de Lyon ; M. Hello. — 12 mai 1858, rej. : Veuve Coustic c. Ville de Vannes ; M. Renouard.

pourvoir seul en cassation contre la décision du jury
qui accorde à celle-ci une indemnité distincte. Le
mari était, dans l'espèce, bailleur de l'immeuble
exproprié ; la femme en était locataire ; le mari avait
fait connaître, en temps utile, à l'expropriant la prétention de sa femme à une indemnité distincte, et se trouvait, en conséquence, déchargé de toute responsabilité ;
il était dès lors sans intérêt, sans droit et sans qualité,
pour attaquer la décision réglant l'indemnité de sa
femme, décision qui ne lui portait aucun préjudice et
ne le concernait pas [1].

17. Le mari a qualité pour former, comme administrateur de biens dotaux de sa femme, un pourvoi contre
la décision du jury qui fixe le montant de l'indemnité.
L'expropriation des immeubles de la femme une fois
consommée par jugement passé en force de chose jugée, les actions relatives au réglement de l'indemnité
à elle due n'ont pour objet que des capitaux dont le recouvrement est confié, par l'article 1549 du code civil,
au mari comme administrateur des biens dotaux. Ainsi
jugé dans une espèce où l'expropriation avait été suivie
et l'indemnité réglée avec *les époux* [2]. Voyez *suprà*,
n. 14.

18. L'expropriation a été régulièrement poursuivie
contre deux époux ; les offres ont été faites et l'assignation à comparaître a été donnée à tous deux par l'expropriant. Devant le jury, le mari s'est présenté seul, et
c'est en son nom seul que l'indemnité a été allouée.

---

[1] 5 mars 1844, rej. : François c. Commune de la Villette ; M. Miller. D. 173, S. 352, P. 1, 759.

[2] 8 août 1866, rej.: Orgnon c. Ch. de fer de Paris à Lyon et à la
Méditerranée ; M. Quénault.

Le pourvoi contre la décision du jury, fondé sur ce que cette décision compromet les droits de la femme en l'expropriant sans indemnité, n'est pas recevable s'il n'est formé que par le mari, qui n'a à faire valoir aucun grief qui lui soit personnel. Il a, de plus, été expliqué, en cette espèce, que l'indemnité avait été fixée eu égard à la totalité de la chose expropriée, et que, s'il eût été plus régulier de l'attribuer à la femme comme au mari, les intérêts de l'un et de l'autre se trouvaient sauvegardés par l'ordonnance d'envoi en possession, qui avait subordonné le payement de l'indemnité à la justification que les expropriés auraient à faire de leurs droits [1].

19. Une partie ne peut invoquer que les griefs qui lui sont personnels. Ainsi, le propriétaire qui a dénoncé régulièrement et dans les délais son locataire à l'administration, et qui se trouve par là dégagé envers son locataire de toute responsabilité, n'est pas recevable à attaquer la décision du jury sous prétexte qu'elle n'aurait alloué à ce locataire aucune indemnité [2]. De même, l'un des expropriés ne peut se faire un grief de ce qu'une indemnité de déplacement aurait été à tort accordée à un autre exproprié, alors d'ailleurs que cette allocation ne saurait, même indirectement, rejaillir sur celle qui lui a été allouée à lui-même [3].

De même encore, lorsqu'un seul jury a été accepté par plusieurs propriétaires dont les propriétés n'ont

---

[1] 16 mai 1866, rej. : Abraham, *dit* Moïse, c. Ville de Paris ; M. Le Roux de Bretagne. D. 5, 196.

[2] 26 avr. 1843, rej. : Mournau c. l'Etat ; M. Barennes. D. 266, S. 620, P. 2, 209.

[3] 13 avr. 1863, rej. : Aubertin c. Guérard ; M. Moreau (de la Meurthe). D. 197, S. 1, 297, P. 921.

rien de commun entre elles et qui ont été l'objet de décisions distinctes, les irrégularités intervenues dans
l'une de ces décisions ne peuvent être invoquées que
par les parties dont les intérêts ont été réglés par cette
décision[1].

20. Le délai du recours en cassation est de quinze
jours à partir du jour de la décision. Par application de
l'article 1033 du code de procédure civile, et de la règle
d'après laquelle *dies termini non computatur in termino*,
la Cour suprême a reconnu la validité d'une déclaration de pourvoi faite le 23, alors que la décision était
du 7. « Les principes généraux de la procédure sur la
computation des délais doivent, aux termes de cet arrêt,
être appliqués aux délais fixés par des lois spéciales,
toutes les fois que ces lois ne contiennent pas de
dispositions contraires[2] ; » et la Cour de cassation ne
voit dans le paragraphe 2 de l'article 42 aucune disposition dérogatoire à ces principes. Elle en aperçoit
au contraire dans le paragraphe 2 de l'article 20, et
n'admet pas à se pourvoir contre le jugement d'expropriation le lendemain de l'échéance du délai. Voir
plus haut, art. 20, n. 29.

21. C'est du jour de la décision du jury que court le
délai du pourvoi, encore bien que cette décision aurait
été rendue par défaut[3]. La loi spéciale n'autorise aucune distinction, et ne permet pas, même quand il

[1] 5 mars 1877, rej. : Bonnet c. Ch. de fer Paris-Lyon-Méditerranée ;
M. Salmon. D. 469, S. 278, P. 687.
[2] 11 janv. 1836 : Préfet de la Côte-d'Or c. Commune de Chazilly ;
M. Quénault. D. 51, S. 12, P. à sa date, p. 912. — 15 janv. 1877: Commune de Nuret-le-Ferron c. Raignoux ; M. Salmon. D. 1878, 1, 74.
[3] 4 avr. 1842, non rec. : Degrais c. Commune des Batignolles-
Monceaux ; M. Gillon. D. 246, P. 1, 488. — 7 févr. 1865, rej. : Babaz
c. Commune de Vinz-en-Sallaz ; M. Delapalme. D. 5, 169.

s'agit d'une décision par défaut, d'exiger, comme au cas de l'article 20, une notification pour faire courir le délai.

22. En vain le demandeur en cassation alléguerait-il que la décision n'aurait pas été rendue publiquement, et offrirait-il de le prouver par la voie de l'inscription de faux. Par cela seul qu'elle existe, la décision, de quelque vice qu'elle soit entachée, a dû, à peine de déchéance, être frappée de pourvoi dans le délai légal [1].

23. Il faut cependant remarquer que, si la loi fait courir du jour même de la décision le délai du pourvoi, sans distinguer si cette décision a été rendue contradictoirement ou par défaut, c'est parce qu'elle suppose que, par l'accomplissement des formalités prescrites par les articles 15, 23 et 31, l'exproprié a été averti de veiller à la défense de ses intérêts. S'il n'apparaît, au contraire, d'aucune des trois notifications exigées par ces articles, le délai du pourvoi ne courra que du jour de la notification de la décision [2].

L'omission de la notification, prescrite par l'article 31, du jour de la réunion du jury, suffirait à elle seule pour empêcher le délai de courir de lui-même, et pour rendre nécessaire une signification à partie de la décision intervenue [3].

La signification elle-même ne ferait pas courir le délai si elle avait été faite à un domicile autre que le domicile réel de l'exproprié [4].

---

[1] Arrêt du 7 févr. 1865.

[2] 5 janv. 1848, Cass. : Valrivière c. Préfet du Lot ; M. Gillon. D. 152, P. 1, 31. — Arrêt du 7 févr. 1865.

[3] 2 avr. 1849 : Carlot-Parquin et consorts ; M. Gillon. D. 79, S. 370, P. 2, 33.

[4] Même arrêt.

24. L'erreur matérielle commise dans la déclaration d'un pourvoi sur la date de la décision attaquée, ne rend pas ce pourvoi irrecevable s'il est constant qu'elle n'a pu tromper le défendeur sur l'identité de la décision dénoncée. Spécialement, il en est ainsi lorsqu'il n'est intervenu entre les parties aucune autre décision, et lorsque l'erreur s'explique par une confusion entre le jour où les opérations ont commencé et celui où la décision a été rendue [1].

Cela est parfaitement conforme à la jurisprudence de la Cour de cassation en matière ordinaire [2].

25. Les pourvois formés contre les décisions rendues par des jurys diversement composés et statuant relativement à des catégories différentes d'indemnitaires, doivent, encore qu'il n'y ait eu qu'un seul jugement d'expropriation, être distincts pour chacune de ces décisions ; mais ces pourvois peuvent être déclarés par le même acte, alors d'ailleurs qu'ils sont formés dans le délai utile à l'égard de chacune des décisions attaquées, et qu'une amende distincte a été déposée à l'appui de chacun d'eux [3].

26. Quant à l'amende à consigner et à son chiffre, voyez article 20, n. 54.

27. Il y a lieu à double consignation d'amende de la part de celui qui dirige un pourvoi, et contre une décision du jury qui lui est commune avec d'autres personnes, et contre une seconde décision à lui particulière et ayant pour objet une parcelle à l'égard de laquelle il

---

[1] 2 avr. 1873, rej. : Granal c. Préfet de l'Hérault ; M. Henriot. D. 188, S. 475, P. 1192.

[2] Arrêts des 19 mai 1813 et 9 janv. 1856. D. 1856, 1, 12.

[3] 20 août 1856, Cass. : Chemin de fer de l'Est c. Baumlin, Bach et commune d'Altkirch ; M. Quénault. D. 368.

a été statué pour lui seul, séparément et distinctement [1].

28. Pour qu'on pût considérer plusieurs expropriés
comme ayant un intérêt commun et comme n'ayant en
conséquence qu'une seule amende à consigner à l'appui
de leur pourvoi, il ne suffirait pas que ces divers expropriés eussent été compris dans la même expropriation,
qu'il eût été statué par le même jury, qu'ils eussent
formé un pourvoi collectif et proposé le même moyen de
cassation. Toutes les circonstances qui viennent d'être
indiquées n'établissent que la similitude, mais non
l'identité des intérêts, ou du moins, s'il y a identité, ce
n'est qu'en ce sens que les divers intérêts donneront
lieu à des décisions tout-à-fait semblables, non en ce
sens qu'ils ne font qu'un l'un avec l'autre. Il faudrait
le décider ainsi au cas même où il s'agirait d'affaires
qui auraient été jointes devant le jury. Voyez art. 20,
n. 57.

29. Lorsque l'expropriation est poursuivie non par
l'administration elle-même, mais par des concessionnaires qu'elle s'est subrogés, ce n'est pas contre le préfet, mais contre les concessionnaires, que doit être
dirigé le pourvoi des expropriés [2].

Le pourvoi contre la décision du jury peut être valablement notifié à l'administration comme aux concessionnaires, si la procédure en règlement d'indemnité a
été suivie concurremment par l'administration et par
ses concessionnaires ; mais il en est autrement lorsque
les propriétaires expropriés ont été avertis que les con-

---

[1] 5 mai 1873, rej. : Meynaud c. Ch. de fer de Lyon ; M. Henriot.
D. 244, S. 476, P. 1193.

[2] 4 juin 1855, déch. : Fourtanier c. Chemin de fer du Midi ; M. Renouard. D. 1855, 1, 285, S. 1856, 1, 78, P. 1857, 97.

cessionnaires seuls restaient en cause ; après un pareil avertissement, le pourvoi, formé contre une décision rendue avec les concessionnaires et qui n'intéresse qu'eux, ne doit aussi être notifié qu'à eux [1].

Il en est, du moins, ainsi toutes les fois qu'il est constant, en fait, que le domicile des concessionnaires a été connu du demandeur en cassation. Mais le demandeur exciperait vainement de ce que le défaut d'élection de domicile, de la part des concessionnaires, dans l'arrondissement de la situation des biens expropriés, ne lui permettait pas de satisfaire aux prescriptions de l'article 20, qui veut que la notification soit faite *au domicile indiqué par l'article 15* : l'élection de domicile dont parle l'article 15 n'est exigée que des expropriés, elle n'est pas obligatoire pour les concessionnaires subrogés à l'administration [2].

Si le concessionnaire seul a figuré dans la procédure en indemnité, le préfet, auquel a été notifié le pourvoi de l'exproprié contre la décision du jury, peut demander sa mise hors de cause [3]. La même décision s'appliquerait évidemment au cas où une ville aurait agi comme substituée aux droits de l'État.

Si, le concessionnaire seul ayant fait les poursuites, le pourvoi a été dirigé à la fois contre l'administration et contre le concessionnaire, mais n'a été notifié dans le délai qu'au préfet seulement, la déchéance du pourvoi doit être prononcée. La notification au concession-

---

[1] 4 juin 1855, déch. : Fourtanier c. Chemin de fer du Midi ; M. Renouard. D. 1855, 1, 285, S. 1856, 1, 78, P. 1857, 97.

[2] Même arrêt.

[3] 23 mai 1870, rej. : De la Tullaye c. Préfet de la Loire-Inférieure et Ville de Nantes ; M. Henriot. D. 391.

naire est, en effet, dans cette hypothèse, la seule à considérer[1].

Lorsqu'au contraire, bien qu'il y ait un concessionnaire, ce n'est pas lui, mais l'administration, qui a poursuivi l'expropriation et esté devant le jury, l'exproprié peut valablement notifier à l'administration son pourvoi contre la décision du jury : si le concessionnaire a reconnu à l'administration le pouvoir d'agir et a profité de ses actes, ses adversaires peuvent à leur tour, par une juste réciprocité, agir et procéder contre l'administration[2].

Même décision, alors qu'en matière d'expropriation d'intérêt purement communal (spécialement, dans une affaire où il s'agissait de l'établissement d'un chemin vicinal de petite communication), l'opération a été poursuivie par le préfet, et que, si le maire a comparu devant le jury, ç'a été comme y représentant l'administration, qui se personnifiait dans le préfet. Cette manière de procéder justifie pleinement la notification que l'exproprié fait de son pourvoi au préfet[3]. Voyez loi de 1836, article 16, n. 13.

Quant à la recevabilité du pourvoi formé par le préfet au lieu de l'être par le concessionnaire, voir *suprà*, n. 14.

30. La notification du pourvoi pourrait être tenue pour suffisante, bien que faite à une personne prise en

---

[1] 12 janv. 1857 : Lebâtard c. Chemin de fer de l'Est ; M. Renouard. D. 46, P. 266.

[2] 20 mars 1855 : Montrochet c. Ville de Lyon ; M. Laborie. D. 61, S. 451, P. 1856, 1, 556. — 17 janv. 1866, rej. : Gaget c. Commune de Bourgoin ; M. Quénault. D. 5, 206.

[3] 12 août 1863, rej. : Adam c. Commune d'Arveyres ; M. Eugène Lamy. D. 1864, 5, 147.

une qualité autre que celle en laquelle elle devait être
touchée, si d'ailleurs la notification contenait en elle
les indications nécessaires pour rectifier l'erreur sur la
qualité, et faire connaître avec certitude à celui qui la
reçoit la qualité en laquelle on a voulu l'atteindre et le
véritable objet du pourvoi. C'est ainsi qu'il a été jugé
que la notification d'un pourvoi, faite au préfet de la
Seine, comme représentant la ville de Paris, est valable,
encore que, dans la procédure d'expropriation et le réglement de l'indemnité, le préfet eût représenté l'Etat:
l'erreur dans la qualité en laquelle le préfet agissait dans
l'instance était rectifiée par les énonciations de l'exploit
lui-même, qui, en faisant connaître la date de la décision attaquée, rendue sur la poursuite du préfet comme
représentant l'Etat, ne laissait aucun doute sur la qualité en laquelle la notification devait être faite et était
faite au préfet[1].

31. Lorsqu'une compagnie expropriante a constamment fait connaître son siége social, et a fait en l'étude
d'un avoué une élection de domicile, aux fins seulement de la procédure d'offres, c'est au siége social, et
non au domicile élu pour les offres, que doit être notifiée la déclaration du pourvoi formé par l'exproprié
contre la décision du jury : le vice de la notification faite
au domicile élu entraîne déchéance du pourvoi[2]. Même
décision dans une espèce où le pourvoi avait été notifié,
en ses bureaux, à une personne (un ingénieur) qui n'a-

[1] 1er févr. 1870, rej. : Pinaud et Meyer c. Préfet de la Seine ;
M. Massé. D. 392.

[2] 18 juin 1873, déch. : Commune d'Aixe c. Ch. de fer des Charentes ;
M. Casenave. D. 327, S. 1874, 1, 112, P. 1874, 266.

vait reçu de la compagnie expropriante qu'un mandat spécial et limité au point de vue des offres [1].

32. C'est frustratoirement qu'un locataire, que son propriétaire a fait connaître à l'expropriant conformément au vœu de l'article 21, § 1er, appelle ce propriétaire dans l'instance en cassation de la décision du jury qui a réglé l'indemnité à son égard ; c'est le cas, pour la Cour, de mettre le propriétaire hors de cause avec dépens. Du moment que le propriétaire a fait connaître ses locataires ayant droit à une indemnité de dépossession, les contestations qui, sur le règlement de cette indemnité, peuvent s'élever soit devant le jury, soit par suite de sa décision, deviennent étrangères à ce propriétaire, et doivent s'agiter exclusivement entre les réclamants et l'administration qui, ayant poursuivi l'expropriation, poursuit, par voie de conséquence, le règlement de l'indemnité dont elle est seule passible [2]. Voir art. 21, n. 7.

33. Lorsqu'au contraire la décision du jury a été rendue simultanément à l'égard de diverses personnes, et que le règlement de l'indemnité est fait d'une façon telle qu'un lien ou une opposition existe entre les indemnités fixées à l'égard de ces intéressés divers, tous doivent nécessairement recevoir la notification du pourvoi, et être cités devant la Cour de cassation. Tous, en effet, sont alors parties au même procès, en la même décision ; et l'annulation de cette décision ne saurait être poursuivie à leur préjudice en vertu de pourvois qui

---

[1] 14 août 1876, non rec. : De Cibeins et autres c. Ch. de fer Paris-Lyon-Méditerranée ; M. Hély d'Oissel. D. 504, S. 479, P. 1201.

[2] 5 févr. 1840 : Charnay c. Ville de Paris ; M. Quéquet. D. 127, S. 162, P. 1, 307.

n'auraient pas été formés contre eux. C'est ainsi qu'il a été jugé que le pourvoi formé par un propriétaire contre la décision du jury qui l'oblige à payer des indemnités à ses fermiers, est non recevable s'il n'a été notifié auxdits fermiers [1].

34. Aucune disposition de la loi de 1841 n'impose à la partie qui se pourvoit en cassation l'obligation de faire précéder ou suivre son pourvoi de la signification des actes contre lesquels il est dirigé ; l'article 42 suppose même la validité du pourvoi, indépendamment de toute signification de ces actes, puisqu'il fait courir du jour même de la décision du jury le délai de quinzaine accordé pour se pourvoir ; l'envoi des pièces, qui doit avoir lieu, dans la quinzaine du pourvoi, au greffe de la Cour de cassation, suffit pour mettre les parties en mesure de présenter utilement leur défense, et la Cour de cassation en mesure de statuer [2].

35. Lorsque le jury a statué en vue de deux hypothèses différentes, la nullité de sa décision sur l'un des chefs emporte-t-elle nécessairement nullité de la décision entière ? C'est la cassation totale qui est prononcée en ce cas. Un premier arrêt, du 21 décembre 1864 [3], pourrait à la rigueur être considéré comme un arrêt d'espèce, tant il prend soin d'indiquer les circonstances de fait qui, dans la cause, ont lié entre eux le règlement de l'expropriation partielle et celui de l'expropriation totale : c'était faute d'offres en temps utile sur la réquisi-

---

[1] 3 janv. 1872, rej. : Blanchy et autres c. Ch. de fer du Midi ; M. Gastambide. D. 5, 233, S. 85, P. 174.

[2] 30 juin 1856 : Ville de Pamiers c. Passeron et autres ; M. Pascalis. D. 263.

[3] 21 déc. 1864, Cass. : Haëntjens c. Petit Cᵉ ; M. Renouard. D. 1864, 5, 162, S. 1865, 1, 240, P. 1865, 563.

tion d'acquisition totale que la cassation était prononcée. Un second arrêt, du 7 juillet 1868[1], pose d'une façon générale cette règle « que la décision est indivisible, et que la nullité d'une de ses parties entraîne la nullité de la décision tout entière. » Voyez article 39, n. 81.

36. L'exproprié qui a obtenu la cassation de la décision du jury et, par suite, de l'ordonnance du magistrat directeur qui avait prononcé l'envoi en possession, peut-il, immédiatement après l'arrêt de cassation, se faire remettre, jusqu'à décision du jury de renvoi, en possession des terrains que l'expropriant avait occupés en vertu de la décision cassée ?

Dans une affaire relative à l'établissement du chemin de fer de Paris à Mulhouse, l'expropriation avait été prononcée par jugement du 9 novembre 1855, et l'indemnité réglée par décision du 16 avril 1856. Sur le pourvoi de l'exproprié, la décision du jury est cassée le 19 novembre 1856. La Compagnie avait mis à profit les sept mois écoulés depuis la décision et l'envoi en possession ; elle avait immédiatement occupé les terrains, et les travaux étaient terminés, la voie allait être livrée à la circulation, lorsqu'en vertu de l'arrêt de cassation l'exproprié assigna la compagnie en référé pour « voir dire que le demandeur serait autorisé à reprendre la libre possession et jouissance des terrains compris dans le jugement du 9 novembre 1855 et dans la décision du 16 avril suivant ; ordonner que la compagnie serait tenue d'enlever tous les ouvrages par elle exécutés sur lesdits terrains et de les remettre dans le même état où

[1] 7 juill. 1868, Cass. : Commune de Montrichard et Trouvé c. Ch. de fer d'Orléans ; M. Glandaz. D. 328, P. 1869, 59.

ils se trouvaient lors de la prise de possession indûment faite ; sinon, autoriser le demandeur à faire opérer tous les travaux nécessaires aux frais de la compagnie, et à se faire assister, au besoin, de la force
armée. » Sur cette demande, le tribunal de première
instance de Melun dit qu'il n'y avait lieu à référé, se
fondant principalement sur ce que « la Cour de cassation n'avait nullement statué sur le jugement d'expropriation, lequel subsistait en son entier, ainsi que la
prise de possession qui s'en était suivie et qui avait été
régulièrement consommée. » C'était évidemment une
erreur : la prise de possession ne résulte pas du jugement d'expropriation, mais de l'ordonnance d'*exequatur* ; du moment que cette ordonnance tombait, la possession de la compagnie n'avait plus aucun fondement
légal. Fallait-il cependant accueillir en leur entier les
conclusions de l'exproprié, et l'autoriser à se faire ai-
der de la force publique pour faire détruire un chemin
de fer à la veille d'être livré à la circulation ? N'était-il
pas trop évident que la demande de l'exproprié, formulée comme elle l'était, n'était qu'une spéculation ; que
l'exproprié n'avait aucun intérêt à rentrer en possession de terrains dont, dans un délai très-court, l'indemnité allait être fixée par le jury de renvoi, et l'envoi en
possession ordonné de nouveau ; qu'on ne pouvait voir
dans la destruction demandée des travaux qu'une menace tendant à imposer à la compagnie des conditions
exorbitantes ? On se trouvait cependant en face d'un
droit incontestable. Sur l'appel interjeté par l'exproprié
du jugement de Melun, la Cour de Paris a, par arrêt
du 5 février 1857, fait respecter le droit de l'exproprié
en ce qu'il avait de légitime et d'acceptable, en même
temps qu'elle a fait justice de ce que sa prétention avait

d'abusif. Elle a ordonné la cessation des travaux et remis l'exproprié en possession, mais sans autoriser la destruction des ouvrages exécutés[1] : *malitiis non est indulgendum*.

Cette décision ne contrarie en rien ce que nous avons dit, sous l'article 1er, n. 12, du cas où il y a eu expropriation de fait non précédée des formalités légales. La situation est toute différente : il s'agissait alors d'une violence que rien ne justifiait ; il s'agit ici d'une procédure qui a manqué, il est vrai, de quelqu'une des conditions nécessaires à sa validité, mais qui, jusqu'à l'arrêt de cassation, a dû être réputée régulière, et permettait à l'administration de croire à la légitimité des actes qu'elle accomplissait.

37. Après cassation de la décision du jury, ce n'est pas par ordonnance (art. 14, paragraphe 4), mais par jugement (art. 14, paragraphe 3), que doit être désigné le nouveau magistrat directeur : la désignation par ordonnance n'est prescrite que pour le cas seulement d'absence ou d'empêchement des magistrats d'abord désignés.

Mais comment doit être signifié le jugement qui désigne, après cassation, le magistrat directeur ? Est-ce le cas d'appliquer l'article 15, de publier, d'afficher, de notifier conformément à ses prescriptions ? Ou suffira-t-il de notifier le jugement avec la liste des jurés, et de la manière indiquée en l'art. 31 ? Exiger l'observation de l'art. 15 nous paraîtrait une exagération des formalités. Le jugement d'expropriation n'a pas été atteint par la cassation de la décision du jury, il continue de subsis-

---

[1] De Hauregard c. Chemin de fer de l'Est. *Gaz. des Trib.* des 9-10 févr. 1857.

ter, et les effets produits par la notification de l'art. 15
persistent. A quoi bon recommencer cette notification,
qui ne saurait plus avoir aucune efficacité ? il suffit que
les parties en l'instance de fixation d'indemnité soient
averties du choix du magistrat directeur en même temps
qu'elles sont informées du choix des jurés, et avec le
même délai pour examiner s'il n'y a pas cause de récusation ou de reproche.

37 *bis.* Si c'est par le premier des magistrats désignés au jugement d'expropriation qu'a été dirigé le
jury dont la décision est cassée, peut-on, sans recourir
à un jugement nouveau pour désignation d'un magistrat directeur, confier la direction du jury de renvoi au
second magistrat que le jugement même d'expropriation avait désigné *pour remplacer au besoin ?* L'affirmative a été admise par un récent arrêt de la chambre civile[1]. L'arrêt qui casse la décision du jury laisse intactes
les dispositions du jugement d'expropriation, et notamment celle qui commet un magistrat pour diriger le
jury, et désigne un second magistrat pour remplacer le
premier en cas de besoin ; les fonctions ainsi dévolues à
ces deux juges ne sont pas limitées à la direction de tel
jury déterminé, elles ne prennent fin que par le règlement définitif des indemnités. Si, par suite de la disposition de l'arrêt de cassation qui renvoit devant un nouveau jury choisi dans le même arrondissement et
dirigé par un autre magistrat, le premier des deux
magistrats qu'indiquait le jugement d'expropriation
se trouve empêché de diriger le second jury (voy.
art. 43, n. 2), cette cause d'empêchement, exclu-

[1] 6 mars 1878, rej. : Veuve Barthés *c.* Ville de Castres et préfet
du Tarn ; M. Aubry. S. 181.

sivement personnelle, n'a pas atteint le magistrat, qui, peut, par suite, valablement diriger le jury, en vertu même des dispositions du jugement d'expropriation.

En ce cas, comme en celui où il y a désignation nouvelle, le nom du magistrat directeur sera notifié aux expropriés en même temps et de la même manière que les noms des jurés.

Tout en acceptant comme parfaitement juridique la doctrine du récent arrêt de la chambre civile, il nous paraît préférable dans la pratique de rendre un jugement nouveau pour nommer le magistrat directeur. On pourra y inscrire en première ligne, si les circonstances et le besoin du service le demandent, le magistrat même qui avait figuré au précédent jugement pour remplacer au besoin ; mais on aura du moins, par cette désignation nouvelle, indiqué que le tribunal maintient un remplaçant qui, il faut bien l'avouer, n'avait pas été indiqué dans la prévision d'une seconde réunion du jury. On aura en outre, en même temps, pris la précaution que la loi indique, en désignant un second magistrat pour pourvoir, s'il devient nécessaire, au remplacement du premier.

38. Lorsqu'il y a eu cassation du jugement d'expropriation rendu par le tribunal de la situation des immeubles expropriés, et renvoi devant un autre tribunal, dans quel arrondissement doit être choisi le jury ? Dans l'arrondissement du tribunal de renvoi. Voy. art. 20. n. 66.

39. Les jugements ou arrêts de chambre du conseil qui procèdent à la désignation d'un jury, ou qui refusent de procéder à cette désignation, peuvent-ils être attaqués par la voie du recours en cassation ? Voy. art. 30, n. 14, 15 et 15 *bis*.

40. Le recours en cassation n'est pas suspensif. Voy.
art. 20, n. 69.

ARTICLE 43.

Lorsqu'une décision du jury aura été cassée, l'affaire sera
renvoyée devant un nouveau jury choisi dans le même arrondissement.

Néanmoins la Cour de cassation pourra, suivant les circonstances, renvoyer l'appréciation de l'indemnité à un jury
choisi dans un des arrondissements voisins, quand même il
appartiendrait à un autre département.

Il sera procédé, à cet effet, conformément à l'article 30.

SOMMAIRE.

1. Le jury de renvoi doit être entièrement composé de jurés autres
   que ceux qui ont fait partie du premier jury.
2. Il doit être dirigé par un autre magistrat.
3. Le paragraphe 2, qui permet de renvoyer devant un jury choisi
   dans un arrondissement voisin, est une addition de la loi de
   1841.
4. Quand la cour a renvoyé dans un arrondissement voisin, c'est
   dans cet arrondissement, et sous la direction d'un magistrat de
   cet arrondissement, que doit siéger le jury de renvoi.
5. Faut-il des offres nouvelles devant le nouveau jury? Renvoi.
6. Amendement proposé en 1841, et qui avait pour objet de permettre une demande de renvoi antérieurement même à la décision du premier jury.

1. Le nouveau jury devant lequel l'affaire est renvoyée après cassation doit être entièrement composé
de jurés autres que ceux qui avaient fait partie du premier. Un arrêt du 11 mai 1835 [1] a rejeté un pourvoi
fondé sur ce qu'un des membres du jury de renvoi au

---

[1] 11 mai 1835 : Demoiselle Dumarest c. Chemin de fer de la Loire ;
M. Quéquet. D. 307, S. 949, P. à sa date, p. 165.

rait été l'un de ceux qui avaient concouru à la décision
cassée; mais, s'il a prononcé ce rejet, c'est parce qu'en
fait l'allégation du demandeur n'était nullement justifiée. Dans une espèce où le moyen se trouvait, au contraire, établi, la Cour n'a pas hésité à prononcer la cassation; son arrêt, en date du 8 juin 1853[1], déclare que
ce vice de la composition du jury n'a pu être couvert
par le silence des intéresses et par leur comparution
sans protestations ni réserves.

Nous n'aurions garde de critiquer cette sage décision.
Nous devons remarquer cependant qu'elle est en opposition absolue avec l'opinion exprimée dans la discussion par les législateurs de 1833. L'article proposé
portait : « Les membres du jury qui a rendu la décision
annulée ne pourront faire partie du nouveau jury. »
Cette disposition a été supprimée; les raisons données
étaient qu'il serait souvent difficile de trouver des jurés
nouveaux, qu'il n'y avait d'ailleurs aucune cause de
suspicion et d'exclusion contre des jurés dont la décision a été cassée pour vice de forme. La Cour de cassation n'ignorait pas à coup sûr, en 1853, cet incident de
la discussion. Elle a donc pensé que les principes généraux du droit étaient plus puissants que les éléments
d'une controverse législative, et que, les termes même
de la loi n'ayant pas tranché la question, le juge restait libre de la résoudre ainsi qu'il paraissait expé-
dient et juridique, contrairement à la pensée non équivoque d'une des Chambres de 1833.

2. Il y aurait aussi nullité si la direction des opérations du second jury avait été confiée au même magis-

---

[1] Préfet des Bouches-du-Rhône c. Philips ou Félix ; M. Renouard.
D. 1853, 1, 286, S. 1854, 1, 63, P. 1853, 1, 653.

trat qui a dirigé le premier jury[1]. Les arrêts de cassation portent toujours que le jury de renvoi sera *dirigé
par un autre magistrat*. Voy. art. 42, n. 37 *bis*.

3. Le paragraphe 2 de l'article 43, qui permet à la
Cour de cassation de renvoyer devant un jury choisi
dans un arrondissement voisin, a été ajouté à la loi de
1833 par la loi de 1841. Avant cette dernière loi, le demandeur en cassation d'une décision du jury n'était pas
autorisé à demander, même pour cause de suspicion
légitime, que le jury de renvoi fût pris dans un autre
arrondissement que celui dont la décision était cassée.
Un arrêt du 22 juin 1840[2] l'avait jugé ainsi, dans l'affaire des indemnitaires de Schelestadt, où, comme nous
l'avons vu plus haut (art. 39, n. 59), le jury avait fait
preuve de dispositions si hostiles à l'expropriant. La
Cour aurait assurément, si elle s'en était cru le pouvoir,
renvoyé dans un autre arrondissement, mais elle s'en
trouva empêchée par le texte de la loi. Ce pouvoir, qui
lui manquait sous l'empire de la loi de 1833, la loi de
1841 le lui a donné; la Cour toutefois, dans la pratique,
en fait très-rarement usage.

4. Dans une affaire en laquelle la Cour avait usé de ce
pouvoir, il est arrivé qu'on a convoqué le jury hors de
l'arrondissement de sa résidence, et dans celui de la
situation des biens à exproprier, et qu'on l'a fait opérer
sous la direction d'un magistrat appartenant au tribunal
du lieu de la situation des biens. La décision rendue dans
ces conditions par le jury de renvoi a été cassée pour
violation des lois d'ordre public qui règlent et organi-

[1] 21 mars 1855, Cass.: Passeron c. Ville de Pamiers; M. Delapalme. D. 122, S. 449, P. 1857, 335.
[2] 22 juin 1840: Chemin de fer de Strasbourg c. Indemnitaires de
Schelestadt; M. Renouard. D. 281, P. 2, 468.

sent les juridictions. Le jury de renvoi, encore bien que la Cour suprême aurait ordonné qu'il serait pris dans un arrondissement autre que celui de la situation des biens, doit statuer, et dans le lieu de sa résidence, hors de laquelle il n'a pas de juridiction, et sous la présidence d'un magistrat de cette résidence, sauf à user de la faculté que lui accorde la loi de se transporter sur les lieux contentieux [1].

5. Faut-il des offres nouvelles devant le jury de renvoi? V. art. 23, n. 10.

6. A l'occasion de l'article 43 a été proposé, lors de la discussion de la loi de 1841, un amendement ayant pour objet de permettre aux parties, non plus en vue de la cassation qu'elles pourront obtenir, mais avant même la décision du jury naturellement appelé à régler l'indemnité, d'adresser requête à la Cour suprême à l'effet d'obtenir que le jury fût choisi dans un autre arrondissement. C'était une sorte de renvoi pour cause de sûreté publique, transporté au civil, et dont l'exercice passait du ministère public aux particuliers. L'amendement a été repoussé : il eût été, en effet, une grave innovation, et aurait pu retarder souvent la marche d'une procédure qui a grand besoin d'être rapide.

ARTICLE 44.

Le jury ne connaît que des affaires dont il a été saisi au moment de sa convocation, et statue successivement et sans interruption sur chacune de ces affaires. Il ne peut se séparer qu'après avoir réglé toutes les indemnités dont la fixation lui a été ainsi déférée.

[1] Arrêt du 21 mars 1855.

1. Aux termes de l'article 44, le jury ne connaît
que des affaires dont il a été saisi au moment de sa
convocation. Or, il ne suffit pas, pour qu'il y ait, au sujet d'un immeuble exproprié, litige de nature à être
porté devant le jury, que cet immeuble ait été compris
dans le jugement d'expropriation, il faut qu'il y ait eu
désaccord, par suite d'un refus formel ou tacite d'acceptation des offres faites par l'administration. Lors
donc que, plusieurs affaires ayant été comprises en un
même jugement d'expropriation, un jury spécial a été
convoqué au moment où le litige, déjà né pour quelques-unes de ces affaires, par le refus exprès ou tacite
des offres, n'avait pas encore pris naissance à l'égard
de certaines autres, ce n'est que pour les premières, et
non pour les secondes, que le jury a compétence [1].

---

[1] 14 janv. 1851, Cass.: De Beauvais, Courtine et autres c. Préfet
de la Seine ; M. Renouard. D. 289, P. 2, 209. — 11 juin 1860, rej.:
Beaunebaurie c. Ch. de fer d'Orléans ; M. Renouard. D. 405, P. 1861,
765.

A plus forte raison, le jury ne peut pas connaître des litiges qui n'ont pris naissance qu'après que la clôture de la session pour laquelle il avait été convoqué a mis fin à ses pouvoirs. Spécialement, si ce n'a été que le lendemain de la clôture de la session dans laquelle le jury a statué sur les premières affaires que l'administration a fait ses offres quant aux secondes, le même jury qui a connu des premières n'a pu être utilement convoqué pour régler l'indemnité des secondes. Il y a, dans ces circonstances, excès de pouvoir de la part du magistrat directeur, s'il permet de convoquer ce premier jury et le déclare compétent pour statuer sur la seconde classe d'affaires, et de la part du jury s'il y statue. Nées après la clôture de la session du jury, les secondes affaires, bien que comprises au même jugement d'expropriation, constituent un litige nouveau, pour lequel il faut un nouveau jury [1].

A plus forte raison encore en serait-il ainsi si ce n'était que l'année suivante, et après le renouvellement de la liste dressée par le Conseil général en exécution de l'article 29, que le jury de l'année précédente était convoqué pour statuer sur une affaire à l'égard de laquelle il avait sursis, faute d'offres régulières [2]. Voir article 30, n. 8.

2. On ne peut se faire, contre une décision du jury, un moyen de cassation de ce que cette décision n'aurait réglé l'indemnité que pour les immeubles atteints par l'expropriation, et non sur des parcelles délaissées le long des portions expropriées. En l'absence de toute

---

[1] Arrêt du 14 janv. 1851.

[2] 16 juin 1858, Cass. : Ville du Mans c. Bourdon ; M. Gaultier. D. 325, P. 1859, 160.

réclamation et offre relativement à ces parcelles, le jury, en ne statuant pas à leur égard, loin de violer les arti·cles 39 et 44, s'y est, au contraire, exactement con·formé [1].

3. Quant au point de savoir si l'on peut, même du consentement des parties, faire statuer un jury sur des affaires autres que celles pour lesquelles il avait été spécialement désigné, voy. art. 30, n. 24.

4. L'obligation, pour le jury, de statuer sans inter·ruption sur chacune des affaires qui lui sont déférées, n'est pas tellement rigoureuse qu'il ne puisse, non-seulement s'ajourner pour donner aux membres qui le composent le repos qui leur est nécessaire (art. 38, n. 24), mais encore s'ajourner pour un temps un peu plus long, à huitaine, par exemple, et utiliser même, en instruisant ou en jugeant d'autres affaires, l'inter·valle laissé libre par l'ajournement [2]. Voy. art. 34, n. 31. Cela sera quelquefois absolument indispensable, au cas notamment où le jury a jugé nécessaire de visi·ter les lieux, et où la neige qui couvre le sol ne permet pas, pendant un temps peut-être un peu prolongé, de reconnaître et d'apprécier la nature du sol [3].

[1] 8 juill. 1863, rej. : Malice c. Petit et Cᵉ ; M. Moreau (de la Meurthe). D. 253, S. 400, P. 1104.

[2] 7 avr. 1845, rej. : l'État c. André et Vermesch ; M. Renouard. D. 207, S. 531, 532, P. 1, 588. — 16 févr. 1846, rej.: Préfet des Bouches-du-Rhône c. Masson et autres ; M. Renouard. D. 63, S. 223, P. 1, 500. — 11 juin 1856, rej. : Chemin de fer de Strasbourg c. Forest et autres ; M. Renouard. D. 196, S. 826, P. 2, 414. — 9 févr. 1857, rej. : Chemin de fer Grand-Central c. Boyer et autres ; M. Quénault. D. 70, S. 774, P. 1858, 371 — 8 août 1866, rej. : Orgnon c. Chemin de fer de Lyon ; M. Quénault. — 30 janv. 1867, rej. : Prugnat c. Ville de Paris et Thome ; M. Glandaz. — 31 déc. 1873, rej. : Commune de Saint-Nazaire c. Cᵉ des Paquebots fluviaux et maritimes, et c. Jouvellier et consorts ; M. Casenave. D. 1874, 1, 213, S. 1874, 1, 84, P. 1874, 172.

[3] 20 août 1862, rej.: Vimort c. Ch. de fer Paris-Lyon-Méditer-

L'ajournement peut, sans qu'il en résulte aucune nullité, être d'une quinzaine (du 30 mars au 13 avril) pour laisser écouler la semaine sainte et permettre ensuite aux jurés, qui ont achevé la visite des lieux, d'en examiner et débattre entre eux les éléments. La déclaration faite le 30 mars par le jury qu'il ne se trouve pas suffisamment éclairé, et la déclaration faite quinze jours plus tard qu'il se trouve suffisamment éclairé sur l'état des terrains et bâtiments expropriés, n'impliquent pas contradiction, et ne justifient pas l'hypothèse d'une instruction supplémentaire à laquelle le jury se serait livré pendant l'interruption de ses séances. Il n'est point interdit d'ailleurs aux jurés de s'entourer des renseignements qu'ils jugent à propos de prendre, sous la condition essentielle qu'aucune atteinte ne sera portée au droit respectif des parties d'être entendues contradictoirement dans leurs moyens d'attaque et de défense. Les deux déclarations contraires des 30 mars et 13 avril ne suffisent pas pour faire supposer que ce droit ait été enfreint ; elles s'expliquent parfaitement par les communications et discussions que, dans cet intervalle, les jurés ont pu avoir entre eux, et par les lumières qu'ils y ont puisées [1].

Des jurys, même différemment composés, pourraient combiner leurs opérations de manière à accomplir, le même jour et successivement pour les différentes affaires qui leur sont soumises, soit leur transport sur les

rance ; M. Delapalme. D. 368. — 19 mars 1867, rej. : Nozières c. Ch. de fer d'Orléans ; M. Le Roux de Bretagne.

[1] 23 déc. 1863, rej. : Ch. de fer d'Orléans c. Monclar et autres ; M. Renouard. D. 1864, 5, 149.

lieux [1], soit tout autre acte d'instruction [2], à la condition, bien entendu, que, pour chaque affaire, les jurés
compétents prendraient seuls une part, soit directe,
soit indirecte, aux opérations [3]. Voir art. 34, n. 35.

Le magistrat directeur a pu encore, lorsque les affaires dont le jury était saisi ont été divisées en deux catégories, annoncer que les affaires de la première catégorie commenceraient immédiatement, et que celles de
la seconde seraient plaidées à un jour ultérieur ; huit
jours plus tard, par exemple. L'ajournement ainsi fixé
par le magistrat directeur en vertu de l'appréciation par
lui faite des besoins présumés de l'instruction des affaires de la première catégorie rentrait dans les pouvoirs de ce magistrat, et si, par suite de la prompte expédition de ces affaires, un intervalle de quelques
jours a existé entre les opérations du jury de la première catégorie et celles du jury de la seconde, il n'y a
dans ce résultat accidentel de l'ajournement fixé d'a-
vance rien d'irrégulier et de contraire aux dispositions
de la loi [4].

En procédant comme il vient d'être dit, on ne va pas
contre l'esprit de l'article 44, qui, d'ailleurs, ne figure
pas au nombre de ceux dont la violation donne, d'après
l'article 42, ouverture à cassation [5].

En résumé, l'inobservation de l'article 44 ne donne
lieu à cassation qu'autant qu'il en est résulté un excès

[1] 5 août 1844, rej. : Préfet d'Ille-et-Vilaine c. Leclerc ; M. Renouard. D. 368, P. 2, 162.
[2] 7 avr. 1845, rej. : l'État c. Féron ; M. Renouard. D. 207, S. 529,
P. 1, 585.
[3] Arrêt du 5 août 1844.
[4] 4 mars 1861, rej. : Ville de Paris c. Dufflé et Charlier ; M. Quénault. D. 184.
[5] Arrêts des 7 avr. 1845, 16 févr. 1846, 9 févr. 1857. — 21 févr.
1848, rej. : Préfet des Bouches-du-Rhône c. Ramet ; M. Hello. —

de pouvoir ou la violation d'un principe d'ordre public; en dehors de ces cas, il appartient au jury et au magistrat directeur d'apprécier les motifs qui autorisent le renvoi d'une affaire à un autre jour [1]. L'ajournement n'est une cause de nullité des opérations que s'il est constant qu'il a eu lieu pour un temps éloigné, et dans le but évident de changer l'époque de la session (art. 37, n. 77); la nullité est alors prononcée, non pour violation de l'article 44, mais pour violation des articles 31 et 37.

5. Le jury ne peut, aux termes de la disposition finale de l'article 44, se séparer qu'après avoir réglé toutes les indemnités dont la fixation lui a été déférée; mais cette obligation n'est imposée au jury qu'autant que les affaires lui arrivent instruites. C'est ainsi qu'il a été jugé, par arrêt du 3 juillet 1850 [2], que, lorsque l'administration annonce, devant le jury d'expropriation, des éventualités qui, telles que l'établissement d'un pont, doivent entrer dans l'appréciation de l'indemnité, mais à l'égard desquelles elle n'a pas fait connaître son chiffre, l'exproprié n'est pas tenu d'exprimer le sien, et le magistrat directeur peut, sans violer ni l'article 44 ni aucune autre loi, renvoyer, sur la demande de l'exproprié, l'affaire à une session ultérieure, comme n'étant pas en état, considérée sous le rapport nouveau sous lequel l'administration prétendait la présenter au jury et la lui faire décider.

4 juill. 1854, rej.: Lequin c. Chemin de fer de Strasbourg; M. Lavielle. D. 1854, 1, 310, S. 1855, 1, 218, P. 1854, 2, 557. — 25 mai 1868, rej.: Cambreling et autres c. Département de la Seine et commune de Boulogne; M. Laborie. D. 405.
[1] Arrêts des 30 janv. 1867 et 25 mai 1868.
[2] Rej.: Préfet de Seine et Oise c. Regnier; M. Gillon. D. 1850, 1, 281, S. 1851, 1, 58, P. 1850, 2, 255.

Le renvoi à une autre session n'était toutefois qu'une faculté, et non une obligation pour le magistrat directeur. Aucune loi n'aurait non plus été violée si le jury avait passé outre, et avait réglé l'indemnité d'après l'état des offres, et sans avoir aucunement égard aux articulations nouvelles de l'administration, qui non-seulement n'avaient pas été acceptées, mais ne s'étaient pas même produites sous forme d'offres ou de conclusions. Voir art. 38, n. 99.

6. Peut-on se faire, contre la décision du jury, un moyen de nullité de ce qu'elle aurait été rendue un dimanche ou jour férié ? La négative résulte d'un arrêt de rejet du 12 janvier 1864 [1]. L'interdiction de procéder les jours fériés à des actes de juridiction n'est pas absolue ; elle ne s'applique pas, notamment, au jury en matière d'expropriation. Si la régle écrite en l'article 44, et d'après laquelle le jury doit statuer *successivement et sans interruption* n'a pas pour sanction la nullité des opérations qui auraient été, pour cause légitime, interrompues ou discontinuées pendant un certain temps (*suprà*, n. 4), on ne saurait du moins se faire un grief de ce qu'elle a été exactement observée, et de ce que le jury a continué de remplir, un jour férié, son urgente et temporaire mission [1].

ARTICLE 45.

Les opérations commencées par un jury, et qui ne sont pas encore terminées au moment du renouvellement annuel de la liste générale mentionnée en l'article 29, sont continuées, jusqu'à conclusion définitive, par le même jury.

[1] 12 janv. 1864, rej. : Soubiran c. Préfet du Gers ; M. Laborie. D. 5, 154, S. 193, P. 746.

Voir article 30, n. 8 et suivants ; et article 44,
n. 1.

ARTICLE 46.

Après la clôture des opérations du jury, les minutes de ses
décisions et les autres pièces qui se rattachent auxdites opérations sont déposées au greffe du tribunal civil de l'arrondissement.

SOMMAIRE.

1. Cet article est applicable même au cas où il s'agit d'un jury en
matière de chemins vicinaux, présidé par le juge de paix du
canton; mais sa violation ne donne pas ouverture à cassation.
2. C'est également au greffe du tribunal civil que doivent, en règle
générale, se former les pourvois en matière d'expropriation
vicinale.

1. L'article 46 est applicable, même en cas d'expropriation pour ouverture ou redressement de chemins
vicinaux, et lorsque c'est le juge de paix du canton qui
a été désigné pour présider et diriger les opérations.
Que le tribunal civil ait choisi pour magistrat directeur
un de ses membres, ou que, comme le paragraphe 2
de l'article 16 de la loi du 21 mai 1836 lui en donne le
droit, il ait désigné à cet effet le juge de paix du canton, ce magistrat n'agit toujours que comme délégué
du tribunal civil, qu'il représente. C'est donc au greffe
du tribunal civil, et non au greffe de la justice de paix,
que doit se faire le dépôt des minutes et pièces. Un
moyen de cassation fondé sur ce que le dépôt des minutes et pièces aurait, dans ces circonstances, été fait
au greffe de la justice de paix, au lieu de l'être au

greffe du tribunal civil, a cependant été repoussé[1], et avec raison ; car cette irrégularité n'est pas du nombre de celles qui, aux termes de l'article 42, peuvent donner ouverture à cassation.

2. Il est également naturel que le pourvoi en cassation contre les décisions rendues en matière d'expropriation vicinale soit formé au greffe du tribunal civil. Le pourvoi serait cependant considéré comme valablement formé au greffe du tribunal de paix, au cas surtout où, au moment de sa formation, toutes les pièces de la procédure se trouvaient encore à ce greffe[2].

ARTICLE 47.

Les noms des jurés qui auront fait le service d'une session ne pourront être portés sur le tableau dressé par le Conseil général pour l'année suivante.

SOMMAIRE.

1. *Quid* si, pendant une année entière, le jury ne s'est pas réuni?
2. *Quid* si le Conseil général n'a pas observé les prescriptions de l'article 47?

1. Si une année entière s'est écoulée sans réunion de jury, l'incapacité de siéger ne doit pas se reporter sur les personnes qui ont fait le service pendant l'année antécédente. Ainsi, bien qu'aucune réunion du jury

[1] 29 déc. 1858 : Faugières c. Commune d'Olliergues ; M. Lavielle.
[2] 7 avr. 1868, rej. : Renold-Faget c. Commune de Saint-Avit : M. Fauconneau-Dufresne. D. 161, S. 272, P. 661.

n'ait eu lieu en 1842, les jurés de 1841 peuvent se re-
trouver sur la liste de 1843. L'article 47 se borne à défendre de porter sur la liste les mêmes jurés pendant
deux années consécutives [1].

2. La violation de l'article 47 ne saurait, d'ailleurs,
être considérée comme ouverture à cassation : l'article 47
n'est pas compris dans l'énumération de l'article 42 [2].
Si le Conseil général a contrevenu aux prescriptions de l'article 47, l'autorité judiciaire n'en doit pas
moins former le jury d'après les listes dressées par le
Conseil général, listes qu'elle n'a le pouvoir ni de re-
faire ni de rectifier [3] ; le concours du juré ainsi choisi
par le Conseil général ne saurait donc vicier les opérations [4]. (Voir art. 30, n. 14 et 19).

Nous estimons d'ailleurs que, si aucun reproche en-
traînant nullité n'est opposable à la décision à laquelle
ce juré a participé, le magistrat directeur ne violerait
non plus aucune loi, et resterait au contraire dans les
limites de sa mission, telles que les a tracées le dernier
paragraphe de l'article 32, en excusant, ou même en
excluant, ce juré. (Voy. art. 31, n. 5.)

---

[1] 8 nov. 1843, rej. : De Salasc c. Préfet du Var ; M. Renouard.
D. 1844, 1, 29, S. 1844, 1, 247, P. 1844, 1, 255.
[2] 17 août 1847, rej. : Pestiaux c. Ch. de fer de Montereau à
Troyes ; M. Renouard. S. 1848, 1, 318, P. 1848, 1, 696. — 21 mars
1877, rej. : Lamotte, Jeandel, Jullien, Salmon-Caen et Baloff c. Ville
de Nancy ; M. Aucher. S. 1878, 1, 179, P. 1878, 164.
[3] Arrêt du 17 août 1847.
[4] Arrêt du 21 mars 1877.

CHAPITRE III. — Des règles à suivre pour la fixation
des indemnités.

ARTICLE 48.

Le jury est juge de la sincérité des titres et de l'effet des
actes qui seraient de nature à modifier l'évaluation de l'indemnité.

SOMMAIRE.

Dans quelles limites se renferme cet article.

Si l'article 48 rend le jury juge de la sincérité des
titres et de l'effet des actes, c'est seulement lorsqu'ils
seraient de nature à modifier l'évaluation de l'indemnité, et non lorsque le litige sur les titres et actes porte
sur le fond même du droit ou sur la qualité des réclamants. Dans ce dernier cas, les parties doivent être renvoyées devant qui de droit, conformément au paragraphe 4 de l'article 39. Voir cet article, n. 31 et suiv.

ARTICLE 49.

Dans le cas où l'administration contesterait au détenteur
exproprié le droit à une indemnité, le jury, sans s'arrêter à
la contestation, dont il renvoie le jugement devant qui de
droit, fixe l'indemnité comme si elle était due ; et le magistrat
directeur du jury en ordonne la consignation, pour, ladite indemnité, rester déposée jusqu'à ce que les parties se soient
entendues ou que le litige soit vidé.

L'explication de cet article se liait trop intimement à celle de l'article 39, paragraphe 4, pour qu'il nous ait été possible de les séparer. Voir, sous cet article, n. 24 et suiv.

Voir aussi, quant à la nécessité d'ordonner la consignation de l'indemnité éventuelle, art. 41, n. 14 ; quant au lien qui existe entre deux indemnités alternatives, art. 42, n. 35.

ARTICLE 50.

Les bâtiments dont il est nécessaire d'acquérir une portion pour cause d'utilité publique seront achetés en entier, si les propriétaires le requièrent par une déclaration formelle adressée au magistrat directeur du jury, dans les délais énoncés aux articles 24 et 27.

Il en sera de même de toute parcelle de terrain qui, par suite du morcellement, se trouvera réduite au quart de la contenance totale, si toutefois le propriétaire ne possède aucun terrain immédiatement contigu, et si la parcelle, ainsi réduite, est inférieure à dix ares.

1. La réquisition d'acquisition intégrale, que l'exproprié est autorisé à faire aux cas prévus en l'article 50, n'est, de la part de l'exproprié, qu'une vente volontaire; elle est forcée pour l'expropriant. Au cas où l'immeuble est la propriété commune de plusieurs personnes, la réquisition ne peut utilement être faite que du consentement unanime de tous les copropriétaires.

2. La réquisition d'acquisition intégrale, que l'exproprié est autorisé à faire aux cas prévus en l'article 50, doit, à peine de déchéance, être faite dans la quinzaine des offres, ou dans le mois, conformément aux distinctions faites par les art. 24 et 27. L'exproprié ne sera pas admis à se plaindre de ce que ni le jury, ni le magistrat directeur n'ont eu égard à une réquisition formulée seulement au cours des débats et après l'expiration du délai légal [1]. L'administration peut, au contraire, se faire un moyen de cassation de ce que le jury a réglé l'indemnité d'après cette réquisition tardive (arrêts de cassation des 9 juillet 1856 et 18 janvier 1859 [2]), à moins qu'il n'apparaisse en fait que l'administration a elle-même couvert la déchéance au moyen d'une acceptation donnée par un agent suffisamment autorisé à cet effet; la fin de non-recevoir qui pouvait naître de l'inobservation des délais n'est pas d'ordre public, et a pu être couverte par le consentement réciproque des parties, et par leur concours commun à la discussion qui a précédé la décision du jury [3]. Quant à l'exproprié, il ne sera jamais reçu à se plaindre de l'admission par

[1] 13 août 1855, rej. : Badoulier de Saint-Seine c. Chemin de fer de Dôle à Salins ; M. Delapalme. D. 1855, 1, 333, S. 1856, 1, 829, P. 1857, 419. — 14 août 1855, rej. : Mounier et Perrin c. Chemin de fer de Saint-Rambert à Grenoble ; M. Delapalme. D. 1855, 1, 416, S. 1856, 1, 620, P. 1857, 420.

[2] 9 juill. 1856, Cass. : Chemin de fer de Saint-Rambert à Grenoble c. d'Avancourt ; M. Lavielle. D. 293, P. 2, 378. — 18 janv. 1859, Cass. : Préfet de la Drôme c. Mercier ; M. Alcock. D. 24, P. 1860, 1155.

[3] 25 janv. 1853, rej. : Troyon c. Préfet de la Seine ; M. Renouard. D. 28, S. 287, P. 1, 293.

le jury d'une réquisition tardive, même non acceptée par l'expropriant ; comment se ferait-il à lui-même un titre de la déchéance qu'il avait encourue [1], et qu'on s'est abstenu de relever contre lui ?

Des deux arrêts de cassation qui viennent d'être indiqués, nous remarquons que le premier ne vise que l'article 50 ; cet article n'est pas au nombre de ceux dont la violation emporte cassation. Le second arrêt justifie pleinement la cassation en visant, en même temps que l'article 50, les articles 24, 37 et 42.

3. Avec cette jurisprudence nous avons peine à concilier un arrêt de rejet du 6 avril 1869 [2], qui considère comme un litige sur le fond du droit la question de savoir si le délai prescrit pour la réquisition d'acquisition totale doit être observé à peine de déchéance, et qui décide par suite que le magistrat directeur a agi régulièrement en refusant de repousser lui-même cette réquisition comme tardive, et en faisant régler une indemnité éventuelle. On se faisait, dans cette espèce, un moyen de cassation de ce que, la réquisition ayant eu lieu après expiration du délai de quinzaine, et un débat s'étant élevé devant le jury sur le point de savoir si de ce retard résultait ou non la nullité de la réquisition, le magistrat directeur, au lieu d'apprécier et juger lui-même la question, avait renvoyé les parties devant les tribunaux civils. Le rejet a été prononcé par le motif qu'un tel litige « ne portait ni sur un point de fait, ni sur un incident de procédure, mais bien sur le fond même du droit, puisqu'il s'agissait de savoir si un délai prescrit par la loi devait être observé à peine de

---

[1] Même arrêt.

[2] 6 avr. 1869, rej. : Lesoufaché c. Ville de Paris et autres ; M. Aylies. D. 343.

déchéance et de nullité. » Il nous semble au contraire
qu'il n'y a là qu'un incident de procédure, et que le
magistrat directeur peut et doit y statuer. La déchéance
est admise par la jurisprudence. A supposer qu'en certaines circonstances elle pût faire difficulté, ce serait
toujours par le magistrat directeur qu'elle devrait, à
notre sens, être appréciée, sauf recours contre sa décision si elle ne paraissait pas conforme aux règles de la
loi. Il est incontestable, en principe, que le débat sur le
point de savoir si la réquisition d'expropriation totale
doit ou non être admise, constitue un litige sur le fond
du droit. (V. art. 39, n. 40, et *infrà*, n. 8). Mais nous ne
voyons ici qu'un simple moyen de forme, que l'appréciation matérielle d'un délai, point qui paraît rentrer dans les attributions du magistrat directeur. On lit
dans un arrêt du 1er juillet 1863 que le magistrat directeur « peut écarter des débats les discussions introduites sous des formes dont l'irrégularité mettrait empêchement à un examen sérieux ou utile [1]. » L'inobservation
du délai ne doit-elle pas être assimilée à l'irrégularité
de la forme ?

Nous aurions d'ailleurs parfaitement compris le rejet
dans l'espèce que nous venons de rapporter ; car, si
l'ordonnance et la décision contenaient, à notre avis,
fausse application du paragraphe 4 de l'article 39, elles
ne violaient expressément ni cet article ni aucun autre
de ceux mentionnés en l'article 42.

4. La réquisition d'acquisition totale a été réputée
faite en temps utile dans une espèce où, l'acte de notification des offres portant en tête la date du 22 septem-

---

[1] 1er juill. 1863, Cass. : Lecœur c. Ville de Paris ; M. Renouard.
D. 320, S. 548, P. 1864, 196.

bre, la réception de cet acte par l'exproprié portait, sur l'original, la date du 30 octobre; de ce même jour, 30 octobre, était datée la réponse de l'exproprié et sa demande d'acquisition totale, réponse et demande également consignées sur l'original. Comment cet original se serait-il trouvé, le 30 octobre, en la possession de l'exproprié, s'il eût été complété dès le 22 septembre? Le timbre apposé sur ledit original par la ville de Grenoble, au profit de qui se poursuivait l'expropriation, timbre indiquant l'époque d'entrée de cette pièce à la mairie, était, d'ailleurs, daté du 31 octobre. La Cour a pensé que, dans ces circonstances, la preuve de la notification des offres à l'exproprié ne se trouvait établie clairement et sans litige qu'à la date du 30 octobre, jour de la demande d'acquisition totale, et qu'ainsi il n'y avait pas lieu, en l'état, d'écarter cette demande comme formée hors des délais[1].

5. Nul autre que la partie expropriante ne peut se prévaloir de la déchéance tirée de ce que la réquisition aurait été tardive. Spécialement, le locataire ne saurait invoquer cette déchéance contre son propriétaire[2]. V. *infrà*, n. 25.

6. La loi dit que la réquisition d'acquisition totale se fera par déclaration formelle *adressée au magistrat directeur*. Cette déclaration n'est d'ailleurs assujettie à aucune forme. Exiger un acte extrajudiciaire pour constater cette réquisition, ce serait ajouter à la loi une disposition qu'elle ne contient pas[3]. Il est prudent d'em-

---

[1] 25 août 1856, Cass. : Lentemann c. Ville de Grenoble; M. Renouard. D. 1856, 1, 333, S. 1857, 1, 141, P. 1858, 950.

[2] 22 juin 1869, C. de Paris : Cotelle c. Ville de Paris. D. 1870, 2, 86, S. 1872, 1, 86, P. 1872, 1, 175.

[3] 28 déc. 1859, rej.: Commune de Mallemort c. Boutière ; M. Alcock. D. 1860, 1, 39, S. 1860, 1, 1004, P. 1860, 1044.

ployer une voie propre à constater avec certitude l'existence et la date de la réquisition ; mais il n'y aurait pas nullité si la réquisition avait eu lieu par simple lettre missive adressée au magistrat directeur.

7. Plusieurs arrêts ont même jugé que la réquisition est efficace, encore qu'elle ait été adressée, sans intermédiaire, à la partie expropriante elle-même [1].

8. La réquisition d'acquisition totale constitue, lorsqu'elle n'est pas accueillie par l'expropriant, qui soutient que l'article 50 n'est pas applicable, un litige sur le fond du droit, auquel doit être appliqué le paragraphe 4 de l'article 39. Voir cet article, n. 40 ; voir aussi *suprà*, n. 3.

9. La réquisition d'acquisition totale entraîne pour l'expropriant obligation de faire des offres nouvelles. Voy. art. 37, n. 12 et 13.

10. Il n'y a pas de réquisition d'acquisition totale lorsque la déclaration y relative, faite en l'original d'un exploit signifié à l'expropriant, a été complètement omise dans la copie de cet exploit [2]. Par suite, et encore que la cession de la partie de terrain non comprise dans l'expropriation aurait été proposée et acceptée devant le jury, ce qui intervient est une simple convention amiable, pour laquelle il n'y a pas eu nécessité d'observer les délais exigés par les articles 24 et 27 entre la date de l'offre et celle de la demande.

11. Le propriétaire qui a requis l'acquisition totale

[1] Arrêt du 25 août 1856. — 10 avr. 1861, Cass. : Jeanson c. Préfet de la Seine ; M. Alcock. D. 282, S. 794, P. 1862, 191. — 1er juill. 1863, Cass. : Lecœur c. Ville de Paris ; M. Renouard. D. 320, S. 548, P. 1864, 196.

[2] 7 janv. 1862, rej. : Roche c. Ch. de fer d'Orléans ; M. Renouard. D. 377, S. 1064, P. 1863, 378.

est admissible à la rétracter tant qu'elle n'a pas été
acceptée, et même après la décision du jury : aucun
contrat judiciaire, aucun droit ni pour l'une, ni pour
l'autre des parties, n'a pu résulter, en effet, quant au
mérite et à la valeur de la réquisition, de la décision
du jury, qui réserve tout à cet égard [1].

Mais l'acceptation de la réquisition, à quelque moment qu'elle intervienne, a pour effet immédiat d'en
rendre désormais la rétractation impossible [2].

12. L'exproprié, encore qu'il ait fait en temps utile
une réquisition régulière d'acquisition totale, ne sera
pas admis à se faire un moyen de cassation de ce
que le jury n'a pas statué sur cette réquisition, s'il n'a
pris lui-même devant ce jury aucune conclusion tendant au règlement de l'indemnité de dépossession
totale [3] : on doit, en ces circonstances, considérer la
réquisition comme abandonnée par son auteur.

Jugé encore, dans une autre espèce, que l'abandon
de la réquisition d'acquisition totale résultait des circonstances et de la tournure des débats. Un propriétaire,
dont le terrain était traversé par un chemin de fer,
avait requis l'acquisition des parcelles laissées à droite
et à gauche de la voie. Un transport sur les lieux est
effectué, et il y est reconnu que la contenance de chacune de ces parcelles est bien supérieure à 10 ares. On
revient à l'audience, et on y discute l'indemnité à tant
par are, sans reproduire la réquisition d'acquisition des
parcelles. Le jury fixe l'indemnité à *120 francs par are*

---

[1] 13 déc. 1848, Cour de Bordeaux : Jarry *c.* Commune de Saint-
André-de-Cubzac. D. 1849, 2, 216, P. 1850, 1, 78.

[2] Même arrêt.

[3] 11 août 1875, rej. : D'Espagnac *c.* Préfet de Lot-et-Garonne :
M. Merville. D. 1876, 5, 231, S. 1875, 1, 428, P. 1875, 1068.

de tout ce qui sera pris par la compagnie. Contre cette
décision, un moyen de cassation est tiré de ce qu'il y
aurait eu omission de prononcer sur le chef de demande
relatif à l'acquisition des parcelles. Le rejet a été prononcé par le double motif : 1° que les conclusions
relatives à cette acquisition paraissaient abandonnées ;
2° que, fussent-elles maintenues, la fixation à tant par
are suffirait pour répondre à toutes les éventualités[1].
V. art. 58, n. 91.

13. L'exproprié qui, en vertu de l'article 50, a requis
l'expropriation totale, a pu conclure à l'audience à ce
qu'une indemnité éventuelle fût fixée pour une troisième hypothèse, se plaçant entre l'expropriation
partielle et l'expropriation totale. L'hypothèse intermédiaire n'était qu'une modification du droit que l'exproprié prétendait avoir de demander une expropriation
totale. En réglant l'indemnité suivant les trois hypothèses alternatives, le jury n'a violé aucune loi[2].

14. L'autorisation donnée à l'administration expropriante (à une commune, dans l'espèce), pour poursuivre l'expropriation partielle d'un immeuble, est
suffisante pour autoriser l'acquisition de la totalité de
ce même immeuble, dans le cas spécial prévu par
l'article 50 de la loi de 1841 : c'est une conséquence
nécessaire et indispensable des obligations et des
droits résultant de la situation créée par la loi elle-
même[3].

15. Pour requérir, au contraire, l'acquisition inté-

---

[1] 3 juill. 1861, rej. : Consorts Viviant, Joly, Feydides et de By c.
Ch. de fer du Dauphiné ; M. Moreau (de la Meurthe).
[2] 6 févr. 1861, rej. : Ville de Grenoble c. D^{elles} Brun et Chrétien ;
M. Delapalme. D. 135, P. 1862, 128.
[3] Arrêt précité de la Cour de Bordeaux, du 13 décembre 1848.

grale, il faudrait à l'exproprié incapable les assistance
ou autorisation propres à l'habiliter. Spécialement, si
cette réquisition était faite par une femme dotale non
autorisée de son mari, il n'y aurait ni obligation pour
l'expropriant de faire des offres nouvelles (V. art. 37,
n. 12), ni obligation pour le jury de statuer dans l'hypothèse d'une expropriation totale. (V. art. 38, n. 96.)

16. Si l'expropriation atteignait une cour ou un jardin
attenant à un bâtiment, l'administration pourrait-elle,
par application du premier paragraphe de l'article 50,
être obligée de prendre aussi le bâtiment? Non, évidemment. Cela a été parfaitement entendu dans la
discussion de la loi; et c'est pour faire disparaître
toute équivoque qu'en 1841, de la rédaction première:
« maisons et bâtiments, » a été retranché le mot
maisons, qui aurait pu être considéré comme une expression générale, s'appliquant aux terrains accessoires
de la demeure aussi bien qu'à la demeure elle-même.

17. Le propriétaire de bâtiments contigus, mais
indépendants les uns des autres, ne peut, en cas d'expropriation de tout ou partie de l'un de ces bâtiments,
contraindre l'administration à les acheter tous : à ce
cas ne s'applique pas le paragraphe 1er de l'article 50.
Mais si, au contraire, ces bâtiments ne forment qu'un
seul corps destiné au même service [1], s'ils doivent être
considérés comme indivisibles au point de vue de
l'usage qu'on en tire [2], le propriétaire peut en requérir
l'acquisition intégrale, quel que soit le peu d'importance

[1] 22 nov. 1855, Cour de Toulouse : Pautard *c.* Ch. de fer du Midi.
D. 1856. 2, 80.

[2] 20 mars 1872, C. de Caen ; Ch. de fer de l'Ouest *c.* Héroult. D.
1874, 5, 247, S. 1873, 2, 82, P. 1873, 436.

de la partie expropriée relativement au tout; et la réquisition devrait être accueillie encore bien que la partie des bâtiments atteinte par l'expropriation n'aurait pas été construite à la même époque que le surplus : il suffit qu'elle y ait été incorporée pour que le paragraphe 1er de l'article 50 soit applicable[1].

Il faut, comme nous venons de le dire, qu'il y ait à la fois un même corps et une destination commune. Bien qu'affectés à une destination commune, les bâtiments peuvent être, à raison de leur caractère et de leur disposition, considérés comme indépendants les uns des autres[2]; bien qu'ayant constitué, dans l'origine, un ensemble destiné à un établissement unique, des bâtiments sont séparables par voie d'expropriation, alors qu'avant l'expropriation ils avaient été, en fait, détournés par les propriétaires de leur destination originaire, et que leurs diverses parties avaient été sous-louées à différents industriels, qui exploitaient d'une manière complètement distincte chacun des divers groupes dont la réunion avait d'abord constitué l'ensemble général[3]. La nécessité de l'acquisition totale ne saurait non plus résulter de cette seule circonstance qu'il s'agit de bâtiments reliés entre eux par un réseau commun de conduites d'eau souterraines ou de chaussées superficielles[4].

La question de savoir si des constructions qui se touchent constituent ou non un seul et même bâtiment

---

[1] Arrêt de Toulouse, du 22 nov. 1855.

[2] 5 déc. 1867, C. de Rennes : Boulineau c. Ville de Morlaix. D. 1869, 1, 103.

[3] 8 févr. 1878, Trib. civ. de la Seine : Crédit agricole c. Chemin de fer d'Orléans. *Gaz. des Trib.* du 24 févr. 1878.

[4] Même jugement.

est d'ailleurs une question de fait, qui échappe à l'appréciation de la Cour de cassation [1].

18. Pour que l'article 50 soit applicable, il faut que l'immeuble soit atteint dans son essence, il ne suffirait pas qu'il le fût dans sa valeur. Ainsi, le propriétaire exproprié d'un droit de servitude existant au profit d'une propriété bâtie (un droit de passage par une maison qu'a renversée l'expropriation), ne serait pas fondé à exiger, par application de l'article 50, l'acquisition de son immeuble. Jugé par arrêt du 14 janvier 1873 : une personne est expropriée d'un immeuble compris presque en entier dans le périmètre des travaux ; la même personne est également propriétaire d'un immeuble contigu que l'expropriation ne touche pas, mais qui jouissait, sur l'immeuble exproprié, de servitudes actives établies par la destination du père de famille. Cette personne ne peut exiger l'acquisition de l'immeuble au profit duquel existait la servitude. Une telle situation est complètement étrangère au cas spécial prévu par l'article 50 ; elle ouvre seulement à la partie lésée une action en indemnité, conformément aux articles 18 et 21 [2].

19. *Quid* si, par l'effet de l'expropriation, un terrain se trouve enclavé ? Voir art. 38, n. 127.

20. Un arrêt de la Chambre des requêtes, du 14 juillet 1847 [3], rejetant un pourvoi dirigé contre un arrêt de la Cour de Paris, du 18 mai 1846 [4], décide que, lorsqu'il

[1] 10 nov. 1868, req. rej. : Boulineau c. Ville de Morlaix ; M. De Vergès. D. 1869, 1, 103.

[2] 14 janv. 1873, req. rej. : Petit-Berlié Cᵉ c. Enregistrement ; M. D'Oms. D. 308, S. 138, P. 291.

[3] 14 juill. 1847, Ch. des req. : Préfet de la Seine c. Pignard ; M. Mestadier. D. 251, S. 598.

[4] Préfet de la Seine c. Pignard. D. 1846, 2, 96, S. 1846, 2, 490, P. 1846, 2, 97.

y a eu application de l'article 50, la portion de l'immeuble non affectée aux travaux d'utilité publique
arrive aux mains de l'administration, non à titre d'expropriation, mais à titre de vente, et, conséquemment,
avec les charges réelles qui la grevaient ; par suite,
les servitudes établies sur la portion ainsi acquise ne
sont point purgées par la transcription du jugement
d'expropriation. A l'égard des fractions de propriété
ajoutées à l'expropriation en vertu de l'article 50, la
transcription du jugement ne fait disparaître que les
droits hypothécaires. Voy. *infrà*, n. 24.

Il en serait autrement si c'était par application du
décret du 26 mars 1852 que l'immeuble avait été acquis.
Voir ce décret, art. 2, n. 5.

21. De même, l'acquisition faite par l'administration,
en vertu de l'article 50, du surplus de la propriété
expropriée, n'emporte pas résiliation des baux exclusivement assis sur cette partie de propriété. Tout ce
qui dépasse la fraction frappée d'expropriation arrive
et reste dans les mains de l'administration tel qu'il était
dans celles du précédent propriétaire[1]. V. art. 21, n. 15.

M. Rendu (de Lalleau-Rendu, t. II, p. 180, 5ᵉ édit.), exprimait la pensée que la doctrine rapportée au nombre
précédent et en celui-ci, avait été renversée par un arrêt
de rejet, du 25 août 1851[2], qui déclare l'article 58 de la

---

[1] 12 févr. 1833, C. de Paris : Batton c. Ville de Paris. D. 1833,
2, 192, S. 1833, 2, 606, P. à sa date, p. 159. — 11 août 1862, C. de
Paris : Wahl c. Ville de Paris. D. 2, 190, S. 2, 417 et 423, P. 1074
et 1077. — 22 juin 1869, C. de Paris : Cotelle et autres c. Ville de
Paris. D. 1870, 2, 85, S. 1872, 2, 86, P. 1872, 1, 175. — 19 mars 1872,
rej. : Cotelle, Rouge et autres c. Ville de Paris ; M. Massé. D. 107,
S. 86, P. 175.

[2] 25 août 1851, rej. : Enregistrement c. Préfet de la Seine ; M.
Gaultier. D. 235, S. 688, P. 2, 210.

loi de 1841 et la gratuité de l'enregistrement applicables
pour le tout à la décision portant règlement de l'indemnité, encore que, par suite d'une réquisition
d'acquisition totale, cette décision comprenne une
étendue de terrain plus grande que celle qu'avait indiquée l'arrêté de cessibilité, et que doivent occuper les
travaux d'utilité publique. Nous avions, dans notre première édition, refusé cette portée à l'arrêt de 1851. Cet
arrêt, disions-nous, se fonde, et avec raison, pour
maintenir la gratuité de l'enregistrement, sur ce que
l'acquisition, nonobstant l'extension qu'elle a reçue,
est faite tout entière en vertu de la loi de 1841, seule
condition exigée par l'article 58 pour qu'il y ait gratuité ; mais il ne s'ensuit en aucune façon qu'à d'autres
points de vue qu'à celui de l'enregistrement, toutes les
dispositions de la loi de 1841 doivent indistinctement
être appliquées à l'intégralité des terrains compris dans
l'acquisition. Le maintien, par un arrêt récent (19 mars
1872, rejet), de l'ancienne jurisprudence, prouve que
nous avions renfermé dans ses justes limites l'arrêt de
1851.

22. Encore bien que le principal locataire, touché
partiellement dans sa jouissance par une expropriation,
aurait, sans réclamation de la part de l'expropriant,
obtenu d'être admis à intervenir devant le jury, à
l'effet de faire régler à son profit une indemnité
pour résiliation intégrale de son bail, le sous-locataire ne serait pas pour cela recevable à intervenir
devant le jury, alors du moins que sa sous-location
s'applique tout entière à la portion de l'immeuble
que l'expropriation n'atteint pas. Le sous-bail conserve en ce cas tout son effet, nonobstant la résolution du bail principal. Il entre dans les pouvoirs du

magistrat-directeur de repousser une pareille intervention [1].

23. Que décider à l'égard des portions d'immeuble
non nécessaires aux travaux, qu'une réquisition faite
conformément à l'article 50 n'a pas ajoutées à l'expropriation, mais qui se trouvaient déjà comprises dans le
jugement même d'expropriation, dans le jugement de
donné acte ou dans la cession amiable?

Si c'est le jugement même d'expropriation qui a touché ces portions d'immeuble, il les a touchées avec
toute la force et tous les effets qui lui appartiennent, et
la propriété entière arrive à l'expropriant dégrevée de
tous droits réels et déchargée de tous les baux dont elle
avait été l'objet. Il importerait peu qu'il fût démontré,
en fait, que c'est seulement à la demande du propriétaire que l'immeuble a été exproprié en totalité ; il
importerait peu que la portion de l'immeuble n'eût pas
été affectée aux travaux et n'eût pas été soumise à la
démolition ; la circonstance de non démolition ne saurait altérer ce principe que l'expropriation pour utilité
publique a eu pour résultat de résoudre, moyennant
indemnité, tous les droits qui affectaient l'immeuble [2].

Si c'est un jugement de *donné acte* qui est intervenu,
il produit les mêmes effets que le jugement d'expropriation [3]. Le contraire a cependant été jugé dans une
espèce. en laquelle, postérieurement à un jugement

[1] 12 août 1867, rej. : Lacassagne c. Ville de Paris ; M. Le Roux de
Bretagne. D. 315, S. 407, P. 1089.

[2] 22 juin 1863, C. de Paris : Petit Cⁱ c. Dame Krauth ; et, sur
pourvoi, 9 août 1864, req. rej. : M. de Peyramont. D. 1864, 1, 445,
S. 1864, 1, 465, P. 1864, 785.

[3] 2 mai 1868 : C. de Paris, Ville de Paris c. Lauray. *Gaz. des Trib.*
du 7 mai 1868.

d'expropriation, un jugement de *donné acte*, sollicité et obtenu, avait étendu l'expropriation en dehors et au delà des dispositions du premier jugement, comme aussi des indications du plan parcellaire et de l'arrêté de cessibilité : ce jugement de donné acte n'était qu'un moyen de réformer le jugement d'expropriation, et de voiler une cession purement volontaire [1].

A l'égard des actes de cession amiable, ils ne produisent les effets de l'expropriation qu'autant qu'ils s'appliquent à des terrains contenus en l'arrêté de cessibilité ; autrement, il serait trop facile de donner les apparences de l'expropriation à des actes qui n'ont pas ce caractère.

Voyez article 14, n. 50 et suivants ; art. 55, n. 10 et 11.

24. Ce que nous venons de dire plus haut (n. 20 et 21), que la portion acquise en vertu de l'article 50 passe à l'expropriant, non à titre d'expropriation, mais à titre de vente, demande à être renfermé dans des limites précises. Nous avons indiqué déjà que la transcription du jugement opère, même pour la portion ajoutée à l'expropriation en vertu de l'article 50, la purge des droits hypothécaires. Notons ici un important arrêt, du 2 juillet 1872 [2]. La Chambre des requêtes y reconnaît que l'achat requis, en conformité de l'article 50, de la partie des bâtiments non compris dans l'expropriation, produit *quelques-uns* des effets de la vente volontaire, mais elle ajoute que « c'est en ce sens seulement que ces effets ne sont pas en contradiction avec le mode ou

[1] 22 avr. 1872, C. de Paris : Bacot c. Petit Berlié et C⁰. *Gaz. des Trib.* du 25 avril 1872.

[2] 2 juill. 1872, Etat c. Héritiers de Castillon ; M.d'Oms. D. 217.

la forme de l'aliénation prescrite par l'article sus rappelé. » Et la Cour considère que, dans le cas de l'article 50, l'ordonnance d'envoi en possession fait immédiatement passer à l'expropriant la propriété de l'immeuble entier, transporte sur le prix le droit des tiers
qui peuvent avoir des réclamations à exercer sur la
portion ajoutée de l'immeuble, et opère, en définitive,
la purge de l'immeuble de la même façon que le fait
l'article 2186 du code civil dans la procédure suivie selon le droit commun. L'État expropriant refusait, dans
l'espèce, de payer ou consigner l'indemnité par le motif
qu'un tiers, créancier de l'exproprié, avait, postérieurement à l'ordonnance d'envoi en possession, et durant
une instance pendante sur le point de savoir s'il y avait
ou non lieu d'admettre la réquisition d'acquisition totale
faite en vertu de l'article 50, poursuivi une saisie immobilière de la portion de l'immeuble non comprise
dans le jugement d'expropriation, et était devenu, suivant jugement, adjudicataire de ladite portion. En cette
situation, l'État disait : je suis un acheteur troublé, ou
ayant du moins juste sujet de craindre d'être troublé ;
je suis donc, aux termes de l'article 1653 du Code civil,
autorisé à suspendre le payement du prix jusqu'à ce
que le vendeur ait fait cesser le trouble. La Chambre
des requêtes a pensé, au contraire, que là ne s'appliquaient pas, même à la portion non atteinte par le jugement d'expropriation, les principes du droit commun ;
que la portion ajoutée à l'expropriation en vertu de l'article 50 se trouvait elle-même acquise, forcément acquise
par l'État, conformément à la loi du 3 mai 1841, et avec
le caractère et la puissance de cette loi quant à la transmission de la propriété ; qu'à compter de l'ordonnance
d'envoi en possession, *l'État avait été investi de la pléni-*

tude du droit de propriété sur la totalité des bâtiments et
terrains expropriés, ainsi que de toutes les actions qui
s'y rattachaient. La saisie immobilière et ses suites n'a-
vaient pu dès lors produire effet, et si, en fait, l'envoi
en possession rencontrait un obstacle de la part des
tiers, l'État avait pouvoir pour le renverser, et devait
préalablement satisfaire l'exproprié, sinon en le payant,
du moins en consignant l'intégralité de l'indemnité.
Un obstacle, il est vrai, avait existé aussi longtemps
qu'avait duré l'instance sur le mérite de la réquisition
d'acquisition totale ; mais l'obstacle avait disparu, le
payement de l'indemnité avait dû se faire, aussitôt que
cette instance avait été tranchée dans le sens du bien
fondé de la réquisition ; et la décision qui tranchait
l'instance rétroagissait nécessairement, aux termes de
l'article 1179 du Code civil, au jour même de l'ordonnance d'envoi en possession.

La doctrine de cet arrêt se concilie parfaitement avec
la jurisprudence indiquée plus haut sous les nombres
20 et 21 : application de la loi spéciale en tout ce qui est
relatif à la transmission de la propriété et à la purge des
hypothèques ; maintien des règles du droit commun
pour tout ce qui concernera, après l'expropriation consommée et l'indemnité réglée, le mode de jouissance de
l'expropriant et ses rapports avec les tiers.

25. Un arrêt de la Cour de Paris, du 6 mai 1854 [1], décide qu'en cas d'expropriation d'une partie seulement
d'un immeuble loué, le locataire a le droit d'exiger, en
ce qui concerne le bail, l'expropriation entière de l'immeuble, tout aussi bien que le propriétaire aurait pu

[1] Girou de Buzareingues c. Ville de Paris. D. 1856, 2, 65, S. 1855, 2, 225, P. 1855, 1, 139.

le faire lui-même en ce qui concerne la propriété, et encore que celui-ci ne l'ait pas fait. L'effet de cette expropriation, ajoute l'arrêt, est de transporter le bail sur la tête de l'expropriant, en substituant ce dernier aux droits et aux charges du locataire dépossédé.

Cette solution ne peut être admise. L'article 50 contient une disposition tout exceptionnelle, qui ne saurait, à ce titre, être étendue au-delà du cas prévu, et cet article ne nomme que le propriétaire. Le locataire atteint partiellement par l'expropriation trouve, dans l'application de l'article 1722 du Code civil, le moyen de faire cesser pour le tout les obligations résultant de son bail. (Voir art. 39, n. 13). La doctrine d'après laquelle les baux ne sont pas résiliés pour la portion d'immeuble ajoutée en vertu de la réquisition du propriétaire (*suprà*, n. 21), repousse, *a fortiori*, la faculté pour le locataire d'exercer lui-même un droit de réquisition. « Les locataires, a dit l'un des arrêts qui ont établi cette doctrine [1], les locataires continuent à jouir de la chose louée dans les termes des conventions intervenues entre eux et le propriétaire, et ils ne peuvent, dès lors, trouver dans cette acquisition le principe d'un droit à une indemnité contre l'expropriant. »

ARTICLE 51.

Si l'exécution des travaux doit procurer une augmentation de valeur immédiate et spéciale au restant de la propriété, cette augmentation sera prise en considération dans l'évaluation du montant de l'indemnité.

---

[1] Arrêt du 19 mars 1872, cité p. 327.

1. Pour que l'augmentation de valeur puisse être
prise en considération par le jury, il faut qu'elle soit
immédiate et *spéciale*, qu'elle résulte d'avantages actuels
procurés par l'exécution des travaux, à la propriété, et
non d'avantages futurs et par cela même éventuels et
incertains, et que ces avantages consistent, non en une
amélioration générale de la situation de la ville ou du
lieu où s'opèrent les travaux, mais en une amélioration
propre à l'immeuble même que l'expropriation a touché,
plaçant la portion restante de cet immeuble dans une
condition meilleure que celle où elle se trouvait précédemment, par rapport aux autres immeubles de la localité.

Il n'est d'ailleurs pas nécessaire que le jury explique
si et comment la plus-value qu'il prend en considération est immédiate et spéciale [1] ; il suffit que rien n'éta-

_____

[1] 26 mai 1840, rej. : Hanaire et Appay c. Ville de Paris ; M. de
Broë. D. 215, S. 712, P. 1841, 2, 736.

blisse que ces conditions nécessaires de l'admissibilité de la plus-value faisaient défaut[1].

2. Ce n'est qu'au cas où l'expropriation a frappé une partie de terrain ou de bâtiments, en laissant au propriétaire le restant de ce terrain ou de ces bâtiments, que l'on peut, dans l'évaluation de l'indemnité, prendre en considération la plus-value spéciale et immédiate de ce restant de la propriété[2]. Ce principe ne saurait être appliqué à la plus-value possible d'autres biens, appartenant au même propriétaire, situés dans le même département ou dans la même commune, mais distincts de la parcelle expropriée, et n'en formant pas le restant[3].

3. La réduction d'indemnité que l'article 51 autorise en considération de la plus-value, ne saurait, en aucun cas, aller jusqu'au refus de toute indemnité[4]. En refusant toute indemnité, le jury ne contrevient pas seulement à l'article 51 ; il viole encore l'article 38, § 3, qui veut que le jury fixe le montant de l'indemnité (art. 38, n. 39), et le paragraphe 5 de l'article 39, aux termes duquel l'indemnité ne doit jamais être inférieure aux offres que l'expropriant est toujours tenu de faire (art. 39, n. 78 et 79).

4. La loi du 22 juin 1854, relative à l'établissement

---

[1] 30 avril 1867, rej.: Collot c. Commune d'Eygurande ; M. Aylies.

[2] Même arrêt.

[3] 11 mai 1859, Cass.: Nérée de Castillon c. Préfet du Gers ; M. Delapalme. D. 207.

[4] 28 août 1839, Cass.: Hanaire c. Ville de Paris ; M. Quéquet. D. 357, S. 794. — 28 févr. 1848, Cass.: Bardout c. Préfet de l'Orne ; M. Renouard. D. 1848, 5, 186, S. 1848, 1, 403, P. 1848, 1, 320. — 26 janv. 1857, Cass.: Comte de Gironde c. Préfet de Lot-et-Garonne ; M. Lavielle. D. 1857, 1, 44, S. 1858, 1, 831, P. 1858, 648. — 15 nov. 1858, Cass.: David c. Chemin de fer de l'Ouest ; M. Alcock. D. 1859, 1, 25, P. 1860, 412.

de l'avenue de l'Impératrice [1], après avoir déterminé les servitudes spéciales auxquelles seront soumises les propriétés riveraines de cette avenue, ajoute, article 5 : « Aucune plus-value ne pourra être demandée aux pro- « priétaires des terrains qui seront assujettis à ces ser- « vitudes. » Trois arrêts du 24 janvier 1855 [2] ont décidé que cet article s'oppose, non-seulement à ce qu'une réclamation de plus-value soit formée par l'adminis- tration, en vertu de la loi du 16 septembre 1807, par voie de demande directe et principale, mais encore à ce qu'il puisse être, indirectement et sous forme de com- pensation, tiré avantage de cette plus-value. L'art. 51 n'a donc pas été applicable aux expropriations pour- suivies en vertu de la loi du 22 juin 1854. Ce n'est pas que l'article 5 de cette loi soit contraire au principe de l'article 51 ; il le consacre au contraire implicitement ; mais, au lieu de confier au jury, comme dans les cas ordinaires, l'appréciation de la plus-value, il a pris soin de la faire lui-même, et de balancer la plus- value avec les servitudes spéciales établies par la même loi, en échangeant et compensant leur prix réciproque. En conséquence, les arrêts précités ont cassé des décisions rendues à la suite et en conformité d'ordonnances du magistrat directeur qui avaient dé- claré, par erreur, que la loi du 22 juin 1854 ne dis- pensait pas les jurés d'obéir aux dispositions de l'art. 51.

5. Dans une espèce, les tribunaux ordinaires avaient été saisis, par voie d'action en revendication, par un propriétaire, qui se plaignait d'une prise de possession

---

[1] *Bulletin des Lois*, n° 1625 ; D. 1854, 4, 125.

[2] 24 janv. 1855, Cass. : Veuve Cavallier et autres c. Préfet de la Seine ; M. Renouard. D. 60, S. 542, P. 2, 611.

non précédée de déclaration d'utilité publique ; puis, le propriétaire modifia ses conclusions, cessa de nier la déclaration d'utilité publique, et se borna à réclamer le payement du prix de son terrain. Par l'effet de ces conclusions, prises et acceptées, l'autorité judiciaire se trouvait avoir à régler une *indemnité d'expropriation :* elle devait, en conséquence, observer les règles de la loi de 1841 quant aux bases et à l'estimation de ces indemnités, et ç'a été, en conséquence, à bon droit, que, dans cette situation, elle a fait application de la règle posée en l'article 51[1].

6. La disposition de l'article 51, sur la plus value, serait, au contraire, inapplicable, s'il ne s'agissait pas d'une indemnité d'expropriation, mais de la réparation d'un préjudice éprouvé par suite de l'exécution de travaux publics, opérée *en dehors des formes de l'expropriation*. La disposition relative à la plus-value est spéciale au cas d'expropriation pour cause d'utilité publique. Cela a été jugé dans une affaire où l'on invoquait, non l'article 51 de la loi du 3 mai 1841, mais la disposition identique de l'article 20, § 1er, de la loi du 16 juin 1851, sur la constitution de la propriété en Algérie[2].

ARTICLE 52.

Les constructions, plantations et améliorations ne donneront lieu à aucune indemnité, lorsque, à raison de l'époque où elles auront été faites ou de toutes autres circonstances dont

---

[1] 21 nov. 1866, req. rej.: Gérard de la Couterie c. Ville de Saint-Nazaire ; M. Taillandier.

[2] 23 févr. 1869, req. rej : Ville de Bone c. Senadely ; M. Nachet. D. 419, S. 229, P. 512. (Voir, dans la *Gazette des Tribunaux* du 9 avril 1868, les circonstances de la cause et le texte de l'arrêt de la Cour d'Alger qui avait fait l'objet du pourvoi.)

l'appréciation lui est abandonnée, le jury acquiert la convic
tion qu'elles ont été faites dans la vue d'obtenir une indemnité plus élevée.

SOMMAIRE.

Cet article ne peut être invoqué que par l'expropriant, et non
  par un tiers.

La disposition de l'article 52 ne peut être invoquée
que par l'expropriant. Spécialement, le propriétaire du
fonds inférieur sur lequel, avant le décret d'expropriation, jaillissaient les eaux souterraines venant du fonds
supérieur, ne peut se prévaloir de ce que des travaux
de détournement ont été faits, d'après le décret, par le
propriétaire supérieur, et réclamer, à son profit personnel, l'indemnité d'expropriation de la source. La source
est la propriété de celui dans le fonds duquel se trouve
la nappe souterraine, et non de celui sur le fonds duquel
les eaux sortent de terre ; celui auquel appartient le
premier fonds a droit, à l'aide de tranchées ou travaux,
d'enlever, à quelque époque que ce soit, la jouissance
des eaux au propriétaire inférieur. Le propriétaire inférieur ne peut, en vue de son intérêt propre et de son
prétendu droit à indemnité, tirer aucun parti de l'article 52 [1], sauf à l'expropriant à faire usage dudit article
pour nier l'indemnité ou l'amoindrir. Voy. art. 38, n. 37.

[1] 4 déc. 1860, req. rej. : Commune de Varennes-lès-Nevers c.
Boignes et autres ; M. Nicolas. D. 1861, 1, 149, S. 1861, 1, 623, P.
1861, 1012.

TITRE V. — *Du payement des indemnités.*

ARTICLE 53.

Les indemnités réglées par le jury seront, préalablement à la prise de possession, acquittées entre les mains des ayants droit.

S'ils se refusent à les recevoir, la prise de possession aura lieu après offres réelles et consignation.

S'il s'agit de travaux exécutés par l'État ou les départements, les offres réelles pourront s'effectuer au moyen d'un mandat égal au montant de l'indemnité réglée par le jury : ce mandat, délivré par l'ordonnateur compétent, visé par le payeur, sera payable sur la caisse publique qui s'y trouvera désignée.

Si les ayants droit refusent de recevoir le mandat, la prise de possession aura lieu après consignation en espèces.

SOMMAIRE.

1. Quels sont les principaux points examinés sous le présent article ; quels sont ceux qui ont été renvoyés à l'article 55, § 2.
2. Jugement ordonnant la dépossession immédiate, sauf indemnité ultérieure. Décision du jury qui subordonne à une condition le payement de l'indemnité.
3. L'époque où aura lieu la prise de possession ne doit être indiquée ni dans le jugement d'expropriation ;
4. .... Ni dans la décision du jury.
5. Quand la prise de possession a précédé le règlement de l'indemnité, le jury est également incompétent pour déterminer l'époque à laquelle a commencé, en fait, cette prise de possession. Allocation de l'intérêt légal à partir de la prise de possession.
6. L'exproprié peut-il repousser par la force une prise de possession tentée avant payement de l'indemnité ?
7. Difficultés relatives à une prise de possession illégale. Compétence des tribunaux ordinaires. Juge des référés. Occupation temporaire.
8. Mesures provisoires nécessaires à la conservation des droits de l'expropriant. Juge des référés.

9. Prise de possession effectuée, sans opposition de l'exproprié, après jugement d'expropriation, mais avant réglement d'indemnité. L'exproprié peut-il se faire remettre en possession ?

10. Quel délai il a pour faire régler l'indemnité.

11. A quelle juridiction il s'adressera.

12. Le droit de maintenue en possession appartient à tous les intéressés, au locataire aussi bien qu'au propriétaire.

13. Payement ou consignation de l'indemnité. Acceptation de payement sous conditions ou réserves.

14. Consignation au cas d'indemnité hypothétique.

15. ... Au cas d'indemnité alternative.

16. Dommage que l'exproprié peut éprouver, en sa jouissance, dans l'intervalle de la prise de possession partielle à la prise de possession totale.

17. Le concessionnaire de travaux d'utilité publique ne peut, en aucun cas, payer l'indemnité en monnaie de faillite.

18. L'exproprié est sans droit pour exercer l'action résolutoire à défaut de payement du prix.

19. Concessionnaire de l'État ; offres par mandat.

20. L'État peut-il accompagner ses offres réelles d'une demande de caution ? Décret des 16-19 juillet 1793.

21. *Quid* si la prise de possession excédait les limites de l'expropriation ?

1. Encore que, par le jugement d'expropriation ou par la cession amiable, l'expropriant soit devenu propriétaire, la possession reste, à titre de garantie, aux mains de l'exproprié, jusqu'à payement de l'indemnité. Il n'appartient ni au tribunal qui prononce l'expropriation, ni au jury qui fixe l'indemnité, de porter atteinte à cette règle (*infrà*, n. 2, 3 et 4).

Mais il arrivera, dans la pratique, que, soit par l'accord même des parties, soit par des actes de l'expropriant accomplis sans opposition de l'exproprié, la possession ait précédé le payement, et peut-être même le règlement de l'indemnité. Des difficultés pourront s'élever alors sur le point de savoir à quel moment a commencé la prise de possession (*infrà*, n. 4), et sur le point de départ et le mode de calcul des intérêts dûs par l'expropriant à l'exproprié. C'est sous le paragraphe 2 de l'art. 55 que nous nous expliquerons sur ce dernier point (n. 20 et suivants).

Il peut aussi y avoir, de la part de l'expropriant, tentative ou exécution de prise de possession illégale ou violente. Comment l'exproprié empêchera-t-il le succès de la tentative, ou obtiendra-t-il réparation pour la violence exercée ? Nous allons en parler plus bas, n. 6.

Enfin le paragraphe 1er de l'art. 53 ne s'applique-t-il qu'à la prise de possession effective et matérielle, à la mainmise sur la chose, à l'expulsion de l'exproprié ou à l'occupation ou démolition de son immeuble ? Verra-t-on aussi une prise de possession dans l'acte par lequel l'expropriant, sans toucher à l'immeuble, porterait atteinte à la jouissance, la paralyserait, et rendrait l'immeuble improductif ; au congé, par exemple, qui aurait pour conséquence de faire cesser, avant payement de l'indemnité, les revenus de l'immeuble ? Nous renvoyons à cet égard à l'article 55, paragraphe 2, n. 22 et suivants.

2. Le payement préalable de l'indemnité est la condition *sine qua non* de la prise de possession. Un arrêt rendu sous l'empire de la loi de 1833 a déclaré entaché d'excès de pouvoir, et annulé en conséquence, un jugement d'expropriation qui avait ordonné la dépossession immédiate, sauf indemnité ultérieure [1].

La décision du jury ne peut subordonner à aucune condition le payement de l'indemnité. Spécialement, en réglant l'indemnité due au propriétaire d'un moulin par l'administration qui s'empare du cours d'eau servant à mouvoir le moulin, le jury ne peut, sans le con-

---

[1] 28 janv. 1834, Cass. : Demoiselle Dumarest c. Ch. de fer de la Loire ; M. Rupérou. D. 48, S. 206, P. à sa date, p. 95.

sentement exprès de l'exproprié, subordonner le payement de l'indemnité *au cas où l'administration ne
rétablirait pas le cours d'eau avec un égal avantage pour
le moulin* [1]. On a vu sous l'article 38, n. 79, que l'indemnité ne peut consister en travaux à exécuter par
l'expropriant qu'autant que l'exproprié y a consenti.
L'une des raisons de cette solution est que l'exécution
des travaux, au lieu de précéder la prise de possession,
ne ferait d'ordinaire, dans la pratique, que l'accompagner ou la suivre.

3. Rien ne s'oppose, d'ailleurs, à ce que le jugement
d'expropriation reproduise dans son dispositif l'énonciation que contiendra l'arrêté de cessibilité relativement à
l'époque de la prise de possession (Voy. art. 11, n. 2),
pourvu que ce jugement n'exclue pas pour l'exproprié
l'exercice de tous ses droits dans le cas où l'indemnité
préalable à lui due n'aurait point été régulièrement déterminée à l'époque que le jugement a indiquée ; pourvu,
en d'autres termes, que cette disposition ne soit applicable qu'autant qu'à l'époque indiquée l'indemnité
aura été convenue ou réglée conformément à la loi [2].

4. Le jury n'a absolument rien à décider quant à l'é-
poque de la prise de possession, ni le magistrat directeur non plus [3] ; ce serait donc bien à tort qu'on repro-
cherait à la décision du jury d'être restée muette à cet
égard [4]. Le jury n'a pas à s'exprimer sur ce point, même

[1] 7 févr. 1857, Cass. : Parmentier-Carlier c. Urbain et Piard;
M. Thil. D. 178, S. 126, P. 1, 94.
[2] 31 juill. 1843, rej. : Jayle c. Préfet de Tarn-et-Garonne ; M. Renouard. D. 408, P. 2, 363.
[3] 2 févr. 1869, rej. : Hugues c. Ch de fer de Paris-Lyon-Méditerranée ; M. Pont. D. 246, S. 385, P. 916.
[4] 1er juill. 1845, rej. : Préfet des Bouches-du-Rhône c. Veuve Des-
pans; M. Renouard. D. 350, S. 492, P. 2, 92.

lorsqu'il existe, au moment de sa décision, sur le terrain exproprié, des arbres à fleurs et à fruits. La récolte est-elle comprise dans l'indemnité? La réponse est nécessairement affirmative, à moins que la décision ne renferme quelque indication contraire. L'indemnité s'applique à la propriété en l'état où elle se trouve au moment de la décision; aucune incertitude dans la fixation de l'indemnité ne résulte donc de ce qu'il n'a rien été précisé par le jury quant à l'époque de la prise de possession [1].

5. Dans le cas exceptionnel d'une prise de possession antérieure au règlement de l'indemnité, le jury ne peut rien décider quant au départ de l'allocation des intérêts [2], et le litige qui viendrait à s'élever sur la date de la prise de possession ne serait pas de nature à être tranché par lui [3].

Le jury ne saurait d'ailleurs être considéré comme sortant de ses attributions et fixant l'époque de la prise de possession par cela seul qu'à l'allocation de l'indemnité en principal il aurait ajouté celle de l'intérêt légal, à partir de la prise de possession. Cette disposition est de droit, et laisse complétement réservée l'époque de la prise de possession [4].

Des conclusions par lesquelles l'exproprié aurait demandé allocation des intérêts *à partir de tel jour, date de la prise de possession par l'expropriant,* devraient être considérées comme tendant à faire fixer par le jury

[1] Arrêt du 2 févr. 1869.
[2] 26 janv. 1863, rej.: Préfet des Bouches-du-Rhône c. Mouren et Cassely; M. Sévin.
[3] 20 mai 1345, rej.: Mannoury c. Préfet de la Seine; M. Renouard. D. 295, S. 415, P. 1, 692. — Arrêt du 1er juillet 1845.
[4] 12 avril 1848, rej.: Préfet des Bouches-du-Rhône c. Hospices de Tarascon; M. Hello.

l'époque de la prise de possession, et à l'amener à excéder ainsi ses attributions et sa compétence. Mais le jury s'est parfaitement renfermé dans son rôle lorsque, sans adjuger ces conclusions, il s'est borné à dire, *que les intérêts courraient ainsi que de droit à partir de la prise de possession ;* par ces mots, *ainsi que de droit*, le juge ne décide rien, et ne fait que rappeler surabondamment les dispositions de l'art. 1652 du Code civil [1].

Il a été jugé que le jury avait pu, sans excès de pouvoir et sans qu'il en résultât aucune nullité, allouer les intérêts de l'indemnité à compter du jour de sa propre décision, s'il était constant, en fait, d'une part, que la prise de possession avait eu lieu à une époque antérieure à la décision, et dès le jugement qui avait concédé acte au propriétaire de son consentement à la cession de l'immeuble ; d'autre part, que le propriétaire avait conclu à l'allocation des intérêts à partir de la décision, sans que l'expropriant eût, à cet égard, combattu les conclusions du propriétaire [2]. Voir article 55, n. 20.

Au cas où le jury serait en faute pour avoir fixé lui-même le point de départ des intérêts, sa décision ne saurait sur ce chef être attaquée par celle des parties qui avait conclu à cette fixation : cette partie serait irrecevable à se plaindre d'une irrégularité consistant en ce qu'il a été obtempéré à ses propres conclusions [3].

6. Comment l'exproprié se défendra-t-il contre une

---

[1] 26 janv. 1863, rej. : Préfet des Bouches-du-Rhône c. Mouren et Cassely ; M. Sévin.

[2] 30 juin 1856, rej. : Ville de Pamiers c. Passeron ; M. Pascalis. D. 263.

[3] 6 févr. 1861, rej. : Ville de Grenoble c. Brun et Chrétien ; M. Delapalme. D. 135, P. 1862, 128.

tentative de prise de possession illégale ? Un arrêt de la
Cour d'Agen, du 21 avril 1864 [1], a jugé qu'il n'y a aucun
délit de la part du propriétaire qui, même par violence
et voies de fait, s'oppose à la prise de possession d'un
terrain dont il a été exproprié pour cause d'utilité publique sans que l'indemnité à laquelle il a droit lui ait
été payée. Cet arrêt a été rendu dans des conditions de
fait et de droit qui peuvent l'expliquer et le justifier. A
des travaux irrégulièrement entrepris nonobstant opposition verbale, les expropriés avaient mis obstacle l'un
en repoussant de la main l'entrepreneur, l'autre en cou-
pant avec un couteau le cordeau placé pour tracer un
alignement, le troisième (c'était une femme) en mena-
çant un ouvrier d'un instrument d'agriculture. A raison
de ces faits, les expropriés avaient été traduits en police
correctionnelle pour opposition avec violence et voies
de fait à des travaux autorisés par le gouvernement
(art. 438 du Code pénal). Dans l'espèce, aucun coup
n'avait été porté ; on n'avait fait que repousser, avec une
vivacité que les circonstances rendaient excusable, un
acte irrégulier et blâmable. Il est certain cependant
que les expropriés ne sauraient s'autoriser de cet arrêt
pour engager, en des cas semblables, des combats avec
les agents ou ouvriers de l'expropriant. Il sera convenable et prudent d'opposer à des actes illégaux une
résistance plus mesurée, et de recourir à la protection
de la justice, qui ne fera certes pas défaut.

Deux arrêts de la Chambre criminelle, des 6 juillet
1844 et 22 mai 1857 [2], ont posé ce principe que l'art. 438

---

[1] 21 avril 1864, C. d'Agen : Larrieu et autres c. le ministère public.
D. 2, 93, S. 2, 190, P. 816.
[2] 6 juill. 1844, Cass. : Ministère public c. Ballias ; M. Isambert. D.
377, S. 854, P. 2, 593. — 22 mai 1857, Cass. : Chanouat et Manlhot ;
M. Plougoulm. D. 315, S. 705, P. 1858, 476.

du Code pénal est applicable s'il y a eu voies de fait ca-
ractérisées, et cela encore bien qu'il s'agirait de travaux sur un terrain exproprié, commencés avant règlement de l'indemnité. « Toute violence directe et personnelle, lit-on dans les arrêts de la Cour suprême, employée même à l'appui du droit, est, dans tous les cas,
prohibée et punie par la loi. » La règle ainsi formulée
est excellente ; mais on s'explique que, dans la pratique,
le juge tende à excuser, si les circonstances s'y prêtent,
des actes qui ont été provoqués par une flagrante violation des règles protectrices de la propriété. C'est vers
l'indulgence que tendent aussi, en ce cas, les auteurs
les plus autorisés. (Chauveau et Hélie, *Théorie du Code
pénal*, t. VI, p. 174 ; Rauter, t. II, p. 201 ; Dalloz, v°
Dommage-Destruction, n. 181 et 182.) Voir, dans le même
sens que les arrêts de 1844 et 1857, une décision de la
Cour d'Amiens, du 1er décembre 1876 [1].

7. Les difficultés relatives à la prise de possession
illégale d'un terrain exproprié, telles que celles qui ré-
sulteraient, par exemple, de ce que des constructions
définitives auraient été élevées sur ce terrain ayant règlement et payement de l'indemnité, sont de la compétence exclusive des tribunaux ordinaires [2].

Le juge des référés peut défendre de commencer les
travaux, ou ordonner qu'ils soient discontinués [3] ; mais
ses pouvoirs ne sauraient aller jusqu'à ordonner la
démolition des travaux définitifs élevés par l'adminis-

[1] 1er déc. 1876, C. d'Amiens : Ministère public c. D... S. 1877, 2,
179, P. 1877, 736.

[2] 2 avr. 1842, Cour de Paris : Chemin de fer d'Orléans c. Boulé-
Robert. D. 1844, 2, 132, P. 1842, 1, 573.

[3] 11 mai 1842, Cour de Rouen : Enoux c. Gouhier et Commune de
Ry. D. 1842, 2, 212.

tration sur les terrains dont elle s'est indûment ou prématurément emparée, ou à allouer des dommages-intérêts à l'exproprié à raison de ces travaux ; la démolition ne peut être ordonnée et les dommages-intérêts ne peuvent être prononcés que par la juridiction ordinaire [1].

Nous avons expliqué (art. 1er, n. 12) que, s'il y a eu expropriation de fait ou prise de possession non précédée des formalités légales, c'est l'autorité judiciaire qui a compétence pour réprimer l'usurpation. Si cependant le trouble, illégitime dans son principe et au moment où la juridiction civile a été saisie, s'était, avant jugement, régularisé par l'intervention d'une autorisation administrative d'occupation temporaire, cette autorisation, bien que postérieure à l'ouverture de l'instance, suffirait pour enlever juridiction à l'autorité judiciaire, et il n'appartiendrait plus qu'à l'autorité administrative d'arbitrer la réparation du trouble, métamorphosé ainsi, après coup, en *occupation temporaire*. C'est du moins ce qu'a jugé la Cour de Paris [2].

8. Nous venons de voir que le juge des référés pourrait statuer provisoirement sur les difficultés relatives à une prise de possession prétendue prématurée ; il pourrait aussi ordonner des mesures provisoires pour la conservation des droits de l'expropriant. Spécialement, si, des difficultés s'étant élevées sur le sens de la décision du jury et l'étendue des terrains compris dans l'expropriation, l'exproprié, sous le prétexte d'une propriété partielle qu'il dit avoir conservée sur l'immeuble, s'y introduisait et s'y livrait à des détériora-

---

[1] Arrêt du 2 avril 1842.
    Même arrêt.

tions et à des enlèvements, le juge des référés pourrait, vu l'urgence, interdire à l'exproprié l'accès de l'immeuble et prescrire tout ce qui peut être nécessaire pour maintenir les choses en l'état jusqu'au jugement du principal [1].

9. Si, après qu'un jugement d'expropriation est intervenu, l'expropriant s'est mis en possession sans avoir fait procéder au réglement préalable de l'indemnité, et sans opposition de la part de l'exproprié qui a cependant connu l'occupation, l'exproprié pourra-t-il ultérieurement, aussi longtemps que l'indemnité n'aura pas été réglée et payée, ressaisir la possession de son immeuble ? La négative ne nous paraît pas douteuse. Ce que l'article 53 donne à l'exproprié, ce n'est pas un droit perpétuel comme le droit de propriété, mais une possession à titre de garantie spéciale ; c'est un obstacle momentané, qui ne peut renaître pour celui qui a négligé d'abord de l'invoquer.

Conformément à cette pensée, un arrêt des requêtes, du 16 novembre 1875 [2], décide que, dans le cas de règlement amiable d'une indemnité distincte pour les arbres qui garnissent le terrain frappé d'expropriation, l'exproprié, qui aurait pu, jusqu'au payement de l'indemnité due pour les arbres, s'opposer à ce qu'il en fût pris possession, n'a plus, après enlèvement de ces arbres consenti par lui, le droit d'en demander la restitution ; il ne pourra que réclamer des dommages-intérêts, à raison du retard apporté au payement de l'indemnité.

---

[1] 23 juin 1852, Ch. des req. : Jaumes c. Ville de Montpellier ; M. Nachet. D. 1854, 1, 363.

[2] 16 nov. 1875, req. rej. : Létellier Delafosse c. commune de Luvais ; M. Guillemard. D. 1876, 1, 428, S. 1876, 1, 36, P. 1876, 57.

Dans l'espèce jugée par cet arrêt, il y avait eu acceptation d'un mandat pour le prix des arbres ; mais la solution eût été la même encore bien que le consentement
à l'enlèvement des arbres n'aurait pas été accompagné
de la réception d'un mandat.

10. Si la prise de possession a précédé non pas seulement le payement, mais le règlement même de l'indemnité, pendant combien de temps continuera de
subsister le droit de réclamer indemnité ? La loi de 1841
ne contient aucune disposition analogue à celle de l'article 18 de la loi du 21 mai 1836, qui déclare prescrite
par le laps de deux ans l'action en indemnité pour les
terrains qui ont servi à la confection des chemins vicinaux et pour extraction de matériaux. La prescription
de trente ans sera donc seule opposable à l'exproprié.

11. En ce cas, quelle juridiction faudra-t-il saisir ?
Sera-ce le tribunal de première instance ? sera-ce le
jury ?

Il paraît certain, d'abord, que les tribunaux ordinaires
pourraient connaître, si ni l'expropriant, ni l'exproprié,
n'invoquaient la juridiction exceptionnelle du jury.
Quelles que soient, en effet, ses conditions et ses formes
spéciales, la juridiction du jury ne diffère pas essentiellement de la juridiction ordinaire ; elle n'en est
qu'une modification, une variété introduite plus encore
pour défendre et satisfaire les intérêts privés, que dans
un but d'intérêt public. Dans les conditions spéciales
que nous venons de poser, la situation ne serait pas,
d'ailleurs, devant le jury, telle qu'elle s'y présente habi-
tuellement ; procédant après la transformation des
lieux, à une époque éloignée déjà de celle de la prise
de possession, le jury se verrait lancé dans l'appréciation de circonstances qui ne lui sont pas déférées d'ha-

bitude, et que les tribunaux ordinaires seront peut-être
plus aptes à apprécier.

Si cependant les parties préféraient le jury, pour-
raient-elles le saisir ? Nous le croyons. Aucune disposition de la loi ne s'y oppose. Encore que l'indemnité ait
cessé d'être préalable à la prise de possession, on est
resté soumis aux règles ordinaires en matière d'expropriation. L'expropriant, s'il avait régulièrement agi, aurait dû, même en l'absence de l'exproprié, ou en face
de contestations sur le point de savoir à qui appartiendra le prix de l'immeuble, faire régler immédiatement
l'indemnité par le jury. Sa négligence ou son abstention
volontaire ne peut avoir pour conséquence de priver l'exproprié de cette juridiction. Le règlement
de l'indemnité par le jury, postérieurement à la prise
de possession de l'expropriant, n'est pas, d'ailleurs,
en opposition absolue avec les règles de la matière ;
la loi elle même l'admet, en cas d'urgence, soit pour
les travaux ordinaires (tit. vii de la loi de 1841),
soit pour les travaux de fortification (loi du 30 mars
1831).

12. Le droit d'être maintenu en possession jusqu'à
payement de l'indemnité appartient à tous les intéressés,
au locataire aussi bien qu'au propriétaire. Voir toutefois, quant à la mesure du droit de possession
du locataire, ce qui sera dit sous l'article 55, § 2,
n. 27.

13. Arrivons à ce qui concerne la façon dont s'opèrent
le payement ou la consignation de l'indemnité.

Lorsque l'exproprié subordonne à des conditions
ou réserves l'acceptation du payement qui lui est offert,
une telle acceptation ne peut être considérée comme
libérant l'expropriant ; elles équivaut pour lui au

refus de recevoir, et autorise de sa part la consignation [1].

14. Au cas d'une indemnité hypothétique, l'article 49 dit expressément que « le magistrat directeur du jury en ordonne la consignation, pour, ladite indemnité, rester déposée jusqu'à ce que les parties se soient entendues, ou que le litige soit vidé. »

Remarquons, en passant, qu'il a été jugé que la disposition de l'art. 49 sur la consignation de l'indemnité n'est pas au nombre de celles pour la violation desquelles l'art. 42 autorise le pourvoi en cassation [2].

15. Que décider si l'indemnité a été alternative ; si, par exemple, il y a eu fixation éventuelle d'une indemnité d'expropriation partielle et d'une indemnité d'expropriation totale ? Faut-il nécessairement, pour que l'expropriant soit admis à porter la main sur quelque portion ce soit de la propriété, qu'il consigne préalablement l'indemnité la plus forte ? Suffira-t-il, si la prise de possession ne s'adresse qu'à la moindre portion de l'immeuble, de consigner l'indemnité fixée par le jury comme s'appliquant à cette portion ? C'est en ce dernier sens que s'est prononcé un jugement du tribunal civil de la Seine, du 14 octobre 1859 [3]. « Quant à la portion que l'administration elle-même reconnaît nécessaire à ses travaux, tout est réglé et consommé, porte le jugement, par la fixation de l'indemnité qui s'y réfère. Vouloir subordonner cette prise de possession, qui ne peut

[1] 10 févr. 1869, Trib. civil de la Seine : Donkels c. Petit et Cᵉ. *Gazette des Tribunaux* du 19 févr. 1869.

[2] 8 juillet 1863, rej. : Malice c. Petit et Cᵉ ; M. Moreau (de la Meurthe). S. 400, P. 1104.

[3] 14 octobre 1859, Trib. civ. de la Seine, Ch. des vacations : Ville de Paris c. Sipière. *Gazette des Tribunaux* du 22 octobre 1859.

pas ne pas avoir lieu quoiqu'il arrive, aux lenteurs que
peut entraîner devant deux juridictions la contestation
pendante entre les parties quant au surplus de l'immeuble, serait méconnaître tout à fait l'esprit de la loi,
qui est d'intérêt public, et la nature des choses, qui requièrent urgence ou célérité. »

Nous ne saurions nous ranger à ce jugement ; ce qu'il
s'agit d'imposer à l'expropriant, ce n'est pas l'attente de
la décision du litige, c'est la consignation d'une somme
propre à répondre de l'éventualité la plus onéreuse.
Dans la loi spéciale, aucun texte n'existe pour l'indemnité éventuelle, mais celui de l'art. 49, sur l'indemnité
hypothétique, nous paraît applicable par raison d'analogie : de même que, pour l'indemnité hypothétique, il
faut préalablement consigner ce qu'on ne devra peut-être
jamais, de même, pour l'indemnité alternative, il faut
consigner une somme plus considérable peut-être que
celle qu'on aura à laisser en définitive aux mains de
l'exproprié.

Exiger cette consignation, c'est soumettre l'expropriant à des avances parfois considérables ; mais c'est
aussi le seul moyen de donner à l'exproprié les garanties
que la loi a été jalouse de lui accorder. La prise de possession partielle affecte en réalité la jouissance de l'immeuble tout entier ; elle met l'exproprié en une situation mauvaise, ne lui laissant qu'une partie à laquelle
il ne peut faire les travaux et modifications nécessaires
pour en jouir, puisqu'elle ne sera plus à lui si la réquisition d'acquisition totale vient à être ultérieurement
accueillie. Ne se pourrait-il pas, d'ailleurs, qu'au jour
où cette réquisition serait reconnue bien fondée, l'expropriant, ou le concessionnaire, fût hors d'état de fournir l'indemnité qui s'y applique, et que, par suite,

l'exproprié restât dans une situation indécise et désas-
treuse? (V. art. 42, n. 35.) Avec la consignation totale
au contraire, il est pourvu à toutes les éventualités, en
ce qu'elles peuvent avoir d'essentiel.

16. Ce n'est pas sans intention que nous employons
ces mots : *en ce qu'elles peuvent avoir d'essentiel.* Remarquons en effet que, si, en définitive et par l'issue du
litige, le propriétaire fait consacrer son droit à l'expropriation totale, il peut se faire que ce propriétaire, indépendamment de la valeur intrinsèque de la propriété,
représentée par la plus forte des deux indemnités qu'a
fixées le jury, éprouve encore un autre préjudice résultant de la condition fâcheuse dans laquelle se sera
trouvé l'immeuble dans l'intervalle de la prise de possession partielle à la prise de possession totale. Nous
estimons que le tribunal saisi du litige peut lui-même
arbitrer ce préjudice et prononcer la condamnation destinée à en indemniser. Ce n'est pas ajouter à la décision du jury, car le jury n'a pas eu et n'a pas pu avoir
à se prononcer sur ce point ; l'expropriation n'est que
la cause indirecte de ce préjudice, qui a sa cause directe dans la contestation qu'à tort dans notre hypothèse
l'administration aurait soutenue : le tribunal saisi de
cette contestation a compétence pour statuer sur toutes
ses suites.

17. Un arrêt de la Cour de Paris, du 17 janvier
1853[1], contient deux solutions qui nous paraissent
incontestables ; la première, que, l'indemnité devant
être payée ou consignée avant la prise de possession,
aucune circonstance, pas même la faillite du conces-

[1] Chemin de fer de Seeaux c. Guillot.

sionnaire des travaux, ne saurait opérer une réduction
de cette indemnité ; ainsi, le concessionnaire qui n'a
pas consigné est tenu, nonobstant sa faillite et le con-
cordat par lui obtenu, de payer intégralement l'indemnité[1], sans quoi il n'entrera pas en possession.

18. La seconde solution consiste à dire que les principes spéciaux qui règlent l'expropriation pour cause
d'utilité publique, et les circonstances même qui autorisent cette expropriation, s'opposant à ce que l'immeuble qui en a été l'objet puisse être retiré du domaine public et détourné de sa destination, le propriétaire exproprié serait sans droit pour exercer l'action
résolutoire à défaut de payement du prix[2].

19. Le concessionnaire de l'Etat peut, comme l'Etat
lui-même, faire ses offres réelles au moyen d'un mandat, conformément au paragraphe 3 de l'article 53[3].

20. Le décret de la Convention des 16-19 juillet 1793
dispose qu'il ne doit être fait, par les caisses publiques
de l'Etat, aucun payement en exécution de jugements
attaqués par la voie de la cassation, sans que ceux au
profit desquels ces jugements ont été rendus aient
fourni bonne et valable caution. Cette disposition serait-
elle applicable au cas où l'Etat, après s'être pourvu
contre la décision d'un jury réglant une indemnité, aurait fait offres réelles à l'effet de payer et consigner, et
de pouvoir ainsi se mettre en possession immédiate ?
L'Etat pourrait-il alors faire de la présentation d'une
caution la condition de ses offres ? Non. La loi de 1793
est faite pour prévenir les conséquences de l'exécution

[1] D. 1854, 5, 346.
[2] D. 1854, 5, 355.
[3] 10 févr. 1869, Trib. civ. de la Seine : Donkels c. Petit et Cⁱᵉ.
Gazette des Tribunaux du 19 février 1869.

qu'un tiers imposerait à l'Etat, et non en vue d'une exécution que l'Etat poursuit lui-même dans son propre intérêt. Si l'Etat veut jouir du bénéfice de la prise de possession, il doit se conformer purement et simplement aux règles spéciales de la loi de 1841, sans y ajouter aucune condition [1].

21. Par application du principe de l'article 1er, qui attribue l'expropriation à l'autorité judiciaire, ' 'st aux tribunaux ordinaires qu'il appartient de statuer sur la question de savoir si, dans l'exécution des travaux, l'administration ne va pas au-delà des limites tracées par l'expropriation, et des terrains pour lesquels l'indemnité a été réglée. Les tribunaux peuvent, notamment, rechercher, à l'aide d'une expertise, si les limites voulues n'ont pas été dépassées. L'action à cet effet appartient au particulier pendant trente ans, sans qu'il y ait lieu de lui opposer la prescription annale de l'article 1622 du Code civil, faite pour un tout autre cas [2]. (Voyez art. 38, n. 95 et 125.)

ARTICLE 54.

Il ne sera pas fait d'offres réelles toutes les fois qu'il exis-tera des inscriptions sur l'immeuble exproprié, ou d'autres obstacles au versement des deniers entre les mains des ayants droit; dans ce cas, il suffira que les sommes dues par l'administration soient consignées, pour être ultérieu-rement distribuées ou remises, selon les règles du droit commun.

[1] 16 févr. 1864, C. de Toulouse : Ch. de fer d'Orléans c. Rouaïx et Bray. D. 2, 78, S. 2, 71, P. 667.

[2] 2 mai 1860, req. rej.: Ch. de fer de Lyon c. Grenier; M. Calmè-tes. D. 1861, 1, 80, S. 1861, 1, 796, P. 1861, 718.

1. Aux termes de l'article 54, l'administration expropriante est autorisée à consigner le prix par elle dû par
suite d'expropriation, toutes les fois qu'il existe des
inscriptions sur l'immeuble, ou des obstacles au versement des deniers entre les mains des ayants droit. En
se servant du mot *obstacles*, dans la généralité de son
étendue, en opposition avec les termes qui indiquent
les obstacles spéciaux résultant de la manifestation légale des droits des tiers, la loi a suffisamment expliqué
qu'il suffirait, pour déterminer la consignation, d'obstacles, quels qu'ils fussent, de nature à inquiéter sé-
rieusement l'administration sur la validité du payement.

De ces obstacles, le premier et le plus grave serait la
revendication qu'un tiers viendrait à former de l'immeuble exproprié, ou d'une portion de cet immeuble[1].

---

[1] 23 janv. 1869, C. de Paris : Droux *c.* Ville de Paris et Pereire.
Gazette des Tribunaux du 6 févr. 1869.

Donnons d'autres exemples :

Avertie, par des actes déposés dans ses archives, qu'il existe, sur un immeuble exproprié, un droit de retour au profit d'un tiers, l'administration est autorisée à regarder ce droit comme un obstacle au payement de l'indemnité, et à consigner, en conséquence, l'indemnité, au lieu d'en faire offres réelles [1]. Le droit de retour passe, par l'effet de l'expropriation, sur l'indemnité, qui en est la représentation. La nature mobilière de l'indemnité, sur laquelle il doit désormais s'exercer, le rend sujet à un plus facile dépérissement. C'est donc le cas par le juge, appelé à statuer sur le mérite de l'*obstacle* qui a déterminé l'administration à consigner, d'ordonner que l'exproprié ne touchera l'indemnité qu'en donnant des sûretés pour assurer au besoin l'exercice du droit de retour [2].

On doit encore considérer comme un obstacle, dans le sens de l'article 53, le pourvoi en cassation formé par un exproprié contre la décision du jury qui a fixé son indemnité ; l'expropriant peut, en ce cas, consigner, et prendre possession [3].

Si l'obstacle au payement a consisté, dans l'origine, en une inscription hypothécaire que l'on supposait s'appliquer à l'exproprié, cet obstacle disparaît dès que ledit exproprié a produit un certificat négatif, précisant que ce n'est pas à lui, mais à une personne du même nom, portant d'autres prénoms et exerçant une autre profession, que s'appliquait cette inscription. Sur le vu

---

[1] 10 janv. 1855, rej. : Dames Ursulines de Vitré c. Hospice de Vitré et l'Etat ; M. Delapalme. D. 93, P. 1, 605.

[2] Même arrêt.

[3] 10 févr. 1869, Trib. civ. de la Seine : Donkels c. Petit et C°. *Gazette des Tribunaux* du 19 févr. 1869.

du certificat négatif, la Caisse des consignations, où
la somme avait été déposée, aurait dû rembourser,
et elle sera tenue de réparer le préjudice occasionné
par son refus [1].

2. En règle générale, le payement est valablement fait
à celui qui est indiqué comme propriétaire par la matrice cadastrale, alors qu'aucune réclamation ne s'est
produite qui soit de nature à mettre en question
l'exactitude des indications du cadastre. Spécialement,
le payement a été valablement fait au mari, indiqué
comme propriétaire par la matrice cadastrale, encore
qu'il viendrait à être ultérieurement établi que l'immeuble appartenait à la femme et avait un caractère
dotal. Ainsi jugé par arrêt de la Cour de Lyon, du 11
décembre 1863 [2]. Mais M. l'avocat-général Onofrio, dans
les remarquables conclusions qui ont contribué à
préparer cet arrêt, observe avec raison qu'il faudrait
décider autrement si la femme dotale s'était fait connaître, ou si, de toute autre manière, l'expropriant avait
été averti du caractère de l'immeuble : en l'absence
même d'intervention ou d'opposition au nom de la
femme, la dotalité connue de l'immeuble exproprié eût
été, par elle-même, un obstacle au payement pur et
simple entre les mains du mari.

C'est dans le même ordre d'idées que la Cour de
Toulouse a décidé, par arrêt du 8 août 1866, que la
compagnie expropriante qui veut s'affranchir de toute
responsabilité envers une femme dotale doit user de

---

[1] 7 févr. 1877, req. rej. : Caisse des dépôts et consignations c.
Andoque et C*; M. Cuniac. S. 276, P. 685.

[2] 11 déc. 1863, C. de Lyon : Veuve Dorieux c. l'Etat. Gaz. des
Trib. du 24 janv. 1864.

la faculté de consigner que lui accorde l'article 54 : si, n'usant pas de cette faculté, elle s'est engagée à ne pas consigner pendant un délai déterminé pour laisser aux épeux le temps de se mettre en mesure de recevoir, elle s'est créé une position particulière, qui fait peser sur elle une responsabilité dont la loi lui permettait de se décharger sur la Caisse des dépôts et consignations [1].

3. La partie expropriante ne peut, lorsqu'il s'agit de faire le payement, exiger de ceux avec qui elle a procédé contradictoirement au règlement de l'indemnité, la justification de leur droit de propriété. La qualité de propriétaire, judiciairement reconnue à ces personnes devant le jury, ne saurait, à moins de faits nouveaux, leur être ultérieurement contestée. Le défaut par les expropriés de faire les justifications auxquelles l'expropriant prétend ainsi, et à tort, subordonner le payement de l'indemnité, n'est pas un *obstacle légal* au payement, et n'autorise pas l'expropriant à consigner le prix sans offres réelles préalables [2].

4. De même, l'expropriant est non recevable à mettre des conditions au payement, et à s'opposer au retrait de l'indemnité déposée, en exigeant des justifications que le droit commun n'impose pas au vendeur dans les termes ordinaires ; spécialement, l'expropriant n'est pas fondé à demander que la propriété soit établie depuis trente ans, en prévision d'une action en réduction à laquelle pourrait donner lieu la donation

---

[1] 8 août 1866, C. de Toulouse : Ch. de fer du Midi c. Jamme. D. 2, 209.

[2] 28 avr. 1858, Ch. des req. : Ch. de fer de Lyon c. Bagès ; M. d'Oms. D. 272, P. 687.

de l'immeuble exproprié, précédemment faite par un père de famille à l'un de ses enfants [1].

5. La consignation du prix n'est valable qu'autant qu'elle comprend la totalité de la somme due ; elle serait nulle pour le tout si, l'indemnité d'expropriation ayant été allouée à plusieurs titres, la partie de l'indemnité afférente à l'un de ces titres n'avait pas été consignée [2]. V. art. 53, n. 13.

6. C'est à l'autorité judiciaire qu'il appartient de décider si l'exproprié, qui réclame de l'Etat le payement de son indemnité, justifie ou non suffisamment de la main-levée des inscriptions hypothécaires existant sur l'immeuble ; mais l'autorité administrative est seule compétente pour statuer sur la question de savoir si le réclamant a encouru ou non la déchéance établie, contre les créanciers de l'Etat, par les lois de la matière, et notamment par l'article 9 de la loi de finances du 29 janvier 1831 [3].

7. Les règles du droit commun, d'après lesquelles, en matière d'expropriation, les sommes consignées doivent être *distribuées ou remises*, ont-elles été modifiées par la loi du 23 mars 1855 sur la transcription hypothécaire ? Voy. art. 17, n. 4, *in fine*.

ARTICLE 55.

Si, dans les six mois du jugement d'expropriation, l'administration ne poursuit pas la fixation de l'indemnité, les parties pourront exiger qu'il soit procédé à ladite fixation.

---

[1] 10 juill. 1868, C. de Paris : Liquidation Diard et Morière c. Ville de Paris. *Gaz. des Trib.* du 18 juillet 1868.

[2] Arrêt des requêtes du 28 avril 1858.

[3] 14 juin 1862, Cons. d'Etat : Lechevallier c. l'Etat ; M. du Martroy. L. 489, D. 3, 84, P. 239.

Quand l'indemnité aura été réglée, si elle n'est ni acquittée, ni consignée dans les six mois de la décision du jury, les intérêts courront de plein droit à l'expiration de ce délai.

§ 2.

19. Les intérêts de l'indemnité courent de plein droit à l'expiration du délai de six mois depuis détermination de ladite indemnité par décision du jury ou par cession amiable.

20. Comment le paragraphe 2 de l'article 55 se combine avec l'article 1652 du Code civil, quand la prise de possession a eu lieu avant règlement et payement de l'indemnité. Article 1153 du Code civil.

21. Au cas d'acquisition totale faite conformément à l'article 50, le paragraphe 2 de l'article 55 s'applique à la totalité de l'indemnité.

22. Congés donnés par l'expropriant aux locataires. Quel en est l'effet entre l'expropriant et ces locataires quant au point de départ des intérêts.

23. A Paris, ce point de départ est-il le 1er, ou seulement le 8 ou le 15?

24 Ces congés, alors même qu'ils auraient été exécutés, ne constituent pas, à l'égard du propriétaire, prise de possession par l'expropriant, mais ils constituent un fait qui peut donner lieu à dommages-intérêts.

25. Congés aux locataires de la portion de l'immeuble non atteinte par l'expropriation.

26. Les congés donnés par l'expropriant sont absolument sans effet au point de vue des rapports entre le propriétaire exproprié et les locataires. C'est au propriétaire que continuent d'être dues les sommes à payer par les locataires, quand leur occupation continue; alors même qu'il en résulterait, par application du paragraphe 2 de l'article 55, une double perception.

27. Le propriétaire ne peut s'autoriser de la résolution naissant de l'expropriation pour faire cesser la possession du locataire.

28. Mais le propriétaire conserve, pour les congés ou expulsions, les mêmes droits qu'il avait avant l'expropriation.

29. Quels sont, après payement de l'indemnité au propriétaire, les droits de l'expropriant, quant à la perception des sommes dues pour occupation continuée par le locataire, quant aux congés, quant aux expulsions.

30. Loyers payés d'avance.

31. Après la sortie du locataire, le propriétaire peut occuper les lieux ou en tirer profit.

32. Le paragraphe 2 de l'article 55 est sans application lorsque les formes spéciales de l'expropriation n'ont pas été suivies.

33. Au cas même où ces formes ont été employées, l'expropriant reste passible, en dehors et au-delà des prescriptions de ce paragraphe, des conséquences des actes abusifs ou illégaux qu'il a pu accomplir.

§ 1er.

1. Le paragraphe 1er de l'article 55 emploie une expression toute générale, *les parties*. En notre première édition nous disions : Cette expression comprend
les locataires et autres intéressés, aussi bien que le
propriétaire. Les locataires et autres intéressés ont
donc, comme le propriétaire lui-même, après que,
depuis le jugement d'expropriation, six mois se sont
écoulés sans poursuites, sans offres signifiées, le
droit de provoquer le règlement de l'indemnité que
la loi leur attribue, et de réclamer de la Cour d'appel
ou du tribunal la désignation d'un jury. Et nous
ajoutions : Ce droit appartient aux locataires et intéressés encore bien qu'en fait ils n'auraient éprouvé
aucun trouble ; ils sont fondés à exiger que la position
précaire que le jugement d'expropriation leur a faite ne
se prolonge pas indéfiniment. Cette pensée nous était
en partie suggérée par trois arrêts de cassation des
27 juillet 1857, 26 août 1857, 11 juillet 1859 [1]. Toutefois, ces trois arrêts n'arrivaient pas à résoudre eux-
mêmes la question ; ils se bornaient à la réserver.
Nous ne les rappelons en ce moment que comme ayant
expressément jugé que cette question constitue un
litige sur le fond du droit. Rendus en des espèces dans
lesquelles étaient attaqués des arrêts émanant de Cours
d'appel qui avaient repoussé des requêtes afin de formation de jury présentées par des locataires dans les
termes de l'article 30, les arrêts de la Cour suprême

[1] 27 juillet 1857 : Fabre c. Ville de Paris ; M. Gaultier. D. 287, S.
765, P. 1858, 269. — 26 août 1857 : Martin et autres c. Ville de
Paris ; M. Gaultier. D. 353, S. 858, P. 1858, 825. — 11 juillet 1859 :
Bernardin c. Ville de Paris ; M. Delapalme. D. 364, S. 955, P.
1860, 722.

reposent sur les considérations suivantes : La question de savoir si le locataire a ou non le droit de requérir l'application de l'article 55, paragraphe 1er, constitue *un litige sur le fond du droit*, qui ne peut être tranché par la cour d'appel, saisie en chambre du conseil d'une simple demande en désignation d'un jury; il suffit qu'il y ait production ou justification du jugement d'expropriation, justification aussi de la qualité du requérant et de l'accomplissement des formalités préalables, pour que le jury doive être désigné et l'indemnité éventuellement réglée, sauf examen ultérieur, par qui de droit, de l'applicabilité de la loi invoquée. La chambre du conseil de la Cour d'appel, investie par l'article 30 d'une juridiction tout exceptionnelle, ne saurait, en statuant sur un litige qui affecte le fond du droit, priver les parties, quant à ce litige, du premier degré de juridiction et des moyens réguliers de débattre leurs droits. (V. art. 30, n. 15; art. 39, n. 31). L'instance engagée sur l'applicabilité du premier paragraphe de l'article 55 sera une instance ordinaire, non régie par les dispositions de la loi spéciale. Trois autres arrêts de cassation sont intervenus depuis dans les mêmes circonstances et sur les mêmes motifs[1].

2. Voyons maintenant, non plus seulement d'après nos appréciations personnelles, mais d'après la jurisprudence qui s'est aujourd'hui formée, comment doit se résoudre le litige ainsi prévu et réservé. Un semblable litige s'est nettement produit en 1862 devant la Chambre des requêtes, en 1864 devant la chambre civile.

---

[1] 11 juill. 1859, Cass.: Bernardin c. Ville de Paris; M. Delapalme. D. 364, S. 955, P. 1860, 722. — 30 août 1859, Cass.: Crest c. Ville de Paris; M. Delapalme. D. 364, S. 957, P. 1860, 722. — 13 fév. 1861, Cass.: Gallet, Lefebvre et Cie c. Ville de Paris; M. Lavielle. D. 136, S. 554, P. 984.

Pour repousser la demande du locataire, l'expropriant disait : le locataire ne souffre aucun trouble en sa jouissance, car, en fait, j'ai déclaré expressément ne pas entendre user du droit d'expropriation avant que n'ait sonné l'expiration de sa location ou de son bail. Pour le locataire on répondait : ainsi que l'a déclaré à la Chambre des députés le rapporteur de la loi de 1833, *c'est la décision du tribunal qui consomme l'expropriation* (Voir art. 14, n. 10 et suiv.); de l'économie générale des articles 14, 16, 17 et 18 des lois de 1833 et de 1841, il résulte, de la façon la plus évidente, que, par l'effet du jugement d'expropriation, la propriété est immédiatement transférée ; d'où, au profit de l'expropriant, la résolution immédiate et absolue de tous les droits de jouissance sur l'immeuble, l'annulation de plein droit de toutes les locations et de tous les baux. Si la résolution s'opère au profit de l'expropriant, elle s'opère aussi, et simultanément, au profit de tous ceux que touche l'expropriation, spécialement au profit du locataire : comment celui-ci resterait-il tenu par un bail qui n'est pas opposable au propriétaire nouveau qu'a créé l'expropriation ? Comment placerait-on le locataire en cette position indécise et précaire d'être lui-même lié par un bail que l'ayant cause de son bailleur peut désormais rompre à volonté ? On peut dire, il est vrai, que cette situation précaire n'existera pas si, au moment même où l'expropriation s'est produite, la promesse de respecter le bail l'a accompagnée ; mais cette observation de fait ne détruit pas l'argument de droit tiré de la résolution immédiate et nécessaire que le jugement a opérée ; cette résolution ne peut, même à la première minute, être effacée par la volonté de l'une seulement des parties intéressées ; que si, après qu'elle s'est produite, elle peut disparaître, en son essence ou dans ses effets, ce ne sera du moins que par un accord volontaire des intéressés, par la puissance du contrat se substituant à la force légale du jugement.

Le litige ainsi engagé a été tranché, dans le sens de la résolution immédiate au profit de toutes les parties, par deux remarquables arrêts, soigneusement et fermement rédigés, dont nous croyons utile de reproduire ici les motifs.

L'arrêt de la Chambre des requêtes, du 16 avril 1862[1], est ainsi conçu :

« Sur le premier moyen, tiré de la fausse application de la loi du 3 mai 1841, et spécialement de l'article 14 de cette loi, de la fausse application de l'article 545 du Code Napoléon, et de la violation des articles 1184, 1738, 1741 et 1722 du même Code, en ce que l'arrêt attaqué aurait à tort déclaré acquis à des locataires, par le seul effet du jugement d'expropriation pour cause d'utilité publique, le droit à une indemnité d'éviction, avant qu'aucun acte émané de l'expropriant les ait troublés dans leur possession, et malgré la déclaration à eux notifiée qu'il respecterait leurs baux et entendait les laisser jouir des lieux loués jusqu'à leur expiration ;

« Attendu que le jugement qui prononce l'expropriation pour cause d'utilité publique a pour effet immédiat et nécessaire de résoudre tous les droits dont peut être grevé l'immeuble exproprié et de le faire passer entre les mains de l'expropriant affranchi de toute charge de nature à en entraver la disposition ;

---

[1] 16 avril 1862, req. rej. : Préfet de la Seine c. Bernardin et Crest ; M. d'Ubexi. D. 300, S. 721, P. 465.

que la loi du 3 mai 1841 le dit expressément des droits
réels dans son article 18, qui porte que les actions en
résolution ou revendication et toutes autres actions
réelles ne pourront arrêter l'expropriation ni en empêcher l'effet, et que le droit des réclamants sera
transporté sur le prix, l'immeuble en demeurant
affranchi ;

« Que telle est également la conséquence de l'article 17, en ce qui concerne les droits de privilége et
d'hypothèque, qui se trouvent purgés par le seul effet
de l'expropriation, sans que les créanciers inscrits
puissent exiger autre chose que la fixation de l'indemnité, sur laquelle seule désormais ils ont à exercer
leur action ;

« Attendu qu'il ne saurait en être autrement des
droits des locataires, qui, s'ils survivaient au jugement
d'expropriation, en paralyseraient momentanément
l'effet, et feraient obstacle à l'exécution des travaux,
dont l'urgence et la nécessité dans l'intérêt général
pouvaient seules justifier une aussi grave atteinte à la
propriété ;

« Que vainement on objecte que, l'indemnité ne
pouvant jamais être que la représentation d'un dommage éprouvé, le droit à une indemnité ne s'ouvre
pour le locataire que du jour où, troublé dans sa jouissance par l'expropriant qui prétend l'expulser des lieux
loués, il est réellement évincé du bénéfice de son bail ;
qu'une pareille doctrine est inconciliable avec l'article 55 de la loi de 1841, qui suppose le droit à une
indemnité acquis à toutes les parties intéressées dès
l'instant où est intervenu le jugement d'expropriation ;
qu'en effet la disposition de cet article est absolue ;
qu'elle ne comporte aucune distinction, et s'applique

dans sa généralité aux locataires comme à tous autres
intéressés ;

« Qu'il est si peu dans la pensée de la loi de subordonner l'action du locataire à la dépossession effective
et réelle, que l'expropriant resterait libre d'ajourner
indéfiniment, qu'elle l'autorise, comme tous les autres
ayants droit, à prendre l'initiative et à poursuivre lui-
même le règlement de son indemnité, lorsque six
mois se sont écoulés depuis le jugement d'expropriation sans que l'expropriant ait rien fait pour en provoquer la fixation et se mettre ainsi en mesure d'user
de son droit ;

« Attendu que, s'il était vrai que l'expropriation n'atteint pas les baux en cours d'exécution et que les
locataires ne sont évincés, et n'ont par conséquent
droit à une indemnité que du jour où l'expropriant les
expulse, celui-ci n'aurait aucun titre contre eux, et
devrait subir les baux jusqu'à leur expiration, la loi de
1841 n'admettant dans aucune de ses dispositions qu'il
puisse de nouveau se pourvoir en justice pour obtenir
un jugement qui les dépossède ;

« Attendu qu'il est également inadmissible, qu'ainsi
que le prétend le pourvoi, les baux ne soient immédiatement résolus, par l'effet du jugement d'expropriation, qu'à l'égard et dans l'intérêt de l'expropriant,
et qu'ils continuent d'obliger les locataires jusqu'au
moment où celui-ci juge opportun de les expulser ;

« Que, pour accepter une doctrine aussi contraire
au droit commun, il faudrait la trouver consacrée par
une disposition expresse et spéciale qui n'existe pas
dans la loi ;

« Qu'en l'absence de toute stipulation contraire, le
bail, comme tous les contrats synallagmatiques, ne peut

cesser d'être obligatoire pour l'une des parties sans cesser de l'être en même temps pour l'autre ;

« Qu'à dater de l'expropriation, le locataire serait, dans le système du pourvoi, à la merci de l'expropriant, ne conserverait plus qu'une possession précaire désormais substituée à celle que son contrat lui assurait pour un temps déterminé ;

« Qu'il serait ainsi évincé de droit avant de l'être de fait, et que la loi n'a pas pu vouloir lui imposer, sans indemnité, une situation qui altèrerait trop profondément son droit pour ne pas équivaloir à une expropriation ;

« Attendu que, dans la vérité des principes, le bail résolu pour l'expropriant par l'effet du jugement qui lui a transmis la propriété, l'est également et de plein droit pour le locataire, au profit duquel s'ouvre immédiatement une action en indemnité ; qu'il ne pourrait revivre que par un contrat nouveau pour la formation duquel le consentement de toutes les parties serait nécessaire, et que l'expropriant ne saurait, par sa seule volonté, en imposer la continuation au locataire, et paralyser ainsi pour lui l'exercice d'un droit qui lui est définitivement acquis ;

« Qu'il suit de là que, dans l'espèce, le demandeur excipait vainement, contre l'action des défendeurs éventuels tendant à obtenir le payement des indemnités hypothétiquement fixées par le jury, de sa déclaration, à eux notifiée à deux reprises différentes, qu'il entendait respecter leurs baux et les laisser jouir paisiblement des lieux loués jusqu'à l'expiration du temps convenu ;

« Que cette déclaration, d'ailleurs, dont l'effet restait toujours subordonné aux exigences de l'intérêt public qu'il ne dépendait pas du préfet de compromettre, ne pouvait être obligatoire pour la Ville, et laissait les locataires dans une situation précaire qu'ils n'ont jamais acceptée et contre laquelle ils n'ont cessé de protester ;

« Qu'ainsi c'est à bon droit que l'arrêt attaqué, sans avoir égard à cette déclaration, a condamné la Ville à payer aux sieurs Crest et Bernardin l'indemnité par eux réclamée. »

Moins étendu dans ses motifs, l'arrêt de la Chambre civile, du 20 juin 1864 [1], porte également que l'expropriation prononcée par justice « a nécessairement pour effet de résilier les baux qui seraient un obstacle à l'exercice du droit de l'expropriant, et d'ouvrir aux locataires une action en indemnité. »

Par ces deux arrêts a cessé une controverse qui avait donné lieu devant les tribunaux à des décisions diverses, et sur laquelle notamment le tribunal de la Seine et la Cour de Paris avaient plusieurs fois varié. (V. notamment *Gazettes des Tribunaux* des 16 avril 1862 et 17 janvier 1863.)

Le droit reconnu au locataire de se prévaloir de la résolution du bail et d'exiger la convocation d'un jury, ne permettra pas, en fait, à ce locataire de réclamer capricieusement des indemnités abusives. Il arrivera souvent que l'expropriation prononcée aura immédiatement causé préjudice au locataire exproprié, l'aura amené à prendre, sans perdre de temps et pour assurer l'avenir, des dispositions onéreuses pour lui, et à se charger de suite d'une location nouvelle ; le jury aura alors égard à ses justes réclamations. S'il apparaissait, au

---

[1] 20 juin 1864, Cass.: Briquet c. Préfet de la Seine ; M. Aylies. D. 278, S. 368, P. 787.

contraire, que le locataire ne souffrait aucun préjudice, et qu'il essayait, en invoquant la résolution et en convoquant le jury, une spéculation ridicule ou blâmable, la sagesse du jury opposerait une digue à l'exagération de ses prétentions, et proportionnerait le dédommagement au préjudice. « C'est au jury seul, a dit un arrêt de Paris du 29 juillet 1864 [1], qu'il appartient d'apprécier la différence entre la situation d'un locataire évincé malgré lui, et celle du locataire qui, pouvant continuer sa jouissance, demande à en être immédiatement dépossédé. »

Citons un exemple du sort que peuvent rencontrer les réclamations abusives : dans une affaire où le locataire réclamait 170,000 francs, 20 francs seulement ont été accordés [2].

3. Nonobstant la résolution opérée par le jugement ou l'acte qui consomme l'expropriation, la location peut être reprise ou le bail être maintenu pour toute sa durée ; mais cela ne s'opère qu'autant qu'il y a eu convention nouvelle, écrite (art. 1715 du Code civil), régulière. C'est ainsi qu'il a été jugé que le locataire serait non recevable à se pourvoir en règlement d'indemnité s'il avait, à une époque antérieure, accepté, par acte signifié en cours d'instance, l'offre à lui faite par l'expropriant de rester dans les lieux et de jouir de son bail [3] ; s'il avait non seulement achevé la jouissance à laquelle lui donnait droit le bail courant au moment de l'expropriation, mais encore fait, à l'expiration dudit

---

[1] Mérat c. Ville de Paris. D. 1864, 5, 143, S. 1864, 2, 209, P. 1864, 808.

[2] *Gaz. des Trib.* du 16 avril 1869.

[3] 11 janv. 1866, Trib. civ. de la Seine : Caillet et autres c. Ville de Paris. *Gaz. des Trib.* du 12 janv. 1866.

bail, un bail nouveau avec l'expropriant, contenant consentement de déménager sans indemnité [1].

4. Le maintien du bail ou de la location ne résultera pas de la seule continuation de jouissance sans protestation [2], et cela encore bien que cette continuation de jouissance aurait été accompagnée du payement des loyers aux mains de l'expropriant [3]. Un arrêt de cassation du 20 juin 1864 [4], dont nous avons déjà parlé plus haut (p. 370), tranche cette question avec beaucoup d'autorité, en des termes qui proclament et condensent si bien les principes de la matière que nous croyons devoir les reproduire en entier. « Attendu que l'arrêt a rejeté la demande en indemnité de Briquet et ordonné la continuation du bail, en se fondant sur cet unique motif que Briquet, en restant dans les lieux après les six mois qui ont suivi le jugement d'expropriation, et particulièrement en les occupant ainsi paisiblement et sans trouble jusqu'au jour où il a présenté requête afin d'obtenir la désignation du jury, a renoncé à son droit, et que par là même s'est formé entre lui et l'État un contrat nouveau pour la continuation du bail fait avec l'ancien propriétaire ; — Mais attendu que l'expropriation prononcée par justice, en donnant à l'administration le droit, sous la seule condition d'une indemnité préalable,

---

[1] 17 juin 1867, req. rej. : Oudard c. Ville de Paris ; M. Nachet. D. 1871, 1, 251, S. 1870, 1, 369, P. 1870, 965.

[2] 11 août 1862, C. de Paris : Allard-Pestel et veuve Chatain c. Ville de Paris. D. 2, 133, S. 2, 418, P. 1074. — 31 déc. 1862, Trib. civ. de la Seine : Ville de Paris. Gaz. des Trib. du 17 janv. 1863. — 6 avril 1865, C. de Rouen : Lepage-Moutier c. Ville de Paris. D. 1866, 2, 62.

[3] 2 janv. 1864, Trib. civ. de la Seine : Briquet c. l'État. Gaz. des Trib. du 10 janv. 1864.

[4] 20 juin 1864, Cass. : Briquet c. Préfet de la Seine ; M. Aylies. D. 278, S. 368, P. 787.

de disposer des immeubles expropriés, a nécessairement pour effet de résilier les baux qui seraient un
obstacle à l'exercice de ce droit, et d'ouvrir aux locataires une action en indemnité ; que si, jusqu'au
payement de cette indemnité, les locataires sont laissés
en possession des lieux, il ne s'en opère pas moins *une
véritable interversion dans le titre de leur possession, qui
n'est plus qu'une occupation précaire et de fait, conservée
par eux comme garantie*, et qui, *dépouillée désormais des
caractères d'une véritable jouissance locative*, ne peut
plus, dans aucun cas, devenir entre les parties le
principe d'une tacite reconduction, et moins encore
d'une convention dont le but serait de faire revivre
l'ancien bail et de contraindre le locataire à en continuer l'exécution ; que, d'ailleurs, une pareille convention constituerait, non point un simple bail verbal, mais
un bail ayant une durée déterminée, lequel, aux termes
des articles 1341 et 1714 du Code Napoléon, ne peut être
prouvé que par écrit ; — D'où il suit qu'en jugeant le
contraire et en déclarant que, de l'occupation des lieux
par Briquet après l'expropriation, et du payement des
loyers sans réserve, était résultée à sa charge une
convention tacite, par laquelle il avait renoncé à son
indemnité d'éviction et s'était obligé à continuer, jusqu'à son expiration, l'exécution du bail fait avec l'ancien propriétaire, la Cour d'appel de Paris a formellement violé les articles de loi invoqués par le pourvoi
et ci-dessus visés (14, 21, 55 de la loi de 1841, 1341 et
1714 du Code Napoléon) ». La même doctrine est reproduite en d'autres arrêts de la Chambre civile [1].

---

[1] 4 juill. 1864, Cass. : Lepage-Moutier c. Ville de Paris ; M. Glandaz.
D. 443, S. 368, P. 787. — 22 mars 1870, rej. : Ville de Paris c. Caron,
Taines et autres ; M. Larombière. D. 297, S. 369, P. 965 et 968.

5. Que décider si, en fait, le locataire a continué
d'occuper les lieux jusqu'à l'entière expiration de sa
location ou de son bail ? La Cour d'appel de Paris a eu
plusieurs fois à se prononcer sur ce point. Elle décidait
d'abord que, par cette occupation de fait prolongée
jusqu'à la dernière limite, le locataire perdait tout droit
à indemnité [1]; elle n'avait jugé autrement que dans
une espèce où, si la jouissance avait été continuée jusqu'à la fin, il était constant que le locataire s'était, avant
le terme de cette jouissance, pourvu à l'effet d'obtenir
le règlement d'une indemnité [2]. Un arrêt plus récent de
la même Cour paraît admettre comme règle générale le
droit à indemnité, nonobstant occupation jusqu'à la fin
du bail ; « l'expropriant ne saurait arguer de cette possession, *qu'il dépendait de lui de faire cesser*, pour la
confondre avec une jouissance qui aurait procuré au
bail toute son exécution, et pour se soustraire au
payement de l'indemnité, dont, par le fait de l'expropriation, il a été tenu [3]. »

Une distinction nous paraît nécessaire. Il faut songer
que, durant six mois, le locataire ne peut provoquer le
règlement de l'indemnité, qu'il se trouve dans une situation passive, et que, comme il vient d'être expliqué,
la continuation de l'occupation de fait ne saurait constituer, à elle seule et tacitement, renonciation à aucune

---

[1] 12 août 1865, C. de Paris : Malaquin *c.* Ville de Paris. *Gaz. des
Trib.* des 14-15 août 1865. — 25 août 1866, C. de Paris : Demoiselle
Leroy *c.* Ville de Paris. *Gaz. des Trib.* des 27-28 août 1866. —
17 août 1867, C. de Paris : Mahieu et Pauchet *c.* Musset. *Gaz. des
Trib.* du 21 août 1867.

[2] 15 févr. 1868, C. de Paris : Ville de Paris *c.* Caron, Bouclier et
autres D. 1870, 1, 208; *Gaz. des Trib.* du 23 février 1868.

[3] 14 janv. 1873, C. de Paris : Arnold *c.* Petit-Berlié et Ville de
Paris. D. 2, 137, S. 2, 243, P. 1054.

des conséquences de l'expropriation. Le bail expire
avant les six mois, et avant que l'expropriant ait convoqué le jury. Est-ce à dire que le locataire n'a subi
aucun préjudice ? Le locataire, une fois son bail résolu,
ignorait pendant combien de temps se prolongerait son
occupation de fait ; il se trouvait désormais à la merci
de l'expropriant ; il a pu, dès le premier jour, se pourvoir d'un autre local, se charger ainsi, pour la durée
d'un ou deux termes, de deux loyers à la fois. De ce
qu'il n'a éprouvé, jusqu'à la fin de son bail, aucun
trouble matériel, de ce qu'au moment où se réunit le
jury, le bail est arrivé à fin, il ne s'ensuit pas que le
locataire ait été sans préjudice et soit sans droit à
indemnité. Si, au contraire, l'expropriant mettant un
long retard à réclamer le bénéfice de l'expropriation,
les six mois se sont écoulés, puis le temps a marché
encore, et le bail est enfin arrivé à son terme, nous
admettons que, contre le locataire qui réclamerait plus
tard indemnité à son profit, on puisse se faire une arme
du silence qu'il a gardé, de l'inaction dans laquelle il
est resté depuis qu'a sonné l'heure où il possédait lui-
même, aussi bien que l'expropriant, le droit de faire
cesser la position précaire que la résolution lui avait
faite. Ce n'est pas, comme au cas examiné sous le
nombre précédent, induire d'une occupation momen-
tanée la renonciation au bénéfice de la résolution et la
reconstruction du contrat que cette résolution avait détruit ; c'est reconnaître à l'occupation de fait, prolongée
librement et sans réserve à une époque où l'on pouvait
faire régler soi-même la situation, son caractère naturel
et son efficacité.

Nous ne ferons pas non plus difficulté, dans cette
dernière hypothèse, pour admettre avec la Cour de

Paris [1], que le règlement de l'occupation de fait ainsi prolongée doit avoir lieu d'après les conditions même qui avaient présidé à la location ou au bail : le bail ne liait plus les parties, on l'a volontairement mené à fin ; que le preneur donc ne se refuse pas à remplir les obligations naissant pour lui d'un contrat qui a reçu effet à son profit.

6. Un locataire sans bail, qui est renvoyé conformément à l'usage et avec observation des délais ordinaires, a-t-il droit néanmoins à une indemnité d'éviction ? La question est négativement résolue par un arrêt de la Cour de Paris, du 30 décembre 1872 [1], ainsi conçu : « Considérant que le locataire n'a droit à une indemnité qu'autant que, sa jouissance ayant été interrompue par le fait de l'expropriation, il a été dépossédé de son bail ; que, dans l'espèce, il n'en a point été ainsi puisque Dubain, qui n'avait point de bail écrit, a reçu congé le 29 juin 1867 pour le 1er octobre suivant ; qu'il est resté dans les lieux jusqu'au 8 dudit mois, c'est-à-dire jusqu'à l'expiration du temps de la jouissance à laquelle il avait droit [2] ».

Nous n'admettons la doctrine de cet arrêt que sous la réserve de la distinction contenue, aux nombres précédents, à l'égard des locataires munis de baux. Le locataire verbal n'est pas autre chose qu'un locataire ayant un bail d'une durée courte, et déterminée seulement par l'usage. En fait, et à raison du peu de durée de la jouissance que compromet l'expropriation, le locataire verbal obtiendra rarement une indemnité ; il

---

[1] Arrêt du 17 août 1867.
[2] 30 déc. 1872, C. de Paris: Dubain c. Thome et Cⁱ. D. 1873, 5, 55.

ne faut pas cependant, en droit, le proclamer inadmissible à en réclamer. Que la location fût écrite ou purement verbale, la résolution en est absolue et immédiate; il n'y a pas pour le locataire obligation d'observer le délai ordinaire des congés (voy. *infrà*, n. 22 et suiv.), il peut partir de suite, il peut être amené à contracter immédiatement en un autre lieu une autre location ; il faut soigneusement réserver son droit au cas où il éprouverait un véritable préjudice. Au point de vue purement juridique, le locataire verbal auquel congé a été donné est dans une situation analogue à celle du locataire avec bail auquel l'expropriant a signifié d'avance que le bail serait intégralement respecté. C'est un réclamant moins favorable en fait que le locataire porteur d'un bail, mais placé, en droit, dans une situation identique.

7. Peut être invoquée par l'expropriant contre le locataire la clause par laquelle le propriétaire, en même temps qu'il donnait un immeuble en location, a stipulé qu'en cas d'expropriation pour cause d'utilité publique, le bail serait résilié de plein droit, sans que le preneur pût réclamer aucune indemnité. En conséquence, et à l'aide de cette clause, l'expropriant repoussera la demande du locataire si celui-ci se présente pour réclamer indemnité [1].

La clause de résiliation et expulsion *en cas de vente* profite à l'expropriant, devenu propriétaire en vertu d'une cession amiable faite par le propriétaire à l'expro-

---

[1] 24 déc. 1859, C. de Paris : Schiélé c. Ville de Paris. D. 1860, 5, 156, S. 1860, 2, 311, P. 1860, 1071. — *Contrà*, 12 févr. 1847, C. de Rouen : Ogé c. Commune d'Ingouville. D. 1849, 2, 11, S. 1848, 2, 591, P. 1849, 1, 37.

priant avant l'arrêté de cessibilité[1]. Voy. art. 39, n. 45.

Il en serait autrement, quant à l'application de la clause : *en cas de vente*, si l'expropriation avait été consommée. Il ne faut pas confondre l'expulsion prévue par le contrat et celle qui naît de l'intérêt public appuyé de la force de la loi ; il y a donc lieu à indemnité. Ajoutons, quant à la fixation de cette indemnité, que, lorsque l'expulsion est prévue au bail, les dommages-intérêts sont ou réglés par une stipulation, ou appréciés d'après les bases des articles 1744 et suivants du Code civil. Lorsqu'au contraire la sortie du locataire a lieu, non dans les termes de la convention, mais par la force de l'expropriation, ces articles peuvent sans doute être utilement consultés, et donner, suivant les cas, aide et direction dans l'appréciation de l'indemnité ; mais ils ne constituent pas une base légale et nécessaire, et les règles qu'ils indiquent doivent, au contraire, se concilier avec les éléments d'appréciation et de décision que suggèrent et comportent les circonstances spéciales de la cause.

La clause du bail par laquelle le propriétaire a interdit au locataire de réclamer indemnité *en cas de démolition* ne peut pas être invoquée par l'expropriant s'il résulte des termes de l'acte et de l'appréciation de l'intention des parties, que cette clause n'a été écrite qu'en vue d'une démolition pour cause de reculement[2] : on donne à la clause toute la portée que lui

---

[1] 24 févr. 1860, C. de Paris : Velat et autres c. Ville de Paris. D. 1861, 2, 28, S. 1860, 2, 312, P. 1860, 1071. — 13 mars 1861, Arrêt de la Ch. des req., rejetant le pourvoi dans cette affaire. D. 1861, 1, 396, S. 1861, 1, 501, P. 1861, 854. — 30 avril 1863, Trib. civ. de la Seine : Goumont c. Préfet de la Seine. *Gaz. des Trib.* du 22 mai 1863.

[2] 7 mai 1861, C. de Paris : Ville de Paris c. Bernardin et Crest. D. 2, 98, S. 2, 401, P. 1862, 64.

prêtent avec vraisemblance les expressions et la volonté des contractants ; on doit se garder de l'étendre au-delà.

8. Si, avant l'expropriation prononcée, mais alors qu'elle était projetée, le propriétaire d'un immeuble a, sur l'invitation de celui au profit duquel l'expropriation se poursuivra, évité de louer son immeuble, et laissé ainsi pendant un certain temps cet immeuble impro-ductif, la convention dont s'agit est, en droit, indépen-dante de l'expropriation, et la réparation de la perte qui en est résultée pour le propriétaire est de nature à appartenir non au jury, mais aux tribunaux ordinaires. Nous estimons cependant qu'il vaudrait mieux, dans la pratique, faire régler la réparation de cette perte en même temps que l'indemnité d'expropriation, et par le même jury.

9. Lorsque le locataire à bail qui occupe les lieux au moment où est rendu le jugement d'expropriation ou de *donné acte*, n'invoque pas à son profit l'effet de la réso-lution opérée, et qu'au contraire il cède à un tiers ce bail comme s'il existait encore, la cession ainsi faite n'ouvre pas au profit du cessionnaire le droit, qui aurait appartenu au cédant, de se présenter devant le jury pour obtenir une indemnité ; le cessionnaire ne saurait, dans ces circonstances, être admis à indem-nité [1]. On aurait pu, sans doute, céder à un tiers le droit à indemnité que l'on puisait dans la résolution du bail ; mais on ne pouvait plus céder utilement, et avec des conséquences de quelque espèce que ce soit vis-à-vis de l'expropriant, un bail qui, par l'effet de l'ex-propriation, avait immédiatement disparu.

---

[1] 2 juin 1862, Trib. civ. de la Seine : Demoiselle Santou c. Ville de Paris. *Gaz. des Trib.* du 10 juin 1862.

10. Comme point de départ du délai après l'expiration duquel *les parties* pourront poursuivre elles-mêmes le règlement de l'indemnité, le § 1er de l'art 55 indique le jugement *d'expropriation.* Le jugement de *donné acte,* rendu dans les termes du dernier paragraphe de l'article 14, servirait également de point de départ à ce délai [1].

11. La cession amiable effectuée conformément aux articles 13 et 19, produit elle les mêmes effets ? La question avait d'abord fait difficulté ; la Cour suprême n'a pas hésité à la résoudre affirmativement [2], car le premier paragraphe de l'article 19 déclare applicables à la convention amiable toutes les règles posées, pour le jugement d'expropriation, par les articles 15 à 18, et assimile ainsi complètement le traité amiable au jugement. (Voir article 21, n. 42.)

La Cour de cassation a même décidé que, si le jugement qui constate, aux termes du dernier paragraphe de l'article 14, le consentement amiable à la cession sans accord sur le prix, a été précédé d'un acte écrit dans lequel se trouvait exprimé ce consentement, c'est l'acte

---

[1] 12 juin 1860, rej. : Ville de Paris c. Bernardin ; M. Delapalme. D. 1861, 1, 130. S. 1860, 1, 1005, P. 1861, 885. — 7 mai 1861, C. de Paris : Préfet de la Seine c. Bernardin et Crest. D. 2, 98, S. 2, 401, P. 1862, 64. — 11 août 1862, C. de Paris : Allard-Pestel et veuve Chatain c. Ville de Paris. D. 2, 133, S. 2, 418, P. 1074. — 2 janv. 1864, Trib. civ. de la Seine : Briquet c. l'Etat. *Gaz. des Trib.* du 10 janv. 1864. — 20 juin 1864, Cass. : Briquet c. Préfet de la Seine ; M. Aylies. D. 278, S. 368, P. 787. — 29 juill. 1864, C. de Paris : Mérat c. Ville de Paris. D. 1864, 5, 143, S. 1864, 2, 209, P. 1864, 808. — 28 mai 1867, Cass. : Guillemet c. Ville de Paris ; M. Aylies. D. 215, S. 405, P. 1086.

[2] 11 août 1862, C. de Paris : Mangenot c. Ville de Paris. D. 1862, 2, 190, S. 1862, 2, 418 et 423, P. 1862, 1074 et 1077. — 2 août 1865, rej. : Ville de Paris c. Fleury et consorts ; la même c. Astorgue ; M. Pont. D. 258 et 260, S. 458, P. 1194, — 17 juin 1867, req. rej. : Oudard c. Ville de Paris ; M. Nachet. D. 1871, 1, 251, S. 1870, 1, 369, P. 1870, 965.

contenant le consentement amiable, et non pas seulement le jugement ultérieurement intervenu, qui détermine le point de départ des six mois pendant lesquels l'exercice des poursuites est exclusivement réservé à l'expropriant [1].

Il est évident d'ailleurs que la cession amiable ne fera courir le délai qu'autant qu'elle aura été précédée des actes déclaratifs de l'utilité publique, et notamment de l'arrêté de cessibilité [2]. Ajoutons que la Cour ou le tribunal auquel on s'adresse pour demander la formation d'un jury, n'aurait pas compétence pour examiner la question de savoir si la cession amiable s'est ou non opérée dans des conditions telles que le requérant ait qualité pour réclamer indemnité : cette question constitue un litige sur le fond du droit, une question réservée, nonobstant laquelle le jury doit être formé, et passer outre à ses opérations [3].

Tout devrait s'arrêter cependant si l'expropriant avait, d'urgence, saisi le tribunal de première instance, et prévenu en temps utile la continuation des opérations en obtenant jugement, qui décide que c'est sans droit que la désignation du jury a été obtenue, et qui fait défense de convoquer le jury ou de donner suite à la convocation faite [4]. (Voyez art. 39, n. 50 et 51.)

12. Tout en se soumettant en principe, quant aux

---

[1] 6 février 1844, rej. : Préfet de l'Hérault c. Jaussen et autres ; M. Renouard. D. 165, S. 328, P. 1, 274.

[2] 14 août 1863, C. de Paris : Desbans et Blonjot c Ville de Paris. D. 1864, 1, 442, S. 1864, 1, 192, P. 1864, 707. — 29 juill. 1865, Trib. civ. de la Seine : Boy c. Ville de Paris. Gaz. des Trib. du 9 août 1865. — 3 janv. 1867, Trib. civ. de la Seine : Godefroy c. Ville de Paris. Gaz. des Trib. du 30 janvier 1867.

[3] 20 janvier 1864, Cass. : Desbans et Blonjot c. Ville de Paris ; M. Quénault. D. 442, S. 192, P. 707.

[4] Jugement du 29 juill. 1865. Gaz. des Trib. du 9 août.

effets de la cession amiable, à la jurisprudence de la
Cour de cassation, le tribunal de la Seine avait cru pouvoir décider qu'en ce qui concernait le locataire, la cession amiable, bien que faite après arrêté de cessibilité,
n'ouvrait pas le délai de six mois du paragraphe 1er de
l'article 55. « S'il est vrai, disait un jugement du 13 mai
1863 [1], s'il est vrai que les jugements d'expropriation
et *de donné acte* ont pour résultat d'affranchir l'immeuble
exproprié des droits de bail, qui se trouvent frappés
comme le droit de propriété lui-même, l'administration
ne pourrait s'armer du contrat intervenu entre elle et un
particulier en vue de la cession d'un immeuble pour en
évincer le locataire ; de même, celui ci ne saurait trouver, dans une convention à laquelle il est resté étranger,
un titre à une indemnité à laquelle l'expropriation seule
peut lui donner droit en compensation de l'éviction
qu'elle lui impose. »

Il y a là une erreur. Le jugement serait, aussi bien
que la convention, étranger au locataire : ce n'est pas
le contrat, c'est l'expropriation que ce contrat réalise,
qui opère la résolution des locations, et qui fait naître
le droit à indemnité. Cela a été parfaitement établi par
un autre jugement du même tribunal, du 18 décembre
de la même année [2], ainsi conçu :

« Attendu qu'il n'est plus aujourd'hui contesté que
l'une des conséquences du jugement de donné acte
est de résoudre immédiatement les baux entre l'expropriant et les locataires, et qu'on ne saurait trouver une
raison de différence entre ce jugement et le traité
amiable, puisque l'un comme l'autre ont pour résultat

---

[1] Rocques c. Ville de Paris. *Gaz. des Trib.* des 15-16 mai 1863.
[2] 18 déc. 1863, Trib. civ. de la Seine : Savin et Ce c. Ferrère et Ce. *Gaz. des Trib.* du 19 déc. 1863.

de rendre définitif ce qui est déterminé par l'arrêté préfectoral rendu à la suite du décret déclarant l'utilité publique ;

« Attendu, en effet, que, bien qu'il soit écrit dans l'article 1er de la loi du 3 mai 1841 que l'expropriation doit être judiciairement prononcée, il est impossible de méconnaître que le législateur, dans l'article 13, n'a voulu l'intervention de la justice qu'à défaut d'un accord complet entre le propriétaire et l'expropriant ;

« Que si l'expropriation n'est pas consommée par l'arrêté pris en vertu de l'article 11, c'est parce que, jusque-là, il n'y a rien eu encore qui ait établi une contradiction avec les propriétaires des immeubles désignés ;

« Que dès lors tout acte qui interviendra pour établir cette contradiction devra consacrer, comme le jugement d'expropriation lui-même, les effets de cet arrêté, et la cession, quoique amiablement consentie, n'en aura pas moins le caractère d'une aliénation forcée ;

« Que telle est l'interprétation qui ressort de l'économie générale de la loi sur cette matière ;

« Attendu que cette conséquence, découlant des dispositions préalables à la prise de possession de l'expropriant, se confirme par les prescriptions à remplir après le jugement ou le contrat volontaire qui ont dessaisi le propriétaire, puisqu'on lit à l'article 19 que les règles posées dans les articles 15, 16, 17 et 18, ayant pour but de faire passer l'immeuble exproprié libre de toutes charges à l'expropriant, sont applicables au cas de conventions amiables ;

« Attendu en outre que l'expropriant obtient la disposition immédiate de l'immeuble exproprié aussitôt que le prix en a été fixé d'une manière légale, ce qui a lieu par le contrat amiable ;

« Que dès lors, à partir de ce moment, à la seule
condition de payer le prix, il lui est loisible de déposséder à son heure et à sa convenance, non pas seulement celui qui fut propriétaire, mais encore tous ceux
ayant des droits accessoires et inhérents à la propriété,
qui cesse d'en être grevée après l'accomplissement des
formalités exigées pour la rendre libre ; de là la conséquence d'une modification apportée à la jouissance
des locataires, modification qui est précisément le
principe de l'indemnité à laquelle ils peuvent prétendre ;

« Que s'il en est ainsi, l'action de ces derniers contre l'expropriant est ouverte du jour où la propriété
pleine et entière, et dégrevée, est passée entre les
mains de celui-ci ;

« Qu'autrement il y aurait une inégalité de position
que le législateur n'a pu vouloir introduire dans une
matière déjà si rigoureuse pour les locataires comme
pour les propriétaires, pouvant, les uns et les autres,
être dépossédés, malgré eux, de leurs droits au profit
de l'intérêt général ;

« Qu'on ne peut enfin admettre que le locataire,
jouissant en vertu d'un contrat, verrait ce contrat brus-
quement anéanti et remis pour son exécution à la dis-
crétion d'un tiers, sans être admis à provoquer lui-
même le règlement de l'indemnité à lui due par suite
de la résiliation provenant de cette situation essentiellement dommageable, et ce, par ce motif unique que le
propriétaire, au lieu de laisser rendre un jugement par
le Tribunal, aurait consenti à entrer dans les vues
de la loi en souscrivant un traité amiable avec l'expropriant ;

« Par ces motifs... dit que, dans le mois du présent

jugement, les défendeurs seront tenus de réunir le jury d'expropriation pour faire régler l'indemnité due à Savin et Ce par suite de l'expropriation ; à défaut de quoi, autorise les demandeurs à provoquer eux-mêmes la réunion du jury ;

« Nomme audit cas M…, juge à ce siége, pour procéder aux opérations du jury. »

13. L'adjudication, au profit de l'expropriant, d'un immeuble sujet à expropriation pour cause d'utilité publique, aura également pour effet de résoudre immédiatement les baux, et d'ouvrir, au profit du locataire, le droit à indemnité [1].

14 C'est du jour même du jugement ou du traité amiable que s'opèrent la translation de la propriété à l'expropriant et la résolution des baux, et que commence à courir au profit de l'exproprié, propriétaire ou locataire, le délai de six mois du paragraphe 1er de l'art. 55. L'effet du jugement ou de l'acte n'est pas subordonné à la publication et à la transcription prescrites par les articles 15 et suivants [2].

15. L'effet résolutoire dérive même d'un acte sous seings privés ; même d'une simple promesse écrite faite par une personne qui aspirait à la concession des travaux en vue desquels l'utilité publique a été déclarée: subordonnée à l'obtention de cette concession, la promesse se réalise, et produit tous ses effets, du jour où est intervenu le décret qui autorise la concession [3]. Le

---

[1] 22 mars 1870, rej. : Ville de Paris *. Caron, Taines et autres ; M. Larombière. D. 297, S. 369, P. 965 et 968.

[2] 26 mars 1866, Trib. civ. de la Seine : Thome et Ce *. Servin. Gaz. des Trib. du 28 mars 1866. — Confirmé, sur appel, par arrêt de la Cour de Paris, du 13 juill. 1866. Gaz. des Trib. du 21 juill. 1866.

[3] Mêmes jugement et arrêt.

point de départ des six mois est, en ce dernier cas, non l'acte lui-même, mais le décret[1]. Par des raisons semblables, la promesse de vente faite au nom d'une ville expropriante ne devient définitive et n'opère transmission de propriété qu'après l'accomplissement des formalités administratives indispensables à la validité de la convention[2].

16. L'acquisition purement verbale, ou la simple promesse de vente non écrite, produirait-elle le même effet qu'un acte sous seings privés ? Par jugement du 25 juin 1870[3], le tribunal de la Seine répond négativement à cette question. Le jugement se fonde sur ce que, la convention non écrite n'étant pas susceptible de publication et de transcription, et ne pouvant en conséquence créer un droit pour l'expropriant, cette convention ne saurait non plus servir de point de départ à la naissance d'un droit au profit de l'exproprié, car il y a corrélation entre les droits de l'expropriant et ceux de l'exproprié. L'argument ne nous paraît pas décisif : ce n'est pas la publication qui fait courir le délai, c'est la convention (*suprà*, n. 14) ; les articles 13 et 19 ne parlent pas *d'actes écrits*, mais de *conventions amiables*. Du moment que la convention existe, du moment qu'elle est définitivement conclue, il y a pour l'expropriant faculté d'en exiger la réalisation : s'il s'abstient de le faire, l'exproprié restera-t-il indéfiniment sous le coup d'une arme occulte, maintenue à dessein peut-être sous l'apparence d'une simple menace, pouvant toutefois, à la volonté de l'expropriant, prendre immédiatement une forme saisissable

[1] 19 nov. 1867, C. de Paris : Ville de Paris et Mahieu et Ce c. Loisel. *Gaz. des Trib.* du 27 nov. 1867.
[2] Même arrêt.
[3] Ville de Paris c. Noël et Pointreau. *Gaz. des Trib.* du 8 juillet 1870.

et une attitude active ? En fait, la convention verbale restera d'ordinaire inefficace, faute par les intéressés de pouvoir administrer la preuve de son existence. Mais, si une circonstance quelconque rend cette convention verbale manifeste, elle aura, à notre sens, autant de puissance que la convention écrite pour résoudre le bail et faire naître le droit du locataire. Ce que nous disons ici est d'ailleurs subordonné aux observations faites au nombre précédent quant aux autorisations administratives voulues; par suite, nous ne comprenons guère la parfaite efficacité de la convention purement verbale qu'autant qu'elle a été faite avec un concessionnaire et postérieurement au décret de concession.

17. Lorsque l'exproprié prend le rôle de partie poursuivante, c'est lui qui doit s'adresser au tribunal de la situation de l'immeuble pour faire désigner un magistrat directeur, à la Cour d'appel ou au tribunal du chef-lieu pour faire choisir un jury spécial ; c'est lui encore qui doit convoquer les jurés et l'expropriant.

L'exproprié procède alors, pour la formation du jury, comme au cas de l'article 30; par simple requête, et sans qu'il y ait même nécessité d'appeler la partie expropriante [1]. V. art. 30, n. 2.

Il convient, en ce cas, de s'adresser au sous-préfet conformément aux indications de l'article 31, afin que ce fonctionnaire se concerte, pour la convocation, avec le magistrat directeur. Mais le mauvais vouloir du sous-préfet ne saurait mettre obstacle à la convocation. S'il arrivait que le sous-préfet refusât son concours, l'exproprié présenterait requête au magistrat directeur,

_____

[1] 12 juin 1860, rej. : Ville de Paris c. Bernardin : M. Delapalme. D. 1861, 1, 130, S. 1860, 1, 1005, P. 1861, 885.

pour solliciter une ordonnance de convocation. Ce serait
à tort que le magistrat directeur déclarerait qu'il n'y a
lieu de faire droit aux conclusions de la requête, en se
fondant sur ce que le droit de convocation n'appartiendrait qu'au sous-préfet. (V. art. 31, n. 1.) Ordonnance
avait été rendue en ce sens par un magistrat directeur,
encore qu'il fût justifié d'une sommation infructueuse-
ment faite au sous-préfet : la cassation de cette ordonnance a été prononcée [1].

18. Lorsque la fixation de l'indemnité est poursuivie
conformément à l'article 55, il n'y a pas pour l'expropriant obligation de notifier des offres dans les formes
et délais prescrits aux articles 23 et 25 (voy. art. 37,
n. 1, et n. 12 à 20); il suffit que la demande et l'offre
soient formulées dans les conclusions respectives des
parties devant le jury [2]. Il en est ainsi lorsque l'exproprié poursuivant avait, en donnant citation à l'expropriant huit jours seulement avant la réunion du jury,
rendu, par son propre fait et par la direction de sa procédure, l'observation du délai impossible [3]; il en est
encore ainsi au cas même où l'exproprié aurait fait à
l'avance à l'expropriant sommation d'avoir à lui adresser des offres : c'est une procédure particulière que détermine l'article 55, sans nécessité de satisfaire aux
prescriptions des articles 23 et 25 [4].

A plus forte raison, l'expropriant ne saurait être ad-

[1] 21 févr. 1860, Cass. : Caldayron c. Ch. de fer du Midi et Canal
latéral à la Garonne ; M. Renouard. D. 167, S. 1007, P. 1861, 398.

[2] 5 déc. 1865, rej.: Ardoin c. De Flers: M. Pont. — 9 janv. 1866,
rej. : Descaux c. Ville de Paris ; M. Laborie. D. 5, 209.

[3] 5 déc. 1864, rej. : Blanjot c. Ville de Paris ; M. Laborie. D. 5,
163.

[4] 14 févr. 1866, rej.: Astorgües c. Ville de Paris ; M. Delapalme.
D. 5, 209.

mis à se plaindre et à se faire un moyen de nullité de
ce que l'exproprié poursuivant ne lui aurait pas notifié sa demande quinze jours à l'avance. On ne saurait,
en pareille matière, raisonner par analogie, appliquer à
la demande de l'exproprié poursuivant la règle écrite
pour les offres que doit faire l'expropriant lorsqu'il est
l'auteur des poursuites. L'analogie manquerait d'ailleurs ; car, dans le système de la loi, et quand la procédure suit sa marche ordinaire, c'est l'exproprié seul
qui a délai pour délibérer sur l'offre, et non l'expropriant pour délibérer sur la demande [1].

§ 2.

19. Le paragraphe 2 de l'article 55 introduit une règle
spéciale quant aux intérêts de l'indemnité ; si l'indemnité n'a été ni acquittée ni consignée dans les six mois
de la décision du jury qui la détermine, les intérêts
courent *de plein droit* à l'expiration de ce délai. Ce que
le texte de la loi dit de la décision du jury s'appliquerait également à la *cession amiable* qui aurait déterminé
le prix. V. art. 21, n. 42, et *suprà*, n. 11.

20. Si la prise de possession a eu lieu avant règlement et payement de l'indemnité, le paragraphe 2 de
l'article 55 se combine avec l'article 1652 du Code
civil, ainsi conçu : « L'acheteur doit l'intérêt du prix de
la vente jusqu'au payement du capital, dans les trois
cas suivants : — S'il a été ainsi convenu lors de la
vente ; — Si la chose vendue et livrée produit des fruits
ou autres revenus ; — Si l'acheteur a été sommé de

[1] 20 juill. 1864, rej. : Préfet de la Seine c. Ridel et consorts :
M Ayliès. D. 1864, 5, 157, S. 1865, 1, 144, P. 1865. 307.

payer. — Dans ce dernier cas, l'intérêt ne court que depuis la sommation. »

Les deux premiers paragraphes de l'article 1652 s'appliqueront sans difficulté au cas de prise de possession volontairement consentie ; la juridiction ordinaire en assurera, s'il est nécessaire, l'application [1]. Quant au troisième paragraphe, la sommation dont il parle n'est pas possible dans la matière spéciale qui nous occupe. L'administration expropriante ne peut être mise en demeure que dans les formes et après l'expiration du délai de l'article 55.

Lors donc que le consentement à la prise de possession n'a été accompagné ni suivi d'aucune stipulation d'intérêts, lorsque, d'ailleurs, l'immeuble dont il a été ainsi pris possession ne produisait aucun revenu (s'agissant, par exemple, d'un terrain en nature de forêt qui, avant la prise de possession, avait été entièrement dépouillé de ses bois par le propriétaire), les intérêts de l'indemnité ne seront dus que six mois après son règlement, quelque long temps qui se soit écoulé entre la prise de possession et le règlement de l'indemnité. Le propriétaire ne peut s'en prendre qu'à lui-même de ce retard ; il lui était loisible de provoquer plus activement la convocation du jury [2].

Si d'ailleurs, en ce qui concerne le dernier paragraphe de l'article 1652, l'exproprié se trouve dans une situation inférieure à celle du vendeur ordinaire, il rencontre, en revanche, dans le paragraphe 2 de l'article 55,

---

[1] 14 juill. 1863, C. de Paris : Préfet de la Seine c. de Narcillac. *Gaz. des Trib.* du 19 juillet 1863.

[2] 2 mars 1849, C. de Colmar : Le Domaine c. Kœchlin et C°. D. 1850, 2, 55, P. 1850, 1, 597.

une garantie et des avantages que le droit commun ne
lui donnerait pas. Bien que l'expropriant n'ait pas été
mis en possession, que l'exproprié soit resté en jouissance après expiration des six mois depuis le règlement de l'indemnité, ou que, postérieurement à ces six
mois, un tiers-acquéreur ait possédé, l'exproprié aura
de plein droit les intérêts, et pourra cumuler les bénéfices de la jouissance effective et les intérêts de l'indemnité réglée. Ainsi jugé par arrêt de la chambre des
requêtes, du 2 juillet 1872[1].

L'article 1153 du Code civil, aux termes duquel les
intérêts ne courent que du jour de la demande, ne serait
pas non plus opposable à l'exproprié par l'expropriant
qui aurait tardé plus de six mois à payer l'indemnité[2].

Voir, d'ailleurs, en ce qui concerne les intérêts de
l'indemnité, l'article 53, n. 5.

21. L'arrêt de la chambre des requêtes, du 2 juillet
1872, décide que le paragraphe 2 de l'article 55 s'applique à la totalité de l'indemnité due au cas d'acquisition totale faite sur réquisition en conformité de l'article 50 : si l'achat requis conformément à cet article
produit quelques-uns des effets de la vente volontaire,
c'est en ce sens seulement que ces effets ne sont pas en
contradiction avec le mode ou la forme de l'aliénation
prescrite par ledit article. Ici, comment distinguer entre
la vente forcée et la vente volontaire, alors que l'indemnité unique s'applique sans distinction à l'une et à
l'autre ?

[1] 2 juill. 1872, req. rej. : Etat c. Héritiers de Castillon et Audi-
berti; M. d'Oms. D. 217.
[2] 23 juin 1866, Trib. civ. de la Seine : Briquet c. Préfet de la
Seine. *Gaz. des Trib.* du 4 juill. 1866.

22. Dans la pratique, l'expropriant adresse souvent des congés aux locataires des immeubles atteints par l'expropriation. Quel est l'effet de ces congés, et entre l'expropriant et le locataire quant au point de départ des intérêts, et entre le propriétaire exproprié et le locataire quant à la continuation de leurs rapports ?

Nous n'hésitons pas à penser que ces congés sont, par eux-mêmes et en droit strict, sans aucune espèce de valeur. L'expropriant les signifie quelquefois antérieurement au jugement ou à la cession volontaire; il n'agit alors qu'en vue d'une éventualité, sans posséder, au moment où il accomplit la signification, aucune qualité dont il puisse s'autoriser; rien ne lui a donné la propriété de l'immeuble; il n'est encore qu'un tiers, un étranger. La position n'est pas meilleure après translation de la propriété; car, s'il est alors investi du titre, une disposition expresse, l'art. de 53 paragraphe 1er, maintient, jusqu'au payement de l'indemnité, l'exproprié *en possession.* La qualité de propriétaire est acquise à l'expropriant, mais il ne pourra en faire usage qu'après avoir accompli les formalités voulues pour transformer son titre en jouissance effective; il n'est, quant à présent, qu'un propriétaire impuissant à exercer aucun acte de propriété. Les baux et locations ont été résolus, immédiatement résolus, par le jugement ou la cession (voy. *suprà,* n. 2); l'expropriant n'aura donc pas à attendre l'expiration des délais naissant du contrat ou de l'usage, il pourra expulser le locataire dès que se seront opérés le règlement et le payement de l'indemnité; mais, jusque-là, quant à la jouissance de l'immeuble, quant aux actes qui règlent cette jouissance, qui peuvent la terminer ou la continuer à l'égard de ceux qui l'exercent à quelque titre que ce soit, l'expropriant est tout-à-fait sans pouvoir. Le congé signifié par lui est un acte nul, en tant du moins qu'il prétendrait s'imposer au propriétaire ou au locataire de l'immeuble. Le congé ne saurait, *par lui-même*, ni servir de base à une expulsion, ni autoriser la sortie du locataire contrairement à la volonté du propriétaire.

Est ce à dire que ce congé restera un acte illusoire et dépourvu, entre l'expropriant d'une part, et le locataire de l'autre, de toute espèce de conséquence ? Si le congé est nul comme ordre, il doit valoir comme avertissement. C'est, de la part de l'expropriant, une manière de faire savoir au locataire jusqu'à quel moment on entend respecter sa possession, à partir de quel jour, au contraire, il paraît utile, indispensable, que le locataire soit pourvu d'un autre local. Nonobstant le congé, le locataire pourra faire valoir devant le jury les circonstances et les considérations qui l'auront amené soit à quitter les lieux avant le jour fixé par le congé, soit à se munir d'une autre location pour une époque antérieure à celle que le congé avait fixée ; nonobstant ce congé, le locataire pourra, après le jour indiqué au congé, se maintenir en possession si l'indemnité ne lui a pas encore été payée. Mais lorsqu'au contraire, avant règlement ou payement de l'indemnité, le locataire aura satisfait au congé, et vidé les lieux à l'époque qui lui avait été indiquée, nous n'hésiterons pas à voir dans le congé la preuve d'une renonciation de l'expropriant au bénéfice de l'article 55, paragraphe 2 ; c'est lui-même qui, par un acte volontaire, a créé, tant à son profit que contre lui, une situation exceptionnelle; il doit subir les conséquences de l'invitation qu'il a donnée.

Contre cette opinion, qui nous paraît reposer sur des
bases très-sérieuses, il n'y a rien à induire d'un arrêt
de cassation, du 14 novembre 1865[1]. Cet arrêt décide
que l'indemnité d'expropriation, payée au locataire
avant les six mois qui ont suivi la décision du jury,
n'est pas productive d'intérêts, encore bien que ce locataire aurait reçu de l'expropriant congé pour une époque
antérieure au jour où la sortie s'est effectivement opérée. Il importe de remarquer que, dans cette espèce,
le locataire n'avait réellement été dépossédé qu'après
payement de l'indemnité, à une époque postérieure au
jour indiqué dans le congé, et alors que, depuis ce jour
indiqué au congé, il avait, avant même la décision du
jury, continué en fait l'occupation des lieux comme si
congé n'avait jamais été donné. Dans cette affaire, congé
par l'expropriant au locataire le 31 mars 1862 pour le
terme de juillet ; jugement d'expropriation le 21 mai
seulement ; en août, règlement, et en janvier 1863,
payement de l'indemnité. L'arrêt de cassation relève
ces circonstances, et considère avec raison qu'au moment où le jury se réunissait, l'inefficacité du congé et
son abandon étaient choses constantes, que le jury avait
statué dans une situation de fait autre que celle que le
congé s'était proposé de créer ; au jury seul il appartenait, dans ces circonstances, d'apprécier le préjudice
qu'avait pu ajouter à l'expropriation la signification du
congé : ce congé était-il ou non un instrument de dommage ? on pouvait se le demander ; mais il était certain
qu'il n'avait pas reçu effet, et ne pouvait, par suite, avoir
aucune influence sur le point de départ des intérêts.

---

[1] 14 novembre 1865, cass. : Ardoin, Ricardo et Cᵉ c. Baur et autres ; M. Renouard. D. 1866, 1, 134, S. 1866, 1, 221, P. 1866, 558.

Supposons, au contraire, que le jury ait statué après le jour que le congé avait indiqué pour la sortie, et alors que cette sortie s'était opérée au jour marqué ; supposons encore que le jury ait statué avant le jour marqué au congé, et que ce jour marqué, quand il a sonné, ait été scrupuleusement observé, bien que l'expropriant n'eût pas encore versé l'indemnité, et sans que le locataire se soit prévalu du droit qui lui appartenait de rester en possession. Dans l'une et l'autre situation, est-il permis à l'expropriant de voir son congé produire effet sans avoir à subir les conséquences corrélatives qui en découlent naturellement ? Rien de semblable ne se trouve dans l'arrêt de la Cour suprême, qui a parfaitement résolu l'espèce qui lui était soumise, mais qui, dans une situation contraire, serait arrivé sans doute aussi à une solution inverse.

Quant aux motifs de cet arrêt, qui considèrent le jury comme le seul juge des conséquences du congé, ils avaient leur raison d'être dans l'espèce ; mais ne s'appliqueraient pas non plus aux situations que nous venons d'indiquer. Dans ces situations, le congé a eu ou aura son effet ; on doit supposer que c'est eu égard aux indications de ce congé que l'indemnité a été débattue et réglée ; le tribunal, en statuant sur le point de départ des intérêts, ne touche pas à la décision du jury, qui n'a pas eu à s'expliquer et ne s'est pas expliqué sur ce point ; il règle les intérêts d'après les conditions exceptionnelles que les actes des parties ont créées ; en statuant ainsi sur le point de départ des intérêts, le tribunal n'empiète pas plus sur le droit du jury, il n'ajoute pas plus à la décision de ce jury que lorsque, dans une affaire dans laquelle aucune dérogation n'avait été faite au paragraphe 2 de l'article 55, il est appelé à faire application de ce paragraphe, et à ajouter les intérêts réglés par la loi spéciale au capital que la décision a fixé.

23. Lorsque le congé se trouve ainsi être, en matière d'expropriation, le point de départ des intérêts, ces intérêts courent, non à partir du jour pour lequel le congé a été donné, mais à partir seulement du jour où, conformément aux usages ou *délais de grâce* usités, l'occupation par les locataires a réellement et nécessairement cessé ; à Paris, par exemple, non à partir du 1er, mais à partir du 15 ou du **8**, suivant que la location est ou non supérieure à 400 francs [1].

24. Le congé donné au locataire par l'expropriant, doit-il être considéré, à l'égard du propriétaire, comme une prise de possession, autorisant le propriétaire à exiger le versement immédiat de l'indemnité par application du paragraphe 1er de l'article 53, ou faisant du moins, dans les termes de l'article 1652, courir les intérêts de l'indemnité à partir du jour fixé pour la sortie des locataires ? Faut-il dire, au contraire, que le paragraphe 2 de l'article 53 sera, en ce cas, la seule règle à suivre entre l'expropriant et le propriétaire de l'immeuble ? Le tribunal de la Seine et la Cour de Paris font courir, du jour indiqué pour la sortie, les intérêts de l'indemnité, sans distinguer même si, en fait, les locataires sont ou non restés, et ont ou non continué de verser au propriétaire des loyers ou sommes représentatives de leur occupation [2]. C'est, à notre sens,

---

[1] 16 avr. 1867, rej. : Malice c. Petit et Cie ; M. Aylies. D. 393.

[2] 11 janv. 1855, C. de Paris : de Bellecôte c. Ville de Paris. — 11 janv. 1862, C. de Paris : Fombelle c. Maire et autres. *Gaz. des Trib.* du 2 févr. 1862. — 8 févr. 1862, Trib. civ. de la Seine : Comtesse de Narcillac c. Ville de Paris. *Gaz. des Trib.* du 20 févr. 1862.

aller trop loin. En donnant des congés, l'expropriant
n'a pas pris possession ; il n'a fait qu'accomplir un acte,
nul en principe, mais puissant en fait pour causer un
préjudice au propriétaire. Il faut tenir compte de ce
préjudice, et le réparer, non en cessant d'appliquer
l'article 55, paragraphe 2, mais en appréciant ainsi
qu'il paraîtra équitable et d'après les éléments de la
cause, le dommage causé par le congé. Ce n'est pas un
point de départ d'intérêts à changer, pour la totalité de
l'indemnité, d'après une date fixe : c'est une appréciation de circonstances, à laquelle il faut se livrer. Que
feraient, dans l'état de leur jurisprudence, la Cour de
Paris et le tribunal de la Seine, s'il apparaissait de congés
donnés à quelques-uns des locataires sans qu'il en eût
été donné à d'autres ? Ils verraient là une prise de
possession partielle, maintiendraient l'article 55 pour
une portion de l'immeuble, et l'effaceraient pour d'autres ; c'est soumettre la loi spéciale à des remanie-
ments, à des divisions, qu'elle n'avait certes pas en
vue. La même jurisprudence fera courir simultanément les intérêts de l'indemnité, et les bénéfices de
jouissance que le propriétaire aura pu retirer des locataires restés en possession après le jour fixé par le
congé ; on verra, dans le nombre suivant, que nous admettons parfaitement cette double perception au profit
du propriétaire, mais on y verra aussi que nous ne l'admettons qu'en vertu du caractère absolu du paragraphe 2 de l'article 55, et parce qu'il s'agit d'un cas où ce
paragraphe est applicable, situation toute différente de
celle dans laquelle nous nous trouvons ici. Nous
croyons que le système proposé par nous : maintien,
en droit, du paragraphe 2 de l'article 55 ; allocation, en fait, des dommages-intérêts que comportent

les circonstances, est à la fois juridique et équitable.

En se livrant à ces appréciations, les tribunaux ordinaires ne touchent en aucune façon à la décision du jury : le jury a fixé l'indemnité sans avoir à se préoccuper de la prise de possession et des intérêts. S'il venait à être établi que, dans la cause, les parties ont volontairement débattu devant le jury les conséquences du congé et le dommage qui a pu en résulter, les tribunaux ordinaires refuseraient à bon droit d'entrer dans l'examen d'une question dont les éléments ont été proposés et la solution donnée.

25. Il a été jugé, par arrêt du 16 avril 1867, que l'exproprié a pu faire entrer dans les éléments de l'indemnité par lui réclamée devant le jury le dommage naissant des congés arbitrairement donnés par l'expropriant aux locataires de la portion de l'immeuble non atteinte par l'expropriation [1].

26. Au point de vue des rapports entre le propriétaire exproprié et le locataire, le congé donné par l'expropriant sera absolument sans effet. L'expropriant, même après que, par le jugement d'expropriation ou les actes qui y correspondent, il a acquis la propriété, reste complétement étranger à la jouissance, sur laquelle sa volonté est sans action directe. Dire que le jugement d'expropriation a laissé au propriétaire tous les avantages utiles de la propriété, ce serait aller trop loin ; car l'expropriation a rompu le lien du contrat qui existait entre le propriétaire et ses locataires, et ceux-ci, s'ils le jugent convenable, peuvent désormais quitter les

---

[1] 16 avr. 1867, rej. : Malice c. Petit et Cⁱ ; M. Aylies. D. 393.

lieux, et, une fois sortis, n'auront plus de loyers à payer ; mais, au cas où ils quitteront les lieux, ce ne sera pas à raison de l'obligation qui naîtrait pour eux de la volonté de l'expropriant manifestée par un congé, ce sera uniquement par une conséquence de la résolution de la location.

Si, au contraire, le locataire persiste à occuper, il y a là un fait d'occupation qui justifie pleinement, de la part du propriétaire, la réclamation d'une somme correspondante à cette occupation ; nous ne disons pas *d'un loyer*, parce qu'avec le droit naissant de la location ou du bail ont disparu toutes les conditions d'après lesquelles ce droit était réglé ; mais nous estimons en fait que, tant que la disposition des lieux se maintiendra telle qu'elle était avant l'expropriation, la représentation de la jouissance sera naturellement, au profit du propriétaire, une somme égale à celle qui constituait le loyer. Sauf donc la détermination du chiffre, le propriétaire, aussi longtemps que sa propre indemnité ne lui aura pas été payée et qu'il sera resté en possession, aura droit à toucher du locataire resté lui-même en possession, le prix de l'occupation de l'immeuble [1].

Il le pourra encore bien que le délai du paragraphe 2 de l'article 55 serait expiré, et qu'ainsi il se trouverait toucher à la fois un revenu et de l'expropriant et du locataire. C'est au profit du créancier de l'indemnité qu'est établi le bénéfice du paragraphe 2 de l'article 55 : créancier de l'indemnité depuis six mois, le proprié-

---

[1] 4 déc. 1861, Trib. civ. de la Seine : Deloche c. Faivre. *Gaz. des Trib.* du 13 déc. 1861. — 2 févr. 1864, Trib. civ. de la Seine : Sarrazin c. Ferrand. *Gaz. des Trib.* du 5 févr. 1864.

taire doit désormais toucher de l'expropriant les intérêts, sans préjudice de ce qui peut être dû pour l'occupation prolongée par un tiers. Le locataire resté en
possession ne saurait prétendre à une jouissance gratuite à partir du jour où l'indemnité produit intérêt
pour le propriétaire. S'il a intérêt à rester dans les
lieux, qu'il paye au propriétaire la représentation de sa
jouissance ; s'il reste dans des lieux désormais fort
peu avantageux pour lui, sans tirer de son habitation un avantage réel, et uniquement pour être sûr que
l'expropriant ne se mettra pas en possession avant
payement de l'indemnité due au locataire, il est à présumer que la redevance à laquelle, pour cette époque
de jouissance, il sera tenu envers le propriétaire, sera
très-modestement appréciée.

Nous estimons que si, par une convention quelconque, il a été dit que le propriétaire toucherait les intérêts de l'indemnité à une époque déterminée et antérieure à la prise de possession, le propriétaire ne
perdra pas, par le seul résultat de cette convention, le
droit de percevoir les loyers, ou la représentation des
occupations par locataires qui se prolongeraient au-
delà de l'époque indiquée comme point de départ pour
les intérêts dus au propriétaire. La convention relative
à ce point de départ exceptionnel des intérêts devra,
jusqu'à preuve contraire, être considérée comme faite au
profit du propriétaire, et non dans l'intérêt des locataires, pour les dégrever, après le jour fixé, de toute
représentation de jouissance.

27. Le propriétaire pourrait-il s'armer de la résolution du contrat pour rompre lui-même le lien qui l'unit
à son locataire, pour expulser immédiatement celui-ci,
ou arrêter avant le temps les conséquences du bail

existant? Non, évidemment[1]. La résolution s'interprète d'après l'objet même de l'expropriation et les
conséquences qu'elle implique. La possession temporaire que l'article 53 réserve aux expropriés, propriétaires ou locataires, n'est qu'une simple garantie, dont
on demeure libre de ne pas user ; le locataire peut en
conséquence quitter les lieux immédiatement après le jugement. Mais cette possession, si elle est conservée, doit
être, pour celui qui en use, subordonnée à l'exercice
des autres possessions qui s'exercent légitimement sur
le même objet ; l'acte de possession que j'accomplis
comme propriétaire ne saura aller à détruire la possession de mon locataire. Bien que je ne sois plus propriétaire, je suis admis à posséder comme si je l'étais
encore, à accomplir les actes que le propriétaire pourrait accomplir ; mais je ne saurais, en même temps
que je garde en main mon immeuble, le faire sortir subitement, en vertu de l'expropriation, des mains de
mon preneur. Jusqu'au payement, le locataire conserve
les avantages de sa jouissance de la même manière que
le propriétaire conserve les avantages effectifs de sa
propriété. (V. art. 53, n. 12). La possession est, pour
le locataire, une garantie que le propriétaire ne saurait
lui enlever par l'effet seul de sa volonté. La possession
persiste comme garantie et est invocable à ce titre,
après qu'a cessé d'exister par l'expropriation le contrat
duquel elle est née.

28. Il ne sera pas permis d'ailleurs au locataire d'a-
buser de la possession que lui accorde l'article 53. Cet
article ne lui donne pas une possession basée sur un

[1] 28 août 1865, C. de Paris : de Coëtlogon c. Thome et C. Gaz.
des Trib. du 2 sept. 1865.

titre nouveau, et revêtue d'un caractère absolu. Le locataire ne peut s'en prévaloir pour rester dans les lieux après expiration de son bail et contrairement à la volonté du propriétaire. Les règles sont à cet égard parfaitement tracées dans un arrêt de la Cour de Paris, du 19 novembre 1867[1], dont nous donnons ici les motifs :

« Considérant que Loisel soutient avoir un droit à une indemnité à raison de la précarité qui aurait frappé sa jouissance comme locataire, ne fût-ce que pendant quelques jours ; que par suite il ne peut être expulsé des lieux loués tant que son indemnité n'est pas réglée et payée, cette indemnité devant dans tous les cas être préalable à l'expropriation ;

« Considérant que le locataire en cours de jouissance de son bail ne peut voir son occupation interrompue tant qu'il n'est point indemnisé, parce qu'il est en jouissance d'un droit que l'expropriation entend faire cesser ; mais qu'il n'en est pas de même du locataire dont le bail est expiré ;

« Que ce n'est pas l'expropriation qui l'oblige à quitter les lieux, mais la convention même en vertu de laquelle il les occupe ;

« Que si, au mépris de cette convention, il continuait sa jouissance, ce ne serait pas sa propriété qu'il détiendrait ainsi, mais la chose d'autrui ;

« Considérant que le système adopté par le jugement dont est appel aurait pour résultat d'attribuer au locataire non une jouissance que l'expropriation serait venue interrompre, mais une possession qu'il n'eût pas eue sans l'expropriation ;

---

[1] 19 nov. 1867, C. de Paris : Ville de Paris et Malhieu et Cᵉ c. Loisel. *Gaz. des Trib.* du 27 nov. 1867.

« Considérant qu'en résumé il faut reconnaître... que Loisel ne peut être maintenu dans sa location après l'expiration de son bail ».

A partir donc du jugement ou de l'acte qui y correspond, le propriétaire reste, au point de vue des congés qu'il voudrait donner et des expulsions qu'il voudrait opérer, dans les mêmes conditions dans lesquelles il se trouvait avant l'expropriation; il continuera d'être régi, à cet égard, par le bail, par l'usage, par le droit commun.

29. Quant à l'expropriant, il n'a évidemment rien à réclamer du locataire aussi longtemps que le propriétaire n'a pas touché l'indemnité et est resté en possession. Si, après l'indemnité touchée par le propriétaire, le locataire reste dans les lieux, l'occupation ouvre, au profit de l'expropriant, un droit à réclamer une somme représentative du bénéfice de cette occupation. Comme à l'égard du propriétaire, cette somme se règlera suivant les circonstances; elle deviendra parfois bien faible; elle pourra même disparaître complétement s'il est constant que l'occupation n'est plus d'aucun bénéfice pour l'ancien locataire, et n'est conservée par lui que pour ordre et en vertu de l'article 53[1]. La possession ainsi conservée par le locataire, a dit un arrêt de la Chambre des requêtes, n'est qu'un fait qui ne se rattache à aucune convention, et dont les juges du fond ont tout pouvoir pour apprécier et régler les conséquences[2].

---

[1] 7 mai 1861, C. de Paris : Ville de Paris c. Bernardin et Crest. D. 2, 98, S. 2, 401, P. 1862, 64. — 16 juill. 1867, C. de Paris : Ville de Paris c. Meaupommé et veuve Lemoitre. Gaz. des Trib. du 20 juill. 1867.

[2] 16 avr. 1862, req. rej. : Ville de Paris c. Bernardin et Crest; M. d'Ubexi. D. 300, S. 721, P. 465.

En ce qui touche les congés et expulsions, la situation
et le droit de l'expropriant après sa prise de possession
seront les mêmes que la situation et le droit du propriétaire aussi longtemps que ce propriétaire conservait
lui-même la possession en vertu de l'article 53. Une fois
les indemnités mises par l'expropriant à la disposition
des expropriés, propriétaire et locataire, par un payement ou une consignation régulière, l'expulsion du locataire peut être immédiate, sans observation des règles
ordinaires des congés [1].

30. Le locataire qui avait payé d'avance un ou plusieurs termes applicables à ses derniers mois de jouissance, peut, après l'expropriation prononcée par jugement, ou accomplie par la cession amiable que le
propriétaire a consentie, imputer les termes payés d'a-
vance sur ce dont il se trouve débiteur au moment de
l'expropriation, ou sur la jouissance qu'il continue
après cette expropriation [2]; il a pareillement le droit
de se faire restituer par le propriétaire le montant des
loyers payés d'avance comme représentation de la
jouissance que l'expropriation lui enlève [3]. Il n'en se-

---

[1] 16 janv. 1866, Trib. civ. de la Seine : Ville de Paris c. Amans.
Gaz. des Trib. du 25 janv. 1866.

[2] 21 déc. 1860, Trib. civ. de la Seine : Nassoy c. Contenein. Gaz.
des Trib. du 18 janv. 1861—10 janv. 1861, Trib. civ. de la Seine : Ducorroy c. Duchesne. Même Gazette. — 14 janv. 1861, Trib. civ. de la Seine :
veuve Thévenin c. Blondelet. Même Gazette. — 15 avr. 1861, C. de
Paris : Nassoy c. Contenein (infirmation du jugement du 21 décembre 1860). Gaz. des Trib. du 18 avril 1861. — 4 déc. 1861, Trib.
civ. de la Seine : Faivre c. Deloche. Gaz. des Trib. du 13 déc. 1861.
— 2 juill. 1862, Trib. civ. de la Seine : Lamy et Patinot c. héritiers
Cossart. Gaz. des Trib. des 7-8 juill. 1862. — 9 oct. 1863, Trib. civ.
de la Seine : Filliette c. Nadeau. Gaz. des Trib. du 16 oct. 1863. —
— Contrà, 5 oct. 1860, Trib. civ. de la Seine, Ch. des vacations
Hardrée c. Gilbert. Gaz. des Trib. du 20 octobre 1860.

[3] 3 mai 1858, Ch. des req. : Blanc c. Veuve Ginot : M. Debelleyme.
D. 274, S. 654, P. 1859, 294. — 7 févr. 1852, Trib. civ. de la Seine :

rail autrement que si, l'indemnité ayant été réglée avant l'époque où est réclamée l'imputation ou la restitution, il était établi en fait que la somme représentative des loyers payés d'avance est entrée dans l'indemnité allouée [1].

Nous estimons d'ailleurs qu'au cas où la restitution des loyers payés d'avance est demandée avant règlement et payement de l'indemnité d'expropriation, le juge peut, suivant les circonstances, donner au propriétaire un délai convenable pour opérer cette restitution, et veiller à ne pas charger le propriétaire au moment même où ses ressources sont paralysées.

L'imputation serait-elle permise dès avant l'expropriation consommée, et par cela seul qu'il aurait été signifié par l'expropriant au locataire un congé indiquant que le locataire se trouverait dans les derniers mois de jouissance qui ont été payés d'avance? Non, d'après les principes que nous avons posés plus haut; car, avant l'expropriation prononcée, le droit du propriétaire ne saurait souffrir aucune atteinte. Ainsi l'a décidé un jugement du tribunal civil de la Seine, du 21 décembre 1860. Ce jugement a été infirmé par arrêt du 15 avril 1861, mais l'infirmation est basée sur ce qu'en fait le tribunal avait été induit en erreur sur la date de l'expropriation, et l'arrêt ne touche en rien à la décision de droit contenue dans le jugement [2].

Hoyos c. de Weymann. — 10 janv. 1861, Trib. civ. de la Seine : Ducorroy c. Duchesne. *Gaz. des Trib.* du 18 janv. 1861. — 1 déc. 1861, Trib. civ. de la Seine : Faivre c. Deloche. *Gaz. des Trib.* du 13 déc. 1861.

[1] Arrêt des requêtes du 3 mai 1858.

[2] Nassoy c. Contencin. *Gaz. des Trib.* du 18 avril 1861.

31. Lorsque le locataire, après le jugement d'expropriation, usant du bénéfice de la résolution, et négligeant la garantie que lui donnait l'article 53, paragraphe 1er, a quitté les lieux, le propriétaire peut occuper lesdits lieux, les faire occuper par d'autres personnes, en tirer enfin tel parti et tel revenu que les circonstances comportent. Depuis le jugement, le locataire ne restait plus en vertu du contrat, mais en vertu de la garantie ; il a abandonné cette garantie, et avec elle a disparu pour lui tout droit sur les lieux qui avaient fait l'objet de la location. Il a cessé de devoir aucun loyer ou indemnité d'occupation ; il n'est plus tenu à rien envers le propriétaire ; réciproquement, le propriétaire est relevé de toute obligation envers son ancien locataire.

32. Le paragraphe 2 de l'article 55 est évidemment sans application lorsque les formes spéciales de l'expropriation n'ont pas été suivies[1]. L'administration qui se serait mise en possession d'un immeuble sans déclaration d'utilité publique ni règlement d'indemnité, serait, à raison de ce fait, passible de dommages-intérêts à fixer d'après les règles du droit commun. Encore que les formalités d'expropriation auraient ultérieurement été remplies, et qu'une indemnité aurait été réglée par un jury, l'occupation irrégulière qui a précédé le payement de l'indemnité donne lieu à des dommages-intérêts à régler par les tribunaux ordinaires, à moins qu'il n'apparaisse, par les conclusions prises devant le jury et par la décision de ce jury, que les parties ont fait régler par lui l'indemnité d'occupation irrégulière en même temps que celle qui résultait naturellement de l'expropriation.

---

[1] 16 mars 1861, Trib. civ. de la Seine : Mauger c. Ville de Paris. *Gaz. des Trib.* du 24 mars 1861.

33. Au cas même où les formes de l'expropriation ont été suivies pour la déclaration de l'utilité publique et pour le règlement de l'indemnité, l'expropriant reste passible, en dehors et au-delà des prescriptions de ce paragraphe, des conséquences des actes abusifs ou illégaux qu'il a pu ensuite accomplir ou autoriser. L'article 55, paragraphe 2, n'efface pas le principe général de l'article 1382 ; et l'on ne continue à jouir du bénéfice de ce paragraphe qu'à la condition de se maintenir dans l'observation des règles de la loi de 1841. Ainsi, l'expropriant peut devoir des dommages-intérêts pour la démolition opérée, par lui ou par son ordre, avant payement de l'indemnité [1].

TITRE VI. — *Dispositions diverses.*

ARTICLE 56.

Les contrats de vente, quittances et autres actes relatifs à l'acquisition des terrains, peuvent être passés dans la forme des actes administratifs ; la minute restera déposée au secrétariat de la préfecture ; expédition en sera transmise à l'administration des domaines.

SOMMAIRE.

L'administration a-t-elle le droit d'exiger que les actes relatifs à l'acquisition consentie soient passés dans la forme administrative ?

---

[1] 24 nov. 1863, Trib. civ. de la Seine : Argant c. Micoud et Préfet de la Seine. *Gaz. des Trib.* du 1er janvier 1864.

Un arrêt du Conseil d'État, du 9 mai 1841 [1], a décidé que, quand l'administration et l'exproprié sont d'accord sur la fixation du montant de l'indemnité, tant en principal qu'en intérêts, l'autorité judiciaire est incompétente pour décider si l'administration a le droit d'exiger que les actes relatifs à l'acquisition consentie soient passés dans la forme administrative. Il s'agit alors d'une question d'ordonnancement de dépenses, qui se rattache aux règles de la comptabilité publique, et qui ne peut être résolue que par l'autorité administrative.

Cela est d'ailleurs indifférent pour la détermination de la compétence sur les questions d'interprétation et d'exécution de la cession, questions qui appartiennent à l'autorité judiciaire, sous quelque forme que l'acte ait été passé. Voir art. 13, n. 5.

ARTICLE 57.

Les significations et notifications mentionnées en la présente loi sont faites à la diligence du préfet du département de la situation des biens.

Elles peuvent être faites tant par huissier que par tout agent de l'administration dont les procès-verbaux font foi en justice.

SOMMAIRE.

1. Notifications faites à la requête d'un maire ou d'un concessionnaire de travaux.
2. Par quels *agents* les notifications peuvent être faites.
3. Maire d'une commune intéressée.
4. Maire ayant un intérêt personnel.
5. Maire faisant partie du jury.

[1] 9 mai 1841, Cons. d'État : Bernard-Chertemps c. Département de la Marne ; M. Macarel. L. 195.

6. Les notifications faites en matière d'expropriation ne sont
pas soumises aux conditions de l'article 61 du Code de procédure.

7. Mais il doit en être dressé original constatant que rien d'essentiel n'a fait défaut.

8. Convocation par simples lettres. Comparution des personnes
convoquées.

9. Notification par huissier, faite à Paris, et relative à un pourvoi
en cassation.

10. L'article 1033 du Code de procédure civile est-il applicable aux
notifications et significations faites en matière d'expropriation?

1. Nous avons vu plus haut (art. 37, n. 7) que, nonobstant la généralité apparente des termes du paragraphe 1er de l'article 57, le préfet, s'il n'est pas le représentant de la partie expropriante, ne peut valablement
faire notifier, à sa requête, que les actes dont il est
chargé comme représentant de l'autorité publique. Au
cas donc d'une expropriation poursuivie dans un inté-
térêt purement communal, les offres seraient nulles si
elles étaient faites à la requête de ce magistrat.

Ajoutons que, dans cette hypothèse d'une expropriation d'utilité communale, tous les actes, quels qu'ils
soient, peuvent se faire à la requête du maire, qui
puise ce droit dans la combinaison des articles 57
et 63 [1]. Ce que nous disons du maire s'appliquerait
également au concessionnaire de travaux publics. Voir
art. 42, n. 29, et art. 63, n. 1.

2. Les significations et notifications peuvent être faites non seulement par huissier, mais encore par tous
agents de l'administration *dont les procès-verbaux font
foi en justice.* Il n'est pas nécessaire que ce soit un
agent dont le procès-verbal fait foi jusqu'à inscription

---

[1] 12 janv. 1842, rej.: Méritan et autres c. Maire d'Apt; M. Gillon.
D. 145, S. 420.

de faux, il suffit que foi soit accordée au procès-verbal *jusqu'à preuve contraire.*

Ainsi les notifications peuvent être faites :

Par un maire (*infrà*, n. 3) ;

Par un porteur de contraintes[1] (l'art. 24 de la loi du 16 thermidor an VIII reconnaît aux porteurs de contraintes le droit de rédiger des procès-verbaux ayant foi en justice) ;

Par un conducteur des ponts et chaussées [2] (on sait que la jurisprudence du Conseil d'Etat est établie en ce sens que les procès-verbaux des agents de la grande voirie ne font pas foi jusqu'à inscription de faux, mais seulement jusqu'à preuve contraire[3]) ;

Par les agents assermentés d'une Compagnie de chemins de fer, lorsqu'il s'agit de notifications qui intéressent cette Compagnie [4] (aux termes de l'art. 24 de la loi du 15 juillet 1845, les procès-verbaux de ces agents font foi jusqu'à preuve contraire).

Mais il ne faudrait pas employer un sergent de ville, un appariteur, dont les procès-verbaux ne valent que comme simples renseignements.

3. Le maire cesserait d'avoir qualité pour notifier, et son procès-verbal de notification serait nul, si l'expropriation avait lieu au profit de la commune dont il est

[1] 14 août 1843, rej. : Armspach c. Préfet de Seine-et-Oise ; M. Gillon. D. 411, S. 887, P. 2, 587.

[2] 3 juill. 1850, rej. : Préfet de Seine-et-Oise c. Reguier ; M. Gillon. D. 1850, 1, 281, S. 1851, 1, 58, P. 1850, 2, 255.

[3] Arrêts des 18 janv. 1831, 8 juin 1832, 21 mars 1834, 19 janv. 1836. — *Contrà*, arrêts des 30 nov. et 26 déc. 1830.

[4] 11 janv. 1865, rej. ; Menet et Masson c. Ch. de fer de Paris-Lyon-Méditerranée ; M. Glandaz. S. 240, P. 562. — 17 mars 1869, rej. : Morin et de Montrond c. Ch. de fer de Lyon ; M. Aylies. D. 272, S. 386, P. 947.

le représentant[1]. Cette irrégularité, opposable à la commune, n'est pas invocable par elle, puisqu'elle provient de son fait, ou, ce qui est la même chose, du fait de son représentant[2].

La nullité résultant de ce qu'une notification (la notification de la liste des jurés, par exemple) a été faite par le maire ou l'adjoint de la commune dans l'intérêt de laquelle est poursuivie l'expropriation, n'est pas, d'ailleurs, une nullité d'ordre public; elle est couverte par la comparution des expropriés devant le jury sans protestation ni réserve[3].

4. Le maire n'aurait pas non plus qualité pour faire les notifications s'il avait au litige un intérêt personnel[4].

5. La circonstance que le maire (dans une expropriation qui n'intéresse pas la commune, et où il n'a pas non plus lui même d'intérêt personnel) se trouverait désigné par le Tribunal pour faire partie du jury spécial, ne s'opposerait pas à ce que ce magistrat fît les notifications prescrites, notamment à ce qu'il fût chargé de remettre à d'autres jurés leur acte de convocation. Il ne résulte d'aucun texte de loi, ni d'aucun motif d'ordre public ou de bonne administration de la justice,

[1] 3 avril 1855, Cass. : Chauveau c. Commune de Saint-Hilaire de Mortagne; M. Gillon D. 123, S. 544, P. 1, 524. — 26 août 1857 : Commune de Beaurecq c. Boyries et autres ; M. Delapalme. D. 1857, 1, 351, S. 1858, 1, 79, P. 1858, 706.

[2] 30 avril 1839, rej. : Commune de Cogolin c. Bérenguier ; M. Quénet. D. 193, S. 606, P. 1846, 2, 656.

[3] 16 mai 1859, rej. : Fraisse c. Commune de Firminy ; M. Renouard. D. 206, S. 864, P. 1860, 760. — 25 mai 1868, rej. : Cambreling et autres c. Préfet de la Seine et commune de Boulogne ; M. Laborie. D. 405.

[4] 6 avr. 1859, rej. : Héritiers Raud et Desgrées c. Ville de Vannes; M. Renouard. D. 164, S. 957, P. 834.

que cette circonstance doive ôter au maire son aptitude
ordinaire[1].

6. Alors même que la notification est faite par huissier, l'esprit de l'article 57 n'est pas d'exiger que l'exploit contienne, sous peine de nullité, toutes les conditions voulues par l'article 61 du Code de procédure
civile, mais seulement d'exiger qu'il y ait certitude que
la copie a été remise au domicile prescrit. Spécialement, l'acte d'huissier portant notification, à la partie
expropriée, du lieu et du jour de la réunion du jury,
ainsi que des noms des jurés, est valable, lorsqu'il
exprime que la copie a été remise au domicile élu par
cette partie, encore bien qu'il ne mentionne pas son
domicile réel[2].

7. Il importe, cependant, par quelque agent que se
fasse la notification, qu'il en soit dressé un original, propre à établir que cette notification a eu lieu, et qu'elle a
réuni toutes les conditions essentielles à un acte de
cette nature.

Jugé, par arrêt du 28 janvier 1834[3], qu'il ne peut
être suppléé à la production de la notification du jugement d'expropriation par une déclaration ainsi conçue,
mise au bas de l'extrait de ce jugement : « Nous, maire
soussigné, certifions avoir fait afficher et publier à la
porte de la maison commune et de l'église l'extrait ci-
dessus, et l'avoir notifié à... » Suivent le nom de la
personne, la date et la signature, mais sans indication

---

[1] Même arrêt.

[2] 4 avr. 1842, rej. : Degrais c. Commune de Batignolles-Monceaux;
M. Gillon. D. 246, P. 1, 488.

[3] 28 janv. 1834 : Demoiselle Dumarest c. Chemin de fer de la
Loire ; M. Rupérou. D. 48, S. 206, P. à sa date, p. 95.

du domicile auquel a été faite la notification, ni de la
personne à laquelle elle a été remise.

8. La convocation adressée, soit aux parties, soit aux
jurés, au moyen de simples lettres du préfet, rédigées
dans une forme essentiellement privée, et remises soit
par le commissaire de police, soit par le garde champê-
tre, a été jugée suffisante à l'égard des parties, par arrêt
du 15 avril 1840 [1], à l'égard des jurés, par arrêt du 30
avril 1839 [2] ; mais ces arrêts relèvent ces circonstances
de fait que, dans la première espèce, les parties avaient
toutes comparu sans protestation ni réserve, et que,
dans la seconde, les jurés avaient tous répondu, soit
en se présentant, soit en produisant des excuses, à
l'appel qui avait été fait d'eux.

9. A l'égard des notifications et significations faites
par huissier, il importe de remarquer que, si elles sont
relatives à un pourvoi en cassation, elles ne peuvent
valablement être faites, à Paris, que par un des audienciers de la Cour. Aux termes des articles 11 de la loi du
2 brumaire an IV, 70 de la loi du 27 ventôse an VIII, et
25 du décret du 14 mars 1813, les huissiers audienciers
de la Cour de cassation ont seuls qualité pour instrumenter, dans les affaires de sa compétence, dans le lieu
de sa résidence. Il n'est pas dérogé aux dispositions de
ces lois par l'article 57 de la loi de 1841, et on ne peut
en induire aucune modification aux attributions des
huissiers, lorsque leur intervention est requise
par les parties intéressées. C'est ainsi que des pourvois formés en matière d'expropriation ont été dé-

---

[1] 15 avr. 1840, rej. : Maury et autres c. Préfet de la Haute-Vienne ;
M. Quéquet. D. 185, S. 706, P. 2, 167.

[2] 30 avr. 1839, rej. : Commune de Cogolin c. Bérenguier ; M. Quéquet. D. 193, S. 606, P. 1846, 2, 656.

clarés non recevables par le motif qu'ils avaient été
notifiés, à Paris, par un huissier ne faisant pas partie
des audienciers de la Cour [1].

10. L'article 1033 du Code de procédure civile est-il
applicable, en matière d'expropriation ? Le rapporteur
de la loi de 1833 a dit expressément que cet article ne
serait jamais applicable aux actes dont il est question
en l'article 57 de la loi ; pas un mot cependant n'a été
écrit dans le texte de la loi pour consacrer cette opinion : de là, un doute sérieux.

Nous avons eu occasion de parler déjà, sous plusieurs articles, du mode de calcul des délais de la loi
de 1841. Il résulte de ce que nous avons recueilli, qu'en
ce qui concerne sa première disposition, relative à la
supputation du délai, l'article 1033 s'applique au recours en cassation contre la décision du jury (art. 42,
n. 20) ; qu'il ne s'applique, au contraire, ni aux dépôts
des articles 5 et 10 (art. 6, n. 4 ; art. 10, n. 1), ni au
pourvoi contre le jugement d'expropriation (art. 20,
n. 29), ni à la notification des pourvois en cassation,
contre quelque décision que soient dirigés ces pourvois (art. 20, n. 42), ni au délai accordé au propriétaire
pour faire connaître les intéressés (art. 21, n. 3), ni à
la convocation des parties devant le jury (art. 31, n. 25).

On remarquera que la jurisprudence n'exclut pas,
d'une manière absolue et en principe, l'article 1033 ;
elle n'écarte cet article qu'à raison des termes particuliers qu'elle rencontre en tel ou tel article de la loi

[1] 19 févr. 1872 : Thomas c. Ville de Paris ; M. Hély d'Oissel. D.
1873, 1, 20, S. 1872, 1, 163, P. 1872, 386. — 14 août 1876: De Cibeins
et autres c. Ch. de fer Paris-Lyon-Méditerranée; M. Hély d'Oissel.
D. 504, S. 479, P. 1201. — 14 mars 1877 : Coste-Foron c. Ch. de fer
Paris-Lyon-Méditerranée ; M. Gastambide.

spéciale. Dès que les termes de cette loi ne font pas obstacle à l'application de l'article 1033, la jurisprudence ressaisit la règle générale qui y est écrite ; elle l'a fait, comme nous venons de le rappeler, pour le calcul des quinze jours donnés pour se pourvoir contre la décision du jury. Nous estimons donc que le législateur a exprimé, dans la discussion de 1833, une opinion un peu large, une pensée destinée à demeurer en certains cas inobéie, faute d'avoir trouvé place dans la loi ; et que l'article 1033 peut être invoqué, quant à la supputation des délais, partout où les termes de la loi n'y font pas manifestement obstacle. Nonobstant toutefois la pensée que nous émettons ici, nous conseillons aux parties, pour plus de sûreté, et aussi longtemps que la jurisprudence ne se sera pas formée d'une façon tout-à-fait certaine, de prendre soin d'agir comme si l'article 1033 n'était pas applicable en sa disposition première.

Quant à la disposition dudit article relative au délai des distances, elle est sans difficulté applicable à la matière de l'expropriation. Là, comme l'a dit un arrêt du 6 janvier 1857 (voy. art. 20, n. 42 et 43), il s'agit d'une « disposition de droit commun et de nécessité, *à laquelle les dispositions de la loi spéciale ne contiennent rien de contraire.* » Remarquons cependant encore que cette *nécessité* allongera peu les procédures ; elle n'existera que dans des cas fort rares ; car, pour presque tous les actes relatifs à l'expropriation, le législateur a pris soin d'exiger des expropriés une élection de domicile (art 15). Voy. art. 20, n. 43 ; art. 31, n. 20 ; art. 42, n 29.

ARTICLE 58.

Les plans, procès-verbaux, certificats, significations, jugements, contrats, quittances et autres actes faits en vertu de
la présente loi, seront visés pour timbre et enregistrés gratis
lorsqu'il y aura lieu à la formalité de l'enregistrement.

Il ne sera perçu aucun droit pour la transcription des actes
au bureau des hypothèques.

Les droits perçus sur les acquisitions amiables faites antérieurement aux arrêtés du préfet seront restitués, lorsque, dans le délai de deux ans à partir de la perception, il
sera justifié que les immeubles acquis sont compris dans ces
arrêtés. La restitution des droits ne pourra s'appliquer qu'à la
portion des immeubles qui aura été reconnue nécessaire à
l'exécution des travaux.

SOMMAIRE.

§ 1er.

13. Vente par l'expropriant des terrains non employés.
14. Acquisition faite par une commune en remplacement d'un immeuble affecté à un établissement public, dont elle a été expropriée.
15. Déplacement de propriété accompli concurremment avec l'expropriation.
16. Le traité par lequel l'administration expropriante se subroge un concessionnaire n'échappe pas à la perception des droits.
17. Mais il n'y a pas lieu au droit de mutation sur les immeubles ou les matériaux que l'expropriation avait mis, avant le traité, aux mains de l'expropriant, et que ce traité fait passer de l'expropriant au concessionnaire.
18. *Quid* quant aux stipulations qui chargent le concessionnaire des acquisitions de terrains et des avances de fonds ?
19. Point de départ du délai de vingt jours pour l'enregistrement du traité de concession.
20. Actes relatifs au droit de préemption écrit en l'article 60.
21. Procurations relatives à l'expropriation.
22. Certificats de propriété.
23. Extraits délivrés pour la levée du plan parcellaire. Visa pour timbre.
24. Quittances notariées.
25. Qui en payera les honoraires ?
26. Actes relatifs à un litige sur le fond du droit.
27. Mémoires présentés par des officiers ministériels, en payement des frais avancés par eux à l'État en matière d'expropriation.
28. Actes administratifs : dispense, et non pas seulement gratuité, du timbre et de l'enregistrement.
29. Application de cette règle aux recours au Conseil d'État.

§ 2.

30. Salaire du conservateur. Suivant quelles distinctions le conservateur doit ou ne doit pas le percevoir à la transcription.

§ 3.

31. La restitution des droits perçus sur une acquisition amiable n'est pas subordonnée à l'existence d'une déclaration d'utilité publique antérieure à cette acquisition.
32. La restitution n'est applicable qu'à ce qui concerne l'acquisition des terrains mêmes nécessaires à l'exécution des travaux.
33. Elle doit s'appliquer à l'intégralité du prix de cession, même au prix des constructions qui ont été démolies dans l'intervalle de la cession à l'arrêté de cessibilité.
34. Point de départ du délai de deux ans.
35. Espèce dans laquelle la restitution des droits a été ordonnée bien qu'il n'y eût pas eu d'arrêté de cessibilité.

§ 1er.

1. L'article 58 accorde le visa pour timbre et l'enregistrement gratuits à tous les actes faits *en vertu de la présente loi.*

Cette disposition s'applique sans difficulté aux acquisitions dont le prix est amiablement réglé, aussi bien qu'à celles dont le prix est réglé par le jury. Le mot *contrat,* écrit en l'article 58, suffirait pour le prouver, car il ne peut y avoir de contrat que s'il y a acquisition amiable.

Mais les actes relatifs aux acquisitions amiables ne jouissent cependant de la faveur accordée par l'article 58 qu'autant qu'ils ont été faits en vertu de la loi d'expropriation, c'est-à-dire qu'autant qu'ils sont intervenus après que l'utilité publique a été l'objet d'une déclaration faite en la forme déterminée par la loi spéciale, et susceptible, si l'acquisition n'a pas lieu amiablement, d'autoriser une expropriation forcée. Il faut donc, pour que l'article 58 s'applique, qu'il y ait eu, conformément à l'article 2, loi ou décret d'autorisation des travaux, acte de désignation des localités, arrêté de cessibilité. A défaut de ces formalités préalables, le juge ne pourra jamais, encore bien que le travail pour l'exécution duquel l'acquisition a été faite lui paraîtrait et serait incontestablement d'utilité publique, appliquer l'article 58.

La Cour de cassation a, par de nombreux arrêts, refusé de faire jouir de l'immunité écrite en cet article des actes qui, bien qu'évidemment relatifs à des travaux d'utilité publique, n'avaient pas été précédés de la déclaration d'utilité publique voulue par la loi spéciale. Ce refus, parfaitement conforme aux termes

et à l'esprit de la loi, a été appliqué aux acquisitions
faites par un département pour l'établissement d'une
sous-préfecture [1], par une ville pour l'ouverture d'une
rue ou l'exécution immédiate d'un plan d'alignement [2], ou pour l'établissement d'un abattoir [3]. La Cour
a déclaré que c'était le cas d'observer les règles générales qui exigent l'emploi du timbre et soumettent
toute transmission à un droit proportionnel, et non la
disposition exceptionnelle de l'article 58.

On ne peut considérer comme une déclaration d'utilité publique le décret ultérieur qui approuve l'acquisition. Ce décret n'est qu'un acte de tutelle administrative. Il suppose bien, il est vrai, la reconnaissance
tacite que l'établissement projeté profitera aux intérêts
du département ou de la commune ; mais il ne contient
pas pour cela une déclaration d'utilité publique dans le
sens de l'article 2 de la loi de 1841. Il n'a aucune rela-
tion nécessaire avec une telle déclaration et avec les
conditions qui en sont la base, qui toutes aboutissent
à la constatation, émanant du chef de l'Etat, que les
ouvrages projetés ont, dans l'intérêt général, une

[1] 23 août 1841, Cass. : Enregistrement c. Préfet de la Dordogne ;
M. Legonidec. D. 350, S. 773, P. 1842, 1, 279.
[2] 19 juin 1844, Cass. : Enregistrement c. Ville de Montpellier ;
M. Bryon. D. 260, S. 494, P. 2, 104. — 19 juin 1844, Cass. : Enregistrement c. Ville de Saint-Etienne ; M. Bryon. D. 262, S. 493, P.
2, 104. — 6 mars 1848, Cass. : Enregistrement c. Ville de Bordeaux ;
M. Bryon. D. 72, S. 374, P. 1, 530. — 13 nov. 1848, Cass. : Enregistrement c. Chemin de fer de Versailles; M. Miller. D. 1849, 1, 264,
S. 1849, 1, 60, P. 1848, 2, 532. — 31 janv. 1849, Cass. : Enregistrement c. Ville de Lyon ; M. Delapalme. D. 36, S. 198, P. 1, 350. —
18 juill. 1849, Cass. : Chemin de fer de Versailles c. Enregistrement;
M. Miller. D. 265, S. 654, P. 1850, 1, 539. — 31 mars 1856, Ch. des
req. : Ville de Nantes c. Enregistrement ; M. Bernard de Rennes.
D. 190, S. 752, P. 1, 572.
[3] 30 janv. 1854, Cass. : Enregistrement c. Commune de la Villette ;
M. Gillon. D. 75, S. 207, P. 1, 262.

importance assez sérieuse, et que la préférence des lieux sur lesquels on veut les placer est suffisamment justifiée pour que les propriétaires soient dépossédés, même forcément, au nom de l'utilité publique, et pour que, comme conséquence, le trésor public supporte, conformément à l'article 58, la remise des droits d'enregistrement et de timbre des acquisitions [1].

2. Une remarque essentielle doit être faite à l'égard des acquisitions opérées en vue d'alignements autorisés. La déclaration d'utilité publique résulte suffisamment, en cette matière, d'un simple arrêté préfectoral (voir art. 50 de la loi du 16 septembre 1807, n. 7); cet arrêté aura également pour effet d'assurer l'exemption des droits aux actes faits en son exécution. Lors donc que l'acquisition des immeubles a lieu par voie d'alignement, c'est-à-dire lorsque le propriétaire demande à reconstruire, ou est contraint de démolir à raison de l'état de vétusté de son bâtiment, l'arrêté d'alignement suffit pour que l'article 58 soit appliqué [2], et, aucun droit de mutation n'étant dû pour cette acquisition, il n'est pas nécessaire de la déclarer à l'administration de l'enregistrement dans les trois mois de l'entrée en possession [3].

Mais si, en dehors des cas susindiqués de demande de reconstruction, ou de démolition pour vétusté, on voulait opérer la suppression immédiate des bâtiments sujets à retranchement, et si l'on traitait

---

[1] Arrêts des 23 août 1841, 19 juin 1844 (Ville de Montpellier), 6 mars 1848, 31 janv. 1849, 30 janv. 1854.

[2] 19 juin 1844, rej. : Enregistrement c. Ville d'Evreux ; M. Bryon. D. 262, S. 496, P. 2, 104.

[3] 18 mars 1865, Solution de l'Administration de l'Enregistrement. D. 1865, 3, 58.

amiablement de la cession d'une portion d'immeuble retranchable, il n'y aurait pas lieu à exemption
des droits. L'arrêté d'alignement n'opère exemption
des droits qu'autant qu'il est susceptible d'autoriser
l'expropriation forcée [1].

Les règles tracées par la jurisprudence sur les points
qui précèdent ont été acceptées par l'administration, et
reproduites dans ses instructions.

L'article 2, paragraphe 5, du décret du 26 mars 1852
sur les rues de Paris (en voir le texte plus bas à sa
date), déclare expressément l'article 58 de la loi du
3 mai 1841, applicable à tous les actes et contrats relatifs aux terrains acquis pour la voie publique par simple
mesure de voirie.

3. Application de l'article 58 doit être faite aux actes
relatifs aux expropriations nécessaires à l'ouverture et
au redressement des chemins vicinaux, et aussi aux
actes de cession amiable en matière vicinale, à la condition que, dans ce dernier cas, il sera justifié d'un
arrêté pris dans les formes de l'article 11 de la loi de
1841 (voir art. 16 de la loi du 21 mai 1836, n. 5).
L'administration avait pensé d'abord que les actes
de cession amiable en matière de chemins vicinaux
devaient le droit fixe de 1 franc, par application de
l'article 20 de la loi du 21 mai 1836 [2] ; elle a reconnu depuis qu'il y avait lieu à exemption complète

[1] 19 juin 1844, Cass. : Enregistrement c. Ville de Montpellier;
M. Bryon. D. 260, S. 494, P. 2, 104. — 31 mars 1856, Ch. des req.,
rej. : Ville de Nantes c. Enregistrement ; M. Bernard de Rennes. D.
190, S. 752, P. 1, 572. — 7 mars 1862, Trib. civ. de la Seine : Commune de Neuilly c. Enregistrement. D. 1863, 3, 14.
[2] Décisions ministérielles des 8 janv. 1841 et 12 janv. 1843, et
instructions de la régie des 2 févr. 1843 et 26 octobre 1844. D. 1843, 3,
67, et 1845, 3, 4.

des droits [1]. Voir nos observations sur l'article 20 de la loi de 1836.

4. Une délibération de la Régie, du 9 décembre 1837 [2], porte qu'encore bien qu'il y aurait une déclaration régulière d'utilité publique, susceptible d'autoriser l'expropriation, l'exemption des droits ne devrait pas être admise si, au lieu d'un règlement par le jury ou d'une vente, il intervenait une donation. Bien qu'ayant pour objet, dit la Régie, un immeuble qui va recevoir une destination d'ordre public, la donation ne se concilie point avec l'idée de l'expropriation, et n'est point régie par la loi de la matière. Nous ne saurions adhérer à cette opinion : par cela seul que l'immeuble est régulièrement déclaré susceptible d'expropriation, le traité qui le met aux mains de l'expropriant doit, sous quelque forme qu'il se produise, être considéré comme fait en vertu de la loi d'expropriation. La loi, il est vrai, n'oblige pas à donner, mais elle déclare une utilité publique qui est le motif de la donation. Les deux idées de donation et d'expropriation sont donc loin d'être inconciliables. L'argument que la Régie applique à la donation ne s'appliquerait-il pas aussi à la cession amiable, alors surtout que le prix de cette cession semblerait peu élevé ?

5. L'exemption des droits nous paraîtrait aussi applicable à l'acte d'échange d'un terrain privé, destiné à un travail d'utilité publique, contre un autre immeuble donné en contre-échange par l'expropriant (Dalloz, 1838, 3, 120). Voy. *infrà*, n. 6.

6. C'est ce qu'a établi d'ailleurs un arrêt de la Cham-

---

[1] Circulaire du ministre de l'intérieur du 4 févr. 1847. D. 1847, 3, 77.

[2] D. 1838, 3, 177.

bre civile du 23 février 1870[1], aux termes duquel
l'exemption des droits est applicable à la convention
intervenue entre les parties devant le magistrat directeur. Dans cette espèce, la convention se trouvait
constatée par le procès-verbal du magistrat directeur,
procès-verbal duquel il résultait que l'indemnité avait
été fixée à l'amiable, et stipulée payable, partie en
espèce, partie au moyen de l'abandon à l'exproprié
d'un immeuble désigné appartenant à l'expropriant.
Un pareil règlement, avait dit le tribunal de la Seine,
« renferme tout à la fois une cession mobilière et une
cession immobilière, qui sont l'une comme l'autre la
conséquence directe et forcée de l'expropriation[2]. » Et
le tribunal invoquait la pratique, qu'il considérait
comme reconnue et suivie par la régie, en matière
d'échange fait en vue de régler une indemnité d'expropriation. Le pourvoi dirigé contre ce jugement a été
rejeté par l'arrêt que nous venons d'indiquer.

7. Lorsque, dans une même acquisition, figurent des
terrains à l'égard desquels la déclaration d'utilité pu-
que a été faite, et d'autres pour lesquels cette déclaration n'existe pas, le droit est dû pour tout ce dont
l'acquisition excède la portion à l'égard de laquelle
l'utilité publique a été déclarée[3]; et l'exemption des
droits ne peut pas être réclamée pour la partie du prix

---

[1] 23 févr. 1870, rej. : Enregistrement c. la Belle-Jardinière ; Enregistrement c. Saint frères ; M. Massé. D. 418, S. 224, P. 516.
[2] 24 nov. 1867, Trib. civ. de la Seine: Maison de la Belle-Jardinière. D. 1867, 3, 86.
[3] 19 juin 1844, Cass. : Enregistrement c. Ville de Saint-Étienne ;
M. Bryon. D. 260, S. 493, P. 2, 104. — 13 nov. 1845, Cass. : Enregistrement c. Chemin de fer de Versailles ; M. Miller. D. 1849, 1, 261,
S. 1849, 1, 60, P. 1848, 2, 532. — 18 juill. 1849, Cass. : Chemin de fer
de Versailles c. Enregistrement; M. Miller. D. 265, S. 651, P. 1850,
1, 539. — 1er déc. 1846, Tribunal civil de Rouen. D. 1847, 4, 208.

déclarée représenter la valeur de l'occupation temporaire de terrains non compris dans les travaux, mais
utilisés pour l'extraction ou le dépôt des matériaux
nécessaires à ces travaux [1].

8. Cependant l'acquisition, même étendue au delà
des limites de l'expropriation, est, pour le tout, exemptée
des droits, si elle a été faite dans les termes et par
application de l'article 50 ; car en ce cas, nonobstant
l'extension d'acquisition, on agit en vertu de la loi de
1841, qui prévoit et autorise expressément cette extension. Les actes relatifs à l'acquisition intégrale et la
décision qui en règle le prix seront visés pour timbre et
enregistrés gratis toutes les fois que les bâtiments
auront été touchés ou que la parcelle de terrain aura
été réduite dans les proportions qu'indique l'article 50.
Et il y aura gratuité encore bien que la réquisition
d'acquisition intégrale n'aurait été faite qu'après les délais légaux, si l'administration a négligé d'invoquer,
contre la réquisition, la fin de non recevoir qui résultait
pour elle de la tardiveté de cette réquisition. Cette fin
de non-recevoir n'est pas d'ordre public : de ce que
l'expropriant n'a pas employé, pour repousser la réquisition qui lui était adressée, un moyen que la loi
lui offrait, il ne s'ensuit pas qu'on ait cessé de procéder
en vertu de cette loi [2]. (Voir art. 50, n. 21.) C'est à tort
(comme l'observaient judicieusement MM. Dalloz, 1839,
3, 86), qu'une instruction de la régie, du 31 août 1838,
tout en reconnaissant que l'exemption des droits doit
appartenir aux acquisitions amiables faites dans les

[1] Jugement de Rouen du 1er déc. 1846.
[2] 25 août 1851, Cass. : Enregistrement c. Préfet de la Seine ;
M. Gaultier. D. 235, S. 688, P. 2, 210.

circonstances prévues par l'article 50, avait exigé, pour cela, que la réquisition eût été faite dans les délais légaux.

Nous croyons même qu'il faudrait étendre l'exemption des droits à toute acquisition amiable faite dans les conditions qui, aux termes de l'article 50, autorisent la réquisition d'acquisition intégrale. La plupart du temps, la déclaration ou réquisition prescrite par le paragraphe 1er de l'article 50 n'existera pas au cas d'acquisition amiable ; elle ne pourrait exister qu'autant qu'on supposerait l'acquisition amiable intervenant après les préliminaires du règlement judiciaire. Mais est-il donc indispensable, pour que l'article 58 s'applique à l'acquisition intégrale, que la réquisition ait été faite ? Ne suffit-il pas qu'on se trouve dans le cas où il était permis de la faire ? Décider autrement, ce serait, contre l'esprit de la loi et la volonté évidente du législateur, détourner les parties d'acquérir par voie amiable, et les inviter, par l'économie des frais, à recourir au règlement judiciaire.

Il est d'ailleurs certain, ainsi que l'a décidé un arrêt de la Chambre des Requêtes, du 14 janvier 1873[1], que l'aliénation opérée sur réquisition du propriétaire n'est exempte des droits d'enregistrement et de timbre qu'à la condition d'être sincère, d'avoir été consentie dans les termes de l'article 50, et de ne pas déguiser, sous le couvert de l'expropriation, une mutation volontaire de la part des parties. (V. art. 50, n. 18). Le jugement d'expropriation, qui vise l'article 50 et déclare statuer par application de ses dispositions, ne saurait être

---

[1] 14 janv. 1873, req. rej. : Petit-Berlié et Cᵉ c. Enregistrement ; M. d'Oms. D. 308, S. 138, P. 294.

opposé, comme ayant l'autorité de la chose jugée, à la
régie de l'enregistrement, en tant qu'il préjudicierait à
ses droits[1].

9. Le remploi d'un bien dotal aliéné par suite d'expropriation publique doit jouir de l'exemption des
droits[2]. L'aliénation, et, par suite, le remploi, a été
une nécessité de l'expropriation. Cela est de toute
évidence lorsque le remploi a été ordonné par justice,
en vertu de l'article 13, paragraphe 3, de la loi de 1841,
qui porte que le tribunal saisi de la question d'expropriation ordonne, quant aux biens dotaux, les mesures
de remploi qu'il juge nécessaires. Cela doit également
être admis au cas où le remploi n'a pas été ordonné par
justice. L'administration de l'enregistrement[3] voulait
faire à cet égard une distinction, que la jurisprudence
ne paraît pas admettre : encore bien que le juge n'ait
pas parlé, le remploi est une nécessité naissant de
l'expropriation et imposée par le droit commun.

Mais l'exemption ne doit s'appliquer qu'aux actes
contenant déclaration de remploi, et se rattachant ainsi
à l'expropriation par un lien nécessaire. Un arrêt de la
Chambre civile, du 14 juin 1864[4], décide que le bénéfice de l'article 58 ne s'applique pas à l'achat d'un

---

[1] Même arrêt du 14 janvier 1873.

[2] 10 déc. 1845, Ch. des req. : Enregistrement c. Société du Droit;
M. Bernard de Rennes. D. 1846, 1, 125, S. 1846, 1, 161, P. 1846, 1,
726. — 8 déc. 1847, Ch. des req. : Enregistrement c. Fonzes et Ter-
rasson; M. Bernard de Rennes. D. 1847, 4, 209, S. 1848, 1, 247, P.
1848, 1, 86 — 24 mai 1848, Ch. des req. : Enregistrement c. Roguer;
M. Bernard de Rennes. D. 1848, 5, 150, S. 1848, 1, 503, P. 1848, 2,
431. — *Contrà*, 26 mai 1847, Tribunal civil de Dieppe. D. 1847,
4, 209.

[3] 21 déc. 1868, Solution de l'administration de l'enregistrement.
D. 1870, 3, 52.

[4] Rej. : De Pomereu c. Enregistrement; M. Sévin. D. 1864, 1, 387,
S. 1864, 1, 296, P. 1864, 868.

immeuble, fait par une femme expropriée pour cause d'utilité publique d'un immeuble dotal, achat opéré sans déclaration de remploi immédiat, mais avec simple réserve, de la part de la femme, de faire connaître, lors du payement du prix, l'origine des deniers employés à l'acquisition, et, par suite, la nature dotale ou paraphernale de l'immeuble acheté. En cet état, l'acte d'acquisition de l'immeuble est soumis aux droits de timbre et d'enregistrement ; et l'article 60 de la loi du 22 frimaire an VII s'oppose à la restitution, encore bien qu'il interviendrait ultérieurement une quittance contenant la déclaration de remploi réservée dans l'acte d'acquisition.

De même, en cas de remploi de biens dotaux en actions de la banque de France, l'exemption des droits de timbre et d'enregistrement ne peut être étendue à l'échange ultérieur de ces actions contre des immeubles, encore bien que l'achat des actions n'aurait eu lieu qu'à titre provisoire, et sous la réserve d'acquisition d'immeubles en remplacement. Ainsi jugé par la Chambre des Requêtes le 10 mai 1865 [1].

Aux cas indiqués par les deux précédents arrêts, l'exemption du droit devrait cependant être admise si le second acte avait suivi de près le premier, et si tous deux avaient été simultanément soumis à la formalité.

10. En dehors même du remploi des biens dotaux, l'article 58 s'appliquera aux mesures de conservation et de remploi que le tribunal, en vertu du paragraphe 2 de l'article 13, aura pu prescrire en autorisant l'aliénation amiable d'immeubles appartenant à des incapa-

---

[1] 10 mai 1865, req. rej. : De Talleyrand-Périgord c. Enregistrement; M. Hély d'Oissel. D. 370, S. 287, P. 673.

bles ; mais ici, il faut, pour que l'exemption du droit
existe, qu'il soit procédé à l'acte en vertu d'une décision
de justice[1] : c'est par l'effet de cette décision seule, et
non d'une disposition générale de la loi ordinaire, que
l'acte à accomplir devient la conséquence nécessaire
de l'expropriation.

Ainsi, l'exemption a été appliquée au remploi d'un
immeuble exproprié, provenant d'une donation faite
par un père à son fils, ledit remploi ordonné par le
tribunal à raison de l'éventualité d'une réduction au
cas de survenance d'enfant au donateur[2].

11. L'exemption du droit ne s'appliquerait pas au
remplacement, par suite d'expropriation pour cause d'u-
tilité publique, d'un immeuble propre à la femme, et
cela encore bien que cet immeuble aurait été légué à la
femme, au cours de son mariage, à la condition de conserver le bien en nature, ou de ne l'aliéner que dans
les cas prévus aux articles 1555 et 1556 du Code civil,
chapitre des biens dotaux. La dot ne pouvant être
constituée, ni même augmentée, pendant le mariage
(art. 1543 du Code civil), la condition du legs n'avait
pu avoir pour effet de rendre l'immeuble dotal, et de
le soustraire à la loi du contrat de mariage, par lequel
les époux, en adoptant le régime de la communauté,
s'étaient réservé propres leurs apports respectifs et
tous les biens meubles et immeubles qui pourraient
leur échoir par succession, donation ou legs. En cet
état, et en l'absence de toute stipulation contraire et
impérative dans le contrat de mariage, le remploi n'était
nullement obligatoire. Consenti volontairement par le

[1] 9 août 1869, Instruction générale de l'administration de l'Enregistrement. D. 1869, 5, 160.
[2] 28 mai 1870, Trib. civ de la Seine : Petit et autres. D. 1872,
5, 182.

mari au profit de sa femme, et n'ayant été prescrit ni par la loi ni par l'autorité judiciaire, il a été fait en dehors des cas prévus par la loi de 1841, et des conditions auxquelles est subordonnée par elle l'exemption des droits de timbre et d'enregistrement[1].

12. Ce n'est pas la règle du nombre 9 qu'il faut appliquer, mais celle du nombre 10, lorsque le remploi, bien que fait par une femme dotale, l'a été pour une indemnité à elle attribuée *avant son mariage* et alors qu'elle était mineure. Ainsi jugé, le 1er juillet 1869, par le Tribunal civil de Nice[2]. Dans cette espèce, d'une part, le jugement d'expropriation n'ayant prescrit aucun remploi, il n'y avait pas lieu à exemption par application du paragraphe 2 de l'article 13; d'autre part, si le remploi s'imposait en vertu de la dotalité écrite au contrat de mariage, il importe de remarquer que ce caractère de dotalité n'existait pas encore au moment de l'expropriation, et que, par suite, le paragraphe 3 de l'article 13 ne saurait être invoqué.

13. L'exemption n'est pas applicable aux actes par lesquels l'expropriant revend à un tiers les terrains dont il avait dû faire l'acquisition en vue de l'expropriation, et qui n'ont pas été affectés aux travaux[3]. Il n'y a pas à distinguer, à cet égard, entre les terrains acquis en vertu de réquisition, conformément à l'article 50[4], et ceux qui avaient été l'objet d'une simple

[1] 21 avr. 1873, rej.: Dablin c. Enregistrement ; M. Pont. D. 305, S. 277, P. 670.

[2] 1er juill. 1869, Trib. civ. de Nice : Scoffier. D. 1871, 3, 18.

[3] 29 nov. 1865, req. rej. : Ardoin et Ricardo c. Enregistrement ; M. Woirhaye. D. 1866, 1, 156. — 7 mai 1873, req. rej. : Ch. de fer d'Orléans c. Enregistrement ; M. Dumon. D. 359, S. 341, P. 825.

[4] Arrêt du 7 mai 1873. — 7 déc. 1872, Trib. civ. de Vendôme: Ch. de fer d'Orléans c. l'Enregistrement. P. 1873, 732.

acquisition amiable, non précédée de réquisition[1]. Dans tous les cas, la revente n'est pas la conséquence nécessaire de l'expropriation ; elle ne constitue pas un acte fait en vertu de la loi de 1841. Un pareil contrat rentre dans la catégorie des conventions facultatives, réglées suivant la volonté libre des parties et soumises au droit commun.

14. L'exemption ne s'appliquerait pas non plus à l'achat, fait par une commune, de bâtiments destinés à remplacer un immeuble occupé par un établissement d'utilité publique (tel, par exemple, que l'institut des frères de la Doctrine chrétienne), dont elle a été précédemment expropriée. L'acquisition faite en remplacement ne se lie plus ici à la procédure d'expropriation de manière à jouir de la faveur écrite en l'article 58[2]. Il était libre à la commune, lors du règlement de l'indemnité, d'y faire comprendre le droit d'enregistrement que nécessiterait l'achat à faire en remplacement[3].

15. Décidé de même à l'égard d'un déplacement de propriété, consistant en ce que l'expropriation, opérée à la requête de la ville de Paris, dans son intérêt et dans celui de la Banque de France, aurait eu pour conséquence de transmettre à ce dernier établissement quelques-uns des immeubles expropriés. En tant que la propriété a passé de la ville à la Banque, il y a lieu au droit proportionnel de mutation[4].

16. L'exemption des droits est-elle applicable au traité par lequel l'administration expropriante s'est

[1] Arrêt du 29 novembre 1865.
[2] 8 févr. 1853, rej. : Ville de Paris c. Enregistrement ; M. Pascalis. D. 28, S. 205, P. 1, 484.
[3] Même arrêt.
[4] 21 déc. 1872, Trib. civ. de la Seine : Enregistrement c. Banque de France. Gaz. des Trib. du 10 avr. 1873.

subrogé un cessionnaire pour l'exécution des travaux d'utilité publique ? Cette importante question a
été négativement résolue par arrêt de la Chambre des
requêtes du 12 novembre 1838 [1], par un arrêt de la
Chambre civile du 17 juin 1857 [2], par deux autres arrêts
de la même Chambre, du 29 avril 1872 [3]. Il s'agit là en
effet d'une convention qui se rattache à une expropriation pour utilité publique, mais qui ne la consomme
pas : l'utilité publique n'exige pas le traité ; le traité n'a
d'autre cause que l'intérêt privé de l'expropriant, qui
juge plus avantageux de se subroger un tiers, et
l'intérêt privé de ce tiers, qui fait une spéculation
dont il espère un bénéfice. La même règle est admise
par trois arrêts de la Chambre civile, du 15 juin 1869,
dont il va être parlé plus bas (n. 17).

Notons en passant, et pour le relever dans l'examen
des questions qui vont suivre, que, dans les espèces de
1838, 1857 et 1872, le concessionnaire se chargeait et
d'exécuter les travaux, et d'acquérir les terrains nécessaires à cette exécution : il est constant, dans ces
espèces, que les acquisitions de terrain n'étaient pas
définitivement accomplies au moment où le traité est
intervenu.

17. Il peut arriver qu'au moment du traité avec le
concessionnaire, l'expropriant soit déjà propriétaire
d'une partie des immeubles que l'expropriation atteint.
Un droit proportionnel de mutation sera-t-il dû à rai-

---

[1] Req. rej. : Pène c. Enregistrement ; M. Brière-Valigny. D. v°
Expropr., n. 2003, S. 1838, 1, 891, P. 1838, 2, 575.

[2] Civ. rej.: Ardoin c. Enregistrement ; M Pascalis. D. 1857, 1,
243, S. 1858, 1, 314, P. 1858, 102.

[3] 29 avr. 1872, rej. : Société Heullant c. Enregistrement ; M. Larombière. D. 309, S. 142, P. 316. — 29 avr. 1872, Cass. : Petit-Berlier
c. Enregistrement ; M. Larombière. D. 312, S. 142, P. 316.

son de ces immeubles, qui passent de l'expropriant au
concessionnaire ? Un arrêt de la Chambre des requêtes,
du 29 novembre 1865[1], pose une distinction : Aucun
droit n'est dû sur les terrains destinés à devenir portion intégrante du travail d'utilité publique ; le droit
sera dû, au contraire, sur ceux auxquels les lois de la
matière ont contraint d'étendre l'expropriation, mais
qui ne seront pas affectés au travail d'utilité publique
et resteront susceptibles de propriété privée ; tels sont,
par exemple, les terrains acquis pour l'ouverture d'une
voie publique, mais non employés à son établissement,
et restant en bordure le long de cette voie.

A l'égard des terrains qui deviennent partie intégrante du travail d'utilité publique, l'arrêt de 1865
considère qu'ils ont joui une première fois de la dispense du droit d'enregistrement, quand l'expropriant
les a acquis, qu'ils doivent jouir une seconde fois de la
même exemption quand l'expropriant les cède à un
concessionnaire, parce que le second contrat, comme
le contrat originaire, embrasse *des immeubles achetés ou
vendus dans l'intérêt de tous*, à l'effet de constituer un
travail d'utilité publique.

Quant aux terrains de la seconde catégorie, qui ne
sont pas employés au travail d'utilité publique, mais
qui doivent rester à côté de lui, en bordure, à l'état de
propriété privée, le même arrêt estime que les besoins
d'utilité publique ont cessé pour eux, que les dispositions des lois de 1841 et de 1852, qui en avaient permis ou exigé l'acquisition, leur sont désormais étrangères ; qu'il n'y a plus là pour l'expropriant qu'une

---

[1] Req. rej. : Ardoin et Ricardo c. Enregistrement; M. Woirhaye.
D. 1866, 1, 155.

propriété privée, qu'il peut à son gré conserver ou
revendre, sans que le travail d'utilité publique, qui en
a rendu l'acquisition nécessaire, entre pour quoi que ce
soit dans la revente que l'expropriant peut en faire, soit
à celui qui se charge de l'établissement de la voie publique, soit à tout autre.

Cette distinction a été, avec raison selon nous, repoussée par trois arrêts de la Chambre civile du 15 juin
1869 [1], qui ont appliqué l'exemption du droit à la transmission de la totalité des terrains, à celle des terrains
non employés ou de bordure aussi bien qu'à celle des
terrains que couvriront les travaux. L'extension de l'expropriation à des terrains en dehors du tracé, *quand elle
est faite en vertu et par application des lois de 1841 et de
1852*, est une conséquence forcée de l'expropriation :
l'acte qui les transfère au concessionnaire doit, en ce
qui les concerne, échapper au droit d'enregistrement,
comme il y échappe pour les terrains même qu'occupe
l'œuvre d'utilité publique.

Les mêmes motifs repoussent également la perception du droit de deux pour cent qui serait réclamé sur
la cession de matériaux provenant de l'expropriation,
cession que, dans le traité, l'expropriant aurait consentie au concessionnaire [2].

Nous adhérons pleinement, à cet égard, à la solution
des arrêts de 1869. Qu'il nous soit permis toutefois de
faire, quant aux motifs qui y sont donnés, une réserve
qui ne nous paraît pas sans importance. Pour justifier

[1] 15 juin 1869, rej. : Leroy-Sourdis, Compagnie Immobilière de
Paris et Compagnie Immobilière anglo-française c. Enregistrement ; M. Glandaz. D. 1869, 1, 458, S. 1870, 1, 36, P. 1870, 57. —
Conforme, 7 août 1869, Trib. civ. de la Seine : Hunebelle et Legrand. D. 1870, 3, 27-28.
[2] Jugé aussi par les trois arrêts du 15 juin 1869.

l'exemption du droit, la Chambre des requêtes avait déjà, dans son arrêt de 1865, mis en avant cette raison que, dans le traité de concession comme dans le traité d'acquisition, les immeubles étaient achetés ou vendus dans l'intérêt de tous ; les arrêts de 1869 ont soin aussi de faire remarquer que la concession n'a d'autre cause que l'utilité publique, qu'elle est la suite du décret d'utilité publique et de l'expropriation consommée pour son exécution, qu'il s'agit, en un mot, d'un acte commandé par l'utilité publique, fait en vertu de la loi d'expropriation et affranchi à ce titre de tout droit par l'article 58 de la loi de 1841. Nous ne saurions admettre cet ordre de motifs. La cession des terrains n'était pas une conséquence forcée de l'expropriation. De même qu'il pourrait faire les travaux seul et sans se substituer personne, l'expropriant pourrait, seul aussi, se charger de toutes les acquisitions relatives aux expropriations. Quand l'expropriant comprend, dans le traité qu'il passe avec un tiers, les acquisitions faites ou à faire, et les conséquences bonnes ou mauvaises des acquisitions et des reventes qu'elles comportent, l'expropriant et le tiers ne font pas une opération relative à l'intérêt de tous : l'expropriant ne songe qu'à son intérêt privé, à l'intérêt qu'il peut avoir à ne pas se lancer dans des opérations éventuelles et à la conduite desquelles il se sent impropre ; l'exproprié n'a en vue que son intérêt privé, qu'une spéculation d'où il espère un bénéfice. La véritable raison de décider nous semble devoir se tirer, en ce cas, non de la nature de l'acte et de son prétendu caractère d'utilité publique, mais de la nature des objets auxquels il s'applique. Les immeubles, tous ceux du moins sur lesquels s'établira l'œuvre d'utilité publique, ne sont plus susceptibles de

propriété privée; l'utilité publique s'en est emparée,
ils ne sont plus transmissibles : l'expropriant met un
tiers à sa place pour des opérations à faire, mais ne
transmet pas à ce tiers la propriété des immeubles.
Cette raison ne s'applique pas, il est vrai, aux immeubles acquis au delà de la zône qu'occuperont les travaux, mais elle est le principe de l'exemption ; et les
arrêts de 1869 expliquent fort bien comment, une fois le
principe admis pour les terrains que couvriront les
travaux, il faut l'étendre à tout ce que l'expropriation
a accessoirement atteint.

18. Une autre question, plus délicate encore, a été
touchée par les trois arrêts de 1869. Lorsque, dans le
traité, le concessionnaire a été chargé à la fois 1° de la
construction du travail d'utilité publique ; 2° de l'acquisition des immeubles nécessaires à l'établissement
de ce travail, y compris les portions qui resteront en
dehors de l'assiette dudit travail ; 3° de toutes les
avances de fonds requises pour subvenir aux besoins
de l'opération, sauf à n'en être remboursé qu'à des
termes plus ou moins éloignés, tout cela ne forme-t-il
qu'un seul ensemble, passible, pour la totalité de la
somme à verser par l'expropriant au concessionnaire,
du droit de marché de un pour cent ?

Les arrêts du 15 juin 1869 ne voient un marché que
dans la première seulement de ces trois dispositions.
Aux termes des articles 1710 et 1787, disent-ils, le
marché est un contrat par lequel une partie promet de
faire un ouvrage pour l'autre qui doit en payer le prix;
et ce contrat est assujetti au droit proportionnel par
les lois d'enregistrement, sous la dénomination de
marché pour construction, réparation et entretien. Le
concessionnaire qui, comme dans les espèces de ces

arrêts, se charge d'exécuter les travaux nécessaires à
l'établissement de rues et places publiques, de niveler
le sol, d'édifier sur l'alignement des voies dans un certain délai et dans certaines conditions, peut, même à
l'égard des constructions en bordure, être considéré
comme chargé d'exécuter un véritable marché dans le
sens des lois d'enregistrement. Il devra, pour cette
portion de son traité, le droit de un pour cent. Mais, à
l'égard des acquisitions d'immeubles, que le concessionnaire se charge de faire dans les limites prescrites
par la loi, c'est-à-dire au-delà même du sol que couvrira
l'œuvre d'utilité publique, à l'égard aussi des avances
de fonds, le concessionnaire fait-il vraiment un marché ? La Chambre civile ne le pense pas. « Appréciées en
elles-mêmes, dit-elle, ces stipulations ne participaient en
rien de la nature d'un marché dans le sens légal de ce
mot ; elles ne pouvaient pas non plus être considérées
comme les conditions accessoires de ce marché ; elles
n'en étaient pas dépendantes, elles n'en dérivaient pas
nécessairement ; elles avaient sans doute pour but d'en
préparer ou d'en faciliter l'exécution, mais elles s'en
distinguaient par leur importance et par leur objet
spécial , l'expropriation et la création des voies et
moyens financiers sans lesquels l'entreprise n'aurait
pas été mise à fin ; ces stipulations auraient pu être la
matière de plusieurs contrats entre des parties différentes ; chacun de ces contrats devait donc, suivant
son espèce, rester sous l'empire de sa loi particulière,
soit pour la perception de l'impôt, s'il était dû, soit
pour son exemption, si cette exemption résultait des
articles 58 de la loi du 3 mai 1841 et 80 de la loi du
15 mai 1818. » En ce qui concerne donc les acquisitions et les avances de fonds, il n'y a pas, aux yeux de la

Cour, marché de travaux ; ce que sont ces stipulations et à quel droit elles peuvent donner lieu, la Cour suprême n'avait pas à le rechercher ; il suffisait qu'elle eût aperçu une cause de cassation. Il importe peu, ajoute la Cour, qu'un prix ou subvention unique ait été stipulé sans distinction pour la totalité des engagements du concessionnaire ; c'est le cas de déterminer, au moyen d'une estimation ou ventilation, conformément à l'article 14, n° 4, de la loi du 22 frimaire an VII, la part de subvention afférente à chacun des ordres d'obligations.

Le système des arrêts de 1869 a pour nous, avouons-le, le défaut d'être trop ingénieux. Il nous semblerait plus naturel et plus vrai de confondre avec le marché proprement dit les obligations relatives aux acquisitions nécessaires à l'établissement des constructions que ce marché a pour objet, et les avances et stipulations financières opérées ou conclues dans le même but. Ajoutons qu'en fait l'estimation ou ventilation destinée à faire la part des trois contrats sera d'une difficulté extrême, et laissera une place immense à l'arbitraire. Il nous eût paru plus simple, plus conforme à la loi, plus conforme même à l'équité, de continuer à décider, comme l'avaient fait les arrêts précités des 12 novembre 1838 et 17 juin 1857 (*suprà*, n. 16), que la convention par laquelle un tiers se charge, moyennant une somme déterminée à lui versée par l'expropriant, d'exécuter certains travaux d'utilité publique et d'acquérir les terrains nécessaires à cette exécution, est bien, pour la totalité de la somme ou subvention, passible du droit de 1 pour 100 comme marché relatif à des constructions.

Ajoutons que, sur le point que nous traitons en ce moment, les arrêts de 1869 n'ont passé qu'après un

long délibéré, et contrairement aux conclusions de
M. de Raynal, alors premier avocat général.

Dans le sens de l'opinion exprimée par nous, voir
un jugement du tribunal civil de la Seine, du 7 août
1869[1].

19. Le délai de vingt jours, dans lequel doit être enregistré, sous peine du double droit sur tous les points
sur lesquels un droit peut être exigible, le traité passé
par l'expropriant avec un concessionnaire, ne commence à courir que du jour où le traité a été, non
pas seulement autorisé, mais déclaré définitif par
le magistrat compétent. Spécialement, ni la délibération du conseil municipal de Paris, qui autorise le préfet
de la Seine à traiter au nom de la ville, ni l'arrêté du
préfet qui autorise la ville à réaliser le traité, ne servent
de point de départ au délai, mais seulement l'arrêté
préfectoral qui, en vertu des autorisations antérieures,
déclare, au nom de la ville, le traité définitif[2]. Il en est
ainsi encore bien qu'en fait, pour exécuter le traité,
pour consigner une somme que ce traité l'obligeait à
consigner, le concessionnaire n'aurait pas attendu
l'acte qui donnait au traité son caractère définitif, encore bien qu'antérieurement à cet acte définitif, et plus
de vingt jours avant l'enregistrement du traité, le concessionnaire aurait adressé à l'autorité judiciaire une
requête par laquelle il demandait que l'expropriation fût prononcée.

20. L'exemption des droits s'applique-t-elle à la cession, faite par l'exproprié à un tiers, du droit de préemp-

---

[1] Hunebelle et Legrand. D. 1870, 3, 27-28.
[2] 15 juin 1869, rej. : Enregistrement c. Société Immobilière anglo-
française; M. Glandaz. D. 1869, 1, 460, S. 1870, 1, 36 et 40, P. 1870,
57 et 63.

tion que l'article 60 lui accorde sur les terrains non
employés? Une solution de l'administration de l'enregistrement, du 17 juin 1872[1], se prononce avec raison pour la négative. Cette cession n'est pas la conséquence forcée de l'expropriation ; elle est uniquement
déterminée par les convenances des parties. Mais la
même solution ajoute que l'exemption de l'article 58
s'applique à l'exercice, par l'exproprié ou son cessionnaire, du droit de retrait de l'article 60. Si ce n'est pas
une conséquence *forcée* de l'expropriation, c'en est au
moins une conséquence directe, écrite et consacrée
dans la loi spéciale de la matière. La solution admet
également l'exemption pour l'acte par lequel l'exproprié
renonce à faire usage de son droit de préemption : cet
acte est en effet la confirmation de l'expropriant dans
son droit antérieur, le complément donné à ce droit en
vue d'échapper à l'exercice d'un autre droit que la loi
spéciale elle-même, en son article 60, a créé au profit
de l'exproprié.

21. L'exemption doit-elle profiter aux procurations
données en vue de l'expropriation, notamment à la procuration donnée pour consentir une cession amiable et
en toucher le prix ? Non, répond un arrêt de la Chambre
des requêtes du 18 août 1863[2] : on ne doit considérer
comme faits en vertu de la loi de 1841 que les actes
sans lesquels ne pourraient avoir lieu la cession amiable
ou l'expropriation ; la cession ou l'expropriation peuvent
s'accomplir sans procurations, ces procurations ne
font que répondre à la convenance et à l'intérêt des

---

[1] D. 1873, 3, 86.
[2] 18 août 1863, req. rej. : Dufresne c. Enregistrement ; M. d'Es-
parbès. D. 1864, 1, 24, S. 1863, 1, 451, P. 1864, 274. — 2 juin 1862,
Trib. civ. de la Seine : Dufresne. D. 1862, 3, 61.

parties qui les donnent. Tous les auteurs s'accordent
pour repousser cette décision, qui leur paraît trop rigoureuse et trop étroite. Il nous semble, en effet, que l'article 58 n'exempte pas seulement les actes *indispensables* ; il s'applique à tous les actes faits *en vertu* de la
loi, c'est à-dire à tous ceux qui se produisent naturellement pour arriver à l'accomplissement de l'expropriation. La procuration n'est pas, dans l'économie de la loi
spéciale, un acte prescrit et nécessaire; mais, en fait,
c'est un acte qui, bien souvent, ne tendra pas seulement
à satisfaire les convenances des parties, et qui s'impo-
sera à elles ; c'est, pour le malade et pour l'absent, un
préliminaire, une annexe indispensable des actes qu'il
est tenu d'accomplir dans un certain délai. Il ne faut
pas assimiler la procuration à l'acte de concession. Le
concessionnaire est autre chose et plus qu'un mandataire ; c'est une personne à laquelle sont transportés
le soin, les périls et aussi les bénéfices de l'opération
en vue de laquelle l'expropriation s'effectue. Le mandataire, au contraire, qu'il représente l'expropriant ou
l'exproprié, a pour unique mission d'accomplir, aux
lieu et place de son mandant, les actes nécessaires à
la cession même, ou au réglement de l'indemnité ; c'est
dans la procédure seule d'expropriation, dans les seuls
rapports d'entre l'expropriant et l'exproprié qu'il intervient ; il nous semblerait donc équitable et légal de faire
profiter du bénéfice de l'article 58 l'acte que lui confère
ses pouvoirs.

22. Echapperont nécessairement aux droits les certificats de propriété à produire par les héritiers ou ayant
cause des propriétaires inscrits à la matrice des rôles.
Le mot *certificats* se trouve dans le texte de l'article 58 :
ce sont là d'ailleurs des actes indispensables, et faits,

sans aucun doute, *en vertu* même de la loi de 1841.

23. Les extraits de la matrice du rôle de la contribution foncière, délivrés pour la levée du plan parcellaire des terrains ou bâtiments dont la cession peut être nécessaire pour l'exécution de travaux d'utilité publique, doivent être écrits sur papier visé pour timbre gratis [1].

24. Les quittances figurent expressément parmi les actes qui, aux termes de l'article 58 de la loi de 1841, doivent être visés pour timbre et enregistrés gratis ; cela s'applique évidemment aux quittances notariées comme aux autres.

25. Lorsqu'au lieu de se faire sous seing-privé et sans frais, les quittances ont, pour une raison ou pour une autre, été faites devant notaire, à la charge de qui seront les honoraires ?

On doit prendre pour règle générale, en cette matière comme en toute autre, l'article 1248 du Code civil, qui met les frais du payement à la charge du débiteur ; mais cette règle comporte des distinctions et des tempéraments. Les honoraires seront évidemment supportés par le débiteur de l'indemnité si c'est lui qui choisit la forme de l'acte notarié ; il en sera de même si la nécessité de la quittance authentique ressort, de quelque façon que ce soit, des conditions particulières de l'immeuble ou des parties expropriées.

Si c'est parce que le créancier ne sait pas signer qu'il faut une quittance authentique, M. Toullier met les frais à la charge du créancier, dont l'ignorance, dit-il, ne doit pas grever le débiteur (t. VII, n. 95). Il nous semble qu'on doit préférer la solution de M. Larom-

[1] Décision du Ministre des finances, du 20 octobre 1838.

bière, qui, même en ce cas, maintient l'application
pure et simple de l'article 1248 (sous cet article,
n. 1).

Mais l'exproprié qui, par caprice, ou par une raison
que ne justifieraient pas les circonstances, ne consen-
tirait à donner quittance que sous forme authentique,
devrait sans aucun doute les frais que ce mode occa-
sionnerait.

26. Il va de soi que l'article 58 est sans application
aux actes qui se produisent *à l'occasion* d'une expropriation, mais qui ne sont pas faits *en vertu* de la loi
d'expropriation. Aucune exemption de droit ne s'applique évidemment aux actes d'une procédure faite au
cours d'une instance relative à une contestation sur le
fond du droit (art. 39), contestation que l'expropriation
a provoquée.

27. L'exemption du droit de timbre s'applique aux
mémoires présentés par des officiers ministériels, en
payement de frais avancés par eux dans des instances en
expropriation poursuivies par l'État[1].

28. Les actes administratifs sont, d'une manière absolue, dispensés du timbre et de l'enregistrement. Le
jugement d'expropriation contiendrait donc une erreur
s'il ordonnait le visa pour timbre et l'enregistrement
gratis des pièces émanées de l'administration et jointes
à la requête d'expropriation. Toutefois cette erreur, qui
ne causerait aux parties aucun grief, ne saurait donner
lieu à un pourvoi en cassation[2].

29. Les recours au Conseil d'État en matière d'expro-

---

[1] 20 janv. 1877, Circulaire du Directeur général de la comptabilité publique. D. 1877, 5, 432.

[2] 16 juill. 1873, rej. : Préfet de la Haute-Savoie c. Favre, Guillot
et autres ; M. Aucher. D. 336, S. 472, P. 1186.

priation sont dispensés des droits de timbre et d'enregistrement [1].

§ 2.

30. La transcription d'un acte de mutation au bureau
des hypothèques donne ouverture à deux perceptions
bien distinctes : la première, le droit proprement dit, en
faveur du trésor public ; la seconde, le salaire au profit
du conservateur (loi du 21 ventôse an VII ; décret du
1er septembre 1810 ; ordonnance royale du 1er mai
1816). La première perception est un impôt ; la seconde
constitue le traitement du conservateur ; c'est la rému-
nération que des tarifs spéciaux lui attribuent, dans la
proportion de son travail et de sa responsabilité. Les
conservateurs ne perçoivent ni le droit ni le salaire lorsqu'il s'agit d'une expropriation dont le Trésor lui-même
paye le prix [2]. Si c'est par des concessionnaires que les
formalités hypothécaires sont requises, le salaire du
conservateur est exigible, mais les droits au profit du
Trésor ne le sont pas [3].

§ 3.

31. Le paragraphe 3 de l'article 58 ne subordonne
pas la restitution des droits perçus sur le prix des acquisitions amiables à l'existence d'une loi ou d'un décret
déclaratif d'utilité publique antérieur à ces acquisitions ;
l'esprit et le texte de cette disposition concourent, au
contraire, à démontrer son applicabilité intentionnelle,
non-seulement aux acquisitions qui ont précédé l'ar-

[1] 26 déc. 1873, Cons. d'État : Garret c. commune de Marchenoir ;
M. Flourens. L. 973, D. 1875, 3, 4.

[2] Décision du ministre des finances, du 24 juillet 1837. D. 1838,
3, 115.

[3] Même décision. — 25 févr. 1846 : Ch. de fer de Rouen c. Enregistrement ; M. Lavielle. D. 119, S. 238, P. 257.

rêté de cessibilité, mais encore à celles qui ont précédé la déclaration même d'utilité publique[1].

32. Les droits d'enregistrement perçus à l'occasion de l'acquisition amiable d'un immeuble dont l'expropriation n'était pas encore consommée par l'arrêté de cessibilité, ne sont restituables, après cette expropriation, que relativement aux parcelles dont le sacrifice est nécessaire pour l'exécution des travaux, et non pour le surplus, encore bien qu'il s'agirait de propriétés dont l'expropriation totale aurait pu être requise dans les termes de l'article 50. Cette décision, écrite en un jugement du tribunal de la Seine, n'est pas en opposition avec l'exemption que nous avons indiquée plus haut au cas d'extension d'acquisition en vertu de l'article 50 (*suprà* n. 8). Voici en quels termes le jugement explique cette distinction : « Attendu que, lors de la discussion de la loi, un amendement ayant été proposé pour appliquer la restitution même aux excédants dont les propriétaires auraient eu le droit de requérir l'acquisition dans les cas prévus par l'article 50, cet amendement ne fut pas appuyé, et l'article 58 passa avec la limitation ci-dessus indiquée ; — Attendu que, dans le cas d'une vente amiable, avant l'arrêté préfectoral qui désigne spécialement la portion nécessaire à l'exécution des travaux, les parties agissent spontanément et avec liberté, tandis qu'après l'arrêté préfectoral l'expropriant est obligé d'acquérir même les excédants, si la partie expropriée le requiert, dans les conditions prévues par l'article 50 ; que cette différence dans les situations est la raison morale de la distinction

---

[1] 4 mai 1858, rej. : Enregistrement c. Ch. de fer d'Orléans; M. Quenoble. D. 275, P. 774.

faite entre les cas prévus par les articles 50 et 58[1] ».

33. La restitution des droits doit être intégrale, s'appliquer aux constructions qui existaient au moment de la cession amiable aussi bien qu'au terrain lui-même, encore que, postérieurement à cette cession, et avant l'arrêté de cessibilité, la maison aurait été démolie, et que, par suite, cette maison n'aurait pas été désignée dans l'arrêté de cessibilité[2].

34. Ce n'est pas à partir de l'arrêté de cessibilité, mais à dater de la perception même des droits, que court le délai de deux ans dans lequel doit être formée l'action en restitution[3].

Quant au mode à employer pour interrompre la prescription, faut-il appliquer purement et simplement la règle de l'article 61 de la loi du 22 frimaire an VII, règle qui exige une demande en restitution des droits, signifiée et enregistrée avant l'expiration du délai de deux ans à partir du jour de la perception ? Peut-on dire, au contraire, que les termes du paragraphe 3 de l'article 58, « lorsque, dans le délai de deux ans, à partir de la perception, *il sera justifié* que les immeubles acquis sont compris dans ces arrêtés », excluent l'application de l'article 61 de la loi de l'an VII, et rendent suffisante une réclamation soumise à la régie, sous quelque forme que ce soit, dans les deux ans de la perception, alors d'ailleurs qu'il est justifié de cette réclamation, alors surtout que la régie reconnaît elle-même

[1] 27 déc. 1861, Trib. civ. de la Seine : Ch. de fer de l'Est. D. 1862, 3, 21.

[2] 29 avr. 1868, Solution de l'Administration de l'Enregistrement. D. 1869, 5, 158.

[3] 7 déc. 1858, req. rej. : Ch. de fer de Lyon c. Enregistrement ; M. Hardoin. D. 1859, 1, 31, S. 1859, 1, 350, P. 1859, 24.

l'avoir reçue? C'est dans le premier sens, dans celui qui
veut, aux termes de l'article 61 de la loi de l'an VII, une
réclamation enregistrée dans les deux mois de la perception du droit, que s'est prononcée la Cour de cassation
par arrêt du 5 février 1867 [1]. Un droit proportionnel
avait été perçu, le 10 avril 1862, sur une acquisition
d'immeubles ; le 5 avril 1864, arrêté préfectoral portant
que cette acquisition a été faite pour cause d'utilité
publique ; le 9 dudit mois d'avril 1864, une pétition
tendant à restitution est adressée à la régie, en la personne de son directeur, qui reconnaît l'avoir reçue à
cette date. Le même jour 9, à quatre heures et demie
du soir, au parquet du Procureur impérial, les bureaux
de l'administration étant fermés, signification par huissier de la même demande en restitution ; l'original de
cette signification n'a été enregistré que le 13. Le Tribunal de la Seine avait accueilli la demande en restitution ; la Cour suprême a cassé ce jugement, à raison
de ce que la demande en restitution n'avait été *enregistrée* qu'après l'expiration du délai de deux ans.

35. Par arrêt du 4 mai 1858 [2], il a été jugé que les
droits sont sujets à restitution encore que, dans les
deux ans, aucun arrêté de cessibilité ne fût intervenu,
si, avant l'expiration de ce délai, il est intervenu un décret de déclaration d'utilité publique, désignant avec
certitude l'immeuble qui a fait l'objet de l'acquisition
amiable. Remarquons toutefois que ce dernier arrêt,
qui élargit peut-être un peu la disposition tout exceptionnelle de notre paragraphe, a été rendu contraire-

---

[1] 5 fév. 1867, Cass. : Enregistrement *c.* Ch. de fer d'Orléans;
M. Laborie. D. 23, S. 183, P. 417.
[2] 4 mai 1858, rej.: Enregistrement *c.* Ch. de fer d'Orléans ; M.
Quenoble. D. 275, P. 774.

ment aux conclusions de M. le premier avocat-général de Marnas.

ARTICLE 59.

Lorsqu'un propriétaire aura accepté les offres de l'administration, le montant de l'indemnité devra, s'il l'exige et s'il n'y a pas eu contestation de la part des tiers dans les délais prescrits par les articles 24 et 27, être versé à la Caisse des dépôts et consignations, pour être remis ou distribué à qui de droit, selon les règles du droit commun.

(Ne donne lieu à aucune observation.)

ARTICLE 60.

Si les terrains acquis pour les travaux d'utilité publique ne reçoivent pas cette destination, les anciens propriétaires ou leurs ayants droit peuvent en demander la remise.

Le prix des terrains rétrocédés est fixé à l'amiable, et, s'il n'y a pas accord, par le jury, dans les formes ci-dessus prescrites. La fixation par le jury ne peut, en aucun cas, excéder la somme moyennant laquelle les terrains ont été acquis.

SOMMAIRE.

§ 1er.

1. L'article 60 n'est applicable qu'autant que l'acquisition du terrain avait été précédée de la déclaration régulière de l'utilité publique.
2. Il s'applique à la portion de terrain non employée aussi bien qu'au cas où l'intégralité du terrain est restée sans emploi.
3. Peut-il, accessoirement du moins, et dans des circonstances spéciales, s'appliquer aux terrains acquis en vertu de l'article 50 ?
4. Autorité compétente pour statuer sur la demande de rétrocession.
5. ... Pour décider si les terrains ont reçu ou non leur destination.
6. Terrains non employés, mais encore utiles pour cette destination.
7. Reprise, par suite d'alignement, d'un terrain non employé.
8. Le droit de réacquisition peut être exercé par l'ancien propriétaire, nonobstant l'aliénation faite par l'expropriant à un tiers.
9. Et le tiers ne peut subordonner la restitution au payement d'une indemnité préalable.
10. A qui de l'ancien propriétaire ou de son acheteur appartient le droit de réacquisition ?

11. L'emploi du terrain à l'ouvrage en vue duquel il avait été acquis éteint le droit de préemption, et ce droit ne pourrait être exercé si, ultérieurement, ledit ouvrage venait à être supprimé.
12. Une nouvelle expropriation, dans un but différent de la première, ne met pas obstacle à la rétrocession.
13. Renonciation au droit de rétrocession.
14. Espèce dans laquelle il y avait lieu à *revendication*, et non à *rétrocession*.
15. Rétrocession demandée sous prétexte qu'une parcelle, déclarée impropre à des constructions salubres, est cependant reconnue, par l'administration elle-même, susceptible d'en recevoir. Décret du 26 mars 1852.
16 L'article 60 de la loi de 1841 est-il applicable à l'Algérie?

§ 2.

17. Au cas de rétrocession, les offres et demandes ne sont soumises à aucun délai.
18. Rétrocession partielle. Limite extrême de l'indemnité. Fixation à tant par mètre.
19. Au cas où l'indemnité d'expropriation n'a pas encore été fixée au moment où s'exerce le droit de rétrocession, l'ancien propriétaire peut-il demander et faire fixer une indemnité à raison de la diminution de valeur que l'immeuble aurait subie?

§ 1er.

1. L'article 60 n'est applicable qu'autant que les travaux, en vue desquels les terrains ont été acquis, ont été faits en vertu de la loi sur l'expropriation publique, et après accomplissement des formalités prescrites pour constater et déclarer l'utilité publique. L'accomplissement de ces formalités peut seule permettre d'affirmer légalement que les terrains ont été *acquis pour des travaux d'utilité publique*. Le *privilége* que l'article 60 accorde à l'ancien propriétaire est corrélatif à l'*obligation* qui a été imposée à celui-ci de souffrir la dépossession ; et cette obligation n'a existé qu'autant qu'une déclaration d'utilité publique est intervenue. Il n'importe, d'ailleurs, pour l'applicabilité de l'article 60, que l'indemnité ait été réglée amiablement ou fixée

par le jury; ce qu'il faut, c'est que l'acquisition ait
été commandée par une déclaration régulière d'utilité
publique.

Une solution de la régie de l'enregistrement, du
8 décembre 1847 (D. 1848, 5, 183), décide donc avec
raison que l'ancien propriétaire d'un terrain acquis par
l'Etat à l'amiable et sans déclaration préalable d'utilité
publique, ne peut invoquer le privilége de l'article 60
pour demander la rétrocession des parties devenues
inutiles au service public en vue duquel l'acquisition
avait été faite. L'absence des formes prescrites pour
constater et déclarer l'utilité publique range cette
acquisition dans la classe des actes ordinaires de
vente; l'Etat est devenu définitivement propriétaire des
objets vendus, et aucune disposition législative n'en
autorise la cession privilégiée au profit de qui que ce
soit.

2. Le bénéfice de l'article 60 s'applique aussi bien
au cas où la propriété a été employée en partie qu'à
celui où l'intégralité du terrain serait restée sans emploi : la loi ne distingue pas ; la distinction n'est ni
dans son texte ni dans son esprit ; elle est même
repoussée par les dispositions de l'article 62, qui parle
des terrains « qui resteraient disponibles après l'exécution des travaux. » Ainsi jugé par arrêt de la Cour de
Paris du 29 avril 1865 [1]. La même règle s'induit aussi
d'un arrêt de la Chambre civile, du 2 mars 1868 [2] (voy.
infrà, n. 18). Ajoutons que l'ordonnance royale du
22 mars 1835, relative aux terrains acquis pour des

[1] 29 avr. 1865, Cour de Paris : Delair c. Ch. de fer de l'Ouest. D.
1867, 1, 247 (sous l'arrêt de cassation du 29 mai 1867), et Gaz. des
Trib. du 9 mai 1865.
[2] 2 mars 1868, rej.: Consorts Bruneau c. Préfet de la Loire-Inférieure; M. Quénault. D. 182, S. 271, P. 660.

II.   29

travaux d'utilité publique, et qui n'auraient pas reçu ou
ne recevraient pas cette destination, porte expressément en son article 1er, « les terrains ou *portions de
terrains.* »

3. La rétrocession s'applique-t-elle aux portions de
terrain ajoutées à l'expropriation en vertu de la réquisition de l'article 50 ? Non, dit expressément l'article 62
de la loi. Mais cet article est fait pour le cas où le
terrain directement frappé par l'expropriation a reçu
la destination indiquée : l'acquisition faite en vertu
de la réquisition n'a eu lieu que pour satisfaire
au désir du propriétaire ; cette portion du terrain
n'était pas destinée aux travaux d'utilité publique ;
l'administration a été forcée de la prendre, et a
pu en faire ensuite tel usage que bon lui semblait.
A la question posée ci-dessus, le commissaire du Roi a
cependant, lors de la discussion de la loi, fait une
réponse tout à fait contraire, en apparence, à celle de
l'article 62. « Cela va sans dire, » a-t-il répondu. Ces
paroles du commissaire du Roi s'expliquent par cette
circonstance qu'elles s'appliquaient au cas où le terrain même frappé directement d'expropriation n'a pas
été employé : l'objet principal de l'expropriation n'a
pas été touché par les travaux ; il est naturel que la
chose rentre tout entière dans les mains de l'ancien
propriétaire, l'accessoire aussi bien que le principal, la
portion acquise sur réquisition aussi bien que la partie
que touche expressément l'expropriation.

La réponse du commissaire du Roi ne saurait cependant, même au cas pour lequel elle a été faite, être
acceptée d'une manière absolue. Elle semble parfaitement juste si, d'une part, aucune portion du terrain
que frappait l'expropriation n'a reçu la destination

voulue; si, d'autre part, la portion acquise sur réquisition est demeurée dans le même état qu'au moment de
l'expropriation. Mais que décider si une partie notable
de ce terrain avait été employée aux travaux, et s'il ne
restait sans emploi qu'une faible portion de ce qui avait
été compris dans l'expropriation ? Le droit, pour l'exproprié, de ressaisir cette portion, ne serait pas douteux. Mais l'exproprié pourrait-il, en même temps,
redemander ce que l'administration n'avait pris que sur
sa réquisition ? Nous ne saurions plus, en cette hypothèse, voir là pour l'exproprié un droit absolu. L'article 60 lui a été donné pour le respect et la protection
de ses droits, et non pour qu'il lui soit loisible d'en
tirer arbitrairement partie. Son immeuble formait un
ensemble dont il n'a pas voulu conserver une simple
partie. Si les travaux n'ont couvert qu'une faible portion
de ce que l'expropriation avait frappé, on comprend
parfaitement que l'exproprié dise : j'ai requis l'acquisition totale parce que l'expropriation indiquée enlevait
une part de mon immeuble trop considérable pour que
je pusse utiliser le reste ; si j'avais prévu que l'expropriation annoncée dût se restreindre comme elle l'a
fait depuis, je me serais gardé de faire cette réquisition ; je demande donc à redevenir propriétaire de tout
ce qui reste de mon immeuble en dehors de la portion
relativement peu importante que les travaux ont
couverte.

Supposons, au contraire, que la plus large portion
du terrain compris en l'expropriation ait été employée
aux travaux, qu'il ne reste sans emploi qu'un petit
nombre de mètres, et qu'en fait la portion acquise sur
réquisition soit, avec l'addition de ces quelques mètres,
à peu près dans les mêmes conditions dans lesquelles

elle se serait trouvée si les travaux avaient intégralement occupé tout ce qu'indiquait l'expropriation. La demande de rétrocession ne serait pas alors le résultat de l'erreur ou du changement de volonté de l'expropriant, elle aurait pour cause le changement de volonté ou le caprice de l'exproprié, qui solliciterait le retour à la situation même que sa réquisition avait eu pour objet d'éviter.

Nous estimons donc que, dans l'hypothèse que nous venons d'indiquer, ce sera *d'après les circonstances* qu'il faudra décider si la demande de rétrocession doit ou non être accueillie. Ajoutons que la disposition de l'article 62, bien que non applicable à ce cas, tendra cependant, s'il y a le moindre doute, à faire pencher la balance dans un sens contraire à la rétrocession.

De même, si la portion acquise sur réquisition a été aliénée par l'expropriant, ou couverte de constructions, nous estimons que la rétrocession cesserait de lui être applicable; et cela encore bien que, sur aucune portion du terrain directement frappé par l'expropriation, les travaux d'utilité publique n'auraient été exécutés.

4. Quelle est l'autorité compétente pour statuer sur une demande de rétrocession? L'autorité administrative, avait dit, en 1861, un arrêt de la Chambre des requêtes[1]. Mais, depuis, le Conseil d'Etat, se fondant sur ce que toutes les questions qui se rapportent à l'expropriation sont du ressort des tribunaux, a fait prévaloir l'opinion contraire[2].

---

[1] 9 déc. 1861, req. rej. : De Cuzieux c. Préfet du Rhône et Reyre; M. Nachet D. 1862, 1, 303, S. 1862, 1, 319, P. 1862, 1152.

[2] 30 juill. 1863, Cons. d'Etat: Commune de Saint-Cyr; M. de Belbeuf. L. 607, D. 1864, 3, 105. — 24 juin 1868, Cons. d'Etat: Demoiselle Jaume c. Ville de Montpellier; M. de Belbeuf. L. 728, D. 1872, 3, 63, S.

5. Ce ne sera pas, toutefois, à l'autorité judiciaire qu'il
appartiendra de dire si les terrains ont ou non reçu
emploi, ou s'il est encore nécessaire de les conserver
en vue de la destination d'utilité publique pour laquelle ils avaient été expropriés (*infrà*, n. 6) : cette
question préalable est réservée à l'*administration* [1] ; et,
par ce mot, il faut entendre ici, non les tribunaux administratifs, non les conseils de préfecture ou le Conseil
d'Etat, mais l'administration active, le ministre compétent [2]. Une compagnie de chemin de fer n'aurait pas
qualité pour consentir la rétrocession [3] : il s'agit, en effet,
de la rétrocession d'une portion du domaine public.

Tout en reconnaissant son incompétence en matière
de rétrocession, le Conseil d'Etat peut donner acte aux
demandeurs de la déclaration faite devant lui par l'administration, et de laquelle il résulte que les terrains
n'ont effectivement pas reçu leur destination [4]. Un
pareil donné acte assurera vraisemblement, en fait,
le succès ultérieur de la demande de rétrocession.

Ajoutons qu'on ne saurait être admis, devant l'autorité administrative et en vue d'obtenir la rétrocession,

---

1869, 2, 222, P. 348. — 19 nov. 1868, C. d'Etat : Abeille ; M. Perret.
L. 997, D. 1869, 3, 84. — Dans le même sens, 29 avril 1865, C. de
Paris : Delair c. Ch. de fer de l'Ouest, rapporté sous l'arrêt de rejet
du 29 mai 1867, D. 1867, 1, 247.

[2] 16 août 1862, C. d'Etat : Bertrand ; M. Faré. L. 688, D. 1864, 3,
105, P. 272. — Arrêt précité du Conseil d'Etat, du 24 juin 1868. —
Conformes, en cela : 28 déc. 1852, Cass : Préfet du Rhône et Reyre
c. de Cuzieux ; M. Delapalme. D. 1853, 1, 40, S. 1853, 1, 288, P.
1853, 1, 26. — Et l'arrêt des requêtes du 9 déc. 1861.

[3] Arrêts du Cons. d'Etat des 16 août 1862, 30 juillet 1863, 24 juin
1868 — 11 déc. 1871, C. d'Etat : Ancelle ; M. Braun. L. 285, D. 1872,
3, 64, S. 1872, 2, 28, P. 33. — 6 mars 1872, Cons. d'Etat : demoiselle
Jaume c. Ville de Montpellier ; M. de Baulny. L. 141, D. 1872, 3, 63,
S. 1873, 2, 287, P. 45.

[3] Arrêt du 16 août 1862.

[4] Arrêts des 19 nov. 1868 et 6 mars 1872.

à discuter le caractère des travaux effectués conformément aux plans ; ce point a été souverainement tranché
par la déclaration originaire d'utilité publique et par le
jugement d'expropriation [1].

6. L'autorité administrative peut, bien que les terrains n'aient pas encore été, au moment où se produit
la réclamation de l'ancien propriétaire, employés aux
travaux en vue desquels l'acquisition avait été faite,
refuser la rétrocession, s'il résulte de l'instruction que,
nonobstant le retard apporté aux travaux, les terrains
recevront ultérieurement la destination prévue [2].

7. Les dispositions de l'article 60 sont applicables
au cas où un particulier, qui a subi une expropriation
partielle pour l'ouverture d'une voie publique, est
ensuite appelé, par l'alignement qui lui est donné, et
avant même que le terrain dont il avait été exproprié
eût reçu la destination à laquelle il était affecté, à reprendre une partie de ce terrain [3].

8. Dans une espèce déférée, en 1842, à la Cour de
cassation, un arrêté du préfet avait cédé à un tiers, au
nom de l'Etat, des terrains non employés aux travaux
d'utilité publique en vue desquels avait été prononcée
l'expropriation de ces terrains. L'ancien propriétaire
s'était adressé à l'autorité judiciaire pour obtenir, conformément à l'article 60, la remise desdits terrains.
Cette prétention avait été accueillie par la Cour de Bourges. La disposition de l'article 60, lit-on en l'arrêt de

[1] 29 juin 1877, Cons. d'Etat : Courtin-Pierrard c. Ch. de fer du
Nord ; M. Cornudet. L. 656, D. 1877, 3, 101.

[2] 17 mai 1855, Cons. d'Etat : Nicolaï de Bercy ; M. Dubessey.
L. 357.

[3] 30 août 1843, Cons. d'Etat : Charrin c. Commune de la Croix-
Rousse ; M. Gomel. L. 499, D. v° *Expropr.*, n. 746, S. 1844, 2, 45,
P. 665.

la Cour de Bourges, « n'est au fond que la juste revi-
« vification du droit de propriété, dont l'exproprié n'a
« été dépouillé que sous condition, et, la condition ne
« se réalisant pas, l'exproprié a le droit de rentrer dans
« son immeuble ; ce droit, sérieux et parfaitement dé-
« fini, ne peut être paralysé, ni devenir illusoire, par
« aucune autre cession ou aliénation. » Cet arrêt a été
cassé, le 29 mars 1842[1], pour violation du principe de
la séparation des pouvoirs et par le motif que l'autorité
judiciaire ne pouvait, au mépris de l'acte administratif
portant cession, condamner *de plano* l'Etat à la remise
des terrains ; qu'elle devait se borner à surseoir sur la
demande de l'ancien propriétaire, jusqu'à ce que le
mérite de l'arrêté du préfet eût été apprécié par qui de
droit.

L'arrêt de cassation ne condamnait en aucune façon
la doctrine fort juste de la Cour de Bourges sur la nullité de la cession. Ajoutons que cet arrêt a été rendu
sous l'empire de cette pensée que les questions de
rétrocession appartenaient à la juridiction administrative (*suprà*, n. 4). Un arrêt semblable à celui de la
Cour de Bourges nous semblerait admissible à tous les
égards aujourd'hui que la compétence judiciaire a prévalu en matière de rétrocession (*ibidem*).

Un arrêt de la Chambre des requêtes, du 12 juin 1865,
a formellement reconnu que l'ancien propriétaire peut
obliger à la rétrocession le sous-acquéreur à qui l'expropriant a revendu l'immeuble[2]. Il y a dans l'article 60
une sorte de faculté de réméré, à laquelle s'applique le

---

[1] 29 mars 1842, Cass. : Préfet de la Nièvre c. Gueultenard ; M. Bérenger. D. 179, S. 355, P. 1, 490.

[2] 12 juin 1865, req. rej. : Renard c. Janty ; M. Dumolin.

principe de l'article 1664 du Code civil, que le vendeur peut exercer son droit contre un second acquéreur.

9. Il a été soutenu que le tiers acquéreur, s'il est obligé à la restitution, ne la doit du moins que contre indemnité préalable, et qu'il peut réclamer cette indemnité au cas même où nulle somme n'aurait encore été réglée et payée pour l'expropriation ; cela est inadmissible. Le tiers acquéreur est nécessairement, et sauf recours contre son vendeur, soumis à toutes les obligations de celui-ci ; il est tenu à la restitution parce que son vendeur y était tenu lui-même, et sous les mêmes conditions. Or, le droit accordé par l'article 60 oblige bien l'exproprié qui l'exerce à restituer le prix, mais ne lui impose le versement d'aucune somme s'il n'en avait reçu aucune [1].

10. Lorsque, postérieurement à l'expropriation, l'ancien propriétaire a vendu la pièce de terre de laquelle avait été extrait le terrain acquis pour cause d'utilité publique, à qui, de l'ancien propriétaire ou de son acquéreur, appartiendra la préférence dans l'achat, s'il y a lieu plus tard à la revente de ce terrain ?

Disons d'abord que, quant à la compétence, aucun doute n'a jamais existé sur ce point que la question, uniquement relative à la qualité des parties, appartient à l'autorité judiciaire, et non à l'autorité administrative [2].

Comment cette question doit-elle être décidée ? Il nous semble que ce doit être au profit de l'acquéreur : l'un des motifs de la disposition de l'article 60 a été de ne pas morceler inutilement la propriété. On doit

---

[1] Arrêt du 12 juin 1865.

[2] 1er avr. 1840, Cons. d'Etat : Autun ; M. Louyer-Villermay. L. 97, D. v° *Expropr.*, n. 745, P. 581.

supposer que l'ancien propriétaire, en vendant la portion restante de la parcelle expropriée, a entendu transporter à son cédant le droit éventuel de rachat qu'ouvrirait l'inexécution des travaux. Le mot *ayants droit* de l'article 60 s'applique à l'acquéreur aussi bien qu'à l'héritier de l'exproprié.

C'est l'opinion de la plupart des auteurs (Delalleau-Rendu, 5e édition, n. 1145 ; Herson, n. 348 ; Peyronny et Delamarre, n. 720). Deux arrêts de la Cour d'appel de Paris ont décidé, au contraire, que le droit de rétrocession appartient, en ce cas, à l'ancien propriétaire, et non à son acquéreur dans le même sens, Gand, p. 385) ; qu'il faudrait, pour qu'il en fût autrement, que l'acte de vente portât une stipulation relative à ce droit éventuel de rétrocession [1].

Tant que la question restera controversée, l'acquéreur fera bien de se faire expressément transporter en l'acte de vente le droit éventuel de rétrocession.

14. Il suffit que les terrains aient reçu pendant un temps, d'une manière suffisante et sérieuse, la destination en vue de laquelle ils avaient été acquis, pour que le droit de préemption ne puisse plus être exercé, encore bien que l'ouvrage auquel ils ont été employés viendrait ensuite à être supprimé. La Cour de Lyon a jugé, par arrêt du 20 août 1857 [2], que les terrains expropriés pour l'établissement d'un chemin de fer doivent être considérés comme ayant reçu cette destination si le chemin de fer a été construit et a existé pendant

---

[1] 29 avril 1865, C. de Paris : Delair c. Ch. de fer de l'Ouest. D. 1867, 1, 247 (sous l'arrêt de Cassation du 29 mai 1867) ; et *Gaz. des Trib.* du 9 mai 1865. — 17 juill. 1868, C. de Dijon : Carijot c. Rochette. D. 2, 204, S. 2, 346, P. 1253.

[2] 20 août 1857, Cour de Lyon : Etat c. Damon D. 1857, 2, 219, S. 1857, 2, 736, P. 1858, 845.

plusieurs années, et que la suppression ultérieure du chemin de fer ne donnerait pas ouverture au droit de préemption. La Chambre des requêtes a pareillement décidé, le 8 juin 1863, qu'aux terrains qui ont reçu leur destination, la préemption ne devient pas applicable quand cette construction a ultérieurement cessé [1].

12. Un terrain a été exproprié pour l'établissement d'un chemin de fer ; pendant vingt-sept ans, il est resté sans emploi, et l'exproprié n'a pas invoqué l'article 60. Un décret déclaratif d'utilité publique survient alors, qui, rendu pour l'ouverture d'un autre chemin de fer, comprend le terrain non employé. Après ce décret, mais avant le jugement d'expropriation, l'ancien propriétaire demande la rétrocession. Que vaut cette demande ? Elle n'a pas pour objet une reprise de possession, puisque ce que le premier chemin de fer n'a pas utilisé, le second va le prendre ; elle tend seulement à profiter de la plus-value qu'ont amenée le temps écoulé et la modification des lieux. Cette considération suffit pour autoriser la rétrocession : il ne faut pas qu'une expropriation qui n'a amené aucun résultat d'utilité publique, profite à la première compagnie de chemin de fer, en mettant en ses mains, par suite de l'expropriation nouvelle, une somme plus forte que celle qu'elle avait elle-même versée au propriétaire. Ainsi jugé par la Chambre civile le 29 mai 1867 [2]. Ici s'applique parfaitement ce motif d'un arrêt rendu sur une autre question (voy. infrà, n. 18) : « L'expropriation, qui avait eu pour cause une destination d'uti-

[1] 8 juin 1863, req. rej. : du Tremblay c. Ville de Paris ; M. Nicolas.
[2] 29 mai 1867, rej. : Ch. de fer de l'Ouest c. Delair ; M. Eugène Lamy. D. 247, S. 261, P. 656.

lité publique, venant à être résolue à défaut d'emploi des terrains à cette destination, ne doit pas avoir pour résultat d'enrichir l'expropriant, et notamment de le faire profiter de la plus-value provenant de l'accroissement général du prix des terrains pendant sa détention [1]. »

La règle d'après laquelle l'autorité administrative a seule compétence pour décider si le terrain est resté ou restera sans emploi, et si, par suite, il y a lieu ou non à rétrocession (*suprà*, n. 5), ne fait pas obstacle à ce que, dans le cas qui nous occupe, l'autorité judiciaire décide immédiatement que la rétrocession est recevable, et ordonne la réunion du jury qui en fixera le prix. L'autorité législative ou administrative a déjà accompli son œuvre et donné l'appréciation qui lui appartient ; l'expropriation prononcée en vue d'un objet nouveau prouve à la fois et le non-emploi du terrain et l'impossibilité absolue de l'employer à l'avenir aux travaux qui avaient été l'objet de la première expropriation [2].

Si la Compagnie, au profit de laquelle s'opère la seconde expropriation, n'appelle devant le jury que la Compagnie au profit de laquelle s'était opérée la première, l'ancien propriétaire, armé de la demande en rétrocession par lui introduite, peut se présenter devant le jury, et demander à y être reçu intervenant.

Le Conseil d'Etat décide, comme la Cour de cassation, que, dans le cas où un terrain est reconnu inutile pour l'exécution du travail en vue duquel il a été ex-

---

[1] 2 mars 1868, rej.: Consorts Bruneau c. Préfet de la Loire-Inférieure ; M. Quénault. D. 182, S. 271, P. 660.
[2] Arrêt du 29 mai 1867.

proprié, l'administration n'en peut refuser la rétrocession sous prétexte qu'il serait utile pour un travail différent, dont l'utilité publique n'a été déclarée que postérieurement [1].

13. L'exproprié peut, sans aucun doute, renoncer valablement au droit écrit en sa faveur en l'article 60 ; mais cette renonciation doit être claire et formelle. On ne saurait notamment l'induire de la double circonstance que l'exproprié aurait touché, sans réserve aucune, l'indemnité entière, à un moment où il prévoyait que partie de l'immeuble ne serait point employée pour les travaux publics : la garantie de l'indemnité préalable est indépendante des événements qui pourront se réaliser ultérieurement ; quant à la prévision d'un changement de destination, elle est par sa nature bien incertaine, puisqu'il dépend de l'administration de garder et d'employer les terrains expropriés jusqu'à publication de l'avis de revente prévu en l'article 61 de la loi de 1841 [2]. (Voy. art. 61, n. 1.)

14. La parcelle de terrain dont l'expropriant s'est mis en possession par erreur et au-delà de ce que lui conférait le jugement d'expropriation, doit être réclamée par l'exproprié, non par voie de rétrocession dans les termes de l'article 60, mais par voie d'action en revendication. Ainsi jugé par arrêt de cassation du 29 mai 1867 [3].

---

[1] 6 mars 1872, Cons. d'État : Demoiselle Jaumes c. Commune de Montpellier ; M. de Baulny. L. 141, D. 1872, 3, 63, S. 1873, 2, 287, P. 45.

[2] 27 avr. 1863, Cass. : Consorts Genest c. Commune de Neuville-sur-Saône ; M. Quénault. D. 319, S. 319, P. 891.

[3] 29 mai 1867, Cass. : Ch. de fer de l'Ouest c. Delair ; M. Eugène Lamy. D. 247, S. 261, P. 656.

Cet arrêt a été rendu dans l'espèce dont il est parlé plus haut, nombre 7. Dans cette affaire, deux expropriations s'étaient succédé pour le même terrain. Contre le concessionnaire du premier travail, l'ancien propriétaire avait exercé la rétrocession au moment même où s'opérait l'expropriation en vue du second travail. L'action en rétrocession s'était exercée sur un terrain égal à celui indiqué en la première expropriation, 211 mètres ; par suite, le concessionnaire du second travail s'était emparé d'une surface égale, 211 mètres. Il avait été reconnu ensuite que, des 211 mètres de la première expropriation, 71 avaient été appliqués aux travaux que cette expropriation avait eus en vue ; que le surplus de la surface comprise en la première expropriation avait seul fait l'objet de la seconde ; qu'ainsi le concessionnaire du second travail avait occupé 71 mètres de trop. Pour se ressaisir de ces 71 mètres, que le second concessionnaire avait ainsi involontairement usurpés, l'ancien propriétaire ne pouvait recourir qu'à une *revendication* ; comment le second concessionnaire aurait-il pu lui *rétrocéder* ce que jamais il n'avait eu le droit de prendre ?

15. L'article 60 peut-il être appliqué aux terrains compris dans une expropriation, en vertu du décret du 26 mars 1852, comme impropres à recevoir des constructions salubres, alors cependant que l'administration vient ensuite à élever elle-même des constructions sur ces terrains, ou à les mettre en adjudication comme aptes à recevoir des constructions ? On ne saurait invoquer, dans le sens de l'affirmative, qu'une simple analogie, qui serait même fort contestable. Ne pas donner aux terrains acquis pour travaux publics la destination voulue, ou montrer par ses actes qu'on peut

appliquer des terrains à la destination privée pour
laquelle on les avait à tort déclarés impropres, ce n'est
pas la même chose. Dans la seconde hypothèse comme
dans la première, il y a abus ; mais la procédure et
le remède ne sont pas réglés de la même manière. Les
décrets des 27 décembre 1858 et 14 juin 1876 se sont
efforcés de donner au propriétaire des garanties contre
ce que pourraient avoir d'exagéré les déclarations portant que des terrains sont impropres à recevoir des
constructions salubres ; mais si une fois la déclaration a été faite en la forme voulue, elle est, en droit,
définitive et inattaquable : le propriétaire chercherait
en vain à ressaisir sa propriété en invoquant l'article 60 [1].

16. L'article 60 de la loi de 1841 est-il applicable à
l'Algérie ? L'Algérie est régie, quant à l'expropriation
publique, par une législation spéciale, et notamment
par l'ordonnance du 1er octobre 1844, qui, dans aucune
disposition, ne parle du droit de rétrocession. On a
soutenu que, nonobstant ce silence, l'ordonnance de
1844 n'excluait point l'application de la loi de 1841
sur les divers points où ces deux lois ne sont pas
inconciliables, et que c'est le cas à l'égard du droit
de rétrocession. Un arrêt de la Chambre des requêtes
a parfaitement répondu [2] « que les deux législations
ont chacune des vues différentes ; qu'elles présentent chacune un système complet ; que le droit de
rétrocession ne forme qu'une exception qui doit se

---

[1] 13 juill. 1871, rej.: Béchet c. Ville d'Avignon et Bouvier ; M.
Merville. D. 1873, 1, 49, S. 1871, 1, 244, P. 1871, 748. — 17 déc. 1877,
rej. : Héritiers de Saint-Gilles c. Ville de Paris, Petit-Berlié et Cⁱ ;
M. Réquier. S. 1878, 1, 80, P. 1878, 166.

[2] 28 janv. 1874, req. rej. : Julienne et Bernard c. Préfet d'Alger ;
M. Guillemard. D. 209, S. 307, P. 783.

renfermer dans les textes où elle est écrite ; et que,
si l'ordonnance avait voulu admettre cette exception, elle aurait reproduit les prescriptions qui la
régissent ou s'y serait référée, comme elle l'a fait pour
les dispositions qu'elle a tirées de la loi de 1841. »

En rapportant cet arrêt, M. Dalloz se demande si l'article 60 de la loi de 1841 n'est pas devenu applicable à
l'Algérie par l'effet de la loi du 8 août 1873, relative à
l'établissement et à la conservation de la propriété en
Algérie. L'article 2 de cette loi porte que « les lois françaises, et notamment celle du 23 mars 1855 sur la transcription, seront appliquées aux *transactions immobilières*. » M. Dalloz se hâte de répondre négativement.
Une autre solution était impossible. Nous nous éton-
nons même que la question ait été posée. Comment
une loi, faite en vue seulement des transactions privées, aurait-elle pu s'étendre à la matière spéciale de
l'expropriation pour utilité publique, et en modifier
les règles ; alors surtout qu'il s'agit de la loi de 1873,
la loi sur la transcription, qui, ainsi qu'il a été expliqué ailleurs (art. 17, n. 4), n'a pas même influé, en
France, sur les règles spéciales tracées, en matière d'expropriation, par la loi de 1841 ?

§ 2.

17. S'il y a lieu à fixation d'une indemnité de rétrocession, il n'y a pas, à peine de nullité, obligation pour
l'ancien propriétaire de faire offre d'une somme déterminée, en la manière et dans les délais prescrits par les
articles 21, 23 et 37. Il suffit que, devant le jury, le
chiffre offert et le chiffre demandé se trouvent précisés.
Il se produit alors une situation analogue à celle qui a
été examinée sous l'article 55, n. 18.

Ajoutons qu'en aucun cas l'ancien propriétaire, auteu
de la demande de rétrocession, ne serait recevable à s
prévaloir du défaut d'offre : si cela constituait une irré
gularité, elle résulterait du fait même de ce pre
priétaire[1].

18. L'indemnité de rétrocession ne doit pas excéde
l'indemnité moyennant laquelle les terrains avaient é
acquis. Cette disposition ne présente aucune difficul
lorsque la rétrocession s'applique au terrain entier. De
questions délicates pourraient, au contraire, se pr
senter, quand la rétrocession ne s'applique qu'à part
du terrain que l'expropriation avait frappé. (V. supr
n. 2.) La plupart du temps, la première décision du ju
ne fournira aucune indication précise du chiffre appl
cable à la portion au sujet de laquelle s'exerce exclus
vement la rétrocession. Les difficultés à ce relatives i
constitueront pas un litige sur le fond du droit; ell
devront être tranchées par le jury lui-même[2], qui re
tera souverain appréciateur à cet égard, et dont la déc
sion sera à l'abri de la critique si rien ne trahit en cl
la violation du principe que l'article 60 a pos
V. supra, n. 12.

On comprendrait mal ce principe si l'on entendi
donner nécessairement pour maximum du prix de rétr
cession le chiffre obtenu à l'aide d'une proportion ent
l'étendue de la totalité du terrain exproprié et l'étend
du terrain objet de la rétrocession; on ne saurait, p
exemple, dire d'une manière absolue : on a expropi
1,000 mètres pour une indemnité de 10,000 francs;
rétrocession s'applique à 200 mètres, le prix de la rétr

[1] 2 mars 1868, rej. : Consorts Bruneau c. Préfet de la Loire-In
rieure; M. Quénault. D. 182, S. 271, P. 660.
[2] Même arrêt.

cession ne saurait excéder 2,000 francs. Le jury chargé
de faire l'évaluation prescrite par l'article 60 doit tenir
compte non-seulement de l'étendue de la parcelle rétrocédée, mais aussi de sa situation et de toutes les circonstances qui pouvaient, au moment de l'expropriation,
donner à cette parcelle plus ou moins de valeur qu'aux
autres[1].

Ajoutons, avec un tout récent arrêt[2], qu'il n'y a pas
lieu de distinguer entre le cas où une somme a été
allouée, en bloc, pour l'ensemble de la propriété, et
celui où l'indemnité a été fixée à raison d'un prix déterminé par mètre de terrain; dans cette dernière hypothèse, le chiffre fixé par le jury représente le prix moyen
de tous les mètres dont se compose la propriété, et
n'implique nullement l'égalité de valeur respective de
chacun de ces mètres. Le jury peut donc allouer, pour
la partie non employée et, par suite, rétrocédée, d'un
terrain exproprié, une somme dans laquelle le mètre
figure pour une valeur supérieure à celle que, lors de
l'expropriation, le jury avait fixée pour chacun des
mètres de la propriété considérée dans son ensemble;
les mètres rétrocédés peuvent être la partie la plus utile
et la plus précieuse de la propriété que l'expropriation
avait frappée. Il suffit, en cette situation, que rien n'éta-
blisse que les jurés ont fait entrer dans leurs calculs un
élément étranger à ceux qui, pour la fixation du prix de
la parcelle rétrocédée, devaient être pris en considération.

19. L'exproprié à l'égard duquel l'indemnité n'a pas

[1] Même arrêt du 2 mars 1868.

[2] 5 juin 1878, rej.: Abeille c. Préfet de la Seine et Société Petit
Berlié ; M. Goujet. S. 328.

encore été réglée au moment où il exerce le droit de réacquisition peut-il demander indemnité, et réunion d'un jury pour la fixer? Oui ; car, bien que l'indemnité d'expropriation n'ait pas été fixée, l'expropriation a eu lieu, la propriété a passé sur la tête de l'expropriant. La rétrocession constitue une vente nouvelle dont le prix doit être fixé, dont le prix, aux termes de l'article 60, *ne peut excéder la somme moyennant laquelle les terrains ont été acquis*, mais peut être inférieur à cette somme, si les travaux en vue desquels l'expropriation a eu lieu ont modifié et amoindri la condition de ces terrains. La mission du jury consistera, en ce cas, à apprécier s'il y a eu diminution de valeur, et à fixer, s'il y a lieu, l'importance de cette diminution.

ARTICLE 61.

Un avis publié de la manière indiquée en l'article 6 fait connaître les terrains que l'administration est dans le cas de revendre.

Dans les trois mois de cette publication, les anciens propriétaires qui veulent réacquérir la propriété desdits terrains sont tenus de le déclarer ; et, dans le mois de la fixation du prix, soit amiable, soit judiciaire, ils doivent passer le contrat de rachat et payer le prix : le tout à peine de déchéance du privilége que leur accorde l'article précédent.

SOMMAIRE.

1. L'administration ne peut plus revenir sur une offre de rétrocession, après qu'elle a été acceptée.
2. Ordonnance du 22 mars 1835, réglant le mode d'exercice du privilége des anciens propriétaires.
3. Privilége analogue admis par les lois des 24 mai 1842 et 26 mars 1852.
4. Ce privilége est inapplicable aux expropriations prononcées par application de la loi du 13 avril 1850 sur l'assainissement des logements insalubres.

1. Après que l'avis prescrit par l'article 61 a été publié, et que l'ancien propriétaire a déclaré, dans le délai légal, vouloir user du privilége de réacquisition, il n'appartient plus à l'administration de reprendre le terrain compris en l'avis publié [1]. L'ancien propriétaire est, par l'effet de cet avis et de sa propre déclaration, rentré, sauf fixation du prix de réacquisition, dans son droit sur la parcelle à tort comprise dans l'expropriation, et n'en peut plus être dépouillé qu'au moyen d'une nouvelle expropriation accomplie dans les formes légales.

La décision sera la même, encore qu'il n'y ait pas eu publication de l'avis, s'il y a été suppléé par une offre que l'administration des domaines a faite à l'exproprié [2].

2. Une ordonnance royale, du 22 mars 1835, a réglé le mode d'exercice du privilége accordé par les articles 60 et 61 aux anciens propriétaires. Nous donnons à sa date le texte de cette ordonnance.

3. Un privilége analogue a été admis dans les cas régis par la loi du 24 mai 1842 sur les routes royales délaissées, et par le décret du 26 mars 1852, relatif aux rues de Paris. Voir l'article 3 de la loi, et l'article 2 du décret.

4. La loi du 13 avril 1850, relative à l'assainissement des logements insalubres, déclare au contraire les articles 60 et 61 inapplicables au cas où l'expropriation a été prononcée en exécution de cette loi. « Lorsque l'insalubrité, porte l'article 13 de la loi du 13 avril 1850, est le résultat de causes extérieures et permanentes, ou lors-

---

[1] 4 avr. 1856, Cons. d'Etat : Déabriges ; M. Gomel. L. 264, D. 1856, 3, 1, S. 1857, 2, 154, P. 78.

[2] 11 déc. 1871, Cons. d'Etat : Ancelle ; M. Braun. L. 286, D. 1872, 3, 64.

que ces causes ne peuvent être détruites que par des travaux d'ensemble, la commission (instituée pour indiquer les mesures d'assainissement des logements insalubres) pourra acquérir, suivant les formes et après l'accomplissement des formalités prescrites par la loi du 3 mai 1841, la totalité des propriétés comprises dans le périmètre des travaux. Les parties de ces propriétés qui, après l'assainissement opéré, resteraient en dehors des alignements arrêtés pour les nouvelles constructions, pourront être revendues aux enchères publiques, sans que, dans ce cas, les anciens propriétaires ou leurs ayants droit puissent demander l'application des articles 60 et 61 de la loi du 3 mai 1841. »

ARTICLE 62.

Les dispositions des articles 60 et 61 ne sont pas applicables aux terrains qui auront été acquis sur la réquisition du propriétaire, en vertu de l'article 50, et qui resteraient disponibles après l'exécution des travaux.

(Ne donne lieu à aucune observation.)
Voy. article 60, n. 3.

ARTICLE 63

Les concessionnaires des travaux publics exerceront tous les droits conférés à l'administration, et seront soumis à toutes les obligations qui lui sont imposées par la présente loi.

SOMMAIRE.

1. Lorsque les travaux ont été confiés à un concessionnaire, par qui, du préfet ou du concessionnaire, doivent être faites les poursuites?

2. Pour que le concesssionnaire puisse faire lui-même les poursuites, il faut qu'il ait un titre définitif et complet.

3. Le concessionnaire peut poursuivre en son nom, quoiqu'il ait
mis son privilége en société.

4. Lorsqu'il s'agit de travaux communaux, c'est par l'administration communale que doit être poursuivie l'expropriation.

5. Les priviléges généraux de l'Etat ne profitent pas au concessionnaire qu'il s'est substitué.

1. La délégation contenue en l'article 63, au profit
des concessionnaires, ne s'étend point aux mesures
antérieures à l'expropriation, qui affectent l'intérêt
général et qui n'appartiennent, en conséquence, qu'à
l'autorité publique [1]. L'autorité publique seule peut
faire rendre le jugement d'expropriation, et aussi le
faire notifier [2].

Après le jugement d'expropriation rendu et notifié, et
lorsqu'il s'agit de poursuivre le règlement des indemnités, et plus généralement d'accomplir toutes les formalités nécessaires pour mettre l'expropriant en possession, qui doit agir du concessionnaire ou du préfet?
Nous résumerons ici en peu de mots les règles qui
résultent de plusieurs décisions recueillies dans quelques-uns des articles qui précèdent.

Le concessionnaire a, après l'expropriation, le droit
de faire faire, à sa requête, tous les actes de poursuite,
quels qu'ils soient [3]. Le préfet conserve seulement le
droit de faire faire, concurremment avec le concessionnaire, ceux des actes dans lesquels il peut être considéré comme le représentant de l'autorité publique;

[1] 20 nov. 1854, rej. : Veuve Masteaux c. Ch. de fer de l'Est et Préfet de la Seine; M. Quénault. D. 1854, 5, 343.

[2] 23 juin 1862, non rec. : Veuve Lafeuillade c. Préfet du Gers;
M. Delapalme. D. 384, S. 1061, P. 1863, 306.

[3] Arrêt du 20 nov. 1854.

ainsi, les convocations de parties ou de jurés peuvent indifféremment et avec une égale régularité, être faites soit à la requête du préfet ou même du sous-préfet, soit à la requête du concessionnaire (art. 31, n. 1, et 57 n. 1 et suivants). Tous actes, au contraire, qui touchent non à l'intérêt public, mais à l'intérêt propre de l'expropriant, les offres, par exemple, n'appartiennent qu'au concessionnaire seul, et doivent, à peine de nullité, être faites à sa requête (art. 37, n. 6). La capacité du concessionnaire est la règle, celle du préfet n'est que l'exception.

Par suite, si, dans une affaire d'expropriation pour laquelle l'administration s'était subrogé un concessionnaire, il y a pourvoi en cassation de l'exproprié contre la décision du jury, le pourvoi doit, à peine de déchéance, être dirigé contre le concessionnaire (art. 42, n. 29); à moins, cependant, qu'en fait, le règlement de l'indemnité n'eût été, avec ou sans protestation de la part de l'exproprié, poursuivi par le préfet, auquel cas ce serait, en la forme, le préfet qui aurait qualité pour se pourvoir dans l'intérêt de l'expropriant, comme aussi ce serait contre lui que devrait être, en la forme, dirigé le pourvoi de l'exproprié (art. 42, n. 14 et 29).

2. Remarquons d'ailleurs que, pour que le concessionnaire ait qualité, et pour que l'exproprié puisse exiger que ce soit lui qui agisse, il faut que ce concessionnaire ait un titre définitif et complet. Il ne suffirait pas, pour habiliter une Compagnie à faire des poursuites d'expropriation dans l'intérêt d'une ville, qu'un traité fût intervenu entre l'administration municipale et cette Compagnie, si ce traité n'avait pas encore reçu de l'autorité compétente l'approbation qui seule lui donnera force et vigueur. Jusqu'à cette approbation, la ville peut

régulièrement faire toutes les poursuites, et elle seule peut les faire. Ainsi, jusqu'au jour où la société anonyme formée pour l'exécution des travaux de la rue Impériale à Lyon a été autorisée et ses statuts approuvés par décret, la ville de Lyon a eu qualité pour faire les poursuites nécessaires à l'exécution desdits travaux [1].

3. Le concessionnaire a le droit de poursuivre l'expropriation en son nom personnel bien que, pour l'exécution du travail de sa concession, il ait formé une société dans laquelle il a mis son privilége. Cette circonstance n'altère en aucune façon sa qualité de subrogé aux droits de l'administration. Ainsi jugé par arrêt du 6 janvier 1836 [2]. Il y avait cela de particulier, dans l'espèce, qu'en organisant une société, le concessionnaire n'avait fait que remplir le vœu de la loi même de sa concession, portant qu'il ne pourrait « exproprier ni « commencer les travaux qu'après avoir justifié vala- « blement de la constitution du fonds social nécessaire « à leur entière exécution. »

4. Toutes les fois qu'il s'agit de travaux communaux, l'administration qui a droit d'agir et d'ester en justice est l'administration communale. La loi de 1841 a elle-même reconnu et maintenu, en matière d'expropriation, les pouvoirs attribués à l'autorité municipale par la législation générale ; en effet, d'après l'article 20, paragraphe 2, la nature des travaux détermine si c'est le préfet

---

[1] 14 févr. 1855, rej. : Yon de Jonage et autres ; M. Gillon. D. 178, S. 538, P. 1, 391. — 20 mars 1855, rej.: Togny ; M. Gillon. D. 169, S. 538, P. 1, 391. — 24 avr. 1855, rej. : Falcoux c. Compagnie de la rue Impériale de Lyon; M. Delapalme. D. 132, S. 607, P. 1, 599.

[2] 6 janv. 1836: Gaullieur L'Hardy c. Boyer-Fonfrède ; M. Quéquet. D. 49, S. 5, P. à sa date, p. 893.

ou le maire qui doit être en cause, et les pouvoirs du maire sont reconnus par l'article 13 lorsqu'il s'agit d'aliénation des biens des communes. Ainsi jugé par arrêt du 12 mai 1858. Nous avons parlé ailleurs (art. 37, n. 7) de cet arrêt, qui déclare nulles les offres faites par le préfet dans une affaire qui concerne une administration municipale. Voir encore, dans le même sens, art. 31, n. 1, et art. 57, n. 1.

Un arrêt du 6 avril 1859 a jugé de même qu'un jugement portant désignation des jurés, en exécution de l'article 30, a été dûment rendu à la requête du maire de la ville dans l'intérêt de laquelle l'expropriation est poursuivie [1].

Ce qui a été dit plus haut (n. 1) des droits des concessionnaires, s'applique sans difficulté aux droits des administrations municipales.

5. Nous nous sommes demandé ailleurs (art. 53, n. 20), si l'État peut, par application du décret des 16-19 juillet 1793, accompagner d'une demande de caution les offres réelles qu'il fait en matière d'expropriation. L'arrêt rendu sur cette question a fort justement observé qu'en tout cas, le droit créé par ce décret est spécial à l'État et au trésor public, et ne saurait être invoqué par la Compagnie de chemin de fer que l'État a mise en son lieu et place : substituée à l'État en ce qui concerne l'exécution des travaux publics, la Compagnie ne l'est nullement quant aux priviléges généraux dont l'État jouit en toute matière [2].

[1] 6 avr. 1859, rej. : Héritiers Raud et Desgrées c. Ville de Vannes; M. Renouard. D. 164, S. 957, P. 834.

[2] 16 févr. 1861, C. de Toulouse : Ch. de fer d'Orléans c. Rouaïx et Bray. D. 2, 78, S. 2, 71, P. 667.

ARTICLE 64.

Les contributions de la portion d'immeuble qu'un propriétaire aura cédée, ou dont il aura été exproprié pour cause d'utilité publique, continueront à lui être comptées pendant un an, à partir de la remise de la propriété, pour former son cens électoral.

(Devenu sans objet).

TITRE VII. — *Dispositions exceptionnelles.*

CHAPITRE 1er.

Ce chapitre, ajouté tout entier à la loi lors de la révision de 1841, introduit et règle la *prise de possession d'urgence.* Le gouvernement paraissait attacher une grande importance à ces dispositions, et le désir de leur donner place dans la loi a été l'une des principales causes de la révision de 1841. Le projet du gouvernement tendait à rendre la prise de possession d'urgence si facile qu'il eût été à craindre qu'elle ne fût souvent ordonnée sans nécessité suffisante, et que l'exception ne se substituât à la règle. Les restrictions et les formes que le respect de la propriété commandait, et que les Chambres, la Chambre des Pairs surtout, ont exigées et introduites dans la loi, ont fait en partie disparaître les dangers que la mesure proposée présentait, mais ont en même temps enlevé à cette mesure une grande partie des avantages que le gouvernement en attendait.

Dans la pratique, on applique rarement les dispositions de ce chapitre. Nous n'aurons que peu d'observations à faire sur les articles qui le composent.

ARTICLE 65.

Lorsqu'il y aura urgence de prendre possession des terrains non bâtis qui seront soumis à l'expropriation, l'urgence
sera spécialement déclarée par une ordonnance royale.

SOMMAIRE.

1. A quelle autorité appartient-il de décider si un terrain est ou
non *bâti*?
2. Quand un terrain est réputé bâti.
3. Un terrain non bâti peut faire l'objet d'une prise de possession
d'urgence, encore qu'il soit affecté au service d'un terrain
bâti.
4. Le préfet peut ne requérir l'expropriation que pour une partie
seulement des terrains à l'égard desquels il y a eu déclaration
d'urgence.

1. Les terrains *non bâtis* sont les seuls dont la prise
de possession d'urgence puisse être ordonnée.

A quelle autorité appartient-il de décider définitivement si un terrain doit ou non être réputé *bâti*? A
l'autorité judiciaire : appelée, dans les cas prévus par
les articles 65 et suivants, à prononcer la mise en
possession, elle a, par suite, le droit et le devoir de
statuer sur les questions préjudicielles soulevées à
cette occasion. C'est la vérification même des garanties accordées à la propriété privée. Encore donc
que le décret déclaratif d'urgence aurait qualifié de
non bâti le terrain auquel il s'applique, l'autorité judiciaire ne doit pas considérer le caractère du terrain
comme une question résolue ; elle est tenue au contraire de l'examiner [1], de rectifier, s'il y a lieu, sur ce

---

[1] 29 août 1864, Cass. : Oudard *c.* Ch. de fer d'Orléans ; M. Mercier. D. 446, S. 415, P. 1124.

point, l'erreur du décret, et de refuser l'expropriation si le terrain lui paraît mériter en réalité la qualification de terrain bâti. Voir article 66, n. 3.

2. Toute construction, quelle qu'elle soit, ne suffirait pas pour faire considérer un terrain comme bâti. Il faut une construction de quelque importance eu égard à l'étendue et à la valeur du terrain exproprié. Ce sera une appréciation de fait.

3. Tous terrains non bâtis peuvent, sans distinction, être soumis à la prise de possession d'urgence, encore bien qu'ils seraient affectés à l'exploitation et au service de terrains bâtis ; qu'ils feraient partie d'un parc ou jardin dépendant d'une maison d'habitation [1] ; qu'ils formeraient même l'avenue ou l'issue par laquelle un bâtiment communique avec la voie publique, et que, par suite, la prise de possession d'urgence mettrait en quelque sorte le bâtiment en interdit [2]. Ce serait ajouter à la loi que de créer, à raison de ce préjudice, un obstacle légal à la prise de possession d'urgence.

4. Après qu'un décret a déclaré l'urgence pour l'expropriation d'une certaine étendue de terrain, le préfet peut ne requérir l'expropriation que pour une portion seulement de ce terrain. En désignant, par un arrêté, les limites dans lesquelles il entend exercer le droit acquis à l'Etat, le préfet n'empiète pas sur les pouvoirs de l'autorité supérieure ; il ne fait que déterminer, en la forme ordinaire des actes administratifs, les terrains dont l'expropriation sera demandée ; et le tribunal agit avec une parfaite régularité en prononçant

---

[1] 4 févr. 1865, Trib. civil de la Seine : Oudard c. Ch. de fer d'Orléans. *Gaz. des Trib.* du 12 février 1865.
[2] 15 juill. 1845, rej. : Ménassier c. Ch. de fer de Sceaux ; M. Renouard. D. 314, S. 688, P. 2, 253.

l'expropriation dans les termes restrictifs de l'arrêté préfectoral et de la demande présentée par l'administration [1]. Voy. art. 28, n. 7.

ARTICLE 66.

En ce cas, après le jugement d'expropriation, l'ordonnance qui déclare l'urgence et le jugement seront notifiés, conformément à l'article 15, aux propriétaires et aux détenteurs, avec assignation devant le tribunal civil. L'assignation sera donnée à trois jours au moins ; elle énoncera la somme offerte par l'administration.

SOMMAIRE.

1. Quand peut être rendu le décret déclaratif d'urgence.
2. Ce décret n'est pas susceptible de recours par la voie contentieuse.
3. La déclaration d'urgence ne dispense pas des formalités qui doivent précéder le jugement d'expropriation.

1. Le décret déclaratif d'urgence peut être rendu soit avant, soit après le jugement d'expropriation [2], mais ce n'est qu'après le jugement qu'il peut être procédé en vertu de ce décret.

2. Le décret déclaratif de l'urgence des travaux n'est pas susceptible d'un recours au Conseil d'Etat par la voie contentieuse [3].

3. La déclaration d'urgence ne dispense nullement de l'observation des formalités qui doivent précéder le

[1] 14 déc. 1875, rej. : Barthès c. Préfet du Tarn; M. Gastambide. D. 1876, 5, 235, S. 1876, 1, 128, P. 1876, 294.
[2] 8 janv. 1863, Cons. d'Etat : Bernon de Rochetaillée; M. Faré. L. 9, D. 3, 78, P. 313.
[3] Même arrêt.

jugement d'expropriation. Elle a seulement pour but de donner à l'administration la faculté de se mettre, avant le règlement définitif de l'indemnité, en possession des terrains dont l'expropriation a été prononcée. Le jugement commet un excès de pouvoir lorsqu'il s'autorise d'une déclaration d'urgence pour prononcer l'expropriation, bien qu'il n'y ait pas eu observation des formalités prescrites par l'article 2 et le titre II de la loi de 1841 [1]. Voy. art. 65, n. 1.

ARTICLE 67.

Au jour fixé, le propriétaire et les détenteurs seront tenus de déclarer la somme dont ils demandent la consignation avant l'envoi en possession.

Faute par eux de comparaître, il sera procédé en leur absence.

ARTICLE 68.

Le tribunal fixe le montant de la somme à consigner.

Le tribunal peut se transporter sur les lieux ou commettre un juge pour visiter les terrains, recueillir tous les renseignements propres à en déterminer la valeur, et en dresser, s'il y a lieu, un procès-verbal descriptif. Cette opération devra être terminée dans les cinq jours, à dater du jugement qui l'aura ordonnée.

Dans les trois jours de la remise de ce procès-verbal au greffe, le tribunal déterminera la somme à consigner.

ARTICLE 69.

La consignation doit comprendre, outre le principal, la somme nécessaire pour assurer, pendant deux ans, le payement des intérêts à 5 pour 100.

[1] 28 juin 1853, Cass. : Aufauvre c. Préfet de l'Allier ; M. Grandet. D. 285, S. 757, P. 2, 101.

ARTICLE 70.

Sur le vu du procès-verbal de consignation et sur une nouvelle assignation à deux jours de délai au moins, le président ordonne la prise de possession.

ARTICLE 71.

Le jugement du tribunal et l'ordonnance du président sont exécutoires sur minute et ne peuvent être attaqués par opposition ni par appel.

SOMMAIRE.

Le jugement et l'ordonnance peuvent être attaqués par la voie du recours en cassation.

On a prétendu que le jugement et l'ordonnance rendus au cas d'urgence n'étaient pas susceptibles d'être attaqués par la voie du recours en cassation. Cela ne reposait sur aucune base sérieuse, et la Cour de cassation a fait aisément justice d'une pareille fin de non recevoir. L'article 71 ne fait que répéter, en se servant d'autres termes, la disposition de l'article 20 ; le recours en cassation est de droit commun, et l'article 71 n'a pas entendu le refuser aux parties [1].

ARTICLE 72.

Le président taxera les dépens, qui seront supportés par l'administration.

ARTICLE 73.

Après la prise de possession, il sera, à la poursuite de la partie la plus diligente, procédé à la fixation définitive de l'indemnité en exécution du titre IV de la présente loi.

[1] 29 août 1864, rej. : Oudard c. Ch. de fer d'Orléans ; M. Mercier. D. 446, S. 415, P. 1124.

ARTICLE 74.

Si cette fixation est supérieure à la somme qui a été déterminée par le tribunal, le supplément doit être consigné dans la quinzaine de la notification de la décision du jury, et, à défaut, le propriétaire peut s'opposer à la continuation des travaux.

CHAPITRE II.

ARTICLE 75.

Des formalités prescrites par les titres I et II de la présente loi ne sont applicables ni aux travaux militaires, ni aux travaux de la marine royale.

Pour ces travaux, une ordonnance royale détermine les terrains qui sont soumis à l'expropriation.

SOMMAIRE.

1. Travaux militaires et de la marine.
2. Pouvoirs du préfet maritime.
3. Désignation des terrains par renvoi au plan annexé au décret.
4. La désignation doit être précise, et contenir les noms des propriétaires.
5. Expropriation requise pour une partie seulement des terrains désignés.

1. Un décret suffit pour remplacer, lorsqu'il s'agit des travaux militaires et de la marine, les formalités des titres I et II. Sur le vu du décret, le tribunal prononce l'expropriation, sans qu'il soit justifié de l'accomplissement d'aucune autre formalité[1]. Il est ensuite procédé, dans la forme ordinaire, au règlement de l'indemnité.

---

[1] 22 déc. 1834, rej. : Senès c. Préfet maritime de Toulon ; M. Quéquet. D. 1835, 1, 112, S. 1835, 1, 172, P. à sa date, p. 1169. — 9 févr. 1842, Cass. : Préfet des Landes c. Monet ; M. Renouard. D. 76, S. 262, P. 1. 303.

2. En matière de travaux relatifs à la marine, le *préfet maritime* a le droit de faire tous les actes que la loi de 1841 confie d'ordinaire au *préfet civil* [1].

3. Il n'est pas absolument nécessaire que le décret qui détermine les terrains soumis à l'expropriation énumère et décrive ces terrains dans son texte. Il suffit qu'il déclare soumis à l'expropriation les terrains indiqués en un plan annexé. Le plan ne fait alors avec le décret qu'une seule et même chose [2]. Voir, dans le même sens, art. 2, n. 10.

4. Mais on ne saurait conclure des termes de l'article 75 que tel ou tel mode de désignation puisse être arbitrairement adopté pour l'indication des propriétés dont les travaux militaires ou de la marine demandent l'acquisition. Spécialement, il est indispensable d'indiquer les noms de chaque propriétaire tels qu'ils sont inscrits sur la matrice des rôles, conformément aux prescriptions de l'article 5 de la loi de 1841. Si cet article 5, en effet, est sans application aux travaux dont il s'agit ici, à ces travaux comme à tous autres s'applique l'article 15 de la même loi, dont le paragraphe 2 exige que le jugement d'expropriation contienne les noms des propriétaires, et ces expressions de l'article 15 ont pour complément nécessaire les termes précités de l'article 5. L'inapplicabilité des titres I et II de la loi ne s'oppose évidemment pas à ce qu'on se reporte aux prescriptions qui y sont écrites, pour donner un sens rationnel et vrai aux dispositions des titres suivants, dont l'observation demeure indispensable. Voyez dans le même sens Delalleau-Rendu, 5ᵉ édit., n. 1020.

---

[1] Arrêt du 22 décembre 1834.
[2] Même arrêt.

5. Le préfet peut ne requérir l'expropriation que pour une partie des terrains dont un décret a prescrit l'expropriation pour travaux militaires[1]. Voy. art. 65, n. 4.

ARTICLE 76.

L'expropriation ou l'occupation temporaire, en cas d'urgence, des propriétés privées qui seront jugées nécessaires pour des travaux de fortification, continueront d'avoir lieu conformément aux dispositions prescrites par la loi du 30 mars 1831.

Toutefois, lorsque les propriétaires ou autres intéressés n'auront pas accepté les offres de l'administration, le règlement définitif des indemnités aura lieu conformément aux dispositions du titre IV ci-dessus.

Seront également applicables aux expropriations poursuivies en vertu de la loi du 30 mars 1831, les articles 16, 17, 18, 19 et 20, ainsi que le titre VI de la présente loi.

Voir plus loin le texte de la loi du 30 mars 1831, et les observations qui l'accompagnent.

TITRE VIII. — *Dispositions finales.*

ARTICLE 77.

Les lois des 8 mars 1810 et 7 juillet 1833 sont abrogées.

SOMMAIRE.

Instance en règlement d'indemnité engagée en Savoie au moment de l'annexion.

Conformément à ce principe que l'instance doit se poursuivre d'après les lois en vigueur au moment où

[1] 14 déc. 1875, rej.: Barthès c. Préfet du Tarn; M. Gastambide. D. 1876, 5, 235, S. 1876, 1, 128, P. 1876, 294.

elle a été introduite, il a été jugé que l'instance en règlement d'indemnité pour cause d'utilité publique, régulièrement engagée devant un tribunal Sarde au moment
de l'annexion de la Savoie à la France, a dû, devant les
tribunaux de la Savoie devenue française, se continuer
et se terminer conformément à la loi Sarde, et avec
le double degré de juridiction que comportait cette
loi [1].

---

[1] 2 janv. 1866, rej. : Rivet c. Préfet de la Savoie ; M. Aylies. S.
82, P. 182.

Décret de l'Assemblée nationale des 15-28 mars 1790, relatif aux droits féodaux.

EXTRAIT.

TITRE II. — *Des droits seigneuriaux qui sont supprimés sans indemnité.*

ARTICLE 19.

Les droits connus sous le nom de *coutume, hallage, havage, cohue,* et généralement tous ceux qui étaient perçus en nature ou en argent, à raison de l'apport ou du dépôt des grains, viandes, bestiaux, poissons et autres denrées et marchandises, dans les foires, marchés, places ou halles, de quelque nature qu'ils soient, ainsi que les droits qui en seraient représentatifs, sont aussi supprimés sans indemnité ; mais les bâtiments et halles continueront d'appartenir à leurs propriétaires, sauf à eux à s'arranger à l'amiable, soit pour le loyer, soit pour l'aliénation, avec les municipalités des lieux ; et les difficultés qui pourraient s'élever à ce sujet seront soumises à l'arbitrage des Assemblées administratives.

SOMMAIRE.

1. Modifications apportées à ce décret par les lois sur l'expropriation pour cause d'utilité publique.
2. Le règlement du prix de vente appartient au jury.
3. Bases d'après lesquelles le prix doit être réglé.
4. Le décret cesse d'être applicable si la commune achète le bâtiment pour en changer la destination ou l'état matériel.
5. Le décret est également inapplicable à un champ de foire sur lequel ne s'élève aucune construction.

1. Un avis du Conseil d'Etat, du 20 juillet 1836, explique les modifications apportées à ce décret par les lois postérieures sur l'expropriation pour cause d'utilité

publique. De cet avis il résulte : 1° que les propriétaires
des halles et marchés ont toujours, lorsque les communes demandent à en être mises en possession, sans
en changer ni la destination ni l'état matériel, l'option
entre la location et la vente ; 2° que, si le propriétaire,
a opté pour la location, c'est, en cas de difficulté, le
Conseil de préfecture qui règle les conditions du bail :
3° que, s'il a opté pour la vente, c'est conformément à
la loi de l'expropriation pour cause d'utilité publique
que le prix doit être réglé, s'il y a difficulté. L'avis du
Conseil d'État ajoute qu'il n'est pas nécessaire, en ce
dernier cas, de faire préalablement déclarer l'utilité
publique par ordonnance royale, attendu que cette
utilité résulte virtuellement de la législation spéciale
de 1790. Il suffira donc, pour que le tribunal puisse
prononcer l'expropriation, d'un simple arrêté du préfet,
déterminant la nature et l'affectation de l'immeuble, et
visant la sommation infructueuse qui a été faite au
propriétaire de passer amiablement acte de vente. Telle
est, du moins, la marche tracée par l'avis du Conseil
d'État.

2. On pourrait faire quelque difficulté pour admettre
que la déclaration *virtuelle* d'utilité publique écrite au
décret de 1790 dispense d'une déclaration *spéciale* chaque fois qu'il y a lieu à l'application de ce décret. Avant
l'avis du Conseil d'État du 20 juillet 1836, la pratique
semblait être de faire déclarer l'utilité publique et de
faire prononcer l'expropriation, conformément aux règles tracées par la loi de 1833, même lorsqu'il s'agissait de l'acquisition d'une halle. Voir une espèce jugée
par arrêt du 9 juin 1834 [1].

---

[1] 9 juin 1834, rej. : De Montmorency c. Préfet de la Seine-Inférieure ; M. Rupérou. D. 328, S. 711, P. à sa date, p. 612.

Quant à l'autorité compétente pour régler l'indemnité
de vente, le Conseil d'État avait jugé d'abord, le 5 mars
1814 [1], que la compétence administrative écrite en la
disposition finale de l'article 19 du décret de 1790 devait être conservée, nonobstant la loi postérieure du
8 mars 1810 ; un arrêt du 22 février 1821 [2] a décidé depuis que la loi de 1810 était, au contraire, applicable,
et qu'ainsi la compétence appartenait aux tribunaux ;
tous les auteurs se sont également prononcés en ce
sens.

La compétence qui, sous l'empire de la loi de 1810,
appartenait aux tribunaux, appartient aujourd'hui au
jury.

3. D'après quelles bases le prix doit-il être réglé?
Nous n'hésitons pas à penser, avec M. Rendu et
les autorités citées par lui (de Lalleau, 5e édition,
t. II, p. 478), que le jury devra tenir compte, non-
seulement de la valeur intrinsèque des bâtiments,
mais encore du revenu que, depuis l'abolition des
droits seigneuriaux, leurs propriétaires ont légitimement continué d'en retirer à titre de loyer.

4. Si la commune réclamait l'acquisition de la halle,
soit pour en changer la destination, soit même pour lui
conserver la même destination, mais en en changeant
l'état matériel, elle ne pourrait plus alors procéder par
application du décret de 1790 ; il y aurait pour elle
nécessité absolue de procéder par voie d'expropriation,
et il ne saurait plus être question d'un droit d'option
pour le propriétaire. C'est ce que reconnaît l'avis précité du 20 juillet 1836.

[1] 5 mars 1814, Cons. d'État : Bosredon c. Commune de Herment.
[2] 22 févr. 1821, Cons. d'État : Héritiers de Bacqueville c. Commune de Bacqueville ; M. de Cormenin. I., 165.

5. Le décret de 1790 n'est applicable qu'aux bâtiments et halles ; il ne s'appliquerait pas à un champ de foire sur lequel ne s'élève aucune construction [1].

Décret de l'Assemblée constituante des 8-10 juin 1791, concernant la Conservation et le Classement des Places de guerre et Postes militaires, la Police des fortifications et autres objets y relatifs.

EXTRAIT.

TITRE Ier. — *Conservation et classement des Places de guerre et Postes militaires; Police des Fortifications.*

ARTICLE 13.

Tous terrains de fortifications des places de guerre ou postes militaires, tels que remparts, parapets, fossés, chemins couverts, esplanades, glacis, ouvrages avancés, terrains vides, canaux, flaques ou étangs dépendant des fortifications, et tous autres objets faisant partie des moyens défensifs des frontières du royaume, tels que lignes, redoutes, batteries, retranchements, digues, écluses, canaux et leurs francs bords lorsqu'ils accompagnent les lignes défensives ou qu'ils en tiennent lieu, quelque part qu'ils soient situés, soit sur les frontières de terre, soit sur les côtes et dans les îles qui les avoisinent, sont déclarés *propriétés nationales*: en cette qualité, leur conservation est attribuée au ministre de la guerre, et, dans aucun cas, les corps administratifs ne pourront en disposer, ni s'immiscer dans leur manutention d'une autre

---

[1] 1er juin 1849, Cons. d'Etat : Ponts-Asnières de la Châtaigneraye; M. Bouchené-Lefer. L. 290, P. 71. — *Contrà*, 26 août 1846, C. de Grenoble : De Bérenger c. Commune de Laragne. D. 1852. 2, 220.

manière que celle qui sera prescrite par la suite du présent décret, sans la participation dudit ministre, lequel ainsi que ses agents demeureront responsables, en tout ce qui les concerne, de la conservation desdites propriétés nationales, de même que de l'exécution des lois renfermées au présent décret.

SOMMAIRE.

L'occupation d'une parcelle appartenant au domaine militaire ne peut avoir lieu par voie d'expropriation pour cause d'utilité publique.

Cet article s'oppose à ce que l'occupation d'une parcelle appartenant au domaine militaire de l'Etat ait lieu par voie d'expropriation pour cause d'utilité publique. Il ne peut être procédé ainsi, notamment, en vue de travaux ayant pour but la distribution des eaux dans les différents quartiers d'une ville. L'expropriation ne saurait être prononcée ; et ce n'est qu'avec le concours et la participation du Ministre de la guerre qu'il peut être statué sur les mesures à prendre en vue des travaux, en tant que ces travaux doivent affecter et parcourir le domaine militaire [1]. Voy. art. 1er de la loi de 1841, n. 8.

---

[1] 3 mars 1862, Cass. : Préfet de la Seine-Inférieure c. Decagny et autres ; M. Delapalme. D. 291, S. 468, P. 849.

Loi du 28 pluviôse an VIII (17 février 1800), concernant la division du territoire français et l'administration.

EXTRAIT.

ARTICLE 4.

Le Conseil de préfecture prononcera :

Sur les demandes de particuliers, tendant à obtenir la décharge ou la réduction de leur cote de contributions directes ;

Sur les difficultés qui pourraient s'élever entre les entrepreneurs de travaux publics et l'administration, concernant le sens ou l'exécution des clauses de leurs marchés ;

Sur les réclamations des particuliers qui se plaindront de torts et dommages procédant du fait personnel des entrepreneur et non du fait de l'administration ;

Sur les demandes et contestations concernant les indemnités dues aux particuliers, à raison des terrains pris ou fouillés pour la confection des chemins, canaux et autres ouvrages publics ;

Sur les difficultés qui pourront s'élever en matière de grande voirie ;

Sur les demandes qui seront présentées par les communautés des villes, bourgs ou villages, pour être autorisées à plaider ;

Enfin, sur le contentieux des domaines nationaux.

SOMMAIRE.

Cet article s'applique, à plus forte raison, aux réclamations auxquelles donne lieu le fait même de l'administration.

Le troisième alinéa de cet article, dont la rédaction, empruntée par mégarde à l'article 5 de la loi du 7 septembre 1790, reproduit mal la pensée du législateur, a dû recevoir de la jurisprudence une interprétation rectificative. Après quelques hésitations, le Conseil d'Etat paraît avoir posé définitivement ce principe, que l'autorité administrative, seule compétente pour statuer sur les réclamations des particuliers qui se plaignent de torts et dommages procédant du fait personnel des entrepreneurs, est *à plus forte raison* compétente pour connaître des réclamations auxquelles le fait même des administrations donnerait naissance [1].

Loi du 16 septembre 1807, sur les desséchements de marais [2].

EXTRAIT.

TITRE XI. — *Des indemnités aux propriétaires pour occupations de terrains.*

ARTICLE 48.

Lorsque, pour exécuter un desséchement, l'ouverture d'une nouvelle navigation, un pont, il sera question de supprimer des moulins et autres usines, de les déplacer, modifier, ou de réduire l'élévation de leurs eaux, la nécessité en sera constatée par les ingénieurs des ponts et chaussées. Le prix de l'estimation sera payé par l'Etat, lorsqu'il entreprend les travaux ; lorsqu'ils sont entrepris par des concessionnaires, le prix de l'estimation sera payé avant qu'il puissent faire cesser le travail des moulins et usines. — Il sera d'abord examiné si l'établissement des moulins et usines est légal, ou si le titre d'établissement ne soumet pas les propriétaires à voir démolir leurs établissements sans indemnité, si l'utilité publique le requiert.

---

[1] 19 juin 1856, Cons. d'Etat : Tonnelier *c.* Commune de Vinneuf ; M. Marchand. L. 434, D. 1857, 3, 6, P. 124.

[2] Voir l'article 3 de la loi du 3 mai 1841, n. 2 et 4.

1. Le possesseur d'une usine située sur une rivière navigable n'est fondé à réclamer une indemnité, en cas de détérioration ou de suppression de son usine par l'Etat, qu'autant que l'établissement de l'usine est légal et repose sur des titres valables et conformes aux lois. Cette question de droit, préjudicielle à toute allocation d'indemnité, ne peut être portée devant le jury, ni compétemment résolue par lui. Si le jury la résout, il commet un excès de pouvoir; il doit se borner à fixer une indemnité alternative, sauf renvoi devant qui de droit, conformément au paragraphe 4 de l'article 39 [1].

C'est à l'autorité administrative qu'il appartient de statuer sur les questions de légalité d'établissement des usines [2].

2. La jurisprudence du Conseil d'Etat n'attribue pas au jury compétence exclusive pour régler l'indemnité due à raison de l'expropriation d'une usine située sur un cours d'eau navigable; elle scinde la compétence

---

[1] 16 juill. 1844. Cass. — Préfet du Lot c. Lacroix-Lacoste; M. Hello. D. 307, S. 589, P. 2, 357.

[2] 22 août 1845. Cons. d'Etat. — De Calvimont c. l'Etat; M. Boulatignier. L. 130, S. 1847, 2, 69, P. 213. — 30 juin 1848. Cons. d'Etat. Chevalier c. Commune de La Boisse; M. Boulatignier. L. 401, D. 1848, 3, 101, S. 1848, 2, 702, P. 195. — 27 août 1851. Cons. d'Etat. Legat; M. Leviez. L. 806, P. 161.

de la manière suivante : l'autorité administrative réglera l'indemnité applicable à la perte de la force
motrice, l'autorité judiciaire réglera l'indemnité pour
le surplus, c'est-à-dire pour les bâtiments et matériel [1].

ARTICLE 49.

Les terrains nécessaires pour l'ouverture des canaux et
rigoles de desséchement, des canaux de navigation, des routes, des rues, la formation de places et autres travaux reconnus d'une utilité générale, seront payés à leurs propriétaires,
et à dire d'expert, d'après leur valeur avant l'entreprise des
travaux, et sans nulle augmentation du prix d'estimation.

ARTICLE 50.

Lorsqu'un propriétaire fait volontairement démolir sa maison, lorsqu'il est forcé de la démolir pour cause de vétusté, il
n'a droit à indemnité que pour la valeur du terrain délaissé,
si l'alignement qui lui est donné par les autorités compétentes
le force à reculer sa construction.

ARTICLE 51.

Les maisons et bâtiments dont il serait nécessaire de faire
démolir et d'enlever une portion pour cause d'utilité publique
légalement reconnue seront acquis en entier, si le propriétaire l'exige, sauf à l'administration publique ou aux communes à revendre les portions de bâtiments ainsi acquises, et
qui ne seront pas nécessaires pour l'exécution du plan. La
cession par le propriétaire à l'administration publique ou à la
commune et la revente seront effectuées d'après un décret
rendu en Conseil d'État sur le rapport du ministre de l'intérieur, dans les formes prescrites par la loi.

[1] 29 mars 1851 : Chevalier et Truchon ; M. Daverne. L. 233. P. 428.
— 28 mai 1852 : Veuve Ramière et Tournés ; M. Pascalis. L. 196.
D. 1852. 3. 41. P. 80. — 15 mars 1855 : Veuve Ramière et Tournés ;
M. Marchand L. 204. S. 1855. 2. 647. P. 37. — 27 août 1857 : Marchand, M. Leviez. L. 696. D. 1858. 3. 65. S. 1858. 2. 652. P. 390.

ARTICLE 52.

Dans les villes, les alignements pour l'ouverture des nouvelles rues, pour l'élargissement des anciennes qui ne font point partie d'une grande route, ou pour tout autre objet d'utilité publique, seront donnés par les maires, conformément au plan dont les projets auront été adressés aux préfets, transmis avec leur avis au ministre de l'intérieur et arrêtés en Conseil d'Etat. — En cas de réclamation de tiers intéressés, il sera de même statué en Conseil d'Etat sur le rapport du ministre de l'intérieur.

ARTICLE 53.

Au cas où, par les alignements arrêtés, un propriétaire pourrait recevoir la faculté de s'avancer sur la voie publique, il sera tenu de payer la valeur du terrain qui lui sera cédé. Dans la fixation de cette valeur, les experts auront égard à ce que le plus ou le moins de profondeur du terrain cédé, la nature de la propriété, le reculement du reste du terrain bâti ou non bâti loin de la nouvelle voie, peut ajouter ou diminuer de valeur relative pour le propriétaire. — Au cas où le propriétaire ne voudrait point acquérir, l'administration publique est autorisée à le déposséder de l'ensemble de sa propriété, en lui en payant la valeur telle qu'elle était avant l'entreprise des travaux. La cession et la revente seront faites comme il a été dit à l'article 51 ci-dessus.

Observations sur les articles 50, 52 et 53.

SOMMAIRE.

1. La loi de 1807 est restée la règle en matière d'alignement.
2. Elle s'applique à tous terrains compris dans le plan d'alignement, encore qu'ils seraient séparés par un mur de la voie actuelle.
3. Mais elle ne s'applique pas à l'ouverture d'une voie nouvelle ou au prolongement d'une voie existante.
4. Différence entre les effets de l'alignement et ceux de l'expropriation.
5. L'indemnité due par suite d'alignement doit être réglée par le jury.
6. .. Même lorsqu'il s'agit de fixer l'indemnité que le propriétaire obligé de s'avancer sur la voie publique payera à l'administration.
7. Comment le jury est saisi en cette matière. Jugement de *donné acte.*

8. Faute par l'administration de provoquer la convocation du jury, le propriétaire peut la poursuivre lui-même.

9. Les bases de l'indemnité sont restées telles que l'article 50 les avait réglées.

10. Quelques observations sur ces bases légales.

11. L'article 50 doit, d'ailleurs, être soigneusement restreint aux cas qu'il a prévus.

12. Indemnité réglée en dehors de la loi de 1807, et sans en avoir excipé.

13. Le jugement qui consacre le droit du propriétaire à l'indemnité, et qui désigne le magistrat directeur du jury chargé de la régler, est soumis, quant à l'appel et au recours en cassation, aux règles du droit commun.

14. Comment on procède quand le propriétaire, que l'arrêté d'alignement oblige à avancer, refuse d'acquérir le terrain nécessaire pour se conformer à l'arrêté.

15. Le jugement d'expropriation doit, en ce cas, indiquer expressément l'acte contenant refus d'acquisition.

16. En matière d'alignement, le propriétaire seul peut réclamer indemnité. Locataire, emphytéote.

1. Les dispositions principales de la loi de 1807, quant au mode d'après lequel les alignements sont donnés, n'ont pas cessé d'être en vigueur. Lors de la discussion de la loi du 7 juillet 1833, la loi de 1807 avait été l'objet de sérieuses attaques, mais elle y a résisté, et est restée la règle en matière d'alignement.

2. La loi de 1807 s'applique à toutes constructions élevées sur le terrain compris au plan d'alignement destiné à fixer la largeur d'une voie existante, et il y a, en ce cas, nécessité de demander autorisation, encore bien que le terrain sur lequel on travaille serait séparé par un mur de la voie publique actuelle [1]. Il en est du moins ainsi quand les travaux ont pour objet d'établir ou de réconforter un mur de face [2].

[1] 4 mai 1833, Ch. réunies, Cass. : Ministère public c. Houtin ; M. Bonnet ; M. Dupin, pr. gén., concl. contraires. —6 avril 1846, Ch. réunies, Cass. : Gamelin ; M. Lavielle. D. 1846, 4, 521, S. 1846, 1, 330.

[2] 15 juill. 1841, Cons. d'Etat : de Turin ; M. Marchand. L. 350, S. 1842, 2, 38, P. 154.

3. Mais la loi de 1807 n'est pas applicable lorsqu'il s'agit de terrains désignés aux plans non plus pour l'élargissement d'une voie, mais pour l'ouverture d'une voie nouvelle, ou le prolongement d'une voie existante [1]. Il faut, en ce cas, procéder par voie d'expropriation.

4. Il n'est pas nécessaire, lorsque l'administration procède par alignement, qu'elle remplisse à l'égard du propriétaire toutes les formalités auxquelles est soumise l'expropriation pour cause d'utilité publique [2]. De fait, et par l'exécution même des travaux en vue desquels l'alignement est demandé, il arrive d'ordinaire que le terrain retranchable est immédiatement réuni à la voie publique, et soumis, comme tel, aux règlements de police et de voirie [3]; mais faut-il dire qu'en droit, le riverain conserve, jusqu'à fixation de l'indemnité, la propriété de ce terrain, de telle sorte, par exemple, qu'il pourrait utilement le grever d'hypothèque? L'affirmative résulte d'un arrêt de la Chambre des requêtes, du 19 mars 1838 [4], et cette décision paraît conforme au droit commun; car si, par l'effet de l'arrêté d'alignement, les parties sont d'accord sur la chose vendue, elles ne sont pas encore convenues du prix (art. 1583 du Code civil), que déterminera seule la dé-

---

[1] 25 juill. 1829, Ch. réunies, rej.: Chandesais; M. Quéquet. — 24 nov. 1837, Ch. réunies, rej.: Mallez; M. Brière.

[2] 30 janv. 1836, Ch. crim., Cass. : Ministère public c. Weissgerber; M. Rives. D. 293, S. 600, P. à sa date, p. 1010.

[3] Même arrêt : Weissgerber, du 30 janvier 1836. — 27 janv. 1837, Ch. crim., Cass.: Mallez; M. Rives. D. 507, S. 173, P. 2, 134. — 19 juin 1857, Ch. crim., Cass.: Ministère public c. Requiem; M. Rives. D. 373, S. 871, P. 1858, 764.

[4] 19 mars 1838, req. rej.: Cuvillier c. Lagrenée; M. Félix Faure. D. 130, S. 212, P. 1, 431.

cision du jury (chargé, comme il va être dit au nombre
suivant, de la fixation de l'indemnité).

Un jugement récent du Tribunal de la Seine [1] considère l'arrêté d'alignement comme équivalant à la
convention de laisser le prix à l'arbitrage d'un tiers ;
ce tiers, c'est le jury. L'assimilation du jury à un tiers
nous semble une application, ou plutôt une extension
plus ingénieuse que vraie, de l'article 1592 du Code
civil.

L'arrêté d'alignement qui autoriserait à avancer sur
la voie publique, laisse intacts les droits des tiers, notamment celui du voisin qui prétendait à un droit de
propriété sur le terrain cédé, ou à une servitude de
vue ; ces alignements sont donnés aux risques et périls
de ceux qui les obtiennent [2]. L'immeuble exproprié, au
contraire, passe aux mains de l'administration, et, par
suite, aux mains de ses cessionnaires, s'il y a exercice
du droit de préemption (décret du 26 mars 1852, art. 2,
paragraphe 3), libre de toute espèce de servitude ou
de droit réel. (Voy. art. 21 de la loi du 3 mai 1841.)

5. Par qui sera réglée l'indemnité ? Les articles 56 et 57
de la loi de 1807 en attribuaient la fixation au Conseil
de préfecture ; mais le règlement en appartient aujour-
d'hui à l'autorité judiciaire, au jury. L'intention de soumettre au jury le règlement des indemnités d'alignement
résultait clairement de la discussion de la loi de 1833 à
la Chambre des députés [3] ; l'administration a cependant
hésité longtemps à le lui soumettre ; mais enfin, en 1841,

[1] 23 févr. 1878 : Ville de Paris c. Périn, Panhard et Cᵉ. *Gaz. des Trib.* du 21 avril 1878.
[2] 6 déc. 1855, Cons. d'Etat : Sauvaget et Leroy ; M. Beulatignier. L. 716, S. 1856, 2, 441, P. 163.
[3] *Moniteur* du 10 févr. 1833, p. 339 et 340.

un avis du Conseil d'Etat, du 1ᵉʳ avril, et une circulaire du ministre de l'intérieur, du 23 août, ont reconnu à cet égard la juridiction du jury. La section du contentieux[1] et la Cour de cassation[2] s'accordent pour reconnaître la compétence du jury à l'effet de régler les indemnités dues par suite d'alignement.

6. Cette compétence existe, non-seulement lorsqu'il s'agit de régler l'indemnité due par l'administration au propriétaire obligé de reculer, mais encore lorsqu'il s'agit de régler l'indemnité que payera à l'administration le propriétaire que l'alignement oblige à avancer sur la voie publique. Il n'y a aucune distinction à faire entre ces deux cas. « Toutes les fois, porte l'avis du 1ᵉʳ avril 1841, qu'un alignement donné par l'autorité compétente sur la voie publique, autre qu'un chemin vicinal, force un propriétaire à reculer ses constructions *ou à s'avancer sur la voie publique*, l'indemnité qui lui est due dans le premier cas, *et dont il est débiteur dans le second*, doit être réglée, en cas de contestation, par le jury. » La section du contentieux a également reconnu que c'est par le jury que doit être réglée l'indemnité dont l'alignement est la source, qu'elle soit due par l'administration au propriétaire ou par le propriétaire à l'administration[3].

Cette jurisprudence est en parfaite harmonie avec l'article 3 de la loi du 24 mai 1842 sur les portions de

[1] 30 mars 1846 : Rondet c. Ville de Vienne; M. Boulatignier. L. 203, P. 141. — 5 févr. 1857 : Bourette; M. Boulatignier. L. 93. — 14 déc. 1857 : Larbaud; M. Marchand. L. 818, D. 1858, 3, 56.

[2] 21 févr. 1849, Cass. : Préfet de la Seine c. Auquin; M. Delapalme. D. 138, S. 279, P. 1, 146.

[3] 27 janv. 1853 : Lecoq; M. Pascalis. L. 173, D. 1853, 3, 17, S. 1853, 2, 604, P. 31.

route délaissées, avec l'article 2 du décret du 26 mars 1852 sur les rues de Paris, qui donnent compétence au jury pour régler les indemnités dues par le propriétaire à l'administration, aussi bien que pour régler celles dues par l'administration au propriétaire.

7. Lorsqu'il y a lieu de régler une indemnité d'alignement, le préfet, pour arriver à la convocation du jury, produit devant le tribunal une expédition de l'arrêté d'alignement, et, par l'organe du ministère public, demande acte de cette production, et requiert la nomination d'un magistrat directeur. Le tribunal, par application du dernier paragraphe de l'article 14 de la loi de 1841, donne acte de la production, et désigne le magistrat directeur[1]. Le tribunal n'a pas alors à vérifier si les formalités du titre II ont été remplies ; il suffit qu'il lui soit justifié d'un arrêté d'alignement rendu par l'autorité compétente.

Le jugement qui renvoie le propriétaire devant le jury pour règlement de l'indemnité doit, à peine de nullité, porter en lui-même la preuve directe de la production de l'arrêté d'alignement, ou du consentement du propriétaire atteint par la mesure Il ne suffirait pas que le Tribunal se basât, pour renvoyer devant le jury, sur la simple et unique déclaration du préfet affirmant qu'il y a eu consentement à l'abandon par exécution d'alignement[2].

8. Faute par le préfet de provoquer, dans les six mois de l'arrêté d'alignement, la déclaration de l'expropriation subie, et la désignation d'un magistrat direc-

---

[1] Circulaire du Ministre de l'intérieur, du 23 août 1841.
[2] 10 janv. 1877, Cass. : Veuve Deligny c. Ville de Paris ; M. Guérin. D. 1878, 1, 127, S. 1877, 1, 181, P. 1877, 430.

teur, le propriétaire peut le faire lui-même, par application du paragraphe 1er de l'article 55 de la loi de 1841. Un arrêt du 6 février 1844 [1] décide que le propriétaire n'est pas obligé, pour poursuivre la convocation du jury, d'attendre qu'il se soit écoulé six mois depuis le jugement qui a désigné le magistrat directeur.

9. Le changement de la juridiction appelée à régler l'indemnité, opéré par les lois de 1810, 1833 et 1841 (*supra*, n. 5), n'a modifié en rien les règles relatives aux bases de l'indemnité. La disposition de l'article 50, d'après laquelle le propriétaire que l'alignement force à reculer « n'a droit à indemnité que pour la valeur du terrain délaissé, » n'a été abrogée par aucune loi ; elle doit conserver toute sa force, et être appliquée par le jury comme elle l'était auparavant par le Conseil de préfecture. Ainsi jugé sous l'empire de la loi de 1810 [2], de la loi de 1833 [3], de la loi de 1841 [4]. En effet, le retranchement de propriété qu'un citoyen peut subir par application d'un arrêté d'alignement régulièrement pris, ne constitue pas une expropriation pour cause d'utilité publique, mais n'est que la conséquence de la servitude d'alignement à laquelle sont assujetties les propriétés

[1] 6 févr. 1844, rej. : Préfet de l'Hérault c. Jaussen ; M. Renouard. D. 165, S. 328, P. 1, 274.

[2] 7 juill. 1829, Cass. : Ville de Douai c. Villette ; M. Jourde. D. 291, S. 308, P. à sa date, p. 1209.

[3] 3 mai 1841, Cass. : Ville de Saint-Mihiel c. Barré ; M. Thil. D. 239, S. 481, P. 2, 167.

[4] 21 févr. 1849, Cass. : Préfet de la Seine c. Auquin ; M. Delapalme. D. 138, S. 279, P. 1, 146. — 4 déc. 1867, Cass. : Préfet du Doubs c. Wetzel ; M. Rieff. D. 408, S. 455, P. 1200. — 20 nov. 1876, Cass. : Commune de Louverot c. Bertucat ; M. Hély d'Oissel. D. 1878, 1, 71, S. 1877, 1, 136, P. 1877, 307.

riveraines des voies publiques, et dont elles trouvent
la compensation dans la valeur que ces mêmes voies
donnent aux héritages. C'est par cette considération
que l'article 50 de la loi de 1807 a voulu qu'en cas de
recul de propriété par suite d'alignement, l'indemnité se bornât à la valeur du terrain délaissé à la voie
publique, sans qu'on eût à se préoccuper, comme en
cas d'expropriation, de la dépréciation que pourrait
éprouver la partie de propriété non atteinte par l'alignement.

Doit, en conséquence, être cassée, la décision du
jury qui alloue une indemnité *pour toutes dépréciations
et toutes choses;* ces termes impliquent que le jury ne
s'est pas uniquement préoccupé, comme il aurait dû le
faire, de la valeur du terrain [1].

10. La pensée du législateur a été que la servitude
d'alignement trouvait sa compensation dans les avantages résultant de la situation de l'immeuble. C'est une
sorte d'indemnité réglée à l'avance; on balance, en
vertu d'une présomption légale, la perte et le bénéfice.
Il y aurait beaucoup à dire contre ce règlement uniforme
qui s'applique aux cas les plus opposés. L'alignement
sera parfois un grand bénéfice pour le propriétaire
auquel il est donné; on lui versera de l'argent pour
quelques mètres de terrain qu'on lui prend, en même
temps qu'on augmentera, par les dispositions de la voie
publique, la valeur et les produits de sa propriété.
Mais, dans d'autres circonstances, on ne lui procurera
aucun avantage : placé depuis longtemps au bord d'une
voie publique qui n'a subi aucune modification propre
à ajouter à la valeur de son immeuble, on lui payera

---

[1] Arrêt du 20 nov. 1876.

quelques centaines ou quelques milliers de francs, et
cependant, à raison de la disposition de son immeuble,
on en détruira l'harmonie et les conditions d'existence,
on diminuera de moitié les prix de location, on mettra
peut-être le propriétaire dans l'obligation de démolir et
de reconstruire un immeuble condamné, sans cela, à
ne pas donner de produits utiles. En vertu de l'*alea*
légal, l'alignement sera pour l'un une fortune, pour
l'autre une ruine.

11. La disposition de l'article 50 doit, d'ailleurs, être
soigneusement restreinte aux cas pour lesquels elle a
été faite, c'est-à-dire aux cas de démolition volontaire,
ou pour cause de vétusté, d'une propriété touchant la
voie publique et soumise à l'alignement. On ne saurait
l'étendre à l'*expropriation* partielle d'une maison, encore que cette expropriation aurait pour cause l'agrandissement d'une route, et que le propriétaire aurait
consenti à l'expropriation et l'aurait exécutée [1]. L'acquiescement donné par le propriétaire à l'expropriation
ne fait pas de l'exécution de cette expropriation une
démolition volontaire. Il serait trop déraisonnable que
son acquiescement ne servît qu'à le mettre dans une
position plus défavorable que celle du propriétaire qui
résiste à l'expropriation.

12. Il a été jugé, par arrêt de la Chambre civile, que
le débiteur de l'indemnité, alors que, dans aucun acte,
il n'avait excipé de la loi de 1807, alors qu'il n'avait soulevé devant le jury aucun débat se référant à son application, ne saurait ensuite, contre la décision de ce jury,
se faire un moyen de cassation de ce que cette décision

---

[1] 15 janv. 1844, rej. : Préfet du Var c. Verlaque ; M. Hello. D. 121,
S. 353, P. 1, 623.

contiendrait, en sus de l'indemnité représentative de la valeur du terrain enlevé, une indemnité de dépréciation du terrain non exproprié [1].

13. Le jugement qui, à la suite d'un arrêté d'alignement, reconnaît la compétence du tribunal civil, consacre le droit du propriétaire à une indemnité, et nomme un magistrat directeur du jury chargé de fixer cette indemnité, n'est point un jugement d'expropriation contre lequel on puisse se pourvoir dans les formes prescrites par la loi du 3 mai 1841 ; il rentre dans la classe des jugements ordinaires, soumis aux règles du droit commun, soit quant à l'appel, soit quant au recours en cassation [2].

14. Si le propriétaire qui reçoit de l'arrêté d'alignement la faculté de s'avancer sur la voie publique refuse d'acquérir le terrain nécessaire pour se conformer à l'arrêté, l'article 53 autorise l'administration « à le déposséder de l'ensemble de sa propriété. » Il faudrait alors une cession amiable, ou, à son défaut, un jugement d'expropriation.

15. Le jugement d'expropriation doit, en ce cas, indiquer expressément, par sa substance ou par sa date, l'acte contenant le refus d'acquérir. Ce refus constitue en effet l'une des conditions dont l'accomplissement est rigoureusement nécessaire à la régularité du jugement : l'expropriation ne peut avoir lieu que si le refus est constant. Il ne suffirait donc pas que le jugement affirmât que le propriétaire a négativement répondu à la sommation à lui faite par la ville de

[1] 30 janv. 1865, rej.: Ville de Châlon-sur-Saône c. veuve Muiron ; M. Renouard.
[2] 15 avril. 1857, non rec.: Préfet de l'Ain c. Veuve Bourette ; M. Glandaz. D. 159, S. 863, P. 1858, 670.

déclarer s'il entendait profiter de la faculté d'acquérir.
La réponse négative doit être individuellement visée ;
et cela est surtout nécessaire lorsqu'il est vraisembla-
ble en fait que le tribunal l'a induite d'un acte qui n'est
pas par lui-même un refus absolu, et qui demandait
une appréciation [1]. On peut se reporter d'ailleurs aux
règles indiquées, quant au visa des pièces justificatives,
sous l'article 14 de la loi de 1841 (art. 14, n. 14).

16. L'emphytéote, le locataire, et tous autres ayants
droit secondaires, ne peuvent, en matière d'alignement, réclamer aucune indemnité. L'alignement est
réputé, en effet, émaner de la libre réclamation du
propriétaire ; s'il est dû quelque chose au locataire,
c'est par le bailleur seul. Le locataire exercera, s'il y
échet, contre le bailleur, son action en résiliation, ou
son action en diminution du prix du bail ou de la redevance [2].

ARTICLE 54.

Lorsqu'il y aura lieu en même temps à payer une indemnité à un propriétaire pour terrains occupés et à recevoir de
lui une plus-value pour des avantages acquis à ses propriétés restantes, il y aura compensation jusqu'à concurrence; et
le surplus seulement, selon les résultats, sera payé au propriétaire ou acquitté par lui.

ARTICLE 55.

Les terrains occupés pour prendre les matériaux nécessaires aux routes ou aux constructions publiques pourront être

---

[1] 8 avr. 1861, Cass. : Veuve Feuilloys et consorts c. Ville de Paris;
M. Alcock. D. 284, S. 795, P. 1862; 76.
[2] 31 mars 1863, C. de Paris: Babut c. Ville de Paris. S. 1863, 2,
160, P. 1863, 558. *Gazette des Tribunaux* du 12 avril 1863.

payés aux propriétaires comme s'ils eussent été pris pour la route même. — Il n'y aura lieu à faire entrer dans l'estimation la valeur des matériaux à extraire que dans le cas où l'on s'emparerait d'une carrière déjà en exploitation ; alors lesdits matériaux seront évalués d'après leur prix courant, abstraction faite de l'existence et des besoins de la route pour laquelle ils seraient pris, ou des constructions auxquelles on les destine.

SOMMAIRE.

1. Cette disposition est empruntée à d'anciens arrêts du Conseil.
2. Elle ne s'applique qu'aux propriétés non closes.
3. Fouilles pratiquées sans autorisation, ou en vertu d'une autorisation nulle ; dommages-intérêts, compétence.
4. Règlement sur la matière. Renvoi.

1. La disposition de cet article est empruntée aux arrêts du Conseil des 3 octobre 1667, 3 décembre 1672, 22 juin 1706, 7 septembre 1755. Cette disposition a continué de subsister et d'être exécutée. Elle a donné lieu à de fréquentes réclamations et à de graves critiques. L'extraction de matériaux aboutit souvent à une véritable expropriation, car souvent elle laisse le sol dans un état tel que le propriétaire n'en peut plus tirer aucun produit.

2. Les dispositions relatives aux fouilles et extractions, exorbitantes du droit commun, ne sont d'ailleurs applicables qu'aux propriétés non closes ; « sans néanmoins qu'ils puissent les prendre, porte l'article 1ᵉʳ de l'arrêt du Conseil de 1755, dans les lieux qui seront fermés de murs ou autre clôture équivalente selon les usages du pays. »

3. L'indemnité pour extraction de matériaux est réglée par les Conseils de préfecture ; mais alors toutefois que cette extraction a été ordonnée suivant les

règles prescrites, c'est-à-dire, aujourd'hui, conformément au décret du 8 février 1868. Ce sera l'autorité judiciaire qui connaîtra si les fouilles et extractions se sont opérées sans accomplissement des formalités [1], ou en vertu d'un arrêté préfectoral dont l'annulation a été ultérieurement prononcée par la juridiction contentieuse [2]. Telle est la jurisprudence du tribunal des conflits et du Conseil d'Etat.

La Cour de cassation se prononce dans le même sens. Une autorisation administrative avait été donnée à un entrepreneur à l'effet de pratiquer des fouilles sur une propriété ; une décision du Conseil d'Etat a ultérieurement annulé cette autorisation, par le motif que la propriété était close, et échappait dès lors à la servitude légale. Une demande de dommages-intérêts a alors été formée, devant l'autorité judiciaire, par le propriétaire contre l'entrepreneur ; le juge n'a alloué à l'entrepreneur que l'indemnité déterminée par l'arrêt de 1755, et a refusé les dommages-intérêts par le motif que l'entrepreneur avait agi en vertu d'autorisations administratives. Cette décision a encouru la cassation [3]. Les décisions de justice sont déclaratives et non attributives des droits ; conformément à ce principe, et par l'effet de l'arrêt du Conseil d'Etat, les autorisations données à l'entrepreneur se trouvaient annulées *ab initio*, et celui-ci ne pouvait s'en prévaloir pour se soustraire à la réparation des faits dommageables qui lui étaient reprochés.

---

[1] 12 mai 1877, Trib. des conflits : Gagne c. Joubert, Veysseyre et Département de la Haute-Loire ; M. Barbier. L. 459, D. 1878, 3, 3.

[2] 6 juill. 1877, Cons. d'Etat : Ledoux c. Ch. de fer d'Orléans à Châlons ; M. Mayniel. L. 674, D. 1878, 3, 3.

[3] 25 août 1868, Cass. : Brulé-Grouzelle c. Mara et autres ; M. Gastambide. D. 398, S. 436, P. 1172.

4. Les formalités à suivre pour les occupations temporaires n'ont été pendant longtemps déterminées par aucun règlement spécial. Ce règlement est intervenu le 8 février 1868. En voir le texte à sa date.

ARTICLE 56.

Les experts pour l'évaluation des indemnités relatives à une occupation de terrain, dans les cas prévus au présent titre, seront nommés, pour les objets de travaux de grande voirie, l'un par le propriétaire, l'autre par le préfet; et le tiers expert, s'il en est besoin, sera de droit l'ingénieur en chef du département. Lorsqu'il y aura des concessionnaires, un expert sera nommé par le propriétaire, un par le concessionnaire, et le tiers expert par le préfet. — Quant aux travaux des villes, un expert sera nommé par le propriétaire, un par le maire de la ville, ou de l'arrondissement pour Paris, et le tiers expert par le préfet.

ARTICLE 57.

Le contrôleur et le directeur donneront leur avis sur le procès-verbal d'expertise qui sera soumis, par le préfet, à la délibération du Conseil de préfecture; le préfet pourra, dans tous les cas, faire faire une nouvelle expertise.

Voir nos observations sur les articles 50, 52 et 53.

Loi du 30 mars 1831, relative à l'expropriation et à l'occupation temporaire, en cas d'urgence, des propriétés privées nécessaires aux travaux des fortifications.

De cette loi il faut rapprocher le décret du 10 août 1853, cité plus bas, à sa date.

ARTICLE 1er.

Lorsqu'il y a lieu d'occuper tout ou partie d'une ou de plusieurs propriétés particulières pour y faire des travaux de fortifications dont l'urgence ne permettra pas d'accomplir les formalités de la loi du 8 mars 1810, il sera procédé de la manière suivante.

SOMMAIRE.

1. La loi du 30 mars 1831 est inapplicable aux travaux à faire pendant le combat ou à l'approche de l'ennemi.
2. Travaux conservés après la campagne.

1. L'article 76 de la loi du 3 mai 1841 conserve expressément force et vigueur à la loi du 30 mars 1831. Voir le texte de cet article.

La loi du 30 mars 1831 s'applique aux travaux de fortification qui ont un caractère d'urgence ; mais ses formes, toutes rapides qu'elles sont, seraient cependant impossibles à observer s'il s'agissait de travaux à faire pendant le combat ou même à l'approche de l'ennemi. Il y a alors cas de guerre, et non expropriation. Ainsi jugé par arrêt du 14 juillet 1846[1], dans une espèce où un particulier, propriétaire d'un pont que l'autorité militaire avait fait incendier pendant l'insurrection de Lyon en 1834, réclamait, pour la fixation de l'indemnité qui lui était due, la compétence judiciaire ; il a été reconnu qu'il n'y avait pas eu là expropriation, mais destruction en vertu d'ordres administratifs, et que, par

---

[1] 14 juill. 1846, rej. : De Chazournes c. Préfet du Rhône ; M. Miller. D. 301, S. 735, P. 2, 385.

suite, l'autorité administrative était seule compétente pour régler l'indemnité.

Le décret réglementaire du 10 août 1853 a complété et précisé ce qui est relatif à la détermination de l'urgence. Par application de ce décret, la compétence administrative a été reconnue par le tribunal civil de la Seine dans une espèce où il s'agissait d'une démolition opérée par le génie militaire au moment d'une lutte certaine et actuelle, caractérisée par des opérations respectives d'attaque et de défense [1].

2. Encore, d'ailleurs, que l'occupation ait eu lieu *en temps de guerre* et pendant que la place était assiégée, cela ne suffit pas pour faire disparaître l'obligation de fournir indemnité conformément à la loi de 1831, si les travaux ont été ensuite conservés. Le Conseil d'Etat l'a décidé dans une espèce où des travaux de fortification avaient été élevés pendant la campagne de 1813, et conservés après la campagne [2].

ARTICLE 2.

L'ordonnance royale qui autorisera les travaux, et déclarera l'utilité publique, déclarera en même temps qu'*il y a urgence*.

ARTICLE 3.

Dans les vingt-quatre heures de la réception de l'ordonnance du roi, le préfet du département où les travaux de fortification devront être exécutés transmettra ampliation de ladite ordonnance au procureur du roi près le tribunal de

[1] 10 mars 1877 : Louet c. Préfet de la Seine. *Gaz. des Trib.* du 27 mars 1877.
[2] 15 déc. 1865, C. d'Etat : Molinié c. Ministre de la guerre; M. Thureau-Dangin. L. 995, D. 1866, 3, 87.

l'arrondissement où seront situées les propriétés qu'il s'agira d'occuper, et au maire de la commune de leur situation. — Sur le vu de cette ordonnance, le procureur du roi requerra de suite, et le tribunal ordonnera immédiatement, que l'un des juges se transportera sur les lieux avec un expert que le tribunal nommera d'office. — Le maire fera sans délai publier l'ordonnance royale par affiche, tant à la principale porte de l'église du lieu qu'à celle de la maison commune, et par tous autres moyens possibles. Les publications et affiches seront certifiées par ce magistrat.

ARTICLE 4.

Dans les vingt-quatre heures, le juge-commissaire rendra, pour fixer le jour et l'heure de sa descente sur les lieux, une ordonnance qui sera signifiée, à la requête du procureur du roi, au maire de la commune où le transport devra s'effectuer, et à l'expert nommé par le tribunal. — Le transport s'effectuera dans les dix jours de cette ordonnance, et seulement huit jours après la signification dont il vient d'être parlé. — Le maire, sur les indications qui lui seront données par l'agent militaire chargé de la direction des travaux, convoquera, au moins cinq jours à l'avance, pour le jour et l'heure indiqués par le juge-commissaire : 1° les propriétaires intéressés, et, s'ils ne résident pas sur les lieux, leurs agents, mandataires ou ayants cause; 2° les usufruitiers, ou autres personnes intéressées, telles que fermiers, locataires, ou occupants à quelque titre que ce soit. — Les personnes ainsi convoquées pourront se faire assister par un expert ou arpenteur.

ARTICLE 5.

Un agent de l'administration des domaines et un expert, ingénieur, architecte ou arpenteur, désignés l'un et l'autre par le préfet, se transporteront sur les lieux au jour et à l'heure indiqués pour se réunir au juge-commissaire, au maire ou à l'adjoint, à l'agent militaire et à l'expert désigné par le tribunal. — Le juge-commissaire recevra le serment préalable des experts sur les lieux, et il en sera fait mention au procès-verbal. — L'agent militaire déterminera, en présence de tous, par des pieux et piquets, le périmètre du terrain dont l'exécution des travaux nécessitera l'occupation.

SOMMAIRE.

Est-il nécessaire que le serment des experts soit prêté sur les lieux?

C'est sur les lieux que les experts doivent prêter serment, parce qu'en cette matière la visite des lieux est l'opération principale, la seule à laquelle les parties aient le droit d'assister ou d'être représentées. (Voir *infrà*, art. 10, n. 3.)

Un jugement du tribunal civil de la Seine, du 26 janvier 1842, a cependant jugé qu'en cas d'empêchement et de remplacement de l'expert primitivement commis, il n'est d'aucune utilité de faire prêter serment *sur les lieux* à l'expert désigné par le tribunal pour continuer les opérations, et qu'il suffit que le second expert ait prêté serment ès mains du président du tribunal [1].

ARTICLE 6.

Cette opération achevée, l'expert désigné par le préfet procédera immédiatement, et sans interruption, de concert avec l'agent de l'administration du domaine, à la levée du plan parcellaire, pour indiquer dans le plan général de circonscription les limites et la superficie des propriétés particulières.

ARTICLE 7.

L'expert nommé par le tribunal dressera un procès-verbal qui comprendra : 1° la désignation des lieux, des cultures, plantations, clôtures, bâtiments et autres accessoires des

---

[1] De Saint-Albin c. l'Etat. D. 1842, 1, 334.

fonds; cet état descriptif devra être assez détaillé pour pouvoir servir de base à l'appréciation de la valeur foncière, et, en cas de besoin, de la valeur locative, ainsi que des dommages et intérêts résultant des changements ou dégâts qui pourront avoir lieu ultérieurement; 2° l'estimation de la valeur foncière et locative de chaque parcelle de ces dépendances, ainsi que de l'indemnité qui pourra être due pour frais de déménagement, pertes de récoltes, détérioration d'objets mobiliers ou tous autres dommages. — Ces diverses opérations auront lieu contradictoirement avec l'agent de l'administration des domaines et l'expert nommé par le préfet, avec les parties intéressées si elles sont présentes, ou avec l'expert qu'elles auront désigné. Si elles sont absentes, et qu'elles n'aient point nommé d'expert, ou si elles n'ont point le libre exercice de leurs droits, un expert sera désigné d'office par le juge-commissaire pour les représenter.

SOMMAIRE.

Il n'est pas nécessaire de mettre les intéressés en demeure de nommer leurs experts.

L'article 4 accorde aux propriétaires et locataires la faculté de choisir et de nommer un expert; mais ni cet article, ni l'article 7, ni aucune autre disposition de la loi, n'impose au juge-commissaire le devoir de mettre les parties intéressées présentes en demeure de nommer un expert; le vœu de la loi est suffisamment rempli par la nomination d'un expert chargé de représenter les personnes absentes ou incapables[1].

ARTICLE 8.

L'expert nommé par le tribunal devra, dans son procès-verbal : 1° indiquer la nature et la contenance de chaque pro-

[1] 26 janv. 1842, Trib. civ. de la Seine : De Saint-Albin c. l'Etat. D. 1842, 1, 334.

priété, la nature des constructions, l'usage auquel elles sont destinées, les motifs des évaluations diverses, et le temps qu'il paraît nécessaire d'accorder aux occupants pour évacuer les lieux ; 2º transcrire l'avis de chacun des autres experts, et les observations et réquisitions, telles qu'elles lui seront faites, de l'agent militaire, du maire, de l'agent du domaine, et des parties intéressées ou de leurs représentants. Chacun signera ses dires, ou mention sera faite de la cause qui l'en empêche.

SOMMAIRE.

1. Nécessité de porter le travail des experts à la connaissance des intéressés.
2. Défaut de signature immédiate du procès-verbal.

1. Il est essentiel que le résultat du travail des experts soit porté à la connaissance des parties intéressées.

Il y a communication suffisante de ce travail aux parties par la lecture qui en a été faite à l'assemblée des intéressés [1].

2. Le défaut de signature immédiate du procès-verbal par les personnes qui y sont dénommées comme présentes n'est pas une cause de nullité [2].

ARTICLE 9.

Lorsque les propriétaires, ayant le libre exercice de leurs droits, consentiront à la cession qui leur sera demandée, et aux conditions qui leur seront offertes par l'administration, il sera passé entre eux et le préfet un acte de vente qui sera rédigé dans la forme des actes d'administration, et dont la minute restera déposée aux archives de la préfecture.

[1] Même jugement.
[2] Même jugement.

ARTICLE 10.

Dans le cas contraire, sur le vu de la minute du procès-verbal dressé par l'expert, et de celui du juge-commissaire qui aura assisté à toutes les opérations, le tribunal, dans une audience tenue aussitôt après le retour de ce magistrat, déterminera, en procédant comme en matière sommaire, sans retard et sans frais : 1° l'indemnité de déménagement à payer aux détenteurs avant l'occupation; 2° l'indemnité approximative et provisionnelle de dépossession qui devra être consignée, sauf réglement ultérieur et définitif, préalablement à la prise de possession. — Le même jugement autorisera le préfet à se mettre en possession, à la charge : 1° de payer sans délai l'indemnité de déménagement, soit au propriétaire, soit au locataire; 2° de signifier avec le jugement l'acte de consignation de l'indemnité provisionnelle de dépossession. — Ledit jugement déterminera le délai dans lequel, à compter de l'accomplissement de ces formalités, les détenteurs seront tenus d'abandonner les lieux. — Ce délai ne pourra excéder cinq jours pour les propriétés non bâties, et dix jours pour les propriétés bâties. — Le jugement sera exécutoire nonobstant appel ou opposition.

SOMMAIRE.

1. La présence du juge commissaire à toutes les opérations de l'instruction est prescrite à peine de nullité.
2. Mais il n'est pas indispensable que ce magistrat assiste au jugement de dépossession.
3. Les propriétaires ne sont ni appelés devant le tribunal, ni admis à y intervenir.
4. Voie de recours en cassation ouverte contre le jugement de dépossession.
5. L'administration ne peut, après cassation, au lieu de saisir le tribunal de renvoi, saisir, par une procédure nouvelle, le tribunal dont le jugement a été cassé.

1. L'article 10 exige, en termes formels, que le juge-commissaire assiste à *toutes les opérations* de l'instruction : la surveillance continue du juge-commissaire est

la garantie essentielle et indispensable des opérations
prescrites. Le tribunal, qui ne doit prononcer la dépossession qu'après s'être assuré que l'instruction a été
régulière, excéderait ses pouvoirs s'il la prononçait
alors qu'il résulte, en fait, des procès-verbaux produits,
que le juge-commissaire n'a assisté qu'à une partie
seulement des opérations [1].

2. La loi n'exige pas que le juge-commissaire assiste
au jugement de dépossession [2].

3. Les propriétaires ou détenteurs sujets à l'expropriation ne sont appelés qu'aux opérations d'instruction
(art. 4, § 3); ils ne sont ni appelés à l'audience, ni
parties au jugement, qui doit être rendu sur le vu des
procès-verbaux. La Cour de cassation leur a même,
par deux arrêts des 5 juillet 1842 et 11 décembre 1844 [3],
formellement refusé le droit d'intervenir. Non-seulement le tribunal n'est pas forcé d'admettre l'intervention en la forme, mais encore il y a pour lui obligation
légale de la repousser. « Il résulte manifestement,
porte l'arrêt du 11 décembre 1844, du texte de l'article 10 et de son esprit, qu'aucune des parties n'est
admissible à prendre et à déposer à l'audience des
conclusions, et à les développer; ce serait, à l'instruction simple et rapide, complète et contradictoire, qui a
eu lieu sur le terrain soumis à l'expropriation, ajouter,
contrairement au vœu de la loi, une instruction nou-

[1] 5 juill. 1842, Cass.: De Saint-Albin c. l'Etat; M. Fabvier. D. 334,
S. 671, P. 2, 208. — 2 janv. 1843, Cass.: Jacques Laffitte et Ce c.
l'Etat; M. Renouard. D. 80, S. 20, P. 1, 129.

[2] 15 mai 1843: De Saint-Albin c. l'Etat; M. Fabvier. D. 311, S.
498, P. 2, 211.

[3] 5 juill. 1842, rej.: De Saint-Albin c. l'Etat; M. Fabvier. D. 334,
S. 671, P. 2, 208. — 11 déc. 1844, Cass.: l'Etat c. de Saint-Albin;
M. Gillon. D. 1845, 1, 45, S. 1845, 1, 32, P. 1845, 1, 42.

velle, en l'absence peut-être de l'autre partie, puisque
la loi n'oblige pas à appeler les parties à l'audience, et
en courant le risque de retarder la remise à l'Etat de
terrains dont la prompte occupation importe à sa défense. » Remarquons toutefois que l'arrêt du 5 juillet 1842 avait été rendu contrairement aux conclusions
de M. Laplagne-Barris.

4. Conformément à l'article 20 de la loi du 3 mai
1841, déclaré, par l'article 76 de la même loi (§ 3),
applicable aux travaux de fortification reconnus urgents,
les jugements de dépossession rendus en vertu de la
loi du 30 mars 1831 peuvent être attaqués par la voie
du recours en cassation, pour incompétence, excès de
pouvoir ou vice de forme.

5. Après cassation du jugement qui a mis l'Etat en
possession, l'administration peut-elle, au lieu de se
retirer devant le tribunal de renvoi, saisir une seconde
fois le tribunal dont le jugement a été cassé, en recom-
mençant la procédure sur des errements nouveaux?
Non assurément. En vain l'administration se serait
désistée de sa première poursuite et aurait procédé à
une instruction nouvelle. Qu'elle repousse la première
procédure ou qu'elle procède par voie d'instruction
nouvelle, elle ne peut s'adresser qu'au tribunal de renvoi, seul compétent désormais, et qu'aucun artifice de
procédure ne peut dessaisir de l'attribution que l'arrêt
de cassation lui a conférée sur le fond. Ainsi jugé par
arrêt du 15 mai 1843 [1]. Voy. art. 20 de la loi du 3 mai
1841, n. 67.

Cet arrêt ajoute qu'on ne saurait voir un acquiesce-

---

[1] 15 mai 1843, Cass.: De Saint-Albin c. l'Etat; M. Fabvier. D. 311,
S. 498, P. 2, 211.

ment à la juridiction du tribunal incompétent, dans une sommation relative à l'instruction suivie devant ce tribunal, adressée par le propriétaire au représentant de l'administration, mais accompagnée de protestations et de réserves expresses [1].

ARTICLE 11.

L'acceptation de l'indemnité approximative et provisionnelle de dépossession ne fera aucun préjudice à la fixation de l'indemnité définitive. — Si l'indemnité provisionnelle n'excède pas 100 francs, le payement en sera effectué sans production d'un certificat d'affranchissement d'hypothèque, et sans formalité de purge hypothécaire. — Si l'indemnité excède cette somme, le gouvernement fera, dans les trois mois de la date du jugement dont il est parlé dans l'article précédent, transcrire ledit jugement, et purgera les hypothèques légales. A l'expiration de ce délai, l'indemnité provisionnelle sera exigible de plein droit, lors même que les formalités ci-dessus n'auraient pas été remplies, à moins qu'il n'y ait des inscriptions, ou des saisies-arrêts ou oppositions : dans ce cas, il sera procédé selon les règles ordinaires, et sans préjudice des dispositions de l'article 26 de la loi du 8 mars 1810.

SOMMAIRE.

1. Applicabilité des articles 16 à 19 de la loi du 3 mai 1841.
2. Points de départ des intérêts de l'indemnité provisionnelle et des intérêts de l'indemnité définitive.

1. La loi du 3 mai 1841 (art. 76, § 3) a déclaré ses articles 16, 17, 18, 19, applicables aux expropriations poursuivies en vertu de la loi du 30 mars 1831.

2. Le propriétaire qui néglige ou refuse pendant un certain temps de retirer la somme consignée n'a droit aux

---

[1] Même arrêt.

intérêts qu'au taux servi par la caisse des consignations;
il ne peut demander les intérêts à cinq pour cent du
jour de la dépossession. Il lui était loisible de retirer
l'indemnité provisionnelle, sans que son droit à l'indemnité définitive s'en trouvât en aucune façon atteint ou
amoindri[1]. Mais, si le chiffre de l'indemnité définitive
dépasse celui de l'indemnité provisionnelle, la différence entre les deux sommes doit produire intérêts du
jour de la dépossession, et non pas seulement du jour
de la décision du jury[2].

ARTICLE 12.

Aussitôt après la prise de possession, le tribunal procédera
au règlement définitif de l'indemnité de dépossession, dans
les formes prescrites par les articles 16 et suivants de la loi
du 8 mars 1810. Si l'indemnité définitive excède l'indemnité
provisionnelle, cet excédant sera payé conformément à l'article précédent.

SOMMAIRE.

1. Compétence du jury pour opérer le règlement définitif de l'indemnité.
2. Production du rapport d'experts qui a servi à la fixation de l'indemnité provisionnelle.

1. C'est au jury qu'il appartient aujourd'hui, conformément à l'article 76, paragraphe 2, de la loi de
1841, de procéder au règlement définitif de l'indemnité;
et cela, au cas même où il s'agirait d'une occupation
simplement temporaire[3].

---

[1] 17 déc. 1845, Trib. civ. de Lyon. *Gazette des Tribunaux* du
22 janvier 1846.
[2] Même jugement.
[3] 15 déc. 1865, C. d'Etat : Molinié c. Ministre de la guerre ;
M. Thureau-Dangin. L. 995, D. 1866, 3, 87.

2. Nous avons dit ailleurs (art. 37 de la loi du 3 mai 1841, n. 26), qu'il n'est pas nécessaire que le rapport d'experts qui a servi à la fixation de l'indemnité provisionnelle soit placé sous les yeux du jury.

ARTICLE 13.

L'occupation temporaire prescrite par ordonnance royale ne pourra avoir lieu que pour des propriétés non bâties. — L'indemnité annuelle représentative de la valeur locative de ces propriétés, et du dommage résultant du fait de la dépossession, sera réglée à l'amiable ou par autorité de justice, et payée par moitié, de six mois en six mois, au propriétaire et au fermier, le cas échéant. — Lors de la remise des terrains qui n'auront été occupés que temporairement, l'indemnité due pour les détériorations causées par les travaux, ou pour la différence entre l'état des lieux au moment de la remise et l'état constaté par le procès-verbal descriptif, sera payée sur règlement amiable ou judiciaire, soit au propriétaire, soit au fermier ou exploitant, et selon leurs droits respectifs.

ARTICLE 14.

Si, dans le cours de la troisième année d'occupation provisoire, le propriétaire ou son ayant droit n'est pas remis en possession, ce propriétaire pourra exiger et l'État sera tenu de payer l'indemnité pour la cession de l'immeuble, qui deviendra dès lors propriété publique. — L'indemnité foncière sera réglée, non sur l'état de la propriété à cette époque, mais sur son état au moment de l'occupation, tel qu'il aura été constaté par le procès-verbal descriptif. — Tout dommage causé au fermier ou exploitant par cette dépossession définitive lui sera payé après règlement amiable ou judiciaire.

ARTICLE 15.

Dans tous les cas où l'occupation provisoire ou définitive donnerait lieu à des travaux pour lesquels un crédit n'aurait pas été ouvert au budget de l'État, la dépense restera soumise à l'exécution de l'article 152 de la loi (de finances) du 25 mars 1817.

Est-il dû indemnité pour l'établissement, autour des places de guerre,
des zones de servitudes militaires?

L'établissement, autour des places fortes, de zones
grevées de servitudes militaires, donne-t-elle aux propriétaires le droit de réclamer une indemnité? Les
principes de notre législation devraient entraîner solution affirmative de la question. Cependant le silence des
lois spéciales à cet égard, une pratique vicieuse mais
invétérée, d'après laquelle l'indemnité n'est pas appliquée, les difficultés d'appréciation d'une indemnité
basée sur des servitudes dont l'exercice est éventuel
et douteux, les charges énormes qu'un pareil règlement
entraînerait pour l'État, tout cet ensemble de considérations et de faits a laissé mal défini et en souffrance
le droit des propriétaires des terrains compris dans les
zones. Alors que des atteintes particulièrement graves
ont été portées à la propriété par la création des zones
de servitudes, le gouvernement, mu par un sentiment
que recommandaient à la fois la politique et l'équité,
a volontairement accordé quelque dédommagement;
c'est ce qui est arrivé, notamment, pour celles des propriétés voisines de Paris pour lesquelles l'établissement
des fortifications avait été une cause de dépréciation
par trop sensible; mais aucune règle fixe n'a été posée,
et le Conseil d'État a repoussé les demandes d'indemnité formées pour l'établissement des zones, par le
motif que ces demandes ne reposaient que sur la
crainte d'un danger, et qu'il n'était encore justifié,

au moment de la demande, d'aucun dommage réellement éprouvé [1].

Ordonnance du 18 septembre 1833, contenant le tarif des frais et dépens pour tous les actes qui seront faits en vertu de la loi sur l'expropriation pour cause d'utilité publique.

Louis-Philippe, etc. ;

Vu l'article 41 de la loi du 7 juillet 1833, sur l'expropriation pour cause d'utilité publique ; — Notre Conseil d'Etat entendu ; Nous avons ordonné et ordonnons ce qui suit :

La taxe de tous les actes faits en vertu de la loi du 7 juillet 1833 sera réglée par le tarif ci-après :

CHAPITRE I. — Des huissiers.

ART. 1er. Il sera alloué à tous huissiers un franc pour l'original : 1° de la notification de l'extrait du jugement d'expropriation aux personnes désignées dans les articles 15 et 22 de la loi du 7 juillet 1833 ; 2° de la signification de l'arrêt de la Cour de cassation (art. 20 et 42 de ladite loi) ; 3° de la dénonciation de l'extrait du jugement d'expropriation aux ayants droit mentionnés aux articles 21 et 22 ; 4° de la notification de l'arrêté du préfet qui fixe la somme offerte pour indemnités (art. 23) ; 5° de l'acte contenant acceptation des offres faites par l'administration, avec signification, s'il y a lieu, des autorisations requises (art. 24, 25 et 26) ; 6° de l'acte portant convocation des jurés et des parties, avec notification aux parties d'une expédition de l'arrêt par lequel la Cour royale a formé la liste du jury (art. 31 et 33) ; 7° de la notification au juré défaillant de l'ordonnance du directeur du jury qui l'a

---

[1] 18 févr. 1836, C. d'Etat : De Narbonne-Lara ; M. Tarbé de Vauxclairs. L. 90, D. v° *Expropr.*, n. 788, P. 273. — 24 juillet 1856, C. d'Etat : Trézel ; M. Aucoc. L. 490, D. 1857, 3, 9, S. 1857, 2, 389, P. 137. — 5 févr. 1857, C. d'Etat : Bléville ; M. Aucoc. L. 98, D. 1857, 3, 74. — 5 févr. 1857, C. d'Etat : Holker ; M. Aucoc. L. 98, D. 1858, 5, 272, S. 1857, 2, 778, P. 241.

condamné à l'amende (art. 32) ; 8° de la notification de la décision du jury, revêtue de l'ordonnance d'exécution (art. 41) ; 9° de la sommation d'assister à la consignation, dans le cas où il n'y aura pas eu d'offres réelles (art. 54) ; 10° de la sommation au préfet pour qu'il soit procédé à la fixation de l'indemnité (art. 55) ; 11° de l'acte contenant réquisition par le propriétaire de la consignation des sommes offertes, dans le cas où cette réquisition n'a pas été faite par l'acte même d'acceptation (art. 59) ; 12° et généralement de tous actes simples auxquels pourra donner lieu l'expropriation.

2. Il sera alloué à tous huissiers 1 fr. 50 c. pour l'original : 1° de la notification du pourvoi en cassation formé, soit contre le jugement d'expropriation, soit contre la décision du jury (art. 20 et 42) ; 2° de la dénonciation, faite au directeur du jury par le propriétaire ou l'usufruitier, des noms et qualités des ayants droit mentionnés au paragraphe premier de l'article 21 de la loi précitée (art. 21 et 22) ; 3° de l'acte par lequel les parties intéressées font connaitre leurs réclamations (art. 18, 21, 39, 52 et 54) ; 4° de l'acte d'acceptation des offres de l'administration, avec réquisition de consignation (art. 24 et 59) ; 5° de l'acte par lequel la partie qui refuse les offres de l'administration indique le montant de ses prétentions (art. 17, 24, 28 et 53) ; 6° de l'opposition formée par un juré à l'ordonnance du magistrat directeur du jury qui l'a condamné à l'amende (art. 32) ; 7° de la réquisition du propriétaire tendant à l'acquisition de la totalité de son immeuble (art. 50) ; 8° de la demande à fin de rétrocession des terrains non employés à des travaux d'utilité publique art. 60 et 61 ; 9° de la demande tendant à ce que l'indemnité d'une expropriation déjà commencée soit réglée conformément à la loi du 7 juillet 1833 (art. 68) ; 10° enfin de tous actes qui, par leur nature, pourront être assimilés à ceux dont l'énumération précède.

3. Il sera alloué à tous huissiers, pour l'original : 1° du procès-verbal d'offres réelles, contenant le refus ou l'acceptation des ayants droit, et sommation d'assister à la consignation (art. 53), 2 fr. 25 c. ; 2° du procès-verbal de consignation, qu'il y ait eu ou non offres réelles (art. 49, 53 et 54), 4 francs.

4. Il sera alloué pour chaque copie des exploits ci-dessus le quart de la somme fixée pour l'original.

5. Les copies de pièces dont la notification a lieu en vertu de la loi seront certifiées par l'huissier ; il lui sera payé 30 centimes par chaque rôle, évalué à raison de vingt-huit lignes à la page, et de quatorze à seize syllabes à la ligne (art. 57).

6. Les copies des pièces déposées dans les archives de l'administration, qui seront réclamées par les parties dans leur intérêt pour l'exécution de la loi, et qui seront certifiées par les agents de l'administration, seront payées à l'administration sur le même taux que les copies certifiées par les huissiers.

7. Il sera alloué à tous huissiers 50 centimes pour visa de leurs actes, dans le cas où cette formalité est prescrite. — Ce droit sera double si le refus du fonctionnaire qui doit donner le visa oblige l'huissier à se transporter auprès d'un autre fonctionnaire.

8. Les huissiers ne pourront rien réclamer pour le papier des actes par eux notifiés ni pour l'avoir fait viser pour timbre. — Ils emploieront du papier d'une dimension égale au moins à celle des feuilles assujetties au timbre de 70 centimes.

CHAPITRE II. — Des greffiers.

9. Tous extraits ou expéditions délivrés par les greffiers en matière d'expropriation pour cause d'utilité publique seront portés sur papier d'une dimension égale à celle des feuilles assujetties au timbre de 1 fr. 25 c. — Ils contiendront vingt-huit lignes à la page et de quatorze à seize syllabes à la ligne.

10. Il sera alloué aux greffiers 40 centimes pour chaque rôle d'expédition ou d'extrait.

11. Il sera alloué aux greffiers, pour la rédaction du procès-verbal des opérations du jury spécial, 5 francs pour chaque affaire terminée par décision du jury rendue exécutoire. — Néanmoins, cette allocation ne pourra jamais excéder 15 fr. par jour, quel que soit le nombre des affaires, et, dans ce cas, ladite somme de 15 francs sera répartie également entre chacune des affaires terminées le même jour.

12. L'état des dépens sera rédigé par le greffier. — Celle des parties qui requerra la taxe devra, dans les trois jours qui suivront la décision du jury, remettre au greffier toutes les pièces justificatives. — Le greffier paraphera chaque pièce admise en taxe, avant de la remettre à la partie.

13. Il sera alloué au greffier 10 centimes pour chaque article de l'état des dépens, y compris le paraphe des pièces.

14. L'ordonnance d'exécution du magistrat directeur du jury indiquera la somme des dépens taxés, et la proportion dans laquelle chaque partie devra les supporter.

15. Au moyen des droits ci-dessus accordés aux greffiers, il ne leur sera alloué aucune autre rétribution à aucun titre, sauf les droits de transport dont il sera parlé ci-après ; et ils demeureront chargés : 1° du traitement des commis-greffiers, s'il était besoin d'en établir pour le service des assises spéciales ; 2° de toutes les fournitures de bureau nécessaires pour la tenue de ces assises ; 3° de la fourniture du papier des expéditions ou extraits, qu'ils devront aussi faire viser pour timbre.

CHAPITRE III. — Des indemnités de transport.

16 Lorsque les assises spéciales se tiendront ailleurs que dans la ville où siège le tribunal, le magistrat directeur du jury aura droit à une indemnité fixée de la manière suivante : — S'il se transporte à plus de cinq kilomètres de sa résidence il recevra pour tous frais de voyage, de nourriture et de séjour, une indemnité de 9 francs par jour ; s'il se transporte à plus de deux myriamètres, l'indemnité sera de 12 francs par jour.

17. Dans le même cas, le greffier ou son commis assermenté recevra 6 ou 8 francs par jour, suivant que le voyage sera de plus de cinq kilomètres ou de plus de deux myriamètres, ainsi qu'il est dit dans l'article précédent.

18. Les jurés qui se transporteront à plus de deux kilomètres du lieu où se tiendront les assises spéciales, pour les descentes sur les lieux, autorisées par l'article 37 de la loi du 7 juillet 1833, recevront, s'ils en font la demande formelle, une indemnité qui sera fixée, pour chaque myriamètre parcouru en allant et revenant, à 2 fr. 50 c. Il ne leur sera rien alloué pour toute autre cause que ce soit, à raison de leurs fonctions, si ce n'est dans le cas de séjour forcé en route, comme il est dit ci-après, art. 24

Voy. art. 41 de la loi du 3 mai 1841, n. 22.

19. Les personnes qui seront appelées pour éclairer le jury, conformément à l'article 37 précité, recevront, si elles le requièrent, savoir : — quand elles ne seront pas domiciliées à plus d'un myriamètre du lieu où elles doivent être entendues, pour indemnité de comparution, 1 fr. 50 c. ; — quand elles seront domiciliées à plus d'un myriamètre, pour indemnité de voyage, lorsqu'elles ne seront pas sorties de leur arrondissement, 1 franc par myriamètre parcouru en allant et revenant ; et lorsqu'elles seront sorties de leur arrondissement,

1 fr. 50 c. — Dans le cas où l'indemnité de voyage est allouée, il ne doit être accordé aucune taxe de comparution.

20. Les personnes appelées devant le jury qui reçoivent un traitement quelconque à raison d'un service public n'auront droit qu'à l'indemnité de voyage, s'il y a lieu, et si elles la requièrent.

21. Les huissiers qui instrumenteront dans les procédures en matière d'expropriation pour cause d'utilité publique recevront, lorsqu'ils seront obligés de se transporter à plus de deux kilomètres de leur résidence, 1 fr. 50 c. pour chaque myriamètre parcouru en allant et en revenant, sans préjudice de l'application de l'article 35 du décret du 14 juin 1813.

22. Les indemnités de transport ci-dessus établies seront réglées par myriamètre et demi-myriamètre. Les fractions de huit ou neuf kilomètres seront comptées pour un myriamètre, et celles de trois à huit kilomètres pour un demi-myriamètre.

23. Les distances seront calculées d'après le tableau dressé par les préfets, conformément à l'article 93 du décret du 18 juin 1811.

24. Lorsque les individus dénommés ci-dessus seront arrêtés dans le cours du voyage par force majeure, ils recevront en indemnité, pour chaque jour de séjour forcé, savoir : — les jurés, 2 fr. 50 c.; — les personnes appelées devant le jury et les huissiers, 1 fr. 50 c. — Ils seront tenus de faire constater par le juge de paix, et, à son défaut, par l'un des suppléants, ou par le maire, et, à son défaut, par l'un de ses adjoints, la cause du séjour forcé en route, et d'en représenter le certificat à l'appui de leur demande en taxe.

25. Si les personnes appelées devant le jury sont obligées de prolonger leur séjour dans le lieu où se fait l'instruction, et que ce lieu soit éloigné de plus d'un myriamètre de leur résidence, il leur sera alloué, pour chaque journée, une indemnité de 2 francs.

26. Les indemnités des jurés et des personnes appelées pour éclairer le jury seront acquittées comme frais urgents, par le receveur de l'enregistrement, sur un simple mandat du magistrat directeur du jury, lequel mandat devra, lorsqu'il s'agira d'un transport, indiquer le nombre des myriamètres parcourus, et, dans tous les cas, faire mention expresse de la demande d'indemnité.

27. Seront également acquittées par le receveur de l'enregistrement les indemnités de déplacement que le magistrat directeur du jury et son greffier pourront réclamer lorsque la réunion du jury aura lieu dans une commune autre que le

chef-lieu judiciaire de l'arrondissement. Le payement sera fait sur un état certifié et signé par le magistrat directeur du jury, indiquant le nombre des journées employées au transport, et la distance entre le lieu où siége le jury et le chef-lieu judiciaire de l'arrondissement.

28. Dans tous les cas, les indemnités de transport allouées au magistrat directeur du jury et au greffier resteront à la charge, soit de l'administration, soit de la compagnie concessionnaire qui aura provoqué l'expropriation, et ne pourront entrer dans la taxe des dépens.

CHAPITRE IV. — Dispositions générales.

29. Il ne sera alloué aucune taxe aux agents de l'administration autorisés par la loi du 7 juillet 1833 à instrumenter concurremment avec les huissiers.

30. Le greffier tiendra exactement note des indemnités allouées aux jurés et aux personnes qui seront appelées pour éclairer le jury, et en portera le montant dans l'état de liquidation des frais.

31. L'administration de l'enregistrement se fera rembourser de ses avances dans la liquidation des frais par la partie qui sera condamnée aux dépens, en vertu d'un exécutoire délivré par le magistrat directeur du jury, et selon le mode usité pour le recouvrement des droits dont la perception est confiée à cette administration. — Quant aux indemnités de transport payées au magistrat directeur du jury et au greffier, et qui, suivant l'article 28 ci-dessus, ne pourront entrer dans la taxe des dépens, elle en sera remboursée, soit par l'administration, soit par la compagnie conces-ionnaire qui aura provoqué l'expropriation.

Ordonnance du 18 février 1834, portant règlement sur les formalités des enquêtes relatives aux travaux publics.

Louis-Philippe, etc.
Vu l'article 3 de la loi du 7 juillet 1833 ; — Vu l'ordonnance réglementaire du 28 février 1831, etc.

TITRE I⁰ʳ. — *Formalités des enquêtes relatives aux travaux publics qui ne peuvent être exécutés qu'en vertu d'une loi.*

ART. 1⁰ʳ. Les entreprises de travaux publics qui, aux termes du premier paragraphe de l'article 3 de la loi du 7 juillet 1833, ne peuvent être exécutés qu'en vertu d'une loi, seront soumises à une enquête préalable dans les formes ci-après déterminées.

2. L'enquête pourra s'ouvrir sur un avant-projet où l'on fera connaître le tracé général de la ligne des travaux, les dispositions principales des ouvrages les plus importants, et l'appréciation sommaire des dépenses. — S'il s'agit d'un canal, d'un chemin de fer ou d'une canalisation de rivière, l'avant-projet sera nécessairement accompagné d'un nivellement en longueur, et d'un certain nombre de profils transversaux ; et si le canal est à point de partage, on indiquera les eaux qui doivent l'alimenter.

3. A l'avant-projet sera joint, dans tous les cas, un mémoire descriptif indiquant le but de l'entreprise et les avantages qu'on peut s'en promettre ; on y annexera le tarif des droits dont le produit serait destiné à couvrir les frais des travaux projetés, si ces travaux devaient devenir la matière d'une concession.

4. Il sera formé, au chef-lieu de chacun des départements que la ligne des travaux devra traverser, une commission de neuf membres au moins et de treize au plus, pris parmi les principaux propriétaires de terres, de bois, de mines, les négociants, les armateurs et les chefs d'établissement industriels. — Les membres et le président de cette commission seront désignés par le préfet dès l'ouverture de l'enquête.

5. Des registres destinés à recevoir les observations auxquelles pourra donner lieu l'entreprise projetée seront ouverts, pendant un mois au moins et quatre mois au plus, au chef-lieu de chacun des départements et des arrondissements que la ligne des travaux devra traverser. — Les pièces qui, aux termes des articles 2 et 3, doivent servir de base à l'enquête, resteront déposées pendant le même temps et aux mêmes lieux. — La durée de l'ouverture des registres sera déterminée dans chaque cas particulier par l'administration supérieure. — Cette durée, ainsi que l'objet de l'enquête, seront annoncés par des affiches.

6. A l'expiration du délai qui sera fixé en vertu de l'article précédent, la commission mentionnée à l'article 4 se réunira sur-le-champ : elle examinera les déclarations consignées aux registres de l'enquête ; elle entendra les ingénieurs des ponts et chaussées et des mines employés dans le département: et, après avoir recueilli auprès de toutes les personnes qu'elle jugera utile de consulter, les renseignements dont elle croira avoir besoin, elle donnera son avis motivé, tant sur l'utilité de l'entreprise que sur les diverses questions qui auront été posées par l'administration. — Ces diverses opérations, dont elle dressera procès-verbal, devront être terminées dans un nouveau délai d'un mois.

7. Le procès-verbal de la commission d'enquête sera clos immédiatement ; le président de la commission le transmettra sans délai, avec les autres pièces, au préfet, qui l'adressera avec son avis à l'administration supérieure, dans les quinze jours qui suivront la clôture du procès-verbal.

8. Les chambres de commerce, et au besoin les chambres consultatives des arts et manufactures des villes intéressées à l'exécution des travaux, seront appelées à délibérer et à exprimer leur opinion sur l'utilité et la convenance de l'opération. — Les procès-verbaux de leurs délibérations devront être remis au préfet avant l'expiration du délai fixé dans l'article 6.

TITRE II. — *Formalités des enquêtes relatives aux travaux publics qui peuvent être autorisés par une ordonnance royale.*

9. Les formalités prescrites par les articles 2, 3, 4, 5, 6, 7 et 8, seront également appliquées, sauf les modifications ci après, aux travaux qui, aux termes du second paragraphe de l'article 3 de la loi du 7 juillet 1833, peuvent être autorisés par une ordonnance royale.

10. Si la ligne des travaux n'excède pas les limites de l'arrondissement dans lequel ils sont situés, le délai de l'ouverture des registres et du dépôt des pièces sera fixé au plus à un mois et demi, et au moins à vingt jours. — La commission d'enquête se réunira au chef-lieu de l'arrondissement, et le nombre de ses membres variera de cinq à sept.

TITRE III. — *Dispositions transitoires.*

11. Les dispositions ci-dessus prescrites ne sont pas applicables aux entreprises de travaux publics pour lesquels une instruction et des enquêtes spéciales auraient été commencées avant la publication de la présente ordonnance, et conformément aux ordonnances et règlements antérieurs.

Ordonnance du 15 février 1835, qui modifie celle du 18 février 1834, relative aux entreprises d'utilité publique.

ART. 1er. Lorsque la ligne des travaux relatifs à une entreprise d'utilité publique devra s'étendre sur le territoire de plus de deux départements, les pièces de l'avant-projet qui serviront de base à l'enquête ne seront déposées qu'au chef-lieu de chacun des départements traversés. — Des registres continueront d'être ouverts, conformément au paragraphe 1er de l'article 5 de notre ordonnance du 18 février 1834, tant aux chefs-lieux de département qu'aux chefs-lieux d'arrondissement, pour recevoir les observations auxquelles pourra donner lieu l'entreprise projetée.

Loi du 20 mars 1835, portant qu'aucune route ne pourra être classée au nombre des routes départementales sans que le vote du du Conseil général ait été précédé d'une enquête.

ART. 1er. A l'avenir, aucune route ne pourra être classée au nombre des routes départementales sans que le vote du Conseil général ait été précédé de l'enquête prescrite par l'article 3 de la loi du 7 juillet 1833. — Cette enquête sera faite par l'administration, ou d'office, ou sur la demande du Conseil général.

2. Les votes émis jusqu'à la promulgation de la présente loi, quoiqu'ils n'aient pas été précédés de la susdite enquête, pourront être approuvés par ordonnance du roi, suivant les formes prescrites par le décret du 16 décembre 1811.

3. Les dispositions qui précèdent auront lieu sans préjudice des mesures d'administration prescrites par le titre II de la loi du 7 juillet 1833, et relatives à l'expropriation.

Il est parlé de la loi de 1835 sous l'article 3 de la loi du 3 mai 1841, n. 10, 11 et 12.

———

Ordonnance du 22 mars 1835, relative aux terrains acquis pour des travaux d'utilité publique, et qui n'auraient pas reçu ou ne recevraient pas cette destination.

Louis-Philippe, etc.

Vu les articles 60, 61 et 66 de la loi du 7 juillet 1833 sur l'expropriation pour cause d'utilité publique ; — Voulant régler le mode d'exercice du privilége accordé par ces articles aux anciens propriétaires des terrains acquis pour des travaux d'utilité publique que l'administration serait dans le cas de revendre ; — Vu les avis de nos ministres secrétaires d'État de l'intérieur et de la guerre, etc.

ART. 1er. Les terrains ou portions de terrains acquis pour des travaux d'utilité publique, et qui n'auraient pas reçu ou ne recevraient pas cette destination, seront remis à l'administration des domaines pour être rétrocédés, s'il y a lieu, aux anciens propriétaires ou à leurs ayants droit, conformément aux articles 60 et 61 de la loi du 7 juillet 1833. — Le contrat de rétrocession sera passé devant le préfet du département ou devant le sous-préfet, sur délégation du préfet, en présence et avec le concours d'un préposé de l'administration des domaines, et d'un agent du ministère pour le compte duquel l'acquisition des terrains avait été faite. — Le prix de la rétrocession sera versé dans les caisses du domaine [1].

2. Si les anciens propriétaires ou leurs ayants droit encourent la déchéance du privilége qui leur est accordé par les articles 60 et 61 de la loi du 7 juillet, les terrains ou portions de terrains seront aliénés dans la forme tracée pour l'aliénation des biens de l'Etat, à la diligence de l'administration des domaines.

Ordonnance du 23 août 1835, portant que les enquêtes qui doivent précéder les entreprises des travaux publics seront soumises aux formalités y déterminées pour les travaux d'intérêt purement communal.

Louis-Philippe, etc.

Vu l'article 3 de la loi du 7 juillet 1833 sur l'expropriation pour cause d'utilité publique; — Vu l'ordonnance royale du 18 février 1834, portant règlement sur les formalités des enquêtes qui doivent précéder la loi ou l'ordonnance déclarative de l'utilité publique; — Considérant que cette ordonnance, s'appliquant aux travaux projetés dans un intérêt général, prescrit des formalités dont quelques-unes seraient sans objet ou incomplètes en ce qui concerne les travaux d'intérêt purement communal ou même départemental;

ART. 1er. Les enquêtes qui, aux termes du paragraphe 3 de la loi du 7 juillet 1833, doivent précéder les entreprises de travaux publics dont l'exécution doit avoir lieu en vertu d'une ordonnance royale, seront soumises aux formalités ci-après déterminées pour les travaux proposés par un Conseil municipal dans l'intérêt exclusif de sa commune.

2. L'enquête s'ouvrira sur un projet où l'on fera connaître le but de l'entreprise, le tracé des travaux, les dispositions principales des ouvrages et l'appréciation sommaire des dépenses.

3. Ce projet sera déposé à la mairie pendant quinze jours,

[1] Voir le décret du 25 mars 1852 sur la décentralisation, art. tableau C.

pour que chaque habitant puisse en prendre connaissance; à l'expiration de ce délai, un commissaire désigné par le préfet recevra à la mairie, pendant trois jours consécutifs, les déclarations des habitants sur l'utilité publique des travaux projetés. Les délais ci-dessus prescrits pour le dépôt des pièces à la mairie, et pour la durée de l'enquête, pourront être prolongés par le préfet. — Dans tous les cas, ces délais ne courront qu'à dater de l'avertissement donné par voie de publication et d'affiches. — Il sera justifié de l'accomplissement de cette formalité par un certificat du maire.

4. Après avoir clos et signé le registre de ces déclarations, le commissaire le transmettra immédiatement au maire, avec son avis motivé et les autres pièces de l'instruction qui auront servi de base à l'enquête. — Si le registre d'enquête contient des déclarations contraires à l'adoption du projet, ou si l'avis du commissaire lui est opposé, le Conseil municipal sera appelé à les examiner, et émettra son avis par une délibération motivée, dont le procès-verbal sera joint aux pièces. Dans tous les cas, le maire adressera immédiatement les pièces au sous-préfet, et celui-ci au préfet, avec son avis motivé.

5. Le préfet, après avoir pris, dans les cas prévus par les règlements, l'avis des chambres de commerce et des chambres consultatives des arts et manufactures dans les lieux où il en est établi, enverra le tout à notre ministre de l'intérieur avec son avis motivé, pour, sur son rapport, être statué par nous sur la question d'utilité publique des travaux, conformément aux dispositions de la loi du 7 juillet 1833.

6. Lorsque les travaux n'intéresseront pas exclusivement la commune, l'enquête aura lieu, suivant leur degré d'importance, conformément aux articles 9 et 10 de l'ordonnance du 18 février 1834.

7. Notre ministre des finances sera préalablement consulté toutes les fois que les travaux entraîneront l'application de l'avis du Conseil d'Etat, approuvé le 21 février 1808, sur la cession aux communes de tout ou partie d'un bien de l'Etat.

Loi du 21 mai 1836, sur les chemins vicinaux.

EXTRAIT.

ARTICLE 15.

Les arrêtés du préfet portant reconnaissance et fixation de la largeur d'un chemin vicinal attribuent définitivement au chemin le sol compris dans les limites qu'ils déterminent. — Le droit des propriétaires riverains se résout en une indemnité, qui sera réglée à l'amiable ou par le juge de paix du canton, sur le rapport d'experts nommés conformément à l'article 17.

SOMMAIRE.

1. *Quid* quant aux rues qui sont le prolongement des chemins?
2. *Quid* quant aux terrains bâtis?
3. Modification des articles 15 et 16 par la loi du 10 août 1871.
4. Le § 1er de l'article 15 est applicable à tout chemin dont le public *est en jouissance.*
5. Mais non lorsqu'il s'agit de créer ou de prolonger un chemin.
6. La déclaration de vicinalité ne met pas obstacle à l'exercice des actions pétitoire et possessoire.
7. L'acte par lequel le juge de paix règle les indemnités est un jugement soumis aux règles ordinaires de l'appel.
8. Pourvoi en cassation; recevabilité, formes et délais.
8 *bis*. Les dispositions générales de la loi de 1841 ne sont pas d'ordinaire applicables quand c'est par le juge de paix que l'indemnité est réglée.
9. Sauf les dispositions générales relatives à l'évaluation même de l'indemnité, notamment l'article 51 de la loi de 1841, qui s'appliquent au cas de l'article 15 de la loi de 1836, aussi bien qu'au cas de l'article 16.
10. Nomination des experts.
11. Expertise antérieure à l'autorisation de plaider.

1. Les articles 15 et 16 de la loi de 1836 s'appliquaient-il aux rues qui étaient le prolongement des chemins vicinaux? La question avait été résolue affirmativement pour les chemins de grande communica-

tion [1], négativement pour les autres chemins vicinaux [2].
La loi du 8 juin 1864 a, à l'égard de tous les chemins
vicinaux sans exception, déclaré que les voies qui en
sont le prolongement en font partie intégrante, et sont
soumises aux mêmes lois et règlements. Voyez plus bas
le texte de cette loi.

2. Pour les terrains bâtis, qui se trouvaient dans la
campagne, ou dans les rues faisant partie de chemins
de grande communication, la loi de 1836 était-elle
applicable? L'affirmative avait été admise d'abord d'une
façon absolue par le Conseil d'Etat [3]; mais, frappé de la
gravité d'une telle décision, et pesant attentivement la
portée de cette parole de l'article 15, « *le sol* compris
dans les limites » déterminées par les arrêtés, le Conseil
d'Etat est revenu sur sa jurisprudence, et a décidé que,
si le sol était couvert de constructions, l'indemnité devait être préalable [4]. Voir, sur ce point, encore la loi du
8 juin 1864, qui a consacré cette dernière décision.

3. Les articles 15 et 16 de la loi du 21 mai 1836 ont
reçu de la loi du 10 août 1871 sur les Conseils généraux,
article 44, la modification suivante : « Le Conseil général opère la reconnaissance, détermine la largeur et
prescrit l'ouverture et le redressement des chemins
vicinaux de grande communication et d'intérêt commun. — Les délibérations qu'il prend à cet égard pro-

[1] Avis du Conseil d'Etat, du 25 janv. 1837. — Circulaire du Ministre de l'intérieur, du 19 août de la même année. — 25 mars 1852,
C. d'Etat : Dupontavice ; M. Marchand. L. 63, P. 33. — 28 juill.
1859, Crim. Cass.: Rolland ; M. Rives. D. 1859, 1, 333, S. 1860, 1,
95, P. 1859, 968.
[2] Circulaire ministérielle du 24 juin 1836. — Avis du Cons. d'Etat,
du 27 févr. 1856.
[3] Arrêt précité du 25 mars 1852.
[4] 24 janv. 1856, C. d'Etat : Bertin ; M. de Belbeuf. L. 95, S. 1856,
2, 650, P. 23.

duisent les effets spécifiés aux articles 15 et 16 de la loi du 21 mai 1836. »

4. Le classement, comme vicinal, d'un chemin dont le public est en jouissance, peut, alors même qu'un particulier serait ou se prétendrait propriétaire de ce chemin, être effectué par simple déclaration de vicinalité, conformément au paragraphe 1er de l'article 15 de la loi du 21 mai 1836, sans qu'il soit besoin de recourir à l'expropriation et d'observer les formalités prescrites en l'article 16 [1].

5. Mais le paragraphe 1er de l'article 15 ne serait pas applicable s'il s'agissait de créer un chemin nouveau, ou d'en compléter un qui n'avait pas jusque là de continuité, et dont certaines parties seulement étaient ouvertes [2].

6. La déclaration de vicinalité, bien qu'elle affecte immédiatement à l'usage public le terrain auquel elle s'applique, ne fait pas obstacle à ce que ceux qui se prétendent propriétaires ou possesseurs de ce terrain agissent judiciairement, soit au pétitoire [3], soit au possessoire [4], pour faire reconnaître leur droit, qui se résoudra d'ailleurs en une indemnité [5].

---

[1] Instruction du 24 juin 1836. — 22 juill. 1848, Cons. d'État : Granier Saint-Aubin ; M. Perrot de Chezelles. L. 443, D. 1848, 3, 106. — 18 mars 1861, C. de Rouen : Commune de Sévis c. de Mocomble. *Gaz. des Trib.* du 11 avril 1861. — 10 janv. 1866, rej.: Gronom c. Commune de Villiers-sur-Morin ; M. Sévin. — *Contrà*, 9 mars 1847, req. rej.: Renard et Commune de Blanchefosse c. Derodé-Brochard ; M. Faure. D. 290, S. 773, P. 1, 509.

[2] 20 avr. 1868, rej.: Revel et Audouard c. Durand ; M. Renouard. D. 299, S. 301, P. 771.

[3] 26 janv. 1854, Cons. d'État : Canelle c. Commune de Coullemont ; M. Tourangin. L. 65, D. 1854, 3, 34.

[4] 13 janv. 1847, rej. : Commune de Happoncourt c. Pierrot et Claudot ; M. Renouard. D. 84, S. 248, P. 1, 117. — 26 juin 1849, Cass.: Labarthe c. Commune de Saint-Pierre-du-Mont ; M. Miller. D. 1850, 5, 14, S. 1849, 1, 648. — Arrêt du 10 janv. 1866.

[5] Arrêts précités. — 12 août 1873, req. rej.: Veuve Barbe c. Com-

7. Le règlement de l'indemnité se fait, soit amiablement, soit par le juge de paix du canton.

Plusieurs tribunaux avaient pensé que la décision du juge de paix en cette matière ne constituait pas à proprement parler un jugement, que c'était plutôt un règlement, une décision d'arbitre, une espèce d'acte administratif, qui, comme la décision du jury dont elle tient la place, devait être souveraine et sans appel. La Cour de cassation a décidé, au contraire, qu'en conférant cette attribution au juge de paix, l'article 15 de la loi de 1836 ne reconnaît pas à ce magistrat une autre qualité que celle de juge, et n'apporte aucune exception à la règle du double degré de juridiction; qu'en conséquence l'appel des décisions rendues par les juges de paix en vertu de cet article doit être reçu, toutes les fois que les indemnités demandées sont supérieures au taux de la compétence en dernier ressort de ces magistrats [1].

8. Par suite, le pourvoi en cassation contre la décision du juge de paix ne sera recevable qu'autant que la demande se sera trouvée inférieure ou égale au taux du dernier ressort [2]; et il sera soumis, non aux formes et délais de la loi de 1841, mais aux formes et délais du droit commun.

8 bis. De ce qui vient d'être dit au nombre 7 et 8, il faut conclure que les dispositions générales de la loi de 1841

---

mune de Gauriac ; M. Rau. D. 1875, 1, 111, S. 1874, 1, 29, P. 1874, 45. — *Contrà*, l'arrêt des requêtes précité du 9 mars 1847.

[1] 19 juin 1843, Cass. : Breton c. Préfet de Seine-et-Oise ; M. Miller. D. 312, S. 484, P. 2, 214. — 18 août 1845, Cass. : Dasie-Marais c. Commune de Criquetot-sur-Ourville ; M. Renouard. D. 413, S. 719. — 10 déc. 1845, non. rec. : Bluas c. Préfet du Lot ; M. Renouard. D. 1845, 4, 61, S. 1846, 1, 55, P. 1846, 1, 726. — 27 janv. 1847, Cass. : Sabatié et consorts c. Préfet du Lot et Commune de Puy-l'Evêque ; M. Renouard. D. 176, S. 470, P. 1, 270.

[2] Arrêt du 10 décembre 1845.

ne sont pas applicables, dans leur ensemble, lorsqu'on procède en vertu de l'article 15 de la loi de 1836. En ce qui concerne la procédure, les dépens, les voies de recours, c'est le droit commun seul qu'il faut suivre en ce cas. Voy. plus bas, art. 16, n. 17.

9. Mais en ce qui concerne au contraire l'évaluation même de l'indemnité, ses bases et ses conditions, les dispositions générales de la loi de 1841 sont, d'une manière absolue, applicables en matière de chemins vicinaux, toutes les fois qu'elles se concilient avec la loi spéciale, et cela non pas seulement lorsqu'il y a expropriation dans les formes tracées par l'article 16, mais même au cas de simple élargissement, et lorsque c'est au juge de paix seul qu'est confié par l'article 15 le règlement de l'indemnité. Ainsi, la plus-value acquise au terrain d'un riverain par suite de l'élargissement du chemin, peut et doit, par application de l'article 51 de la loi de 1841, être prise en considération pour la fixation de l'indemnité à laquelle ce riverain a droit [1].

10. Les experts doivent être nommés conformément à l'article 17, c'est-à-dire l'un par le sous-préfet, l'autre par le propriétaire. La commune dans l'intérêt de laquelle s'établit le chemin vicinal ne sera pas admise à se plaindre de ce que ce n'est pas elle qui a nommé son expert. Les dispositions de la loi ont été exactement observées si c'est le sous-préfet qui a procédé à cette nomination [2].

11. L'expertise n'est pas nulle par cela seul qu'elle a eu lieu avant que l'autorisation de plaider n'eût été

---

[1] 14 déc. 1847, Cass. : Préfet de l'Eure c. Surgès ; M. Gaultier. D. 1848, 1, 152, S. 1848, 1, 189, P. 1848, 1, 27.

[2] 25 juin 1878, Req. rej. : Commune de Dracy-le-Fort c. Monin ; M. Dareste.

accordée à la commune; l'expertise, en cette matière,
est obligatoire; elle ne constitue pas un acte judiciaire,
et rien ne s'oppose à ce que les parties y fassent procéder d'un commun accord, pour que le rapport serve
de base soit à un règlement amiable, soit à un règlement contentieux devant le juge de paix[1]. Voy. art. 20,
n. 20, de la loi du 3 mai 1841.

ARTICLE 16.

Les travaux d'ouverture et de redressement des chemins
vicinaux seront autorisés par arrêté du préfet. — Lorsque,
pour l'exécution du présent article, il y aura lieu de recourir
à l'expropriation, le jury spécial, chargé de régler les indemnités, ne sera composé que de quatre jurés. Le tribunal d'arrondissement, en prononçant l'expropriation, désignera, pour
présider et diriger le jury, l'un de ses membres ou le juge de
paix du canton. Ce magistrat aura voix délibérative en cas de
partage. — Le tribunal choisira, sur la liste générale prescrite par l'article 29 de la loi du 7 juillet 1833, quatre personnes
pour former le jury spécial, et trois jurés supplémentaires.
L'administration et la partie intéressée auront respectivement
le droit d'exercer une récusation péremptoire. — Le juge recevra les acquiescements des parties. — Son procès-verbal
emportera translation définitive de propriété. — Le recours en
cassation, soit contre le jugement qui prononcera l'expropriation, soit contre la déclaration du jury qui réglera l'indemnité, n'aura lieu que dans les cas prévus et selon les formes déterminées par la loi du 7 juillet 1833.

SOMMAIRE.

1. S'il y a ouverture ou redressement d'un chemin vicinal, il doit être
   procédé par voie d'expropriation.
2. Chemin vicinal destiné à être converti en chemin de fer.
3. L'article 16 est applicable aux travaux de drainage et à ceux des
   associations syndicales.
4. Cas auxquels on a voulu l'appliquer par erreur.

[1] Même arrêt du 25 juin 1878.

5. L'arrêté du préfet, ou, aujourd'hui, la déclaration du conseil général, tient lieu, en cette matière, du décret exigé par l'article 2 de la loi de 1841.

6. Y a-t-il lieu d'observer les formalités du titre II de la loi de 1841 ?

7. Même avant la loi du 10 août 1871, s'il s'agissait d'un chemin de grande communication, le jugement d'expropriation devait, à peine de nullité, viser la délibération du Conseil général en vertu de laquelle avait été réglée la direction du chemin.

8. Rapports qui, avant la loi de 1871, devaient exister entre l'arrêté du préfet et la délibération du Conseil général.

9. L'autorité judiciaire n'a pas compétence pour juger au fond le mérite de l'arrêté ou de la délibération, ni pour en apprécier la régularité quant aux formalités dont cet acte devait être précédé.

10. Chemin décrété dans des conditions de largeur ou avec des accessoires insolites.

11. L'acte qui ordonne l'ouverture ou le redressement est-il susceptible de recours ?

12. Convention amiable; interprétation.

13. En matière de chemins vicinaux, l'expropriation est valablement requise par le préfet.

14. Présidence et concours du magistrat directeur.

15. C'est le tribunal d'arrondissement qui fait le choix des jurés.

16. Le choix du directeur et celui des jurés peuvent-ils se faire par un seul jugement? Remplacement du magistrat directeur.

17. Règles relatives à la constitution et aux opérations du jury. Application de la loi du 3 mai 1841.

18. Où doit être fait le dépôt des minutes et pièces. Renvoi.

19. Les pourvois en matière d'expropriation vicinale sont soumis aux formes de la loi de 1841.

20. Deux jugements successifs; pourvoi dirigé seulement contre le second.

21. Irrecevabilité du pourvoi dirigé contre la décision du jury vicinal, et fondé sur ce qu'il y aurait eu lieu de faire régler l'indemnité par le jury ordinaire de la loi de 1841.

22. Droit pour l'ancien propriétaire de demander la remise des terrains acquis pour l'établissement d'un chemin vicinal et qui n'y ont pas été employés.

23. Purge des hypothèques.

1. Lorsqu'il y a, non plus seulement reconnaissance et fixation de largeur, mais ouverture ou redressement d'un chemin vicinal, et lorsque les terrains nécessaires ne sont pas amiablement cédés, il faut recourir à l'expropriation, et l'indemnité doit être préalable.

2. Ce n'est pas conformément à la loi de 1836, mais

à la loi de 1841, que l'expropriation doit être prononcée pour l'établissement d'un chemin vicinal de grande communication *destiné à être converti en chemin de fer*. Le but véritable de l'expropriation doit seul être considéré ; l'établissement d'un chemin vicinal est une circonstance indifférente, un palliatif inadmissible, s'il n'est qu'un moyen préparatoire, employé pour arriver à l'exécution définitive du chemin de fer. On devra suivre alors les règles de droit commun en matière d'expropriation, et non admettre les règles exceptionnelles qu'une loi spéciale n'a établies que pour un cas déterminé. Le jugement qui, en cette situation, prononcerait l'expropriation et constituerait le jury d'après les règles de la loi de 1836, ferait une fausse application de cette loi, et violerait les articles 2 et 30 de la loi de 1841 [1].

3. L'article 16 de la loi de 1836 a été rendu applicable, par la loi du 10 juin 1854, aux travaux de drainage ; par la loi du 21 juin 1865, aux travaux entrepris par les associations syndicales. Voir ces lois à leurs dates.

4. Est nul le jugement qui emploie la procédure de la loi de 1836 pour l'expropriation des terrains nécessaires à la rectification d'une route départementale [2], à l'établissement d'un lavoir [3], à l'agrandissement d'un cimetière [4].

---

[1] 27 mars 1867, Cass. : Veuve de Follin c. Préfet de la Sarthe ; M. Renouard. S. 259, P. 652. — 7 mai 1867, Cass. : Vérité c. Préfet de la Sarthe ; M. Renouard.

[2] 31 déc. 1872, Cass. : Préfet de Vaucluse c. Gisclard et autres ; M. Merville. D. 1873, 1, 40, S. 1872, 1, 440, P. 1872, 1156.

[3] 4 janv. 1875, Cass. : Commune de Courpalay c. Borda ; M. Casenave. D. 8.

[4] 14 déc. 1875, Cass. : Ville de Saint-Amand c. Auclair et autres ; M. Aubry. D. 1876, 5, 233, S. 1876, 1, 176, P. 1876, 405.

Remarquons toutefois qu'alors même qu'on se plaindrait de ce que le jury de la loi de 1836 aurait été à tort appliqué en dehors des cas pour lesquels il est créé, la critique viendrait trop tard si elle s'appliquait, non à l'acte administratif qui a qualifié le travail, ou au jugement qui a prononcé l'expropriation et ordonné la formation du jury de quatre membres, mais à la décision même qui, en vertu de ce jugement, a fixé l'indemnité. Voir, sur ce point, *infrà*, n. 51.

5. Dans le système de la loi de 1836, l'arrêté du préfet, et, depuis la loi du 10 août 1871, la délibération du Conseil général (art. 15, n. 3 ; p. 532) tient lieu du décret exigé par l'article 2 de la loi de 1841, et en dispense.

6. Mais la production de l'arrêté suffisait-elle pour que le tribunal dût prononcer l'expropriation ? Le tribunal devait-il, au contraire, exiger, pour les expropriations relatives aux chemins vicinaux, qu'il lui fût justifié de l'accomplissement des formalités prescrites au titre II ? Cela avait fait difficulté sous l'empire de la loi de 1833.

Un arrêt de la Chambre civile, du 25 avril 1838[1], avait d'abord jugé suffisante la production de l'arrêté ; peu de temps après, la jurisprudence s'était prononcée et fixée dans le sens contraire, déclarant applicables à la matière des chemins vicinaux le titre II de la loi sur l'expropriation[2], et même les articles 8, 9 et 10 de ce titre,

[1] 25 avr. 1838, Cass. : Procureur du roi de Neufchâteau c. Tollot et autres ; M. Quéquet. D. 203, S. 458, P. 1, 624.

[2] 7 juin 1838, crim. Cass. : Ministère public c. Barghon ; M. Voysin de Gartempe fils. D. 383, S. 707, P. 2, 250. — 21 août 1838, civ. rej. : Préfet des Vosges c. Demangeon ; M. Quéquet. D. 1838, 1, 383, S. 1838, 1, 975, P. 1817, 1, 213. — 25 mars 1839, civ. Cass. : De Saint-Phalle c. Préfet de Seine-et-Marne ; M. Quéquet. D. 139, S. 403.

s'il s'agissait d'un chemin de grande communication [1].

La loi de 1841 a fait cesser toute difficulté en déclarant expressément, au paragraphe 1er de son article 12,
que ses articles 8, 9 et 10 ne s'appliquent pas *aux tra-*
vaux d'ouverture et de redressement des chemins vici-
naux. Elle a ainsi consacré la jurisprudence établie en
tant qu'elle prescrivait d'une manière générale l'observation du titre II, elle l'a repoussée en tant qu'elle n'ad-
mettait pas pour les chemins de grande communication,
l'exemption des formalités des articles 8, 9 et 10. Voir,
au surplus, sur ce point, l'article 12, n. 4, de la loi de
1841.

7. L'article 7 de la loi du 21 mai 1836 porte : « Les
chemins vicinaux peuvent, selon leur importance, être
déclarés chemins vicinaux de grande communication
par le Conseil général, sur l'avis des Conseils municipaux, des conseils d'arrondissement, et sur la proposition du préfet. Sur les mêmes avis et proposition, le
Conseil général détermine la direction de chaque chemin vicinal de grande communication, et désigne les
communes qui doivent contribuer à sa construction ou
à son entretien. — Le préfet fixe la largeur et les limites du chemin, etc. »

La loi du 18 juillet 1866 sur les Conseils généraux
(art 1er, 7°) rangeait également parmi les affaires sur
lesquelles statuaient définitivement les Conseils généraux, les « classement et direction des chemins vicinaux de grande communication ; désignation des chemins vicinaux d'intérêt commun ; désignation des
communes qui doivent concourir à la construction et à

---

[1] 20 août 1838, civ. rej. : Préfet de l'Orne c. Comte de Charencey;
M. Quéquet. D. 381, S. 784, P. 1847, 1, 213.

l'entretien desdits chemins; le tout sur l'avis des conseils municipaux et d'arrondissement. »

C'était donc au Conseil général qu'était attribuée, même avant la loi du 10 août 1871, la déclaration légale d'utilité publique lorsqu'il s'agissait de déterminer la direction des chemins vicinaux de grande communication ; et comme, au nombre des vérifications qu'on ne pouvait se dispenser de faire le tribunal chargé de prononcer l'expropriation, se trouvait celle de savoir si l'utilité publique avait été légalement déclarée, et si les terrains dont on demandait l'expropriation étaient atteints par le tracé légalement assigné aux travaux à opérer, il s'ensuivait que le jugement d'expropriation relatif à un chemin de cette classe devait, à peine de nullité, viser la délibération du Conseil général en vertu de laquelle avait été réglée la direction du chemin [1], ou du moins quelque acte qui mentionnât cette délibération, et duquel résultât la preuve que la délibération avait été connue du tribunal [2].

8. Disons, pour ordre, ce que la jurisprudence avait établi quant aux rapports et à l'harmonie nécessaire de la délibération et de l'arrêté.

Il n'appartenait pas au préfet de modifier la direction déterminée par le Conseil général, et le tribunal devait refuser de prononcer l'expropriation si le préfet s'était écarté dans son arrêté des prescriptions de la délibération du Conseil général. Mais il arrivait rarement,

[1] 4 août 1841, Cass.: De Coniac c. Préfet des Côtes-du-Nord; M. Renouard. D. 344, S. 661, P. 2, 377. — 2 janv. 1844, Cass.: Dupontavice c. Préfet du Calvados; M. Renouard. D. 76, S. 185, P. 1, 65. — 30 mars 1859, Cass.: Mauriac c. Préfet de la Gironde; M. Renouard. D. 165, P. 763.

[2] 28 févr. 1849, rej.: Lacroix c. Préfet de Seine-et-Oise M. Gillon. D. 189, S. 267. — Et l'arrêt précité du 30 mars 1859.

dans la pratique, que la délibération du Conseil général
déterminât exactement et avec détails le tracé du chemin et les propriétés qui seraient nécessaires à son établissement. La délibération se contentait, d'ordinaire,
d'indications générales, laissant au préfet le soin de régler par son arrêté le tracé précis du chemin, les localités
qu'il devrait parcourir et les détails d'exécution. Quelque
sommaires que fussent les indications de la délibération
du Conseil général, il suffisait qu'elle en contînt et que
le préfet ne se fût pas mis en contradiction avec elles,
pour que l'expropriation dût être prononcée [1]. Il suffisait, notamment, qu'une commune fût rangée par le
Conseil général au nombre des communes intéressées
à la construction du chemin pour que ce chemin pût,
en une partie de son parcours, être établi sur le territoire de cette commune, bien que le Conseil général
n'eût pas nommément désigné ladite commune dans
les indications sommaires qu'il avait données sur la
direction du chemin [2]. A plus forte raison, si une commune formait l'un des points désignés par le Conseil
général, le préfet pouvait-il déterminer les localités sur
lesquelles le chemin y serait assis ; et le tribunal saisi
de la demande en expropriation se serait mépris sur
l'étendue des attributions respectives du Conseil général et du préfet, si, au lieu de prononcer de suite l'expropriation conformément à l'arrêté préfectoral, il
avait cru devoir surseoir à statuer jusqu'à décision

---

[1] 28 févr. 1849, rej. : Lacroix c. Préfet de Seine-et-Oise ; M. Gillon. D. 189, S. 267.

[2] 7 janv. 1845, rej. : De Maudhuit c. Préfet du Finistère ; M. Renouard. D. 83, S. 16, P. 1, 78. — 16 août 1852, rej. : Richalet-Rémy
c. Préfet de la Haute-Marne ; M. Renouard. D. 1852, 1, 295, P. 1853,
1, 15.

du Conseil général sur la direction précise à donner au chemin dans la traversée de la commune [1].

A bon droit, au contraire, le tribunal aurait refusé de prononcer l'expropriation si le préfet, par son arrêté, avait déplacé de son ancienne direction, sans l'approbation du Conseil général, un chemin vicinal que ce Conseil s'était borné à porter au rang des chemins de grande communication, sans en changer le tracé [2].

9. Le devoir et le droit du tribunal se bornaient d'ailleurs, à l'égard de l'arrêté du préfet et de la délibération du Conseil général, à vérifier, avant la loi de 1871, s'ils existaient, si leur forme propre était régulière, s'ils avaient été pris conformément à l'article 16 de la loi de 1836 et dans les limites de la compétence résultant de cette loi, s'ils concordaient entre eux. Ce devoir et ce droit sont restés de même nature à l'égard de l'arrêté seul du préfet, ou de la seule délibération du Conseil général, suivant les cas. Le tribunal n'a pas mission pour apprécier le mérite des actes administratifs. Il a été jugé, avant l'application de la loi de 1871, qu'il n'appartenait pas au tribunal de juger l'arrêté du préfet, soit quant au fond, soit quant à l'accomplissement des formalités préalables en vertu desquelles le préfet avait dû procéder [3]. La décision serait la même aujourd'hui en ce qui concerne la délibération du Conseil. Le tribunal n'a pu davantage refuser l'expropriation sous prétexte que la délibération du Conseil général n'aurait pas été prise

---

[1] 30 mars 1853, Cass : Préfet de Saône-et-Loire c. Bonin et Guyot; M. Laborie. D. 105, S. 475.

[2] 20 août 1838 rej. : Préfet de l'Orne c. Comte de Charencey; M. Quéquet. D. 381, S. 784, P. 1847, 1, 213.

[3] 5 août 1872, rej. : Lorin c. Préfet des Bouches-du-Rhône; M. Greffier. D. 5, 230, S. 1, 340, P. 878.

avec la maturité et l'attention nécessaires, que cette
délibération n'aurait pas été précédée de toutes les
formalités prescrites par le paragraphe 1er de l'article 7 de la loi de 1836, ou que l'accomplissement de
ces formalités ne serait pas suffisamment établi [1].

10. Le tribunal doit encore prononcer l'expropriation
bien que l'ouverture du chemin ait été décrétée dans
des conditions de largeur et avec des accessoires insolites en matière de voirie vicinale. Ni la loi de 1836, ni
la loi du 8 juin 1864 n'assignent une limite extrême à
la largeur des chemins vicinaux ordinaires ou de
grande communication ; c'est à l'autorité administrative seule qu'il appartient, sauf les voies de recours
ouvertes contre ses décisions, de régler, d'après les
besoins de la circulation, les conditions de largeur ou
d'établissement des chemins [2]. L'autorité judiciaire n'a
aucun contrôle à exercer à cet égard.

11. L'arrêté du préfet qui ordonne l'ouverture ou
le redressement d'un chemin vicinal est susceptible
d'être réformé par l'autorité administrative supérieure ; il est soumis au contrôle et au recours possible
devant le ministre compétent. Jugé toutefois que le
recours dirigé contre cet arrêté n'est pas suspensif,
et ne permet pas au tribunal de refuser, quant à présent, de prononcer l'expropriation requise : il est de
principe que les actes de l'autorité administrative contre lesquels le recours est autorisé par la loi sont

---

[1] 14 déc. 1842, rej. : Maillier c. Préfet de la Manche ; M. Barennes.
D. 1843, 1, 156, S. 1843, 1, 68, P. 1843, 1, 33. — 7 janv. 1845, rej. : De
Maudhuit c. Préfet du Finistère ; M. Renouard. D. 83, S. 16, P. 1,
78. — 22 janv. 1845, Cass. : Préfet de l'Ain c. Grassy et autres ;
M. Renouard. S. 90, P. 1, 109.

[2] 12 août 1868, rej. : Gallin et autres c. Préfet des Alpes-Maritimes ; M. Laborie. D. 455.

exécutoires par provision, à moins qu'il n'ait été sursis
à leur exécution par l'autorité compétente, et la législation spéciale des chemins vicinaux n'a point dérogé à
ce principe [1].

Toutes les fois qu'aujourd'hui l'ouverture ou le redressement appartient au Conseil général, il n'y a plus, pour
l'acte qui l'ordonne, de contrôle et de recours possible.

12. Il n'y a pas lieu à renvoi devant un jury lorsqu'en fait il n'existe, entre l'administration et le propriétaire dont le terrain est pris pour un chemin vicinal,
qu'un litige ayant pour objet l'interprétation et l'application des conventions, expertises et correspondances
tendant à régler l'indemnité à l'amiable [2]. Le Tribunal
civil sera, en ce cas, l'interprète de la convention. Voy.
loi de 1841, art. 13, n. 5.

13. L'expropriation en matière de chemins vicinaux
est valablement requise par le préfet. Aux termes d'un
arrêt du 27 décembre 1865 [3], c'est au préfet seul qu'il
appartient, en cette matière, de suivre la procédure
administrative qui doit aboutir à l'obtention du jugement d'expropriation ; et cela sans distinguer si le chemin intéresse plusieurs communes ou n'en intéresse
qu'une seule. Il n'est donc pas nécessaire de voir figurer au jugement la commune au profit de laquelle est
prononcée l'expropriation [4]. Voy. art. 42 de la loi de
1841, n. 29.

---

[1] 27 mars 1839, Cass. : Procureur du roi de Draguignan c. Perreymond ; M. Quéquet. D. 140, S. 404, P. 1843, 2, 759.

[2] 12 août 1868, rej.: Ville de Corte c. Poli ; M. Renouard. D. 478.

[3] 27 déc. 1865, rej. : Devaux et autres c. Préfet de la Charente ;
M. E. Lamy. D. 1867, 1, 494, S. 1866, 1, 222, P. 1866, 559.

[4] 22 août 1876, rej. : Commune de Montcel c. Mailland et autres ;
M. Hély d'Oissel.

Quant aux offres que ferait le préfet au nom de la
commune, voy. art. 37 de la loi de 1841, n. 7.

14. Aux termes du paragraphe 2 de l'article 16, le
magistrat n'a pas seulement pour mission de *diriger*,
mais encore de *présider* le jury. Il a *voix délibérative en
cas de partage*.

De ces dispositions résulte évidemment la preuve
que la présence du magistrat directeur ne vicie pas, en
cette matière spéciale, la délibération du jury. Comment pourrait-il départager le jury s'il n'assistait pas à
sa délibération [1]?

Il y a plus : ce n'est pas seulement un droit pour le
magistrat, c'est encore un devoir pour lui d'assister à
la délibération et de la présider. L'article 38 de la loi
de 1841 est, en celle de ses dispositions qui veut que
les jurés désignent l'un d'eux pour les présider, inapplicable au jury formé en vertu de la loi de 1836 ; le
jury d'expropriation vicinale ne peut se choisir un autre président que celui qui lui est donné par la loi de
son institution. De nombreux arrêts ont décidé qu'en
matière de chemins vicinaux la délibération du jury
est nulle, s'il est constaté qu'elle a eu lieu hors la présence du magistrat, et sous la présidence de l'un des
jurés [2]. Il a même été jugé qu'il faut que la preuve de
la présence du magistrat directeur résulte du procès-

---

[1] 23 juin 1840, rej. : Mareau c. Préfet de l'Orne ; M. Thil. D. 254,
S. 714, P. 2, 480. — 27 nov. 1855, rej. : Préfet de la Gironde c. Veuve
Kuff ; M. Renouard. D. 1855, 1, 456, S. 1856, 1, 830, P. 1856, 1, 44.

[2] 2 févr. 1848, Cass. : Lombardon et Trabaud ; M. Hello. D. 1848,
5, 181, S. 1848, 1, 188, P. 1848, 1, 330. — 4 juill. 1855, Cass. : Préfet
des Ardennes c. Bouscrez-Evrard ; M. Renouard. D. 284, S. 828,
P. 2, 214. — 17 déc. 1855, Cass. : Préfet des Bouches-du-Rhône c.
Brémond ; M. Laborie. D. 1856, 1, 14, S. 1856, 1, 446, P. 1856, 1, 139.
— 6 avr. 1858, Cass. : Préfet du Morbihan c. De Kéranflech ; M. Delapalme. D. 322, S. 830, P. 1859, 838. — 5 juill. 1858, Cass. : Préfet

verbal, y soit constatée ou s'en induise[1]. Le paragraphe 2 de l'article 16 de la loi de 1836 est, comme l'article 38 de la loi de 1841, auquel il correspond et qu'il remplace en cette matière spéciale, au nombre de ceux dont la violation donne ouverture à cassation. V. article 20 de la loi du 3 mai 1841, n. 37.

Il ne suffirait pas que le magistrat directeur fût *présent* à la délibération du jury, il faut *son concours*, attesté par sa signature sur la minute de la décision du jury[2].

Plus généralement, le jury ne peut, en matière de chemins vicinaux, procéder à aucun acte ni prendre

de la Drôme c. Gallien ; M. Lavielle. D. 325, P. 1091. — 25 août 1858, Cass. : Commune de Salaunes c. Ornon et autres ; M. Renouard. D. 328, P. 1092. — 16 nov. 1858, Cass. : Préfet de la Côte-d'Or c. Chameroy et autres ; M. Gaultier. D. 464, P. 1860, 669. — 28 févr. 1859, Cass. : Préfet de l'Hérault c. Dusfour ; M. Alcock. D. 121, P. 1861, 1052. — 23 mars 1859, Cass. : Commune de Neuilly c. De Mortemart ; M. Delapalme. D. 121, P. 1861, 1053. — 21 déc. 1859, Cass. : Commune de Gentilly c. Venèque ; M. Renouard. D. 496, P. 1860, 14. — 23 juill. 1861, Cass. : Ville de Pamiers c. Danis ; M. Gaultier. D. 344, P. 1863, 171. — 3 juin 1862, Cass. : Leclercq c. Ville d'Amiens ; M. Renouard. D. 381. — 18 mars 1863, Cass. : Préfet de la Charente-Inférieure c. Blanc ; M. Fauconneau-Dufresne. D. 134. — 1er févr. 1864, Cass. : Préfet des Côtes-du-Nord c. Luzel ; M. Laborie. D. 5, 145. — 3 avr. 1865, Cass. : Paradis-Chéri c. Commune de Vallet ; M. Aylies. D. 5, 171. — 4 juill. 1866, Cass. : Devaux, Meunier et consorts c. Préfet de la Charente. D. 5, 194. — 20 mai 1868, Cass. : Nuguet c. Préfet de Saône-et-Loire et Commune du Creusot ; M. Mercier. D. 255, S. 310, P. 786. — 5 janv. 1869, Cass. : Veuve Dumas c. Préfet de la Gironde ; M. Henriot. D. 8, S. 132, P. 300. — 11 mai 1870, Cass. : Commune d'Objat c. Veuve Sirey ; M. Rieff. D. 1870, 5, 177, S. 1871, 1, 81, P. 1871, 213.

[1] 12 août 1863, Cass. : Adam c. Commune d'Arveyres ; M. Eug. Lamy. D. 1864, 5, 146.

[2] Arrêts des 12 août 1863, 4 juill. 1866 et 20 mai 1868. — 30 janv. 1866, rej. : Monnier c. Préfet du Jura et Ville de Saint-Claude ; M. Sévin. — 7 avr. 1868, Cass. : Renold-Faget c. Commune de Saint-Avit ; M. Fauconneau-Dufresne. D. 161, S. 272, P. 661. — 20 mai 1868, Cass. : Nuguet c. Préfet de Saône-et-Loire et Commune du Creusot ; M. Mercier. D. 255, S. 310, P. 786.

aucune délibération qu'avec le concours, sous la présidence et sous la direction du magistrat; ce concours
est l'une des conditions de la régulière constitution du
jury, et, à son défaut, les actes auxquels ce jury procède et les décisions qu'il peut rendre ne présentent pas
les garanties exigées par la loi, et sont frappés de
nullité [1]. Cette règle est notamment applicable au transport sur les lieux, pour lequel, en cette matière, la présence du magistrat n'est pas facultative, comme aux cas
ordinaires d'expropriation (art. 37, n. 60, de la loi du
3 mai 1841), mais obligatoire [2].

Le défaut de concours du magistrat directeur à la
délibération et aux actes du jury constitue une violation de la loi qui détermine l'ordre des juridictions, et
le moyen est de ceux qui doivent être suppléés d'office [3]. Voy. art. 20, n. 23, de la loi du 3 mai 1841.

Le jugement qui, en matière vicinale, se bornerait à
donner au juge commis la direction des débats, sans
lui en donner la présidence, serait entaché de nullité,
et devrait encourir la cassation. Ainsi jugé dans une espèce où, s'agissant d'un chemin vicinal, le tribunal
avait, par erreur, ordonné que le juge commis « rem-
plirait les fonctions attribuées par le titre IV, chap. ii,
de la loi du 3 mai 1841, au magistrat directeur du
jury [4]. »

Le juge ne doit pas *voter* quand il n'y a pas partage;
mais on ne saurait induire un vote de cette seule circonstance que le magistrat directeur a assisté à toute

---

[1] Arrêt du 23 mars 1859.
[2] Arrêts des 2 févr. 1848, 23 mars 1859, 3 avr. 1865.
[3] Arrêts des 28 févr. et 21 déc. 1859.
[4] 4 mars 1862, Cass. : Laburthe c. Commune de Saint-Pierre-du-Mont et Préfet des Landes; M. Lavielle. S. 896, P. 1863, 171.

l'étendue de la délibération[1] ; il ne faisait, en cela, qu'accomplir un devoir impérieux. Ajoutons qu'en cette matière on ne saurait exiger du magistrat qu'il reste, dans la Chambre du Conseil, un personnage muet et cachant son opinion individuelle. Ayant voix délibérative en cas de partage, il aura, dans les autres cas, la faculté d'émettre un avis, et l'influence qu'il pourra exercer sera toute naturelle et parfaitement légitime.

15. C'est le tribunal d'arrondissement, le même qui a désigné le magistrat directeur, qui, en matière de chemins vicinaux, fait, en Chambre du Conseil, le choix des jurés ; il n'y a pas lieu de s'adresser à la Cour d'appel ou au tribunal du chef-lieu[2]. Ainsi le dit le texte même du paragraphe 3 de l'article 16.

16. Peu importe que, pour ces deux objets, il intervienne deux jugements, ou qu'il n'en soit rendu qu'un. Aucune disposition de la loi spéciale ne prescrit sous peine de nullité deux jugements distincts et séparés, l'un prononçant l'expropriation et commettant le magistrat directeur, l'autre désignant les jurés[3]. Il y a même avantage et célérité à procéder par un seul jugement.

Si le magistrat désigné pour présider le jury se trouve empêché, il est naturel qu'il soit procédé à son remplacement par ordonnance du président du tribunal, conformément aux prescriptions de l'article 14, paragraphes 3 et 4 de la loi de 1841. (Voir ledit article, n. 37 et suivants.) Aucune nullité ne résulterait cependant de

---

[1] 22 déc. 1875, rej. : Commune de Cubzac c. Gardes ; M. Gastambide. S. 1876, 1, 175, P. 1876, 403.

[2] 30 avr. 1841, rej. : Singer c. Préfet de la Seine ; M. Hello. D. 252, S. 432, P. 2, 109.

[3] 25 mai 1868, rej. : Cambreling et autres c. Préfet de la Seine et Commune de Boulogne-sur-Seine ; M. Laborie. D. 405.

ce qu'au lieu de recourir au président, on se serait
adressé au tribunal lui-même, qui aurait, par jugement
nouveau, commis un autre magistrat en remplacement
de celui qui avait été primitivement désigné[1]. Ce peut
être une exagération de garantie, ce n'est la violation
d'aucune loi.

17. Les règles relatives au choix des jurés, à la constitution du jury et à la prestation de serment, aux opérations et à la proclamation de la décision, sont d'ailleurs
exactement les mêmes qu'en matière ordinaire. Voir articles 30 et 33, et art. 36, n. 7, de la loi du 3 mai 1841.

Et il faut dire, d'une manière générale, que, lorsque
l'indemnité est réglée par le jury vicinal, à la différence
de ce qui s'observe au cas de règlement par le juge de
paix (V. art. 15, n. 8 *bis* et 9), la loi de 1841 devient la
règle générale, à laquelle on doit se conformer sur tous
les points que la loi spéciale de 1836 n'a pas autrement
réglés.

Par divers arrêts rendus en matière d'expropriation
vicinale, il a été jugé : — que le choix des jurés doit
être fait en la Chambre du Conseil, mais que l'insertion
des noms de ces jurés dans le jugement d'expropriation n'implique point qu'il ait été procédé au choix des
jurés en audience publique[2] ; — qu'il y a nullité de la
décision si le jury a été choisi par l'autorité judiciaire
sur une liste qui avait cessé d'être en vigueur au moment où ses opérations ont commencé[3] (voy. art. 30 de
la loi de 1841, n. 8) ; — qu'il importe peu que la liste

---

[1] 17 déc. 1877, rej. : Touchy c. Ville de Nantes ; M. Sallé. D. 1878,
1, 52, S. 1878, 1, 80, P. 1878, 165.

[2] 25 mai 1868, rej. : Cambreling et autres c. Préfet de la Seine et
commune de Boulogne-sur-Mer ; M. Laborie. D. 405.

[3] 3 juill. 1861, Cass. : Vignes c. Commune de Miélan ; M. Renouard. D. 283, P. 1862, 1022.

du jury n'ait compris que deux jurés supplémentaires au
lieu de trois, si les jurés titulaires, à l'égard desquels il
n'a été proposé ni excuse ni récusation, ont siégé tous
quatre et composé seuls le jury [1] (voy. art. 33 de la loi de
1841, n. 2); — qu'en cas d'empêchement d'un des jurés
titulaires, le magistrat directeur a pu, sur la demande et
de l'accord unanime des parties, appeler en remplacement un juré supplémentaire qui n'était pas inscrit le
premier sur la liste, appeler par exemple le troisième,
bien qu'il n'y eût pas empêchement des deux premiers [2];
— que l'exproprié ne peut se plaindre de ce que le délai
de huitaine n'a pas été observé, pour la citation, à l'é-
gard d'une commune intéressée à l'expropriation, laquelle ne se plaint pas de l'inobservation du délai, et se
serait même rendue irrecevable à le faire en comparais-
sant devant le jury sans protestation ni réserve [3]; — que
les jurés doivent, à peine de nullité, prêter le serment
prescrit par l'article 36 de la loi de 1841 [4] (voir cet article, n. 1); — que l'absence d'offres antérieures à la réunion du jury emporte, au profit de l'exproprié, nullité de la décision intervenue [5] (voy. art. 23, n. 1, de la
loi de 1841); — que la décision du jury vicinal doit, à
peine de nullité, être proclamée par le magistrat directeur en audience publique, et en présence des jurés [6]
(voy. art. 41, n. 7, de la loi de 1841).

[1] 30 janv. 1866, rej.: Monnier c. Préfet du Jura et Ville de Saint-
Claude; M. Sévin.
[2] 17 nov. 1873, rej.: Commune d'Aiton c. Belleville et autres;
M. Casenave. D. 1874, 1, 8.
[3] Même arrêt.
[4] 25 déc. 1875, rej.: Commune de Cubzac c. Gardes; M. Gastambide. S. 1876, 1, 175, P. 1876, 403.
[5] 9 déc. 1863, Cass.: Blanquié et Combès c. Préfet de l'Hérault et
Commune de Saint-Gervais; M. Renouard. D. 1864, 5, 146.
[6] 29 juin 1869, Cass.: Vivien-Labretonnière et Desvaux c. Commune de Lisores; M. Henriot. D. 344, S. 386, P. 948.

18. L'article 46 de la loi de 1841, qui ordonne le dépôt des minutes et pièces au greffe du tribunal civil de l'arrondissement, est applicable en matière de chemins vicinaux, encore bien que la présidence du jury aurait été conférée au juge de paix. Voir l'article 46 de la loi de 1841.

19. Le dernier paragraphe de l'article 16 renvoie à la loi de 1833 pour les règles des pourvois. Dans une espèce où l'on avait négligé de notifier le pourvoi dans la huitaine de sa formation, on a essayé, pour se soustraire à la déchéance, de soutenir que, depuis la loi de 1841, les pourvois ayant trait aux chemins vicinaux étaient rentrés dans le droit commun. Est-il besoin de dire qu'on a échoué et que la déchéance a été prononcée ? La loi de 1841, en anéantissant celle de 1833, s'y est entièrement substituée comme loi organique de l'expropriation ; c'est la loi de 1841 qui règle aujourd'hui les formes et délais des pourvois en matière de chemins vicinaux [1].

20. Le pourvoi fondé sur ce qu'une expropriation vicinale aurait à tort été prononcée, est non recevable [2] s'il est dirigé, non contre le jugement, passé en forme de chose jugée, qui a prononcé l'expropriation en décidé que l'indemnité serait fixée par un jury composé conformément à la loi de 1836, mais contre le second jugement qui, se bornant à prendre les choses dans l'état où les avait mises le jugement précédent, a pourvu au remplacement des jurés, qui se trouvaient inaptes à siéger en vertu du premier jugement à raison du re-

<hr/>

[1] 5 juin 1850 : Commune de Cazilhac c. Préfet de l'Aude ; M. Gillon. D. 162, S. 600, P. 2, 17.
[2] 27 mars 1867, rej. : Lafosse c. Commune de Senonches ; M. Rieff.

nouvellement des listes par le Conseil général, renouvellement survenu avant que ces jurés eussent commencé leurs opérations (Voy. art. 30, n. 8). Le second
jugement ne décidait rien par lui-même quant à l'expropriation et à ses formes ; et, sur ces points, la véritable décision, le premier jugement, était devenue inattaquable.

21. Est non recevable le pourvoi dirigé contre la
décision rendue par un jury de quatre membres, composé par application de la loi de 1836, alors que le
moyen proposé est tiré de ce que la loi de 1836 a été à
tort appliquée, et qu'il eût fallu procéder avec le jury
ordinaire, conformément à la loi de 1841. C'est contre
le jugement même qui avait ordonné la formation du
jury de quatre membres que le recours aurait dû être
dirigé [1].

22. Les dispositions de l'article 60 de la loi de 1841
sur le droit de l'ancien propriétaire de demander la remise des terrains qui n'ont pas reçu la destination en
vue de laquelle ils avaient été acquis, s'appliquent sans
aucun doute en matière d'expropriation vicinale [2].

23. En matière d'expropriation vicinale, la purge des
hypothèques s'opérera de la même manière que pour
les cas d'expropriation ordinaire, en observant les articles 15 à 19 de la loi de 1841. C'est une expropriation
comme les autres, qui en a tous les caractères et tous
les effets, sauf les différences dans l'acte déclaratif
d'utilité et dans la composition du jury.

---

[1] 6 août 1877, rej. : Chollet c. Ville de Nantes ; M. Guérin. D. 1878,
1, 54, S. 1878, 1, 78, P. 1878, 161. — 17 déc. 1877, rej. : Touchy c. Ville
de Nantes ; M. Sallé. D. 1878, 1, 52, S. 1878, 1, 80, P. 1878, 165.

[2] 27 mai 1846, Cons. d'Etat : Veuve de Cuzieux ; M. de Lavenay
L. 310, P. 168.

ARTICLE 17.

Les extractions de matériaux, les dépôts ou enlèvements de terre, les occupations temporaires de terrains, seront autorisés par arrêté du préfet, lequel désignera les lieux; cet arrêté sera notifié aux parties intéressées au moins dix jours avant que son exécution puisse être commencée. — Si l'indemnité ne peut être fixée à l'amiable, elle sera réglée par le Conseil de préfecture, sur le rapport d'experts nommés, l'un par le sous-préfet, et l'autre par le propriétaire. — En cas de discord, le tiers expert sera nommé par le Conseil de préfecture.

V. article 15 de la loi de 1836, n. 10 et 11.

ARTICLE 18.

L'action en indemnité des propriétaires pour les terrains qui auront servi à la confection des chemins vicinaux, et pour extraction de matériaux, sera prescrite par le laps de deux ans.

SOMMAIRE.

1. Point de départ de la prescription de l'article 18.
2. Point de départ de l'action possessoire.
3. Dette reconnue; droit commun.

1. Quel est le point de départ de la prescription établie par cet article? Ce n'est pas la date de l'arrêté ou de la délibération, que l'intéressé ne connaît pas. Ce sera sans aucun doute la date de la signification de l'arrêté ou de la délibération, si cette signification a lieu. Mais, dans l'usage ordinaire, on ne signifie pas cet acte. La Cour de Paris a jugé [1] que c'est par leur exécu-

---

[1] 19 janv. 1861, C. de Paris : Vilcoq c. Commune de Courbevoie. *Gaz. des Trib.* du 25 janv. 1861.

tion, par la notoriété qui s'y attache dans les localités
qu'elles intéressent, que ces décisions sont portées à la
connaissance des riverains ; que cette exécution et cette
notoriété servent de point de départ à la prescription de
deux ans, si d'ailleurs il résulte des circonstances que
les riverains ont été suffisamment avertis, qu'ils ont été
mis en demeure par les faits, et qu'ainsi leur renonciation à l'indemnité résulte de leur silence. Dans l'espèce, le propriétaire avait opéré lui-même le retranchement de son terrain, en élevant un mur entre la
partie retranchée et la partie réservée. Le pourvoi dirigé contre l'arrêt de la Cour de Paris a été rejeté par la
Chambre des requêtes [1].

2. Quant à l'action possessoire qui peut être formée
à l'effet d'établir le droit à indemnité (*suprà*, art. 15,
n. 6), on pourrait induire d'un arrêt de la Chambre des
requêtes et d'un jugement du tribunal des conflits que
c'est l'arrêté (ou, aujourd'hui, la délibération) qui est le
point de départ du trouble ; mais la question n'était
qu'incidemment touchée dans ces décisions [2]. Il est
préférable de dire, avec deux arrêts de la Chambre civile [3], que le délai pour l'action possessoire ne court que
du moment où il y a eu contradiction à l'ancienne possession du terrain. Ni l'arrêté, ni sa signification, ni
même la prise de possession, si d'ailleurs l'acte n'est
accompagné d'aucune circonstance particulière, ne

[1] 27 mai 1862, req. rej. : Vilcoq ; M. Pécourt.
[2] 27 nov. 1843, req. rej. : Jougla c. Rivals ; M. Bayeux. D. 1844, 1,
25, S. 1844, 1, 16, P. 1844, 1, 250. — 24 juill. 1851, Trib. des conflits :
De Latude c. Commune de Pomerols ; M. Pérignon. L. 522, D. 1851,
3, 70, P. 512
[3] 13 janv. 1847, rej.: Commune de Happoncourt c. Pierrot et
Claudot ; M. Renouard. D. 84, S. 248, P. 1, 117. — 28 déc. 1852,
Cass. : Petit et Gigneaux c. Commune de Saint-Genès de Lombaud :
M. Gaultier. D. 1853, 1, 25, S. 1853, 1, 429, P. 1853, 2, 337.

constitue un véritable trouble ; c'est l'accomplissement d'une mesure régulière, à laquelle le possesseur ne saurait être admis à s'opposer ; le délai ne court, d'après la doctrine de la Chambre civile, que du jour du refus d'indemnité : ce refus constitue seul le trouble spécifié en l'article 23 du Code de procédure civile.

Remarquons toutefois qu'après deux années à partir de la signification de l'arrêté ou de la prise de possession, l'action possessoire n'aurait plus d'effet utile ; car la prescription de l'article 18 serait encourue, et le possesseur serait censé avoir volontairement renoncé à toute indemnité.

3. Ajoutons que la prescription de deux ans cesse d'être applicable lorsque la dette de la commune a été discutée dans des pourparlers amiables, et définitivement reconnue par le fonctionnaire chargé de régler l'indemnité, et délégué à cet effet par le chef de l'administration départementale [1]. On est rentré, en ce cas, dans les règles du droit commun.

ARTICLE 19.

En cas de changement de direction ou d'abandon d'un chemin vicinal en tout ou en partie, les propriétaires riverains de la partie de ce chemin qui cessera de servir de voie de communication pourront faire leur soumission de s'en rendre acquéreurs et d'en payer la valeur, qui sera fixée par des experts nommés dans la forme déterminée par l'article 17.

SOMMAIRE.

1. Comment se règle le prix à payer par le riverain lorsqu'un terrain ayant appartenu à un chemin vicinal se trouve rendu à la propriété privée, non par abandon total ou partiel du chemin, mais par simple modification de sa largeur.

[1] 12 août 1868, rej. : Ville de Corte c. Poli ; M. Renouard. D. 478.

2. La prise de possession par le riverain peut précéder le règlement.
3. Caractère du droit de préemption; annulation de la vente faite à un tiers.

1. Cet article fait, pour les riverains des chemins vicinaux abandonnés, quelque chose d'analogue à ce qu'a fait depuis, pour les routes nationales délaissées, la loi du 24 mai 1842.

Mais si, au lieu d'une suppression ou d'un changement de direction, il s'agissait simplement d'un arrêté de reconnaissance et de fixation de largeur du chemin, qui diminuerait cette largeur et permettrait au riverain de s'avancer, ce ne serait pas d'après l'article 19 que se réglerait le prix dû par le propriétaire à la commune : l'article 19 ne peut être étendu au delà des hypothèses qu'il a prévues. Il semble que, par analogie avec ce qui se pratique en matière d'alignements urbains (Loi du 16 septembre 1807, art. 50 et suiv., n. 6), le prix à payer par le propriétaire devrait se régler de la même manière que se règle l'indemnité dont l'élargissement du chemin rend la commune débitrice envers le propriétaire, c'est-à-dire conformément à l'article 15. Telle est l'opinion qu'exprimait incidemment le ministre de l'intérieur dans des observations présentées au Conseil d'Etat sur une affaire dans laquelle la question a été discutée, mais non résolue. Voy. *infra*, n. 2.

2. Un arrêt de la Chambre civile, du 25 février 1867[1], décide qu'au cas d'avancement du riverain par suite de diminution de largeur, la nécessité d'une estimation n'empêche pas la prise de possession immédiate, et que le propriétaire a pu, sans attendre le règlement de l'indemnité, disposer du terrain à lui délaissé.

[1] 25 févr. 1867, rej. : Commune d'Azay-sur-Indre c. de Lagrange M. Quénault. D. 66, S. 201, P. 494.

Quelle juridiction devait régler l'indemnité ? la Cour n'avait pas à le décider. On lit toutefois en son arrêt « que, d'après l'article 53 de la loi du 16 septembre 1807, *qui a disposé pour ce cas*, il ne restait plus qu'à faire fixer par des experts la valeur, due par les époux Lagrange, du terrain qu'ils étaient autorisés à occuper. »

Nous estimons, quant à nous, avec le ministre de l'intérieur (*suprà*, n. 1) qu'on ne doit puiser dans la loi de 1807 que l'argument d'analogie entre la diminution et l'augmentation de largeur; et que c'est en la loi spéciale sur les chemins vicinaux qu'il faut trouver la détermination de la juridiction.

3. Le droit de préemption établi par l'article 19 de la loi de 1836 constitue un droit réel, en vertu duquel les riverains peuvent faire annuler la vente consentie à des tiers. Il serait illusoire s'il ne consistait qu'en un pur et simple droit de préférence, en un droit personnel, susceptible de s'évanouir, aussitôt qu'il serait né, par la vente que la commune pourrait faire à un tiers [1]. L'autorité judiciaire est compétente pour prononcer la nullité de la vente par acte notarié d'excédants de chemins vicinaux, vente opérée par une commune avec l'autorisation du préfet, mais au mépris du droit de préemption des propriétaires riverains [2].

ARTICLE 20.

Les plans, procès-verbaux, certificats, significations, jugements, contrats, marchés, adjudications de travaux, quittances et autres actes ayant pour objet exclusif la construc-

---

[1] 3 mai 1871, C. de Dijon : Monnot et consorts c. Rossignol et commune de Saint-Gervais. D. 1874, 2, 52, S. 1872, 2, 239, P. 1872, 946.

[2] Même arrêt.

tion, l'entretien et la réparation des chemins vicinaux, seront enregistrés moyennant le droit fixe de 1 franc. — Les actions civiles intentées par les communes ou dirigées contre elles, relativement à leurs chemins, seront jugées comme affaires sommaires et urgentes, conformément à l'article 405 du Code de procédure civile.

SOMMAIRE.

Le paragraphe 1er de cet article n'exclut pas, en cas d'expropriation, l'application de l'article 58 de la loi de 1841.

Le paragraphe 1er de cet article n'est applicable qu'autant qu'il n'y a pas expropriation; si l'on procède conformément à l'article 16 et par voie d'expropriation, les droits ne sont pas seulement modérés, mais disparaissent complètement, et les actes sont visés pour timbre et enregistrés gratis par application de l'article 58 de la loi de 1841. Rien ne justifierait une différence entre l'expropriation vicinale et les autres cas d'expropriation, et rien, dans la loi spéciale, n'établit et n'autorise cette différence (voir art. 58 de la loi de 1841, n. 3). Un doute pourrait naître de l'emploi que le paragraphe 1er de notre article a fait du mot *jugements*, qui éveille, au premier abord, l'idée d'une expropriation; mais le doute se dissipera promptement si l'on réfléchit qu'en employant cette expression, le législateur a pu avoir et a eu en effet en vue, non les jugements d'expropriation, mais les jugements rendus par le juge de paix en vertu de l'article 15. Voir cet article, n. 7.

Loi du 24 mai 1842, relative aux portions de routes royales délaissées par suite de changement du tracé ou d'ouverture d'une nouvelle route.

ARTICLE 1er.

Les portions de routes royales délaissées par suite de changement ou d'ouverture d'une nouvelle route pourront, sur la demande ou avec l'assentiment des Conseils généraux des départements ou des Conseils municipaux des communes intéressées, être classées, par ordonnances royales, soit parmi les routes départementales, soit parmi les chemins vicinaux de grande communication, soit parmi les simples chemins vicinaux.

ARTICLE 2.

Au cas où ce classement ne serait pas ordonné, les terrains délaissés seront remis à l'administration des domaines, laquelle est autorisée à les aliéner. Néanmoins, il sera réservé, s'il y a lieu, eu égard à la situation des propriétés riveraines, et par arrêté du préfet en Conseil de préfecture, un chemin d'exploitation dont la largeur ne pourra excéder cinq mètres.

ARTICLE 3.

Les propriétaires seront mis en demeure d'acquérir, chacun en droit soi, dans les formes tracées par l'article 61 de la loi du 3 mai 1841, les parcelles attenantes à leurs propriétés. — A l'expiration du délai fixé par l'article précité, il pourra être procédé à l'aliénation des terrains, selon les règles qui régissent les aliénations du domaine de l'Etat, ou par application de l'article 4 de la loi du 20 mai 1836.

SOMMAIRE.

1. C'est au jury qu'appartient la fixation de l'indemnité due par le riverain.
2. Article 4 de la loi du 20 mai 1836.

3. La préemption est applicable aux parcelles délaissées des voies fluviales.
4. S'applique-t-elle au cas de suppression de voies urbaines?
5. *Quid* des droits de vue, d'accès, etc., auxquels porte atteinte la suppression de la route ou de la rue?
6. Constructions élevées sur les terrains retranchés de la voie publique.

1. Le paragraphe 1er de cet article assure le droit de préemption aux propriétaires riverains, et déclare que les formes de l'acquisition seront celles que trace l'article 61 de la loi du 3 mai 1841 ; or, au nombre des formes indiquées par l'article 61 est la fixation judiciaire du prix, fixation qui, à défaut de conventions amiables, sera faite par le jury. Un tribunal ne peu donc refuser de faire droit aux réquisitions que lui adresse le ministère public à l'effet de nommer le magistrat directeur du jury qui devra régler l'indemnité due par un propriétaire pour l'acquisition d'une portion de route abandonnée [1].

2. Le paragraphe 2 déclare l'article 4 de la loi du 20 mai 1836 applicable, si les riverains n'ont pas usé de leur droit de préemption. Cet article est ainsi conçu : « Les portions de terrain dépendantes d'anciennes routes ou chemins, et devenues inutiles par suite ue changement de tracé ou d'ouverture d'une route royale ou départementale, pourront être cédées, sur estimation contradictoire, à titre d'échange et par voie de compensation de prix, aux propriétaires des terrains sur lesquels les portions de routes neuves devront être exécutées. L'acte de cession devra être soumis au ministre des finances lorsqu'il s'agira de terrains abandonnés par des routes royales. »

---

[1] 11 août 1845, Cass. : Préfet de Seine-et-Marne c. Chabbal ; M. Renouard. D. 331, S. 769.

3. Un arrêté du ministre des finances, du 2 octobre
1844, assimile les voies fluviales aux voies de terre, au
point de vue de l'exercice de la préemption écrite en la
loi de 1842. Par suite, « les bras ou lits d'un cours d'eau
navigable » peuvent être considérés comme des parcelles délaissées, auxquelles l'article précité est applicable.
Mais, à l'égard des fleuves comme à l'égard des voies de
terre, le droit de préférence ou de préemption, étant une
dérogation au mode général adopté pour la vente des
domaines de l'Etat, ne peut être étendu au-delà de ses
exactes limites. Spécialement, il ne s'applique pas aux
étangs desséchés qui ont servi de réservoirs d'alimentation à un canal [1].

4. La préemption s'applique-t-elle aux simples voies
urbaines, aux rues lorsqu'elles sont supprimées ?
Aucun texte ne résout affirmativement cette question ;
et cependant la solution affirmative est, en ce cas
aussi, d'une importance capitale. Y aura t-il alors nécessité de laisser un passage, conformément à ce que
prescrit l'article 2 de la loi de 1842 ? Cela est plus indispensable encore pour les rues que pour les routes. La
suppression des rues n'est pas législativement réglée ;
on doit y appliquer les mêmes règles qu'à la suppression des chemins.

5. Quels seront d'ailleurs, soit à l'égard des routes,
soit à l'égard des voies urbaines, les effets du délaisse-
ment, quant aux droits de vue, aux droits d'accès, et à
toutes autres servitudes dont la voie publique était naturellement grevée ? La question a donné lieu à de vives
controverses. (Voy. Dalloz, v° *Voirie par terre*, n. 122.)
La jurisprudence, tant administrative que judiciaire,

---

[1] 19 mars 1873, C. de Dijon : Etat c. Jobard-Dumesnil. D. 1874, 2,
91, S. 1873, 2, 68, P. 1873, 326.

s'est fermement établie en ce sens que les droits dont il s'agit, bien que ne constituant pas à proprement parler des *servitudes*, dans le sens que le Code civil attache à ce mot, existent avec une incontestable valeur, et que, si l'utilité des transformations du sol public en demande la suppression, ce ne sera qu'à la condition d'indemniser ceux que cette suppression atteint. Ce n'est pas une expropriation, c'est un dommage permanent. Ce qui a prévalu, en conséquence, c'est le principe de l'indemnité, réglée par l'autorité administrative [1].

6. Les constructions élevées sur les portions de terrain retranchées de l'ancienne voie publique, et l'atteinte qui en résulte aux droits des particuliers, ne donnent ouverture qu'à une action contre l'administration. A raison du trouble apporté au droit dont on jouissait sur la voie publique, à raison, par exemple, de ce que la construction élevée sur le terrain qui appartenait autrefois à cette voie menace de boucher ou a bouché déjà une fenêtre qui prenait jour sur ladite voie, l'on ne saurait ni s'opposer à la construction ou en demander la démolition, ni réclamer indemnité du particulier auteur de la construction [2]. C'est la conséquence de ce qui a été dit plus haut, qu'il n'y a pas de *servitude* sur la voie publique.

---

[1] 15 juin 1842, C. d'Etat : Phalippau ; M. Bouchené-Lefer. L. 301, S. 1842, 2, 378. — 22 févr. 1862, C. de Paris : Ville de Paris c. Chambeau et Mathès. *Gaz. des Trib.* du 8 mars 1862. — 17 janv. 1863, C. de Paris : Gallet et Lefèvre c. Ville de Paris. *Gaz. des Trib.* du 23 janv. 1863. — 27 juill. 1863, C. de Paris : Préfet de la Seine c. Bonnevaine. *Gaz. des Trib.* du 29 juillet 1863. — 30 mai 1866, req. rej. : Gayard et autres ; M. Férey.

[2] 27 mai 1851, req. : Ville de Lons-le-Saulnier c. Cloz et Courbet ; M. Glandaz. D. 1851, 1, 148, P. 1852, 2, 215. — 15 juill. 1851, req. : Rouffigny c. Rattier ; M. Le Roux de Bretagne. D. 1851, 1, 234, P. 1852, 2, 217. — 16 nov. 1874, C. de Caen : Lecomte c. Alix et Commune de Villebadin. D. 1875, 2, 84. — 16 mai 1877, rej. : Delaby c. Louvet ; M. Gastambide. D. 431.

ARTICLE 4.

Lorsque les portions de routes royales délaissées auront
été classées parmi les routes départementales ou les chemins
vicinaux, les parcelles de terrain qui ne feraient pas partie
de la nouvelle voie de communication ne pourront être alié-
nées qu'à la charge, par le département ou la commune, de
se conformer aux dispositions du premier paragraphe de
l'article précédent.

Loi du 15 juillet 1845, sur la police des chemins de fer.

EXTRAIT.

ARTICLE 10.

Si, hors des cas d'urgence prévus par la loi des 16-24 août
1790, la sûreté publique ou la conservation du chemin de fer
l'exige, l'administration pourra faire supprimer, moyennant
une juste indemnité, les constructions, plantations, excava-
tions, couvertures en chaume, amas de matériaux combusti-
bles ou autres, existant, dans les zones ci-dessus spécifiées
(de 2 à 20 mètres, suivant les cas : art. 5, 6, 7, 8 de la loi), au
moment de la promulgation de la présente loi, et, pour l'a-
venir, lors de l'établissement du chemin de fer.

L'indemnité sera réglée, pour la suppression des constructions, conformément aux titres IV et suivants de la loi du
3 mai 1841, et, pour tous les autres cas, conformément à la
loi du 16 septembre 1807.

Loi du 13 avril 1850, relative à l'assainissement des logements insalubres.

Art. 1ᵉʳ. Dans toute commune où le Conseil municipal
l'aura déclaré nécessaire par une délibération spéciale, il nommera une Commission chargée de rechercher et indiquer les

mesures indispensables d'assainissement des logements et dépendances insalubres mis en location ou occupés par d'autres que le propriétaire, l'usufruitier ou l'usager. — Sont réputés insalubres, les logements qui se trouvent dans des conditions de nature à porter atteinte à la vie ou à la santé de leurs habitants.

2. La Commission se composera de neuf membres au plus, et de cinq au moins. — En feront nécessairement partie un médecin et un architecte ou tout autre homme de l'art, ainsi qu'un membre du bureau de bienfaisance et du Conseil des prud'hommes, si ces institutions existent dans la commune. — La présidence appartient au maire ou à l'adjoint. — Le médecin et l'architecte pourront être choisis hors de la commune. — La Commission se renouvelle tous les deux ans par tiers ; les membres sortants sont indéfiniment rééligibles. — A Paris, la Commission se compose de douze membres.

3. La Commission visitera les lieux signalés comme insalubres ; elle déterminera l'état d'insalubrité et en indiquera les causes, ainsi que les moyens d'y remédier ; elle désignera les logements qui ne seraient pas susceptibles d'assainissement.

4. Les rapports de la Commission seront déposés au secrétariat de la mairie, et les parties intéressées mises en demeure d'en prendre communication et de produire leurs observations dans le délai d'un mois.

5. A l'expiration de ce délai, les rapports et observations seront soumis au Conseil municipal qui déterminera : 1° les travaux d'assainissement et les lieux où ils devront être entièrement ou partiellement exécutés, ainsi que les délais de leur achèvement ; 2° les habitations qui ne sont pas susceptibles d'assainissement.

6. Un recours est ouvert aux intéressés contre ces décisions devant le Conseil de préfecture, dans le délai d'un mois à dater de la notification de l'arrêté municipal. Ce recours sera suspensif.

7. En vertu de la décision du Conseil municipal ou de celle du Conseil de préfecture, en cas de recours, s'il a été reconnu que les causes d'insalubrité sont dépendantes du fait du propriétaire ou de l'usufruitier, l'autorité municipale lui enjoindra, par mesure d'ordre et de police, d'exécuter les travaux jugés nécessaires.

8. Les ouvertures pratiquées pour l'exécution des travaux d'assainissement seront exemptées, pendant trois ans, de la contribution des portes et fenêtres.

9. En cas d'inexécution, dans les délais déterminés, des travaux jugés nécessaires, et si le logement continue d'être occupé par un tiers, le propriétaire ou l'usufruitier sera passible d'une amende de 16 francs à 100 francs. Si les travaux n'ont pas été exécutés dans l'année qui aura suivi la condamnation, et si le logement insalubre a continué d'être occupé par un tiers, le propriétaire ou l'usufruitier sera passible d'une amende égale à la valeur des travaux et pouvant être élevée au double.

10. S'il est reconnu que le logement n'est pas susceptible d'assainissement et que les causes d'insalubrité sont dépendantes de l'habitation elle-même, l'autorité municipale pourra, dans le délai qu'elle fixera, en interdire provisoirement la location à titre d'habitation — L'interdiction absolue ne pourra être prononcée que par le Conseil de préfecture, et, dans ce cas, il y aura recours de sa décision devant le Conseil d'État. — Le propriétaire ou l'usufruitier qui aura contrevenu à l'interdiction prononcée sera condamné à une amende de 16 à 100 francs, et, en cas de récidive dans l'année, à une amende égale au double de la valeur locative du logement interdit.

11. Lorsque, par suite de l'exécution de la présente loi, il y aura lieu à résiliation des baux, cette résiliation n'emportera en faveur du locataire aucuns dommages-intérêts.

12. L'article 463 du Code pénal sera applicable à toutes les contraventions ci-dessus indiquées.

13. Lorsque l'insalubrité est le résultat de causes extérieures et permanentes, ou lorsque ces causes ne peuvent être détruites que par des travaux d'ensemble, la commune pourra acquérir, suivant les formes et après l'accomplissement des formalités prescrites par la loi du 3 mai 1841, la totalité des propriétés comprises dans le périmètre des travaux. — Les portions de ces propriétés qui, après l'assainissement opéré, resteraient en dehors des alignements arrêtés pour les nouvelles constructions, pourront être revendues aux enchères publiques, sans que, dans ce cas, les anciens propriétaires ou leurs ayants droit puissent demander l'application des articles 60 et 61 de la loi du 3 mai 1841.

14. Les amendes prononcées en vertu de la présente loi seront attribuées en entier au bureau ou établissement de bienfaisance de la localité où sont situées les habitations à raison desquelles ces amendes auront été encourues.

Décret du 25 mars 1852, sur la décentralisation administrative.

EXTRAIT.

ARTICLE PREMIER.

Les préfets continueront de soumettre à la décision du Ministre de l'intérieur les affaires départementales et communales qui affectent directement l'intérêt général de l'Etat, telles que l'approbation des budgets départementaux, les impositions extraordinaires et les délimitations territoriales ; mais ils statueront désormais sur toutes les autres affaires départementales et communales qui, jusqu'à ce jour, exigeaient la décision du chef de l'Etat ou du Ministre de l'intérieur, et dont la nomenclature est fixée par le tableau A ci-annexé.

TABLEAU A.

1°....... ....

35° Enfin, tous les autres objets d'administration départementale, communale et d'assistance publique, sauf les exceptions ci-après :

a..

u. Expropriation pour cause d'utilité publique, sans préjudice des concessions déjà faites en faveur de l'autorité préfectorale par la loi du 21 mai 1836, relative aux chemins vicinaux ;

c..

Décret du 26 mars 1852, relatif aux rues de Paris.

ARTICLE 1er.

Les rues de Paris continueront d'être soumises au régime de la grande voirie.

ARTICLE 2.

Dans tout projet d'expropriation pour l'élargissement, le redressement ou la formation des rues de Paris, l'administration aura la faculté de comprendre la totalité des immeubles atteints, lorsqu'elle jugera que les parties restantes ne sont pas d'une étendue ou d'une forme qui permette d'y élever des constructions salubres. — Elle pourra pareillement comprendre, dans l'expropriation, des immeubles en dehors des alignements, lorsque leur acquisition sera nécessaire pour la suppression d'anciennes voies publiques jugées inutiles. — Les parcelles de terrain acquises en dehors des alignements, et non susceptibles de recevoir des constructions salubres, seront réunies aux propriétés contiguës, soit à l'amiable, soit par l'expropriation de ces propriétés, conformément à l'article 53 de la loi du 16 septembre 1807. — La fixation du prix de ces terrains sera faite suivant les mêmes formes, et devant la même juridiction, que celle des expropriations ordinaires. — L'article 58 de la loi du 3 mai 1841 est applicable à tous les actes et contrats relatifs aux terrains acquis pour la voie publique par simple mesure de voirie.

1. L'article 2 du décret du 26 mars 1852, en donnant à l'administration, dans les cas qu'il détermine, la faculté de comprendre dans ses projets d'expropriation

les parties des immeubles atteints par les alignements qui restent en dehors de la voie publique, n'a aucunement modifié, en ce qui concerne ces portions d'immeubles, les dispositions de la loi du 3 mai 1841. Comme le terrain qui doit former le sol même de la voie publique, les portions d'immeubles y attenant, et impropres à des constructions salubres, ne peuvent être frappées d'expropriation que dans les formes et après les enquêtes prescrites par la loi de 1841. Ainsi jugé par arrêt du Conseil d'Etat du 27 mars 1856 [1].

Depuis, l'exécution de l'article 2 du décret du 26 mars 1852 a été réglée par décret du 27 décembre 1858, lequel a été modifié lui-même par décret du 14 juin 1876. On trouvera, à leurs dates, le texte de ces deux décrets.

2. La question de savoir si la partie de terrain restante après suppression de celle nécessaire à l'établissement de la voie publique, est ou non suffisante pour la construction d'habitations salubres, n'est pas de la compétence des tribunaux, et ne saurait être débattue devant eux [2].

Lorsqu'il a été procédé conformément au décret du 26 mars 1852, l'article 60, paragraphe 1er, de la loi de 1841, ne peut être invoqué par le propriétaire exproprié. Voy. art. 60, n. 15 ; voyez aussi, pour une autre application de l'article 60, *infrà*, n. 6.

3. Il n'est pas absolument nécessaire que la déclaration d'insuffisance d'une parcelle ait été prononcée dans le projet *primitif* d'expropriation. L'insuffisance de la parcelle, et, par suite, l'expropriation de l'immeuble

---

[1] 27 mars 1856, Cons. d'Etat : De Pommereu, Camusat-Busserolles et Audiffred ; M. Blondel. L. 224, P. 67.

[2] 1er août 1865, rej. : Ciais et Bouyon c. Poncet et consorts ; M. Sévin. D. 1866, 1, 169 et 170, S. 1866, 1, 81, P. 1866, 180.

entier, peut être déclarée par décret ultérieur, à la condition d'observer à nouveau toutes les formalités requises[1].

4. Le paragraphe 2 de l'article 2 autorise l'administration à comprendre dans l'expropriation des immeubles en dehors des alignements, *lorsque leur acquisition sera nécessaire pour la suppression d'anciennes voies
publiques jugées inutiles.* L'application de cette disposition ne saurait être étendue au cas où aucune suppression de voie publique n'a lieu, mais où, en attei-
gnant des immeubles sis en dehors des alignements, on
aurait pour objet d'opérer le nivellement des rues nouvelles avec les rues anciennes[2].

5. Au cas où s'applique le décret du **26 mars 1852**, il
n'en est pas comme au cas prévu par l'article 50 de la
loi de 1841, où le propriétaire a exigé que l'administration acquît la totalité de son immeuble, bien que les
travaux d'utilité publique n'en dussent occuper qu'une
partie. Dans l'hypothèse de l'article 50, la portion d'immeuble acquise au delà de ce qui doit être affecté aux
travaux d'utilité publique arrive aux mains de l'administration, non à titre d'expropriation, mais à titre de
vente, et, en conséquence, avec les charges réelles qui
la grevaient (art. 50, n. 20). Par l'effet, au contraire, du
décret de 1852, les propriétés passent tout entières aux
mains de la ville comme partie expropriante, et sont
affranchies, en conséquence, des servitudes qui pouvaient les grever[3]; la ville en est saisie par suite du

---

[1] 19 juin 1862, C. d'État : De Chabrol-Chaméane ; M. Aucoc. L.
509, D. 1863, 3, 14, P. 242.

[2] 27 janv. 1864, Cass. : Veuve Roussel c. Ville de Rouen ; M. Delapalme. D. 447, S. 507, P. 1248.

[3] 9 janv. 1869, C. de Paris : Fournier c. Fagniez. D. 1874, 5, 253,
S. 1869, 2, 67, P. 1869, 334.

jugement d'expropriation, et les baux se trouvent résiliés pour la totalité de la propriété, quelque usage que
la ville en puisse faire [1].

6. Le propriétaire de terrains contigus à des *délaissés* jugés impropres à recevoir des constructions
salubres, a, pour l'acquisition de ces délaissés, un droit
privilégié qu'il exercera conformément aux articles 60
et 61 de la loi du 3 mai 1841. Un arrêt du 14 février
1855 [2] avait jugé que, pour mettre le propriétaire en
demeure de faire connaître ses intentions à cet égard,
il n'était pas nécessaire de lui faire une notification
spéciale, et que ce propriétaire était suffisamment
averti par les avis publics et le dépôt des plans opérés
en conformité des articles 5 et 6 de la loi de 1841. Mais
le décret du 27 décembre 1858, dont nous donnons ci-
après le texte, dispose (art. 5) que le propriétaire au
fonds duquel peuvent être réunis les délaissés sera « mis
en demeure, par un acte extrajudiciaire, de déclarer,
dans un délai de huitaine, s'il entend profiter de la
faculté de s'avancer sur la voie publique en acquérant
les parcelles riveraines. »

7. L'arrêt précité du 14 février 1855 a décidé que la
demande d'acquisition du propriétaire contigu aux délaissés peut encore utilement se produire après le jugement d'expropriation. « Le jugement d'expropriation,
porte cet arrêt, ne préjuge rien sur le fond du droit (de
préemption), qui, mis en exercice par l'expropriation

---

[1] 8 mars 1858, Trib. civ. de la Seine : Ville de Paris c Darvogne.
Gaz. des Trib. du 19 mars 1858. — 22 juin 1863, C. de Paris : Petit
et C⁰ c. Krauth. D. 1864, 1, 445, S. 1864, 1, 465, P. 1864, 785. —
9 août 1864, req. rej. : Petit et C⁰ c. Krauth ; M. de Peyramont.
D. 445, S. 465, P. 1864, 785.
[2] 14 févr. 1855, rej. : Yon de Jonage et autres c. Compagnie de la
rue Impériale de Lyon ; M. Gillon. D. 178, S. 538, P. 1, 391.

elle-même, lui survit et peut encore, s'il y a lieu, être (même après le jugement qui prononce l'expropriation) utilement invoqué devant l'autorité compétente. »

Dans un article de la *Revue critique* (année 1855, p. 3 et suiv.), M. le président Nicias-Gaillard exprime, au contraire, l'opinion que le jugement d'expropriation a, contre la demande de préemption, l'autorité de la chose jugée, et que, par suite, cette demande ne saurait, après le jugement, être utilement formée. Le jugement d'expropriation n'a-t-il pas pour effet de transférer de l'ancien propriétaire à l'administration expropriante la propriété de l'immeuble ? Comment pourrait-on donc, après que ce jugement a été rendu, admettre à exercer le droit de préemption, à l'égard des délaissés, une personne en qui a cessé d'exister, sur l'immeuble voisin de la voie publique mais non occupé par elle, le droit de propriété qui servait de justification et de base à l'exercice de la préemption ?

Aujourd'hui que le décret de 1858 a réglé l'exercice du droit de préemption, prescrit un avertissement individuel au propriétaire, et donné à celui-ci un délai de huitaine pour déclarer s'il entend user du droit de préemption, il est à présumer que la Cour de cassation abandonnerait la doctrine de son arrêt de 1855.

Dans le système qui considère le jugement d'expropriation comme irrévocable même à l'égard des terrains situés en dehors du tracé de la voie publique, et qui n'admet pas à exercer le droit de préemption après que le jugement a été rendu, il ne nous paraît pas douteux que le propriétaire auquel, avant ce jugement, n'ont pas été faits les avertissements et donnés les délais réglés par le décret de 1858 pour l'exercice du droit de préemption, ne puisse faire annuler ledit jugement. Aux termes de l'article 53 de la loi de 1807, auquel renvoie le paragraphe 3 de notre article, l'administration n'est autorisée à exproprier qu'*au cas où le propriétaire ne voudrait pas acquérir;* il faut donc, pour que l'expropriation puisse être prononcée, que le propriétaire ait été mis en demeure d'acquérir en la forme et avec observation des délais que la loi a réglés.

8. Si le propriétaire, prétendant que le jugement, en appliquant l'expropriation à sa propriété, a étendu ladite expropriation au delà des limites indiquées aux actes administratifs, s'est pourvu en cassation contre ce jugement, et a soutenu que, loin de devoir subir aucune expropriation, il a, au contraire, droit à acquérir un délaissé, c'est le cas par le jury de fixer alternativement deux indemnités, l'une à payer par l'administration dans l'hypothèse du maintien du jugement d'expropriation, l'autre à payer par le propriétaire dans l'hypothèse où le jugement tomberait et où le propriétaire serait admis à acquérir le délaissé. Voir art. 39, n. 31, *in fine*, de la loi de 1841.

9. Lorsque les divers étages d'une maison riveraine appartiennent à des propriétaires différents, le rez-de-chaussée à l'un, les étages supérieurs à l'autre, le droit d'acquérir peut être exercé concurremment par les deux propriétaires, avec faculté pour chacun d'eux de construire, sur le terrain nouveau, dans les limites de la hauteur à lui appartenant dans l'immeuble qui donne naissance au droit d'acquisition [1].

---

[1] 22 août 1860, req. rej.: Gervais; M. Nicolas. D. 1860, 1, 443, S. 1861, 1, 81, P. 1861, 1127.

ARTICLE 3.

A l'avenir, l'étude de tout plan d'alignement de rue devra nécessairement comprendre le nivellement ; celui-ci sera soumis à toutes les formalités qui régissent l'alignement. — Tout constructeur de maisons, avant de se mettre à l'œuvre, devra demander l'alignement et le nivellement de la voie publique au devant de son terrain et s'y conformer.

ARTICLE 4.

Il devra pareillement adresser à l'administration un plan et des coupes cotés des constructions qu'il projette, et se soumettre aux prescriptions qui lui seront faites, dans l'intérêt de la sûreté publique et de la salubrité. — Vingt jours après le dépôt de ces plans et coupes au secrétariat de la préfecture de la Seine, le constructeur pourra commencer ses travaux d'après son plan, s'il ne lui a été notifié aucune injonction. — Une coupe géologique des fouilles pour fondation de bâtiment sera dressée par tout architecte constructeur et remise à la préfecture de la Seine.

ARTICLE 5.

La façade des maisons sera constamment tenue en bon état de propreté. Elles seront grattées, repeintes ou badigeonnées, au moins une fois tous les dix ans, sur l'injonction qui sera faite au propriétaire par l'autorité municipale. — Les contrevenants seront passibles d'une amende qui ne pourra excéder 100 francs.

ARTICLE 6.

Toute construction nouvelle, dans une rue pourvue d'égouts, devra être disposée de manière à y conduire ses eaux pluviales et ménagères. — La même disposition sera prise pour toute maison ancienne en cas de grosses réparations, et, en tout cas, avant dix ans.

ARTICLE 7.

Il sera statué par un décret ultérieur, rendu dans la forme des règlements d'administration publique, en ce qui concerne la hauteur des maisons, les combles et les lucarnes.

ARTICLE 8.

Les propriétaires riverains des voies publiques empierrées supporteront les frais de premier établissement des travaux, d'après les règles qui existent à l'égard des propriétaires riverains des rues pavées.

ARTICLE 9.

Les dispositions du présent décret pourront être appliquées à toutes les villes qui en feront la demande par des décrets spéciaux rendus dans la forme des règlements d'administration publique.

SOMMAIRE.

Décrets spéciaux.

Des décrets spéciaux ont rendu applicables à un grand nombre de villes les dispositions du décret du 26 mars 1852.

En même temps que les décrets proclament cette application, ils ont soin de dire : « à l'exception des articles 1 et 7, le premier relatif au régime de la grande voirie, le second à la hauteur des maisons, combles et lucarnes. »

Décret du 10 août 1853, sur le classement des places de guerre et des postes militaires, et sur les servitudes imposées à la propriété autour des fortifications.

EXTRAIT.

TITRE VI. — *Dépossessions, démolitions et indemnités.*

ART. 35. La construction des fortications et les mesures prises pour la défense des places de guerre'et des postes militaires peuvent donner lieu à des indemnités pour cause de dépossession, de privation de jouissance et de destruction ou de démolition, dans les cas et suivant les conditions mentionnés dans les articles suivants.

Voy. article 18, n. 2, de la loi du 3 mai 1841.

36. Il y a lieu à allouer des indemnités de dépossession lorsque des constructions nouvelles de places ou postes de guerre, ou des changements ou augmentations à ceux qui existent, mettent le gouvernement dans le cas d'exiger la cession à l'Etat de propriétés privées, par la voie d'expropriation pour cause d'utilité publique.

L'indemnité est réglée dans les formes établies par la loi du 3 mai 1841.

37. Il y a lieu à indemnité pour privation de jouissance, pendant l'état de paix, toutes les fois que, par suite de l'exécution de travaux de fortification ou de défense, d'extraction de matériaux, ou pour toute autre cause, l'autorité militaire occupe ou fait occuper temporairement une propriété privée, de manière à y porter dommage ou à en diminuer le produit. Cette occupation ne peut avoir lieu que dans les circonstances et dans les formes déterminées par les lois des 16 septembre 1807, 30 mars 1831 et 3 mai 1841, et l'indemnité est réglée en conformité des prescriptions de ces mêmes lois.

L'état de paix a lieu toutes les fois que la place ou le poste n'est point constitué en état de guerre ou de siège par un décret, par une loi ou par l'effet des circonstances prévues aux articles 38 et 39.

38. Lorsqu'une place ou un poste est déclaré en état de guerre, les inondations et les occupations de terrains néces-

saires à sa défense ne peuvent avoir lieu qu'en vertu d'un décret, ou, dans le cas d'urgence, des ordres du gouverneur ou du commandant de place, sur l'avis du Conseil de défense, après avoir fait constater, autant que possible, l'état des lieux par des procès-verbaux des gardes du génie ou des autorités locales. Il y a urgence dès que les troupes ennemies se rapprochent à moins de trois journées de marche de la place ou du poste.

L'indemnité pour les dommages causés par l'exécution de ces mesures de défense est réglée aussitôt que l'occupation a cessé.

Les dispositions qui précèdent sont applicables, dans les mêmes circonstances, à la destruction ou à la démolition de maisons, clôtures ou autres constructions situées sur le terrain militaire ou dans les zones de servitudes. Seulement, il n'est pas dressé d'état de lieux, et il n'est alloué d'indemnité qu'aux particuliers ayant préalablement justifié, sur titres, que ces constructions existaient, dans leur nature et leurs dimensions actuelles, avant que le sol sur lequel elles se trouvaient fût soumis aux servitudes défensives.

L'indemnité pour les démolitions faites dans les zones de servitudes, ne se règle que sur la valeur des bâtisses, sans y comprendre l'estimation du sol, qui n'est point acquis par l'Etat. Si cependant il s'agit d'un terrain couvert par des constructions ou affecté à leur exploitation, l'indemnité peut exceptionnellement porter sur la valeur du sol, et alors l'Eta en devient propriétaire.

L'état de guerre est déclaré par une loi ou par un décret, toutes les fois que les circonstances obligent à donner à la police militaire plus de force et d'action que pendant l'état de paix.

Il résulte, en outre, de l'une des circonstances suivantes :

1° En temps de guerre, lorsque la place ou le poste est en première ligne ou sur la côte, à moins de cinq journées de marche des places, camps ou positions occupés par l'ennemi ;

2° En tout temps, quand on fait des travaux qui ouvrent une place ou un poste situé sur la côte ou en première ligne ;

3° Lorsque des rassemblements sont formés dans le rayon de cinq journées de marche sans l'autorisation des magistrats.

39. Toute occupation, toute privation de jouissance, toute démolition, destruction ou autre dommage résultant d'un fait de guerre ou d'une mesure de défense prise, soit par l'autorité militaire pendant le siège, soit par un corps d'armée ou un détachement en face de l'ennemi, n'ouvre aucun droit à indemnité.

L'état de siége d'une place ou d'un poste est déclaré par une loi ou par un décret.

Il résulte aussi de l'une des circonstances suivantes :

L'investissement de la place ou du poste par des troupes ennemies qui interceptent les communications du dehors au dedans, et du dedans au dehors, à la distance de 3,500 mètres des fortifications ;

Une attaque de vive force ou par surprise ;

Une sédition intérieure ;

Enfin des rassemblements formés dans le rayon d'investissement sans l'autorisatton des magistrats.

Dans le cas d'une attaque régulière, l'état de siége ne cesse qu'après que les travaux de l'ennemi ont été détruits et les brèches réparées ou mises en état de défense.

Loi du 10 juin 1854, sur le libre écoulement des eaux provenant du drainage.

EXTRAIT.

ARTICLE 4.

Les travaux que voudraient exécuter les associations syndicales, les communes ou les départements, pour faciliter le drainage ou tout autre mode d'asséchement, peuvent être déclarés d'utilité publique par décret rendu en Conseil d'Etat.

Le règlement des indemnités dues pour expropriation est fait conformément aux paragraphes 2 et suivants de l'article 16 de la loi du 21 mai 1836.

ARTICLE 5.

Les contestations auxquelles peuvent donner lieu l'établissement et l'exercice de la servitude, la fixation du parcours des eaux, l'exécution des travaux de drainage ou d'asséchement, les indemnités ou les frais d'entretien, sont portées en premier ressort devant le juge de paix du canton, qui, en prononçant, doit concilier les intérêts de l'opération avec le respect dû à la propriété.

S'il y a lieu à expertise, il pourra n'être nommé qu'un seul expert.

Loi du 22 juin 1854, sur l'établissement de l'avenue de l'Impératrice.

Voir son article 5, sous l'article 51 de la loi du 3 mai 1841, n. 4.

Loi du 22 juin 1854, qui modifie, pour l'arrondissement de Lyon, l'article 29 de la loi du 3 mai 1841.

Voir cet article, n. 2.

Loi du 14 juillet 1856, sur la conservation et l'aménagement des sources d'eaux minérales.

Voir le texte des articles 1 et 12, sous l'article 3 de la loi du 3 mai 1841, n. 7.

Décret du 27 décembre 1858, portant règlement d'administration publique pour l'exécution du décret du 26 mars 1852, relatif aux rues de Paris.

Les articles 1, 2 et 3 du décret de 1858 ont été rapportés par le décret du 14 juin 1876, dont on trouvera le texte plus bas, p. 607.

ART. 1er. Lorsque, dans un projet d'expropriation, pour l'élargissement, le redressement ou la formation d'une rue, l'administration croit devoir comprendre, par application du paragraphe 1er de l'article 2 du décret du 26 mars 1852, des

parties d'immeubles situées en dehors des alignements, et
qu'elle juge impropres, à raison de leur étendue ou de leur
forme, à recevoir des constructions salubres, l'indication de
ces parties est faite sur le plan soumis à l'enquête prescrite
par le titre II de la loi du 3 mai 1841, et il est fait mention du
projet de l'administration dans l'avertissement donné conformément à l'article 6 de ladite loi.

2. Dans le délai de huit jours à partir de cet avertissement,
les propriétaires doivent déclarer sur le procès-verbal d'enquête s'ils s'opposent à l'expropriation, et faire connaître
leurs motifs. — Dans ce cas, l'expropriation ne peut être
autorisée que par un décret rendu en Conseil d'Etat. —
Les oppositions ainsi formées ne font pas obstacle à ce que
le préfet statue, conformément aux articles 11 et 12 de la loi
du 3 mai 1841, sur toutes les autres propriétés comprises
dans l'expropriation.

3. Si l'administration le juge préférable, il est statué par
un seul et même décret, tant sur l'utilité publique de l'élargissement, du redressement ou de la formation des rues
projetées, que sur l'autorisation d'exproprier les parcelles
situées en dehors des alignements. — Dans ce cas, l'indication des parcelles à exproprier est faite sur le plan soumis à
l'enquête, en vertu du titre Ier de la loi du 3 mai 1841 et de
l'article 2 de l'ordonnance du 23 août 1835. — Mention est
faite du projet de l'administration dans l'avertissement donné
conformément à l'article 3 de ladite ordonnance, et les oppositions des propriétaires intéressés sont consignées au registre de l'enquête.

4. Les formalités prescrites par les articles ci-dessus sont
suivies pour l'application du paragraphe 2 de l'article 2 du
décret du 26 mars 1852.

5. Dans le cas prévu par le paragraphe 3 du même article,
le propriétaire du fonds auquel doivent être réunies les parcelles acquises en dehors des alignements, conformément à
l'article 53 de la loi du 16 septembre 1807, est mis en demeure,
par un acte extrajudiciaire, de déclarer, dans un délai de huitaine, s'il entend profiter de la faculté de s'avancer sur la voie
publique en acquérant les parcelles riveraines. — En cas de
refus ou de silence, il est procédé à l'expropriation dans les
formes légales.

6. Dans tout projet pour l'élargissement, le redressement
ou la formation des rues, le plan soumis à l'enquête qui précède la déclaration d'utilité publique comprend un projet de
nivellement.

1. Le bénéfice du décret du 27 décembre 1858 est devenu applicable à toutes les expropriations postérieures à sa publication ; et l'expropriation a dû être considérée comme postérieure au décret par cela seul qu'elle a été prononcée par un jugement postérieur audit décret, encore bien que la déclaration d'utilité publique et les procédures préliminaires au jugement seraient antérieures au décret du 27 décembre 1858[1].

2. Le projet de nivellement, s'il a été placé sous les yeux du jury, est considéré comme ayant servi de base au règlement de l'indemnité d'expropriation ; de telle sorte que l'exproprié serait mal venu à réclamer ultérieurement une indemnité de dommage temporaire ou permanent à raison des déblais ou remblais dont il aurait à souffrir. Il en serait autrement, et indemnité pour ces causes pourrait être demandée au Conseil de préfecture, si le changement futur du niveau n'avait pas été porté à la connaissance du jury, lequel avait ignoré la dépréciation plus grande que subirait, par suite, la portion restante de la propriété.

[1] 8 août 1859, Cass. : De Coubert c. Ville de Paris ; M. Renouard. D. 364, S. 959, P. 1860, 214.

Loi du 4 mai 1864, relative aux alignements sur les routes impériales, les routes départementales et les chemins vicinaux de grande communication.

ARTICLE 1er.

Sur les routes impériales et départementales, partout où il existe un plan d'alignement régulièrement approuvé, le sous-préfet délivre les alignements conformément à ce plan.

ARTICLE 2.

Le même droit appartient au sous-préfet en ce qui concerne les chemins vicinaux de grande communication, partout où il existe un plan régulièrement approuvé.

Loi du 8 juin 1864, relative aux rues formant le prolongement des chemins vicinaux.

ARTICLE 1er.

Toute rue qui est reconnue, dans les formes légales, être le prolongement d'un chemin vicinal, en fait partie intégrante, et est soumise aux mêmes lois et règlements.

ARTICLE 2.

Lorsque l'occupation de terrains bâtis est jugée nécessaire pour l'ouverture, le redressement ou l'élargissement immédiat d'une rue formant le prolongement d'un chemin vicinal, l'expropriation a lieu conformément aux dispositions de la loi du 3 mai 1841 combinée avec celles des cinq derniers paragraphes de l'article 16 de la loi du 21 mai 1836.

Il est procédé de la même manière lorsque les terrains sont situés sur le parcours d'un chemin vicinal en dehors des agglomérations communales.

Par ces mots : *conformément aux dispositions de la loi de 1841 combinée avec celles des cinq derniers paragraphes de l'article 16 de la loi de 1836*, le paragraphe 1er entend que la déclaration de l'utilité publique se fera par décret rendu dans les formes prescrites par la loi de 1841, et que l'évaluation de l'indemnité s'opérera de la façon réglée par la loi sur les chemins vicinaux.

Loi du 21 juin 1865, sur les associations syndicales.

EXTRAIT.

ARTICLE 18.

Dans le cas où l'exécution des travaux entrepris par une association syndicale autorisée exige l'expropriation de terrains, il y est procédé conformément aux dispositions de l'article 16 de la loi du 21 mai 1836, après déclaration d'utilité publique, par décret rendu au Conseil d'Etat.

SOMMAIRE.

1. Loi applicable quand le décret d'expropriation est antérieur, et le jugement postérieur à la loi du 21 juin 1865.
2. Les expropriations poursuivies dans l'intérêt des associations syndicales, comportent et exigent la réunion d'une commission d'enquête.

1. C'est conformément à la loi de 1836, et non à la loi de 1841, que doit se suivre le règlement des indemnités, lorsqu'il s'agit, au profit du syndicat d'un canal d'irrigation, d'une expropriation dans laquelle le décret déclaratif d'utilité publique est antérieur à la loi du 21 juin 1865, et le jugement d'expropriation postérieur à

cette loi. Le principe de la non rétroactivité des lois ne s'applique qu'au fond du droit, et les lois d'instruction et de procédure sont obligatoires à dater de leur promulgation ; la disposition de l'article 18 de la loi de 1865, qui, au jury de la loi de 1841, substitue le jury de la loi de 1836, n'a apporté aucun changement au fond du droit, n'a modifié en rien les conditions de l'indemnité ; c'est donc d'après cette disposition qu'on doit procéder dans le cas qui vient d'être indiqué [1].

2. Lorsqu'une expropriation pour cause d'utilité publique est poursuivie à la requête d'une association syndicale autorisée, il est nécessaire, à peine de nullité, que la commission d'enquête ait été réunie et consultée conformément aux articles 8, 9 et 10 de la loi du 3 mai 1841. Ce n'est pas le cas d'appliquer l'article 12 de cette loi, et de prendre seulement l'avis du Conseil municipal. Si l'article 12 de la loi du 3 mai 1841 dispense de l'observation des articles 8, 9 et 10 les expropriations poursuivies dans un intérêt purement communal ou pour les travaux d'ouverture et de redressement des chemins vicinaux, et s'il se contente alors d'un simple avis du Conseil municipal, c'est là une disposition exceptionnelle, qui doit être strictement renfermée dans son application textuelle ; elle n'a été ni expressément ni virtuellement reproduite, en faveur des associations syndicales, par la loi du 21 juin 1865, dont l'article 18 se réfère exclusivement à l'article 16 de la loi du 21 mai 1836, sans aucun renvoi à l'article 12 de la loi du 3 mai 1841 [2].

[1] 23 mars 1868, Cass.: Syndicat du canal d'irrigation de Beaucaire c. Decroy et autres ; M. Renouard. D. 254, S. 228, P. 539.
[2] 16 juill. 1873, rej.: Préfet de la Haute-Savoie c. Favre et autres: M. Aucher. D. 336, S. 472, P. 1186.

ARTICLE 19.

Lorsqu'il y a lieu à l'établissement de servitudes, conformément aux lois, au profit d'associations syndicales, les contestations sont jugées suivant les dispositions de l'article 5 de la loi du 10 juin 1854.

Décret du 8 février 1868, portant règlement pour les occupations temporaires de terrains nécessaires à l'exécution des travaux publics.

Voir les articles 55 et 56 de la loi du 16 septembre 1807.

ART. 1er. Lorsqu'il y a lieu d'occuper temporairement un terrain, soit pour y extraire des terres ou des matériaux, soit pour tout autre objet relatif à l'exécution des travaux publics, cette occupation est autorisée par un arrêté du préfet indiquant le nom de la commune où le terrain est situé, les numéros que les parcelles dont il se compose portent sur le plan cadastral et le nom du propriétaire.

Cet arrêté vise le devis qui désigne le terrain à occuper, ou le rapport par lequel l'ingénieur en chef chargé de la direction des travaux propose l'occupation.

Un exemplaire du présent règlement est annexé à l'arrêté.

2. Le préfet envoie ampliation de son arrêté à l'ingénieur en chef et au maire de la commune. L'ingénieur en chef en remet une copie certifiée à l'entrepreneur; le maire notifie l'arrêté au propriétaire du terrain ou à son représentant.

3. En cas d'arrangement à l'amiable entre le propriétaire et l'entrepreneur, ce dernier est tenu de présenter aux ingénieurs, toutes les fois qu'il en est requis, le consentement écrit du propriétaire ou le traité qu'il a fait avec lui.

4. A défaut de convention amiable, l'entrepreneur, préalablement à toute occupation du terrain désigné, fait au propriétaire ou, s'il ne demeure pas dans la commune, à son fermier, locataire ou gérant, une notification par lettre chargée indiquant le jour où il compte se rendre sur les lieux ou s'y faire

représenter. Il l'invite à désigner un expert pour procéder, contradictoirement avec celui qu'il aura lui-même choisi, à la constatation de l'état des lieux.

En même temps, l'entrepreneur informe par écrit le maire de la commune de la notification faite par lui au propriétaire.

Entre cette notification et la visite des lieux, il doit y avoir un intervalle de dix jours au moins.

5. Au jour fixé, les deux experts procèdent ensemble à leurs opérations contradictoires; ils s'attachent à constater l'état des lieux, de manière qu'en rapprochant plus tard cette constatation de celle qui sera faite après l'exécution des travaux, on ait les éléments nécessaires pour évaluer la dépréciation du terrain et faire l'estimation des dommages; ils font eux-mêmes cette estimation si l'entrepreneur et le propriétaire y consentent.

Ils dressent leur procès-verbal en trois expéditions, dont l'une est remise au propriétaire du terrain, une autre à l'entrepreneur et la troisième au maire de la commune.

6. Si, dans le délai fixé par le dernier paragraphe de l'article 4, le propriétaire refuse ou néglige de nommer son expert, le maire en désigne un d'office pour opérer contradictoirement avec l'expert de l'entrepreneur.

7. Immédiatement après les constatations prescrites par les articles précédents, l'entrepreneur peut occuper le terrain et y commencer les travaux autorisés par l'arrêté du préfet, tous les droits du propriétaire étant réservés en ce qui concerne le règlement de l'indemnité.

Toutefois, s'il existe sur ce terrain des arbres fruitiers ou de haute futaie qu'il soit nécessaire d'abattre, l'entrepreneur est tenu de les laisser subsister jusqu'à ce que l'estimation en ait été faite dans les formes voulues par la loi.

En cas d'opposition de la part du propriétaire, l'occupation a lieu avec l'assistance du maire ou de son délégué.

8. Après l'achèvement des travaux, et, s'ils doivent durer plusieurs années, à la fin de chaque campagne, il est fait une nouvelle constatation de l'état des lieux.

A défaut d'accord entre l'entrepreneur et le propriétaire pour l'évaluation partielle ou totale de l'indemnité, il est procédé conformément à l'article 56 de la loi du 16 septembre 1807.

9. Lorsque les travaux sont exécutés directement par l'administration sans l'intermédiaire d'un entrepreneur, il est procédé comme il a été dit ci-dessus; mais alors la notification prescrite dans l'article 4 est faite par les soins de l'ingénieur, et l'expert chargé de constater l'état des lieux contradictoirement avec celui du propriétaire est nommé par le préfet.

Loi du 27 juillet 1870,
concernant les grands travaux publics.

Voir le texte de cette loi sous l'article 3 de la loi de 1841, n. 1.

Décret du 5 décembre 1870, sur la formation de listes provisoires pour les jurys d'expropriation.

La délégation du gouvernement de la Défense nationale,

Sur le rapport du ministre des travaux publics ;

Vu l'article 29 de la loi du 3 mai 1841 ;

Considérant que la session ordinaire des Conseils généraux pour l'année 1870 n'a pu avoir lieu, et qu'il a été dès lors impossible à ces Conseils de faire les désignations prescrites par l'article 29 ci-dessus visé ; qu'il y a lieu, en conséquence, d'y pourvoir par mesure provisoire et d'urgence ;

Décrète :

1. Dans le délai de quinzaine, à dater de la promulgation du présent décret, une commission spéciale de cinq membres pris dans le Conseil général de chaque département dressera, conformément à l'article 29 ci-dessus visé de la loi du 3 mai 1841, les listes sur lesquelles devront être choisis les membres des jurys spéciaux pour le règlement des indemnités dues par suite d'expropriation pour cause d'utilité publique.

Les membres des commissions dans chaque département seront nommés par le préfet.

2. Dans les départements où les Conseils généraux ont été dissous, les listes seront dressées par le préfet en conseil de préfecture.

Ces listes seront déposées pendant dix jours, pour l'arrondissement chef-lieu, au secrétariat de la préfecture, et, pour les autres arrondissements, au secrétariat de la préfecture, où chacun pourra en prendre connaissance.

Les réclamations dont elles pourront être l'objet seront portées devant le ministre des travaux publics, qui statuera ; aucune réclamation ne sera admise après les cinq jours qui suivront la clôture du dépôt des listes.

3. Les listes dressées en vertu des deux articles précédents serviront provisoirement pour la désignation des jurés spéciaux dans les formes tracées par l'article 30 de la loi du 3 mai 1841. Elles seront soumises à la révision des Conseils généreux dans la plus prochaine session.

***

Loi du 2 août 1872, qui attribue à l'Etat le monopole de la fabrication et de la vente des allumettes chimiques.

ARTICLE 1ᵉʳ.

A partir de la promulgation de la présente loi, l'achat, la fabrication et la vente des allumettes chimiques sont attribués exclusivement à l'Etat dans toute l'étendue du territoire.

SOMMAIRE.

Loi du 4 septembre 1871. Substitution du monopole à la taxe.

Une taxe avait été assise sur les allumettes chimiques par la loi du 4 septembre 1871. Cette taxe, originairement fixée à 3 centimes par cent ou fraction de cent d'allumettes en bois, puis élevée à 4 centimes par une loi du 22 janvier 1872, avait eu pour résultat de faire naître un grand nombre de fraudes, et d'élever sensiblement le prix de la marchandise imposée, sans procurer à l'Etat un produit en rapport avec l'élévation de ce prix. Il a donc paru préférable d'attribuer à l'Etat le monopole de fabrication et de vente.

ARTICLE 2.

Le ministre des finances est autorisé, soit à faire exploiter directement par les administrations des manufactures de l'Etat et des contributions indirectes, soit à concéder par voie d'adjudication publique ou à l'amiable, le monopole des allumettes.

ARTICLE 3.

Il sera procédé à l'expropriation des fabriques d'allumettes chimiques actuellement existantes dans la forme et dans les conditions déterminées par la loi du 3 mai 1841. A cet effet, le ministre des finances est autorisé à avancer la somme qui sera nécessaire pour pourvoir aux indemnités d'expropriation.

Cette avance sera régularisée au moyen d'un prélèvement annuel sur le produit du monopole. Elle fera l'objet d'un nouveau compte, classé parmi les services spéciaux du trésor.

SOMMAIRE.

1. L'expropriation des fabriques a été le résultat immédiat de la promulgation de la loi du 2 août 1872, sans arrêté de cessibilité ni jugement.
2. Après quel délais les fabricants ont pu requérir eux-mêmes le réglement de leur indemnité.
3. Les fabricants non munis d'une autorisation régulière ont-ils eu droit à indemnité? Litige, compétence, solution de la question au fond.
4. Jusqu'à règlement et payement de l'indemnité, le fabricant *autorisé* a conservé le droit d'exploiter.
5. *Quid* quant au fabricant *non autorisé?*
6. Objets qui doivent entrer dans l'appréciation de l'indemnité.
7. Distinctions à faire quant à l'expropriation de *l'immeuble* dans lequel existe la fabrique : caractère industriel de l'immeuble ; réclamation de celui qui n'en est que propriétaire.
8. Application, en cette matière, de l'article 21 de la loi de 1841.
9. Les intermédiaires, commissionnaires et marchands en gros, peuvent-ils réclamer indemnité de l'Etat?
10. ... Ou prétendre à une part dans l'indemnité obtenue par le fabricant?
11. Indemnité unique portant sur plusieurs chefs, dont quelques-uns sont contestés.
12. Fabrique en Alsace-Lorraine ; obstacle mis par la loi de 1872 à sa translation en France.
13. Noms, emblèmes et marques de fabrique des compagnies expropriées.

1. L'expropriation des fabriques d'allumettes chimiques s'est-elle immédiatement produite par l'effet même de la promulgation de la loi du 2 août 1872 ? Fallait-il dire, au contraire, que la loi avait seulement déclaré l'utilité de la création du monopole, sans prononcer par là même l'expropriation, de telle sorte que, pour opérer cette expropriation, un arrêté de cessibilité et un jugement d'expropriation étaient nécessaires ?

Il résulte de la combinaison des articles 1 et 3 de la loi du 2 août que, du jour de la promulgation de cette loi, les fabricants d'allumettes chimiques ont été légalement dépossédés du droit d'exercer leur industrie : c'est une expropriation tacite que la loi a elle-même opérée, sans que l'accomplissement d'aucun acte administratif ou judiciaire fût désormais nécessaire. Il y a donc eu expropriation du jour même de la loi, sans arrêté de cessibilité ni jugement. Les expressions de l'article 3 : « Il sera procédé à l'expropriation des fabriques actuellement existantes dans les formes et les conditions de la loi du 3 mai 1841 », ne s'appliquent qu'aux formalités prescrites pour le règlement de l'indemnité, les seules qui restaient à remplir après la promulgation de la loi. Ainsi l'a jugé la Chambre civile, après délibération en Chambre du conseil, par deux arrêts du 21 juillet 1874, rendus au rapport de M. le conseiller Greffier et conformément aux conclusions de M. le premier avocat général Blanche [1].

2. En conséquence, ce sera la promulgation même de la loi qui servira de point de départ au délai après

---

[1] 21 juill. 1874, rej. : Préfet du Rhône, représentant l'Etat, C. Coignet et Thebert ; M. Greffier. D. 337, S. 387, P. 950. — 13 janv 1876, C. d'Angers : l'Etat c. Laumonnier-Carriol. D. 2, 38, S. 2, 130, P. 565.

lequel les fabricants pourront réclamer eux-mêmes le
réglement de l'indemnité, si l'État n'a pas fait les offres
et diligences nécessaires pour parvenir à ce résultat [1].

S'agira-t-il alors du délai d'un an de l'article 14,
paragraphe 2, ou du délai de six mois de l'article 55,
paragraphe 1er ? Le délai d'un an s'était écoulé dans les
espèces auxquelles s'appliquent les arrêts précités de
1874 ; mais il nous paraît évident que le fabricant
n'avait à observer que le délai de six mois de l'article 55 [2] ; le fabricant n'a pas, en effet, à demander
l'expropriation, que la loi elle-même a opérée, mais à
poursuivre la fixation de l'indemnité.

3. Le droit à l'indemnité, qu'attribue la loi de 1872
aux fabriques *actuellement existantes*, peut-il être invoqué par les fabricants qui n'étaient pas, au moment de
la promulgation de la loi, munis d'une autorisation
régulière ?

Cette question constitue un litige sur le fond du droit.
Le fabricant non autorisé doit être admis à faire régler
hypothétiquement l'indemnité, sauf décision ultérieure
de la question relative au droit à l'indemnité. Ce sera
l'autorité judiciaire qui statuera sur le point de savoir
si, dans le système de la loi, l'indemnité est due ou non
pour la fabrique non autorisée. La Cour de cassation l'a
ainsi jugé par les deux arrêts précités du 21 juillet 1874 [3],
le tribunal des conflits par deux arrêts du 28 novembre
de la même année, dont l'un rendu conformément aux
conclusions de M. Reverchon [4].

[1] Mêmes arrêts.
[2] Arrêt d'Angers, du 13 janv. 1876.
[3] Arrêts du 21 juill. 1874. — *Conforme*, 4 déc. 1875, C. de Nimes :
Olegario Roure c. l'État. D. 1876, 2, 39, S. 1876, 2, 130, P. 1876, 565.
[4] 28 nov. 1874, Tribunal des Conflits : Flouest et Celse ; MM. Aucoc
et Lascoux. L. 935, D. 1875, 3, 33, P. 371.

S'il y avait lieu d'ailleurs de se demander si la fabrique a ou non une existence légale, ce serait le cas de renvoyer, à cet égard, les réclamants à se pourvoir devant l'autorité administrative [1].

Au fond, la question de savoir s'il est dû indemnité au fabricant *non autorisé* a été affirmativement résolue par la jurisprudence des tribunaux et des Cours d'appel.

La Cour de Nîmes s'était prononcée dans le sens contraire [2] : elle a fait valoir que le fabricant non autorisé est en état de contravention permanente ; qu'en vain il acquitte les droits de patente, que cette circonstance ne suffit pas pour le mettre à l'abri des poursuites auxquelles il est demeuré constamment exposé par suite de l'irrégularité de sa situation ; que la tolérance de l'administration n'a pu créer aucun droit en sa faveur ; qu'il serait contraire aux principes de soumettre l'Etat à l'indemnité envers des personnes dont les établissements n'existent qu'au mépris des dispositions légales ; que la loi de 1872, en même temps qu'elle cherchait à créer des ressources pour l'Etat, n'a pu avoir la pensée de grever le Trésor d'indemnités considérables dont la législation antérieure l'exonérait ; qu'il est bien vrai, en fait, que l'Etat a amiablement offert un dédommagement aux fabricants non autorisés, mais que cette offre, toute de bienveillance et d'équité, n'avait engendré aucun droit pour ces fabricants, et ne leur permettait de rien exiger.

A ces considérations, les autres monuments de la jurisprudence ont répondu que la loi de 1872 a employé les termes les plus larges ; qu'elle s'applique sans dis-

---

[1] Arrêts du Tribunal des Conflits, du 28 nov. 1874.
[2] Arrêt précité de la Cour de Nîmes, du 4 déc. 1875.

tinction à toutes les fabriques *actuellement existantes*:
que ni le rapport ni la discussion qui ont précédé
la loi n'autorisent une distinction qu'on n'aperçoit pas
dans son texte; que la généralité de l'intention du
législateur, comme aussi le caractère équitable et nécessaire de cette généralité, ressort de la circonstance
que, depuis 1871, les fabriques non autorisées avaient
été, aussi bien que les fabriques autorisées et de la
même manière, soumises par la loi du 4 septembre
à un impôt pour la perception duquel avait été exercée
partout une surveillance portant sur les plus petits
détails de la perception; qu'on ne saurait distinguer
lorsqu'il s'agit de payer, alors qu'on n'avait pas distingué tant qu'il s'était agi de recevoir; que les
offres amiables faites par l'Etat aux fabricants non
autorisés avaient constitué en réalité une manifestation naturelle et spontanée de la légitimité du droit de
ceux auxquels elles s'adressaient; qu'il ne s'agissait
d'ailleurs que de l'application d'une loi spéciale de
monopole, qui laissait intacts, à tous autres égards, les
principes généraux du droit, et qui ne tendait pas à
poser cette règle que la tolérance administrative en-
gendre pour les particuliers un privilége indéfini de
contravention et d'impunité. Ainsi l'ont décidé un jugement du tribunal civil de Marseille, et des arrêts rendus
par les Cours de Dijon, de Bourges, d'Angers, de Paris [1].

---

[1] 25 mars 1874, Trib. civ. de Marseille : Préfet du Rhône c.
Flouest et Cᵉ. D. 1874, 3, 86. — 24 nov. 1875, C. de Dijon : l'Etat
c. Gautier et autres. D. 1876, 2, 37, S. 1876, 2, 75, P. 1876, 338 —
11 déc. 1875, C. de Bourges : Barbarin. D. 1876, 2, 38, S. 1876, 2,
130, P. 1876, 565. — 13 janv. 1876, C. d'Angers : l'Etat c. Laumonnier-Carriol. D. 2, 38, S. 2, 130, P. 565. — 11 août 1877, C. de
Paris : Préfet de la Seine c Lacombe. Gaz. des Trib. du 15 août
1877. — 15 janv. 1878, C. de Paris : Préfet de la Seine c. Valter-
perger. Gaz. des Trib. du 23 janv. 1878.

La Cour de cassation n'a pas été saisie de la ques·
tion.

Le droit à indemnité d'expropriation appartient,
notamment, à une fabrique d'allumettes dont l'autorisation temporaire était périmée, et n'avait pas été renou-
velée lors de la promulgation de la loi de 1872 [1]. Comment placerait-on, en effet, celui qui avait pour un
temps obtenu une autorisation, en une situation plus
défavorable que celui qui, à aucune époque, n'a fait
la moindre tentative pour régulariser son établissement ?

4. Jusqu'à règlement et payement de l'indemnité, le
fabricant a-t-il conservé le droit d'exploiter ? L'affirmative ne nous paraît pas douteuse, en ce qui concerne, du
moins, les fabricants autorisés. A l'expropriation introduite par la loi de 1872 il doit être procédé *dans les
conditions déterminées par la loi de* 1841. L'indemnité
préalable à la prise de possession, c'est le paragraphe 1ᵉʳ de l'article 53, c'est l'une des conditions essentielles de la loi de 1841 : l'exproprié jouira de sa chose
aussi longtemps qu'il n'en aura pas touché l'équivalent;
il en jouira de la façon que comporte la nature de cette
chose, par l'occupation s'il s'agit d'un immeuble, par
l'exploitation s'il s'agit d'une industrie. La Chambre
criminelle de la Cour de cassation l'a ainsi décidé, à
l'égard d'une fabrique autorisée, par arrêt du 16 juillet
1875 [2]. On a cru voir une solution en sens contraire
dans les deux arrêts précités de la Chambre civile, du
21 juillet 1874, qui portent que « du jour de la promulgation de la loi de 1872, les fabricants d'allumettes

---

[1] Arrêt d'Angers, du 13 janv. 1876.
[2] 16 juill. 1875, crim, rej : Contributions indirectes c. Moulia ;
M. Baudouin. D. 1876, 1, 239, S. 1875, 1, 436, P. 1875, 1081.

chimiques ont été légalement dépossédés du droit d'exercer leur industrie. » Ces arrêts n'indiquent qu'une chose, c'est qu'en droit l'expropriation est consommée par la promulgation même de la loi, sans arrêté de cessibilité ni jugement ; ils n'ont nullement touché à la question qui nous occupe en ce moment. De même que, *dépossédé* de mon immeuble par le jugement d'expropriation rendu pour l'établissement d'un travail d'utilité publique, je continue d'en jouir jusqu'au payement de l'indemnité, de même, *dépossédé* de ma fabrique par la loi de 1872, j'en jouirai cependant encore jusqu'à ce que l'équivalent en argent m'en ait été versé.

5. Que décider s'il s'agissait, au contraire, d'une fabrique non autorisée ? L'interdiction d'exploiter ne résulte pas, à l'égard de ces dernières, de la loi de 1872 ; l'article 53 s'applique aux unes comme aux autres. Mais, à l'égard des fabriques non autorisées, il était au pouvoir de l'administration d'arriver indirectement à en entraver l'exploitation, à en compromettre l'existence. Il suffisait pour cela d'exercer, par application des lois sur les établissements dangereux et insalubres, des poursuites répressives, ayant pour conséquence l'amende et la suppression. Dans les circonstances qu'a créées ou fait ressortir la loi de 1872, de pareilles poursuites pouvaient manquer d'opportunité ; mais il n'appartient pas à la justice répressive de s'arrêter, alors qu'on invoque devant elle des dispositions qui n'ont pas encore été abrogées ; son action devait donc se faire sentir, sans que le moyen tiré de la loi de 1872 pût exercer aucune influence sur le sort de la contravention poursuivie, et eût aucunement le carac-

tère d'une exception préjudicielle commandant un
sursis [1].

6. A quels objets s'applique l'expropriation qu'a eue
en vue la loi de 1872 ? Quels sont les éléments qui doivent déterminer dans l'appréciation de l'indemnité? Dans
l'évaluation de l'indemnité, a dit le rapporteur de la loi
de 1872 [2], il faut faire entrer le prix de l'immeuble dans
lequel la fabrique est établie, la valeur de l'outillage, la
valeur aléatoire de la privation de l'industrie, eu égard
aux bénéfices qu'elle procurait. Ajoutons à ces trois
éléments la valeur des marchandises en magasin ou en
fabrication. Voy. *infrà*, n. 13.

7. La loi de 1872 a-t-elle entraîné, sans distinction,
l'expropriation de tous les immeubles dans lesquels
existait une fabrique d'allumettes chimiques? Nous ne
le pensons pas. En expropriant les *fabriques,* la loi n'a
entendu atteindre que les bâtiments qui, par leur disposition et leur aménagement, impliquaient une application spéciale et caractérisée à cette nature d'industrie.
Le propriétaire d'un immeuble n'aura pas été fondé à
exiger de l'Etat l'acquisition de cet immeuble par cela
seul qu'en quelques pièces en dépendant il avait, avec
un agencement et un outillage de peu d'importance,
organisé la fabrication des allumettes chimiques. A plus
forte raison le propriétaire d'un immeuble loué à un
fabricant serait-il, à notre sens, mal fondé à exiger l'expropriation de son immeuble. C'est la *fabrique* seule
que l'Etat peut s'approprier, c'est à la *fabrique* seule

---

[1] 21 août 1874, Crim. rej. : Allios et Marchal ; M. Baudouin. D.
1876, 1, 90, S. 1875, 1, 483, P. 1875, 1208. — 21 août 1874, crim. rej. :
Flouest et Cᵉ ; Bouillet ; M. Baudouin. D. 1876, 5, 26 et 27, S. 1875,
1, 483, P. 1875, 1208. — *Contrà*, 11 déc. 1875, C. de Bourges, Ch.
corr. : Barbarin. D. 1876, 2, 88, S. 1876, 2, 130, P. 1876, 565.
[2] *Journal officiel* du 13 août 1872, p. 5510.

qu'appartient le droit à expropriation et indemnité qui se
trouve écrit dans la loi. Or l'immeuble, lorsqu'il n'est pas
la propriété personnelle du fabricant, est, en droit, parfaitement distinct de la fabrique ; ce n'est qu'accidentel-
lement et pour le temps de la location qu'il peut paraître
s'identifier avec la fabrique. Il n'en serait autrement que
si, dès avant la location au fabricant, l'immeuble avait
eu, aux mains même du propriétaire, le caractère de
fabrique d'allumettes chimiques , s'il avait été loué
comme tel, s'il devait être rendu, à la fin du bail, dans
les mêmes conditions et revêtu toujours du même caractère. Hors ce cas, le propriétaire qui a fait bail à un
fabricant, ne nous paraît pas exposé à l'expropriation,
et, réciproquement, ne saurait contraindre l'Etat à
acquérir et payer son immeuble. Le propriétaire n'est
qu'un intéressé, qui aura droit, à ce titre, à une indemnité proportionnée au préjudice qu'il éprouve, c'est-à-
dire à une indemnité à raison de la résiliation du
bail: de même que, dans l'expropriation immobilière
prévue par la loi de 1841, la résiliation du bail donne
au preneur un droit à indemnité, de même, dans l'expropriation d'une industrie, la résiliation du bail fait
naître un pareil droit pour le bailleur.

Un arrêt du 22 décembre 1875 [1] a prononcé la cassation dans une espèce où le jury, saisi par l'Etat de conclusions tendant à ce que l'indemnité prétendue par le
propriétaire d'un immeuble loué à un fabricant fût
alternativement réglée soit d'après la valeur de l'immeuble, soit d'après le préjudice résultant de la résiliation, avait pris sur lui de trancher la question, en
fixant, d'une manière définitive, une indemnité uni-

---

[1] 22 déc. 1875, Cass. : Préfet de l'Aisne c. Choisy ; M. Aubry. D.
1876, 1, 148, S. 1876, 1, 431, P. 1876, 1089.

que pour la valeur même de l'immeuble. Il y avait, en effet, litige sur le fond du droit, dont le jury n'était pas juge, et à raison duquel la fixation hypothétique de deux indemnités était nécessaire. Le tribunal des conflits avait également décidé, le 12 décembre 1874 [1], que c'est dans les attributions de l'autorité judiciaire que rentre la question de savoir si le propriétaire d'un immeuble dans lequel une fabrique est exploitée par un locataire, est fondé à prétendre que cet immeuble doit être exproprié en vertu de la loi de 1872. Au fond, d'ailleurs, la difficulté n'a été expressément résolue ni dans cette espèce, ni, à notre connaissance, en aucun autre monument de la jurisprudence. Nous n'insisterons pas davantage sur cette question, délicate et intéressante à notre avis, mais purement transitoire, et qui ne saurait plus guère avoir aujourd'hui qu'un intérêt de curiosité.

8. Nous venons de dire que le propriétaire de l'immeuble devait être considéré comme *un intéressé*. Comment a dû s'appliquer, en cette matière, l'article 21 de la loi de 1841 ? Il n'y a pas de jugement d'expropriation; les notifications de l'article 15 font donc défaut. Quel sera le point de départ du délai ? A la notification du jugement d'expropriation nous estimons qu'il a dû être suppléé par des avis publics, affichés, insérés, et signifiés au fabricant de manière à équivaloir pleinement aux prescriptions ordinaires de l'article 15. Le fabricant devra dénoncer ensuite les ayants droit, de la même manière que le propriétaire est tenu de le faire dans les expropriations purement immobilières. Les intéressés pourront aussi faire personnellement valoir leurs

---

[1] 12 déc. 1874, Trib. des conflits : Bravel ; M. Aucoc. L. 991. D. 1875, 1, 34, S. 1875, 2, 64, P. 381.

droits conformément au paragraphe 2 de l'article 21.
« Attendu, porte un arrêt de rejet du 8 février 1876[1],
que, s'il est vrai que le jury d'expropriation ne peut
prononcer que sur les affaires pour lesquelles il a été
choisi, il est également vrai qu'en cette matière (de la
loi de 1872) on doit considérer comme constituant une
seule et même affaire le règlement des diverses indemnités qui se rapportent à l'expropriation d'un même
immeuble, ou d'une même fabrique d'allumettes chimiques, quand même ces indemnités seraient réclamées
par des personnes différentes et à des titres différents. »

9. La loi de 1872 n'a reconnu le droit à une indemnité qu'aux fabricants, et, par voie de conséquence, aux
personnes qui justifieraient d'un droit direct de propriété
et de jouissance sur la fabrique et les éléments industriels et matériels qui la constituent. On ne peut comprendre parmi ces personnes les intermédiaires, tels
que les commissionnaires et les marchands en gros, qui
n'éprouvent qu'un préjudice personnel et indirect de la
suppression de la fabrique et de ses accessoires ; ces
intermédiaires n'ont, à raison de l'expropriation de la
fabrique, aucun droit à indemnité. Spécialement, il en
est ainsi du commissionnaire auquel un traité avec un
fabricant attribuait la vente des allumettes chimiques
pour l'étranger, sur une place de commerce française,
moyennant une remise proportionnelle et la faculté de
se rendre acquéreur des allumettes pour les revendre
à l'étranger[2]. Voy. loi de 1841, art. 21, n. 21 et 22.

Dans la discussion de la loi de 1872, avait été pro-

---

[1] L'Etat c. Roche, Brès et autres ; M. Merville. D. 1876, 1, 145,
S. 1876, 1, 176, P. 1876, 405.

[2] 14 févr. 1876, rej.: Taron c. l'Etat et Angelin et Mourguès ;
M. Greffier. D. 147, S. 169, P. 393.

posé et repoussé un article tendant à indemniser les marchands en gros.

10. L'intermédiaire ne saurait non plus s'adresser au fabricant, pour réclamer une part de l'indemnité que le jury a allouée à ce fabricant. Il en est surtout ainsi lorsque le fabricant avait dénoncé son intermédiaire, et qu'avait été hypothétiquement réglée au profit de celui-ci une indemnité distincte, indemnité que l'autorité compétente a déclaré plus tard ne lui être pas due [1].

11. Le jury ne peut allouer une indemnité unique portant à la fois sur les chefs non contestés et sur ceux qui ont fait l'objet d'une contestation. En outre de l'indemnité pour valeur de la fabrique, de son outillage, des marchandises en magasin et de l'industrie même, les expropriés demandaient une autre indemnité pour dommage résultant du retard apporté par l'Etat au règlement de l'expropriation, une autre encore pour aménagement à l'effet de réinstaller une fabrique de phosphore ; l'Etat contestait ces deux derniers chefs ; le jury a fixé, pour toutes causes, une indemnité unique. Sa décision a été cassée ; il y avait nécessité, en effet, de fixer distinctement chacune des deux indemnités relatives aux chefs contestés [2]. Voyez article 34, § 4, de la loi de 1841.

12. Le particulier qui se plaint de ce que l'établissement du monopole de la fabrication des allumettes chimiques l'aurait empêché de transférer en France l'industrie qu'il exerçait sur le territoire cédé à l'Allemagne, se trouve en dehors des dispositions de la loi de

---

[1] Même arrêt du 14 févr. 1876.
[2] 17 nov. 1875, Cass. : Préfet du Rhône c. Coignet ; M. Salmon. D. 1876, 1, 148.

1872, et ne saurait être admis à réclamer, par la voie contentieuse, devant la juridiction administrative, des allocations à raison des conséquences préjudiciables que la loi de 1872 a entraînées pour lui[1]. Cela est incontestable en droit ; mais, en fait, la demande gracieuse, adressée au ministre par une personne ayant opté pour la nationalité française, justifiant d'une véritable intention de transférer son industrie, et de démarches et dépenses faites à ce sujet, aurait pu rencontrer un favorable accueil.

13. Un jugement du tribunal civil de la Seine, du 30 janvier 1878[2], décide que l'expropriation emporte substitution de l'Etat, ou plutôt de la compagnie générale concessionnaire, aux anciennes compagnies expropriées, avec toute l'étendue que comporte, suivant le droit commun, la cession d'un établissement industriel ou commercial ; que cette substitution s'applique « non-seulement aux valeurs qui semblent constituer plus directement l'industrie, telles que les immeubles, le matériel et les procédés de fabrication, les matières premières, les choses fabriquées (suprà, n. 6), mais encore à tous les éléments par lesquels l'industrie se manifeste au-dehors, emblèmes, marques de fabrique, dénominations distinctes, leur assurant dans le public une individualité propre à laquelle est souvent attachée la vogue de ses produits ; » qu'en conséquence, il y a pour les expropriés dépossession absolue et entière des noms, emblèmes et marques, et, par suite, droit pour la com-

___

[1] 5 févr. 1875, C d'Etat : Moroge ; M. Tranchant. L. 89, D. 1875, 3, 39, S. 1876, 2, 309, P. 402.

[2] Caussemille et Cⁱᵉ et Roche et Cⁱᵉ c. Préfet de la Seine ; Gaz. des Trib. du 10 févr. 1878.

pagnie générale concessionnaire d'en faire usage tant en France qu'à l'étranger.

La question a grande importance, à raison de la concurrence que peuvent se faire, en pays étranger, les compagnies françaises qui, après expropriation, ont transporté leur siége hors de France, et la compagnie générale concessionnaire française expédiant et écoulant à l'étranger le produit des anciennes fabriques que l'expropriation a fait passer en ses mains. Sans nier à la compagnie générale l'usage du droit d'user à l'étranger, concurremment avec les expropriés eux-mêmes, des noms, emblèmes et marques des expropriés qui, jusqu'à l'expropriation avaient exclusivement appartenu à ces derniers, il nous paraîtrait juste d'exiger des indications propres à faire distinguer les produits qui sortent de l'ancien établissement sis en France, que la compagnie concessionnaire française a continué, et ceux que la compagnie française expropriée fabrique elle-même dans le siége nouveau qu'elle a choisi hors de France.

ARTICLE 4.

Le prix des allumettes fabriquées que la Régie des contributions indirectes vendra aux consommateurs ne pourra excéder la fixation ci-après, savoir :

ALLUMETTES EN BOIS.

Par kilogramme	2 50
Par boîte de 150	» 10
Par boîte de 60	» 05
Tolérance de 10 pour cent.	

ALLUMETTES EN CIRE

Par boîte de 40	0 10
Tolérance de 10 pour cent.	

ARTICLE 5.

Les stipulations financières à intervenir dans le cas de la mise en ferme de l'impôt des allumettes chimiques, seront soumises à l'approbation de l'Assemblée nationale.

ARTICLE 6.

Quel que soit le mode adopté pour l'exploitation du monopole, l'importation, la circulation et la vente des allumettes demeurent assujetties au régime et aux pénalités établies par les lois des 4 septembre 1871 et 22 janvier 1872.

ARTICLE 7.

Sont abrogées toutes les dispositions contraires à la présente loi.

Loi du 4 avril 1873, relative à la conservation des tombes des soldats morts pendant la dernière guerre.

ART. 1er. Les terrains dépendant des cimetières communaux qui servent actuellement à l'inhumation des soldats français ou allemands morts pendant la dernière guerre, et les terrains qui seraient ultérieurement acquis dans le même but, seront, sur la demande du préfet, cédés à l'Etat au prix du tarif en vigueur pour les concessions perpétuelles.

Dans les communes où il n'existe pas de tarif approuvé, le prix de la concession sera fixé par le préfet en Conseil de préfecture, après avoir pris l'avis du Conseil municipal.

2. L'Etat est autorisé à acquérir, par voie d'expropriation pour cause d'utilité publique, les terrains non clos situés en dehors des cimetières, dans lesquels se trouvent une ou plusieurs tombes militaires, et les terrains nécessaires pour les exhumations et les chemins d'accès ; ces acquisitions sont déclarées d'utilité publique.

Les terrains à acquérir et les terrains occupés temporairement jusqu'aux exhumations, qui ne pourront avoir lieu qu'après un délai de cinq années, seront désignés après enquête par des arrêtés du préfet approuvés par le ministre de l'intérieur. Ces arrêtés décideront dans quelle mesure les terrains environnants seront soumis aux servitudes établies par les décrets du 23 prairial an XII et du 7 mars 1808.

3. Sur la production de l'arrêté rendu par le préfet et approuvé par le ministre, l'expropriation sera prononcée et suivie conformément aux dispositions de la loi du 3 mai 1841.

4. Les indemnités dues pour l'expropriation des terrains d'inhumation, pour l'occupation temporaire de terrains jusqu'à l'exhumation et pour les servitudes dont pourront être frappés les terrains environnants, seront réglées par le jury, conformément aux dispositions de la loi du 21 mai 1836.

5. Les dispositions de l'article 58 de la loi du 3 mai 1841 sont applicables à la présente loi.

6 et 7. (Touchent à la police, à la conservation et aux dépenses.)

Loi du 24 juillet 1873, qui déclare d'utilité publique la construction d'une église à Paris, sur la colline de Montmartre.

Voyez, au sujet de l'église du Sacré-Cœur, l'article 3 de la loi du 3 mai 1841, n. 3.

ART. 1er. Est déclarée d'utilité publique la construction d'une église sur la colline de Montmartre, conformément à la demande qui en a été faite par l'archevêque de Paris, dans sa lettre du 5 mars 1873, adressée au ministre des cultes. Cette église, qui sera construite exclusivement avec des fonds provenant de souscriptions, sera à perpétuité affectée à l'exercice public du culte catholique.

2. L'emplacement de cet édifice sera déterminé par l'archevêque de Paris, de concert avec le préfet de la Seine, avant l'enquête prescrite par le titre II de la loi du 3 mai 1841.

3. L'archevêque de Paris, tant en son nom qu'au nom de

ses successeurs, est substitué aux droits et obligations de l'administration, conformément à l'article 63 de la loi du 3 mai 1841, et autorisé à acquérir le terrain nécessaire à la construction de l'église et à ses dépendances, soit à l'amiable, soit, s'il y a lieu, par la voie de l'expropriation.

4. Il sera procédé aux mesures prescrites par les titres II et suivants de la loi du 3 mai 1841, aussitôt après la promulgation de la présente loi.

Loi du 28 juillet 1874, qui accorde un dédommagement aux personnes qui ont éprouvé préjudice lors des destructions opérées par le génie militaire pour les besoins de la défense nationale.

EXTRAIT.

Nous nous bornerons à indiquer ici le caractère de cette loi. Il est contenu dans l'article 1er, ainsi conçu :

ARTICLE 1er.

Par dérogation à la législation existante, et à titre exceptionnel, il sera alloué un dédommagement à tous ceux qui justifieront avoir, comme propriétaires ou occupants, subi pendant la guerre de 1870-1871, dans les places fortes ou partout ailleurs, en dedans ou en dehors de toute zone de servitudes militaires, un préjudice matériel et direct résultant des mesures de défense qui ont été prises par l'autorité militaire française.

Décret du 14 juin 1876, qui modifie le règlement d'administration publique du 27 décembre 1858, relatif aux rues de Paris.

Pour l'acquisition des terrains qui, par l'effet d'ex-

propriation projetée pour l'élargissement ou la formation des rues, seraient impropres à recevoir des constructions salubres, le décret du 27 décembre 1858 avait
réglé deux procédures différentes : l'une en ses articles 1 et 2, l'autre en son article 3. Dans la pratique, le
premier mode était constamment employé à Paris ; c'é-
tait plus ordinairement le second que l'on suivait pour
les travaux de voirie exécutés dans les villes, autres
que Paris, auxquelles le décret du 26 mars 1852 a été
déclaré applicable.

« Il a été objecté, a dit en un rapport le ministre de
l'intérieur, que la première procédure n'offre pas de
garanties suffisantes, en ce qu'elle admet l'expropriation sans un décret qui l'autorise spécialement. — Je
reconnais que, si le premier système admis par le décret du 27 décembre permet d'accomplir plus rapidement les opérations nécessaires d'expropriation des
parcelles qui sont considérées comme impropres à recevoir des constructions salubres, il est moins conforme aux principes que la procédure organisée par
l'article 3. Il s'agit là, en effet, d'un cas d'expropriation pour cause de salubrité publique, qui doit être
soumis à l'appréciation du chef de l'État comme les expropriations nécessaires pour la facilité de la circulation. D'autre part, les propriétaires peuvent, dans certains cas, ne pas se rendre compte qu'ils ont le droit de
former opposition à cette expropriation accessoire. »

C'est pour satisfaire à ces objections, que les articles
1, 2 et 3 du décret de 1858 ont été remplacés par le
décret suivant.

ARTICLE 1ᵉʳ.

Lorsqu'il y aura lieu de procéder à l'ouverture, au redressement ou à l'élargissement d'une rue à Paris ou dans une des villes auxquelles l'article 2 du décret du 26 mars 1852 aura été déclaré applicable, et qu'il paraîtra nécessaire de comprendre dans l'expropriation, en conformité dudit article, des parties d'immeubles situées en dehors des alignements, ces parcelles seront désignées sur le plan soumis à l'enquête prescrite par le titre Iᵉʳ, article 2, de la loi du 3 mai 1841, et mention en sera faite dans l'avertissement publié en vertu de l'article 3 de l'ordonnance royale du 23 août 1835. Il sera statué sur l'autorisation d'acquérir lesdites parcelles par le décret qui déclarera d'utilité publique l'opération de voirie projetée.

ARTICLE 2.

Si, postérieurement au décret portant déclaration d'utilité publique, l'administration reconnaît la nécessité d'acquérir des parties d'immeubles situées en dehors des alignements, ces parcelles seront indiquées sur le plan soumis à l'enquête prescrite par le titre II de la loi du 3 mai 1841 ; il en sera fait mention dans l'avertissement donné conformément à l'article 6 de ladite loi, et l'expropriation n'en pourra être autorisée, même en l'absence d'opposition, que par un décret rendu en Conseil d'État.

ARTICLE 3.

La disposition qui précède ne fait pas obstacle à ce que le préfet statue, conformément aux articles 11 et 12 de la loi du 3 mai 1841, aussitôt après l'accomplissement des formalités prescrites par le titre II de ladite loi, à l'égard de toutes les autres propriétés comprises dans l'expropriation.

ARTICLE 4.

Les articles 1, 2 et 3 du décret du 27 décembre 1858 sont rapportés.

ALGÉRIE ET COLONIES.

**Lois et règlements applicables, en matière
d'expropriation pour cause d'utilité publique,
en Algérie et dans les colonies.**

Les lois et règlements applicables sont, pour l'Algérie,
une ordonnance du 1er octobre 1844, une autre ordonnance du 21 juillet 1846, le titre IV de la loi du 16 juin
1851 sur la constitution de la propriété en Algérie.
Nous donnons par extrait le texte de ces loi et ordonnances ; des observations accompagneront plusieurs
articles de l'ordonnance de 1844.

La Martinique, la Guadeloupe et la Réunion sont ré-
gies par un Sénatus-Consulte des 3-9 mai 1856, dont
nous donnons le texte en entier. Un décret du 5 juin
1863 a placé sous le même régime les îles Saint-Pierre
et Miquelon, sauf de légères modifications exigées par
la constitution différente des pouvoirs administratifs et
judiciaires de la localité.

Il existe, pour la Guyane, une ordonnance du gouverneur, en date du 9 octobre 1823; pour le Sénégal, une
ordonnance, également du gouverneur, en date du 30
du même mois d'octobre 1823.

Les règlements applicables à l'Algérie, à la Martinique, à la Guadeloupe, à la Réunion, sont basés sur la loi de 1841 ; ceux applicables à la Guyane et au Sénégal, sur la loi de 1810. Ce sont également les règles de la loi de 1810 qui sont appliquées à nos colonies de l'Inde, pour lesquelles il n'a été fait aucun règlement spécial.

ALGÉRIE.

Ordonnance du Roi, du 1er octobre 1844, relative au droit de propriété en Algérie.

EXTRAIT.

TITRE Ier. — *Des acquisitions d'immeubles.* (Art. 1 à 10.)
TITRE II. — *Du rachat des rentes.* (Art. 11 à 15.)
TITRE III. — *Des prohibitions d'acquérir ou de former des établissements.* (Art. 16 à 23.)
TITRE IV. — *De l'expropriation et de l'occupation temporaire pour cause d'utilité publique.*

CHAPITRE Ier. — Formes de l'expropriation.

ARTICLE 24.

L'expropriation pour cause d'utilité publique sera prononcée dans les cas et dans les formes ci-après déterminés, sauf les exceptions portées aux articles 107 et 111 de la présente ordonnance (terres incultes et marais).

ARTICLE 25.

L'expropriation pour cause d'utilité publique ne pourra avoir lieu que : 1° pour la fondation de villes, villages ou autres centres de population ; 2° pour l'agrandissement des enceintes

de tous ces centres de population ; 3° pour tous travaux relatifs
à la défense et à l'assainissement du territoire ; 4° et pour
toutes autres causes pour lesquelles la loi du 3 mai 1841 autorise l'expropriation.

ARTICLE 26.

Lorsqu'il y aura lieu de déclarer l'utilité publique, un avis indiquant la nature et la situation des travaux à entreprendre et
des établissements à former sera, à la diligence du gouverneur
général, inséré dans le journal officiel de l'Algérie, et affiché
au siége de la justice de paix ; et, à défaut de justice de paix,
au chef-lieu du commissariat civil. Pendant dix jours, à partir
de ces insertions et affiches, les propriétaires et autres intéressés seront admis à consigner leurs observations sur un
registre ouvert, pour la province d'Alger, à la direction de
l'intérieur, et pour les autres provinces, à la sous-direction de
l'intérieur. Toutefois, dans les portions du territoire qui seront
formées en district, ces observations pourront être faites au
commissariat civil du district. Les observations des propriétaires et autres intéressés seront soumises au conseil d'administration, qui en constatera sommairement les résultats. La
déclaration d'utilité publique ne pourra être faite qu'après
l'accomplissement de ces formalités : elle sera rendue par
notre ministre de la guerre, sur les avis du conseil d'administration et du gouverneur général.

ARTICLE 27.

Extrait de la décision ministérielle portant déclaration d'utilité publique, et indiquant, en outre, les immeubles qui doivent
être soumis à l'expropriation, leur nature, leur situation et
leurs propriétaires, s'ils sont connus, sera inséré dans le
journal officiel de l'Algérie, et affiché aux lieux déterminés au
paragraphe 1er de l'article précédent. Les observations des
propriétaires et autres parties intéressées seront reçues dans
les formes et délais déterminés au même article, et soumises
au conseil d'administration, qui en constatera sommairement
les résultats.

ARTICLE 28.

L'expropriation sera prononcée par une décision de notre
ministre de la guerre, rendue sur l'avis du conseil d'admi-

nistration et sur celui du gouverneur général. Toutes les pièces
de l'instruction seront, à cet effet, transmises au ministre de
la guerre par le gouverneur général. Les parties intéressées
pourront adresser, au même ministre, leurs réclamations ou
observations, indépendamment de celles qui auront été faites
conformément à l'article précédent. Extrait de la décision portant indication des immeubles expropriés, avec les désignations portées en l'article précédent, sera publié et affiché, sans
délai, de la même manière que la décision déclarative de
l'utilité publique. Pareil extrait sera notifié aux propriétaires
intéressés.

CHAPITRE II. — Effets de l'expropriation quant aux priviléges,
hypothèques et autres droits réels.

ARTICLE 29

Immédiatement après la notification prescrite par l'article
précédent, la décision ministérielle portant expropriation sera
transcrite, sans frais, au bureau de la conservation des hypothèques, conformément à l'article 2181 du Code civil.

ARTICLE 30.

Dans la quinzaine de la transcription, les priviléges et hypothèques conventionnelles, judiciaires et légales, antérieurs à
la publication de la décision, seront inscrits. A l'expiration de
ce délai, l'immeuble exproprié deviendra libre de tout privilége et de toute hypothèque non encore inscrits, de quelque
nature qu'ils soient, sans préjudice du recours contre les maris,
tuteurs et autres administrateurs, qui auraient dû requérir
ces inscriptions ; et les droits des créanciers, des femmes, mineurs, interdits et de l'Etat, seront transportés sur le montant
de l'indemnité, tant qu'elle n'aura pas été payée ou que l'ordre
n'aura pas été définitivement réglé. Les créanciers inscrits
n'auront, dans aucun cas, la faculté de surenchérir; mais ils
pourront exiger que l'indemnité soit fixée par l'autorité judiciaire, conformément aux dispositions ci-après.

ARTICLE 31.

Les actions en résolution ou en revendication et toutes
autres actions réelles ne pourront arrêter l'expropriation ni

en empêcher l'effet. Le droit des réclamants sera transporté sur le prix, et l'immeuble en demeurera affranchi.

CHAPITRE III. — Règlement, attribution et payement de l'indemnité.

ARTICLE 32.

Le propriétaire qui voudra faire valoir ses droits à l'indemnité sera tenu de justifier de son droit de propriété. Les titres et autres documents qu'il aura produits seront communiqués au directeur des finances, qui procédera à leur examen, et prendra ou provoquera telles mesures qu'il jugera convenables pour la conservation des intérêts du domaine.

ARTICLE 33.

Dans la huitaine qui suit la notification prescrite par l'article 28, le propriétaire est tenu d'appeler et de faire connaître à l'administration les fermiers, locataires, ceux qui ont des droits d'usufruit, d'usage ou d'habitation, tels qu'ils sont réglés par le Code civil, et ceux qui peuvent réclamer des servitudes résultant des titres mêmes du propriétaire ou d'autres actes dans lesquels il serait intervenu; sinon, il restera seul chargé, envers eux, des indemnités que ces derniers pourront réclamer. Les autres intéressés seront en demeure de faire valoir leurs droits, par l'avertissement énoncé en l'article 28, et tenus de se faire connaître à l'administration, dans le même délai de huitaine; à défaut de quoi ils seront déchus de tous droits à l'indemnité.

SOMMAIRE.

Le tribunal chargé de régler les indemnités d'expropriation fait chose superflue, mais non illégale, lorsqu'il indique en son dispositif que l'indemnité à laquelle pourrait avoir droit le fermier non dénoncé 'se trouve comprise dans l'indemnité allouée au propriétaire.

Cet article n'est que la reproduction de l'article 21 de la loi de 1841.

Ne contient aucune violation dudit article, ni de l'article 43 de la même ordonnance, le jugement qui, en même temps qu'il règle l'indemnité due au propriétaire, ajoute, en son dispositif, que l'indemnité que croirait pouvoir ultérieurement réclamer le fermier non dénoncé est comprise dans celle allouée au propriétaire. Cette déclaration est superflue, mais n'a rien d'illégal ; elle ne fait qu'indiquer (ce qui est incontestable) que le propriétaire restera, s'il y a lieu, seul chargé de l'indemnité envers le fermier, sans statuer d'ailleurs aucunement ni sur le dommage souffert par le fermier, ni sur la réparation à laquelle ce fermier peut avoir droit. Ainsi jugé par un arrêt de rejet de la Chambre des requêtes [1]. Ce n'est pas, comme l'avait prétendu le pourvoi, accorder au propriétaire une indemnité cumulative et pour lui et pour le fermier.

ARTICLE 34.

Les dispositions de la présente ordonnance relatives aux propriétaires et à leurs créanciers sont applicables à l'usufruitier et à ses créanciers.

ARTICLE 35.

Dans la huitaine de la notification prescrite par l'article 28, l'administration notifiera aux propriétaires, et à tous autres intéressés qui auront réclamé, les sommes qu'elle offre pour indemnités.

ARTICLE 36.

Dans la quinzaine suivante, les propriétaires et autres intéressés seront tenus de déclarer leur acceptation, ou, s'ils n'acceptent pas les offres qui leur sont faites, d'indiquer le montant de leurs prétentions. Ils seront également tenus de

---

[1] 4 juill. 1865, req. rej. : Préfet de Constantine c. Monest d'Uzer ; M. Henriot. S. 382, P. 983.

déclarer, dans le même délai, à peine de déchéance, s'ils requièrent l'expropriation entière des bâtiments dont une portion seulement serait comprise dans l'expropriation pour cause d'utilité publique.

ARTICLE 37.

Si, dans le délai ci-dessus, les offres de l'administration ne sont pas acceptées, l'administration citera les propriétaires et tous les autres intéressés devant le tribunal civil de première instance de la situation de l'immeuble exproprié, pour qu'il y soit procédé au règlement de l'indemnité. La citation contiendra l'énonciation des offres qui auront été faites, et les moyens à l'appui.

ARTICLE 38.

Dans la huitaine de la citation, les parties assignées signifieront leurs demandes et les moyens à l'appui. A l'expiration de ce délai, le tribunal pourra se transporter sur les lieux, ou déléguer, à cet effet, un ou plusieurs de ses membres. Il fixera, par le même jugement, le jour et l'heure où le transport devra s'effectuer, et nommera d'office, s'il y a lieu, un ou plusieurs experts.

ARTICLE 39.

Le tribunal, ou, le cas échéant, le juge commissaire, parties présentes ou dûment appelées, fera sur les lieux toutes vérifications, y prendra tous renseignements, ou entendra toutes personnes qu'il croira pouvoir l'éclairer. Les experts prêteront serment en la forme ordinaire. Les opérations terminées, la minute du procès-verbal sera remise au greffe du tribunal, dans les huit jours. Lorsque le procès-verbal aura été déposé, le tribunal délibérera en chambre du conseil, toutes affaires cessant, sur les mémoires produits et sur les conclusions écrites du ministère public. Le jugement sera prononcé en audience publique.

SOMMAIRE.

Un rapport n'est, en cette matière, ni exigé, ni interdit.

La loi n'exige pas que la délibération en Chambre du

conseil soit précédée du rapport d'un des membres du tribunal ; cette formalité n'est en aucune façon nécessaire à la validité de la décision [1]. Mais on ne saurait non plus se faire un moyen de nullité de ce que, dans l'intention de se mieux éclairer, le tribunal aurait chargé l'un de ses membres de lui présenter un rapport en Chambre du conseil [2]. Ce rapport, s'il a paru utile, n'est d'ailleurs qu'une mesure d'instruction intérieure, à laquelle n'est pas applicable l'article 111 du Code de procédure civile, qui exige, au cas de mise en délibéré, la lecture du rapport à l'audience [3].

ARTICLE 40.

Le tribunal appréciera la sincérité des titres produits, et les actes et circonstances qui seront de nature à modifier l'évaluation de l'indemnité. Si l'exécution des travaux qui ont motivé l'expropriation doit procurer une augmentation de valeur immédiate au restant de la propriété, cette augmentation sera prise en considération dans l'évaluation du montant de l'indemnité.

SOMMAIRE.

1. Dommage actuel ; améliorations arrêtées en principe. Renvoi.
2 Dommages, permanents ou temporaires, qui sont la conséquence, réalisée ou prévue, de l'expropriation.
3. Commerçant, indemnité, espérances.
4. Litige sur le fond du droit ; jugement propre à répondre à toute solution ultérieure.
5. Le tribunal peut, d'ailleurs, en Algérie, subordonner à des opérations ultérieures la fixation définitive de l'indemnité dont son jugement a posé les bases.

1. En Algérie comme en France, pour le règlement du

[1] 28 déc. 1864, req. rej. : Ville de Bône ; M. Férey.
[2] 25 mai 1868, req. rej. : Préfet d'Alger c. Sol ; M. Nachet.
[3] 23 avr. 1867, req. rej. : Redier c. Ch. de fer de Lyon ; M. Taillandier.

dommage *actuel* causé par l'expropriation, on doit prendre en considération la plus-value résultant des améliorations arrêtées en principe, depuis un certain temps, pour le quartier où se trouve l'immeuble exproprié. Voy. art. 38 de la loi du 3 mai 1841, n. 31.

2. Dans l'appréciation de l'indemnité doivent entrer, en Algérie comme en France, tous les dommages, permanents ou temporaires, qui sont une conséquence réalisée ou prévue de l'expropriation elle-même ; spécialement, la difficulté plus grande des communications avec la voie publique, dont la portion restante de la propriété aura à souffrir par suite de l'expropriation (Voy. art. 38 de la loi de 1841, n. 34 et suivants) ; le passage momentanément exercé, sur cette portion de la propriété, pendant l'exécution des travaux [1]. Voyez toutefois, sur ce dernier point, nos observations sur l'art. 38, n. 69, de la loi du 3 mai 1841.

3. Ce qu'il faut apprécier pour la détermination de l'indemnité due au propriétaire ou locataire exproprié, c'est le préjudice actuel et immédiat, et non de simples espérances futures et éventuelles. Cependant si, pour évaluer, en raison de sa perte de clientèle comme marchand en détail, le préjudice éprouvé par l'exproprié, le tribunal a considéré « que, placé au centre de la ville, et y étant établi depuis longues années, ce fabricant pouvait, à juste titre, concevoir l'espérance d'y rétablir ses affaires qu'à une certaine époque une crise générale avait dérangées, » il ne s'ensuit pas que l'appréciation de l'indemnité repose sur des bases illégales : la situation des magasins, la nature et l'étendue du commerce, sont les éléments essentiels du préjudice

---

[1] 25 mai 1868, req. rej. : Préfet d'Alger c. Sol ; M. Nachet.

actuel, et les considérations relevées par le tribunal tendent uniquement à apprécier la valeur de la chose commerciale d'après les opérations et les produits des années moyennes, non d'après les indications affaiblies que fourniraient les opérations d'une époque récente et exceptionnellement défavorable. Le rejet du pourvoi dirigé contre le jugement qui contenait ces considérations a donc été à bon droit prononcé [1].

4. Le jugement qui règle l'indemnité a pourvu à toute éventualité lorsque, s'agissant de l'expropriation d'un terrain en partie couvert de constructions, et un litige existant sur le point de savoir si une étendue déterminée de ce terrain est la propriété de celui qui est exproprié de l'immeuble ou n'appartient pas plutôt à l'Etat expropriant, ledit jugement a réglé une indemnité distincte pour les constructions, une indemnité à tant le mètre pour la superficie. En ces conditions, le jugement contient tous les éléments nécessaires pour rendre, quelle que puisse être ultérieurement la solution du litige, l'indemnité certaine et définitive [2]. Voy. art. 39, paragraphe 4, de la loi de 1841.

5. Il a été décidé, d'ailleurs, que le jugement qui, en Algérie, fixe l'indemnité à une certaine somme pour chaque mètre carré du terrain en façade, à une somme moindre pour chaque mètre carré de terrain en arrière, n'est pas nul par cela seul qu'il laisserait incertaine la contenance totale de chacun de ces terrains, que le tribunal déclare ne pouvoir déterminer dès maintenant faute de renseignements. En France, où l'indemnité est réglée par une juridiction temporaire

---

[1] 4 juill. 1864, rej. : Domaine de l'Etat c. Pontet ; M. Mercier.
[2] Même arrêt.

dont les pouvoirs expirent aussitôt qu'elle a statué, il a
fallu pousser jusqu'à la dernière rigueur l'application de
ce principe que le jury n'a pas rempli sa mission, et
que sa décision est nulle, lorsqu'il n'a pas déterminé immédiatement le chiffre de l'indemnité, lorsqu'il
n'a pas du moins posé les bases de l'indemnité d'une
manière tellement précise qu'un simple calcul suffise
pour dégager et déterminer ce chiffre : on n'admet pas
que le jury puisse subordonner la fixation définitive de
l'indemnité aux résultats d'opérations ultérieures, qui
pourraient soulever de nouveaux litiges. (Voy. art. 39
de la loi du 3 mai 1841, n. 25 et suivants.) Les mêmes
motifs ne commandent pas, en Algérie, la même sévérité
à l'égard d'un tribunal permanent, investi de pleins
pouvoirs, et restant, par suite, toujours en situation de
compléter sa décision, et de faire ultérieurement lui-
même les opérations nécessaires pour fixer définitivement le chiffre de l'indemnité dont il a posé les bases [1].

ARTICLE 41.

Si le tribunal acquiert la conviction que des ouvrages ou
travaux quelconques ont été faits, par le propriétaire, de mauvaise foi, et dans la vue d'obtenir une indemnité plus élevée,
le tribunal devra, selon les circonstances, rejeter ou réduire
la valeur de ces ouvrages ou travaux.

ARTICLE 42.

Si, dans les six mois à compter de la décision ministérielle
prononçant l'expropriation, l'administration ne poursuit pas
la fixation de l'indemnité, les parties pourront exiger qu'il soit
procédé à cette fixation. Quand l'indemnité aura été réglée,

---

[1] 22 août 1864, req. rej. : Ch. de fer Paris-Lyon-Méditerranée :
M. d'Ubexi. *Gaz. des Trib.* du 28 septembre 1868.

si elle n'est ni acquittée ni consignée dans les six mois du jugement du tribunal, les intérêts courront de plein droit à l'expiration de ce délai.

ARTICLE 43.

Le tribunal accordera des indemnités distinctes aux parties qui les réclameront à des titres différents, comme propriétaires, fermiers, locataires, ou en toute autre qualité. Dans le cas d'usufruit, le tribunal ne fixera qu'une seule indemnité, égale à la valeur totale de l'immeuble ; le nu-propriétaire et l'usufruitier exerceront leurs droits sur le montant de l'indemnité, au lieu de l'exercer sur la chose. L'usufruitier sera tenu de donner caution. Les père et mère ayant l'usufruit légal des biens de leurs enfants en sont seuls dispensés.

ARTICLE 44.

L'indemnité allouée par le tribunal ne pourra, en aucun cas, être inférieure aux offres de l'administration, ni supérieure à la demande de la partie intéressée.

ARTICLE 45.

La décision du tribunal, seulement en ce qui concerne la fixation du montant de l'indemnité, sera souveraine et sans appel.

SOMMAIRE.

1. Appel peut être interjeté pour tous les chefs étrangers à la fixation même du montant de l'indemnité.
2. Jugement rendu en dehors des formes de l'expropriation.
3. Exécution du jugement, irrecevabilité de l'appel.
4. Pourvoi en cassation.
5 Questions relatives à l'appréciation de la sincérité des titres.

1. « Seulement en ce qui concerne la fixation du montant de l'indemnité, » porte l'article 45. Appel peut donc être interjeté pour tous autres chefs de décision, pour ceux, notamment, qui seraient relatifs à des ques-

tions de compétence, de procédure et de dépens [1], à des
dégâts ou destructions de plantations [2]. Les contestations
étrangères à la fixation de l'indemnité doivent, lorsqu'elles se sont manifestées par des conclusions formelles, être vidées par des décisions distinctes, et susceptibles de tous les recours admis par les voies ordinaires : il y a excès de pouvoir et violation formelle de
l'article 45, lorsque le tribunal a fixé l'indemnité sans
statuer par décisions distinctes sur les divers chefs de
conclusions qui lui avaient été soumis, et en privant
ainsi les parties du recours qui leur devait être réservé
à l'égard des chefs autres que la fixation même du
montant de l'indemnité [3].

Il ne suffirait pas, d'ailleurs, pour justifier la recevabilité de l'appel, d'alléguer, ou même d'établir, que des
questions étrangères au montant de l'indemnité ont été
discutées devant le tribunal, s'il ne résulte ni des
qualités, ni d'aucune autre partie du jugement, que
des conclusions aient été prises [4].

2. A plus forte raison, le jugement est-il susceptible
d'appel lorsqu'il n'est pas rendu en matière d'expropriation et après observation des formes y relatives,
mais lorsqu'il a eu pour objet la réparation du préjudice
causé par une prise de possession irrégulière : il ne
s'agit plus alors que d'une demande ordinaire en payement du prix d'un terrain [5]. Et la demande conserverait

[1] 17 juill. 1865, req. rej.: Directeur général des affaires de l'Algérie et Dessolières c. Compus ; M. de Carnières. S. 282, P. 983.
[2] 2 janv. 1866, req. non rec. : Aribaud c. Préfet de Constantine ;
M. De Carnières. D. 168, S. 303, P. 787.
[3] 6 déc. 1864, Cass. : Directeur général des affaires de l'Algérie c.
Herpin ; M. de Vaulx. S. 1865, 1, 241, P. 1865, 564.
[4] 15 juin 1870, req. rej.: Dame Wallestrein c. Ch. de fer de Lyon ;
M. de Vergès.
[5] 23 févr. 1869, req. rej.: Ville de Bône c. Senadely ; M. Nachet.
D. 419, P. 542.

ce caractère, encore bien qu'au cours de l'instance un arrêté d'expropriation serait intervenu, si l'administration n'avait pas d'ailleurs fait suivre cet arrêté de la procédure spéciale qu'il devait entraîner, notamment d'une notification d'offre et d'une citation [1].

3. Même sur les chefs étrangers au chiffre de l'indemnité, l'appel, par cela seul qu'il touche à l'ordre de contestations qui a pour objet de déterminer ce chiffre, cesse d'être recevable après que le jugement a été exécuté par le payement de l'indemnité [2].

4. De ce que nous venons de dire aux nombres 1 et 2, il résulte nécessairement que, sur tous chefs étrangers à la fixation de l'indemnité, le jugement du tribunal ne peut, ni directement ni indirectement, être déféré à la Cour de cassation [3]. Quant aux chefs qui fixent l'indemnité, le jugement peut, au contraire, faire l'objet d'un pourvoi ; et il importe de remarquer qu'il n'y a, en Algérie, aucune disposition qui corresponde aux articles 20 et 42 de la loi de 1841, que le pourvoi peut donc être formé pour toute violation de la loi, qu'il est soumis aux délais et aux formes du droit commun, et doit, en conséquence, être porté d'abord devant la Chambre des requêtes [4].

5. L'appréciation de la sincérité des titres soumis au

[1] Même arrêt du 23 févr. 1869.

[2] 20 janv. 1868, rej. : Préfet d'Alger c. Faillite Pontet ; M. Mercier. D. 123, S. 216, P. 520.

[3] 4 juill. 1864, non rec. : Domaine de l'État en Algérie c. Pontet ; M. Mercier. — 4 juill. 1865, req. non. rec. : Préfet de Constantine c. Monest d'Uzer ; M. Henriot. S. 382, P. 983. — 17 juill. 1865, req. non. rec. : Directeur général des affaires de l'Algérie et Dessolières c. Compus ; M. de Carnières. S. 382, P. 983. — 2 janv. 1866, req. non. rec. : Aribaud c. Préfet de Constantine ; M. de Carnières. D. 168, S. 303, P. 787.

[4] 22 août 1864, req. rej. : Ch. de fer de Paris-Lyon-Méditerranée c. Pouyer ; M. d'Ubexi.

tribunal pour la fixation de l'indemnité, rentre dans le chef relatif à cette fixation : les griefs qui touchent au caractère desdits actes et aux conclusions qui s'y rapportent ne tiennent, quel qu'en soit le mérite, qu'à la question même d'indemnité, et non à des questions différentes ; ils ne sauraient donc donner lieu à appel [1].

ARTICLE 46

Les frais de l'instance en règlement de l'indemnité seront supportés comme il suit : si l'indemnité réglée par le tribunal ne dépasse pas l'offre de l'administration, les parties qui l'auront refusée seront condamnées aux dépens. Si l'indemnité est égale à la demande des parties, l'administration sera condamnée aux dépens. Si l'indemnité est à la fois supérieure à l'offre de l'administration et inférieure à la demande des parties, les dépens seront compensés de manière à être supportés par les parties et par l'administration, dans la proportion de l'offre et de la demande avec l'indemnité réglée. Tout indemnitaire qui n'aura pas indiqué le montant de ses prétentions conformément à l'article 36, sera, dans tous les cas, condamné aux dépens.

ARTICLE 47.

L'indemnité sera liquidée en une somme capitale. Toutefois, si l'immeuble exproprié est grevé d'une rente valablement constituée pour prix de la transmission du fonds, cette rente ne sera pas comprise dans la liquidation. L'indemnité en ce cas consistera dans la somme que l'immeuble sera jugé valoir en sus de la rente. L'administration aura l'option de continuer le service de la rente ou de la racheter au taux légal.

---

[1] 10 janv. 1872, req. rej. : Rouquier c. Ville d'Alger ; M. Guillemard. D. 249, P. 876.

Option entre une somme d'argent et des travaux.

L'indemnité ne cesse pas d'être *liquidée en une somme capitale*, lorsqu'une simple option a été créée, au profit de l'expropriant, entre une somme d'argent ou l'exécution de certains travaux. Ainsi jugé dans une espèce où l'alternative entre l'argent et les travaux avait été proposée par l'exproprié ; le tribunal avait consacré cette alternative, mais n'imposait pas les travaux à l'expropriant, qui restait libre de s'acquitter par une indemnité pécuniaire, et pour lequel les travaux n'étaient qu'une faculté accordée. En conséquence, l'expropriant n'a pu se faire de ce mode de fixation un moyen de cassation [1]. Voyez article 38 de la loi du 3 mai 1841, n. 83.

ARTICLE 48.

L'administration ne pourra se mettre en possession des immeubles qu'après avoir délivré aux propriétaires expropriés le montant de l'indemnité, ou en avoir fait la consignation.

La rétrocession est-elle applicable en Algérie ?

L'article 60 de la loi du 3 mai 1841, sur la rétrocession des terrains non utilisés, est-il applicable en Algérie ? Voyez cet article, n. 16.

---

[1] 5 févr. 1878, rej. : Ch. de fer Paris-Lyon-Méditerranée c. Hubert de Sainte-Croix ; M. Cuniac. S. 181, P. 430.

ARTICLE 49.

S'il s'élève des contestations relatives à l'attribution de l'indemnité, le tribunal en ordonnera la consignation, pour le compte de qui il appartiendra. La consignation sera également ordonnée, si l'immeuble est chargé d'inscriptions hypothécaires, ou s'il s'élève des oppositions ou autre empêchement à la délivrance de l'indemnité. Les titres de liquidation ne seront délivrés par l'administration que sur le vu d'un jugement ou d'un arrêt définitif, ou sur une transaction régulière et authentique.

CHAPITRE IV. — De l'occupation temporaire.

ARTICLE 50.

Dans le cas où l'exécution des travaux d'utilité publique définis par l'article 25 nécessitera l'occupation temporaire d'un immeuble, en tout ou en partie, il sera procédé de la manière suivante.

SOMMAIRE.

1. Chapitre abrogé par le décret du 5 décembre 1855.
2. Loi applicable à une occupation et extraction opérée en 1851.

1. Les articles 51 à 61 de l'ordonnance de 1844 attribuaient à l'autorité judiciaire la fixation des indemnités d'occupation temporaire, et en posaient les règles et la procédure. L'article 21 de la loi du 16 juin 1851, sur la constitution de la propriété en Algérie, avait maintenu ces règles « jusqu'à ce qu'une loi en eût autrement ordonné, » et les avait même appliquées dans les territoires militaires comme dans les territoires civils. » Ce n'est pas une loi, c'est un décret, du 5 décembre 1855, qui est intervenu pour abroger le chapitre qui nous occupe, et substituer la compétence adminis-

II   40

trative à celle de l'autorité judiciaire. Nous ne reprodui-
sons pas les articles abrogés.

2. Un arrêt du 3 décembre 1862 a prononcé la cassation dans une affaire en laquelle, à une occupation de
terrains et extraction de matériaux opérée en 1854, et
ayant fait l'objet d'une demande antérieure au décret de
1855, la cour d'Alger avait refusé d'appliquer l'ordonnance de 1844 et la loi de 1851 [1].

.   .   .   .

.   .   .   .

.   .   .   .

CHAPITRE V. — De la prise de possession en cas d'urgence.

ARTICLE 62.

Lorsqu'il y aura urgence de prendre possession des terrains
et bâtiments qui seront soumis à l'expropriation, l'urgence
sera spécialement déclarée par une décision de notre ministre
de la guerre.

ARTICLE 63.

En ce cas, la décision portant expropriation et celle qui
déclare l'urgence seront notifiées au propriétaire, avec assignation devant le tribunal civil. L'assignation sera donnée à
huit jours au moins, outre le délai des distances, s'il y a lieu.
Elle énoncera la somme offerte par l'administration.

ARTICLE 64.

Au jour fixé, le propriétaire et les détenteurs seront tenus
de déclarer la somme dont ils demanderont la consignation
avant l'envoi en possession. Faute par eux de comparaître, il
sera procédé contre eux en leur absence.

[1] 3 déc. 1862, Cass.: Delmonte c. l'Etat; M. Delapalme. D. 1863,
1, 40, S. 1863, 1, 94, P. 1863, 333.

ARTICLE 65.

Le tribunal fixe les sommes à consigner. Le tribunal peut se transporter sur les lieux ou commettre un juge pour visiter les terrains, recueillir tous les renseignements propres à en déterminer la valeur, et en dresser, s'il y a lieu, un procès-verbal descriptif. Cette opération devra être terminée dans les dix jours à dater du jugement qui l'aura ordonnée. Dans les trois jours de la remise de ce procès-verbal au greffe, le tribunal déterminera les sommes à consigner.

ARTICLE 66.

La consignation doit comprendre, outre le principal, la somme nécessaire pour assurer, pendant deux ans, le payement des intérêts au taux légal.

ARTICLE 67.

Sur le vu du procès-verbal de la consignation, et sur une nouvelle assignation à deux jours de délai, le président ordonne la prise de possession.

ARTICLE 68.

Le jugement du tribunal et l'ordonnance du président sont exécutoires sur minute, et ne peuvent être attaqués par opposition ni par appel.

ARTICLE 69.

Le président fixera les dépens, qui seront supportés par l'administration.

ARTICLE 70.

Après la prise de possession, il sera, à la poursuite de la partie la plus diligente, procédé à la fixation définitive de l'indemnité, conformément aux articles 40 et suivants de la présente ordonnance.

ARTICLE 71.

Si cette fixation est supérieure à la somme qui a été déterminée par le tribunal, le supplément doit être consigné dans la quinzaine de la notification du jugement, et, à défaut, le propriétaire peut s'opposer à la continuation des travaux.

CHAPITRE VI. — Dispositions générales.

ARTICLE 72.

La décision qui déclare l'utilité publique et celle qui prononce l'expropriation sont rendues sur la proposition du chef du service dans l'intérêt duquel l'expropriation est poursuivie. Le réglement et l'attribution de l'indemnité sont effectués, pour tous les services publics, à la diligence du directeur de l'intérieur. Le domaine et les anciennes corporations sont représentés par le directeur des finances, soit devant l'autorité judiciaire, soit devant l'autorité administrative.

ARTICLE 73.

Les significations et notifications mentionnées en la présente ordonnance seront faites ainsi qu'il est prescrit par les articles 3 et 4 de notre ordonnance du 16 avril 1843.

ARTICLE 74.

Pour les ajournements donnés en exécution des articles 37 et 63 de la présente ordonnance, seront observés les délais fixés par les articles 6 et 7 de l'ordonnance du 16 avril 1843, sans que dans aucun cas le délai puisse excéder trente jours.

ARTICLE 75.

Les significations et notifications mentionnées en la présente ordonnance peuvent être faites tant par huissier que par tout agent de l'administration dont les procès-verbaux font foi en justice.

ARTICLE 76.

Les plans, procès-verbaux, certificats, significations, juge ments, contrats, quittances et autres actes faits en vertu de la présente ordonnance seront visés pour timbre et enregis trés gratis, lorsqu'il y aura lieu à la formalité de l'enregistre ment. Il ne sera perçu aucun droit pour la transcription des actes au bureau des hypothèques.

ARTICLE 77.

Les concessionnaires de travaux publics exerceront tous les droits et seront soumis à toutes les obligations de l'admi nistration, tels que ces droits et obligations sont réglés par la présente ordonnance.

ARTICLE 78.

Les ordonnances et les arrêtés antérieurs sur l'expropria tion et l'occupation temporaire pour cause d'utilité publique sont abrogés, sauf ce qui sera dit aux articles 107 et 108 de la présente ordonnance.

CHAPITRE VII. — Dispositions transitoires.

ARTICLE 79.

Les indemnités dues pour expropriations consommées de puis le 5 juillet 1830 jusqu'à la promulgation de la présente ordonnance, seront réglées conformément à la législation sous l'empire de laquelle ces expropriations auront été consom mées. Pour le temps antérieur à l'arrêté du 17 octobre 1833, l'expropriation est réputée consommée : 1° par le seul fait de la démolition ou l'occupation effective de l'immeuble; 2° par l'attribution qui en aura été faite à un service public; 3° par la disposition que l'administration en aurait faite en faveur des tiers, à titre d'aliénation, d'échange ou de concession; 4° enfin, par tout acte ou fait administratif ayant eu pour ré sultat de faire cesser la possession du propriétaire.

Application de la présomption écrite, en la disposition finale de cet article, pour les expropriations antérieures à l'arrêté de 1833, a été faite par un arrêt de la Chambre des requêtes, du 7 novembre 1871 [1].

TITRE V. — *Des terres incultes.* (Art. 80 à 108.)
TITRE VI. — *Des marais.* (Art. 109 à 112.)

Ces deux titres ont été abrogés par l'article 53 de l'ordonnance du 21 juillet 1846.

TITRE VII. — *Dispositions générales.*

ARTICLE 113.

Les dispositions de la présente ordonnance sont applicables aux portions de l'Algérie qui se trouvent comprises dans le ressort des tribunaux civils de première instance.

ARTICLE 114.

Pour l'avenir, l'étendue et la limite du ressort des tribunaux déjà institués ou de ceux qui le seront ultérieurement ne pourront être déterminées ou modifiées que par des ordonnances royales.

ARTICLE 115 ET DERNIER.

. . . .
. . . .

[1] 7 nov. 1871, req. rej. : Ben-Haïm c. Préfet d'Oran ; M. Goujet, D. 1872, 5, 20, P. 1871, 381.

Ordonnance du Roi, du 21 juillet 1846, relative à la propriété en Algérie.

EXTRAIT.

ARTICLE 40.

L'inculture des terres est une cause suffisante d'expropriation pour utilité publique. Elle est constatée dans les formes établies par l'article 24 de la présente ordonnance.

SOMMAIRE.

Constatation d'inculture ; contestations.

« L'inculture sera constatée administrativement, » portait l'article 91 de l'ordonnance du 1er octobre 1844 ; et le § 2 de l'article 24, auquel renvoie le présent article, est ainsi conçu : « En cas de contestation, il sera statué par notre ministre de la guerre, sur l'avis du conseil du contentieux, sauf recours devant nous, en notre Conseil d'Etat. »

ARTICLE 41.

L'utilité publique est déclarée et l'expropriation prononcée par un arrêté de notre ministre secrétaire d'Etat de la guerre, rendu sur l'avis du conseil supérieur d'administration et du gouverneur général.

Cet arrêté détermine la situation et le périmètre des terres comprises dans l'expropriation.

ARTICLE 42.

Lorsque dans l'intérêt du peuplement et de la fertilisation du pays, il y aura urgence de prendre possession de terres

incultes soumises à l'expropriation, l'urgence sera spécialement déclarée par notre ministre secrétaire d'Etat de la guerre.

En ce cas l'occupation aura lieu immédiatement, même
avant la vérification des titres pouvant se rapporter aux mêmes
terres.

ARTICLE 43.

S'il est ultérieurement établi par la vérification des titres
produits que ces terres appartiennent en totalité ou en partie
à des tiers, ceux-ci recevront une indemnité.

ARTICLE 44.

L'indemnité sera réglée proportionnellement au prix porté
dans le dernier acte d'acquisition ayant acquis date certaine
antérieurement à la présente ordonnance, en y ajoutant les
frais d'actes et loyaux coûts, ainsi que les intérêts échus de
puis la prise de possession.

La liquidation en sera faite par le conseil du contentieux;
elle sera rendue exécutoire par décision de notre ministre de
la guerre.

ARTICLE 45.

Si des présomptions s'élèvent contre la sincérité des prix
portés dans les titres produits, il sera statué par notre ministre de la guerre, sur l'avis du conseil du contentieux, sauf
recours devant nous en notre Conseil d'Etat.

ARTICLE 46.

Les marais sont réputés biens vacants et sans maîtres.
Ils sont délimités par le conseil du contentieux.
L'administration prendra pour leur desséchement telles mesures qu'elle jugera convenables. Mais les concessions ne
pourront être faites que par ordonnance royale....

ARTICLE 51.

Tout acte ayant pour objet l'exécution des dispositions de
la présente ordonnance est affranchi des droits de timbre et
d'enregistrement....

ARTICLE 53.

Les titres V et VI de notre ordonnance du 1er octobre 1844 et notre ordonnance du 10 février 1846 sont abrogés........

Loi du 16 juin 1851, sur la constitution de la propriété en Algérie.

EXTRAIT.

TITRE IV. — *De l'expropriation et de l'occupation temporaire pour cause d'utilité publique.*

ARTICLE 18.

L'Etat ne peut exiger le sacrifice des propriétés ou des droits de jouissance reconnus par les articles 10, 11 et 12 de la présente loi, que pour cause d'utilité publique légalement constatée et moyennant le payement ou la consignation d'une juste et préalable indemnité.

ARTICLE 19.

L'expropriation peut être prononcée pour les causes suivantes :

Pour la fondation des villes, villages ou hameaux, ou pour l'agrandissement de leur enceinte ou de leur territoire ;

Pour l'établissement des ouvrages de défense et des lieux de campement des troupes ;

Pour l'établissement de fontaines, d'aqueducs, d'abreuvoirs ;

Pour l'ouverture des routes, chemins, canaux de desséchement, de navigation ou d'irrigation, et l'établissement de moulins à farine ;

Pour toutes les autres causes prévues et déterminées par la loi française.

ARTICLE 20.

Il sera toujours tenu compte, dans le règlement des indemnités, de la plus-value résultant de l'exécution des travaux pour la partie de l'immeuble qui n'a pas été atteinte par l'expropriation.

La plus-value pourra être admise jusqu'à concurrence du montant total de l'indemnité, et, dans aucun cas, elle ne pourra motiver le payement d'une soulte par le propriétaire exproprié.

Sur le paragraphe 1er, voyez article 51 de la loi du 3 mai 1841, n. 6.

ARTICLE 21.

Jusqu'à ce qu'une loi en ait autrement décidé, l'ordonnance du 1er octobre 1844 continuera à être exécutée en ce qui touche les formes à suivre en matière d'expropriation ou d'occupation temporaire pour cause d'utilité publique, et sera appliquée dans les territoires militaires comme dans les territoires civils.

La législation sur l'occupation temporaire a été modifiée par décret du 5 décembre 1855. Voir, sous l'ordonnance du 1er octobre 1844, article 50, n. 1.

MARTINIQUE, GUADELOUPE ET RÉUNION.

Sénatus-Consulte des 3-9 mai 1856, sur l'expropriation pour cause d'utilité publique à la Martinique, à la Guadeloupe et à la Réunion.

TITRE Ier. — *Dispositions préliminaires.*

ART. 1er. L'expropriation pour cause d'utilité publique s'opère par autorité de justice.

2. Les tribunaux ne peuvent prononcer l'expropriation qu'autant que l'utilité en a été constatée et déclarée dans les formes prescrites par le présent sénatus-consulte.

Ces formes consistent :

1° Dans le décret impérial rendu dans les formes prescrites pour les règlements d'administration publique, ou dans l'arrêté du gouverneur, pris en conseil privé, qui autorise l'exécution des travaux pour lesquels l'expropriation est requise, selon que ces travaux sont à la charge de l'Etat ou à la charge de la colonie;

2° Dans l'arrêté du gouverneur, pris en conseil privé, qui désigne les localités ou territoires sur lesquels les travaux doivent avoir lieu, lorsque cette désignation ne résulte pas du décret impérial ou de l'arrêté mentionné au paragraphe précédent;

3° Dans l'arrêté ultérieur, pris en conseil privé, par lequel le gouverneur détermine les propriétés particulières auxquelles l'expropriation est applicable.

Cette application ne peut être faite à aucune propriété particulière qu'après que les parties intéressées ont été mises en état de fournir leurs contredits, selon les règles exprimées au titre II.

3. Le décret impérial ou l'arrêté du gouverneur qui autorise des travaux pour l'exécution desquels l'expropriation est requise n'est rendu qu'après une enquête administrative.

L'arrêté du gouverneur est également précédé d'un avis du conseil général.

TITRE II. — *Des mesures d'administration relatives à l'expropriation.*

4. Les ingénieurs ou autres gens de l'art chargés de l'exécution des travaux lèvent, pour la partie qui s'étend sur chaque commune, le plan parcellaire des terrains ou des édifices dont la cession leur paraît nécessaire.

5. Le plan desdites propriétés particulières, indicatif des noms de chaque propriétaire, tels qu'ils sont inscrits sur la matrice des rôles, reste déposé, pendant huit jours, à la mairie de la commune où les propriétés sont situées, afin que chacun puisse en prendre connaissance.

6. Le délai fixé à l'article précédent ne court qu'à dater de l'avertissement, qui est donné collectivement aux parties intéressées, de prendre communication du plan déposé à la mairie.

Cet avertissement est publié à son de trompe ou de caisse dans la commune, et affiché tant à la principale porte de l'église du lieu qu'à celle de la maison commune.

Il est, en outre, inséré dans l'un des journaux publiés dans l'arrondissement, ou, s'il n'en existe aucun, dans l'un des journaux de la colonie.

7. Le maire certifie ces publications et affiches; il mentionne, sur un procès-verbal qu'il ouvre à cet effet, et que les parties qui comparaissent sont requises de signer, les déclarations et réclamations qui lui ont été faites verbalement, et y annexe celles qui lui sont transmises par écrit.

8. A l'expiration du délai de huitaine prescrit par l'article 5, une commission se réunit au chef-lieu de l'arrondissement.

Cette commission, présidée par le directeur de l'intérieur ou par un fonctionnaire que désignera le gouverneur, sera composée de quatre membres choisis par le gouverneur dans le sein du conseil général ou parmi les principaux propriétaires de l'arrondissement, du maire de la commune où les propriétés sont situées, et de l'un des ingénieurs chargés de l'exécution des travaux.

La commission ne peut délibérer valablement qu'autant que cinq de ses membres au moins sont présents.

Dans le cas où le nombre des membres présents serait de six, et où il y aurait partage d'opinions, la voix du président sera prépondérante.

Les propriétaires qu'il s'agit d'exproprier ne peuvent être appelés à faire partie de la commission.

9. La commission reçoit, pendant huit jours, les observations des propriétaires.

Elle les appelle toutes les fois qu'elle le juge convenable. Elle donne son avis.

Ses opérations doivent être terminées dans le délai de dix jours; après quoi, le procès-verbal est adressé immédiatement par le président de la commission à la direction de l'intérieur.

Dans le cas où lesdites opérations n'auraient pas été mises à fin dans le délai ci-dessus, le président de la commission devra, dans les trois jours, transmettre à la direction de l'intérieur son procès-verbal et les documents recueillis.

10. Si la commission propose quelques changements au tracé indiqué par les ingénieurs, le président de la commission devra, dans les formes indiquées par l'article 6, en donner immédiatement avis aux propriétaires que ces changements pourront intéresser. Pendant huitaine, à dater de cet avertissement, le procès-verbal et les pièces resteront déposés dans le bureau de l'administration intérieure de l'arrondissement;

les parties intéressées pourront en prendre communication sans déplacement et sans frais, et fournir leurs observations écrites.

Dans les trois jours suivants, le président de la commission transmettra toutes les pièces à la direction de l'intérieur.

11. Sur le vu du procès-verbal et des documents y annexés, le gouverneur détermine, par un arrêté motivé, les propriétés qui doivent être cédées, et indique l'époque à laquelle il sera nécessaire d'en prendre possession. Toutefois, dans le cas où il résulterait de l'avis de la commission qu'il y aurait lieu de modifier le tracé des travaux ordonnés, le gouverneur, en conseil privé, pourra, suivant les circonstances, ou statuer définitivement, ou ordonner qu'il soit procédé de nouveau à tout ou partie des formalités prescrites par les articles précédents.

12. Les dispositions des articles 8, 9 et 10 ne sont point applicables au cas où l'expropriation serait demandée par une commune et dans un intérêt purement communal, non plus qu'aux travaux d'ouverture ou de redressement des chemins vicinaux.

Dans ce cas, le procès-verbal prescrit par l'article 7 est transmis, avec l'avis du conseil municipal, par le maire au directeur de l'intérieur.

Le gouverneur, en conseil privé, sur le vu de ce procès-verbal, prononcera comme il est dit en l'article précédent.

TITRE III. — *De l'expropriation et de ses suites, quant aux privilèges, hypothèques et autres droits réels.*

13. Si des biens de mineurs, d'interdits, d'absents ou autres incapables, sont compris dans les plans déposés en vertu de l'article 5, ou dans les modifications admises par le gouverneur, aux termes de l'article 11 du présent sénatus-consulte, les tuteurs, ceux qui ont été envoyés en possession provisoire, et tous représentants des incapables, peuvent, après autorisation du tribunal donnée sur simple requête, en la chambre du conseil, le ministère public entendu, consentir amiablement à l'aliénation desdits biens.

Le tribunal ordonne les mesures de conservation ou de remploi qu'il juge nécessaires.

Ces dispositions sont applicables aux immeubles dotaux et aux majorats.

Le gouverneur pourra, dans le même cas, aliéner les biens de la colonie, après avis du conseil général. Les maires ou

administrateurs pourront aliéner les biens des communes ou
établissements publics, s'ils y sont autorisés par arrêté du gouverneur, en conseil privé, après avis du conseil municipal ou
du conseil d'administration.

Le gouverneur peut consentir à l'aliénation des biens de
l'État, s'il y est autorisé par le ministre de la marine et des
colonies.

A défaut de conventions amiables, soit avec les propriétaires des terrains ou bâtiments dont la cession est reconnue
nésessaire, soit avec ceux qui les représentent, le directeur
de l'intérieur transmet au procureur impérial dans le ressort
duquel les biens sont situés, le décret impérial ou l'arrêté du
gouverneur qui autorise l'exécution des travaux, et l'arrêté
mentionné en l'article 11.

14. Dans les trois jours, et sur la production des pièces
constatant que les formalités prescrites par l'article 2 du
titre Ier et par le titre II du présent sénatus-consulte ont
été remplies, le procureur impérial requiert, et le tribunal prononce l'expropriation pour cause d'utilité publique
des terrains ou bâtiments indiqués dans l'arrêté du gouverneur.

Si, dans l'année de l'arrêté du gouverneur, l'administration
n'a pas poursuivi l'expropriation, tout propriétaire dont les
terrains sont compris audit arrêté peut présenter requête au
tribunal. Cette requête sera communiquée par le procureur
impérial au directeur de l'intérieur, qui devra, dans le plus
bref délai, envoyer les pièces, et le tribunal statuera dans les
trois jours.

Le même jugement commet un des membres du tribunal
pour remplir les fonctions attribuées par le titre IV, chapitre II, au magistrat directeur du jury chargé de fixer l'indemnité, et désigne un autre membre pour le remplacer au
besoin.

En cas d'absence ou d'empêchement de ces deux magistrats,
il sera pourvu à leur remplacement par une ordonnance sur
requête du président du tribunal civil.

Dans le cas où les propriétaires à exproprier consentiraient
à la cession, mais où il n'y aurait point accord sur le prix, le
tribunal donnera acte du consentement, et désignera le magistrat directeur du jury, sans qu'il soit besoin de rendre le jugement d'expropriation, ni de s'assurer que les formalités prescrites par le titre II ont été remplies.

15. Le jugement est publié et affiché, par extrait, dans la
commune de la situation des biens, de la manière indiquée en
l'article 6. Il est, en outre, inséré dans l'un des journaux pu-

bliés dans l'arrondissement, ou, s'il n'en existe aucun, dans l'un de ceux de la colonie.

Cet extrait, contenant les noms des propriétaires, les motifs et le dispositif du jugement, leur est notifié au domicile qu'ils auront élu dans l'arrondissement de la situation des biens, par une déclaration faite à la mairie de la commune où les biens sont situés; et dans le cas où cette élection de domicile n'aurait pas eu lieu, la notification de l'extrait sera faite en double copie au maire et au fermier, locataire, gardien ou régisseur de la propriété.

Toutes les autres notifications prescrites par le présent sénatus-consulte seront faites dans la forme ci-dessus indiquée.

16. Le jugement sera, immédiatement après l'accomplissement des formalités prescrites par l'article 15 du présent sénatus-consulte, transcrit au bureau de la conservation des hypothèques de l'arrondissement, conformément à l'article 2181 du Code Napoléon.

17. Dans la quinzaine de la transcription, les priviléges et les hypothèques conventionnelles, judiciaires ou légales, seront inscrits.

A défaut d'inscription dans ce délai, l'immeuble exproprié sera affranchi de tous priviléges et hypothèques, de quelque nature qu'ils soient, sans préjudice des droits des femmes, mineurs et interdits, sur le montant de l'indemnité, tant qu'elle n'a pas été payée ou que l'ordre n'a pas été réglé définitivement entre les créanciers.

Les créanciers inscrits n'auront, dans aucun cas, la faculté de surenchérir ; mais ils pourront exiger que l'indemnité soit fixée conformément au titre IV.

18. Les actions en résolution, en revendication, et toutes autres actions réelles, ne pourront arrêter l'expropriation ni en empêcher l'effet. Le droit des réclamants sera transporté sur le prix, et l'immeuble en demeurera affranchi.

19. Les règles posées dans le premier paragraphe de l'article 15 et dans les articles 16, 17 et 18, sont applicables dans le cas de conventions amiables passées entre l'administration et les propriétaires.

Cependant l'administration peut, sauf les droits des tiers, et sans accomplir les formalités ci-dessus tracées, payer le prix des acquisitions dont la valeur ne s'élèverait pas au-dessus de cinq cents francs.

Le défaut d'accomplissement des formalités de la purge des hypothèques n'empêche pas l'expropriation d'avoir son cours; sauf, pour les parties intéressées, à faire valoir leurs droits ultérieurement dans les formes déterminées par le titre IV du présent sénatus-consulte.

20. Le jugement ne pourra être attaqué que par la voie du recours en annulation devant la Cour impériale, et seulement pour incompétence, excès de pouvoir ou vices de forme du jugement.

Le recours aura lieu, au plus tard, dans les trois jours, à dater de la notification du jugement, par déclaration au greffe du tribunal. Il sera notifié dans la huitaine, soit à la partie, au domicile indiqué par l'article 15, soit au directeur de l'intérieur ou au maire, suivant la nature des travaux; le tout à peine de déchéance.

Dans la quinzaine de la notification du recours, les pièces seront adressées à la Cour impériale, qui statuera dans le mois suivant.

L'arrêt, s'il est rendu par défaut à l'expiration de ce délai, ne sera pas susceptible d'opposition.

TITRE IV. — *Du règlement des indemnités.*

CHAPITRE Ier. — Mesures préparatoires.

21. Dans la huitaine qui suit la notification prescrite par l'article 15, le propriétaire est tenu d'appeler et de faire connaître à l'administration les fermiers, locataires, ceux qui ont des droits d'usufruit, d'habitation ou d'usage, tels qu'ils sont réglés par le Code Napoléon, et ceux qui peuvent réclamer des servitudes résultant des titres mêmes du propriétaire ou d'autres actes dans lesquels il serait intervenu; sinon il restera seul chargé envers eux des indemnités que ces derniers pourront réclamer.

Les autres intéressés seront mis en demeure de faire valoir leurs droits par l'avertissement énoncé à l'article 6, et tenus de se faire connaître à l'administration dans le même délai de huitaine, à défaut de quoi ils seront déchus de tous droits à l'indemnité.

22. Les dispositions du présent sénatus-consulte relatives aux propriétaires et à leurs créanciers sont applicables à l'usufruitier et à ses créanciers.

23. L'administration notifie aux propriétaires et à tous autres intéressés qui auront été désignés ou qui seront intervenus dans le délai fixé par l'article 21, les sommes qu'elle offre pour indemnités.

Ces offres sont, en outre, affichées et publiées conformément à l'article 6 du présent sénatus-consulte.

24. Dans la quinzaine suivante, les propriétaires et autres intéressés sont tenus de déclarer leur acceptation, ou, s'ils n'acceptent pas les offres qui leur sont faites, d'indiquer le montant de leurs prétentions.

25. Les femmes mariées sous le régime dotal, assistées de leurs maris, les tuteurs, ceux qui ont été envoyés en possession provisoire des biens d'un absent, et autres personnes qui représentent les incapables, peuvent valablement accepter les offres énoncées en l'article 23, s'ils y sont autorisés dans les formes prescrites par l'article 13.

26. Le gouverneur peut accepter les offres d'indemnité pour expropriation des biens appartenant à l'Etat ou à la colonie.

Les maires ou administrateurs peuvent accepter les offres d'indemnité pour expropriation des biens appartenant aux communes ou établissements publics, dans les formes et avec les autorisations prescrites par l'article 13.

27. Le délai de quinzaine, fixé par l'article 24, sera d'un mois dans les cas prévus par les articles 25 et 26.

28. Si les offres de l'administration ne sont pas acceptées dans les délais prescrits par les articles 24 et 27, l'administration citera devant le jury, qui sera convoqué à cet effet, les propriétaires et tous autres intéressés qui auront été désignés ou qui seront intervenus, pour qu'il soit procédé au règlement des indemnités de la manière indiquée au chapitre suivant. La citation contiendra l'énonciation des offres qui auront été refusées.

CHAPITRE II. — Du jury spécial chargé de régler les indemnités.

29. Dans sa session annuelle, le conseil général désigne, pour chaque arrondissement, sur une liste de soixante personnes dressée par le directeur de l'intérieur, trente personnes qui ont leur domicile réel dans l'arrondissement, parmi lesquelles sont choisis, jusqu'à la session suivante ordinaire du conseil général, les membres du jury spécial appelé, le cas échéant, à régler les indemnités dues par suite d'expropriation pour cause d'utilité publique.

30. Toutes les fois qu'il y a lieu de recourir à un jury spécial, la Cour impériale, dans les arrondissements qui sont le siége d'une Cour impériale, et, dans les autres arrondissements, le tribunal du chef-lieu judiciaire, choisit, en la chambre du conseil, sur la liste dressée en vertu de l'article précédent pour l'arrondissement dans lequel ont lieu les expropriations, dix personnes, qui formeront le jury spécial chargé de

fixer définitivement le montant de l'indemnité, et, en outre, deux jurés supplémentaires. En cas d'abstention ou de récusation des membres du tribunal, le choix du jury est déféré à la Cour impériale.

Ne peuvent être choisis :

1° Les propriétaires, fermiers, locataires des terrains et bâtiments désignés en l'arrêté du gouverneur pris en vertu de l'article 11, et qui restent à acquérir ;

2° Les créanciers ayant inscription sur lesdits immeubles ;

3° Tous autres intéressés désignés ou intervenant en vertu des articles 21 et 22.

Les septuagénaires seront dispensés, s'ils le requièrent, des fonctions de juré.

31. La liste des dix jurés et des deux jurés supplémentaires est transmise au directeur de l'intérieur, qui, après s'être concerté avec le magistrat directeur du jury, convoque les jurés et les parties, en leur indiquant, au moins huit jours à l'avance, le lieu et le jour de la réunion. La notification aux parties leur fait connaître le nom des jurés.

32. Tout juré qui, sans motifs légitimes, manque à l'une des séances ou refuse de prendre part à la délibération, encourt une amende de cent francs au moins et de trois cents francs au plus.

L'amende est prononcée par le magistrat directeur du jury.

Il statue en dernier ressort sur l'opposition qui serait formée par le juré condamné.

Il prononce également sur les causes d'empêchement que les jurés proposent, ainsi que sur les exclusions ou incompatibilités dont les causes ne seraient survenues ou n'auraient été connues que postérieurement à la désignation faite en vertu de l'article 30.

33. Ceux des jurés qui se trouvent rayés de la liste par suite des empêchements, exclusions ou incompatibilités prévus à l'article précédent, sont immédiatement remplacés par les jurés supplémentaires, que le magistrat directeur du jury appelle dans l'ordre de leur inscription.

En cas d'insuffisance, le magistrat directeur du jury choisit, sur la liste dressée en vertu de l'article 29, les personnes nécessaires pour compléter le nombre des dix jurés.

34. Le magistrat directeur du jury est assisté, auprès du jury spécial, du greffier ou commis-greffier du tribunal, qui appelle successivement les causes sur lesquelles le jury doit statuer, et tient procès-verbal des opérations.

Lors de l'appel, l'administration a le droit d'exercer une récusation péremptoire ; la partie adverse a le même droit.

Dans le cas où plusieurs intéressés figurent dans la même affaire, ils s'entendent pour l'exercice du droit de récusation, sinon le sort désigne ceux qui doivent en user.

Si le droit de récusation n'est point exercé, ou s'il ne l'est que partiellement, le magistrat directeur du jury procède à la réduction des jurés au nombre de huit, en retranchant les derniers noms inscrits sur la liste.

35. Le jury spécial n'est constitué que lorsque les huit jurés sont présents.

Les jurés ne peuvent délibérer valablement qu'au nombre de six au moins.

36. Lorsque le jury est constitué, chaque juré prête serment de remplir ses fonctions avec impartialité.

37. Le magistrat directeur met sous les yeux du jury :

1° Le tableau des offres et demandes notifiées en exécution des articles 23 et 24;

2° Les plans parcellaires et les titres ou autres documents produits par les parties à l'appui de leurs offres et demandes.

Les parties ou leurs fondés de pouvoirs peuvent présenter sommairement leurs observations.

Le jury pourra entendre toutes les personnes qu'il croira pouvoir l'éclairer.

Il pourra également se transporter sur les lieux, ou déléguer à cet effet un ou plusieurs de ses membres.

La discussion est publique; elle peut être continuée à une autre séance.

38. La clôture de l'instruction est prononcée par le magistrat directeur du jury.

Les jurés se retirent immédiatement dans leur chambre pour délibérer, sans désemparer, sous la présidence de l'un d'eux, qu'ils désignent à l'instant même.

La décision du jury fixe le montant de l'indemnité; elle est prise à la majorité des voix.

En cas de partage, la voix du président du jury est prépondérante.

39. Le jury prononce des indemnités distinctes en faveur des parties qui les réclament à des titres différents, comme propriétaires, fermiers, locataires, usagers et autres intéressés dont il est parlé à l'article 21.

Dans le cas d'usufruit, une seule indemnité est fixée par le jury, eu égard à la valeur totale de l'immeuble; le nu propriétaire et l'usufruitier exercent leurs droits sur le montant de l'indemnité au lieu de l'exercer sur la chose.

L'usufruitier sera tenu de donner caution; les père et mère

ayant l'usufruit légal des biens de leurs enfants en seront seuls dispensés.

Lorsqu'il y a litige sur le fond du droit ou sur la qualité des réclamants, et toutes les fois qu'il s'élève des difficultés étrangères à la fixation du montant de l'indemnité, le jury règle l'indemnité indépendamment de ces litiges et difficultés, sur lesquels les parties sont renvoyées à se pourvoir devant qui de droit.

L'indemnité allouée par le jury ne peut, en aucun cas, être inférieure aux offres de l'administration, ni supérieure à la demande de la partie intéressée.

40. Si l'indemnité réglée par le jury ne dépasse pas l'offre de l'administration, les parties qui l'auront refusée seront condamnées aux dépens.

Si l'indemnité est égale à la demande des parties, l'administration sera condamnée aux dépens.

Si l'indemnité est à la fois supérieure à l'offre de l'administration, et inférieure à la demande des parties, les dépens seront compensés de manière à être supportés par les parties et l'administration, dans les proportions de leur offre ou de leur demande avec la décision du jury.

Tout indemnitaire qui ne se trouvera pas dans le cas des articles 25 et 26 sera condamné aux dépens, quelle que soit l'estimation ultérieure du jury, s'il a omis de se conformer aux dispositions de l'article 24.

41. La décision du jury, signée des membres qui y ont concouru, est remise au président par le magistrat directeur, qui la déclare exécutoire, statue sur les dépens, et envoie l'administration en possession de la propriété, à la charge par elle de se conformer aux dispositions des articles 53, 54 et suivants.

Ce magistrat taxe les dépens, dont le tarif est déterminé par un arrêté du gouverneur, pris en conseil privé.

La taxe ne comprendra que les actes faits postérieurement à l'offre de l'administration; les frais des actes antérieurs demeurent, dans tous les cas, à la charge de l'administration.

42. La décision du jury et l'ordonnance du magistrat directeur ne peuvent être attaquées que par la voie du recours en annulation, et seulement pour violation du premier paragraphe de l'article 30, de l'article 31, des deuxième et quatrième paragraphes de l'article 34, et des articles 35, 36, 37, 38, 39 et 40.

Le délai sera de quinze jours pour ce recours, qui sera d'ailleurs formé, notifié et jugé comme il est dit en l'article 20; il courra à partir du jour de la décision.

43. Lorsqu'une décision du jury aura été annulée, l'affaire sera renvoyée devant un nouveau jury, choisi dans le même arrondissement.

Néanmoins la Cour impériale pourra, suivant les circonstances, renvoyer l'appréciation de l'indemnité à un jury pris dans un autre arrondissement.

Il sera procédé, à cet effet, conformément à l'article 30.

44. Le jury ne connaît que des affaires dont il a été saisi au moment de sa convocation, et statue successivement et sans interruption sur chacune de ces affaires. Il ne peut se séparer qu'après avoir réglé toutes les indemnités dont la fixation lui a été ainsi déférée.

45. Les opérations commencées par un jury, et qui ne sont pas encore terminées au moment du renouvellement annuel de la liste générale mentionnée en l'article 29, sont continuées, jusqu'à conclusion définitive, par le même jury.

46. Après la clôture des opérations du jury, les minutes de ses décisions et les autres pièces qui se rattachent auxdites opérations sont déposées au greffe du tribunal civil de l'arrondissement.

47. Les noms des jurés qui auront fait le service d'une session ne pourront être portés sur le tableau dressé par le conseil général pour l'année suivante.

CHAPITRE III. — Des règles à suivre pour la fixation
des indemnités.

48. Le jury est juge de la sincérité des titres et de l'effet des actes qui seraient de nature à modifier l'évaluation de l'indemnité.

49. Dans le cas où l'administration contesterait au détenteur exproprié le droit à une indemnité, le jury, sans s'arrêter à la contestation, dont il renvoie le jugement devant qui de droit, fixe l'indemnité comme si elle était due, et le magistrat directeur du jury en ordonne la consignation, pour ladite indemnité rester déposée jusqu'à ce que les parties se soient entendues ou que le litige soit vidé.

50. Les bâtiments dont il est nécessaire d'acquérir une portion pour cause d'utilité publique seront achetés en entier, si les propriétaires le requièrent par une déclaration formelle adressée au magistrat directeur du jury dans les délais énoncés aux articles 24 et 27.

Il en sera de même de toute parcelle de terrain qui, par suite du morcellement, se trouvera réduite au quart de la contenance totale, si toutefois le propriétaire ne possède aucun terrain immédiatement contigu, et si la parcelle ainsi réduite est inférieure à dix ares.

51. Si l'exécution des travaux doit procurer une augmentation de valeur immédiate et spéciale au restant de la propriété, cette augmentation sera prise en considération dans l'évaluation du montant de l'indemnité.

52. Les constructions, plantations et améliorations ne donneront lieu à aucune indemnité, lorsque, à raison de l'époque où elles ont été faites ou de toutes autres circonstances dont l'appréciation lui est abandonnée, le jury acquiert la conviction qu'elles ont été faites dans la vue d'obtenir une indemnité plus élevée.

TITRE V. — *Du payement des indemnités.*

53. Les indemnités réglées par le jury seront, préalablement à la prise de possession, acquittées entre les mains des ayants droit.

S'ils se refusent à les recevoir, la prise de possession aura lieu après offres réelles et consignation.

S'il s'agit de travaux exécutés par l'Etat ou la colonie, les offres réelles pourront s'effectuer au moyen d'un mandat égal au montant de l'indemnité réglée par le jury; ce mandat, délivré par l'ordonnateur compétent, visé par le payeur, sera payable sur la caisse publique qui s'y trouvera désignée.

Si les ayants droit refusent de recevoir le mandat, la prise de possession aura lieu après consignation en espèces.

54. Il ne sera pas fait d'offres réelles toutes les fois qu'il existera des inscriptions sur l'immeuble exproprié, ou d'autres obstacles au versement des deniers entre les mains des ayants droit; dans ce cas, il suffira que les sommes dues par l'administration soient consignées, pour être ultérieurement distribuées ou remises, selon les règles du droit commun.

55. Si, dans les six mois du jugement d'expropriation, l'administration ne poursuit pas la fixation de l'indemnité, les parties pourront exiger qu'il soit procédé à ladite fixation.

Quand l'indemnité aura été réglée, si elle n'est pas acquittée ni consignée dans les six mois de la décision du jury, les intérêts courront de plein droit à l'expiration de ce délai.

TITRE VI. — *Dispositions diverses.*

56. Les contrats de vente, quittances ou autres actes relatifs à l'acquisition des terrains, peuvent être passés dans la forme des actes administratifs ; la minute restera déposée à la direction de l'intérieur.

57. Les significations et notifications mentionnées au présent sénatus-consulte sont faites à la diligence du directeur de l'intérieur.

Elles peuvent être faites tant par huissier que par tout agent de l'administration dont les procès-verbaux font foi en justice.

58. Les plans, procès-verbaux, certificats, significations, jugements, contrats, quittances et autres actes faits en vertu du présent sénatus-consulte, seront visés pour timbre et enregistrés gratis, lorsqu'il y aura lieu à la formalité de l'enregistrement.

Il ne sera perçu aucuns droits pour la transcription des actes au bureau des hypothèques.

Les droits perçus sur les acquisitions amiables faites antérieurement aux arrêtés du gouverneur seront restitués lorsque, dans le délai de deux ans, à partir de la perception, il sera justifié que les immeubles acquis sont compris dans ces arrêtés. La restitution des droits ne pourra s'appliquer qu'à la portion des immeubles qui aura été reconnue nécessaire à l'exécution des travaux.

59. Lorsqu'un propriétaire aura accepté les offres de l'administration, le montant de l'indemnité devra, s'il l'exige, et s'il n'y a pas eu contestation de la part des tiers dans les délais prescrits par les articles 24 et 27, être versé à la caisse des dépôts et consignations, pour être remis ou distribué à qui de droit, selon les règles du droit commun.

60. Si les terrains acquis pour des travaux d'utilité publique ne reçoivent pas cette destination, les anciens propriétaires ou leurs ayants droit peuvent en demander la remise.

Le prix des terrains rétrocédés est fixé à l'amiable, et, s'il n'y a pas accord, par le jury dans les formes ci-dessus prescrites. La fixation par le jury ne peut, en aucun cas, excéder la somme moyennant laquelle les terrains ont été acquis.

61. Un avis, publié de la manière indiquée en l'article 6, fait connaître les terrains que l'administration est dans le cas de revendre. Dans les trois mois de cette publication, les anciens propriétaires qui veulent réacquérir la propriété desdits terrains sont tenus de le déclarer ; et, dans le mois de la fixa-

tion du prix, soit amiable, soit judiciaire, ils doivent passer le contrat de rachat et payer le prix ; le tout à peine de déchéance du privilége que leur accorde l'article précédent.

62. Les dispositions des articles 60 et 61 ne sont pas applicables aux terrains qui auront été acquis sur la réquisition du propriétaire, en vertu de l'article 50, et qui resteraient disponibles après l'exécution des travaux.

63. Les concessionnaires des travaux publics exerceront tous les droits conférés à l'administration, et seront soumis à toutes les obligations qui lui sont imposées par le présent sénatus-consulte.

TITRE VII.— *Dispositions exceptionnelles.*

CHAPITRE PREMIER.

64. Lorsqu'il y aura urgence de prendre possession des terrains non bâtis qui seront soumis à l'expropriation, l'urgence sera spécialement déclarée par un décret impérial ou un arrêté du gouverneur pris en conseil privé, selon qu'il s'agira de travaux à la charge de l'Etat ou à la charge de la colonie.

65. En ce cas, après le jugement d'expropriation, l'acte qui déclare l'urgence et le jugement sont notifiés, conformément à l'article 15, aux propriétaires et aux détenteurs, avec assignation devant le tribunal civil. L'assignation sera donnée à trois jours au moins ; elle énoncera la somme offerte par l'administration.

66. Au jour fixé, le propriétaire et les détenteurs seront tenus de déclarer la somme dont ils demandent la consignation avant l'envoi en possession.

Faute par eux de comparaître, il sera procédé en leur absence.

67. Le tribunal fixe le montant de la somme à consigner.

Le tribunal peut se transporter sur les lieux, ou commettre un juge pour visiter les terrains, recueillir tous les renseignements propres à en déterminer la valeur, et en dresser, s'il y a lieu, un procès-verbal descriptif. Cette opération devra être terminée dans les cinq jours, à dater du jugement qui l'aura ordonnée.

Dans les trois jours de la remise de ce procès-verbal au greffe, le tribunal déterminera la somme à consigner.

68. La consignation doit comprendre, outre le principal, la somme nécessaire pour assurer, pendant deux ans, le payement des intérêts à cinq pour cent.

69. Sur le vu du procès-verbal de consignation, et sur une nouvelle assignation à deux jours de délai au moins, le président ordonne la prise de possession.

70. Le jugement du tribunal et l'ordonnance du président sont exécutoires sur minute et ne peuvent être attaqués par opposition ni par appel.

71. Le président taxera les dépens, qui seront supportés par l'administration.

72. Après la prise de possession, il sera, à la poursuite de la partie la plus diligente, procédé à la fixation définitive de l'indemnité, en exécution du titre IV du présent sénatus-con sulte.

73. Si cette fixation est supérieure à la somme qui a été déterminée par le tribunal, le supplément doit être consigné dans la quinzaine de la notification de la décision du jury; et, à défaut, le propriétaire peut s'opposer à la continuation des travaux.

CHAPITRE II.

74. Les formalités prescrites par les titres I et II du présent sénatus-consulte ne sont applicables ni aux travaux militaitaires, ni aux travaux de la marine impériale.

Pour ces travaux, un décret impérial détermine les terrains qui sont soumis à l'expropriation.

75. Lorsqu'il y aura urgence d'exproprier ou d'occuper temporairement des propriétés privées qui seront jugées nécessaires pour les travaux de fortification, les formalités prescrites par les titres I et II ne seront pas non plus applicables. Des arrêtés du gouverneur déclareront spécialement l'urgence, autoriseront les travaux, déclareront l'utilité publique et désigneront les propriétés bâties ou non bâties auxquelles l'expropriation est applicable.

L'occupation temporaire prescrite par les arrêtés de cette nature ne pourra avoir lieu que pour des propriétés non bâties.

L'indemnité annuelle représentative de la valeur locative de ces propriétés et du dommage résultant du fait de la dépossession sera réglée à l'amiable ou par autorité de justice, et payée par moitié, de six mois en six mois, au propriétaire et au fermier, le cas échéant.

Lors de la remise des terrains qui n'auront été occupés que temporairement, l'indemnité due pour les détériorations causées par les travaux, ou par la différence entre l'état des lieux au moment de la remise et l'état constaté par le procès-verbal descriptif, sera payée sur règlement amiable ou judiciaire, soit au propriétaire, soit au fermier ou exploitant, et selon leurs droits respectifs.

Si, dans le cours de la troisième année d'occupation provisoire, le propriétaire ou son ayant droit n'est pas remis en possession, il pourra exiger et l'Etat sera tenu de payer l'indemnité pour la cession de l'immeuble, qui deviendra dès lors propriété publique.

L'indemnité foncière sera réglée, non sur l'état de la propriété à cette époque, mais sur son état au moment de l'occupation, tel qu'il aura été constaté par le procès-verbal descriptif.

Le règlement de l'indemnité aura lieu conformément aux dispositions du titre IV ci-dessus.

TITRE VIII. — *Dispositions finales.*

76. Toutes dispositions antérieures concernant l'expropriation pour cause d'utilité publique à la Martinique, à la Guadeloupe et à la Réunion, sont et demeurent abrogées en ce qu'elles ont de contraire au présent sénatus-consulte.

ARRÊTS

RENDUS AU COURS DE L'IMPRESSION DE CET OUVRAGE,
ET QUI N'ONT PU ÊTRE INSÉRÉS A LEUR RANG
DANS LE COMMENTAIRE.

———

Ces arrêts se rapportent tous à la loi du 3 mai 1841.

ARTICLE 14, nombre 5.

Est nul le jugement d'expropriation qui a été rendu, par erreur, contre une personne décédée depuis quelques années, personne que le jugement a indiquée comme propriétaire, encore que, sur la matrice cadastrale, le nom du défunt eût été, dès avant les opérations tendant à l'expropriation, remplacé par celui de sa veuve.

7 mai 1878, Civ. cass. : Veuve Agulhon c. Préfet de l'Ardèche et Commune de La Chapelle Graillhouse ; M. Greffier.

———

ARTICLE 20, n. 25.

La notification du jugement d'expropriation ne peut faire courir les délais du pourvoi qu'autant qu'elle est régulière et

conforme à la loi. Spécialement, la notification doit être réputée non avenue, et n'est pas un obstacle à la recevabilité ultérieure du pourvoi, lorsqu'au lieu d'être faite nommément au
véritable intéressé, elle l'a été conjointement à cet intéressé et
à une autre personne, le procès-verbal de notification étant
d'ailleurs d'une obscurité telle qu'on n'y peut découvrir si cette
notification a été faite par deux copies ou par une seule, et
surtout, ce qui était essentiel, à qui les copies ou la copie
unique auraient été remises.

Même arrêt du 7 mai 1878.

ARTICLE 20, n. 27.

Le concours de l'exproprié à la procédure en règlement
d'indemnité ne rend pas cet exproprié irrecevable en son
pourvoi contre le jugement d'expropriation, s'il n'a procédé
devant le jury que sous les réserves les plus précises.

Même arrêt du 7 mai 1878.

ARTICLE 30, n. 7.

Lorsque la délibération du tribunal appelé à choisir un
jury spécial d'expropriation se borne à viser l'article 30 de la
loi de 1841, sans énoncer que les jurés désignés ont été choisis sur la liste générale dressée par le Conseil général du département dans sa session annuelle, on ne saurait en conclure
que la prescription de l'article précité doit être considérée
comme n'ayant pas été observée. Ni cet article ni aucun autre texte de loi n'exigent que l'accomplissement de la disposition dont il s'agit soit constaté par une mention expresse,
si d'ailleurs, rien n'indique qu'il y ait été manqué.

27 août 1878, Civ. rej. : Marquis de Marck de Panisse-Passis c.
Préfet des Alpes-Maritimes ; M. Goujet.

ARTICLE 30, n. 19.

L'inscription par le Conseil général, sur la liste du jury d'expropriation, d'une personne incapable, et spécialement d'un failli non réhabilité, n'a pas pour conséquence la nullité de la composition du jury et de la décision prise avec le concours de l'incapable. Les irrégularités commises par le Conseil général dans la formation de la liste ne donnent pas ouverture à cassation. L'incapacité du failli n'a pu, en l'absence du moins de réclamation présentée à cet égard au magistrat directeur, vicier de nullité les opérations du jury.

26 juin 1878, Civ. rej. : Aubert *c.* Ville de Paris; Goulet *c.* la même ; M. Sallé.

ARTICLE 35, n. 1 *bis.*

Si l'un des jurés titulaires, absent et excusé lors de l'appel général, ne s'est présenté qu'au moment où les membres du jury ont été choisis, où les douze jurés non récusés sont présents et prêts à entrer en fonctions par la prestation du serment, c'est avec raison que le magistrat directeur maintient la liste arrêtée, et refuse d'y réintégrer le juré précédemment excusé.

22 juillet 1878, Civ. rej. : Chemin de fer de Clermont à Tulle *c.* Jay ; M. Onofrio.

ARTICLE 37, § 1ᵉʳ, n. 6.

Pour satisfaire à la prescription de l'article 37, paragraphe 1ᵉʳ, 1°, il est indispensable que les offres et demandes dont le tableau est placé sous les yeux des jurés aient été dûment signifiées. L'obligation imposée au magistrat directeur de remettre au jury le tableau des offres et demandes *notifiées en exécution des articles 23 et 24* ne saurait, en effet, être remplie, si la notification ordonnée par l'article 23 n'a pas été faite, et régulièrement faite ; il s'agit là d'une formalité substantielle, à laquelle il ne peut être suppléé par un équivalent. En conséquence, la décision du jury est nulle s'il n'est justifié de la production d'aucun acte de notification des offres, et s'il a été produit seulement un certificat du maire, constatant qu'il a fait notifier des offres, mais sans que ce certificat mentionne ni le nom et la qualité de la personne qui aurait fait la notification, ni le domicile auquel cette notification aurait été faite, ni enfin le nom et la qualité de celui auquel aurait été remise la copie de la notification : un semblable certificat est insuffisant pour répondre au vœu de la loi.

27 août 1878, Civ. cass.: Marquis de Marck de Panisse-Passis c. Préfet des Alpes-Maritimes ; M. Goujet.

ARTICLE 42, n. 13.

L'exproprié auquel la matrice cadastrale, le jugement d'expropriation et la décision du jury ont donné le titre de *comte*, peut valablement se pourvoir contre la décision du jury en prenant la qualité de *marquis*, si d'ailleurs les nom, prénoms, et autres désignations ne permettent aucun doute sur l'identité de la personne, et si la différence de titre tient à cette circonstance que l'exproprié portait le premier titre lors de la confection du cadastre, et n'a pris le second qu'après la mort de son père, arrivée à une époque postérieure.

Même arrêt du 27 août 1878.

LES TABLES

CHRONOLOGIQUE ET ALPHABÉTIQUE

SE TROUVENT

AU COMMENCEMENT DU TOME PREMIER.

Je tourjour
le Nert

www.ingramcontent.com/pod-product-compliance
Lightning Source LLC
Chambersburg PA
CBHW031451210326
41599CB00016B/2189